U0216188

吉林人民出版社

简体字本二十六史

旧唐书

卷一六七——卷二〇〇下

（五）

〔后晋〕 刘 昫 等 撰

廉湘民等 标点

旧唐书卷一六七
列传第一一七

赵宗儒　窦易直　李逢吉
段文昌 子成式　宋申锡　李程

赵宗儒字秉文。八代祖彤,仕后魏为征南将军。父骅,为秘书少监。宗儒举进士,初授弘文馆校书郎。满岁,又以书判入高等,补陆浑主簿。数月,征拜右拾遗,充翰林学士。时父骅秘书少监,与父并命,出于一日,当时荣之。建中四年,转屯田员外郎,内职如故。居父忧免丧,授司门、司勋二员外郎。

贞元六年,领考功事,定百吏考绩,黜陟公当,无所畏避。右司郎中独孤良器、殿中侍御史杜伦,各以过黜之。尚书左丞裴郁、御史中丞卢绍比皆考中上,宗儒贬之中中。又秘书少监郑云逵考其同官孙昌裔入上下,宗儒复入中上。凡考之中上者,不过五十人,余多减入中中。德宗闻而善之,迁考功郎中。丁母忧,终丧,授吏部郎中。十一年,迁给事中。十二年,与谏议大夫崔损同日以本官同中书门下平章事,俱赐紫金鱼袋。十四年,罢相,为右庶子。

宗儒端居守道,勤奉朝请而已,德宗闻而嘉之。二十年,迁吏部侍郎,召见劳之曰:"知卿闭关六年,故有此拜。曩者与先臣并命,尚念之耶?"宗儒因俯伏流涕。德宗崩,顺宗命为德宗哀册文,辞颇凄婉。

元和初,检校礼部尚书,判东都尚书省事、兼御史大夫,充东都留守、畿汝都防御使。入为礼部、户部二尚书,寻检校吏部尚书,守江陵尹、兼御史大夫、荆南节度营田观察等使。散冗食之戍二千人。六年，又入为刑部尚书。八年，转检校吏部尚书、兴元尹、兼御史大夫，充山南西道节度观察等使。九年，召拜御史大夫，俄迁检校右仆射、河中尹、兼御史大夫、晋绛慈隰节度观察等使。赴镇后，擅用供军钱八千余贯，坐罚一月俸。十二年七月，入为兵部尚书。九月，改太子少傅，权知吏部尚书铨事。十四年九月，拜吏部尚书。

穆宗即位，以初释服，令尚书省官试先朝所征集应制举人，宗儒奏曰："准今月十五日敕：比者先朝征集应制人等，已及时限，恐皆来自远方，难于久住，酌宜审事，遂委有司定日就试。如闻所集之人多已分散，须知审的，然后裁定，宜令所司商量闻奏者。伏以制科所设，本在亲临，南省试人，亦非旧典。今覃恩既毕，庶政惟新。况山陵日近，公务繁迫，待问之士，就试非多。臣等商量，恐须权罢。从之。复拜太子少傅，判太常卿事。

长庆元年二月，检校右仆射，守太常卿。太常有《师子乐》，备五方之色，非会朝聘享不作，幼君荒诞，伶官纵肆，中人掌教坊者移牒取之。宗儒不敢违，以状白宰相。宰相以为事在有司执守，不合关白。以宗儒层怯不任事，改太子少师。

宝历元年，迁太子太保。昭愍晏驾，为大明宫留守。大和四年，拜检校司空、兼太子太傅。文宗召见，谘以理道，对曰："尧、舜之化，慈俭而已。愿陛下守而勿失。"文宗嘉纳之。五年，宋申锡被诬，上召师保已下议其刑，上以宗儒高年，宣令不拜。寻拜疏请老。六年，诏以司空致仕。是岁九月卒，年八十七，废朝，册赠司徒。宗儒以文学进，前后三镇方任，八领选部，略于仪矩，切于治生，时论以此少之。

窦易直字宗玄，京兆人。祖元昌，彭州九陇县令。父彧，庐州刺史。易直举明经，为秘书省校书郎，再以判入等，授蓝田尉。累历右司、兵部、吏部三郎中。元和六年，迁御史中丞，谢日，赐绯鱼袋。八年，改给事中。九月，出为陕虢都防御观察使，仍赐紫。入为京兆尹。

万年尉韩晤奸赃事发，易直令曹官韦正晤讯之，得赃三十万。上意其未尽，诏重鞫，坐赃三百万，贬易直金州刺史，正晤长流昭州。十三年六月，迁宣州刺史、宣歙池都团练观察等使。

长庆二年七月，汴州将李齐逐其帅李愿，易直闻之，欲出官物以赏军，或谓易直曰："赏给无名，却恐生患。"乃已。军士已闻之。时江、淮旱，水浅，转运司钱帛委积不能漕，州将王国清指以为赏，激讽州兵谋乱。先事有告者，乃收国清下狱。其党数千，大呼入狱中，纂取国清而出之，因欲大剽。易直登楼谓将吏曰："能诛为乱者，每获一人，赏十万。"众喜，倒戈击乱党，并擒之。国清等三百余人，皆斩之。

九月，以李德裕代还，为吏部侍郎。十一月，改户部，兼御史大夫，判度支。四年五月，以本官同平章事，判使如故。改门下侍郎，封晋阳郡公。宝历元年七月，罢判度支。大和二年十月罢相，检校左仆射、平章事、襄州刺史、山南西道节度使。五年，入为左仆射，判太常卿事。十一月，检校司空、凤翔尹、凤翔陇节度使。六年，以疾求还京师。七年四月卒，赠司徒，谥曰恭惠。

易直自入仕十年余，常居散秩，不应请辟，及居方任，亦以公廉闻。在相位，未尝论用亲党，凡于公举，即无所避。然元和中，吏部尚书郑余庆议仆射上日仪制，不与隔品官亢礼。易直时为御史中丞，奏驳余庆所议。及易直为左仆射，却行隔品致敬之礼，时论非之。

李逢吉字虚舟，陇西人。卢观中学士李玄道曾孙。祖颜，父归期。逢吉登进士第，释褐授振武节度掌书记。入朝为左拾遗、左补阙，改侍御史，充入吐蕃册命副使、工部员外郎，又充入南诏副使。元和四年，使还，拜祠部郎中，转右司。六年，迁给事中。七年，与司勋员外郎李巨并为太子诸王侍读。九年，改中书舍人。十一年二月，权知礼部贡举、骑都尉，赐绯。四月，加朝议大夫、门下侍郎、同平章事，赐金紫；其贡院事，仍委礼部尚书王播署榜。

逢吉天与奸回，妒贤伤善。时用兵讨淮、蔡，宪宗以兵机委裴度，逢吉虑其成功，密沮之，由是相恶。及度亲征，学士令狐楚为度制辞，言不合旨，楚与逢吉相善，帝皆黜之，罢楚学士，罢逢吉政事，出为剑南东川节度命、检校兵部尚书。穆宗即位，移襄州刺史、出南东道节度使。逢吉于帝有侍读之恩，遣人密结幸臣，求还京师。长庆二年三月，召为兵部尚书。时裴度亦自太原入朝。以度招怀河朔功，复留度，与工部侍郎元稹相次拜平章事。度在太原时，尝上表论稹奸邪。及同居相位，逢吉以为势必相倾，乃遣人告和王傅于方结客，欲为元稹刺裴度。及捕于方，鞫之无状，稹、度俱罢相位，逢吉代度为门下侍郎平章事。自是浸以恩泽结朝臣之不逞者，造作谤言，百端中伤裴度。赖学士李绅、韦处厚等显于上前，言度为逢吉排斥，而度于国有功，不宜摈弃，故得以仆射在朝。时已失河朔，而王智兴擅据徐州，李齐据汴州，国威不振，天下延颈俟度再秉国钧，以攘暴乱。乃为逢吉嫁祸，夺其权，四海为之侧目，朝士上疏论列者十余人。属时君荒淫，政出群小，而度竟逐外藩。

学士李绅有宠，逢吉恶之，乃除为中丞，又欲出于外，乃以吏部侍郎韩愈为京兆尹，兼御史大夫，放台参。以绅褊直，必与愈争。及制出，绅果移牒往来，愈性木强，遂至语辞不逊，喧论于朝。逢吉乃罢愈为兵部侍郎，绅为江西观察使。绅中谢日，帝留而不遣。

翼城人郑注以医药得幸于中尉王守澄，逢吉令其从子仲言赂注，求结于守澄。仲言辩谲多端，守澄见之甚悦。自是，逢吉有助，事无违者。敬宗初即位，年方童丱，守澄从容奏曰："陛下得为太子，逢吉之力也，是时，杜元颖、李绅坚请立深王为太子。"乃贬绅端州司马。朝士代逢吉鸣吠者，张又新、李续之、张权舆、刘栖楚、李虞、程昔范、姜洽、李仲言，时号"八关十六子"。又新等八人居要剧，而胥附者又八人，有求于逢吉者，必先经此八人纳赂，无不如意者。逢吉寻封凉国公，邑千户，兼右仆射。

昭愍即位，左右屡言裴度之贤，曾立大勋，帝甚嘉之。因中使往兴元，即令问讯。宝历初，度连上章请入觐。逢吉之党坐不安席，如矢攒身,乃相与为谋,欲沮其来。张权舆撰"非衣小儿"之谣,传于闾巷。言度相有天分,应谣谶,而韦处厚于上前解析,言权舆所撰之言。既不能沮,又令卫尉卿刘遵古从人安再荣告武昭谋害逢吉。武昭者,有才力,裴度破淮、蔡时奖用之,累奏为刺史。及度被斥,昭以门吏久不见用,客于京师,途穷颇有怨言。逢吉冀法司鞫昭行止,则显裴度任用,以沮入朝之行。逢吉又与同列李程不协。太学博士李涉、金吾兵曹茅汇者,于京师贵游间以气侠相许,二人出入程及逢吉之门。水部郎中李仍叔,程之族,知武昭郁郁恨不得官,仍叔谓昭曰:"程欲与公官,但逢吉阻之。"昭愈愤怒,因酒与京师人刘审、张少腾说刺逢吉之言。审以昭言告张权舆,乃闻于逢吉,即令茅汇召昭相见,逢吉厚相结托,自是疑怨之言稍息。逢吉待茅汇尤厚,尝与汇书云:"足下当字仆为'自求',仆当字足下为'利见'。文字往来,其间甚密。及裴度求觐,无计沮之,即令讦武昭事,以暴扬其迹。再荣既告,李仲言试汇曰:"言武昭与李程同谋则活,否则尔死。"汇曰:"冤死甘心。诬人以自免,予不为也。"及昭下狱,逢吉之丑迹皆彰。昭死,仲言流象州,茅汇流隽州,李涉流康州,李虞自拾遗为河南士曹。敬宗待裴度益厚,乃自汉中召还,复知政事。

逢吉检校司空、平章事、襄州刺史、山南东道节度使,仍请张又新、李续之为参佐。大和二年,改汴州刺史、宣武军节度使。五年八月,入为太子太师、东都留守、东畿汝防御使,加开府仪同三司。八年,李训用事。三月,征拜左仆射,兼守司徒。时逢吉已老,病足,不任朝谒,即以司徒致仕。九年正月卒,时年七十八。赠太尉,谥曰成。

段文昌字墨卿,西河人。高祖志玄,陪葬昭陵,图形凌烟阁。祖德皎,赠给事中。父谔,循州刺史,赠左仆射。文昌家于荆州,倜傥有气义,节度使裴胄知之而不能用。韦皋在蜀,表授校书郎。李吉甫刺忠州,文昌尝文干之。及吉甫居相位,与裴垍同加奖擢,授登封尉、集贤校理。俄拜监察御史,迁左补阙,改祠部员外郎。元和十一年,守本官,充翰林学士。

　　文昌，武元衡之子婿也。元衡与宰相韦贯之不协，宪宗欲召文昌为学士，贯之奏曰："文昌志尚不修，不可擢居近密。"至是贯之罢相，李逢吉乃用文昌为学士。转祠部郎中，赐绯，依前充职。十四年，加知制诰。十五年，穆宗即位，正拜中书舍人，寻拜中书侍郎、平章事。

　　长庆元年，拜章请退。朝廷以文昌少在西蜀，诏授西川节度使、同中书门下平章事。文昌素洽蜀人之情，至是以宽政为治，严静有断，蛮夷畏服。二年，云南入寇，黔中观察使崔元略上言，朝廷忧之，乃诏文昌御备。文昌走一介之使以喻之，蛮寇即退。敬宗即位，征拜刑部尚书，转兵部，兼判左丞事。

　　文宗即位，迁御史大夫，寻检校尚书右仆射、扬州大都督府长史、同平章事、淮南节度使。大和四年，移镇荆南。

　　文昌于荆、蜀皆有先祖故第，至是赎为浮图祠。又以先人坟墓在荆州，别营居第以置祖祢影堂，岁时伏腊，良辰美景享荐之。彻祭，即以音声歌舞继之，如事生者，搢绅非焉。

　　六年，复为剑南西川节度。九年三月，赐春衣中使至，受宣毕，无疾而卒，年六十三，赠太尉。有文集三十卷。

　　文昌布素之时，所向不偶。及其达也。扬历显重，出入将相，洎二十年。其服饰玩好、歌童妓女，苟悦于心，无所爱惜，及至奢侈过度，物议贬之。子成式。

　　成式字柯古，以荫入官，为秘书省校书郎。研精苦学，秘阁书籍，披阅皆遍。累迁尚书郎。咸通初，出为江州刺史。解印，寓居襄阳，以闲放自适。家多书史，用以自娱，尤深于佛书。所著《酉阳杂俎》传于时。

　　宋申锡字庆臣。祖素，父叔夜。申锡少孤贫，有文学。登进士第，释褐秘书省校书郎。韦贯之罢相，出湖南，辟为从事。其从累佐使府。长庆初，拜监察御史。二年，迁起居舍人。宝历二年，转礼部员外郎,寻充翰林侍讲学士。

申锡始自策名,及在朝行,清慎介洁,不趋党与。当长庆、宝历之间,时风嚣薄,朋比大扇。及申锡被用,时论以为激劝。文宗即位,拜户部郎中、知制诰。大和二年,正拜中书舍人,复为翰林学士。

初,文宗常患中人权柄太盛,自元和、宝历比致宫禁之祸。及王守澄之领禁兵,恃其宿旧,跋扈尤甚。有郑注者,依恃守澄为奸利,出入禁军。卖官贩权,中外咸扼腕视之。文宗雅知之,不能堪。申锡时居内廷,文宗察其忠厚,可任以事。尝因召对,与申锡从容言及守澄,无可奈何,令与外廷朝臣谋去之,且约命为宰相,申锡顿首谢之。未几,拜左丞,逾月,加平章事。申锡素能谨直,宠遇超辈,时情大为属望。及到中书,割断循常,望实颇不相副。

大和五年,忽降中人召宰相入赴延英。路隋、李宗闵、牛僧孺等既至中书东门,中人云:“所召无宋申锡。”申锡始知被罪,望延英以笏叩头而退。隋等至,文宗以神策军中尉王守澄所奏,得本军虞候豆卢著状,告宋申锡与漳王谋反,隋等相顾愕然。初,守澄于浴堂以郑注所构告于文宗,守澄即时于市肆追捕,又将以二百骑就靖恭里屠申锡之家。会内官马存亮同入,诤于文宗曰:“谋反者适宋申锡耳,何不召南司会议。今卒然如此,京师企足自为乱矣。”守澄不能难,乃止,乃召三相告之。又遣右军差人于申锡宅捕孔目官张全真、家人买子信缘等。又于十六宅及市肆追捕胥吏,以成其狱。文宗又召师保、仆射、尚书丞郎、常侍、给事、谏议、舍人、御史在丞、京兆尹、大理卿,同于中书及集贤院参验其事。

翌日,开延英,召宰臣及议事官,帝自询问。左常侍崔玄亮、给事中李固言、谏议大夫王质、补阙卢钧之、舒元褒、罗泰、蒋系、裴休、窦宗直、韦温、拾遗李群、韦端符、丁居晦、袁都等一十四人,皆伏玉阶下奏以申锡狱付外,请不于禁中讯鞫。文宗曰:“吾已谋于公卿大僚,卿等且出。”玄亮固言,援引今古,辞理恳切。玄亮泣涕久之,文宗意稍解,贬申锡为右庶子,漳王为巢县公。再贬申锡为开州司马。

初，申锡既得密旨，乃除王璠为京兆尹，以密旨喻之。璠不能谋，而注与守澄知之，潜为其备。漳王凑，文宗之爱弟也，贤而有人望。豆卢著者，职属禁军，与注亲表。文宗不省其诈，乃罢申锡为庶子。时京城汹汹，众庶哗言，以为宰相真连十宅谋反，百僚震骇。居一二日，方审其诈。谏官伏阁恳论，文宗震怒，叱谏官令出者数四。时中外属望大寮三数人廷辩其事。仆射窦易直曰："人臣无将，将而必诛。"闻者愕然。唯京兆尹崔琯、大理卿王正雅连上疏请出内狱，且曰："王师文未获，即狱未具，请出豆卢著与申锡同付外廷勘。"当时人情翕然推重。初议申锡抵死，顾物论不可，又将投于岭表，文宗终悟外廷之言，乃有开州之命。

初，申锡既被罪，怡然不以为意，自中书归私第，止于外厅，素服以俟命。其妻出谓之曰："公为宰相，人臣位极于此，何负天子反乎？"申锡曰："吾自书生被厚恩，擢相位，不能锄去奸乱，反为所罗织，夫人察申锡岂反者乎？"因相与泣下。

申锡自居内廷，及为宰相，以时风侈靡，居要位者尤纳贿赂，遂成风俗，不暇更方远害，且与贞元时甚相背矣。申锡至此，约身谨洁，尤以公廉为己任，四方问遗，悉无所受。既被罪，为有司验劾，多获其四方受领，所还问遗之状，朝野为之叹息。

七年七月，卒于开州。诏曰："申锡虽不能周慎，自抵宪章，闻其亡殁遐荒，良用悲恻。宜许其归葬乡里，以示宽恩。"开成元年九月，诏复申锡正议大夫、尚书左丞、同中书门下平章事、上柱国，赐紫，兼赠兵部尚书。仍以其子慎微为城固县尉。

李程字表臣，陇西人。父鹔伯。程，贞元十二年进士擢第，又登宏辞科，累辟使府。二十年，入朝为监察御史。其年秋，召充翰林学士。顺宗即位，为王叔文所排，罢学士。三迁为员外郎。元和中，出为剑南西川节度行军司马。十年，入为兵部郎中，寻知制诰。韩弘为淮西都统，诏程衔命宣谕。明年，拜中书舍人，权知京兆尹事。十二年，权知礼部贡举。十三年四月，拜礼部侍郎。六月，出为鄂州刺史、鄂岳观察使。入为吏部侍郎，封渭源男，食邑三百户。敬宗即位之五月，以本官同平章事。

敬宗冲幼，好治宫室，畋游无度，欲于宫中营新殿，程谏曰："自古圣帝明王，以恭俭化天下。陛下在谅暗之中，不宜兴作，愿以瓦木回奉园陵。"上欣然从之。程又奏请置侍讲学士。数陈经义。程辩给多智算，能移人主之意，寻加中书侍郎，进封彭原郡公。宝应二年，罢相，检校兵部尚书、同平章事、太原尹、北京留守、河东节度使。大和四年三月，检校尚书左仆射、平章事、河中尹、河中晋绛节度使。

六年，就加检校司空。七月，征为左仆射，中谢日奏曰："臣所忝官上礼，前后仪注不同。在元和、长庆中，仆射数人上日，不受四品已下官拜。近日再定仪注，四品已下官悉许受拜，王涯、窦易直已行之于前。今御史台云：'已闻奏，太常寺定取十五日上。臣进退未知所据。'"时中丞李汉以为受四品已下拜太重。敕曰："仆射上仪，近已详定。所缘拜礼，皆约令文，已经施行，不合更改。宜准大和四年十一月六日敕处分。"

程世学优深，然性放荡，不修仪检，滑稽好戏，而居师长之地，物议轻之。七年六月，检校司空、汴州刺史、宣武军节度使。九年，复为河中晋绛节度使，就加检校司徒。开成元年五月，复入为右仆射，兼判太常卿事。十一月，兼判吏部尚书铨事。二年三月，检校司徒，出为襄州刺史、山南东道节度使。卒，有司谥曰缪。子廓。

廓进士登第，以诗名闻于时。大中末，累官至颍州刺史，再为观察使。廓子昼，亦登进士第。

史臣曰：宗儒、易直，以宽柔养望，坐致公台，与时沉浮，寿考终吉，可谓能奉身矣。逢吉起徒步而至鼎司，欺蔽幼君，依凭内坚，蛇虺其腹，毒害正人，而不与李训同诛，天道福淫明矣。申锡小器大谋，贬死为幸。程不持士范，殁获丑名。君子操修，岂宜容易？

赞曰：赵、窦优柔，坐享公侯。蝮蛇野葛，逢吉之流。岂无令人？

主辅谟猷。程、锡弼谐，于道难周。

旧唐书卷一六八
列传第一一八

韦温　萧祐　独孤郁 弟朗
钱徽 子可复 可及　高钺 弟铢锴
冯宿 弟定审　封敖

　　韦温字弘育，京兆人。祖肇，吏部侍郎。父绶，德宗朝翰林学士，以散骑常侍致仕。绶弟贯之，宪宗朝宰相，自有传。温七岁时，日念《毛诗》一卷。年十一岁，应两经举登第。释褐太常寺奉礼郎。以书判拔萃，调补秘书省校书郎。时绶致仕田园，闻温登第，愕然曰："判入高等，在群士之上，得非交结权幸而致耶？"令设席于庭，自出判目试两节。温命笔即成，绶喜曰："此无愧也。"调授咸阳尉。入为监察御史，以父在田里，宪府礼拘，难于省谒，不拜。换著作郎，一谢即还。侍省父疾，温侍医药，衣不解带，垂二十年。父忧，毁瘠逾制。免丧，久之为右补阙，忠鲠救时。宋申锡被诬，温倡言曰："宋公覆行有素，身居台辅，不当有此，是奸人陷害也。吾辈谏官，岂避一时之雷电，而致圣君贤相蒙蔽惑之咎耶？"因率同列伏阁切争之，由是知名。

　　大和五年，太庙第四、第六室缺漏，上怒，罚宗正卿李锐、将作王堪，乃诏中使鸠工补葺之。温上疏曰："臣闻吏举其职，国家所以治；事归于正，朝廷所以尊。夫设制度，立官司，事存典故，国有经费，而最重者，奉宗庙也。伏以太庙当修，诏下逾月，有司马驰堕，曾不加诫。宜黜慢官,以惩不恪之罪,择可任者,责以缮完之功。此则事归于正,吏举其职也。而圣思不劳,百职无旷。今慢官不恪,止于罚俸,宗庙所切,便委内臣。是许百司之官。公然废职,以宗庙之重,为陛下所私,群官有司,便同委弃。此臣窃为圣朝惜此事也。事关宗庙,皆书史策,苟非旧典,不可率然。伏乞更下诏书,得委所司营缮,则制度不紊,官业交修。”上乃止内使。

群臣上尊号,温上疏曰:“德如三皇止称皇,功如五帝止称帝。徽号之来,乃圣王之末事。今岁咸川水灾,江淮旱歉,恐非崇饰徽称之时。”帝深嘉之,乃止。改侍御史。

李德裕作相,迁礼部员外郎。或以温厚于牛僧孺,言于德裕,德裕曰:“此人坚正中立,君子也。”郑注镇凤翔,自知不为所齿,求德门弟子为参佐,请温为副使。或以为理不可拒,拒则生患。温曰:“择祸莫若轻。拒之止于远贬,从之有不测之祸。”郑注诛,转考功员外郎。寻知制诰,召入翰林为学士。以父职禁廷,忧畏成病,遣诫不令居禁职,恳辞不拜。

俄兼太子侍读,每晨至少阳院,午见庄恪太子。温曰:“殿下盛年,宜早起,学周文王为太子,鸡鸣时问安西宫。”太子幼,不能行其言。称疾,上不悦,改太常少卿。未几,拜给事中。王晏平为灵武,刻削军士,赃罪发,帝以智兴之故,减死,贬官。温三封诏书,文宗深奖之。庄恪得罪,召百僚谕之,温曰:“太子年幼,陛下训之不早,到此非独太子之过。”迁尚书右丞。

吏部员外郎张文规父弘靖,长庆初在幽州为朱克融所囚,文规不时省赴,人士喧然罪之。温居纲辖,首纠其事,出文规为安州刺史。盐铁判官姚勖知河阴院,尝雪冤狱,盐铁使崔珙奏加酬奖,乃令权知职方员外郎。制出,令勖省上,温执奏曰:“国朝已来,郎官最为清选,不可以赏能吏。”上令中使宣谕,言勖能官,且放入省。温坚执不奉诏,乃改勖检校礼部郎中。翌日,帝谓杨嗣复曰:“韦温不放姚勖入省,有故事否?”嗣复对曰:“韦温志在铨择清流。然姚勖士行无玷,梁公元崇之孙,自殿中判盐铁案,陛下奖之,宜也。若人有吏能,不入清流,孰为陛下当烦剧者？此衰音晋之风也。"上素重温,亦不夺其操,出为陕虢观察使。

武宗即位,李德裕用事,召拜吏部侍郎,欲引以为相。时李汉以家行不谨,贬汾州司马。温从容白德裕曰："李汉不为相公所知,昨以不孝之罪绌免,乞加按问。"德裕曰："亲情耶？"温曰："虽非亲昵,久相知耳。"德裕不悦。居无何,出温为宣歙观察使,辟郑处诲为观察判官,德裕愈不悦。池州人讼郡守,温按之无状,杖杀之。

明年,疡生于首,谓爱婿张复鲁曰："予任校书郎时,梦二黄衣人斋符来追,及浐,将渡,一人续至曰：'彼坟至大,功须万日。'遂不涉而寤。计今万日矣。与公诀矣。"明日卒,赠工部尚书,谥曰孝。

温在朝时,与李珏、杨嗣复周旋。及杨、李祸作,叹曰："杨三、李七若取我语,岂至是耶！"初温以杨、李与德裕交怨,及居位,温劝杨、李征用德裕,释憾解愠,二人不能用,故及祸。温无子,女适薛蒙,善著文,续曹大家《女训》十二章,士族传写,行于时。温刚肠寡合,人多疏简,唯与常侍萧佑善。

萧祐者,兰陵人。少孤贫,耿介苦学,事亲以孝闻。自处士征拜左拾遗,累迁至考功郎中。祐博雅好古,尤喜图画。前代钟、王遗法,萧、张笔势,编序真伪,为二十卷,元和末进御,优诏嘉之,授兵部郎中。出为虢州刺史,入为太常少卿,转谏议大夫。逾月为桂州刺史、御史中丞、桂管防御观察使。大和二年八月,卒于官,赠右散骑常侍。祐闲澹贞退,善鼓琴赋诗,书画尽妙,游心林壑,啸咏终日,而名人高士,多与之游。给事中韦温尤重之,结为林泉之友。

独孤郁,河南人。父及,天宝末与李华、萧颖士等齐名,善为文,所著《仙掌铭》,大为时流所赏,位终常州刺史。郁,贞元十四年登进士第,文学有父风,尤为舍人权德舆所称,以子妻之。贞元末,为监察御史。

元和初,应制举才识兼茂、明于体用,策入第四等,拜左拾遗。

太子司议郎杜从郁拜左补阙，郁与同列，论之曰："从郁是宰臣佑之子，父居宰执，从郁不宜居谏列。"乃改为左拾遗，又论曰："补阙之与拾遗，资品虽殊，同是谏官，若时政或有得失，不可令子论父。"从郁竟改他官。

四年，转右补阙，又与同列拜章论中官吐突承璀不宜为河北招讨使，乃改招抚宣慰使。五年，兼史馆修撰。寻召充翰林学士，迁起居郎。权德舆作相，郁以妇公辞内职，宪宗曰："德舆乃有此佳婿。"因诏宰相于士族之家尚选公主者。迁郁考功员外郎，充史馆修撰、判馆事，预修《德宗实录》。七年，以本官复知制诰。八年转驾部郎中。其年十月，复召为翰林学士。九年，以疾辞内职。十一月，改秘书少监，卒。

郁弟朗，尝居谏官，请罢淮西用兵，不协旨，贬兴元户曹。入为监察御史，转殿中。十五年，兼充史馆修撰，迁都官员外郎。长庆初，谏议大夫李景俭于史馆饮酒，凭醉谒宰相，语辞侵侮，朗坐同饮，出为漳州刺史。入为左司员外郎，迁谏议大夫。扬州节度使王播罢兼盐铁使，行赂于中人，求复领铜盐，朗上章论之。

宝历元年十一月，拜御史中丞。二年六月，赐金紫之服。侍御史李道枢乘醉谒朗，朗劾之，左授司议郎。宪府故事，三院御史由大夫、中丞自辟，请命于朝。时崔蠡、郑居中不由宪长而除，皆丞相之僚旧也。敕命虽行，朗拒而不纳，蠡竟改太常博士，居中分司东台。其年十月，高少逸入阁失仪，朗不弹奏，宰相衔阻崔蠡事，左授少逸赞善大夫，朗亦罚俸。朗称执法不称，乞罢中丞，敬宗公中使谕之，不允其让。文宗即位，改工部侍郎。大和元年八月，出为福州刺史、御史中丞、福建观察使。是月赴官，暴卒于路，赠右散骑常侍。

郁子庠，亦登进士第。大中后，官达，亦至侍郎。

钱徽字蔚章，吴郡人。父起，天宝十年登进士第。起能五言诗。初从乡荐，寄家江湖，尝于客舍月夜独吟，遽闻人吟于庭曰："曲终人不见，江上数峰青。"起愕然。摄衣视之，无所见矣，以为鬼怪，而志其一十字。起就试之年,李昕所试《湘灵鼓瑟诗》题中有"青"字,起郎以鬼谣十字为落句,昕深嘉之,称为绝唱。是岁登第,释褐秘书省校书郎。大历中,与韩翃、李端辈十人,俱以能诗,出入贵游之门,时号"十才子",形于图画。起位终尚书郎。

徽,贞元初进士擢第,从事戎幕。元和初入朝,三迁祠部员外郎,召充翰林学士。六年,转祠部郎中、知制诰。八年,改司封郎中、赐绯鱼袋,内职如故。九年,拜中书舍人。十一年,王师讨淮西,诏朝臣议兵,徽上疏言用兵累岁,供馈力殚,宜罢淮西之征,宪宗不悦,罢徽学士之职,守本官。

长庆元年,为礼部侍郎。时宰相段文昌出镇蜀川,文昌好学,尤喜图书古画。故刑部侍郎凭杨兄弟以文学知名,家多书画,钟、王、张、郑之迹在《书断》、《画品》者,兼而有之。凌子浑之求进,尽以家藏书画献文昌,求致进士第。文昌将发,面托钱徽,继以私书保荐。翰林学士李绅亦托举子周汉宾于徽。及榜出,浑之、汉宾皆不中选。李宗闵与元稹素相厚善。初稹以直道谴逐久之,及得还朝,大改前志,由迳以徽进达,宗闵亦急于进取,二人遂有嫌隙。杨汝士与徽有旧,是岁,宗闵子婿苏巢及汝士季弟殷士俱及第。故文昌、李绅大怒。文昌赴镇,辞日,内殿面奏,言徽所放进士郑朗等十四人,皆子弟艺薄,不当在选中。穆宗以其事访于学士元稹、李绅,二人对与文昌同。遂命中书舍人王起、主客郎中知制诰白居易,于予亭重试,内出题目《孤竹管赋》、《鸟散余花落诗》,而十人不中选。诏曰:

国家设文学之科,本求才实,苟容伐幸,则异至公,访闻近日浮薄之徒,扇为朋党,谓之关节,干挠主司。每岁策名,无不先定,永言败俗,深用兴怀。郑朗等昨令重试,意在精覆艺能,不于异书之中,固求深僻题目,贵令所试成就,以观学艺浅深。孤竹管是祭天之乐,出于《周礼》正经,阅其呈试之文,都不知其本事,辞律鄙浅,芜累亦多。比令宣示钱徽,庶其深自怀愧,诚宜尽弃,以警将来。但以四海无虞,人心方泰,用弘宁抚,式示殊恩,特掩尔瑕,庶明予志。孔温业、赵存约、窦洵直所试粗

通，与及第；裴诜特赐及第，郑朗等十人并落下。自今后礼部举
人，宜准开元二十五年敕，及第讫，所试杂文并策，送中书门下
详覆。

寻贬徽为江州刺史，中书舍人李宗闵剑州刺史，右补阙杨汝士
开江令。初议贬徽，宗闵、汝士令徽以文昌、李绅私书进呈，上必开
悟，徽曰："不然。苟无愧心，得丧一致，修身慎行，安可以私书相证
耶？"令子弟焚之，人士称徽长者。

既而穆宗知其朋比之端，乃下诏曰：

昔者，卿大夫相与让于朝，士庶人相与让于列，周成王刑
措不用，汉文帝耻言人过，真理古也，朕甚慕焉。中代已还，争
端斯起，掩抑其言则专蔽，诱掖其说则侵诬。自非责实循名，不
能彰善瘅恶，故孝宣必有告及下，光武不以单辞遽行。《语》称
讪上之非，律有匿名之禁，皆以防三至之毁，重两造之明。是以
爵人于朝则皆劝，刑人于市则皆惧，罪有归而赏当事也。

末代偷巧，内荏外刚。卿大夫无进思尽忠之诚，多退有后
言之谤；士庶人无切磋琢磨之益，多销铄浸润之谗。进则谀言
谄笑以相求，退则群居州处以相议。留中不出之请，盖发其阴
私；公论不容之诛，是生于朋党。擢一官，则曰恩皆自我；黜一
职，则曰事出他门。比周之迹已彰，尚矜介特；由径之纵尽露，
自谓贞方。居省寺者不以勤恪莅官，而曰务从简易；提纪纲者
不以准绳检下，而曰密奏风闻。献章疏者更相是非，备顾问者
互有憎爱。苟非秦镜照胆，尧羊触邪，时君听之，安可不惑？参
断一谬，俗化益讹。祸发齿牙，言生枝叶，率是道也，朕甚悯焉。

我国家贞观、开元，同符三代，风俗归厚，礼让皆行。兵兴
已来，人散久矣。始欲导之以德，不欲驱之以刑。然而信有未
孚，理有未至，曾无耻格，益用雕刓。小则综核之权，见侵于下
辈；大则枢机之重，旁挠于薄徒。尚念因而化之，亦冀去其尤
者。而宰臣惧其浸染，未克澄清。备引祖宗之书，愿垂劝诫之
诏，遂伸告谕，颇用殷勤。各当自省厥躬，与我同底于道。

元稹之辞也。制出,朋比之徒,如挞于市,咸睚眦于绅、镇。

徽明年迁华州刺史、潼关防御、镇国军等使。文宗即位,征拜尚书左丞。大和元年十二月,复授华州刺史。二年秋,以疾,辞位,授吏部尚书致仕。三年三月卒,时年七十五。子可复、可及,皆登进士第。

可复累官至礼部郎中。大和九年,郑注出镇凤翔,李训选名家子以为宾佐,授可复检校兵部郎中、兼御史中丞。充凤翔节度副使。其年十一月,李训败,郑注诛,可复为凤翔监军使所害。

高钚字翘之。祖郑宾,宋州宁陵令。父去疾,摄监察御史。钚,元和初进士及第,判入等,补秘书省校书郎。累迁至右补阙,充史馆修撰。十四年,上疏请不以内官为京西北和籴使。十五年转起居郎,依前充职。

钚孤贞无党,而能累陈时政得失。长庆元年,穆宗怜之,面赐绯于思政殿,仍命以本官充翰林学士。二年,迁兵部员外郎,依前充职。四年四月,禁中有张韶之变,敬宗幸左军。是夜,钚从帝宿于左军。翌日贼平,赏从臣,赐钚锦彩七十匹,转户部郎中、知制诰。十二月,正拜中书舍人,充职如故。射恩于思政殿,因谏敬宗,以求理莫若躬亲,用示忧勤之旨也。帝深纳其言,又赐锦彩五十匹。宝历二年三月,罢学士,守本官。大和三年七月,授刑部侍郎。四年冬,迁吏部侍郎。铨综之司,官业振举。七年,出为同州刺史、兼御史中丞。八年六月卒,赠兵部尚书,遗命薄葬。钚少时孤贫,洁己力行,与弟铢、锴皆以检静自立,致位崇显,居家友睦,为搢绅所重。

铢,元和六年登进士第。穆宗即位,入朝为监察御史,累迁员外郎、吏部郎中。大和五年,拜给事中。七年,为外官监考使。八年十月,文宗用国子助教李仲言为侍讲,铢率谏官伏阁论曰:"仲言素行纤邪,若听用,必乱国经。"上令中使宣谕曰:"朕要仲言讲书,非有听用也。"是岁,先旱后水,京师谷价腾踊,彗星为变,举选皆停,人情杂然流议,郑注奸谋,日闻于外。铢等犯难论诤,冀上省悟。既奉宣传,相顾失色,以其危亡可翘足而待也。明年,训、注窃权,恶铢不附己,五月,出为越州刺史、御史中丞、浙东观察使。开成三所,就加检校左散骑常侍,寻入为刑部侍郎。四年七月,出为河南尹。会昌末,为吏部侍郎。

　　锴,元和九年登进士第,升宏辞科,累迁吏部员外。大和三年,准敕试别头进士明经郑齐之等十八人。榜出之后,语辞纷竞,监察御史姚中立以闻,诏锴审定,乃升李景、王淑等,人以为公。六年二月,自司勋郎中转谏议大夫。七年,迁中书舍人。九年十月,以本官权知礼部贡举。开成元年春,试毕,进呈及第人名,文宗谓侍臣曰:"从前文格非佳,昨出进士题目,是朕出之,所试似胜去年。"郑覃曰:"陛下改诗赋格调,以正颓俗,然高锴亦能励精选士,仰副圣旨。"帝又曰:"近日诸侯章奏,语太浮华,有乖典实,宜罚掌书记,以诫其流。"李石曰:"古人因事为文,今人以文害事,惩弊抑末,实在盛时。"乃以锴为礼部侍郎。凡掌贡部三年,每岁登第者四十人。三年榜出后,敕曰:"进士每岁四十人,其数过多,则乖精选。官途填委,要窒其源,宜改每年限放三十人,如不登其数,亦听。"然锴选擢虽多,颇得实才,抑豪华,擢孤进,至今称之。寻转吏部侍郎。其年九月,出为鄂州刺史、御史大夫、鄂岳观察使,卒。

　　钦子湜,锴子湘,偕登进士第。湜,咸通十二年为礼部侍郎。湘自员外郎知制诰,正拜中书舍人,咸通年,改谏议大夫,坐宰相刘瞻亲厚,贬高州司马。乾符初,复为中书舍人。三年,迁礼部侍郎,选士得人。出为潞州大都督府长史、昭义节度、泽潞观察等使,卒。

　　冯宿,东阳人。丱岁随父子华庐祖墓,有灵芝白兔之祥。宿昆弟二人,皆幼有文学。宿登进士第,徐州节度张建封辟为掌书记。后建封卒,其子愔为军士所立,李师古欲乘丧袭取。时王武俊且观其衅,愔恐惧,计无所出,宿乃以檄书招师古而说武俊曰:"张公与君为兄弟，欲同力驱两河归天子，众所知也。今张公殁，幼子为乱兵所胁，内则诚款隔绝于朝廷，外则境土侵逼于强寇。孤危若此，公安得坐视哉！诚能奏天子，念先仆射之忠勋，舍其子之迫胁，使得束身自归，则公于朝廷有靖乱之功，于张氏有继绝之德矣。"武俊大悦，即以表闻。由是朝廷赐愔节钺，仍赠建封司徒。

宿以尝从建封，不乐与其子处，乃从浙东观察使贾全府辟。愔恨其去已，奏贬泉州司户。征为太常博士。王士真死，以其子承宗不顺，不加谥。宿以为怀柔之义，不可遗其忠劳，乃加之美谥。转虞部、都官二员郎。元和十二年，从裴度东征，为彰义军节度判官。淮西平，拜比部郎中。会韩愈论佛骨，时宰疑宿草疏，出为歙州刺史。入为刑部郎中。十五年，权判考功。宿以宰臣及三品已下官，故事内校考别封以进，翰林学士职居内署，事莫能知，请依前书上考，谏官御史亦请仍旧，并书中上考。

长庆元年，以本官知制诰。二年，转兵部郎中，依前充职。牛元翼以深州不从王庭凑，诏授襄州节度使。元翼未出深州，为庭凑所围。二年，以宿检校右庶子、兼御史中丞，赐紫金鱼袋，往总留务。监军使周进荣不遵诏命，宿以状闻。元翼既至，宿归朝，拜中书舍人，转太常少卿。敬宗即位，宿常导引乘舆，出为华州刺史。以父名拜章乞罢，改左散骑常侍，兼集贤殿学士。充考制策官。

大和二年，拜河南尹。时洛苑使姚文寿纵部下侵欺百姓，吏不敢捕。一日，遇大会，尝所捕者傲睨于文寿之侧，宿知而掩之，杖死。大和四年，入为工部侍郎。六年，迁刑部侍郎，修《格后敕》三十卷，迁兵部侍郎。九年出为剑南东川节度使，检校礼部尚书。开成元年十二月卒，废朝，赠吏部尚书，谥曰懿。有文集四十卷。子图、陶、韬，三人皆登进士，扬历清显。

宿弟定字介夫，仪貌壮伟，与宿俱有文学，而定过之。贞元中皆举进士，时人比之汉朝二冯君。于頔牧姑苏也，定寓焉，頔友于布衣间。后頔帅襄阳，定乘驴诣军门，吏不时白，定不留而去。頔惭，笞军吏，驰载钱五十万，及境谢之。定饭逆旅，复书责以贵傲而返其遗，颀深以为恨。权德舆掌贡士，擢居上第，后于润州佐薛苹幕，得校书郎，寻为鄠县尉，充集贤校理。定先时居父忧，因号毁得肺病，趋府或不及时，大学士疑其恃才简息，乃夺其职，俾为大理评事。登朝为太常博士，转祠部员外郎。

宝历二年，出为郢州刺史。长寿县尉马洪沼告定强夺人妻，及将阙官职田禄粟入己费用，诏监察御史李顾行鞫之。狱具上闻，制曰："冯定经使臣推问，无入己赃私，所告罚钱，又皆公用。然长吏之体，颇涉无仪，刑赏或乖，宴游不节。缘经恩赦，难更科书，犹持郡符，公议不可，宜停见任。"寻除国子司业、河南少尹。

大和九年八月，为太常少卿。文宗每听乐，鄙郑、卫声，诏奉常习开元中《霓裳羽衣舞》，以《云韵乐》和之。舞曲成，定总乐工阅于庭，定立于其间。文宗以其端凝若植，问其姓氏，翰林学士李珏对曰："此冯定也。"文宗喜，问曰："岂非能为古章句者耶？"乃召升阶，文宗自吟定《送客西江诗》"。吟罢益喜，因锡禁中瑞锦，仍令大录所著古体诗以献。寻迁谏议大夫、知匦事。

是岁，李训事败伏诛，衣冠横罹其祸，中外危疑。及改元御殿，中尉仇士良请用神策仗卫在殿门，定抗疏论罢，人情危之。又请许左右史随宰臣入延英记事，宰臣不乐。二年，改太子詹事。三年，宰臣郑覃拜太子太师，欲于尚书省上事。定奏曰："据《六典》，太师居詹事府，不合于都省礼上。"乃诏于本司上事，人推美之。四年，迁卫尉卿。是岁，上章请老，诏以左散骑常侍致仕。会昌六年，改工部尚书而卒。

先长庆中，源寂使新罗国，见其国人传写讽念定所为《黑水碑》、《画鹤记》。韦休符之使西番也，见其国人写定《商山记》于屏障。其文名驰于戎夷如此。子衮、颛、轩、严四人，皆进士登第。咸通中，历位台省。宿从弟审、宽。

审父子郁。审，贞元十二年登进士第，累辟使府。入为监察御史，累迁至兵部郎中。开成三年，迁谏议大夫。四年九月，出为桂州刺史、桂管观察使。入为国子祭酒。国子监有《孔子碑》，睿宗篆额，加《大周》两字，盖武后时篆也。审请琢去伪号。复《大唐》字，从之。咸通中，卒于秘书监。审弟宽，子缄，皆进士擢第，知名于时。

封敖字硕夫，其先渤海蓚人。祖希奭，父谅，官卑。敖，元和十年登进士第，累辟诸侯府。大和中，入朝为右拾遗。会昌初，以员外郎知制诰，召入翰林学士，拜中书舍人。

敖构思敏速，语近而理胜，不务奇涩，武宗深重之。尝草《赐阵伤边将诏》，警句云："伤居尔体，痛在朕躬。"帝览而善之，赐之宫锦。李德裕在相位，定策破回鹘，诛刘稹，议兵之际，同列或有不可之言，唯德裕筹计指画，竟立奇功，武宗赏之，封卫国公，守太尉。其制语有遏横议于风波，定奇谋于掌握。逆稹盗兵，壶关昼锁，造膝嘉话，开怀静思，意皆我同，言不他惑。制出，敖往庆之，德裕口诵此数句，抚弄曰："陆生有言，所恨文不逮意。如卿此语，秉笔者不易措言。座中解其所赐玉带以遗敖，深礼重之。

然敖不持士范，人重其才而轻其所为，德裕不能大用之。德裕罢相，敖亦罢内职。宣宗即位，迁礼部侍郎。大中二年，典贡部，多擢文士。转吏部侍郎、渤海男、食邑七百户。四年，出为兴元尹、御史大夫、山南西道节度使，历左散骑常侍。十一年，拜太常卿，出为淄青节度使，入为户部尚书，卒。

子彦卿望卿、从子特卿，皆进士及第，咸通后，历位清显。

史臣曰：韦公鲠亮，守官犯而得礼。萧子恬于吏隐，抑亦名贤。蔚章操韵非高，而从容长者。郁、朗襟概，郁有世风。三高并秀于一时，二冯争驱于千里，咸以擒英搴藻，华国扬名。润色之能，封无与让，寿考垂庆，儒何负哉。

赞曰：伏蒲进谏，染翰为文。独孤、韦氏，志在匡君。冯、高诸子，绮绣缤纷。禁垣擅美，渤海凌云。

旧唐书卷一六九
列传第一一九

李训　郑注　王涯　王璠
贾𫘧　舒元舆　郭行余
罗立言　李孝本

　　李训，肃宗时宰相揆之族孙也。始名仲言。进士擢第。形貌魁梧，神情洒落，辞敏智捷，善揣人意。宝历中，从父逢吉为宰相，以训阴险善计事，愈亲厚之。初与茅汇等欲中伤李程，及武昭事发，训坐长流岭表，会赦得还。丁母忧，居洛中。

　　时逢吉为留守，思复为宰相，且深怨裴度，居常郁郁不乐。训揣知其意，即以奇计动之。自言与郑注善，逢吉以为然，遣训金帛珍宝数百万，令持入长安，以赂注。注得赂甚悦，乘间荐于中尉王守澄，乃以注之药术，训之《易》道，合荐于文宗。守澄以训缞粗，难入禁中，帝令训戎服，号王山人，与注入内。帝见其指趣，甚奇之。及训释服，在京师。大和八年，自流人补四门助教，召入内殿，面赐绯鱼。其年十月，迁国子《周易》博士，充翰林侍讲学士。入院日，赐宴，宣法曲弟子二十人就院奏法曲以宠之，两省谏官仗阁切谏，言训奸邪，海内闻知，不宜令侍宸扆，终不听。

　　文宗性守正嫉恶，以宦者权宠太过，继为祸胎，元和末弑逆之徒尚在左右，虽外示优假，心不堪之。思欲芟落本根，以雪仇耻，九重深处，难与将相明言。前与侍讲宋申锡谋，谋之不臧，几成反噬，自是巷伯尤横。因郑注得幸守澄，俾之援训，冀黄门之不疑也，训既在翰林，解《易》之际，或语及苍伯事，则再三愤激，以动上心。以其言论纵横，谓其必能成事，遂以真诚谋于训、注。自是二人宠幸，言无不从，而深秘之谋，往往流闻于外。上虑中人猜虑，乃疏《易》义五条，示于百辟，有能出训之意者赏之，盖欲知上以师友宠之。九年七月，改兵部郎中、知制诰，充翰林学士。九月，迁礼部侍郎、同平章事，仍赐金紫之服。诏以平章之暇，三五日一入翰林。

训既秉权衡，即谋诛内竖。中官陈弘庆者，自元和末负弑逆之名，忠义之士无不扼腕，时为襄阳监军，乃召自汉南，至青泥驿，遣人封杖决杀。王守澄自长庆已来知枢密，典禁军，作威作福。训既作相，以守澄为六军十二卫观军容使，罢其禁旅之权，寻赐鸩杀之。训愈承恩顾，每别殿奏对，他宰相莫不顺成其言，黄门禁军迎拜戢敛。训本以纤达，门庭趋附之士，率皆狂怪险异之流，时亦能取正人传望，以镇人心。天下之人，有冀训以致太平者，不独人主惑其言。

训虽为郑注引用，及禄位俱大，势不两立，托以中外应赴之谋，出注为凤翔节度使。俟诛内竖，即兼图注。约以其年十一月诛中官，须假兵力，乃以大理卿郭行余为邠宁节度使，户部尚书王璠为太原节度使，京兆少尹罗立言权知大尹事，太府卿韩约为金吾街使，刑部郎中知杂李孝本权知中丞事，皆训之亲厚者。冀王璠、郭行余未赴镇间，广令召募豪侠及金吾台府之从者，俾集其事。

是月二十一日，帝御紫宸。班定，韩约不报平安，奏曰：“金吾左仗院石榴树，夜来有甘露，臣已进状讫。”乃蹈舞再拜，宰相百官相次称贺。李训奏曰：“甘露降祥，俯在宫禁。陛下宜亲幸左仗观之。”班退，上乘软舆出紫宸门，由含元殿东阶升殿，宰相侍臣分立于副阶，文武两班，列于殿前。上令宰相两省官先往视之，既还，曰：“臣等恐非真甘露，不敢轻言。言出，四方必称贺也。”上曰：“韩约妄耶？”乃令左右军中尉、枢密内臣往视之。

既去，训召王璠、郭行余曰：“来受敕旨！”璠恐悚不能前，行余独拜殿下。时两镇官健，皆执兵在丹凤门外，训已令召之，唯璠从兵入,邠宁兵竟不至。中尉、枢密至左仗,闻幕下有兵声,惊恐走出,阍者欲扃锁之,为中人所叱,执关而不能下。内官回奏,韩约气慑汗流,不能举首。中官谓之曰:"将军何及此耶?"又奏曰:"事急矣,请陛下入内。"即举软舆迎帝,训殿上呼曰"金吾卫士上殿来,护乘舆者,人赏百千。"内官决殿后罘罳,举舆疾趋,训攀呼曰:"陛下不得入内。"金吾卫士数十人,随训而入。罗立言率府中从人自东来,李孝本率台中从人自西来,共四百余人,上殿纵击,内官死伤者数十人。训时愈急,遄遽入宣政门,帝瞋目叱训,内官郗志荣奋拳击其胸,训即僵仆于地。帝入东上阁门,门即阖,内官呼万岁者数四。须臾,内官率禁兵五百人,露刃出阁门。遇人即杀。宰相王涯、贾𫗧、舒元舆方中书会食,闻难出走,诸司从吏死者六七百人。

是日,训中拳而仆,知事不济,乃单骑走入终南山,投寺僧宗密。训与宗密素善,欲剃其发匿之,从者止之,乃趋凤翔,欲依郑注。出山,为周至镇将宗楚所得,械送京师。至昆明池,训恐入军别受榜掠,乃谓兵士曰:"所在有兵,得我者即富贵,不如持我首行,免被夺取。"乃斩训,持首而行。训弟仲景、再从弟户部员外郎元皋,皆伏法。

仇士良以宗密容李训,遣人缚入左军,责以不告之罪。将杀之,宗密怡然曰:"贫僧识训年深,亦知反叛。然本师教法,遇苦即救,不爱身命,死固甘心。"中尉鱼弘志嘉之,奏释其罪。

郑注,绛州翼城人,始以药术游长安权豪之门。本姓鱼,冒姓郑氏,故时号鱼郑,注用事时,人目之为水族。

元和十三年,李愬为襄阳节度使,注往依之,愬得其药力,因厚遇之,署为节度衙推。从愬移镇徐州,又为职事,军政可否,愬与之参决。注危辩阴狡,善探人意旨,与愬筹谋,未尝不中其意。然挟邪任数,专作威福,军府患之。时王守澄监徐军,深怒注,一日,以军情患注白于愬,愬曰:"彼虽如此,实奇才也。将军试与之语,苟不如旨,去未为晚。"愬即令谒监军,守澄初有难色。及延坐与语,机辩纵衡,尽中其意,遂延于内室,促膝投分,恨相见之晚。翌日守澄谓愬曰:"诚如公言,实奇士也。"自是出入守澄之门,都无限隔。愬署为巡官,齿于宾席。

及守澄入知枢密,当长庆、宝历之际,国政多专于守澄。注昼伏夜动。交通赂遗,初则谗邪奸巧之徒附之以图进取;数年之后,达僚权臣,争凑其门。累从山东、京西诸军,历卫佐、评事、御史,又检校库部郎中,为昭义节度副使。既以阴事诬陷宋申锡,守道正人,始侧目焉。

大和七年,罢邠宁行军司马,入京师,御史李款阁内弹之曰:"郑注内通敕使,外结朝官,两地往来,卜射财货,昼伏夜动。干窃化权。人不敢言,道路以目。请付法司。"旬日内,谏章十数,文宗不纳。寻授注通王府司马,充右神策判官,中外骇叹。八年九月,注进药方一卷,令守澄召注对浴堂门,赐锦彩。召对之夕,彗出东方,长三尺,光耀甚紧。其年十二月,拜太仆卿、兼御史大夫。

注起第善和里,通于永巷,长廊复壁,日聚京师轻薄子弟、方镇将吏,以招权利。间日入禁军,与守澄款密,语必移时,或通夕不寐。李训既附注以进,承间入谒,而轻浮躁进者,盈于注门。九年八月,迁工部尚书,充翰林侍讲学士。召自九仙门,帝面赐告身。时李训已在禁庭,二人相浍,日侍君侧,讲贯太平之术,以为朝夕可致升平。两奸合从,天子益惑其说。是时,训、注之权,赫于天下。既得行其志,生平恩仇,丝毫必报。因杨虞卿之狱,挟忌李宗闵、李德裕,心所恶者,目为二人之党。朝士相继斥逐,班列为之一空,人人惴慄,若崩厥角。帝微知之,下诏慰谕,人情稍安。

训、注天资狂妄,伦合苟容,至于经略谋猷,无可称者。初浴堂召对,上访以富人之术,乃以榷茶为对。其法,欲以江湖百姓茶园,官自造作,量给直分,命使者主之。帝惑其言,乃命王涯兼榷茶使。又言秦中有灾,宜兴工役以禳之。文宗能诗,尝吟杜甫《江头篇》云:"江头宫殿锁千门,细柳新蒲为谁绿?"始知天宝已前,环曲江四岸有楼台行宫廨署,心切慕之。既得注言,即命左右神策军差人淘曲江、昆明二池，仍许公卿士大夫之家于江头立亭馆，以时追赏。时两军造紫云楼、彩霞亭，内出楼额以赐之。注言无不从，皆此类也。

九月，检校尚书左仆射、凤翔尹、凤翔节度使。盖与李训谋事有期，欲中外协势。十一月，注闻训事发，自凤翔率亲兵五百余人赴阙。至扶风，闻训败，乃还。监军使张仲清已得密诏，迎而劳之，召至监军府议事。注倚兵卫即赴之，仲清已伏兵幕下。注方坐，伏兵发，斩注，传首京师，部下溃散。注家属屠灭，靡有孑遗。初未获注，京师忧恐。至是，人人相庆。

注两目不能远视，自言有金丹之术，可去痿弱重腿之疾。始李愬自云得效，乃移之守澄，亦神其事。由是中官视注皆怜之，卒以是售其狂谋。而守澄自贻其患，复致衣冠涂地，岂一时之诊气欤？既籍没其家财，得绢一百万匹，他货称是。

王涯字广津，太原人。父晁。涯，贞元八年进士擢第，登宏辞科。释褐蓝田尉。贞元二年十月，召充翰林学士。拜右拾遗、左补阙、起居舍人，皆充内职。元和三年，为宰相李吉甫所怒，罢学士，守都官员外郎，再贬虢州司马。五年，入为吏部员外。七年，改兵部员外郎、知制诰。九年八月，正拜舍人。十年，转工部侍郎、知制诰，加通议大夫、清源县开国男。学士如故。十一年十二月，加中书侍郎、同平章事。十三年八月，罢相，守兵部侍郎，寻迁吏部。

穆宗即位，以检校礼部尚书、梓州刺史、剑南东川节度使。其年十一月，吐蕃南北犄角入寇，西北边骚动，诏两川兵拒之。时蕃军逼雅州，涯上疏曰：“臣当道出军，径入贼腹，有两路：一路从龙州清川镇入蕃界，径抵故松州城，是吐蕃旧置节度之所；一路从绵州威蕃栅入蕃界，径抵栖鸡城，皆吐蕃险要之地。”又曰：“臣伏见方今天下无犬吠之警，海内同覆盂之安。每蕃戎一警，则中外咸震，致陛下有旰食轸怀之忧，斯乃臣等居大官、受重寄者之深责也。虽承诏发卒，心驰寇廷，期于为国讨除，使戎人芟剪，昼夜思忖，何补涓毫？所以凄凄愚心，愿陈万一。臣观自古长策，昭然可征。在于实边兵，选良将,明斥候,广资储,杜其奸谋,险其走集,此立朝士大夫皆知,不独微臣知之也,只在举行之耳。然臣愚见所及,犹欲布露者,诚愿陛下不爱金帛之费,以钓北房之心。临遣信臣,与之定约曰,犬戎悖乱负恩,为边鄙患者数矣,能制而服之者,唯在北蕃。如能发兵深入,杀若干人,取若干地,则受若干之赏。开怀以示之,厚利以啖之,所以劝耸要约者异于他日,则匈奴之锐,可得出矣。一战之后,西戎之力衰矣。"穆宗不能用其谋。

长庆元年,幽、镇复乱,王师征之,未闻克捷。涯在镇上书论用兵曰:

伏以幽、镇两州,悖乱天纪,迷亭育之厚德,肆豺虎之非心。因击鼎臣,戕贼戎帅,毒流列郡,衅及宾僚。凡在有情,孰不扼腕?咸欲横戈荷戟,问罪贼廷。伏以国家文德诞敷,武功继立,远无不服,迩无不安。矧兹二方,敢逆天理?臣窃料诏书朝下,诸镇夕驱,以貔貅问罪之师,当猖狂失节之寇,倾山压卵,决海灌荧,势之相悬,不是过也。

但以常山、燕郡,虞、虢相储存,一时兴师,恐费财力。且夫罪有轻重事有后先,攻坚宜从易者。如闻范阳肇乱,出自一时,事非宿谋,情亦可验。镇州构祸,殊匪偶然,扇动属城,以兵拒境。如此则幽、蓟之众,可示宽刑;镇、冀之戎,必资先讨。况廷凑阘茸,不席父祖之恩,成德分离,人多迫胁之势。今以魏博思复仇之众,昭义愿尽敌之师,参之晋阳,辅以沧、易,掎角而进,易若建瓴,尽屠其城,然后北道燕路。在朝廷不为失信,于军势实得机宜。臣之愚忠,辄在于此。

臣又闻用兵若斗,先扼其喉。今瀛、莫、易、定,两贼之咽喉也,诚宜假之威柄,戍以重兵。俾其死生不相知,间谍无所入,而以大军先迫冀、赵,次下井陉,此百举百全之势也。臣受恩深至,无以上酬,轻冒陈闻,不胜战越。洎涯疏至,卢士玫已为贼劫,陷瀛、莫州,凶势不可遏。俄而二凶俱宥之。

三年,入为御史大夫。敬宗即位,改户部侍郎、兼御史大夫,充盐铁转运使，俄迁礼部尚书，充职。宝历二年，检校尚书左仆射、兴元尹、山南西道节度使，就加检校司空。大和三年正月，入为太常卿。文宗以乐府之音，郑卫太甚，欲闻古乐，命涯询于旧工，取开元时雅乐，选乐童按之，名曰《云韶乐》。乐曲成，涯与太常丞李廓、少府监庾承宪押乐工献于黎园亭，帝按之于会昌殿。上悦，赐涯等锦彩。四年正月，守吏部尚书、检校司空，复领盐铁转运使。其年九月，守左仆射，领使。奏李师道前据河南十二州，其兖、郓、淄、青、濮州界，旧有铜铁冶，每年额利百余万，自收复，未定税额，请复系盐铁司，依建中元年九月敕例制置，从之。七年七月，以本官同平章事，进封代国公，食邑二千户。八年正月，加检事空、门下侍郎、弘文馆大学士、太清宫使。九年五月，正拜司空，仍令所司册命，加开府仪同三司，仍兼领江南榷茶使。

十一月二十一日，李训事败，文宗入内，涯与同列归中书会食，未下箸，吏报有兵自阁门出，逢人即杀。涯等苍惶步出，至永昌里茶肆，为禁兵所擒，并其家属奴婢，皆击于狱。仇士良鞫涯反状，涯实不知其故，械缚既急，榜笞不胜其酷，乃令手书反状，自诬与训同谋。狱具，左军兵马三百人领涯与王璠、罗立言，右军兵马三百人领贾餗、舒元舆、李孝本，先赴郊庙，徇两市，乃腰斩于子城西南隅独柳树下。涯以榷茶事，百姓怨恨，诟骂之，投瓦砾以击之。中书房吏焦寓、焦璇、台吏李楚等十余人，吏卒争取杀之，籍没其家。涯子工部郎中、集贤殿学士孟坚，太常博士仲翔，其余稚小妻女，连襟系颈，送入两军，无少长尽诛之。自涯已下十一家，资货悉为军卒所分。涯积家财钜万计，两军士卒及市人乱取之，竟日不尽。

涯博学好古，能为文，以辞艺登科，践扬清峻，而贪权固宠，不远邪佞之流，以至赤族。涯家书数万卷，侔于秘府。前代法书名画，人所保惜者，以厚货致之；不受货者，即以官爵致之。厚为垣，窍而藏之复壁。至是，人破其垣取之，或剔取函奁金宝之饰与其玉轴而弃之。

涯之死也,人以为冤。昭义节度使刘从谏三上章,求示涯等三相罪名,仇士良颇怀忧恐。初宦官纵毒,凌藉南司。及从谏奏论,凶焰稍息,人士赖之。

王璠字鲁玉。父础,进士,文辞知名。元和五年,擢进士第,登宏辞科。风仪修饰,操覆甚坚,累辟诸侯府。元和中,入朝为监察御史,再迁起居舍人,副郑覃宣慰于镇州。长庆中,累历员外郎。十四年,以职方郎中知制诰。宝历元年二月,转御史中丞。

时李逢吉为宰相,与璠亲厚,故自郎官掌诰,更拜中丞。恃逢吉之势,稍横。尝与左仆射李绛相遇于街,交车而不避,绛上疏论之曰:“左、右仆射,师长庶僚,开元中名之丞相。其后虽去三事机务,犹总百司之权。表状之中,不署其姓。尚书已下,每月合衙。上日百僚列班,宰相居上,中丞御史列位于廷。礼仪之崇,中外特异。所以自武德、贞观已来,圣君贤臣,布政除弊,不革此礼,谓为合宜。苟有不安,寻亦合废。近年缘有才不当位,恩加特拜者,遂从权便,不用旧仪。酌于群必,事实未当。今或有仆射初除,就中丞院门相看,即与欲参何殊。或中丞新授,亦无见仆射处。又参贺处,或仆射先至,中丞后来,宪度乖宜,尊卑倒置。倘人才忝位,自合别授贤良;若朝命守官,岂得有亏法制?伏望下百僚详定事体,使永可遵行。”敕旨令两省详议,两省奏曰:“元和中,伊慎忝居师长之位,太常博士韦谦削去旧仪。今李绛所论,于礼甚当。”逢吉素恶绛之直,天子虽许行旧仪,中书竟无处分,乃罢璠中丞,迁工部侍郎。寻罢绛仆射,以太子少师分司东都。其弄权怙宠如此。

璠二年七月出为河南尹。大和二年,以本官权知东都选。十月,转尚书右丞,敕选毕入朝。三年,改吏部侍郎。四年七月,拜京兆尹、兼御史大夫。十二月,迁左丞,判太常卿事。六年八月,检校礼部尚书、润州刺史、浙西观察使。

八年,李训得幸,累荐于上。召还,复拜右丞。璠以逢吉故吏,自是倾心于训,权幸倾朝。九年五月,迁户部尚书、判度支。谢日,

召对浴堂,锡之锦彩。其年十一月,李训将诛内官,令璠召募豪侠,
乃授太原节度使,托以募爪牙为名。训败之日,璠归长兴里第,是夜
为禁军所捕,举家下狱,斩璠于独柳树,家无少长皆死。

璠子退休,直弘文馆。李训举事之日,退休于馆中礼上,同职驾
部郎中令狐定等五六人送之,是日悉为乱兵所执。定以兄楚为仆
射,军士释之,独执退休诛之。

初璠在浙西,缮城壕,役人掘得方石,上有十二字云:"山有石,
石有玉,玉有瑕,瑕即休。"璠视莫知其旨,京口老人讲之曰:"此石
非尚书之吉兆也。尚书祖名釜,釜生础,是山有石也。础生尚书,是
石有玉也。尚书之子名退休,休,绝也。此非吉征。"果赤族。

贾𫗧字子美,河南人。祖渭,父宁。𫗧进士擢第,又登制策甲科,
文史兼美,四迁至考功员外郎。长庆初,策召贤良,选当时名士考
策,𫗧与白居易俱为考策官,选文人以为公。寻以本官知制诰,迁库
部郎中,充职。四年,为张又新所构,出为常州刺史。大和初,入为
太常少卿。二年,以本官知制诰。三年七月,拜中书舍人。四年九
月,权知礼部贡举。五年,榜出后,正拜礼部侍郎。凡典礼闱三岁,
所选士七十五人,得其名人多至公卿者。七年五月,转兵部侍郎。八
年十一月,迁京兆尹、兼御史大夫。

九年四月,检校礼部尚书、润州刺史、浙西观察使。制出未行,
拜中书侍郎、同平章事,进金紫阶,封姑臧男,食邑三百户。未几,加
集贤殿学士,监条国史。其年十一月,李训事发,兵交殿廷,禁军肆
掠,𫗧易服步行出内,潜身人间。翌日,自投神策军,与王涯等皆族
诛。𫗧虽中立自持,然不能以身犯难,排斥奸纤,脂韦其间,遂至覆
族。逢时多僻,死非其罪,世多冤之。

舒元舆者,江州人。元和八年,登进士第,释褐诸府从事。大和
初,入朝为监察,转侍御史。

初,天宝中,玄宗祀九宫坛,次郊坛行事,御署祝板。元舆为监

察，监祭事，以为太重，奏曰："臣伏见祀九宫贵神祝板九片，陛下亲署御名，及称臣于九宫之神。臣伏以天子之尊，除祭天地宗庙之外，无合称臣者。王者父天母地，兄日姊月。而贵神以九宫为目，是宜分方面守其位。臣数其名号，太一、天一、招摇、轩辕、咸池、青龙、太阴、天符、摄提也。此九神，于天地犹子男也。于日月犹侯伯也。陛下为天子，岂可反臣于天之子男耶？臣窃以为过。纵阴阳者流言其合祀，则陛下当合称'皇帝遣某官致祭于九宫之神'，不宜称臣与名。臣虽愚瞽，未知其可。乞下礼官详议。"从之。寻转刑部员外郎。

元舆自负奇才，锐于进取，乃进所业文章，乞试效用，宰执谓其躁竞。五年八月，改授著作郎，分司东都。时李训丁母忧在洛，与元舆性俱诡激，乘险蹈利，相得甚欢。及训为文宗宠遇，复召为尚书郎。九年，以右司郎中知台杂。七月，权知中丞事。九月，拜御史中丞，兼判刑部侍郎。是月，以本官同平章事，与训同知政事。而深谋诡算，荧惑主听，皆生于二凶出。训窃发之日，兵自内出。元舆易服单马出安化门。为追骑所擒，送左军族诛之。

郭行余者，亦登进士第。大和初，累官至楚州刺史。五年，移刺汝州，兼御史中丞。九月，入为大理卿。李训在东都时，与行余亲善行余数相饷遗，至是用为九列。十一月，训欲窃发，令其募兵，乃授邠宁节度使。训败族诛。

罗立言者，父名欢。贞元末，登进士第。宝历初，检校主客员外郎，为盐铁河阴院官。二年，坐籴米不实，计赃一万九千贯，盐铁使惜其吏能，定罪止削所兼侍御史。大和中，为司农少卿，主太仓出纳物，以货厚赂郑注，李训亦重之。训将窃发，须兵集事，以京兆府多吏卒，用立言为京兆少尹，知府事。训败日，族诛。

长安县令孟璈贬硖州长史，万年县令姚中立朗州长史。以两县捕贼官受立言指使故也。初立言集两县史卒，万年捕贼官郑洪惧祸托疾，既而诈死，令家人丧服聚哭。姚中立阴知其故，恐以作闻，不免其累，及以状告洪之诈。仇士良拘洪入军。洪衔中立之告，谓士良曰："追集所由，皆因县令处分，予何罪也。"故中立坐贬，洪免死。

李孝本者，宗室之子也。累官至刑部郎中，而依于训、注以求进。舒元舆作相，训用孝本知台杂，权知中丞事，最预训谋。窃发之日，孝本从人杀内官十余人于殿廷。知事不济，单骑走投郑注。至咸阳西原，为追骑所捕，族诛之。坐训、注而族者，凡十一家，人以为冤。

史臣曰：王者之政以德，霸者之政以权。古先后王，率由兹道，而遂能息人靖乱，垂统作则者。如梓人共柯而殊工，良奕同枰而独胜，盖在得其术，则事无后艰。昭献皇帝端冕深帷，愤其斁养，欲铲宫居之弊，载澄刑政之源。当宜礼一代正人。访先朝耆德，修文教而厚风俗，设武备以服要荒。俾西被东渐，皆陶于景化；柔祇苍昊，必降于御名祥，自然情德以宁，无思不服。况区区宦者，独能悖化哉？故竖刁、易牙，不废齐桓之霸；韩嫣、籍孺，何妨汉帝之明。盖有管仲、亚夫之贤，属之以大政故也。此二君者，制御阉寺，得其道也。而昭献忽君人之大体，惑纤狡之庸儒。虽终日横经，连篇属思，但得好文之誉，庸非致治之先。且李训者，狙诈百端，阴险万状，背守澄而劝鸩，出郑注以擅权。祗如尽隙四星，兼权八校，小人方寸，即又难知。但虑为蛊虿而采溪荪，翻获蜻蜓之患也。呜呼明主，夫何不思，遽致血溅黄门，兵交青琐。苟无藩后之势，黄屋危哉！涯、悚绰有士风，晚为利丧，致身鬼蜮之伍，何逃瞰室之灾。非天不仁，子失道也！

赞曰：奭、旦兴周，斯、高亡秦。祸福非天，治乱由人。训、注奸伪，血颒象魏。非时乏贤，君迷倒置。

旧唐书卷一七〇
列传第一二〇

裴 度

　　裴度字中立,河东闻喜人。祖有邻,濮州濮阳令。父溆,河南府渑池丞。度,贞元五年进士擢第,登宏辞科。应制举贤良方正、能直言极谏科,对策高等,授河阴县尉。迁监察御史,密疏论权幸,语切忤旨,出为河南府功曹。迁起居舍人。元和六年,以司封员外郎知制诰,寻转本司郎中。

　　七年,魏博节度使田季安卒,其子怀谏幼年不任军政,牙军立小将田兴为留后。兴布心腹于朝廷,请守国法,除吏输常赋,宪宗遣度使魏州宣谕。兴承僭侈之后,车服垣屋,有逾制度,视事斋阁,尤加宏敞。兴恶之,不于其间视事,乃除旧采访使厅居之,请度为壁记,述兴廉降奉法,魏人深德之。兴又请度遍至属郡,宣述诏旨,魏人郊迎感悦。使还,拜中书舍人。

　　九年十月,改御史中丞。宣徽院五坊小使,每岁秋按鹰犬于畿甸,所至官吏必厚邀供饷,小不如意,即恣其须索,百姓畏之如寇盗。先是,贞元末,此辈暴横尤甚,乃至张网罗于民家门及井,不令出入汲水,曰:“惊我供奉鸟雀。”又群聚于卖酒食家,肆情饮啖。将去,留蛇一箧,诚之曰:“吾以此蛇致供奉鸟雀,可善饲之,无使饥渴。”主人赂而谢之,方肯携蛇箧而去。至元和初,虽数治其弊,故态未绝。小使尝至下邽县,县令裴寰性严刻,嫉其凶暴,公馆之外,一无曲奉。小使怒,构寰出慢言,及上闻,宪宗怒,促令摄寰下狱,欲以大不敬论。宰相武元衡等以理开悟,帝怒不解。度入延英奏事,因极言论列,言宸无罪,上愈怒曰:"如卿之言,宸无罪即决五坊小使;如小使无罪,即决裴宸。"度对曰:"按罪诚如圣旨,但以裴宸为令长,忧惜陛下百姓如此,岂可加罪?"上怒色遽霁。翌日,令释宸。

寻以度兼刑部侍郎,奉使蔡州行营,宣谕诸军。既还,帝问诸将之才,度曰:"臣观李光颜见义能勇,终有所成。"不数日,光颜奏大破贼军于时曲,帝尤叹度之知人。

十年六月,王承宗、李师道俱遣刺客刺宰相武元衡,亦令刺度。是日,度出通化里,盗三以剑击度,初断靴带,次中背,才绝单衣,后微伤其首,度堕马。会度带毡帽,故创不至深。贼又挥刃追度,度从人王义乃持贼连呼甚急,贼反刃断义手,乃得去。度已堕沟中,贼谓度已死,乃舍去。居三日,诏以度为门下侍郎、同中书门下平章事。

度劲正而言辩,尤长于政体,凡所陈谕,感动物情。自魏博使还,宣达称旨,帝深嘉属。又自蔡州劳军还,益听其言。尚以元衡秉政,大用未果,自盗发都邑,便以大计属之。初,元衡遇害,献计者或请罢度官以安二镇之心,宪宗大怒曰:"若罢度官,是奸计得行,朝纲何以振举?吾用度一人,足以破此二贼矣。"度亦以平贼为己任。度以所伤请告二十余日,诏以卫兵宿度私第,中使问讯不绝。未拜前一日,宣旨谓度曰:"不用宣政参假,即延英对来。"及度入对,抚谕周至。时群盗干纪,变起都城,朝野恐骇。及度命相制下,人情始安,以为必能殄寇。自是诛贼之计,日闻献替,用军愈急。

十一年,庄宪皇后崩,度为礼仪使。上不听政,欲准故事置冢宰以总百司。度献议曰:"冢宰是殷、周六官之首,既掌邦理,实统百司。故王者谅暗,百官有权听之制。后代设官,既无此号,不可虚设。且国朝故事,或置或否,古今异制,不必因循。"敕旨曰:"诸司公事,宜权取中书门下处分。"识者是之。

六月,蔡州行营唐邓节度使高霞寓兵败于铁城,中外汹骇。先是诏群臣各献诛吴元济可否之状,朝臣多言罢兵赦罪为便,翰林学士钱徽、萧俛语尤切,唯度言贼不可赦。及霞寓败,宰相以上必厌兵,欲以罢兵为对。延英方奏,宪宗曰:"夫一胜一负,兵家常势。若帝王之兵不合败,则自古何难于用兵,累圣不应留此凶贼。今但论此兵合用与否,及朝廷制置当否,卿等唯须要害处置。将帅有不可者,去之勿疑;兵力有不足者,速与应接。何可以一将不利,便沮成计?"于是宰臣不得措言,朝廷无敢言罢兵者,故度计得行。

王稠家二奴告稠换父遗表,隐没进奉物。留其奴于仗内,遣中使往东都检责稠之家财。度奏曰:"王锷身殁之后,其家进奉已多。今因其奴告检责其家事,臣恐天下将帅闻之,必有以家为计者。"宪宗即日遣中使还,二奴付京兆府决杀。

十二年,李愬、李光颜屡奏破贼,然国家聚兵淮右四年,度支供饷,不胜其弊,诸将玩寇相视,未有成功,上亦病之。宰相李逢吉、王涯等三人以劳师弊赋,意欲罢兵,见上互陈利害。度独无言,帝问之,对曰:"臣请身自督战。"明日延英重议,逢吉等出,独留度,谓之曰:"卿必能为朕行乎?"度俯伏流涕曰:"臣誓不与此贼偕全。"上亦为之改容。度复奏曰:"臣昨见吴元济乞降表,料此逆贼,势实窘蹙。但诸将不一,未能迫之,故未降耳。若臣自赴行营,则诸将各欲立功以固恩宠,破贼必矣!"上然之。翌日,诏曰:

辅弼之臣,军国是赖。兴化致理,秉钧以居;取威定功,则分阃而出。所以同君臣之体,一中外之任焉。属者问罪汝南,致诛淮右,盖欲刷其污俗,吊彼顽人。虽挈地求生者实繁有徒,而婴城执迷者未翦其类,何兽困而犹斗,岂鸟穷之无归欤?由是遥听鼓鼙,更张琴瑟,烦我台度,董兹戎斾。朝议大夫、守中书侍郎、同平章事、飞骑尉、赐紫金鱼袋裴度,为时降生,协朕梦卜,精辨宣力,坚明纳忠。当轴而才谋老成,运筹而智略有定。司其枢务,备知四方之事;付以兵要,必得万人之心。是用祷于上玄,拣此吉日,带丞相之印绶,所以尊其名;赐诸侯之斧钺,所以重其命。尔宜宣布清问,恢壮皇猷,感励连营,荡平多垒,招怀孤疾,字抚夷伤。况淮西一军,素效忠节,过海赴难,史册书勋。建中初,攻破襄阳,擒灭崇义。比者胁于凶逆,归命无由。每念前劳，常思安抚。所以内辍辅臣，俾为师率，实欲保全慰谕，各使得宜。汝往钦哉！无越我丕训。可门下侍郎、同中书门下平章事、蔡州刺史，充彰义军节度、申光蔡观察等使，仍充淮西宣慰招讨处置使。

诏出，度以韩弘为淮西行营都统，不欲更为招讨，请只称宣慰处置使。又以此行既兼招抚，请改"夷其类"为"革其志"。又以弘已为都统，请改"更张琴瑟"为"近辍枢衡"，请改"烦我台席"为"授以成算"，皆从之。仍奏刑部侍郎马总为宣慰副使，太子右庶子韩愈为彰义行军司马，司勋员外郎李正封、都官员外郎冯宿、礼部员外郎李宗闵等为两使判官书记，皆从之。

初，德宗朝政多僻，朝官或相过从，多令金吾伺察密奏，宰相不敢于私第见宾客。及度辅政，以群贼未诛，宜延接奇士，共为筹画，乃请于私居接延宾客，宪宗许之。自是天下贤俊，得以效计议于丞相，接士于私第，由度之请也。

自讨淮西，王师屡败。论者以杀伤滋甚，转输不遑，拟议密疏，纷纭交进。度以腹心之疾，不时去之，终为大患，不然，两河之盗，亦将视此为高下，遂坚请讨伐，上深委信，故听之不疑。

度既受命，召对于延英，奏曰："主忧臣辱，义在必死。贼灭，则朝天有日；贼在，则归阙无期。"上为之恻然流涕。十二年八月三日，度赴淮西，诏以神策军三百骑卫从，上御通化门慰勉之。度楼下衔涕而辞，赐之犀带。度名虽宣慰，其实行元帅事，仍以郾城为治所。上以李逢吉与度不协，乃罢知政事，出为剑南东川节度。

既离京，淮西行营大将李光颜、乌重胤谓监军梁守谦曰："若俟度至而有功，即非我利。可疾战，先事立功。"是月六日，将出兵，与贼战于贾店，为贼所败。度二十七日至郾城，巡抚诸军，宣达上旨，士皆贾勇。时诸道兵皆有中使监阵，进退不由主将，战胜则先使献捷，偶衄则凌挫百端。度至行营，并奏去之，兵柄专制之于将，众皆喜悦。军法严肃，号令画一，以是出战皆捷。度遣使入蔡州，元济与度书曰：比密有降款，而索日进隔河大呼，遂令三军防元济，故归首无路。十月十一日，唐邓节度使李愬，袭破悬瓠城，擒吴元济。度先遣宣慰副使马总入城安抚。明日，度建彰义军节，领洄曲降卒万人继进，李愬具橐鞬以军礼迎度，拜之路左。度既视事，蔡人大悦。旧令："途无偶语，夜不燃烛，人或以酒食相过从者，以军法论。度乃约法，叱盗贼斗杀外，余尽除之，其往来者，不复以昼夜为限，于是蔡之遗黎始知有生人之乐。

初，度以蔡卒为牙兵，或以为反侧之子，其心未安，不可自去其备。度笑而答曰："吾受命为彰义军节度使，元恶就擒，蔡人即吾人也。"蔡之父老，无不感泣，申、光之民，即时平定。

十一月二十八日，度自蔡州入朝，留副使马总为彰义军留后。初，度入蔡州，或谮度没入元济妇女珍宝，闻上颇疑之。上欲尽诛元济旧将，封二剑以授梁守谦，使往蔡州。度回至郾城遇之，乃复与守谦入蔡州，量罪加刑，不尽如诏。守谦固以诏止，度先以疏陈，乃径赴阙下。二月，诏加度金紫光禄大夫、弘文馆大学士，赐勋上柱国，封晋国公，食邑三千户，复知政事。

宪宗以淮西贼平，因功臣李光颜等来朝，欲开内宴，诏六军使修麟德殿之东廊。军使张奉国以公费不足，出私财以助用，诉于执政。度从容启曰："陛下营造，有将作监等司局，岂可使功臣破产营缮？"上怒奉国泄漏，乃令致仕。其浚龙首渠，起凝晖殿，雕饰绮焕，徙佛寺花木以植于庭。有程异、皇甫镈者，奸纤用事，二人领度支盐铁，数贡羡余钱，助帝营造。帝又以异、镈平蔡时供馈不乏，二人并命拜同平章事。度延英面论曰："程异、皇甫镈，钱谷吏耳，非代天理物之器也。陛下徇耳目之欲，拔置相位，天下人腾口掉舌，以为不可，于陛下无益。愿徐思其宜。"帝不省纳，度三上疏论之，请罢己相位，上都不省，事见《镈传》。

又贾人张陟负五坊使杨朝汶息利钱潜匿，朝汶于陟家得私簿记，有负钱人卢载初，云是故西川节度使卢坦大夫书迹，朝汶即捕坦家人拘之。坦男不敢申理，即以私钱偿之。及征验书迹，乃故郑滑节度卢群手书也。坦男理其事，朝汶曰："钱已进过，不可复得。"

御史中丞萧俛及谏官上疏陈其暴横之状，度与崔群因延英对，极言之。宪宗曰："且欲与卿商量东军，此小事我自处置。"度奏曰："用兵小事也，五坊追捕平人大事也。兵事不理，只忧山东；五坊使暴横，恐乱辇毂。"上不悦。帝久方省悟，召杨朝汶数之曰："向者为尔使我羞见宰相。"遽命诛之。

初，淮、蔡既平，镇、冀王承宗甚惧，度遣辩士游说，客于赵、魏间，使说承宗，令割地入质以效顺。故承宗求援于田弘正，由度使客讽动之，故兵不血刃，而承宗鼠伏。

十三年，李师道翻覆违命，诏宣武、义成、武宁、横海四节度之师与田弘正会军讨之。弘正奏请取黎阳渡河，会李光颜等军齐进。帝召宰臣于延英议可否，皆曰："阃外之事，大将制之，既有奏陈，宜遂其请。"度独以为不可，奏曰："魏博一军，不同诸道。过河之后，却退不得，便须进击，方见成功。若取黎阳渡河，既才离本界，便至滑州，徒有供饷之劳，又生顾望之势。况弘正、光颜并少威断，更相疑惑，必恐迁延。然兵士不从中制，一定处分，或虑不可。若欲于河南持重，则不如河北养威。不然，则且秣马厉兵，候霜降水落，于杨刘渡河，直抵郓州。但得至阳谷已来下营，则兵势自盛，贼形自挠。"上曰："卿言是矣。"乃诏弘正取杨刘渡河。及弘正军既济河而南，距郓州四十里筑垒，贼势果蹙。顷之，诛师道。

度执性不回，忠于事上，时政或有所阙，靡不极言之，故为奸臣皇甫镈所构，宪宗不悦。十四年，检校左仆射、同中书门下平章事、太原尹、北都留守、河东节度使。穆宗即位，长庆元年秋，张弘靖为幽州军所囚，田弘正于镇州遇害，朱克融、王廷凑复乱河朔，诏度以本官充镇州四面行营招讨使。时骄主荒僻，辅相庸才，制置非宜，致其复乱。虽李光颜、乌重胤等称为名将，以十数万兵击贼，无尺寸之功。盖以势既横流，无能复振。然度受命之日，搜兵补卒，不遑寝息。自董西师，临于贼境，屠城斩将，屡以捷闻。穆宗深嘉其忠款，中使抚谕无虚月，进位检校司空，兼充押北山诸蕃使。

时翰林学士元稹，交结内官，求为宰相，与知枢密魏弘简为刎颈之交。稹虽与度无憾，然颇忌前达加于己上。度方用兵山东，每处置军事，有所论奏，多为稹辈所持。天下皆言稹恃宠荧惑上听，度在军上疏论之曰：

臣闻主圣臣直。今既遇圣主，辄为直臣，上答殊私，下塞群谤，誓除国蠹，无以家为。苟献替之可行，何性命之足惜？伏惟皇帝陛下，恭承丕业，光启雄图，方殄顽人之风，以立太平之事。而逆竖构乱，震惊山东，奸臣作朋，挠败国政。陛下欲扫荡幽、镇，宜肃清朝廷。何者？为患有大小，议事有先后。河朔逆贼，只乱山东；禁闱奸臣，必乱天下。是则河朔患小，禁闱患大。小者，臣等与诸戎臣必能剪灭；大者，非陛下制断，非陛下觉悟，无计驱除。今文武百僚，中外万品，有心者无不愤惋，有口者无不咨嗟。直以威权方重，奖用方深，无所畏避，不敢抵触，恐事未行祸已及，不为国计，且为身谋。

臣比者犹思隐忍，不愿发明。一则以罪恶如山，怨谤如电，伏料圣明，必自诛殛。一则以四方无事，万枢且过，虽纪纲潜坏，贿赂公行，俟其贯盈，必自颠覆。今属凶徒扰攘，宸衷忧轸，凡有制命，计于安危。痛此奸邪，恣行欺罔，干乱圣略，非止一途。又翰苑旧臣，结为朋党，陛下听其所说，更访于近臣，私相计会，更唱迭和，蔽惑聪明。所以臣自兵兴已来，所陈章疏，事皆要切，所奉书诏，多有参差。惜陛下委付之意不轻，被奸臣抑损之事不少。

臣素知佞幸亦无仇嫌，只是昨者臣请乘传诣阙，面陈戎事，奸臣之徒，最所畏惧。知臣若到御坐之前，必能悉数其过，以此百计止臣此行。臣又请领兵齐进，逐便攻讨，奸臣之党，曲加阻碍。恐臣统率诸道，或有成功，进退皆受羁牵，意见悉遭蔽塞。复共一二险狡，同辞合力。或两道招抚，逗留旬时；或遣蔚州行营，拖曳日月。但欲令臣失所，使臣无成，则天下理乱，山东胜负，悉不顾矣。为臣事君，一至于此。且陛下左右前后，忠良至多，亦有熟会典章，亦有饱谙师旅，足得任使，何独斯人？

以臣愚见，若朝中奸臣尽去，则河朔逆贼，不讨而自平；若朝中奸臣尚在，则逆贼纵平无益。

臣读国史，知代宗朝蕃戎侵轶，直犯都城。代宗不知，盖被程元振蒙蔽，几危社稷。当时柳伉，乃太常一博士耳，犹能抗表归罪，为国除害。今臣所处，兼总将相，岂肯坐观凶邪，有曀日月。不胜感愤嫉恶之至！谨附中使赵奉国以闻。倘陛下未信忠言，犹惑奸党，伏乞出臣此表，令三事大夫与百僚集议。彼不受责，臣合伏辜，天鉴孔明，照臣肝血。但得天下之人知臣不负陛下，则虽死之日，犹生之年。

继上三章，辞情激切。穆宗虽不悦，然惧大臣正议，乃以魏弘简为弓箭库使，罢元稹内职。然宠稹之意未衰，俄拜稹平章事，寻罢度兵权，守司徒、同平章事，充东都留守。谏官相率伏阁诣延英门者日二三。帝知其谏，不即被召，皆上疏言：时未偃兵，度有将相全才，不宜置之散地。帝以章疏旁午，无如之何，知人情在度，遂诏度自太原由京师赴洛。及元稹为相，请上罢兵，洗雪廷凑、克融，解深州之围，盖欲罢度兵柄故也。

二年三月，度至京师，既见，先叙克融、廷凑暴乱河朔，受命讨贼无功；次陈除职东都，许令入觐。辞和气劲，感动左右。度伏奏龙墀，涕泗鸣咽，帝为之动容，口自谕之曰："所谢知，朕于延英待卿。"初，人以度无左右之助，为奸邪排摈，虽度勋德，恐不能感动人主。及度奏河北事，慷慨激切，扬于殿廷，在位者无不耸动。虽武夫贵介，亦有咨嗟出涕者。翌日，以度守司徒、扬州大都督府长史，充淮南节度使，进阶光禄大夫。

时朱克融、王廷凑虽受朝廷节钺，未解深州之围。度初发太原，与二镇书，谕以大义。克融解围而去，廷凑亦退舍。有中使自深州来言之，穆宗甚喜，即日又遣中使往深州取牛元翼，更命度致书与廷凑。度沿路奉诏，中使得度书云："朝谢后，即归留务。恐廷凑知度无兵权，即背前约，请度易之。"中使乃进度书草具奏其事。及度至京师，进对明辩，帝方忧深州之围，遂授度淮南节度使。

　　先是监军使刘承偕恃宠凌节度使刘悟，三军愤发大噪，擒承偕，欲杀之。已杀其二僚，悟救之获免，而囚承偕。诏遣归京，悟托以军情，不时奉诏。至是，宰臣延英奏事，度亦在列，上顾谓度曰："刘悟拘承偕而不遣，如何处置？"度辞以藩臣不合议军国事。上固问之，且曰："刘悟负我，我以仆射宠之，近又赐绢五百万疋，不思报功，翻纵军众凌辱监军，我实难奈此事。"度对曰："承偕在昭义不法，臣尽知之，昨刘悟在行营与臣书，数论其事。是时有中使赵弘亮在臣军，仍持悟书将去，欲自奏，不知奏否？"上曰："我都不知，悟何不密奏其事，我岂不能处置？"度曰："刘悟武臣，不知大臣体例。虽然，臣窃以悟纵有密奏，陛下必不能处置。今日事状如此，臣等面论，陛下犹未能决，悟单辞岂能动圣听哉？"上曰："前事勿论，直言此时如何处置？"度曰："陛下必欲收忠义之心，使天下戎臣为陛下死节，唯有下半纸诏书，言任使不明，致承偕乱法如此，令悟集三军斩之。如此，则万方毕命，群盗破胆，天下无事矣。苟不能如此，虽与刘悟改官赐绢，臣亦恐于事无益。"上俯首良久，曰："朕不惜承偕，缘是太后养子。今被囚縶，太后未知，如卿处置未得，可更议其宜。"度与王播等复奏曰："但配流远恶处，承偕必得出。"上以为然，承偕果得归。

　　度方受册司徒，徐州奏节度副使王智兴自河北行营率师还，逐节度使崔群，自称留后。朝廷骇惧，即日宣制，以度守司徒、同平章事，复知政事，乃以宰相王播代度镇淮南。度兴李逢吉素不协，度自太原入朝，而恶度者以逢吉善于阴计，足能构度，乃自襄阳召逢吉入朝，为兵部尚书。度既复知政事，而魏弘简、刘承偕之党在禁中。逢吉用族子仲言之谋，因医人郑注与中尉王守澄交结，内官皆为之助。五月，左神策军奏告事人李赏称和王府司马于方受元稹所使，结客欲刺裴度。诏左仆射韩皋给事中郑覃与李逢吉三人鞫于方之狱，未竟，罢元稹为同州刺史，罢度为左仆射，李逢吉代度为宰相。自是，逢吉之党李仲言、张又新、李续等，内结中官，外扇朝士，立朋党以沮度，时号"八关十六子"，皆交结相关之人数也。而度之丑誉日闻，俄出度为山南西道节度使，不带平章事。

长庆四年，襄阳节度使牛元翼卒。其家先在镇州，朝廷累遣中使取之，王廷凑迁延不遣。至是，闻元翼卒，乃尽屠其家。昭愍皇帝闻之，嗟惋累日，因叹宰辅非才，致奸臣悖逆如此。翰林学士韦处厚上言曰：

> 臣闻汲黯在朝，淮南不敢谋叛；干木处魏，诸侯不敢加兵。王霸之理，皆以一士而止百万之师，以一贤而制千里之难。臣伏以裴度勋高中夏，声播外夷，廷凑、克融皆惮其用，吐蕃、回鹘悉服其名。今若置之岩廊，委其参决，西夷北虏，未测中华；河北山东，必禀庙算。况幽、镇未静，尤资重臣。管仲曰：人离而听之则愚，合而听之则圣。理乱之本，非有他术，顺人则理，违人则乱。伏承陛下当食叹息，恨无萧、曹。今有一裴度尚不留驱使，此冯生所以感悟汉文，云虽有廉颇、李牧不能用也。
>
> 夫御宰相，当委之信之，亲之礼之。如于事不效，于国无劳，则置之散僚，黜之远郡。如此，则在位者不敢不励，将进者不敢苟求。陛下存终始之分，但不永弃，则君臣之厚也。今进皆负四海责望，退不失六部尚书，不肖者无因而劝。臣与李逢吉素无仇嫌，臣尝被裴度因事贬黜。今之所陈，上答圣明，下达群议，披肝感激，伏地涕流。伏望鉴臣爱君，矜臣体国，则天下幸甚。

昭愍愕然省悟，见度奏状不带平章事，谓处厚曰："度曾为宰相，何无平章事？"处厚因奏："为逢吉所挤，度自仆射出镇兴元，遂于旧使衔中减落。"帝曰："何至是也。"翌日下制，复兼同平章事。

然逢吉之党，巧为毁沮，恐度复用。有陈留人武昭者，性果敢而辩舌。度之讨淮西也，昭求进于军门，乃令入蔡州说吴元济。元济临之以兵，昭气色自若，善待而还。度以为可用，署之军职，随度镇太原，奏授石州刺史。罢郡，除衮王府长史。昭既在散位，心微悒郁，而有怨逢吉之言。而奸邪之党，使卫尉卿刘遵吉从人安再荣告事，言武昭欲谋害李逢吉。狱具，而武昭死，盖欲讦度旧事以污之也。然士君子公论，皆佑度而罪逢吉。天子渐明其端，每中使过兴元，必传密旨抚谕，且有征还之约。

宝历元年十一月，度疏请入觐京师。明年正月，度至，帝礼遇隆厚，数日，宣制复知政事。而逢吉党有左拾遗张权舆者，尤出死力。度自兴元请入朝也，权舆上疏曰："度名应图谶，宅据冈原，不召自来，其心可见。"先是奸党忌度，作谣辞云："绯衣小儿坦其腹，天上有口被驱逐。""天口"言度尝平吴元济也。又帝城东西，横百六冈，合《易象乾》卦之数。度平乐里第，偶当第五冈，故权舆取为语辞。昭愍虽少年，深明其诬谤，奖度之意不衰，奸邪无能措言。

时昭愍欲行幸洛阳，宰相李逢吉及两省谏官，累疏论列，帝正色曰："朕去意已定。其从官宫人，悉令自备糗粮，不劳百姓供馈。"逢吉顿首言曰："东都千里而近，宫阙具存，以时巡游，固亦常典。但以法驾一动，事须备仪，千乘万骑，不可减省。纵不费用绝广，亦须丰俭得宜，岂可自备糗粮，顿失大体？今干戈未甚戢，边鄙未甚宁，恐人心动摇，伏乞稍回宸虑。"帝不听，令度支员外郎卢贞往东都已来检计行宫及洛阳大内。朝廷方怀忧恐，会度自兴元来，因延英奏事，帝语及巡幸。度曰："国家营创两都，盖备巡幸。然自艰难已来，此事遂绝。东都宫阙及六军营垒、百司廨署，悉多荒废。陛下必欲行幸，亦须稍稍修葺。一年半岁后，方可议行。"帝曰："群臣意不及此，但云不合去。若如卿奏，不行亦得，何止后期。"旋又朱克融、史宪诚各请以丁匠五千，助修东都，帝遂停东幸。

幽州朱克融执留赐冬衣使杨文端，奏称衣段疏薄；又奏今岁三军春衣不足，拟于度支请给一季春衣，约三十万端匹；又请助丁匠五千修东都。上忧其不逊，问宰臣曰："克融所奏，如何处分？我欲遣一重臣往宣慰，便索春衣使，可乎？"度对曰："克融家本凶族，无故又行凌悖，必将灭亡，陛下不足为虑。譬如一豺虎，于山林间自吼自跃，但不以为事，则自无能为。此贼只敢于巢穴中无礼，动即不得。今亦不须遣使宣慰，亦不要索所留敕使，但更缓旬日已来，与一诏云：'闻中官到彼稍失去就，待到，我当有处分。所赐卿春衣，有司制造不谨,我甚要知之,已令科处。'所请丁匠五千人及兵马赴东都,固是虚语。臣料贼中,必出不得。今欲直挫其奸意,即报云:'卿所请丁匠修宫阙,可速遣来,已敕魏博等道,令所在排比供拟。'料得此诏,必章惶失计。若未能如此,犹示含容,则报云:'东都宫阙,所要修葺,事在有司,不假卿遣丁匠远来。又所言三军春衣,自是本道常事。比来朝廷或有事赐与,皆缘征发,须是优恩,若寻常则无此例。我固不惜三二十万端匹,只是事体不可独与范阳。卿宜知悉。'只如此处分即得,陛下更不要介意。"上从之,遂进诏草,至皆如度所料。不旬日,幽州杀克融并其二子。

时帝童年骄纵,倦接群臣,度从容奏曰:"比者,陛下每月约六七度坐朝。天下人心,无不知陛下躬亲庶政,乃至河北贼臣远闻,亦皆耸听。自两月已来,入阁开延英稍稀,或恐大段公事须禀睿谋者,有所拥滞。伏冀陛下乘凉数坐,以广延问。伏以颐养圣躬,在于顺适时候。若饮食有节,寝兴有常,四体唯和,万寿可保。《道书》云:'春夏早起,取鸡鸣时;秋冬晏起,取日出时。'盖在阳则欲及阴凉,在阴则欲及温暖。今陛下忧勤庶政,亲览万机,每御延英,召臣等奏对,方属盛夏,宜在清晨。如至巳午之间,即当炎赫之际,虽日昃忘食,不惮其劳,仰瞻宸旒,亦似烦热。臣等已曾陈论,切望听纳。"自后,视事稍频。

未几,兼领度支。属盗起禁闱,宫车晏驾,度与中贵人密谋,诛刘克明等,迎江王立为天子。以功加门下侍郎、集贤殿大学士、太清宫使,余如故。以赞导之勋,进阶特进。时沧景节度使李全略死,其子同捷窃弄兵柄,以求继袭,度请行诛伐,逾年而同捷诛。因拜疏上陈调兵食非宰相事,请归诸有司,诏从之,赐实封三百户。

度年高多病,上疏恳辞机务,恩礼弥厚。文宗遣御医诊视,日令中使抚问。四年六月,诏曰:

昔汉以孔光降置几之诏,晋以郑冲申奉册之命。虽优隆耆德,显重元臣,而议政不及于咨询,用礼止在于安逸。朕勤求至理,所宝唯贤,顾实旧劳,敢不加敬。由是委宰制于大政,辞参决于繁务,时因听断,诚望弼谐,迁秩上公,式是殊宠。特进、守司徒、兼门下侍郎、同中书门下平章事,充集贤殿大学士、上柱国、晋国公、食邑三千户、食实封三百户裴度,禀河岳之英灵,受乾坤之间气,圭璋特达,城府洞开。外茂九功,内苞一德,器为社稷之镇,才实邦国之桢。故能祗事累朝,宣融景化。在宪宗时,扫涤区宇,尔则有出车殄寇之勋。在穆宗时,混同文轨,尔则有参戎入辅之绩。在敬宗时,阜康兆庶,尔则有活国庇人之勤。迨弼朕躬,总齐方夏,尔则有吊伐底宁之力。皆不遗庙算,布在简编,功利及人,不可悉数。而朝论益重,我心实知。方用皋陶之谟,适值留侯之疾,沥恳牢让,备列奏章,塞诏上言,动形颜色。果闻勿药之喜,更俟调鼎之功,而体力未和,音容尚阻。不有优崇之命,孰彰宠待之恩?宜其协赞机衡,弘敷教典,论道而仪刑卿士,宣德而镇抚华夷。啬养精神,保绥福履,为国元老,毗予一人。可司徒、平章军国重事,待疾损日,每三日、五日一度入中书。散官勋封实封如故。仍备礼册命。

度表辞曰:"伏以公台崇礼,典册盛仪,庸臣当之,实谓忝越。况累承宠命,亦为便蕃,前后三度,已行此礼。令臣犹参枢近,窃惧无以弼谐,重此劳烦,有腼面目。伏乞天恩且课臣效官,责臣实事,册命之仪,特赐停罢。则素餐高位,空负耻于中心;弁冕轻车,免讥诮于众口。"优诏从之。九月,加守司徒、兼侍中、襄州刺史,充山南东道节度观察、监汉监牧等使。

度素称坚正,事上不回,故累为奸邪所排,几至颠沛。及晚节,稍浮沉以避祸。初,度支盐铁使王播,广事进奉以希宠,度亦掇拾羡余以效播,士君子少之。复引韦厚叔、南卓为补阙拾遗,俾弥缝结纳,为自安之计。而后进宰相李宗闵、牛僧孺等不悦其所为,故因度谢病罢相位,复出为襄阳节度。

初,元和十四年,于襄阳置临汉监牧,废百姓田四百顷,其牧马三千二百余匹。度以牧马数少,虚废民田,奏罢之,除其使名。八年三月,以本官判东都尚书省事,充东都留守。九年十月,进位中书令。十一月，诛李训、王涯、贾𫛜、舒元舆等四宰相，其亲属门人从坐者数十百人，下狱讯劾，欲加流窜，度上疏理之，全活者数十家。

自是，中官用事，衣冠道丧。度以年及悬舆，王纲版荡，不复以出处为意。东都立第于集贤里，筑山穿池，竹木丛萃，有风亭水榭，梯桥架阁，岛屿回环，极都城之胜概。又于午桥创别墅，花木万株，中起凉台暑馆，名曰绿野堂。引甘水贯其中，酾引脉分，映带左右。度视事之隙，与诗人白居易、刘禹锡酾宴终日，高歌放言，以诗酒琴书自乐，当时名士，皆从之游。每有人士自都还京，文宗必先问之曰："卿见裴度否？"

上以其足疾，不便朝谒，而年未甚衰，开成二年五月，复以本官兼太原尹、北都留守、河东节度使。诏出，度累表固辞老疾，不愿更典兵权，优诏不允。文宗遣吏部郎中卢弘往东都宣旨曰："卿虽多病，年未甚老，为朕卧镇北门可也。"促令上路，度不获已之任。三年冬，病甚，乞还东都养病。四年正月，诏许还京，拜中书令。以疾未任朝谢，诏曰："司徒、中书令度，绰有大勋，累居台鼎。今以疾恙，未任谢上，其本官俸料，宜自计日支给。"又遣国医就第诊视。属上巳曲江赐宴，群臣赋诗，度以疾不能赴。文宗遣中使赐度诗曰："注令待元老，识君恨不早。我家柱石衰，忧来学丘祷。"仍赐御札曰："朕诗集中欲得见卿唱和诗，故令示此。卿疾恙未痊，固无心力，但异日进来。春时俗说难于将摄，勉加调护，速就和平。千百胸怀，不具一二。药物所须，无惮奏请之烦也。"御札及门，而度已薨，四年三月四日也。上闻之，震悼久之，重令缮写，置之灵座。时年七十五，册赠太傅，辍朝四日，赗赙加等。诏京兆尹郑复监护丧事，所须皆官给。上怪度无遗表，中使问之，家人进其稿草，其旨以未定储贰为忧，言不及家事。

度始自书生以辞策中科选，数年之间，翔泳清切。逢时艰否，而能奋命决策，横身讨贼，为中兴宗臣。当元和、长庆间，乱臣贼子，蓄锐丧气，惮度之威棱。度状貌不逾中人，而风彩俊爽，占对雄辩，观听者为之耸然。时有奉使绝域者，四夷君长必问度之年龄几何，状貌魁似，天子用否？其威名播于戎俗，为华夷畏服也如此。时威望德业，侔于郭子仪，出入中外，以身系国之安危、时之轻重者二十年。凡命将相，无贤不肖，皆推度为首，其为士君子爱重也如此。虽江左王导、谢安坐镇雅俗，而讦谟方略，度又过之。有子五人，识、撰、让、谂、议。

识以荫授官，累迁至通议大夫、检校右散骑常侍、寿州刺史、本州团练使、上柱国、袭晋国公、食邑三千户、实封一百五十户，赐紫金鱼袋。大中初，改潭州刺史、御史中丞，充河南都团练观察使。八年，加检校户部尚书、凤翔尹、凤翔陇右节度使。十一年，本官移许州刺史、忠武军节度、陈许观察等使。

撰，长庆元年登进士第。

让初任京兆府参军，大和中度镇襄阳，奏乞让从行。

谂，大中五年自大中大夫检校右散骑常侍、御史大夫、宣州刺史、宣歙观察使、上柱国、河东男、食邑三百户，赐紫金鱼袋，入朝权知刑部侍郎。兄弟并列方镇，时人荣之。

史臣曰：德宗惩建中之难，姑息藩臣，贞元季年，威令衰削。章武皇帝志摅宿愤，廷访嘉猷。始得杜邠公，用高崇文诛刘阐。中得武丞相，运筹训戎，赞成睿断。终得裴晋公，耀武伸威，竟殄两河宿盗。雄哉，章武之果断也！晋公以书生素业，致位台衡，逢时遭屯，扼腕凶丑，誓以身徇，不亦壮乎！夫人臣事君，唯忠与义，大则以污谟排祸难，小则以说正匡过失，内不虑身计，外不恤人言，古之所难也。晋公能之，诚社稷之良臣，股肱之贤相。元和中兴之力，公胡让焉。昔仲尼吹周室陵迟，齐桓霸翼而有微管之论。当承宗、师道之济恶也，奸人遍四海，刺客满京师，乃至关吏禁兵，附贼阴计，议臣言未出口，刃已揕胸。苟非死义之臣，孰肯横身冒难，以辅天子者？苟裴令不用元和之世，则时运未可知也。臣所以明左衽之叹，宣圣奖贤之深。

赞曰：晋公伐叛，以身犯难。用之则治，舍之则乱。公去岩廊，复失冀方。颖、植之谋，信为不臧。

旧唐书卷一七一
列传第一二一

李渤　张仲方　裴潾 张皋附
李中敏　李甘　高元裕
兄少逸 李汉　李景俭

李渤字浚之，后魏横野将军申国公发之后。祖玄珪，卫尉寺主簿。父钧，殿中侍御史，以母丧不时举，流于施州。渤耻其家污，坚苦不仕，励志于文学，不从科举，隐于嵩山，以读书业文为事。元和初，户部侍郎盐铁转运使李巽、谏议大夫韦况更荐之，以山人征为左拾遗。渤托疾不赴，遂家东都。朝廷政有得失，附章疏陈论。又撰《御戎新录》二十卷，表献之。九年，以著作郎征之，诏曰："特降新恩，用清旧议。"渤于是赴官。岁余，迁右补阙。连上章疏忤旨，改丹王府谘议参军，分司东都。十二年，迁赞善大夫，依前分司。

十三年，遣人上疏，论时政凡五事：一礼乐，二食货，三刑政，四议都，五辩仇。渤以散秩在东都，以上章疏为己任，前后四十五封。再迁为库部员外郎。

时皇甫镈作相，剥下希旨。会泽潞节度使郗士美卒，渤充吊祭使，路次陕西，渤上疏曰："臣出使经行，历求利病。窃知渭南县长源乡本有四百户，今才一百余户，阌乡县本有三千户，今才有一千户，其他州县大约相似。访寻积弊，始自均摊逃户。凡十家之内，大半逃亡，亦须五家摊税。似投石井中，非到底不止。摊逃之弊，苛虐如

斯,此皆聚敛之臣剥下媚上,唯思竭泽,不虑无鱼。乞降诏书,绝摊
逃之弊。其逃亡户以其家产钱数为定,征有所欠,乞降特恩免之。计
不数年,人必归于农矣。夫农者,国之本,本立然后可以议太平。若
不由兹,而云太平者,谬矣。"又言道途不修,驿马多死。宪宗览疏惊
异,即以飞龙马数百匹,付畿内诸驿。渤既以草疏切直,大忤宰相,
乃谢病东归。

穆宗即位,如为考功员外郎。十一月定京官考,不避权幸,皆行
升黜,奏曰:

> 宰臣萧俯、段文昌、崔植,是陛下君临之初,用为辅弼,安
> 危理乱,决在此时。况陛下思天下和平,敬大臣礼切,固未有昵
> 比左右、侈满自贤之心。而宰相之权,宰相之事,陛下一以付
> 之,实君义臣行,千载一遇之时也。此时若失,他更无时。而俯
> 等上不能推至公,申炯诚,陈先王道德,以沃君心。又不能正色
> 匡躬,振举旧法,复百司之本,俾教化大立。臣闻政之兴废,在
> 于赏罚。俯等作相已来,未闻奖一人德义,举守官奉公者,使天
> 下在官之徒有所激劝。又不闻黜一人职事不理、持禄养骄者,
> 使尸禄之徒有所惧。如此,则刑法不立矣。邪正莫辩,混然无
> 章,教化不行,赏罚不设,天下之事,复何望哉!

> 一昨陛下游幸骊山,宰相、翰林学士是陛下股肱心腹,宜
> 皆知之。萧俯等不能先事未形,忘躯恳谏,而使陛下有忽谏之
> 名流于史册,是陷君于过也。孔子曰:"所谓大臣者,以道事君,
> 不可则止。"若俯等言行计从,不当如是。若言不行,计不从,须
> 奉身速退,不宜尸素于化源。进退戾也,何所避辞?其萧俯、段
> 文昌、崔植三人并翰林学士杜元颖等,并请考中下。

> 御史大夫李绛、左散骑常侍张惟素、右散骑常侍李益等谏
> 幸骊山,郑覃等谏畋游,是皆恐陛下行幸不息,恣情无度;又恐
> 马有衔蹶不测之变,风寒生疾之忧,急奏无所诣,国玺委于妇
> 人中幸之手。绛等能率御史谏官论列于朝,有恳激事君之体。
> 其李绛、张惟素、李益三人,伏请赐上下考外,特与迁官,以彰

陛下优忠赏谏之美。

其崔元略冠供奉之首,合考上下;缘与于翚上下考,于翚以犯赃处死,准令须降,请赐考中中。大理卿许季同,任使于翚、韦道冲、韦正牧,皆以犯赃,或左降,或处死,合考中下;然顷者陷刘辟之乱,弃家归朝,忠节明著,今宜以功补过,请赐考中中。少府监裴通,职事修举,合考中上;以其请追封所生母而舍嫡母,是明罔于君,幽欺其先,请考中下。伏以昔在宰夫入寝,擅饮师旷、李调。今愚臣守官,请书宰相学士中下考。上爱圣运,下振颓纲,故臣惧不言之为罪,不惧言之为罪也。其三品官考,伏缘限在今月内进,辄先具如前。其四品以下官,续具条疏闻奏。

状入,留中不下。议者以宰辅旷官,自宜上疏论列,而渤越职钓名,非尽事君之道。未几,渤以坠马伤足,请告,会魏博节度使田弘正表渤为副使。杜元颖奏曰:“渤卖直沽名,动多狂躁。圣恩矜贷,且使居官。而干进多端,外交方镇,远求奏请,不能自安。久留在朝,转恐生事。”乃出为虔州刺史。

渤至州,奏还邻境信州所移两税钱二百万,免税米二万斛,减所由一千六百人。观察使以其事上闻。未满岁,迁江州刺史。张平叔判度支,奏征久远逋悬,渤在州上疏曰:“伏奉诏敕云,度支使所奏,令臣设计征填当州贞元二年逃户所欠钱四千四百一十贯。臣当州管田二千一百九十七顷,今已旱死一千九百顷有余,若更勒徇度支使所为,必惧史官书陛下于大旱中征三十六年前逋悬。臣任刺史,罪无所逃。臣既上不副圣情,下不忍鞭笞黎庶,不敢轻持符印,特乞放臣归田。”乃下诏曰:“江州所奏,实为恳诚。若不蠲容,必难存济。所诉逋欠并放。”长庆二年,入为职方郎中。三年,迁谏议大夫。

敬宗冲年即位,坐朝常晚。一日入阁,久不坐,群臣候立紫宸门外,有耆年衰病者几将顿仆,渤出次白宰相曰:“昨日拜疏陈论,今坐益晚,是谏官不能回人主之意,渤之罪也。请先出阁,待罪于金吾仗。"语次唤仗,乃止。渤又以左右常侍,职参规讽,而循默无言,论之曰:"若设官不责其事,不如罢之,以省经费。苟未能罢,则请责职业。"渤充理匦使,奏曰:"事之大者闻奏,次申中书门下,次移诸司。诸司处理不当,再来投匦,即具事奏闻。如妄诉无理,本罪外加一等。准敕告密人付金吾留身待进止。今欲留身后牒台府,冀止绝凶人。"从之。

长庆、宝历中,政出多门,事归邪幸。渤不顾患难,章疏论列,曾无虚日。帝虽昏纵,亦为之感悟。转给事中,面赐金紫。

宝历元年,改元大赦。先是,鄠县令崔发闻门外喧斗,县吏言五坊使下殴击百姓。发怒,命吏捕之,曳拽既至,时已曛黑,不问色目。良久与语,乃知是一内官。天子闻之怒,收发系御史台。御楼之日,放系囚,发亦在鸡竿下。时有品官五十余人,持仗殴发,纵横乱击,发破面折齿,台吏以席蔽之,方免。是日系囚皆释,发独不免。渤疏论之曰:"县令不合曳中人,中人不合殴御囚,其罪一也。然县令所犯在恩前,中人所犯在恩后。中人横暴,一至于此,是朝廷驯致使然。若不早正刑书,臣恐四夷之人及藩镇奏事传道此语,同慢易之心萌矣。"渤又宣言于朝云:"郊礼前一日,两神策军于青城内夺京兆府进食牙盘,不时处置,致有殴击崔发之事。"上闻之,按问左右,皆言无夺食事。以渤党发,出为桂州刺史、兼御史中丞,充桂管都防御观察使。

渤虽被斥,正论不已,而谏官继论其屈。后宰相李逢吉、窦易直、李程因延英上语及崔发,逢吉等奏曰:"崔发凌轹中人,诚大不敬。然发母是故相韦贯之姊,年仅八十。自发下狱,积忧成疾。伏以陛下孝治天下,稍垂恩宥。"帝愍然良久,曰:"比谏官论奏,但言发屈,未尝言不敬之罪,亦不言有老母。如卿等言,宁无愍恻。"即遣中使送发至其家,兼抚问发母。韦夫人号哭,对中使杖发四十,拜章谢恩,帝又遣中使慰安之。

渤在桂管二年,风恙求代,罢归洛阳。大和五年,以太子宾客征至京师。月余卒,时年五十九,赠礼部尚书。渤孤贞力行,操尚不苟合，而阘茸之流，非其沽激。至于以言摈退，终不息言，以救时病，服名节者重之。

子祝，会昌中登进士第，辟诸侯府。

张仲方，韶州始兴人。祖九皋，广州刺史、殿中监、岭南度使。父抗，赠右仆射。仲方伯祖始兴文献公九龄，开元朝名相。仲方，贞元中进士擢第，宏辞登科，释褐集贤校理，丁母忧免。服阕，补秘书省正字，调授咸阳尉。出为邠州从事，入朝历侍御史、仓部员外郎。

会吕温、羊士谔诬告宰相李吉甫阴事，二人俱贬，仲方坐吕温贡举门生，出为金州刺史。吉甫卒，入为度支郎中。时太常定吉甫谥为"恭懿"，博士尉迟汾请为"敬宪"，仲方驳议曰：

古者，易名请谥，礼之典也。处大位者，取其巨节，蔑诸细行，垂范当代，昭示后人，然后书之，垂于不朽。善善恶恶，不可以诬，故称一字，则至明矣，定褒贬是非之宜，泯同异纷纶之论。

赠司徒吉甫，禀气生材，乘时佐治，博涉多艺，含章炳文。变赞阴阳，经纬邦国。惜乎通敏资性，便媚取容。故载践枢衡，叠致台衮，大权在己，沈谋罕成，好恶徇情，轻诺寡信。谄泪在脸，遇便则流；巧言如簧，应机必发。

夫人臣之翼戴元后者，端恪致治，孜孜夙夜，缉熙庶绩，平章百揆。兵者凶器，不可从我始；及乎伐罪，则料敌以成功。至使内有害辅臣之盗，外有怀毒蛊之孽。师徒暴野，戎马生郊。皇上旰食宵衣，公卿大夫且惭且耻。农人不得在亩，缉妇不得在桑。耗敛赋之常资，散帑廪之中积，征边徼之备，竭运饟之劳。僵尸血流，骴骼成岳，酷毒之痛，号诉无辜，剿绝君生，迨今四载。祸胎之兆，实始其谋，遗君父之忧，而岂谓之先觉者乎？

夫论大功者，不可以妄取，不可以枉致。为资画者，体理不显不竞，而岂妨令美。当削平西蜀，乃言语侍从之臣；擒翦东吴，则讦谟廊庙之辅。较其功则有异，言其力则不伦。何舍其所重而录其所轻,收其所小而略其所大?且奢靡是嗜,而曰爱人以俭;受授无守,而曰慎才以补。斥谏净之士于外,岂不近之蔽聪乎?举忠烈之庙于内,岂不近之暧爱也?焉有蔽聪暧爱,家范无制,而能垂法作程,宪章百度乎?

谨按谥法,敬以直内,内而不肃,何以刑于外?宪者,法也。《戴记》曰:"宪章文武。"又曰:"发虑宪。"义以为敬恪终始,载考历位,未尝劾一法官,议一小狱。及居重位,以安和平易宽柔自处。考其名与其行不类,研其事与其道不侔。一定之辞,惟精惟审,异日详制,贻诸史官。请俟蔡寇将平,天下无事,然后都堂聚议,谥亦未迟。

宪宗方用兵,恶仲方深言其事,怒甚,贬为遂州司马,量移复州司马。迁河东少尹。未几,拜郑州刺史。

荥阳大海佛寺有高祖为隋郑州刺史日,为太宗疾祈福于此寺,造石像一躯,凡刊勒十六字以志之。岁久刓缺,荥阳令李光庆重加修饰,仲方再刊石记之以闻。

及敬宗即位,李程作相,与仲方同年登进士第,召仲方为右谏议大夫。敬宗童年戏慢,诏淮南王播造上巳竞渡船三十只。播将船材于京师造作,计用半年转运之费方得成。仲方诣延英面论,言甚恳激,帝只令造十只以进。帝又欲幸华清宫,仲方谏曰:"万乘所幸,出须备仪。无宜轻行,以失威重。"帝虽不从,慰劳之。大和初,出为福州刺史、兼御史中丞、福建观察使。三年,入为太子宾客。五年四月,转右散骑常侍。七年,李德裕辅政,出为太子宾客分司。八年,德裕罢相,李宗闵复召仲方为常侍。

九年十一月,李训之乱,四宰相、中丞、京兆尹皆死。翌日,两省官入朝,宣政衙门未开,百官错立于朝堂,无人吏引接,逶巡,阁门使马元贽斜开宣政衙门传宣曰:"有敕召左散骑常侍张仲方。"仲方出班,元贽宣曰:"仲方可京兆尹。"然后衙门大开唤仗。月余,郑覃作相,用薛元赏为京兆尹,出仲方为华州刺史。开成元年五月,入为秘书监。外议以郑覃党李德裕排摈仲方,覃恐涉朋党,因紫宸奏事,覃启曰："丞郎阙人，臣欲用张仲方。"文宗曰："中台侍郎，朝廷华选。仲方作牧守无政，安可以丞郎处之?"累加银青光禄大夫、上柱国、曲江县开国伯，食邑七百户。二年四月卒。

仲方贞确自立，绰有祖风。自驳谥之后，为德裕之党摈斥，坎坷而殁，人士悲之。有文集三十卷。

兄仲端，位终都昌令。弟仲乎，登进士第，为监察御史。

裴潾，河东人也。少笃学，善隶书。以门荫入仕。元和初，累迁右拾遗，转左补阙。元和中，两河用兵。初，宪宗宠任内官，有至专兵柄者，又以内官充馆驿使。有曹进玉者，恃恩暴戾，遇四方使多倨，有至捶辱者，宰相李吉甫奏罢之。十二年，淮西用兵，复以内官为使。潾上疏曰："馆驿之务，每驿皆有专知官。畿内有京兆尹，外道有观察使、刺史，迭相监临，台中又有御史充馆驿使，专察过阙。伏知近有败事，上闻圣聪。但明示科条，督责官吏，据其所犯，重加贬黜，敢不惕惧，日夜厉精。若令宫闱之臣，出参馆驿之务，则内臣外事，职分各殊，切在塞侵官之源，绝出位之渐。事有不便，必诚以初；令或有妨，不必在大。当扫静妖氛之日，开太平至理之风，澄本正名，实在今日。"言虽不用，帝意嘉之，迁起居舍人。

宪宗季年锐于服铒，诏天下搜访奇士。宰相皇甫镈与金吾将军李道古挟邪固宠，荐山人柳泌及僧大通、凤翔人田佐元，皆待诏翰林。宪宗服泌药，日增躁渴，流闻于外。潾上疏谏曰：

臣闻除天下之害者，受天下之利；共天下之乐者，飨天下之福。故上自黄帝、颛顼、尧、舜、禹、汤，下及周文王、武王，咸以功济生灵，德配天地，故天皆报之以上寿，垂祚于无疆。伏见陛下以大孝安宗庙，以至仁牧黎元。自践祚已来，划积代之妖凶，开削平之洪业。而礼敬宰辅，待以终始，内能大断，外宽小故。夫此神功圣化，皆自古圣主明君所不及，陛下躬亲行之，实光映千古矣。是则天地神祇，必报陛下以山岳之寿；宗庙圣灵，必福陛下以亿万之龄；四海苍生，咸祈陛下以覆载之永。自然万灵保祐,圣寿无疆。

伏见自去年已来,诸处频荐药术之士,有韦山甫、柳泌等,或更相称引,迄今狂谬,荐送渐多。臣伏以真仙有道之士,皆匿其名姓,无求于代,潜遁山林,灭影云壑,唯恐人见,唯惧人闻。岂肯干谒公卿,自鬻其术?今者所有夸炫药术者,必非知道之士,咸为求利而来,自言飞炼为神,以诱权贵贿赂。大言怪论,惊听惑时,及其假伪败露,曾不耻于逃遁。如此情状,岂可保信其术,亲饵其药哉?《礼》曰:“夫人食味别声,被色而生者也。”《春秋左氏传》曰:“味以行气,气以实志。”又曰:“水火醯醢盐梅,以烹鱼肉。宰夫和之,齐之以味。君子食之,以平其心。”夫三牲五谷,禀自五行,发为五味,盖天地生之所以奉人也,是以圣人节而食之,以致康强逢吉之福。若夫药石者,前圣以之疗疾,盖非常食之物。况金石皆含酷烈热毒之性,加以烧治,动经岁月,既兼烈火之气,必恐难为防制。若乃远征前史,则秦、汉之君,皆信方士,如卢生、徐福、栾大、李少君,其后皆奸伪事发,其药竟无所成。事著《史记》、《汉书》,皆可验视。《礼》曰:“君之药,臣先尝之;亲之药,子先尝之。”臣子一也,臣愿所有金石,炼药人及所荐之人皆先服一年,以考其真伪,则自然明验矣。

伏惟元和圣文神武法天应道皇帝陛下,合日月照临之明,禀乾元利贞之德,崇正若指南,受谏如转规,是必发精金之刃,断可疑之纲。所有药术虚诞之徒,伏乞特赐罢遣,禁其幻惑。使浮云尽彻,郎日增辉,道化侔羲、农,悠久配天地,实在此矣。伏以贞观已来,左右起居有褚遂良、杜政权伦、吕向、韦述等,咸能竭其忠诚,悉心规谏。小臣谬参侍从,职奉起居,侍从之中,最近左右。传曰:“近臣尽规。”则近侍之臣,上达忠款,实其本职也。

疏奏忤旨,贬为江陵令。

穆宗即位,柳泌等诛,征潾为兵部员外郎,迁刑部郎中。有前率府仓曹曲元衡者,杖杀百姓柏公成母。法官以公成母死在辜外,元衡父任军使,使以父荫征铜。柏公成私受元衡资货,母死不闻公府,法寺以经恩免罪。潾议曰:"典刑者,公柄也。在官者得施于部属之内,若非在官,又非部属,虽有私罪,必告于官。官为之理,以明不得擅行鞭捶于齐人也。且元衡身非在官,公成母非部属,而擅凭威力,横此残虐,岂合拘于常典?柏公成取货于仇,利母之死,悖逆天性,犯则必诛。"奏下,元衡仗六十配流,公成以法论至死,公议称之。转考功、吏部二郎中。

宝历初,拜给事中。大和四年,出为汝州刺史、兼御史中丞,赐紫。坐违法杖杀人,贬左庶子,分司东都。七年,迁左散骑常侍,充集贤殿学士。集历代文章,续梁昭明太子《文选》,成三十卷,目曰《大和通选》,并音义、目录一卷,上之。当时文士,非素与潾游者,其文章少在其选,时论咸薄之。八年,转刑部侍郎。寻改华州刺史。九年,复拜刑部侍郎。开成元年,转兵部侍郎。二年,加集贤院学士,判院事。寻出为河南尹,入为兵部侍郎。三年四月卒,赠户部尚书,谥曰敬。

潾以道义自处,事上尽心,尤嫉朋党,故不为权幸所知。宪宗竟以药忤不寿,君子以潾为知言。穆宗虽诛柳泌,既而自惑,左右近习,稍稍复进方士。时有处士张皋上疏曰:

神虑澹则血气和,嗜欲胜则疾疢作。和则必致于寿考,作则必致于伤残。是以古之圣贤,务自颐养,不以外物挠耳目,不徇声色败性情。由是和平自臻,福庆斯集。故《易》曰:"无妄之疾,勿药有喜。"《诗》曰:"自天降康,降福穰穰。"此皆理合天人,著在经训。然则药以攻疾,无疾固不可饵之也。高宗朝,处士孙思邈者,精识高道,深达摄生,所著《千金方》三十卷,行之于代。其《序论》云:"凡人无故不宜服药,药气偏有所助,令人脏气不平。"思邈此言,可谓洞于事理也。或寒暑为寇,节宣有乖,事资医方,尚须重慎,故《礼》云:"医不三代,不服其药。"施于凡庶,犹且如此,况在天子,岂得自轻?先朝暮年,颇好方士,征集非一，尝试亦多，果致危疾，闻于中外，足为殷鉴。皆陛下素所详知，必不可更蹈前车，自贻后悔。今朝野之人，纷纭窃议，直畏忤旨，莫敢献言。臣蓬艾微生，麋鹿同处，既非邀宠，亦又何求？但泛览古今，粗知忠义，有闻而默，于理不安。愿陛下无怒刍荛，庶裨万一。"

穆宗叹奖其言，寻令访皋，不获。

李中敏，陇西人。父婴。中敏，元和末登进士第，性刚褊敢言。与进士杜牧、李甘相善，文章趣向，大率相类。中敏累从府辟，入为监察，历侍御史。大和中，为司门员外郎。六年夏旱。时王守澄方宠郑注，及诬构宋申锡后，人侧目畏之。上以久旱，诏求致雨之方。中敏上言曰："仍岁大旱，非圣德不至，直以宋申锡之冤滥，郑注之奸弊。今致雨之方，莫若斩郑注而雪申锡。"士大夫皆危之，疏留中不下。明年，中敏谢病归洛阳。及训、注诛，竟雪申锡，召中敏为司勋员外郎。寻迁刑部郎中，知台杂。

其年，拜谏议大夫，充理匦使。上言曰："据旧例，投匦进状人先以副本呈匦使，或诡异难行者，不令进入。臣检寻文案，不见本救，所由但云贞元奉宣，恐是一时之事。臣以为本置匦函，每日从内将出，日暮进入，意在使冤滥无告有司不为申理者，或论时政，或陈利害，宜开其必达之路，所以广聪明而虑幽枉也。若令有司先见，裁其可否，即非重密其事，俾壅塞自伸于九重之意。臣伏请今后所有进状及封事，臣但为引进，取舍可否，断自中旨。庶使名实在兹，以明置匦之本。"从之。寻拜给事中。

李甘字和鼎。长庆末进士擢第，又制策登科。大和中，累官至侍御史。郑注入翰林侍讲，舒元舆既作相，注亦求入中书。甘唱于朝曰："宰相者，代天理物，先德望而后文艺。注乃何人，敢兹叨窃？白麻若出，吾必坏之。"会李训亦恶注之所求，相注之事竟寝。训不获已，贬甘封州司马。

又有李款者,与中敏同时为侍御史,郑注邠宁入朝,款伏阁弹注云:"内通敕使,外结朝官,两地往来,卜射财货。"文宗不之省。及注用事,款亦被逐。开成中,累官至谏议大夫,出为苏州刺史,迁洪州刺史、江西观察使。杜牧自有传。

高元裕字景圭,渤海人。祖赳,父集,官卑。元裕登进士第,本名允中,大和初,为侍御史,奏改元裕。累迁左司郎中。李宗闵作相,用为谏议大夫,寻改中书舍人。九年,宗闵得罪南迁,元裕出城饯送,为李训所怒,出为阆州刺史。时郑注入翰林,元裕草注制辞,言注以医药奉君亲,注怒,会送宗闵,乃贬之。训、注既诛,复征为谏议大夫。

开成三年,充翰林侍讲学士。文宗宠庄属太子,欲正人为师友,乃兼太子宾客。四年,改御史中丞,风望峻整。上言曰:"御史府纪纲之地,官属选用,宜得实才。其不称者,臣请出之。"监察御史杜宣猷柳环崔郢、侍御史魏中庸高弘简,并以不称,出为府县之职。寻而蓝田县人贺兰进与里内五十余人相聚念佛,神策镇将皆捕之,以为谋逆,当大辟。元裕疑其冤,上疏请出贺兰进等付台覆问,然后行刑,从之。

会昌中,为京兆尹。大中初,为刑部尚书。二年,检校吏部尚书、襄州刺史,加银青光禄大夫、渤海郡公、山南东道节度使。入为吏部尚书,卒。元裕兄少逸、元恭。

少逸,长庆末为侍御史,坐弟元裕贬官,左授赞善大夫,累迁左司郎中。元裕为中丞,少逸迁谏议大夫,代元裕为侍讲学士。兄弟迭处禁密,时人荣之。会昌中,为给事中,多所封奏。大中初,检校礼部尚书、华州刺史、潼关防御、镇国军使。入为左散骑常侍、工部尚书,卒。

元裕子璩,登进士第。大中朝,由内外制历丞郎,判度支。咸通中,守中书侍郎、平章事。

李汉字南纪，宗室淮阳王道明之后。道明生景融，景融生务该，务该生思，思生炭。炭已上无名位，至炭为蜀州晋原尉。炭生荆，荆为陕州司马。荆生汉。

汉，元和七年登进士第，累辟使府。长庆末，为左拾遗。敬宗好治宫室，波斯贾人李苏沙献沈香亭子材，汉上疏论之曰："若以沈香为亭子，即与瑶台琼室事同。"宝历中，王政日僻，汉与同列薛廷老因入阁廷奏曰："近日除授，不由中书拟议，多是宣出施行。臣恐自此纪纲大坏，奸邪恣行。愿陛下各敕有司，稍存典故。"坐言忤旨，出为兴元从事。

文宗即位，召为屯田员外郎、史馆修撰。汉，韩愈子婿，少师愈为文，长于古学，刚讦亦类愈。预修《宪宗实录》，尤为李德裕所憎。大和四年，转兵部员外郎。李宗闵作相，用为知制诰，寻迁驾部郎中。

八年，代宇文鼎为御史中丞。时李程为左仆射，以仪注不定，奏请定制。先是，大和三年，两省官同定左右仆射仪注：御史中丞已下，与仆射相遇，依令致敬，敛马侧立待。仆射谢官日，大夫中丞、三院御史，就幕次参见，其观象门外立班，既以后至为重。大夫中丞到班后，朝堂所由引仆射就位，传呼赞导，如大夫就列之仪。班退，赞导亦如之。御史大夫与仆射道途相遇，则分道而行。旧事，左右仆射已上，御史中丞、吏部侍郎已下罗拜。四年，中书奏曰："仆射受中丞侍郎拜，则似太重，答郎官已下拜，则太轻。起今后，诸司四品已下官，及御史台六品已下并郎官，并望准故事，余依元和七年敕处分。"可之。至是，因李程奏，汉议曰："左右仆射初上，受左右丞、诸曹侍郎、诸司四品及御史中丞已下拜。谨按《开元礼》及《六典》，并无此仪注，不知所起之由。或以为仆射师长百僚，此语亦无证据，唯有曹魏时贾诩《让官表》中一句语耳。且尚书令是正长，尚无受拜之文。故事，与御史中丞、司隶校尉号三独坐。伏以朝廷比肩，同事圣主，南面受拜，臣下何安？纵有明文，尚须厘革。故《礼记》曰：'君于士不答拜，非其臣则答之。'况御史中丞、殿中御史是供奉官，尤为不可。仪制令虽有隔品之文,不知便是受拜否?及御史大夫,亦曾受御史已下拜,今并不行。盖以礼数僭逼,非人臣所安。元和六年七月,诏崔郊、段平仲与当时礼官王泾、韦公肃等同议其事,理甚精详。今请举而行之,庶为折衷。"时程入省,竟依旧仪,议者以汉奏为是。

七年,转礼部侍郎。八年,改户部侍郎。九年四月,转吏部侍郎。六月,李宗闵得罪罢相,汉坐其党,出为汾州刺史。宗闵再贬,汉亦改汾州司马,仍三二十年不得录用。会昌中,李德裕用事,汉竟沦踬而卒。

汉弟浐、洗、潘,皆登进士第。潘,大中初为礼部侍郎。汉子觊,亦登进士第。

李景俭字宽中,汉中王瑀之孙。父褚,太子中舍。景俭,贞元十五年登进士第。性俊朗,博闻强记,颇阅前史,详其成败。自负王霸之略,于士大夫间无所屈降。贞元末,韦执谊、王叔文东宫用事,尤重之,待以管、葛之才。叔文窃政,属景俭居母丧,故不及从坐。韦夏卿留守东都,辟为从事。窦群为御史中丞,引为监察御史。群以罪左迁,景俭坐贬江陵户曹。累转忠州刺史。

元和末入朝,执政恶之,出为澧州刺史。与元稹、李绅相善。时绅、稹在翰林,屡言于上前。及延英辞日,景俭自陈己屈,穆宗怜之,追诏拜仓部员外郎。月余,骤迁谏议大夫。性既矜诞,宠擢之后,凌蔑公卿大臣,使酒尤甚。中丞萧俛、学士段文昌相次辅政,景俭轻之,形于谈谑。二人俱诉之,穆宗不获已,贬之。制曰:"谏议大夫李景俭,擢自宗枝,尝探儒术,荐历台阁,亦分郡符。动或违仁,行不由义。附权幸以亏节,通奸党之阴谋。众情皆疑,群议难息。据因缘之状,当置严科;顺长养之时,特从宽典。勉宜省过,无或徇非。可建州刺史。"未几元稹用事,自郡召还,复为谏议大夫。

其年十二月,景俭朝退,与兵部郎中知制诰冯宿、库部郎中知制诰杨嗣复、起居舍人温造、司勋员外郎李肇、刑部员外郎王镒等同谒史官独孤朗,乃于史馆饮酒。景俭乘醉诣中书谒宰相,呼王播、崔植、杜元颖名,面疏其失,辞颇悖慢,宰相逊言止之,旋奏贬漳州刺史。是日同饮于史馆者皆贬逐。景俭未至漳州而元稹作相,改授楚州刺史。议者以景俭使酒,凌忽宰臣,诏令才行,遽迁大郡。稹惧其物议,追还,授少府少监。从坐者皆召还。而景俭竟以忤物不得志而卒。景俭疏财尚义,虽不厉名节,死之日,知名之士咸惜之。

景俭弟景儒、景信、景仁,皆有艺学,知名于时。景信、景仁,皆登进士第。

史臣曰:仲尼有言,“不得中行而与之,必也狂狷乎!”而渤论考第,仲方驳谥,诚知后悔,不能息言,可谓狷欤?当贼注挟邪之辰,群公结舌而寝默,而中敏、李甘、元裕,或肆其言,或奋其笔,暴扬丑迹,不惮撩须。谓之为狂,即有遗恨,比夫请剑断佞,亦可同年而语也。南纪有良史才,足以自立,而协比权幸,颠沛终身。君子慎独,庸可忽诸。景俭自负太过,荡而无检,良骥跅弛之患也。

赞曰:张、李切言,利刃决云。裴谏方士,深诚爱君。言排贼注,高、李不群。汉、俭朋比,夫何足云。

旧唐书卷一七二
列传第一二二

令狐楚 弟定　子绪　绹　绹子滈　涣
牛僧孺 子蔚　蓁　蔚子徽　**萧俛** 弟杰
俶　从弟仿　仿子廪　**李石** 弟福

令狐楚字殼士,自言国初十八学士德棻之裔。祖崇亮,绵州昌
明县令。父承简,太原府功曹。家世儒素。楚儿童时已学属文,弱
冠应进士,贞元七年登第。桂管观察使王拱爱其才,欲以礼辟召,惧
楚不从,乃先闻奏而后致聘。楚以父掾太原,有庭闱之恋,又感拱厚
意,登第后径往桂林谢拱。不预宴游,乞归奉养,即还太原,人皆义
之。李说、严绶、郑儋相继镇太原,高其行义,皆辟为从事。自掌书
记至节度判官,历殿中侍御史。

楚才思俊丽,德宗好文,每太原奏至,能辨楚之所为,颇称之。
郑儋在镇暴卒,不及处分后事,军中喧哗,将有急变。中夜十数骑持
刃迫楚至军门,诸将环之,令草遗表。楚在白刃之中,搦管即成,读
示三军,无不感泣,军情乃安。自是声名益重。丁父忧,以孝闻。免
丧,征拜右拾遗,改太常博士、礼部员外郎。母忧去官。服阕,以刑
部员外郎征,转职方员外郎、知制诰。

楚与皇甫镈、萧俛同年登进士第。元和九年,镈初以财赋得幸,
荐俛、楚俱入翰林,充学士,迁职方郎中、中书舍人,皆居内职。时用
兵淮西,言事者以师久无功,宜宥贼罢兵,唯裴度与宪宗志在殄寇。

十二年夏,度自宰相兼彰义军节度、淮西招抚宣慰处置使。宰相李逢吉与度不协,与楚相善。楚草度淮西招抚使制,不合度旨,度请改制内三数句语。宪宗方责度用兵,乃罢逢吉相任,亦罢楚内职,守中书舍人。元和十三年四月,出为华州刺史。其年十月,皇甫镈作相,其月以楚为河阳怀节度使。十四年四月,裴度出镇太原。七月,皇甫镈荐楚入朝,自朝议郎授朝议大夫、中书侍郎、同平章事,与镈同处台衡,深承顾待。

十五年正月,宪宗崩,诏楚为山陵使,仍撰哀册文。时天下怒皇甫镈之奸邪,穆宗即位之四日,群臣素服班于月华门外,宣诏贬镈,将杀之。会萧俛作相,托中官救解,方贬崖州。物议以楚因镈作相而逐裴度,群情共怒,以萧俛之故,无敢措言。

其年六月,山陵毕,会有告楚亲吏赃污事发,出为宣歙观察使。楚充奉山陵时,亲吏韦正牧、奉天令于翚、翰林阴阳官等同隐官钱,不给工徒价钱,移为羡余十五万贯上献。怨诉盈路,正牧等下狱伏罪,皆诛,楚再贬衡州刺史。时元稹初得幸,为学士,素恶楚与镈胶固希宠,稹草楚衡州制,略曰:“楚早以文艺,得践班资,宪宗念才,擢居禁近。异端斯害,独见不明,密赞讨伐之谋,潜附奸邪之党。因缘得地,进取多门,遂忝台阶,实妨贤路。”楚深恨稹。

长庆元年四月,量移郢州刺史,迁太子宾客,分司东都。二年十一月,挟陕州大都督府长史、兼御史大夫、陕虢观察使。制下旬日,谏官论奏,言楚所犯非轻,未合居廉察之任。上知之,遽令追制。时楚已至陕州,视事一日矣,复授宾客,归东都。时李逢吉作相,极力援楚,以李绅在禁密沮之,未能擅柄。敬宗即位,逢吉逐李绅,寻用楚为河南尹、兼御史大夫。

其年九月,检校礼部尚书、汴宋刺史、宣武军节度、汴宋亳观察等使。汴军素骄,累逐主帅,前后韩弘兄弟,率以峻法绳之,人皆偷生,未能革志。楚长于抚理,前镇河阳,代乌重胤移镇沧州,以河阳军三千人为牙卒,卒咸不愿从,中路叛归,又不敢归州,聚于境上。楚初赴任,闻之,乃疾驱赴怀州,溃卒亦至,楚单骑喻之,咸令橐弓解甲,用为前驱,卒不敢乱。及莅汴州,解其酷法,以仁惠为治,去其太甚,军民咸悦,翕然从化,后竟为善地。汴帅前例,始至率以钱二百万实其私藏,楚独不取,以其羡财治廨舍数百间。

大和二年九月,征为户部尚书。三年三月,检校兵部尚书、东都留守、东畿汝都防御使。其年十一月,进位检校右仆射、郓州刺史、天平军节度、郓曹濮观察等使。奏故东平县为天平县。属岁旱俭,人至相食,楚均富赡贫,而无流亡者。

六年二月,改太原尹、北都留守、河东节度等使。楚久在并州,练其风俗,因人所利而利之,虽属岁旱,人无转徙。楚始自书生,随计成名,皆在太原,实如故里。及是秉旄作镇,邑老欢迎。楚绥抚有方,军民胥悦。七年六月,入为吏部尚书,仍检校右仆射。故事,检校官高者,便从其班。楚以正官三品不宜从二品之列,请从本班,优诏嘉之。

九年六月,转太常卿。十月,守尚书左仆射,进封鼓阳郡开国公。十一月,李训兆乱,京师大扰。训乱之夜,文宗召右仆射郑覃与楚宿于禁中,商量制敕,上皆欲用为宰相。楚以王涯、贾𫗧冤死,叙其罪状浮泛,仇士良等不悦,故辅弼之命移于李石。乃以本官领盐铁转运等使。

先是,郑注上封置榷茶使额,盐铁使兼领之,楚奏罢之,曰:

伏以江、淮数年已来,水旱疾疫,凋伤颇甚,愁叹未平。今夏及秋,稍校丰稔,方须惠恤,各使安存。昨者忽奏榷茶,实为蠹政。盖是王涯破灭将至,怨怒合归,岂有令百姓移茶树于官场中栽植,摘茶叶于官场中造作,有同儿戏,不近人情。方在恩权,孰敢沮议?朝班相顾而失色,道路以目而吞声。今宗社降灵,奸凶尽戮,圣明垂祐,黎庶合安。微臣蒙恩,兼领使务,官衔之内,犹带此名。俯仰若惊,夙宵知惧。伏乞特回圣听,下鉴愚诚,速委宰臣,除此使额。缘军国之用或阙,山泽之利有遗,许臣条疏,续具闻奏。采造将及,妨废为虞。前月二十一日,内殿奏对之次,郑覃与臣同陈论讫。伏望圣慈早赐处分,一依旧法,不用新条。唯纳榷之时,须节级加价,商人转卖,必校稍贵,即是钱出万国,利归有司。既不害茶商,又不扰茶户,上以彰陛下爱人之德,下以竭微臣忧国之心。远近传闻,必当感悦。

从之。

先是元和十年,出内库弓箭陌刀赐左右街使,充宰相入朝以为翼卫,及建福门而止。至是,因训、注之乱,悉罢之。楚又奏:"诸道新授方镇节度使等,具帑抹,带器仗,就尚书省兵部参辞。伏以军国异容,古今定制,若不由旧,斯为改常。未闻省阁之门,忽内弓刀之器。郑注外蒙恩宠,内蓄凶狂,首创奸谋,将兴乱兆。致王璠、郭行余之辈,敢驱将吏,直诣阙庭。震惊乘舆,骚动京国,血溅朝路,尸僵禁街。史册所书,人神共愤,既往不咎,其源尚开。前件事宜,伏乞速令停罢,如须参谢,即具公服。"从之。又奏请罢修曲江亭绢一万三千七百匹,回修尚书省,从之。

开成元年上巳,赐百僚曲江亭宴。楚以新诛大臣,不宜赏宴,独称疾不赴,论者美之。以权在内官,累上疏乞解使务。其年四月,检校左仆射、兴元尹,充山南西道节度使。二年十一月,卒于镇,年七十二,册赠司空,谥曰文。

楚风仪严重,若不可犯,然宽厚有礼,门无杂宾。尝与从事宴语方酣,有非类偶至,立命彻席,毅然色变。累居重任,贞操如初。未终前三日,犹吟咏自若。疾甚,诸子进药,未尝入口,曰:"修短之期,分以定矣,何须此物?"前一日,召从事李商隐曰:"吾气魄已殚,情思俱尽,然所怀未已,强欲自写闻天,恐辞语乖舛,子当助我成之。"即秉笔自书曰:

臣永惟际会,受国深恩。以祖以父,皆蒙褒赠;有弟有子,并列班行。全腰领以从先人,委体魄而事先帝,此不自达,诚为甚愚。但以永去泉局,长辞云陛,更陈尸谏,犹进瞽言。虽号叫而不能,岂诚明之敢忘?今陛下春秋鼎盛,寰海镜清,是修教化之初,当复理平之始。然自前年夏秋已来,贬谴者至多,诛戮者不少,望普加鸿造,稍霁皇威。殁者昭洗以云雷,存者沾濡以雨露，使五谷嘉熟，兆人安康。纳臣将尽之苦言，慰臣永蛰之幽魄。

书讫，谓其子绪、绹曰："吾生无益于人，勿请谥号。葬日，勿请鼓吹，唯以布车一乘，余勿加饰。铭志但志宗门，秉笔者无择高位。"当殁之夕，有大星陨于寝室之上，其光烛廷。楚端坐与家人告诀，言已而终。嗣子奉行遗旨。诏曰："生为名臣，殁有理命。终始之分，可谓两全。卤簿哀荣之末节，难违往意；谥谥国家之大典，须守彝章。卤簿宜停，易名须准旧例。"后绹贵，累赠至太尉。有文集一百卷，行于时。所撰《宪宗哀册文》，辞情典郁，为文士所重。

楚弟定，字履常，元和十一年进士及第，累辟使府。大和九年，累迁至职方员外郎、弘文馆直学士、检校右散骑常侍、桂州刺史、桂管都防御观察等使。卒，赠礼部尚书。

绪以荫授官，历随、寿、汝三郡刺史。在汝州日，有能政，郡人请立碑颂德。绪以弟绹在辅弼，上言曰："臣先父元和中特承恩顾，弟绹官不因人，出自宸衷。臣伏睹诏书，以臣刺汝州日，粗立政劳，吏民求立碑颂，寻乞追罢。臣任随州日，郡人乞留，得上下考。及转河南少尹，加金紫。此名已闻于日下，不必更立碑颂，乞赐寝停。"宣宗嘉其意，从之。

绹字子直，大和四年登进士第，释褐弘文馆校书郎。开成初为左拾遗。二年，丁父丧。服阕，授本官，寻改左补阙、史馆修撰，累迁库部、户部员外郎。会昌五年，出为湖州刺史。大中二年，召拜考功郎中，寻知制诰。其年，召入充翰林学士。三年，拜中书舍人，袭封彭阳男，食邑三百户，寻拜御史中丞。四年，转户部侍郎，判本司事。其年，改兵部侍郎、同中书门下平章事。绹以旧事带尚书省官，合先省上。上日，同列集于少府监。时白敏中、崔龟从曾为太常博士，至相位，欲荣其旧署，乃改集于太常礼院，龟从手笔志其事于壁。

绚辅政十年，累官至吏部尚书、右仆射、凉国公，食邑二千户。十三年，罢相，检校司空、同中书门下平章事、河中尹、河中晋绛等节度使。咸通二年，改汴州刺史、宣武军节度使。三年冬，迁扬州大都督府长史、淮南节度副大使、知节度事。累加开府仪同三司、检校司徒，进食邑至三千户。

九年，徐州戍兵庞勋自桂州擅还。七月至浙西，沿江自白沙入浊河，剽夺舟船而进。绚闻勋至，遣使慰抚，供给刍米。都押衙李湘白绚曰："徐兵擅还，必无好意。虽无诏命作讨，权变制在藩方。昨其党来投，言其数不逾二千，而虚张舟航旗帜，恐人见其实。涉境已来，心颇忧惴。计其水路，须出高邮县界，河岸斗峻而水深狭。若出奇兵邀之，俾获船纵火于前，劲兵奋击于后，败走必矣。若不于此诛锄，俟济淮、泗，合徐人负怨之徒，不下十万，则祸乱非细也。"绚性懦缓，又以不奉诏命，谓湘曰："长淮已南，他不为暴。从他过去，余非吾事也。"

其年冬，庞勋杀崔彦曾，据徐州，聚众六七万。徐无兵食，乃分遣贼帅攻剽淮南诸郡，滁、和、楚、寿继陷。谷食既尽，淮南之民多为贼所啖。时两淮郡多陷，唯杜慆守泗州，贼攻之经年，不能下。初诏绚为徐州南面招讨使，贼攻泗州急，绚令李湘将兵五千人援之。贼闻湘来援，遣人致书于绚，辞情逊顺，言"朝廷累有诏赦宥，但抗拒者三两人耳，旦夕图去之，即束身请命，愿相公保任之"。绚即奏闻，请赐勋节钺，仍诫李湘但戍淮口，贼已招降，不得立异。由是湘军解甲安寝，去警撤备，日与贼军相对，欢笑交言。一日，贼军乘间，步骑径入湘垒，淮卒五千人皆被生缚送徐州，为贼蒸而食之。湘与监军郭厚本为庞勋断手足，以徇于康承训军。时浙西杜审权发军千人与李湘约会兵，大将翟行约勇敢知名。浙军未至而湘军败。贼乃分兵，立淮南旗帜为交斗之状。行约军望见，急趋之，千人并为贼所缚，送徐州。

绚既丧师，朝廷以左卫大将军、徐州西南面招讨使马举代绚为淮南节度使。十二年八月，授检校司徒、太子太保，分司东都。十三年,以本官为凤翔尹、凤翔陇节度使,进封赵国公,食邑三千户,卒。子滈、涣、汲。

滈少举进士,以父在内职而止。及绹辅政十年,滈以郑颢之亲,骄纵不法,日事游宴,货贿盈门,中外为之侧目。以绹党援方盛,无敢措言。及懿宗即位,讼者不一,故绹罢权轴。既至河中,上言曰:"臣男滈,爰自孩提,便从师训,至于词艺,颇及辈流。会昌二年臣任户部员外郎时,已令应举,至大中二年犹未成名。臣自湖州刺史蒙先帝擢授考功郎中、知制诰,寻充学士。继叨渥泽,遂忝枢衡,事体有妨,因令罢举,自当废绝,一十九年。每遣退藏,更令勤励。臣以禄位逾分,齿发已衰,男滈年过长成,未沾一第,犬马私爱,实切悯伤。臣二三年来,频乞罢免,每年取得文解,意待才离中书,便令赴举。昨蒙恩制,宠以近藩。伏缘已逼礼部试期,便令就试。至于与夺,出自主司,臣固不敢挠其衡柄。臣初离机务,合具上闻。昨延英奉辞,本拟面奏,伏以恋恩方切,陈诚至难。伏冀宸慈,察臣丹恳。"诏令就试。

是岁,中书舍人裴坦权知贡举,登第者三十人。有郑羲者,故户部尚书浣之孙,裴弘余故相休之子,魏笤故相扶之子,及滈,皆名臣子弟,言元实才。谏议大夫崔瑄上疏论之曰:"令狐滈昨以父居相位,权在一门。求请者诡党风趋,妄动者群邪云集。每岁贡闱登第,在朝清列除官,事望虽出于绹,取舍全由于滈。喧然如市,旁若无人,权动寰中,势倾天下。及绹罢相作镇之日,便令滈纳卷贡闱。岂可以父在枢衡,独挠文柄?请下御史台按问文解日月者。"奏疏不下。

滈既及第,释褐长安尉、集贤校理。咸通二年,迁右拾遗、史馆修撰。制出,左拾遗刘蜕、起居郎张云,各上疏极论滈云:"恃父秉权,恣受货赂。取李琢钱,除琢安南都护,遂致蛮陷交州。"张云言:"大中十年,绹以谏议大夫豆卢籍、刑部郎中李郢为夔王已下侍读,欲立夔王为东宫,欲乱先朝子弟之序。滈内倚郑颢,人谁敢言?"时滈在淮南,累表自雪。懿宗重伤大臣意,贬云为兴元少尹,蜕为华阴令,改滈詹事府司直。滈为众所非,宦名不达。

涣、汎俱登进士第。涣位至中书舍人。定子缄,缄子澄、湘。澄亦以进士登第,累辟使府。

牛僧孺字思黯,隋仆射奇章公弘之后。祖绍,父幼简,官卑。僧孺进士擢第,登贤良方正制科,释褐伊阙尉,迁监察御史,转殿中,历礼部员外郎。元和中,改都官,知台杂,寻换考功员外郎,充集贤直学士。

穆宗即位,以库部郎中知制诰。其年十一月,改御史中丞。以州府刑狱淹滞,人多冤抑,僧孺条疏奏请,按劾相继,中外肃然。长庆元年,宿州刺史李直臣坐赃当死,直臣赂中贵人为之申理,僧孺坚执不回。穆宗面喻之曰:“直臣事虽憯失,然此人有经度才,可委之边任,朕欲贷其法。”僧孺对曰:“凡人不才,止于持禄取容耳。帝王立法,束缚奸雄,正为才多者。禄山、朱泚以才过人,浊乱天下,况直臣小才,又何屈法哉?”上嘉其守法,面赐金紫。二年正月,拜户部侍郎。三年三月,以本官同平章事。

初韩弘入朝,以宣武旧事,人多流言,其子公武以家财厚赂权幸及多言者,班列之中悉受其遗。俄而父子俱卒,孤孙幼小,穆宗恐为厮养窃盗,乃命中使至其家,阅其宅簿,以付家老。而簿上具有纳赂之所,唯于僧孺官侧朱书曰:“某月日,送牛侍郎物若干,不受,却付讫。”穆宗按簿甚悦。居无何,议命相,帝首可僧孺之名。

敬宗即位,加中书侍郎、银青光禄大夫,封奇章子,邑五百户。十二月,加金紫阶,进封郡公、集贤殿大学士、监修国史。宝历中,朝廷政事出于邪幸,大臣朋比,僧孺不奈群小,拜章求罢者数四,帝曰:“俟予郊礼毕放卿。”及穆宗祔庙郊报后,又拜章陈退,乃于鄂州置武昌军额,以僧孺检校礼部尚书、同中书门下平章事、鄂州刺史、武昌军节度、鄂岳蕲黄观察等使。江夏城风土散恶,难立垣墉,每年加板筑,赋菁茆以覆之。吏缘为奸,蠹弊绵岁。僧孺至,计茆苫板筑之费，岁十余万，即赋之以砖，以当苦筑之价。凡五年，墉皆甃葺，蠹弊永除。属郡沔州与鄂隔江相对，虚张吏员，乃奏废之，以其所管汉阳、汶川两县隶鄂州。文宗即位，就加检校吏部尚书，凡镇江夏五年。

大和三年，李宗闵辅政，屡荐僧孺有才，不宜居外。四年正月，召还，守兵部尚书、同平章事。五年正月，幽州军乱，逐其帅李载义。文宗以载义输忠于国，遽闻失帅，骇然，急召宰臣谓之曰："范阳之变奈何？"僧孺对曰："此不足烦圣虑。且范阳得失，不系国家休戚，自安、史已来，翻覆如此。前时刘总以土地归国，朝廷耗费百万，终不得范阳尺帛斗粟入于天府，寻复为梗。至今日诚亦由前载义也，但因而抚之，俾捍奚、契丹不令入寇，朝廷所赖也。假以节旄，必自陈力，不足以逆顺治之。"帝曰："吾初不详思，卿言是也。"即日命中使宣慰。寻加门下侍郎、弘文馆大学士。

六年，吐蕃遣使论董勃义入朝修好，俄而西川节度李德裕奏，吐蕃维州守将悉怛谋以城降。德裕又上利见云："若以生羌三千，出戎不意，烧十三桥，捣戎之腹心，可以得志矣。"上惑其事，下尚书省议，众状请如德裕之策。僧孺奏曰："此议非也。吐蕃疆土，四面万里，失一维州，无损其势。况论董勃义才还，刘元鼎未到，比来修好，约罢戍兵。中国御戎，守信为上，应敌次之，今一朝失信，戎丑得以为词。闻赞普牧马茹川，俯于秦、陇。若东袭陇坂，径走回中，不三日抵咸阳桥，而发兵枝梧，骇动京国。事或及此，虽得百维州，亦何补也。"上曰："然。"遂诏西川不内维州降将。僧孺素与德裕仇怨，虽议边公体，而怙德裕者以僧孺害其功，谤论沸然，帝亦以为不直。其年十二月，检校左仆射、兼平章事、扬州大都督府长史、淮南节度副大使、知节度事。

时中尉王守澄用事，多纳纤人，窃议时政，禁中事密，莫知其说。一日，延英对宰相，文宗曰："天下何由太平，卿等有意于此乎？"僧孺奏曰："臣等待罪辅弼，无能康济，然臣思太平亦无象。今四夷不至交侵，百姓不至流散；上无淫虐，下无怨读言；私室无强家，公议无壅滞。虽未及至理,亦谓小康。陛下若别求太平,非臣等所及。"
既退至中书,谓同列曰:"吾辈为宰相,天子责成如是,安可久处兹
地耶?"旬日间,三上章请退,不许。会德裕党盛,垂将入朝,僧孺故
得请。上既受左右邪说,急于太平,奸人伺其锐意,故训、注见用。数
年之间,几危宗社,而僧孺进退以道,议者称之。

　　开成初,搢绅道丧,阉寺弄权,僧孺嫌处重藩,求归散地,累拜
章不允,凡在淮甸六年。开成二年五月,加检校司空,食邑二千户,
判东都尚书省事、东都留守、东畿汝都防御使。僧孺识量弘远,必居
事外,不以细故介怀。洛都筑第于归仁里。任淮南时,嘉木怪石,置
之阶廷,馆宇清华,竹木幽邃。常与诗人白居易吟咏其间,无复进取
之怀。

　　三年九月,征拜左仆射,仍令左军副使王元直赍告身宣赐。旧
例,留守入朝,无中使赐诏流例,恐僧孺退让,促令赴阙。僧孺不获
已入朝。属庄恪太子初薨,延英中谢日,语及太子,乃恳陈父子君臣
之义,人伦大经,不可轻移国本,上为之流涕。是时宰辅皆僧孺僚
旧,未尝造其门,上频宣召,托以足疾。久之,上谓杨嗣复曰:"僧孺
称疾,不任趋朝,未可即令自便。"四年八月,复检校司空、兼平章
事、襄州刺史、山南东道节度使,加食邑至三千户。辞日,赐觚、散、
樽、杓等金银古器,令中使喻之曰:"以卿正人,赐此古器,卿且少
留。"僧孺奏曰:"汉南水旱之后,流民待理,不宜淹留。"再三请行,
方允。

　　武宗即位,就加检校司徒。会昌二年,李德裕用事,罢僧孺兵
权,征为太子少保,累加太子少师。大中初卒,赠太子太师,谥曰文
贞。

　　僧孺少与李宗闵同门生,尤为德裕所恶。会昌中,宗闵弃斥,不
为生还。僧孺数为德裕掎摭,欲加之罪,但以僧孺贞方有素,人望式
瞻,无以伺其隙。德裕南迁,所著《穷愁志》,引里俗犊子之识以斥僧
孺,又目为"太牢公",其相憎恨如此。僧孺二子:蔚、丛。

蔚字大章，十五应两经举。大和九年，复登进士第，三府辟署为从事，入朝为监察御史。大中初，为右补阙，屡陈章疏，指斥时病，宣宗嘉之，曰："牛氏子有父风，差慰人意。"寻改司门员外郎，出为金州刺史，入拜礼、吏二郎中。以祀事准礼，天官司所掌班列，有恃权越职者，蔚奏正之，为时权所忌，左授国子博士，分司东都。逾月，权臣罢免，复征为吏部郎中，兼史馆修撰，迁左谏议大夫。咸通中，为给事中，延英谢日，面赐金紫。蔚封驳无避，帝嘉之。逾岁，迁户部侍郎，袭封奇章侯，以公事免。岁中复本官，历工、礼、刑三尚书。咸通末，检校兵部尚书、兴元尹、山南西道节度使。在镇三年。时中官用事，急于贿略。属徐方用兵，两中尉讽诸藩贡奉助军，蔚尽索军府之有三十万端匹，随表进纳。中官怒，即以神策将吴行鲁代还。及黄巢犯阙，乃自京师奔遁，避地山南，拜章请老，以尚书左仆射致仕。卒，累赠太尉。子循、徽。

徽咸通八年登进士第，三佐诸侯府，得殿中侍御史，赐绯鱼。入朝为右补阙，再迁吏部员外郎。乾符中，选曹猥滥，吏为奸弊，每岁选人四千余员。徽性贞刚，特为奏请。由是铨叙稍正，能否旌别，物议称之。

巢贼犯京师，父蔚方病，徽与其子自扶篮舆，投窜山南。阁路险狭，盗贼纵横，谷中遇盗，击徽破首，流血被体，而捉舆不辍。盗苦迫之，徽拜之曰："父年高疾甚，不欲骇动。人皆有父，幸相垂恤。"盗感之而止。及前谷，又逢前盗，相告语曰："此孝子也。"即同举舆，延于其家，以帛封创，馈饮奉蔚。留之信宿，得达梁州。故吏感恩，争来奔问。时僖宗已幸成都，徽至行朝拜，乞归侍疾。已除谏议大夫，不拜，谓宰相杜让能曰："愿留兄循在朝，已当门户，乞侍医药。"时循为给事中，丞相许之。

其年钟家艰，执丧梁、汉。既除，以中书舍人征，未赴，疾作。以舍人纶制之地，不可旷官，请授散秩，改给事中。从驾还京，至陈仓疾甚，经年方间。宰相张浚为招讨使，奏徽为判官，检校左散骑常

侍。诏下凤翔,促令赴阙,徽谓所亲曰:"国步方艰,皇居初复,帑廪
皆虚,正赖群臣协力,同心王室。而于破败之余,图雄霸之举,俾诸
侯离心,必贻后悔也。以吾衰疾之年,安能为之捍难。"辞疾不起。明
年,浚败,召徽为给事中。

　　杨复恭叛归山南,李茂贞上表,请自出兵粮问罪,但授臣招讨
使。奏不待报,茂贞与王行瑜军已出疆,上怒其专,不时可之,茂贞
恃强,章疏不已。昭宗延英召谏官宰相议可否。以邠、凤皆有中人
内应不敢极言,相顾辞逊,上情不悦。徽奏曰:"两朝多难,茂贞实有
翼卫之功,恶诸杨阻兵,意在嫉恶。所造次者,不俟命而出师也。近
闻两镇兵入界,多有杀伤,陛下若不处分,梁、汉之民尽矣。须授以
使名,明行约束,则军中争不畏法。"帝曰:"此言极是。"乃以招讨之
命授之。及茂贞平贼,自恃浸骄,多挠国政,命杜让能料兵讨之,徽
谏曰:"岐是国门,茂贞倔强,不顾祸患。万一蹉跌,挫国威也,不若
渐以制之。"及师出,复召徽谓之曰:"卿能斟酌时事。岐军乌合,朕
料必平,卿以为捷在何日?"徽对曰:"臣忝侍从谏净之列,所言军
国,据理陈闻。如破贼之期,在陛下考蓍龟,责将帅,非臣之职也。"
而王师果衄,大臣被害。

　　徽寻改中书舍人。岁中,迁刑部侍郎,封奇章男。崔胤连结汴
州,恶徽言事,改散骑常侍。不拜,换太子宾客。天复初,贼臣用事,
朝政不纲,拜章请罢。诏以刑部尚书致仕,乃归樊川别墅。病卒,赠
吏部尚书。

　　丛字表龄,开成二年登进士第,出佐使府,历践台省。乾符中,
位至剑南西川节度使。黄巢之乱,从幸西川,拜太常卿。以病求为
巴州刺史,不许。驾还,拜吏部尚书。襄王之乱,避地太原,卒。子
峤,位至尚书郎。

　　萧俛字思谦。曾祖太师徐国公嵩,开元中宰相。祖华,袭徐国
公,肃宗朝宰相。父恒,赠吏部尚书。皆自有传。俛,贞元七年进士
擢第。元和初,复登贤良方正制科,拜右拾遗,迁右补阙。元和六年,

召充翰林学士。七年，转司封员外郎。九年，改驾部郎中、知制诰，内职如故。坐与张仲方善，仲方驳李吉甫谥议，言用兵征发之弊，由吉甫而生，宪宗怒，贬仲方，俛亦罢学士，左授太仆少卿。

十三年，皇甫镈用事，言于宪宗，拜俛御史中丞。俛与镈及令狐楚，同年登进士第。明年，镈援楚作相，二人双荐俛于上。自是顾眄日隆，进阶朝议郎、飞骑尉，袭徐国公，赐绯鱼袋。穆宗即位之月，议命宰相，令狐楚援之，拜中书侍郎、平章事，仍赐金紫之服。八月，转门下侍郎。

十月，吐蕃寇泾原，命中使以禁军援之。穆宗谓宰臣曰："用兵有必胜之法乎？"俛对曰："兵者凶器，战者危事，圣主不得已而用之。以仁讨不仁，以义讨不义，先务招怀，不为掩袭。古之用兵，不斩祀，不杀厉，不擒二毛，不犯田稼。安人禁暴，师之上也。如救之甚于水火。故王者之师，有征无战，此必胜之道也。如或纵肆小忿，轻动干戈，使敌人怨结，师出无名，非唯不胜，乃自危之道也。固宜深慎！"帝然之。

时令狐楚左迁西川节度使，王播广以货币赂中人权幸，求为宰相，而宰相段文昌复左右之。俛性嫉恶，延英面言播之纤邪纳贿，喧于中外，不可以污台司。事已垂成，帝不之省，俛三上章求罢相任。长庆元年正月，守左仆射，进封徐国公，罢知政事。俛居相位，孜孜正道，重慎名器。每除一官，常虑乖当，故鲜有简拔而涉克深，然志嫉奸邪，脱屣重位，时论称之。

穆宗乘章武恢复之余，即位之始，两河廓定，四鄙无虞。而俛与段文昌屡献太平之策，以为兵以静乱，时已治矣，不宜黩武，劝穆宗休兵偃武。又以兵不可顿去，请密诏天下军镇有兵处，每年百人之中，限八人逃死，谓之"消兵"。帝既荒纵，不能深料，遂诏天下，如其策而行之。而藩籍之卒，合而为盗，伏于山林。明年，朱克融、王廷凑复乱河朔，一呼而遗卒皆至。朝廷方征兵诸藩，籍既不充，寻行招募。乌合之徒，动为贼败，由是复失河朔，盖"消兵"之失也。

俛性介独，持法守正。以己辅政日浅，超擢太骤，三上章恳辞仆

射，不拜。诏曰："萧俛以勤事国，以疾退身，本末初终，不失其道，既
罢枢务，俾居端揆。朕欲加恩超等，复吾前言。而继有让章，至于三
四，敦谕颇切，陈乞弥坚。成尔谦光，移之选部，可吏部尚书。"俛又
以选曹簿书烦杂，非摄生之道，乞换散秩。其年十月，改兵部尚书。
二年，以疾表求分司，不许。三月，改太子少保，寻授同州刺史。宝
历二年，复以少保分司东都。

文宗即位，授检校左仆射、守太子少师。俛称疾笃，不任赴阙，
乞罢所授官。诏曰："新除太子少师萧俛，代炳台耀，躬茂天爵。文
可以经纬邦俗，行可以感动神只。夷澹粹和，精深敏直，进退由道，
周旋令名。近以师傅之崇，畴于旧德，俾从优逸，冀保养颐。而抗疏
恳辞，勇退知止。尝亦敦谕，确乎难拔。遂兹牢让，以厚时风，可银
青光禄大夫、守尚书左仆射致仕。"

俛趣尚简洁，不以声利自污。在相位时，穆宗诏撰《故成德军节
度使王士真神道碑》，对曰："臣器褊狭，此不能强。王承宗先朝阻
命，事无可观，如臣秉笔，不能溢美。或撰进之后，例行贶遗，臣若公
然阻绝，则违陛下抚纳之宜，俛俛受之，则非微臣平生之志。臣不愿
为之秉笔。"帝嘉而免之。

俛家行尤孝。母韦氏贤明有礼，理家甚严。俛虽为宰相，侍母
左右，不异褐衣时。丁母丧，毁瘠逾制。免丧，文宗征诏，恳以疾辞。
既致仕于家，以洛都官属宾友，避岁时请谒之烦，乃归济源别墅，逍
遥山野，啸咏穷年。

八年，以庄恪太子在东宫，上欲以耆德辅导，复以少师征之，俛
令弟杰奉表京师，复纳制书，坚辞痼疾。诏曰："不待年而求谢，于理
身之道则至矣，其如朝廷之望何？朕以肇建元良，精求师傅，遐相汉
朝故事，玄成、石庆，当时重德，咸历此官。吾以元子幼冲，切于师
训，欲以赖汝发明古今，冀忠孝之规，日闻于耳。特遣左右，至于林
园。而卿高道修然，屏弃趋进，复遣令弟还吾诏书。天爵自优，冥鸿
方远，不转之志，其坚若山。循省来章，致烦为愧。终以吕尚之秩，
遂其疏旷之心。励俗激贪，所补多矣。有益于政，寄声以闻，亦有望

于旧臣矣。可太子太傅致仕。"

开成二年，俛弟俶授楚州刺史。辞日，文宗谓俶曰："萧俛先朝名相，筋力未衰，可一来京国。朕赐俛诏书匹帛，卿便赍至济源，道吾此意。"诏曰："卿道冠时髦，业高儒行。著作砺济川之效，弘致君匡国之规，留芳岩廊，逸老林壑。累降褒诏，亟加崇秩，而志不可夺，情见乎辞。鸿飞入冥，吟想增叹。今赐绢三百匹，便令萧俶宣示。"俛竟不起，卒。

杰字豪士。元和十二年登进士第。累官侍御史，迁主客员外郎。大和九年十月，郑注为凤翔节度使，慎选参佐，李训以杰检校工部郎中，充凤翔陇观察判官。其年十一月，郑注诛，杰为凤翔监军使所害。

俶以荫授官。大和中，累迁至河南少尹。九年五月，拜谏议大夫。开成二年，出为楚州刺史。四年三月，迁越州刺史、御史中丞、浙东都团练观察使。会昌中，入为左散骑常侍，迁检校刑部尚书、华州刺史、潼关防御等使。大中初，坐在华州时断狱不法，授太子宾客分司。四年，检校户部尚书、兖州刺史、兖沂海节度使。复入为太子宾客。大中十二年，以太子少保分司东都，卒。俶从父弟仿。

仿，父悟，恒之弟也。悟，仕至大理司直。仿，大和元年登进士第。大中朝，历谏议大夫、给事中。咸通初，迁左散骑常侍。

懿宗怠临朝政，僻于奉佛，内结道场，聚僧念诵。又数幸诸寺，施与过当。仿上疏论之曰：

臣闻玄祖之道，由慈俭为先；而素王之风，以仁义为首。相沿百代，作则千年，至圣至明，不可易也。如佛者，生于天竺，去彼王宫，割爱中之至难，取灭后之殊胜，名归象外，理绝尘中，非为帝王而所能慕也。昔贞观中，高宗在东宫，以长孙皇后疾亟，尝上言曰："欲请度僧，以资福事。"后曰："为善有征，吾未为恶，善或无报，求福非宜。且佛者，异方之教，所可存而勿论。

岂以一女子而紊王道乎?”故谥为文德。且母后之论,尚能如
斯,哲王之谟,安可反是?

伏睹陛下留神天竺,属意桑门,内设道场,中开讲会,或手
录梵筴,或口扬佛音。虽时启于延英,从容四辅;虑稍稀于听
政,废失万机。居安思危,不可忽也。夫从容者君也,必畴咨于
臣,尽忠匡救,外逆其耳,内沃其心,陈皋陶之谟,述仲虺之诰,
发挥王道,恢益帝图,非赐对之间徒侍坐而已。夫废失者,上拒
其谏,下希其旨,言则狎玩,意在顺从。汉重神仙,东方朔著《十
洲》之记;梁崇佛法,刘孝仪咏《七觉》之诗。致祠祷无休,讲诵
不已,以至大空海内,中辍江东。以此言之,是废失也。然佛者,
当可以悟取,不可以求求。汉、晋已来,互兴宝刹;姚、石之际,
亦有高僧。或问以苦空,究其不灭,止闻有性,多曰忘言。执著
贪缘,非其旨也。必乞陛下力求民瘼,虔奉宗祧。思缪赏与滥
刑,其殃立至;俟胜残而去杀,得福甚多。幸罢讲筵,频亲政事。
昔年韩愈已得罪于宪宗,今日微臣固甘心于遐徼。

疏奏,帝甚嘉之。

四年,本官权知贡举,迁礼部侍郎,转户部。以检校工部尚书出
为滑州刺史,充义成军节度、郑滑颍观察处置等使。在镇四年,滑临
黄河,频年水潦,河流泛溢,坏西北堤。仿奏移河四里,两月毕功,画
图以进。懿宗嘉之,就加刑部尚书,入为兵部尚书、判度支,转吏部
尚书,选序平允。咸通末,复为兵部尚书、判度支。寻以本官同平章
事,累迁中书、门下二侍郎,兼户部、兵部尚书。迁左右仆射,改司
空、弘文馆大学士、兰陵郡开国侯。

俄而盗起河南,内官握兵,王室浊乱。仿气劲论直,同列忌之,
罢知政事,出为广州刺史、岭南节度使。仿性公廉,南海虽富珍奇,
月俸之外,不入其门。家人疾病,医工治药,须乌梅,左右于公厨取
之,仿知而命还,促买于市。遇乱,不至京师而卒。

子廪,咸通三年进士擢第,累迁尚书郎。乾符中,以父出镇南

海，免官侍行。中和中，征为中书舍人，再迁京兆尹。僖宗再幸山南，廪以疾不能从。襄王僭窃，廪宗人遘受伪署，廪惧，自洛避地河朔，镇冀节度使王镕馆之于深州。光化三年卒。廪贞退寡合，绰有家法。初从父南海，地多谷纸，仿敕子弟缮写缺落文史，廪白曰："家书缺者，诚宜补葺。然此去京师，水陆万里，不可露赍，当须箧笥。人观兼乘，谓是货财，古人薏苡之嫌，得为深诫。"仿曰："吾不之思也。"故浊乱之际，克保令名。

子颀，亦登进士第，后官位显达。

李石字中玉，陇西人。祖坚，父明。石，元和十三年进士擢第，从凉国公李听历四镇从事。石机辩有方略，尤精吏术，藩府称之。自听征伐，常司留使务，事无不办。大和三年，为郑滑行军司马。时听握兵河北，令石入朝奏事，占对明辩，文宗目而嘉之。府罢，入为工部郎中，判盐铁案。五年，改刑部郎中。由兵部郎中令狐楚请为太原节度副使。七年，拜给事中。九年七月，权知京兆尹事。十月，迁户部侍郎，判度支事。

文宗自德裕、宗闵朋党相倾，大和七年已后，宿素大臣，疑而不用。意在擢用新进孤立，庶几无党，以革前弊，故贾悚、舒元舆骤阶大用。及训、注伏诛，欲用令狐楚，寻而中辍。石自朝议郎加朝议大夫，以本官同平章事，判使如故。石器度豁如，当官不挠。自京师变乱之后，宦者气盛，凌轹南司，延英议事，中贵语必引训以折文臣。石与郑覃尝谓之曰："京师之乱，始自训、注；而训、注之起，始自何人？"仇士良等不能对，其势稍抑，搢绅赖之。是时，逾月人情不安，帝谓侍臣曰："如闻人心尚未安帖，比日何如？"石对曰："比日苦寒，盖刑杀太过，致此阴沴。昨闻郑注到凤翔招募士卒不至，捕索诛夷不已，臣恐边上闻之，乘此生事。宜降诏安喻其心。"从之。

江西、湖南两道观察使以新经训、注之乱，吏卒多死，进官健衣粮一百二十分，充宰相募召从人，石奏曰："宰相上弼圣政，下理群司。若忠正无私，宗社所祐，纵逢盗贼，兵不能伤。若事涉隐欺，心怀矫妄，虽有防卫，鬼得而诛。臣等愿推赤心以答圣奖。孟轲知非臧氏，孔子不畏匡人。其两道所进衣粮，并望信寝，依从前制置，只以金吾手力引从。”可之。帝又曰：“宰相之任，在选贤任能。”石曰：“臣与郑覃常以此事为切，但以人各有求，苟遂所欲则美誉至，稍不如意则谤议生。只宜各委所司荐用，臣等择可授之，则物议息矣。”

其年十二月，中使田令操、刘行深巡边回，走马入金光门。从者讹言兵至，百官朝退，仓惶骇散，有不及束带、袜而乘者。市人叫噪，尘坌四起。二相在中书，人吏稍散。郑覃曰：“耳目颇异，且宜出去。”石曰：“事势不可知，但宜坚坐镇之，冀将宁息。若宰相亦走，则中外乱矣。必若继乱，走亦何逃？任重官崇，人心所属，不可忽也。”石视簿书，沛然自若。京城无赖之徒，皆戎服兵仗，北望阙门以俟变。内使连催闭皇城门，金吾大将军陈君赏率其徒立望仙门下，谓中使曰：“假如有贼，闭门不晚。请徐观其变，无宜自弱。”晡晚方定。是日，苟非石之镇静，君赏之御侮，几将乱矣。

开成元年，改元，大赦。石等商量节文，放京畿一年租税，及正、至、端午进奉，并停三年，其钱代充百姓纽配钱。诸道除药物、口味、茶果外，不得进献。诸司宣索制造，并停三年。赦后，紫宸宣对，郑覃曰：“陛下改元御殿，全放京畿一年租税，又停天下节镇进奉。恩泽所该，实当要切。近年赦令，皆不及此。”上曰：“朕务行其实，不欲崇长空文。”石对曰：“赦书须内置一本，陛下时省览之。十道黜陟使发日，付与公事根本，令与长吏详择施行，方尽利害之要。”石以从前德音虽降，人君不能守，奸吏从而违之，故有内置之奏以讽之。

寻加中书侍郎、集贤殿大学士，领盐铁转运使。上御紫宸论政曰：“为国之道，致治甚难。”石对曰：“朝廷法令行则易。臣闻文王陟降在上，陛下推赤诚，上达于天，何忧不治？”上又曰：“治乱由人邪正，由时运耶？”郑覃对曰：“由圣帝，由忠臣，是由人也。”石曰：“亦由时运。九庙圣灵，钟德于陛下，时也；陛下行己之道，则是由人。而前代帝王甚有德者，当乱离无奈何之际，又安得不推运耶？”帝曰：“卿言是也。”石又奏：“咸阳令韩辽请开兴成渠。旧漕在咸阳县西十八里,东达永丰仓,自秦、汉已来疏凿,其后堙废。昨辽计度,用功不多。此漕若成,自咸阳抵潼关,三百里内无车辇之勤,则辕下牛尽得归耕,永利秦中矣。"李固言曰:"王涯已前已曾陈奏,实秦中之利,但恐征役今非其时。"上曰:"莫有阴阳拘忌否?苟利于人,朕无所虑也。"石辞领使务。八月,罢盐铁转运使。石用金部员外郎韩益判度支案,益坐赃系台。石奏曰:"臣以韩益晓钱谷录用之,不谓贪猥如此!"帝曰:"宰相但知人则用,有过则惩。卿所用人,且不掩其恶,可谓至公。从前宰相用人,有过曲为蔽之,不欲人弹劾,此大谬也。但知能则举,举不失职则奖之,自然易得其人,何必容隐。"

二年正月五日,石自亲仁里将曙入朝,盗发于故郭尚父宅,引弓迫及,矢才破肤,马逸而回。盗已伏坊门,挥刀斫石,断马尾,竟以马逸得还私第。上闻之骇愕,遣中使抚问,赐金疮药,因差六军兵士三十人卫从宰相。是日,京师大恐,常参官入朝者九人而已,旬日方安。石拜章辞位者三,乃加金紫光禄大夫、中书侍郎、同平章事、江陵尹、荆南节度使。李训之乱,人情危迫,天子起石于常僚之中,付以衡柄。石以身徇国,不顾患难,振举朝纲,国威再复。而中官仇士良切齿恶之,而伏戎加害。天子深知其故,畏逼而不能理,乃至罢免。及石赴镇,赐宴之仪并阙,人士伤之,耻君子之道消也。石至镇,表让中书侍郎,乃加检校兵部尚书、兼平章事。

武宗即位,就加检校尚书右仆射。会昌三年十月,加检校司空、平章事、陇西郡开国伯、食邑七百户、太原尹、北都留守、河东节度观察等使。时泽潞刘稹阻兵,以石尝为太原副使,谙练北门军政,故代刘沔镇之。初,沔以兵三千人戍横水,王师之讨泽潞也,王逢军于榆社,诉兵少,请益之,诏石以太原之卒赴榆社。石乃割横水戍卒一千五百人,令别将杨弁率之,以赴王逢。旧例发军,人给二缣。石以支计不足,量减一匹,军人聚怨,又将及岁除,促令上路,众愈不悦。杨弁乘其衅谋乱,出言激动军人。四年正月,军乱逐石,朝廷乃以晋绛观察使崔元式代还。五年,检校司徒、东都留守、判东都尚书省事、畿汝都防御使。以太子少保分司卒。

　　石弟福，字能之，大和七年登进士第，累辟使府。石为宰相，自荐弟于延英，言福才堪理人，授监察御史。累迁尚书郎，出为商、郑、汝、颍四州刺史。大中时，检校工部尚书、滑州刺史、兼御史大夫，充义成军节度、郑滑颍观察使。入为刑部侍郎，累迁刑部、户部尚书。乾符初，以检校右仆射、襄州刺史、兼御史大夫充山南东道节度。

　　四年，草贼王仙芝徒党数万寇掠山南，福团练乡兵，屯集要路，贼不敢犯。其秋，贼陷岳、鄂、饶、信等州。十二月，逼江陵，节度使杨知温求援于福，福即自率州兵及沙陀五百骑赴援。时贼已陷江陵之郛，闻福兵至，乃退去。僖宗嘉之，就加检校司空、同平章事。归朝，终于太子太傅。

　　史臣曰：彭阳奇章，起徒步而升台鼎。观其人文彪炳，润色邦典，射策命中，横绝一时，诚俊贤也。而峨冠曳组，论道于皋、夔之伍，孰曰不然？如能蹈道匪躬，中立无党，则其善尽矣。萧太师贞独嫉恶，不为利回，不以夷、惠拟之，俾之经纶，则其道至矣。开成之始，帝道方沦，石于此时欲振颓绪，几婴戕贼，可为咄嗟。多僻之时，止堪太息。

　　赞曰：乔松孤立，萝茑贪缘。柔附凌云，岂曰能贤。呜呼楚、孺，道丧曲全。萧、李相才，致之外篇。

旧唐书卷一七三
列传第一二三

郑覃 弟朗 潜　陈夷行　李绅
吴汝纳　李回　李珏
李固言

郑覃，故相珣瑜之子。以父荫补弘文校理，历拾遗、补阙、考功员外郎、刑部郎中。元和十四年二月，迁谏议大夫。宪宗用内官五人为京西北和籴使，覃上疏论罢。穆宗不恤政事，喜游宴，即位之始，吐蕃寇边。覃与同职崔玄亮等廷奏曰："陛下即位已来，宴乐过多，畋游无度。今蕃寇在境，缓急奏报，不知乘舆所在。臣等忝备谏官，不胜忧惕，伏愿稍减游纵，留心政道。伏闻陛下晨夜昵狎倡优，近习之徒，赏赐太厚。凡金银货币，皆出自生灵膏血，不可使无功之人，滥沾赐与。纵内藏有余，亦乞用之有节，如边上警急，即支用无阙。免令有司重敛百姓，实天下幸甚。"帝初不悦其言，顾宰相萧俛曰："此辈何人？"俛对曰："谏官也。"帝意稍解，乃曰："朕之过失，臣下尽规，忠也。"乃谓覃曰："阁中奏事，殊不从容。今后有事面陈，朕与卿延英相见。"时久无阁中奏事，覃等抗论，人皆相贺。

镇冀节度使王承宗死，其弟承元听朝旨，移授郑滑节度。镇之三军留承元，以难不能赴镇，承元乞重臣宣谕，乃以覃谕使，起居舍人王璠副之。初，镇卒辞语不逊，覃至宣诏，谕以大义，军人释然听命。长庆元年十一月，转给事中。四年，迁御史中丞。十一月，权知工部侍郎。宝历元年，拜京兆尹。

文宗即位，改左散骑常侍。三年，以本官充翰林侍讲学士。四年四月，拜工部侍郎。覃长于经学，稽古守正，帝尤重之。覃从容奏曰："经籍讹谬，博士相沿，难为改正。请召宿儒奥学，校定六籍，准后汉故事，勒石于太学，永代作则，以正其阙。"从之。

五年，李宗闵、牛僧孺辅政，宗闵以覃与李德裕相善，薄之。时德裕自浙西入朝，复为闵、孺所排，出镇蜀川，宗闵恶覃禁中言事，奏为工部尚书，罢侍讲学士。文宗好经义，心颇思之。六年二月，复召为侍讲学士。七年春，德裕作相。五月，以覃为御史大夫。文宗尝于延英谓宰相曰："殷侑通经学，为人颇似郑覃。"宗闵曰："覃、侑诚有经学，于议论不足听览。"李德裕对曰："殷、郑之言，他人不欲闻，唯陛下切欲闻之。"覃尝嫉人朋党，为宗闵所薄故也。八年，迁户部尚书。其年，德裕罢相，宗闵复知政，与李训、郑注同排斥李德裕、李绅。二人贬黜，覃亦左授秘书监。九年六月，杨虞卿、李宗闵得罪长流，复以覃为刑部尚书。十月，迁尚书右仆射，兼判国子祭酒。训、注伏诛，召覃入禁中草制敕，明日以本官同平章事，封荥阳郡公，食邑二千户。

覃虽精经义，不能为文，嫉进士浮华，开成初，奏礼部贡院宜罢进士科。初，紫宸对，上语及选士，覃曰："南北朝多用文华，所以不治。士以才堪即用，何必文辞？"帝曰："进士及第人已曾为州县官者，方镇奏署即可之，余即否。"覃曰："此科率多轻薄，不必尽用。"帝曰："轻薄敦厚，色色有之，未必独在进士。此科置已二百年，亦不可遽改。"覃曰："亦不可过有崇树。"帝尝谓宰臣曰："百司弛慢，要重条举。"因指前香炉曰："此炉始亦华好，用之既久，乃无光彩。若不加饰，何由复初？"覃对曰："丕变风俗，当考实效。自三十年已来，多不务实，取于颜情。如嵇、阮之流，不摄职事。"黄石云："此本因治平，人人无事，安逸所致。今之人俗亦慕王夷甫，耻不能及之。"上曰："卿等辅朕，在振举法度而已。"

时太学勒石经，覃奏起居郎周墀、水部员外郎崔球、监察御史张次宗、礼部员外郎温业等校定《九经》文字，旋令上石。加门下侍郎、弘文馆大学士、监修国史。上尝于延英论古今诗句工拙，覃曰："孔子所删，三百篇是也。降此五言七言，辞非雅正，不足帝王赏咏。夫《诗》之《雅颂》，皆下刺上所为，非上化下而作。王者采诗，以考风俗得失。仲尼删定，以为世规。近代陈后主、隋炀帝皆能章句，不知王者大端，终有季年之失。章句小道，愿陛下不取也。"覃以宰相兼判国子祭酒，奏太学置五经博士各一人，缘无职田，请依王府官例，赐禄粟，从之。又进《石壁九经》一百六十卷。

其年，李固言复为宰相。固言与李宗闵、杨嗣复善，覃憎之。因起居郎阙，固言奏曰："周敬复、崔球、张次宗等三人，皆堪此任。"覃曰："崔球游宗闵之门，且赤墀下秉笔，为千古法，不可朋党。如裴中孺、李让夷，臣不敢有纤芥异论。"乃止。三年，杨嗣复自西川入拜平章事，与覃尤相矛盾，加之以固方、李珏，入对之际，是非蜂起。二月，覃进位太子太师。

文宗以旱放系囚，出宫人刘好奴等五百余人，送两街寺观，任归亲戚。紫宸对，李珏曰："陛下放宫女数多，德迈千古。汉制，八月选人，晋武平吴，亦多采择。仲尼所谓'未见好德如好色'。今陛下以为无益放之，微臣敢贺。"覃曰："晋武帝以采择之失，中原化为左衽，陛下以为殷鉴，放去攸宜。"其年十二月，三上章求罢，诏落太子太师，余如故。仍三五日一入中书，商量政事。四年五月，罢相，守左仆射。武宗即位，李德裕用事，欲援为宰相，固以足疾不任朝谒。会昌二年，守司徒致仕，卒。子裔绰，以荫授渭南尉，直弘文馆。

覃少清苦贞退，不造次与人款狎。位至相国，所居未尝增饰，才庇风雨。家无媵妾，人皆仰其素风。然嫉恶太过，多所不容，众惮而恶之。覃弟朗、潜。

朗字有融。长庆元年，登进士甲科，再迁右拾遗。开成中，为起居郎。初，大和末风俗稍奢，文宗恭勤节俭，冀革其风。宰臣等言曰："陛下节俭省用，风俗已移，长裾大袂，渐以减损。若更令戚属绝其侈靡，不虑下不从教。"帝曰："此事亦难户晓，但去其泰甚，自以俭德化之。朕闻前时内库唯二锦袍，饰以金鸟，一袍玄宗幸温汤御之，一即与贵妃。当时贵重如此，如今奢靡，岂复贵之？料今富家往往皆有。左卫副使张元昌便用金唾壶，昨因李训已诛之矣。"时朗执笔螭头下，宰臣退，上谓朗曰："适所议论，卿记录未？吾试观之。"朗对曰："臣执笔所记，便名为史。伏准故事，帝王不可取观。昔太宗欲览国史，谏议大夫朱子奢云：'史官所述，不隐善恶。或主非上智，饰非护失，见之则致怨，所以义不可观。'又褚遂良曰：'今之起居郎，古之左右史也，记人君言行，善恶必书，庶几不为非法，不闻帝王躬自观史。'"帝曰："适来所记，无可否臧，见亦何爽？"乃宣谓宰臣曰："郑朗引故事，不欲朕见起居注。夫人君之言，善恶必书。朕恐平常闲话，不关理体，垂诸将来，窃以为耻。异日临朝，庶几稍改，何妨一见，以诫丑言。"朗遂进之。朗转考功郎中。四年，迁谏议大夫。

会昌初，为给事中。出为华州刺史，入为御史中丞、户部侍郎，判本司事。大中朝，出为定州刺史、义武军节度、易定观察、北平军等使。寻迁检校户部尚书、汴州刺史、宣武军节度、宋亳汴颍观察等使。入为工部尚书，判度支。迁御史大夫，改礼部尚书。以本官同平章事，加中书侍郎、集贤殿大学士，修国史。大中十年，以疾辞位，进加检校右仆射、守太子少师。十一年十月卒。诏曰：

故通议大夫、检校尚书右仆射、兼太子少师、上柱国、赐紫金鱼袋郑朗，植操端方，禀气庄重，蔼若瑞玉，澹如澄川。智略合乎蓍龟，诚信服于僚友。自膺宠寄，颇负全才，竭匪躬于谏垣，彰尽瘁于琐闼。载践方岳，亟登师坛，观风推惠爱之心，训士得抚循之术。政溢闻听，念兹征还，位冠冬卿，职重邦计。经费有节，财用不亏。繄彼休功，明我推择。爰嘉峭峻，俾总纪纲。公望益隆，典彝具举，式谐注意，且沃深衷。俄参化源，以提政柄，三事仰清廉之节，百度见损益之能。近熙和风，远浃膏雨。方俟坐镇雅俗，表率庶官，颐养或乖，媵理生疾，屡陈章疏，乞遂退闲。既坚乃诚，式允其请。每图懿绩，唯冀有瘳。何竟至于弥留，而遽闻于捐代。阅奏兴悼，临轩载怀。将辍视朝之仪，兼列上公之秩，慰兹幽壤，期需有知，可赠司空。

潜字无闷，亦登进士第。

陈夷行字周道，颍川人。祖忠，父邑。夷行，元和七年登进士第，累辟使府。宝历末，由侍御史改虞部员外郎，皆分务东都。大和三年，入为起居郎、史馆修撰，预修《宪宗实录》。四年献上，转司封员外郎。五年，迁吏部郎中。四月，召充翰林学士。八年，兼充皇太子侍读，诏五日一度入长生院侍太子讲经。上召对，面赐绯衣牙笏，迁谏议大夫、知制诰，余职如故。九年八月，改太常少卿，知制诰、学士侍讲如故。

开成二年四月，以本官同平章事。三年，杨嗣复、李珏继入辅政，夷行介特，素恶其所为，每上前议政，语侵嗣复，遂至往复。性不能堪，上表称足疾辞位，不许，诏中使就第宣劳。七月，以王彦威为忠武节度使，史孝章为邠宁节度使，皆嗣复拟议。因延英对，上问夷行曰："昨除二镇，当否？"夷行对曰："但出自圣心即当。"杨嗣复曰："若出自圣心当，即人情皆惬。如事或过当，臣下安得无言？"帝曰："诚如此，朕固无私也。"夷行曰："自三数年来，奸臣窃权，陛下不可倒持太阿，授人镈柄。"嗣复曰："齐桓用管仲于仇虏，岂有太阿之虑乎？"上不悦。

仙韶院乐官尉迟璋授王府率，右拾遗窦洵直当衙论曰："伶人自有本色官，不合授之清秩。"郑覃曰："此小事，何足当衙论列！王府率是六品杂官，谓之清秩，与洵直得否？此近名也。"嗣复曰："当闻洵直幽，今当衙论一乐官，幽则有之，亦不足怪。"夷行曰："谏官当衙，只合论宰相得失，不合论乐官。然业已陈论，须与处置。今后乐人每七八年与转一官，不然，则加手力课三数人。"帝曰："别与一官。"乃授光州长史，赐洵直绢百疋。夷行寻转门下侍郎。

上紫宸议政，因曰："天宝中政事，实不甚佳。当时姚、宋在否？"李珏曰："姚亡而宋罢。"珏因言："人君明哲，终始尤难。玄宗尝云：

'自即位已来，未尝杀一不辜。'而任林甫陷害破人家族，不亦惑乎？"夷行曰："陛下不可移权与人。"嗣复曰："夷行之言容易，且太宗用房玄龄十六年、魏征十五年，何尝失道？臣以为用房、魏多时不为不理，用邪佞一日便足。"夷行之言，皆指嗣复专权。

文宗用郭蓬为坊州刺史，右拾遗宋祁论列，以为不可。既而蓬坐赃，帝谓宰相曰："宋祁论事可嘉，祁授官来几时？"嗣复曰："去年。"因曰："谏官论事，陛下但记其姓名，稍加优奖。如不当，亦须令知。"夷行曰："谏官论事，是其本职。若论一事即加一官，则官何由得，不免有情。"帝曰："情固不免，理平之时，亦不可免。"上竟以夷行议论太过，恩礼渐薄。寻罢知政事，守吏部尚书。

四年九月，检校礼部尚书，出为华州刺史。五年，武宗即位，李德裕秉政。七月，自华召入，复为中书侍郎、平章事。会昌三年十一月，检校司空、平章事、河中尹、河中晋绛节度使。卒，赠司徒。

弟玄锡、夷实，皆进士擢第。玄锡又制策登科。

李绅字公垂，润州无锡人。本山东著姓。高祖敬玄，则天朝中书令，封赵国文宪公，自有传。祖守一，成都郫县令。父晤，历金坛、乌程、晋陵三县令，因家无锡。

绅六岁而孤，母卢氏教以经义。绅形状眇小而精悍，能为歌诗。乡赋之年，讽诵多在人口。元和初，登进士第，释褐国子助教，非其好也。东归金陵，观察使李锜爱其才，辟为从事。绅以锜所为专恣，不受其书币，锜怒，将杀绅，遁而获免。锜诛，朝廷嘉之，召拜右拾遗。

岁余，穆宗召为翰林学士，与李德裕、元稹同在禁署，时称"三俊"，情意相善。寻转右补阙。长庆元年三月，改司勋员外郎、知制诰。二年二月，超拜中书舍人，内职如故。俄而稹作相，寻为李逢吉教人告稹阴事，稹罢相，出为同州刺史。时德裕与牛僧孺俱有相望，德裕恩顾稍深。逢吉欲用僧孺，惧绅与德裕沮于禁中。二年九月，出德裕为浙西观察使，乃用僧孺为平章事，以绅为御史中丞，冀离内职,易捕摭而逐之。乃以吏部侍郎韩愈为京兆尹,兼御史大夫,放台参。知绅刚褊,必与韩愈忿争。制出,绅果移牒往来,论台府事体。而愈复性讦,言辞不逊,大喧物论,由是两罢之。愈改兵部侍郎,绅为江西观察使。天子待绅素厚,不悟逢吉之嫁祸,为其心希外任,乃令中使就第宣劳,赐之玉带。绅对中使泣诉其事,言为逢吉所排,恋阙之情无已。及中谢日,面自陈诉,帝方省悟,乃改授户部侍郎。

中尉王守澄用事,逢吉令门生故吏结托守澄为援以倾绅,昼夜计画。会绅族子虞,文学知名,隐居华阳,自言不乐仕进,时来京师省绅。虞与从伯耆、进士程昔范皆依绅。及耆拜左拾遗,虞在华阳寓书与耆求荐,书误达于绅。绅以其进退二三,以书诮之,虞大怨望。及来京师,尽以绅尝所密话言逢吉奸邪附会之语告逢吉,逢吉大怒。问计于门人张又新、李续之,咸曰:"搢绅皆自惜毛羽,孰肯为相公搏击,须得非常奇士出死力者。有前邓州司仓刘栖楚者,尝为吏,镇州王承宗以事绳之,栖楚以首触地固争,而承宗竟不能夺,其果锐如此。若相公取之为谏官,令伺绅之失,一旦于上前暴扬其过,恩宠必替。事苟不行,过在栖楚,亦不足惜也。"逢吉乃用李虞、程昔范、刘栖楚,皆擢为拾遗,以伺绅隙。

俄而穆宗晏驾,敬宗初即位,逢吉快绅失势,虑嗣君复用之,张又新等谋逐绅。会荆州刺史苏遇入朝,遇能决阴事,众问计于遇。遇曰:"上听政后,当开延英,必有次对官,欲拔本塞源,先以次对为虑,余不足恃。"群党深然之,逢吉乃以遇为左常侍。王守澄每从容谓敬宗曰:"陛下登九五,逢吉之助也。先朝初定储贰,唯臣备知。时翰林学士杜元颖、李绅劝立深王,而逢吉固请立陛下,而李续之、李虞继献章疏。"帝虽冲年,亦疑其事。会逢吉进拟,言李绅在内署时,尝不利于陛下,请行贬逐。帝初即位,方倚大臣,不能自执,乃贬绅端州司马。贬制既行,百僚中书贺宰相,唯右拾遗吴思不贺。逢吉怒,改为殿中侍御史,充入吐蕃告哀使。

绅之贬也,正人腹诽,无敢有言,唯翰林学士韦处厚上疏,极言逢吉奸邪,诬摭绅罪,语在《处厚传》。天子亦稍开悟。会禁中检寻旧事，得穆宗时封书一箧。发之，得裴度、杜元颖与绅三人所献疏，请立敬宗为太子，帝感悟兴叹，悉命焚逢吉党所上谤书，由是谗言稍息，绅党得保全。及宝历改元大赦，逢吉定赦书节文，不欲绅量移，但云左降官已经量移者与量移，不言左降官与量移。韦处厚复上疏论之，语在《处厚传》。帝特追赦书，添节文云“左降官与量移”，绅方移为江州长史。再迁太子宾客，分司东都。

大和七年，李德裕作相。七月，检校左常侍、越州刺史、浙东观察使。九年，李训用事，李宗闵复相，与李训、郑注连衡排摈德裕罢相，绅与德裕俱以太子宾客分司。开成元年，郑覃辅政，起德裕为浙西观察使，绅为河南尹。六月，检校户部尚书、汴州刺史、宣武节度、宋亳汴颍观察等使。二年，夏秋旱，大蝗，独不入汴、宋之境，诏书褒美。又于州置利润楼店。四年，就加检校兵部尚书。武宗即位，加检校尚书右仆射、扬州大都督府长史，知淮南节度大使事。会昌元年，入为兵部侍郎、同平章事，改中书侍郎，累迁守右仆射、门下侍郎、监修国史、上柱国、赵国公，食邑二千户。四年，暴中风恚，足缓不任朝谒，拜章求罢。十一月，守仆射、平章事，出为淮南节度使。六年，卒。

绅始以文艺节操进用，受顾禁中。后为朋党所挤，濒于祸患。赖正人匡救，得以功名始终。殁后，宣宗即位，李德裕失势罢相，归洛阳，而宗闵、嗣复之党崔铉、白敏中、令狐绹欲置德裕深罪。大中初，教人发绅镇扬州时旧事，以倾德裕。初，会昌五年，扬州江都县尉吴湘坐赃下狱，准法当死，具事上闻。谏官疑其冤，论之，遣御史崔元藻覆推，与扬州所奏多同，湘竟伏法。及德裕罢相，群怨方构，湘兄进士汝纳，诣阙诉冤，言绅在淮南恃德裕之势，枉杀臣弟。德裕既贬，绅亦追削三任官告。

吴汝纳者，沣州人，故韶州刺史武陵兄之子。武陵进士登第，有史学，与刘轲并以史才直史馆。武陵撰《十三代史驳议》二十卷。自尚书员外郎出为忠州刺史，改韶州。坐赃贬潘州司户卒。

汝纳亦进士擢第,以季父赃罪,久之不调。会昌中,为河南府永宁县尉。初,武陵坐赃时,李德裕作相,贬之,故汝纳以不调挟怨,而附宗闵、嗣复之党,同作谤言。会汝纳弟湘为江都尉,为部人所讼赃罪,兼娶百姓颜悦女为妻,有逾格律。李绅令观察判官魏铏鞫之,赃状明白,伏法。湘妻颜,颜继母焦,皆笞而释之,仍令江都令张弘思以船监送湘妻颜及儿女送沣州。

及扬州上具狱,物议以德裕素憎吴氏,疑李绅织成其罪。谏官论之,乃差御史崔元藻为制使,覆吴湘狱。据款伏妄破程粮钱,计赃准法。其恃官娶百姓颜悦女为妻,则称悦是前青州衙推,悦先娶王氏是衣冠女,非继室焦所生,与扬州案小有不同。德裕以元藻无定夺,奏贬崖州司户。及汝纳进状,追元藻覆问。元藻既恨德裕,阴为崔铉、白敏中、令狐绹所利诱,即言湘虽坐赃,罪不至死。又云,颜悦实非百姓,此狱是郑亚首唱,元寿协李恪锻成,李回便奏。遂下三司详鞫,故德裕再贬,李回、郑亚等皆窜逐。吴汝纳、崔元藻为崔、白、令狐所奖,数年并至显官。

李回字昭度,宗室郇王祎之后。父如仙。回本名躔,以避武宗庙讳。长庆初,进士擢第,又登贤良方正制科。释褐滑台从事,扬州掌书记,得监察御史。入为京兆府户曹,转司录参军。登朝为左补阙、起居郎,尤为宰相李德裕所知。回强干有吏才,遇事通敏,官曹无不理。授职方员外郎,判户部案,历吏部员外郎,判南曹。以刑部员外郎知台杂,赐绯。开成初,以库部郎中知制诰,拜中书舍人,赐金紫服。武宗即位,拜工部侍郎,转户部侍郎,判本司事。三年,兼御史中丞。

会昌三年,刘稹据潞州,邀求旄钺,朝议不允,加兵问罪。武宗惧稹阴附河朔三镇,以沮王师,乃命回奉使河朔。魏博何弘敬、镇冀王元逵皆具橐鞬郊迎。回喻以朝音,言泽潞密迩王畿,不同河北,自艰难已来,唯魏、镇两藩,列圣皆许袭,而稹无功,欲效河朔故事,理即太悖。圣上但以山东三郡,境连魏、镇,用军便近,王师不欲轻出山东，请魏、镇两藩只收山东三郡。弘敬、元逵俯偻从命。幽州张仲武与太原刘沔攻回鹘，时两人不协，朝廷方用兵，不欲藩帅不和。回至幽州，喻以和协之音，仲武欣然释憾。乃移刘沔镇滑台，命仲武领太原军攻潞。贼平，以本官同平章事，累加中书侍郎，转门下，历户、吏二尚书。

武宗崩，回充山陵使，祔庙竟，出为成都尹、剑南西川节度。大中元年冬，坐与李德裕亲善，改潭州刺史、湖南观察使，再贬抚州刺史。白敏中、令狐绹罢相，入朝为兵部尚书，复出为成都尹、剑南西川节度使。卒，赠司徒，谥曰文懿。

李珏字待价，赵郡人。父仲朝。珏进士擢第，又登书判拔萃科，累官至右拾遗。穆宗荒于酒色，才终易月之制，即与勋臣饮宴，珏与同列上疏论之曰：

臣闻人臣之节，本于忠盖，苟有所见，即宜上陈。况为陛下谏官，食陛下厚禄，岂敢腹诽巷议，辜负恩荣？臣等闻诸道路，不知信否，皆云有诏追李光颜、李愬，欲于重阳节日，合宴群臣。傥诚有之，乃陛下念群臣敷惠泽之慈旨也。然元朔未改，园陵尚新。虽陛下执易月之期，俯从人欲；而礼经著三年之制，犹服心丧。今遵同轨之会，适去于中邦；告远夷之使，未复其来命。遏密弛禁，盖为齐人，合宴内廷，事将未可。夫明王之举，动为天下法，王言既降，其出如纶。苟玷皇猷，徒章直谏，臣等是以昧死上闻。且光颜、李愬，久立忠劳，今方盛秋，务拓边境。如或召见，诏以谋猷，褒其宿勋，付之疆事，则与歌钟合宴，酒食邀欢，不得同年而语也。陛下自缵嗣以来，发号施令，无非孝理因心，形于诏敕，固以感动于人伦。更在敬慎威仪，保持圣德而已。

上虽不用其言，慰劳遣之。

长庆元年，盐铁使王播增茶税，初税一百，增之五十，珏上疏论之曰：

权率救弊,起自干戈,天下无事,即宜蠲省。况税茶之事,尤出近年,在贞元元年中,不得不尔。今四海镜清,八方砥平,厚敛于人,殊伤国体。其不可一也。茶为食物,无异米盐,于人所资,远近同俗。既祛竭乏,难舍斯须,田间之间,嗜好尤切。今增税既重,时估必增,流弊于民,先及贫弱。其不可二也。且山泽之饶,出无定数,量斤论税,所冀长多。价高则市者稀,价贱则市者广,岁终上计,其利几何?未见阜财,徒闻敛怨。其不可三也。臣不敢远征故事,直以目前所见陈之。伏望暂留聪明,稍垂念虑,特追成命,更赐商量。陛下即位之初,已惩聚敛,外官押贯,旋有诏停,洋洋德音,千古不朽。今若榷茶加税,颇失人情。臣忝谏司,不敢缄默。

时禁中造百尺楼,国计不充。王播希恩增税,奉帝嗜欲,疏奏不省。迁吏部员外郎,转司勋员外郎、知制诰。

大和五年,李宗闵、牛僧孺在相,与珏亲厚,改度支郎中、知制诰,遂入翰林充学士。七年三月,正拜中书舍人。九年五月,转户部侍郎充职。七月,宗闵得罪,珏坐累,出为江州刺史。开成元年四月,以太子宾客分司东都,迁河南尹。二年五月,李固言入相,召珏复为户部侍郎,判本司事。三年,杨嗣复辅政,荐珏以本官同平章事。珏与固言、嗣复相善,自固言得位,相继援引,居大政,以倾郑覃、陈夷行、李德裕三人。凡有奏议,必以朋党为谋,屡为覃所廷折之。珏自朝议郎进阶正议大夫,其年十二月,上疏求罢,不许。

四年三月,文宗谓宰臣曰:"朕在位十四年,属天下无事,虽未至理,亦少有如今日之无事也。"珏对曰:"邦国安危,亦如人之身。当四体和平之时,长宜调适,以顺寒暄之节。如恃安自忽,则疾患旋生。朝廷当无事之时,思省阙失而补之,则祸难不作矣。"

文宗以杜悰领度支称职,欲加户部尚书,因紫宸言之。陈夷行曰:"一切恩权,合归君上。陛下自看可否?"珏对曰:"太宗用宰臣,天下事皆先平章,谓之平章事。代天理物,上下无疑,所以致太平者也。若拜一官,命一职,事事皆决于君上,即焉用彼相?昔隋文帝一切自劳心力，臣下发论则疑，凡臣下用之则宰相，不用则常僚，岂可自保？陛下常语臣云：'窦易直劝我，宰相进拟，但五人留二人、两人勾一人。渠即合劝我择宰相，不合劝我疑宰相。'"帝曰："易直此言甚鄙。"又曰："韦处厚作相，三日荐六度师，亦大可怪。"珏曰："处厚淫于奉佛，不悟其是非也。"

其年五月，上谓宰臣曰："贞元政事，初年至好。"珏曰："德宗中年好货，方镇进奉，即加恩泽。租赋出自百姓，更令贪吏剥削，聚货以希恩，理道故不可也。"上曰："人君聚敛，犹自不可。但轻赋节用可也。"珏又曰："贞观中，房、杜、王、魏启告文皇，意只在此，请不易初心。自古好事，克终实难。"上曰："朕心终不改也。"寻封赞皇男，食邑三百户。

武宗即位之年九月，与杨嗣复俱罢相，出为桂州刺史、桂管观察使。三年，长流欢州。大中二年，崔铉、白敏中逐李德裕，征入朝为户部尚书。出为河阳节度使。入为吏部尚书，累迁金紫光禄大夫、检校尚书右仆射、扬州大都督府长史、淮南节度使、上柱国、赞皇郡开国公、食邑一千五百户。大中七年卒，赠司空。

李固言，赵郡人。祖并，父现。固言，元和七年登进士甲科。大和初，累官至驾部郎中、知台杂。四年，李宗闵作相，用为给事中。五年，宋申锡为王守澄诬陷，固言与同列伏阁论之。将作监王堪修奉太庙弛慢，罚俸，仍改官为太子宾客。制出，固言封还曰："东宫调护之地，不可令弛慢被罚之人处之。"改为均王傅。六年，迁工部侍郎。七年四月，转尚书左丞，奉诏定左右仆射上事仪注。八年，李德裕辅政，出为华州刺史。其年十月，宗闵复入，召拜吏部侍郎。九年五月，迁御史大夫。六月，宗闵得罪，固言代为门下侍郎、平章事，寻加崇文馆大学士。时李训、郑注用事，自欲窃辅相之权。宗闵既逐，外示公体，爰立固言，其实恶与宗闵朋党。九月，以兵部尚书出为兴元节度使。李训自代固言为平章事。训、注诛，文宗思其谠正，开成元年四月，复召为平章事，判户部事。

　　二年,群臣上徽号,上紫宸言曰:"中外上章,请加徽号。朕思理道犹郁,实愧岳牧之请。如闻州郡甚有无政处?"固言曰:"人言邓州王堪衰老,隋州郑襄无政。"帝曰:"堪是贞元时御史,只有此一人。"郑覃曰:"臣以王堪旧人,举为刺史。郑襄比来守官,亦无败事。若言外郡不理,何止二人?"帝曰:"济济多士,文王以宁。德宗时,班行多闲员,岂时乏才耶?"李石对曰:"十室之邑,必有忠信。安有大国无人?盖贞元中仕进路塞,所以有才之人或托迹他所,此乃不叙进人才之过也。"固言曰:"求才之道,有人保任,便宜奖用。随其称职与否升黜之。"上曰:"宰相荐人,莫计亲疏。窦易直作相,未尝论用亲情。若己非相才,自宜引退。若是公举,亲亦何嫌?人鲜全才,但用其所长尔。"

　　寻进阶金紫,判户部事。其年十月,以门下侍郎平章事出为成都尹、剑南西川节度使,代杨嗣复。上表让门下侍郎,乃检校左仆射。会昌初入朝,历兵、户二尚书。宣宗即位,累授检校司徒、东都留守、东畿汝都防御使。大中末,以太常卿孙简代之,拜太子太傅,分司东都,卒。

　　史臣曰:陈、郑诸公,章疏议论,绰有端士之风。天子待以贤能,付之以鼎职。延英献纳,罕闻康济之谟;文陛敷扬,莫副具瞻之望。加以互生倾夺,竞起爱憎。惟回奉使命而喻藩臣,救危邦而除宿憾。况昭献文章可以为世范,德行可以为人师,有启、诵之上才,非桓、灵之失道,讵可不思己过,只务面欺。辅弼之宜,安可垂训?若俾韩非之言进矣,子辈安可逃乎?土运之衰,斯为魍魉,悲夫!

　　赞曰:爱而知恶,憎不忘善。平心救非,可居鼎铉。吠声济恶,结党专朝。谋身坏国,何名变调?

旧唐书卷一七四
列传第一二四

李德裕　子烨

　　李德裕字文饶，赵郡人。祖栖筠，御史大夫。父吉甫，赵国忠公，元和初宰相。祖、父自有传。德裕幼有壮志，苦心力学，尤精《西汉书》、《左氏春秋》。耻与诸生从乡赋，不喜科试。年才及冠，志业大成。贞元中，以父谴逐蛮方，随侍左右，不求仕进。元和初，以父再秉国钧，避嫌不仕台省，累辟诸府从事。十一年，张弘靖罢相，镇太原，辟为掌书记。由大理评事得殿中侍御史。十四年府罢，从弘靖入朝，真拜监察御史。明年正月，穆宗即位，召入翰林充学士。帝在东宫，素闻吉甫之名，既见德裕，尤重之。禁中书诏，大手笔多诏德裕草之。是月，召对思政殿，赐金紫之服。逾月，改屯田员外郎。

　　穆宗不持政道，多所恩贷，戚里诸亲，邪谋请谒，传导中人之旨，与权臣往来，德裕嫉之。长庆元年正月，上疏论之曰：“伏见国朝故事，驸马缘是亲密，不合与朝廷要官往来。玄宗开元中，禁止尤切。访闻近日驸马辄至宰相及要官私第，此辈无他才伎可以延接，唯是泄漏禁密，交通中外，群情所知，以为甚弊。其朝官素是杂流，则不妨来往。若职在清列，岂可知闻？伏乞宣示宰臣，其驸马诸亲，今后公事即于中书见宰相，请不令诣私第。”上然之。寻转考功郎中、知制诰。二年二月，转中书舍人，学士如故。

　　初，吉甫在相位时，牛僧孺、李宗闵应制举直言极谏科。二人对诏，深诋时政之失，吉甫泣诉于上前。由是，考策官皆贬，事在《李宗

闵传》。元和初,用兵伐叛,始于杜黄裳诛蜀。吉甫经画,欲定两河,
方欲出师而卒,继之元衡、裴度。而韦贯之、李逢吉沮议,深以用兵
为非,而韦、李相次罢相,故逢吉常怒吉甫、裴度。而德裕于元和时,
久之不调,而逢吉、僧孺、宗闵以私怨恒排摈之。

时德裕与李绅、元稹俱在翰林,以学识才名相类,情颇款密,而
逢吉之党深恶之。其月,罢学士,出为御史中丞。时元稹自禁中出,
拜工部侍郎、平章事。三月,裴度自太原复辅政。是月,李逢吉亦在
襄阳入朝,乃密赂纤人,构成于方狱。六月,元稹、裴度俱罢相,稹出
为同州刺史,逢吉代裴度为门下侍郎、平章事。既得权位,锐意报
怨。时德裕与牛僧孺俱有相望,逢吉欲引僧孺,惧绅与德裕禁中沮
之,九月,出德裕为浙西观察使,寻引僧孺同平章事。由是交怨愈
深。

润州承王国清兵乱之后,前使窦易直倾府藏赏给。军旅浸骄,
财用殚竭。德裕俭于自奉,留州所得,尽以赡军,虽施与不丰,将卒
无怨。二年之后,赋舆复集。德裕壮年得位,锐于布政,凡旧俗之害
民者,悉革其弊。江、岭之间信巫祝,惑鬼怪,有父母兄弟厉疾者,举
室弃之而去。德裕欲变其风,择乡人之有识者,谕之以言,绳之以
法,数年之间,弊风顿革。属郡祠庙,按方志前代名臣贤后则祠之,
四郡之内,除淫祠一千一十所。又罢私邑山房一千四百六十,以清
寇盗。人乐其政,优诏嘉之。

昭愍皇帝童年缵历,颇事奢靡,即位之年七月,诏浙西造银盝
子妆具二十事进内。德裕奏曰:

> 臣百生多幸,获遇昌期,受寄名藩,常忧旷职,孜孜凤夜,
> 上报国恩。数年已来,灾旱相继,罄竭微虑,粗免流亡,物力之
> 间,尚未完复。臣伏准今年三月三日赦文,常贡之外,不令进
> 献。此则陛下至圣至明,细微洞照,一恐聚敛之吏缘以成奸,一
> 恐凋瘵之人不胜其弊。上弘俭约之德,下敷恻悯之心。万国群
> 黎,鼓舞未息。昨奉五月二十三日诏书,令访茅山真隐,将欲师
> 处谦守约之道,发务实去华之美。虽无人上塞丹诏,实率土已

偃玄风，岂止微臣，独怀抃贺。

　　况进献之事，臣子常心，虽有敕文不许，亦合竭力上贡。唯臣当道，素号富饶，近年已来，比旧即异。贞元中，李锜任观察使日，职兼盐铁，百姓除随贯出榷酒钱外，更置官酤，两重纳榷，获利至厚。又访闻当时进奉，亦兼用盐铁羡余，贡献繁多，自后莫及。至薛苹任观察使时，又奏置榷酒，上供之外，颇有余财，军用之间，实为优足。自元和十四年七月三日敕，却停榷酤。又准元和十五年五月七日赦文，诸州羡余，不令送使，唯有留使钱五十万贯。每年支用，犹欠十三万贯不足，常须是事节俭，百计补填，经费之中，未免悬欠。至于绫纱等物，犹是本州所出，易于方圆。金银不出当州，皆须外处回市。

　　去二月中奉宣令进盝子，计用银九千四百余两。其时贮备，都无二三百两，乃诸头收市，方获制造上供。昨又奉宣旨，令进妆具二十件，计用银一万三千两，金一百三十两。寻令并合四节进奉金银，造成两具进纳讫。今差人于淮南收买，旋到旋造，星夜不辍，虽力营求，深忧不迨。臣若因循不奏，则负陛下任使之恩；若分外诛求，又累陛下慈俭之德。伏乞陛下览前件榷酤及诸州羡余之目，则知臣军用褊短，本末有由。伏料陛下见臣奏论，必赐详悉，知臣竭爱君守事之节，尽纳忠罄直之心。伏乞圣慈，宣令宰臣商议，何以遣臣上不违宣索，下不阙军储，不困疲人，不敛物怨，前后诏敕，并可遵承。轺昌宸严，不胜战汗之至。

时准赦不许进献，逾月之后，征贡之使，道路相继，故德裕因诉而讽之。事奏，不报。

又诏进可幅盘条缭绫一千匹，德裕又论曰：

　　臣昨缘宣索，已具军资岁计及近年物力闻奏，伏料圣慈，必垂省览。又奉诏旨，令织定罗纱袍段及可幅盘条缭绫一千匹，伏读诏书，倍增惶灼。

　　臣伏见太宗朝，台使至凉州见名鹰，讽李大亮献之。大亮密表陈诚,太宗赐诏云:"使遣献之,遂不曲顺。"再三嘉叹,载在史书。又玄宗命中使于江南采鸀鹆诸鸟,汴州刺史倪若水陈论,玄宗亦赐诏嘉纳,其鸟即时皆放。又令皇甫询于益州织半臂背子、琵琶捍拨、镂牙合子等,苏颋不奉诏书,辄自停织。太宗、玄宗皆不加罪,欣纳所陈。臣窃以鸀鹆镂牙,至为微细,若水等尚以劳人损德,沥款效忠。当圣祖之朝,有臣如此,岂明王之代,独无其人?盖有位者蔽而不言,必非陛下拒而不纳。

又伏睹四月二十三日德音云:"方、召侯伯有位之士,无或弃吾谓不可教。其有违道伤理,徇欲怀安,面刺廷攻,无有隐讳。"则是陛下纳诲从善,道光祖宗,不尽忠规,过在臣下。况玄鹅天马,椒豹盘条,文彩珍奇,只合圣躬自服。今所织千匹,费用至多,在臣愚诚,亦所未谕。昔汉文帝衣弋绨之衣,元帝罢轻织之服,仁德慈俭,至今称之。

伏乞陛下,近览太宗、玄宗之容纳,远思汉文、孝元之恭己,以臣前表宣示群臣,酌臣当道物力所宜,更赐节减,则海隅苍生,无不受赐。臣不胜恳切兢惶之至。

优诏报之。其缭绫罢进。

元和已来,累敕天下州府,不得私度僧尼。徐州节度使王智兴聚货无厌,以敬宗诞月,请于泗州置僧坛,度人资福,以邀厚利。江、淮之民,皆群党渡淮。德裕奏论曰:"王智兴于所属泗州置僧尼戒坛,自去冬于江、淮已南,所在悬榜招置。江、淮自元和二年后,不敢私度。自闻泗州有坛,户有三丁必令一丁落发,意在规避王徭,影庇资产。自正月已来,落发者无算。臣今于蒜山渡点其过者,一日一百余人,勘问唯十四人是旧日沙弥,余是苏、常百姓,亦无本州文凭,寻已勒还本贯。访闻泗州置坛次第,凡僧徒到者,人纳二缗,给牒即回,别无法事。若不特行禁止,比到诞节,计江、淮已南,失却六十万丁壮。此事非细,系于朝廷法度。"状奏,即日诏徐州罢之。

敬宗荒僻日甚,游幸无恒,疏远贤能,昵比群小。坐朝月不二三度,大臣罕得进言。海内忧危,虑移宗社。德裕身居廉镇,倾心王室,遣使献《丹扆箴》六首曰："臣闻'心乎爱矣，遐不谓矣'，此古之贤人所以笃于事君者也。夫迹疏而言亲者危，地远而意忠者忤。然臣窃念拔自先圣，偏荷宠光，若不爱君以忠，则是上负灵鉴。臣顷事先朝，属多阴沴，尝献《大明赋》以讽，颇蒙先朝嘉纳。臣今日尽节明主，亦由是心。昔张敞之守远郡，梅福之在遐徼，尚竭诚尽忠，不避尤悔。况臣尝学旧史，颇知箴讽，虽在疏远，犹思献替。谨献《丹扆箴》六首，仰尘睿鉴，伏积兢惶。

其《宵衣箴》曰："先王听政，昧爽以俟。鸡鸣既盈，日出而视。伯禹大圣，寸阴为贵。光武至仁，反支不忌。无俾姜后，独去簪珥。彤管记言，克念前志。"

其《正服箴》曰："圣人作服，法象可观。虽在宴游，尚不怀安。汲黯庄色，能正不冠。杨阜毅然，亦讥缥纨。四时所御，各有其官。非此勿服，惟辟所难。"

其《罢献箴》曰："汉文罢献，诏还騄耳。銮略徐驱，焉用千里？厥后令王，亦能恭己。翟裘既焚，筒布则毁。道德为丽，慈仁为美。不过天道，斯为至理。"

其《纳诲箴》曰："惟后纳诲，以求厥中。从善如流，乃能成功。汉骜流湎，举白浮钟。魏叡侈汰，凌霄作宫。忠虽不忤，善亦不从。以视为瑱，是谓塞聪。"

其《辩邪箴》曰："居上处深，在察微萌。虽有谗慝，不能蔽明。汉之有昭，德过周成。上书知伪，照奸得情。燕、盖既折，王猷洽平。百代之后，乃流淑声。"

其《防微箴》曰："天子之孝，敬遵王度。安必思危，乃无遗虑。乱臣猖蹶，非可遽数。玄黄莫辨，触瑟始仆。柏谷微行，豺豕塞路。睹貌献飧，斯可诚惧。"

帝手诏答曰："卿文雅大臣，方隅重寄。表率诸部，肃清全吴。化洽行春，风澄坐啸。眷言善政，想叹在怀。卿之宗门，累著声绩，冠内廷者两代，袭侯伯者六朝。果能激爱君之诚，喻诗人之旨，在远而不忘忠告，讽上而常深虑微。博我以端躬，约予以循礼。三复规谏，累夕称嗟。置之座隅，用比韦弦之益；铭诸心腑，何啻药石之功？卿既以投诚，朕每怀开谏。苟有过举，无忘密陈。山川既遐，眷属何已，必当克己，以副乃诚。"

德裕意在切谏，不欲斥言，托箴以尽意。《宵衣》，讽坐朝稀晚也；《正服》，讽服御乖异也；《罢献》，讽征求玩好也；《纳诲》，讽侮弃谠言也；《辨邪》，讽信任群小也；《防微》，讽轻出游幸也。帝虽不能尽用其言，命学士韦处厚殷勤答诏，颇嘉纳其心焉。德裕久留江介，心恋阙廷，因事寄情，望回圣奖。而逢吉当轴，枳棘其涂，竟不得内徙。

宝历二年，亳州言出圣水，饮之者愈疾。德裕奏曰："臣访闻此水，本因妖僧诳惑，狡计丐钱。数月已来，江南之人，奔走塞路。每三二十家，都顾一人取水。拟取之时，疾者断食荤血，既饮之后，又二七日蔬飧，危疾之人，俟之愈病。其水斗价三贯，而取者益之他水，沿路转以市人，老疾饮之，多至危笃。昨点两浙、福建百姓渡江者，日三五十人。臣于蒜山渡已加捉搦。若不绝其根本，终恐无益黎甿。昔吴时有圣水，宋、齐有圣火，事皆妖妄，古人所非。乞下本道观察使令狐楚，速令填塞，以绝妖源。"从之。

敬宗为两街道士赵归真说以神仙之术，宜访求异人以师其道；僧惟贞、齐贤、正简说以祠祷修福，以致长年。四人皆出入禁中，日进邪说。山人杜景先进状，请于江南求访异人。至浙西，言有隐士周息元寿数百岁，帝即令高品薛季后往润州迎之，仍诏德裕给公乘遣之。德裕因中使还，献疏曰：

臣闻道之高者莫若广成、玄元，人之圣者莫若轩黄、孔子。昔轩黄问广成子，理身之要，何以长久？对曰："无视无听，抱神以静。形将自正，神必自清。无劳子形，无摇子精，乃可长生。慎守其一，以处其和。故我修身千二百岁矣，吾形未尝衰。"又云："得吾道者，上为皇而下为王。"玄元语孔子曰："去子之骄气与多欲，态色与淫志，是皆无益于子之身。吾所告子者是已。"故轩黄发谓天之叹，孔子兴犹龙之感。前圣于道，不其至乎？

　　伏惟文武大圣广孝皇帝陛下，用玄祖之训，修轩黄之术，凝神闲馆，物色异人，将以觌冰雪之姿，屈顺风之请。恭惟圣感，必降真仙。若使广成、玄元混迹而至，语陛下之道，授陛下之言，以臣度思，无出于此。臣所虑赴召者，必迂怪之士，苟合之徒，使物淖冰，以为小术，炫耀邪僻，蔽欺聪明。如文成、五利，一无可验。臣所以三年之内，四奉诏书，未敢以一人塞诏，实有所惧。

　　臣又闻前代帝王，虽好方士，未有服其药者。故《汉书》称黄金可成，以为饮食器则益寿。又高宗朝刘道合、玄宗朝孙甑生，皆成黄金，二祖竟不敢服，岂不以宗庙社稷之重，不可轻易。此事炳然载于国史。以臣微见，傥陛下睿虑精求，必致真隐，唯问保和之术，不求饵药之功，纵使必成黄金，止可充于玩好。则九庙灵鉴，必当慰悦，寰海兆庶，谁不欢心？臣思竭愚衷，以裨玄化，无任兢忧之至。

息元至京，帝馆之于山亭，问以道术。自言识张果、叶静能，诏写真待诏李士昉问其形状，图之以进。息元山野常人，本无道学，言事诞妄，不近人情。及昭愍遇盗而殂，文宗放还江左。德裕深识守正，皆此类也。

文宗即位，就加检校礼部尚书。大和三年八月，召为兵部侍郎，裴度荐以为相。而吏部侍郎李宗闵有中人之助，是月拜平章事，惧德裕大用。九月，检校礼部尚书，出为郑滑节度使。德裕为逢吉所挤，在浙西八年，虽远阙庭，每上章言事。文宗素知忠荩，采朝论征之。到未旬时，又为宗闵所逐，中怀于悒，无以自申。赖郑覃侍讲禁中，时称其善，虽朋党流言，帝乃心未已。宗闵寻引牛僧孺同知政事，二憾相结，凡德裕之善者，皆斥之于外。四年十月，以德裕检校兵部尚书、成都尹、剑南西川节度副大使、知节度事、管内观察处置、西山八国云南招抚等使。裴度于宗闵有恩，度征淮西时，请宗闵为彰义观察判官，自后名位日进。至是恨度援德裕，罢度相位，出为兴元节度使,牛、李权赫于天下。

西川承蛮寇剽虏之后,郭钊抚理无术,人不聊生。德裕乃复葺关防,缮完兵守。又遣人入南诏,求其所俘工匠,得僧道工巧四千余人,复归成都。五年九月,吐蕃维州守将悉怛谋请以城降。其州南界江阳,岷山连岭而西,不知其极;北望陇山,积雪如玉;东望成都,若在井底。一面孤峰,三面临江,是西蜀控吐蕃之要地。至德后,河、陇陷蕃,唯此州尚存。吐蕃利其险要,将妇人嫁于此州阎者。二十年后,妇人生二子成长。及蕃兵攻城,二子内应,其州遂陷。吐蕃得之,号曰"无忧城"。贞元中,韦皋镇蜀,经略西山八国,万计取之不获,至是悉怛谋遣人送款。德裕疑其诈,遣人送锦袍金带与之,托云候取进止,悉怛谋乃尽率郡人归成都。德裕乃发兵镇守,因陈出攻之利害。时牛僧孺沮议,言新与吐蕃结盟,不宜败约,语在《僧孺传》。乃诏德裕却送悉怛谋一部之人还维州,赞普得之,皆加虐刑。德裕六年复修邛峡关,移西州于台登城以捍蛮。

德裕所历征镇,以政绩闻。其在蜀也,西拒吐蕃,南平蛮、蜓。数年之内,夜犬不惊,疮痏之民,粗以完复。会监军王践言入朝知枢密,尝于上前言悉怛谋缚送以快戎心,绝归降之义,上颇尤僧孺。其年冬,召德裕为兵部尚书,僧孺罢相,出为淮南节度使。七年二月,德裕以本官平章事,进封赞皇伯,食邑七百户。六月,宗闵亦罢,德裕代为中书侍郎、集贤大学士。

其年十二月,文宗暴风恙,不能言者月余。八年正月十六日,始力疾御紫宸见百僚。宰臣退问安否,上叹医无名工者久之,由是王守澄进郑注。初,注构宋申锡事,帝深恶之,欲令京兆尹杖杀之。至是以药稍效,始善遇之。守澄复进李训,善《易》。其年秋,上欲授训谏官,德裕奏曰:"李训小人,不可在陛下左右。顷年恶积,天下皆知,无故用之,必骇视听。"上曰:"人谁无过,俟其悛改。朕以逢吉所托,不忍负言。"德裕曰:"圣人有改过之义。训天性奸邪,无悛改之理。"上顾王涯曰:"商量别与一官。"遂授四门助教。制出,给事中郑肃、韩佽封之不下,王涯召肃面喻令下。俄而郑注亦自绛州至,训、注恶德裕排己，九月十日，复召宗闵于兴元，授中书侍郎、平章事，代德裕，出德裕为兴元节度使。德裕中谢日，自陈恋阙，不愿出藩，追敕守兵部尚书。宗闵奏制命已行，不宜自便，寻改检校尚书左仆射、润州刺史、镇海军节度、苏常杭润观察等使，代王璠。

德裕至镇，奉诏安排宫人杜仲阳于道观，与之供给。仲阳者，漳王养女，王得罪，放仲阳于润州故也。九年三月，左丞王璠、户部侍郎李汉进状，论德裕在镇，厚赂仲阳，结托漳王，图为不轨。四月，帝于蓬莱殿召王涯、李固言、路随、王璠、李汉、郑注等，面证其事。璠、汉加诬构结，语甚切至。路随奏曰："德裕实不至此。诚如璠、汉之言，策臣亦合得罪。"群论稍息。寻授德裕太子宾客，分司东都。其月，又贬袁州长史。路随坐证德裕，罢相，出镇浙西。其年七月，宗闵坐救杨虞卿，贬处州；李汉坐党宗闵，贬汾州。十一月，王璠与李训造乱伏诛，而文宗深悟前事，知德裕为朋党所诬。明年三月，授德裕银青光禄大夫，量移滁州刺史。七月，迁太子宾客。十一月，检校户部尚书，复浙西观察使。德裕凡三镇浙西，前后十余年。

开成二年五月，授扬州大都督府长史、淮南节度副大使、知节度使事，代牛僧孺。初僧孺闻德裕代己，乃以军府事交付副使张鹭，即时入朝。时扬州府藏钱帛八十万贯匹，及德裕至镇，奏领得一十四万，半为张鹭支用讫。僧孺上章讼其事，诏德裕重检括，果如僧孺之数。德裕称初到镇疾病，为吏隐欺，请罚，诏释之。补阙王绩魏谟崔党韦有翼、拾遗令狐绹韦楚老樊宗仁等，连章论德裕妄奏钱帛以倾僧孺，上竟不问。四年四月，就加检校尚书左仆射。五年正月，武宗即位。七月，召德裕于淮南。九月，授门下侍郎、同平章事。初，德裕父吉甫，年五十一出镇淮南，五十四自淮南复相。今德裕镇淮南，复入相，一如父之年，亦为异事。

会昌元年，兼左仆射。开成末，回纥为黠戛斯所攻，战败，部族离散，乌介可汗奉太和公主南来。会昌二年二月，牙于塞上，遣使求助兵粮，收复本国，权借天德军以安公主。时天德军使田矣，请以沙陀、退浑诸部落兵击之。上意未决，下百僚商议，议者多云如牟之奏。德裕曰："顷者国家艰难之际，回纥继立大功。今国破家亡，窜投无所，自居塞上，未至侵淫。以穷来归，遽行杀伐，非汉宣待呼韩邪之道也。不如聊济资粮，徐观其变。"宰相陈夷行曰："此借寇兵而资盗粮，非计也，不如击之便。"德裕曰："田牟、韦仲平言沙陀、退浑并愿击贼，此缓急不可恃也。夫见利则进，遇敌则散，是杂虏之常态，必不肯为国家捍御边境。天德一城，戍兵害有弱，而欲与劲虏结仇，陷之必矣。不如以理恤之，俟其越轶，用兵为便。"帝以为然，许借米三万石。

俄而回纥宰相嗢没斯杀赤心宰相，以其众来降。赤心部族又投幽州，乌介势孤，而不与之米，其众饥乏，渐近振武保大栅、杷头峰，突入朔州州界。沙陀、退浑皆以其家保山险，云州张献节婴城自固。虏大纵掠，卒无拒者。上忧之，与宰臣计事。德裕曰："杷头峰北便是沙碛，彼中野战，须用骑兵。若以步卒敌之，理难必胜。今乌介所恃者公主，如令勇将出奇夺得公主，虏自败矣。"上然之，即令德裕草制处分代北诸军，固关防，以出奇形势授刘沔。沔令大将石雄急击可汗于杀胡山，败之，迎公主还宫，语在《石雄传》。寻进位司空。

三年二月，赵蕃奏黠戛斯攻安西、北庭都护府，宜出师应援。德裕奏曰：

据地志，安西去京七千一百里，北庭去京五千二百里。承平时，向西路自河西、陇右出玉门关，迤逦是国家州县，所在皆有重兵。其安西、北庭要兵，便于侧近征发。自艰难已后，河、陇尽陷吐蕃，若通安西、北庭，须取回纥路去。今回纥破灭，又不知的属黠戛斯否？纵令救得，便须却置都护，须以汉兵镇守。每处不下万人，万人从何征发？馈运取何道路？今天德、振武去京至近，兵力常苦不足，无事时贮粮不支得三年，朝廷力犹不及，况保七千里安西载！臣所以谓纵令得之，实无用也。昔汉宣帝时，魏相请罢车师之田；汉元帝时，贾捐之请弃珠崖郡；国朝贤相狄仁杰亦请弃四镇，立斛瑟罗为可汗，又请弃安东，却立高氏。盖不欲贪外虚内，耗竭生灵。此三臣者，当自有之时,尚欲弃之,以肥中国,况隔越万里,安能救之哉!臣,恐蕃戎多计,知国力不及,伪且许之,邀求中国金帛,陛下不可中悔,此则将实费以换虚事,即是灭一回纥而又生之,恐计非便。乃止。

德裕又以大和五年吐蕃维州守将以城降,为牛僧孺所沮,终失维州,奏论之曰:

臣在先朝,出镇西蜀。其时吐蕃维州首领悉怛谋,虽是杂虏,久乐皇风,将彼坚城,降臣本道。臣寻差兵马,入据其城,飞章以闻,先帝惊叹。其时与臣不足者,望风嫉臣,遽献疑言,上罔宸听,以为与吐蕃盟约,不可背之,必恐将此为辞,侵犯郊境。诏臣还却此城,兼执送悉怛谋等,令彼自戮。复降中使,迫促送还。昔白起杀降,终于杜邮致祸;陈汤见徙,是为郅支报仇。感叹前事,愧心终日。今者幸逢英主,忝备台司,辄敢追论,伏希省察。

且维州据高山绝顶,三面临江,在戎虏平川之冲,是汉地入兵之路。初,河、陇尽没,此州独存。吐蕃潜将妇人嫁与此州门子,二十年后,两男长成,窃开垒门,引兵夜入,因兹陷没,号曰:"无忧"。因并力于西边,遂无虞于南路,凭凌近甸,宵旰累朝。贞元中,韦皋欲经略河湟,须以此城为始,尽锐万旅,急攻累年。吐蕃爱惜既甚,遂遣舅论莽热来援。雉堞高峻,临冲难及于层霄;乌迳屈盘,猛士多糜于垒石。莫展公输之巧,空擒莽热而还。

及南蛮负恩,扫地驱劫。臣初到西蜀,众心未安,外扬国威,中缉边备。其维州执臣信令,乃送款与臣,臣告以须俟奏闻,所冀探其情伪。其悉怛谋寻率一城之兵众,并州印甲仗,塞途相继,空壁归臣。臣即大出牙兵,受其降礼。南蛮在列,莫敢仰视。况西山八国,隔在此州,比带使名,都成虚语。诸羌久苦蕃中征役,愿作大国王人。自维州降后,皆云但得臣信牒帽子,便相率内属。其蕃界合水、栖鸡等城,既失险厄,自须抽归,可减八处镇兵，坐收千里旧地。臣见莫大之利，乃为恢复之基。继具奏闻，请以酬赏，臣自与锦袍金带，顒俟诏书。且吐蕃维州未降已前一年，犹围鲁州。以此言之，岂守盟约？况臣未尝用兵攻取，彼自感化来降。又沮议之人，不知事实。犬戎迟钝，土旷人稀，每欲乘秋犯边，皆须数岁就食。臣得维州逾月，未有一使入疆。自此之后，方应破胆，岂有虑其后怨，鼓此游词。

臣受降之时，指天为誓，宁忍将三百余人性命，弃信偷安。累表上陈，乞垂矜赦。答诏严切，竟令执还，加以体披桎梏，异于竹畚。及将就路，冤叫呼天。将吏对臣，无不流涕。其部送者，便遭蕃帅讥诮曰："既已降彼，何须送来？"乃却将此降人，戮于汉界之上，恣行残害，用固携离。乃至掷其婴孩，承以枪槊。臣闻楚灵诱杀蛮子，《春秋》明讥；周文外送邓叔，简册深鄙。况乎大国，负此异类，绝忠款之路，快凶虐之情，从古以来，未有此事。臣实痛悉怛谋举城受酷，由臣陷此无辜，乞慰忠魂，特加褒赠。"

帝意伤之，寻赐赠官。

其年，德裕兼守司徒。四月，泽潞节度使刘从谏卒，军人以其侄稹擅总留后，三军请降旌钺。帝与宰臣议可否，德裕曰："泽潞国家内地，不同河朔。前后命帅，皆用儒臣。顷者李抱真成立此军，身殁之后，德宗尚不许继袭，令李缄护丧归洛。洎刘悟作镇，长庆中颇亦自专，属敬宗因循，遂许从谏继袭。开成初，于长子屯军，欲兴晋阳之甲，以除君侧，与郑注、李训交结至深，外托效忠，实怀窥伺。自疾病之初，便令刘稹管兵马。若不加讨伐，何以号令四方？若因循授之，则藩镇相效，自兹威令去矣！"帝曰："卿算用兵必克否？"对曰："刘稹所恃者，河朔三镇耳。但得魏镇不与稹同，破之必矣。请遣重臣一人，传达圣旨，言泽潞命帅，不同三镇。自艰难已来，列圣皆许三镇嗣袭，已成故事。今国家欲加兵诛稹，禁军不欲出山东。其山东三州，委镇魏出兵攻取。"上然之，乃令御史中丞李回使三镇谕旨，赐魏镇诏书云："卿勿为子孙之谋，欲存辅车之势。"何弘敬、王元逵承诏，耸然从命。初议出兵，朝官上疏相继，请依从谏例，许之继袭，而宰臣四人，亦有以出师非便者。德裕奏曰："如师出无功，臣请自当罪戾，请不累李绅、让夷等。"及弘敬、元逵出兵，德裕又奏曰："贞元、大和之间，朝廷伐叛，诏诸道会兵，才出界便费度支供饷，迟留逗挠，以困国力，或密与贼商量，取一县一栅以为胜捷，所以师出无功。今请处分元逵、弘敬，只令收州，勿攻县邑。"帝然之。及王宰、石雄进讨，经年未拔泽潞。及弘敬、元逵收邢、洺、磁三州，积党遂离，以至平殄，皆如其算。

时王师方讨泽潞，三年十二月，太原横水戍兵因移戍榆社，乃倒戈入太原城，逐节度使李石，推其都将杨弁为留后。武宗以贼积未殄，又起太原之乱，心颇忧之。遣中使马元贯往太原宣谕，觇其所为。元贯受杨弁赂，欲保祐之。四年正月，使还，奏曰："杨弁兵马极多，自牙门列队至柳子，十五余里，明光甲曳地。"德裕奏曰："李石比以城内无兵，抽横水兵一千五百人赴榆社，安能朝夕间便致十五里兵甲耶？"元贯曰："晋人骁敢，尽可为兵，重赏招致耳。"德裕曰："招召须财，昨横水兵乱，止为欠绢一匹。李石无处得，杨弁从何致耶？又太原有一联甲，并在行营，安致十五里明光耶？"元贯词屈。德裕奏曰："杨弁微贼，决不可恕。如国力不及，宁舍刘稹。"即时请降诏，令王逢起榆社军，又令王元逵兵自土门入，会于太原。河东监军吕义忠闻之，即日召榆社本道兵，诛杨弁以闻。

自开成五年冬回纥至天德，至会昌四年八月平泽潞，首尾五年，其筹度机宜，选用将帅，军中书诏，奏请云合，起草指踪，皆独决于德裕，诸相无预焉。以功兼守太尉，进封卫国公，三千户。五年，武宗上徽号后，累表乞骸，不许。德裕病月余，坚请解机务，乃以本官平章事兼江陵尹、荆南节度使。数月追还，复知政事。宣宗即位，罢相，出为东都留守、东畿汝都防御使。

德裕特承武宗恩顾，委以枢衡。决策论兵，举无遗悔，以身捍难，功流社稷。及昭肃弃天下，不逞之伍咸害其功。白敏中、令狐绹，在会昌中德裕不以朋党疑之，置之台阁，顾待甚优。及德裕失势，抵掌戟手，同谋斥逐，而崔铉亦以会昌末罢相怨德裕。大中初，敏中复荐铉在中书，乃相与掎摭构致，令其党人李咸者，讼德裕辅政时阴事。乃罢德裕留守，以太子少保分司东都，时大中元年秋。寻再贬潮州司马。敏中等又令前永宁县尉吴汝纳进状，讼李绅镇扬州时谬断刑狱。明年冬，又贬潮州司户。德裕既贬，大中二年，自洛阳水路经江、淮赴潮州。其年冬，至潮阳，又贬崖州司户。至三年正月，方达珠崖郡。十二月卒，时年六十三。

德裕以器业自负，特达不群。好著书为文，奖善嫉恶，虽位极台辅，而读书不辍。有刘三复者，长于章奏，尤奇待之。自德裕始镇浙西，迄于淮甸，皆参佐宾筵。军政之余，与之吟咏终日。在长安私第，别构起草院。院有精思亭，每朝廷用兵，诏令制置，而独处亭中，凝然握管，左右侍者无能预焉。东都于伊阙南置平泉别墅，清流翠筱，树石幽奇。初未仕时，讲学其中。及从官藩服，出将入相，三十年不复重游，而题寄歌诗，皆铭之于石。今有《花木记》、《歌诗篇录》二石存焉。有文集二十卷。记述旧事，则有《次柳氏旧闻》、《御臣要略》、《伐叛志》、《献替录》行于世。

初贬潮州，虽苍黄颠沛之中，犹留心著述，杂序数十篇，号曰《穷愁志》。其《论冥数》曰：

仲尼罕言命，不语神，非谓无也。欲人严三纲之道，奉五常之教，修天爵而致人爵，不欲信富贵于天命，委福禄于冥数。昔卫卜协于沙丘，为谶已久；秦塞属于临洮，名子不悟；朝歌未灭，而国流丹乌；白帝尚在，而汉断素蛇。皆兆发于先，而符应于后，不可以智测也。周、孔与天地合德，与神明合契，将来之数，无所遁情。而狼跋于周，凤衰于楚，岂亲戚之义，不可去也，人伦之教，不可废也。条侯之贵，邓通之富，死于兵革可也，死于女室可也，唯不宜以馁终，此又不可以理得也。命偶时来，盗有名器者，谓祸福出于胸怀，荣枯生于口吻，沛然而安，溢然而笑，曾不知黄雀游于茂树，而挟弹者在其后也。

乙丑岁，予自荆楚，保厘东周，路出方城间，有隐者困于泥涂，不知其所如，谓方城长曰："此官人居守后二年，南行万里。"则知憾予者必因天谴，谮予者乃自鬼谋。虽抱至冤，固不为恨。予尝三遇异人，非卜祝之流，皆遁世者。初掌记北门，管涔隐者谓予曰："君明年当在人君左右，为文翰之职，须值少主。"予闻之，愕然变色，隐者亦悔失言，避席求去。予问曰："何为事少主？"对曰："君与少主已有宿缘。"其年秋登朝，至明年正月，穆宗缵绪，召入禁苑。及为中丞，闽中隐者叩门请见，予下榻与语，曰："时事非久，公不早去，冬必作相，祸将至矣。若亟请居外，则代公者受患。公后十年终当作相，自西而入。"是秋，出镇吴门，时年三十六岁。经八稔，寻又仗钺南燕。秋暮，有邑子于生引邺郡道士至。才升阶，未及命席，谓予曰："公当为西南节制，孟冬望舒前，符节至矣。"三者皆与之协，不差岁月。自宪闱竟十年居相位，由西蜀而入，代予持宪者，俄亦窜逐。唯再谪南荒，未尝有前知之士为予言之。岂祸患不可移者，神道所秘，莫得预闻。

其自序如此。斯论可以警夫躁竞者，故书于事末。

德裕三子。烨，检校祠部员外郎、汴宋亳观察判官。大中二年，坐父贬象州立山尉。二子幼，从父殁于崖州。烨咸通初量移郴州郴县尉，卒于桂阳。子延古。

史臣曰：臣总角时，亟闻耆德言卫公故事。是时天子神武，明于听断，公亦以身犯难，酬特达之遇。言行计从，功成事遂，君臣之分，千载一时。观其禁掖弥纶，岩廊启奏，料敌制胜，襟灵独断，如由基命中，罔有虚发，实奇才也。语文章，则严、马扶轮；论政事，则萧、曹避席。罪其窃位，即太深文。所可让者，不能释憾解仇，以德报怨，泯是非于度外，齐彼我于环中。与夫市井之徒，力战锥刀之末，沦身瘴海，可为伤心。古所谓攫金都下，忽于市人，离娄不见于眉睫。才则才矣，语道则难。

赞曰：公之智决，利若青萍。破虏诛叛，摧枯建瓴。功成北阙，骨葬南溟。呜呼烟阁,谁上丹青?

旧唐书卷一七五
列传第一二五

宪宗二十子　穆宗五子
敬宗五子　文宗二子
武宗五子　宣宗十一子
懿宗八子　僖宗二子
昭宗十子

宪宗二十子：穆宗皇帝、宣宗皇帝、惠昭太子宁、澧王恽、深王悰、洋王忻、绛王悟、建王恪、鄜王懁、琼王悦、沔王恂、婺王怿、茂王愔、淄王协、衡王憺、澶王忱、棣王惴、彭王惕、信王憻、荣王愦。

惠昭太子宁，宪宗长子也。母曰纪美人。贞元二十一年四月，封平原郡王。元和元年八月，进封邓王。四年闰三月，立为皇太子，改名宙，寻复今名。其年有司将行册礼，以孟夏、孟秋再卜日，临事皆以雨罢，至十月方行册礼。元和六年十二月薨，年十九，废朝十三日。时敕国子司业裴茝摄太常博士，西内勾当。茝通习古今礼仪，尝为太常博士。及官至郎中，每兼其职，至改司业，方罢兼领。国典无皇太子薨礼，故又命茝领之。废朝十三日，盖用期服以日易月之制也。谥曰惠昭。

澧王恽，宪宗第二子也，本名宽。贞元二十一年，封同安郡王。

元和元年,进封澧王。七年,改今名。时吐突承璀恩宠特异,惠昭太子薨,议立储副,承璀独排群议,属澧王,欲以威权自树,赖宪宗明断不惑。上将册拜太子,诏翰林学士崔群代澧王作让表一章。群奏曰:"凡事己合当之而不为,则有退让焉。"上深纳之。及宪宗晏驾,承璀死,王亦薨于其夕。以元和十五年四月丁丑发丧,废朝三日。长子汉,东阳郡王。次子源,安陆郡王。第三子演,临安郡王。

深王憬,本名察,宪宗第四子也。贞元二十一年,封彭城郡王。元和元年,进封深王,改今名。长子潭,河内郡王。次子淑,吴兴郡王。

洋王忻,本名寰,宪宗第五子也。贞元二十一年,封为高密郡王。元和元年,进封洋王。七年,改今名。大和二年薨。长子沛,大和八年,封颍川郡王。

绛王悟,本名寮,宪宗第六子也。贞元二十一年,封文安郡王。元和元年,进封绛王。七年,改今名。宝历二年冬遇害。长子洙,大和八年,封新安郡王。第二子滂,封高平郡王。

建王恪,本名审,宪宗第十子也。元和元年八月,淄青节度李师古卒,其弟师道擅领军务,以邀符节。朝廷方兴讨罚之师,不欲分兵两地,乃册审为建王。间一日,授开府仪同三司、郓州大都督充平卢军淄青等州节度营田观察处置、陆运海运、押新罗渤海两蕃等使,而以师道为节度留后。不出阁。七年,改今名。长庆元年薨。

郦王憬,长庆元年封,开成四年七月薨。长子溥,平阳郡王。

琼王悦,长庆元年封。第二子津,河间郡王。

沔王恂，长庆元年封。长子瀛，晋陵郡王。

婺王怿，长庆元年封。长子清，新平郡王。

茂王惜，长庆元年封。长子漂，武功郡王。

淄王协，宪宗第十四子也。长庆元年封，开成元年薨。长子浣，大和八年八月，封许昌郡王。第三子涣，冯翊郡王。

衡王憺，长庆元年封。长子涉，晋平郡王。

澶王忱，长庆元年封。长子泞，雁门郡王。

棣王惴，大中六年封。咸通三年薨。

彭王惕，大中三年封。

信王憻，大中十四年封，咸通八年薨。

荣王愤，咸通三年封，广明元年八月十九日，授开府仪同三司，守司空，其年十月九日薨。其子令平嗣王。

穆宗五子：敬宗皇帝、文宗皇帝、武宗皇帝、怀懿太子凑、安王溶。

怀懿太子凑，穆宗第六子。少宽和温雅，齐庄有度。长庆初，封漳王。文宗以王守澄恃权，深怒阉官，欲尽诛之，密令宰相宋申锡与外臣谋画其计。守澄门人郑注伺知其事，欲先事诛申锡。以漳王贤而有望，乃令神策虞侯豆卢著告变，言"十六宅宫市典晏敬则、朱训与申锡亲事王师文同谋不轨，朱训与王师文言圣上多病，太子年小，若立兄弟，次是漳王，要先结托，乃于师文处得银五铤、绢八百匹；又晏敬则于十六宅将出漳王吴绫汗衫一领、熟线绫一匹，以答申锡。"其事皆郑注凭虚结构，而擒朱训等于黄门狱，锻炼伪成其款。居三四日，朝臣方悟其诬构。谏官崔玄亮等阁中极谏，叩头出血，请出申锡狱付外勘鞫。郑注辈恐其伪迹败露，乃请行贬黜。制曰："王者教先入爱，义不遗亲。岂于同气之中，可致异词之间。如或慎修不至，讹误有闻，构为厉阶，犯我邦纪，未加殛窜，尚屈彝章。漳王凑手足之亲，盘石是固，居崇宠秩，列在戚藩。顷多克顺之心，亦有尚贤之志。而满盈生患，败覆是图，奸凶会同，谋议联及。污我皇化，彰于外朝，初骇予衷，再惊群听。尚以未具狱词，犹资审慎，建侯之命，姑务从宽。可降封巢县公。"制下，上令中使齐巢县官告，就十宅赐凑。言国法须此，尔宜宽勉。八年薨，赠封齐王。

郑注伏诛，帝思凑被陷而心伤之，开成三年正月制曰：

褒善饰终，王者常典。况我友于之爱，手足之亲，永言痛悼之怀，用锡元良之命。故齐王凑孕灵天宇，擢秀本枝，孝敬知于孩提，惠和洽于亲爱。将固磐石，遂分茅社。学探蚁术之精，智有象舟之妙。好书乐善，造次不失其清规；置醴尊师，风雨不忘其至敬。方期台耇，以保怡怡，天胡不仁，歼我同气。念周宣好爱之分，长恸莫追；览魏文荣乐之言，轸怀无已。由是稽诸前典，式展追荣，特峻彝章，表恩泉壤。虽礼命之仪则尔，而天伦之恨何摅？遐想幽魂，宜膺宠数。可赠怀懿太子，有司择日册命。

安王溶，穆宗第八子。母杨贤妃。长庆元年封，大和八年，授开府仪同三司、检校吏部尚书。开成初，敕安王、颖王并以百官例，逐月给料钱。武宗即位，李德裕秉政，或告文宗崩时，杨嗣复以与贤妃宗家，欲立安王为嗣，故王受祸，嗣复贬官。

敬宗五子：悼怀太子普、梁王休复、襄王执中、纪王言扬、陈王成美。

悼怀太子普，敬宗长子也。母曰郭妃。宝历元年，封晋王。大和二年薨，年五岁。上抚念之甚厚，册赠悼怀太子。

梁王休复。开成二年八月诏曰："王者胙土画疆，封建子弟，所以承卫帝室，蕃茂本枝。祖宗成式，朕曷敢废？况天付正性，夙奉至训，尊贤好善，体仁由礼，是可举建侯之命，膺分社之荣。亲亲贤贤，于是乎在。敬宗皇帝第二子休复、第三子执中、第四子言扬、第六子成美，皆气蕴冲和，行推敬慎，游泳《坟》、《索》，佩服师言。宜开土宇之封，用申睦族之典。休复可封梁王，执中可封襄王，言扬可封纪王，成美可封陈王。宜令有司择日备礼册命。"

襄王执中与梁王同时受封。第三男宷，乐平郡王。纪王与襄王同时受封。

陈王成美与纪王言扬同时受封。开成四年十月诏曰："古先哲王之有天下也，何尝不正国本而承天序，建储贰而主重离？朕以寡昧，祗荷丕图，虔恭寅畏，思固鸿业，慎择全懿，旷于旬时。而卿士献谋，龟筮告吉，以为少阳虚位，愿举盛仪，列圣垂休，俾合予志，选贤而立，式表无私。敬宗皇帝第六男陈王成美，天假忠孝，日新道德，温文合雅，谦敬保和。裕端明之体度，尚《诗》、《书》之辞训，言皆中礼，行不违仁。是可以训考旧章，钦若成命，授之匕鬯，以奉粢盛。宜回朱邸之荣，俾践青宫之重，可立为皇太子。宜令所司择日备礼册命。"自庄恪太子薨，将相大臣涓职言者，拜章面陈凡累月，上遂命立陈王。未行册礼，复降仍旧，其年殂于藩邸。第十九男俨，宣城郡王。

文宗二子：庄恪太子永，蒋王宗俭。

庄恪太子永，文宗长子也。母曰王德妃。大和四年正月，封鲁王。六年,上以王年幼,思得贤傅辅导之。时王傅和元亮,因待制召问,元亮出于卒吏,不知书,一不能对。后宰相延英奏事,上从容曰:"鲁王制性王教,宜择贤士大夫为官属,不可复用和元亮之辈。"因以户部侍郎庾敬休守本官,兼鲁王傅;太常卿郑肃守本官,兼王府长史。户部郎中李践方守本官,兼王府司马。其年十月,降诏册为皇太子。上自即位,承敬宗盘游荒怠之后,恭俭惕慎,以安天下,以晋王谨愿,且欲建为储贰。未几,晋王薨,上哀悼甚,不复言东宫事久之。今有是命,中外庆悦。后以王起、陈夷行为侍读。

开成三年,上以皇太子宴游败度,不可教导,将议废黜,特开延英,召宰臣及两省御史台五品已上、南班四品已上官对。宰臣及众官以为储后年小,可俟改过,国本至重,愿宽宥。御史中丞狄兼谟上前雪涕以谏,词理恳切。翌日,翰林学士六人泊神策六军军使十六人又进表陈论,上意稍解。其日一更,太子归少阳院,以中人张克己、柏常心充少阳院使;如京使王少华、判官袁载和及品官、白身、内园小儿、官人等数十人,连坐至死及剥色、流窜。寻诏侍读窦宗直、周敬慎依前隔日入少阳院。

其年薨,敕兵部尚书王起撰哀册文曰:

维大唐开成三年,岁次戊午,十月乙酉朔,十六日庚子,皇太子薨于少阳院。十七日辛丑,迁座于大吉殿。十一月乙卯朔,二十四日戊寅,命册使太子太师兼右仆射、门下侍郎、国子祭酒、平章事郑覃,副使中书侍郎、平章事杨嗣复,持节册谥曰庄恪。十二月乙酉朔,十二日丙申,葬于骊山之北原庄恪陵,礼也。玉瑄岁穷,金壶漏尽,祖奠告彻,哀笳将引。庭灭燎而月寒,路摇旌而风紧。皇帝念主鬯之缺位,悼佩觿之夭年。铜楼已闭,银牒徒悬。方追思于对日,遽冥寞而宾天。典册具举,文物咸备。爰诏侍臣,显扬上嗣,其词曰:

皇矣帝绪,肇基绵古,种德尊道,宗文祖武。上圣开成,天下和平,储祉发祥,是生元良。覃讦之初,岐嶷用彰,蕴才游艺,玉裕金相。既免孩提,是加封殖,俾维城于东鲁,锡介圭于上

国。辞荣朱邸,正位青宫,尊师重傅,养德含聪。畏弛道而不绝,
问寝门而益恭。招贤警戒,齿胄谦冲,冀日跻于三善,奉天慈于
九重。汉庄好学,既显于外;魏丕能文,方循于内。美不二于颜
过,嘉得三于鲤退。焜耀甲观,铿锵瑜珮。方积善于为山,何反
真而游岱。呜呼哀哉!

忧兢损寿,沉痾始遘,群望并走,百灵宜祐。吴客之问徒
为,越人之方靡救。占前星之掩曜,知东朝之降咎。天垂象而
则然,人由己而何有?呜呼哀哉!税驾乘华兮即宫夜台,凤笙
长绝兮蜃辂徐来。启青宫而右出,历玄灞而左回,度凋林兮魂
断,入旷野兮心摧。水助挽而幽咽,云带翠而徘徊,悲佳城之已
掩,见新庙之方开。呜呼哀哉!授经兮曷期,执绋兮增欷,九原
作兮何嗟及,七日还兮安可希。有少海之波逝,无西园之盖飞,
商山之羽翼已散,望苑之宾客咸归。瑟彼玉简,闷于泉扉,用传
信于文字,愿不昧于音徽。呜呼哀哉!

初,上以太子稍长,不循法度,昵近小人,欲加废黜,迫于公卿
之请乃止。太子终不悛改,至是暴薨。时传云:太子德妃之出也,晚
年宠衰。贤妃杨氏,恩渥方深,俱太子他日不利于己,故日加谮谮,
太子终不能自辨明也。太子既薨,上意追悔。四年,因会宁殿宴,小
儿缘撞,有一夫在下,忧其堕地,有若狂者。上问之,乃其父也。上
因感泣,谓左右曰:"朕富有天下,不能全一子。"遂召乐官刘楚材、
舍人张十十等责之,曰:"陷吾太子,皆尔曹也。今已有太子,更欲踵
前耶?"立命杀之。

蒋王宗俭,文宗第二子,开成二年封。

武宗五子:杞王峻,开成五年封;益王岘、兖王岐、德王峄、昌王
嵯,皆会昌二年封。

宣宗十一子:懿宗皇帝,余并封王。

靖怀太子汉,会昌六年封雍王,大中六年薨,册赠靖怀太子。

雅王泾,宣宗第二子。大中元年封。

卫王灌,大中十一年封,十四年薨。

夔王滋,宣宗第三子也。会昌六年封,咸通四年薨。

庆王沂,第四子也。会昌六年封,大中十四年薨。

濮王泽,第五子也。大中二年封。

鄂王润,第六子也。大中五年封,乾符三年薨。

怀王洽,第七子也。大中八年封。

昭王汭,第八子也。大中八年封,乾符三年薨。

康王汶,大中八年封。

广王澭,大中十一年封。

懿宗八子:僖宗皇帝、昭宗皇帝,余并封王。

魏王佾,咸通三年封。

凉王健,咸通三年封,乾符六年薨。

蜀王佶,咸通三年封。

威王侃,咸通六年封郢王,十年改封今王。

吉王保,咸通十三年封,文德元年八月九日授开府仪同三司、检校太傅,仍加食邑三百户。

睦王倚,咸通十三年封。

僖宗二子:建王震,中和元年九月十六日封;益王升,光启三年十一月十四日封。

昭宗十子:哀帝,余并封王。

德王裕,昭宗长子也。大顺二年六月二十八日封。乾宁四年二月十四日册为皇太子。时驾在华州,韩建畏诸王主兵,诱防城卒张行思、花重武相次告通王以下欲杀建。建他日又造讹言云:诸王欲劫迁车驾，别幸藩镇。诸王惧，诣建自陈，建乃延入卧内，密遣人奏云：“今日睦王、济王、韶王、通王、彭王、韩王、仪王、陈王等八人到臣理所，不测事由。臣窃量事体，不合与诸王相见，兼恐久在臣所，于事非宜。忽然及门，意不可测。”又上疏抗请归十六宅，如是者数四，帝不允。建惧为诸王所图，乃以精甲数千围行宫，请诛定州护驾军都将李筠。帝惧甚，诏斩筠于大云桥。其三都军士，寻放还本道。殿后都亦与三都元绕行营扈跸。至是，并急诏散之。罢诸王兵柄。建虑上不悦，乃上表请立德王为皇太子。其年八月，嗣延王戒丕自太原还，诏与通王已下八王并赐死于石堤谷。

光化末，枢密使刘季述、王仲先等幽昭宗于东内，册裕为帝，及天复初诛季述、仲先，与寺人藏于右军，群臣请杀之，昭宗曰：“太子冲幼，为贼辈所立。”依旧令归少阳院。及朱全忠自凤翔迎驾还京，以德王眉目疏秀，春秋渐盛，常恶之，谓崔胤曰：“德王曾窃居宝位，天下知之。大义灭亲，何得久留？是教后代以不孝也，请公密启。”胤然之，昭宗不纳。他日言于全忠，全忠曰：“此国家大事，臣安敢窃议？乃崔胤卖臣也。”寻以哀帝为天下兵马元帅。

后昭宗至洛下，一日幸福先寺，谓枢密使蒋玄晖曰：“德王朕之爱子，全忠何故须令废之，又欲杀之？”言讫泪下，因啮其中指血流。玄晖具报全忠，由是转患。昭宗遇弑之日，蒋玄晖于内西置社筵，酒酣，德王已下六王皆为玄晖所杀，投尸九曲池。

棣王祤，乾宁元年十月八日封。

虔王禊、沂王禋、遂王祎，并与棣王同时封册。

景王秘，乾宁四年十月二十二日封。

祁王祺与景王同时封册。

雅王禛、琼王祥，并光化元年十一月九日封。

嗣襄王煴，性柔善，无他能。光启二年春，车驾在宝鸡，西军逼请幸岐陇，帝以数十骑自大散关幸兴元。时煴有疾，不能从，因为朱玫所挟。至凤翔，有台省官从行未及者仅百人。四月，玫乃与宰相萧遘、裴澈率群僚册熅为监国。熅以郑昌图判度支，而盐铁、户部各置副使，三司之事，一以委焉，目曰"废置相公"。五月，熅遣伪户部侍郎柳陟等十余人，分谕关东、河北诸道，纳伪命者甚众。十月，朱玫率萧遘等册熅为帝，改元曰永贞，遥尊僖宗为太上元皇圣帝。

初，河中王重荣表率东诸侯进贡，唯蔡贼与太原不顺。秦宗权自僭号，太原不协于朱玫故也。及王行瑜杀朱玫，熅奔至渭上，王重荣使人迎之，熅与伪百官泣别，谓曰："朕见重荣，当令与卿等各备所服以接卿。"杀朱玫之翌日，熅为鄜州乱军所杀，行瑜遂函首送行在。熅四月监国，至十二月死，凡在伪位九月矣。

朱玫者，邠州人也。少从边，以功历郡守。乾符末，领邠宁节制。中和中，收复京师，与太原李克用、东方达同制加使相。光启元年冬，受诏招讨河中，军败，以军容使田令孜失策，时诸军皆怒，乃徇人情，表请诛令孜。令孜与杨复恭挟帝西幸，玫又失策，乃虏嗣襄王熅，与萧遘等同立为帝，大行封拜，以啖诸侯，而天下之人，归者十五六焉。与李昌符始谋册立，及后玫自称大丞相，吐握在己，昌符怒之，乃以表送款行在，复密结枢密使杨复恭，人心乃离。

时行在出令，有能斩朱玫首者，则授以邠帅。贼将王行瑜以大唐峰不利，退保凤州。终虑得罪，与腹心密谋，径入京师。时玫有第在和善里，行瑜率兵仗入见，玫犹责以擅还，行瑜曰："我要代尔领邠州节制，何复多言？"遂斩之。

王行瑜者，邠州人也。少隶本军，事朱玫为偏将，平巢寇有功。光启二年，玫册嗣襄王熅为伪帝，授天平军节度使。领兵守大散关，攻大唐峰，为李铤所败，乃送款行在。以部下反攻朱玫于阙下，斩之，因授邠州节度使。后平杨守亮于山南，以功累加至中书令。景福中，逼朝廷加尚书令，宰臣韦昭度密奏不可。会韩建、李茂贞称兵入觐，欲行废立，不果，乃请杀昭度与李磎。是岁，又遣弟行约攻河中，河中引太原军至，由是大败。行约、行实劫驾不获，遂归邠州。行瑜率兵屯梨园，王师围急，行实、行约先败，次保龙泉，行瑜又遁至邠州，不能守。乾宁二年十一月，挈族至庆州，为部下所杀。

史臣曰：自天宝已降，内官握禁旅，中闱篡继，皆出其心。故手才揽于万机，目已眈于六宅，防闲禁锢，不近人情。文宗好古睦亲，至敦友悌。悔前非于齐凑，褒以储闱；付后事于陈王，归其胄席。或降舆朱邸，对食琼筵，怡怡申肺腑之情，穆穆尽棣华之义，近朝盛美，可洽风谣。昭肃惑谗，毒流安邸。虽览大臣之议，欲使磐维，竟无出阁之仪，终身幽枉。《谷风》之怨，可为伤心。大中、咸通已来，宝图世及。犬牙麟趾，虽不迨于姬周；豆什布谣，未甚悲于宗籍。于姬不足，比魏有余。

赞曰：周封子弟，运祚绵长。管、蔡剿绝，鲁、魏克昌。诛叛赏顺，王者大纲。法不私亲，棣萼其芳。

旧唐书卷一七六
列传第一二六

李宗闵　杨嗣复 子授 损 技 拭

挥　杨虞卿 弟汉公 从兄汝士 汝士弟鲁士

汝士子知温 知远 知权附　马植

李让夷　魏谟　周墀

崔龟从　郑肃　卢商

　　李宗闵字损之，宗室郑王元懿之后。祖自仙，楚州别驾。父翱，宗正卿，出为华州刺史、镇国军潼关防御等使。翱兄夷简，元和中宰相。宗闵，贞元二十一年进士擢第，元和四年，复登制举贤良方正科。

　　初，宗闵与牛僧孺同年登进士第，又与僧孺同年登制科。应制之岁，李吉甫为宰相当国，宗闵、僧孺对策，指切时政之失，言其鲠直，无所回避。考策官杨于陵、韦贯之、李益等又第其策为中等，又为不中第者注解牛、李策语，同为唱诽。又言翰林学士王涯甥皇甫湜中选，考核之际，不先上言。裴垍时为学士，居中覆视，无所异同。吉甫泣诉于上前，宪宗不获已，罢王涯、裴垍学士，垍守户部侍郎，涯守都官员外郎；吏部尚书杨于陵出为岭南节度使，吏部员外郎韦贯之出为果州刺史。王涯再贬虢州司马，贯之再贬巴州刺史，僧孺、宗闵亦久之不调，随牒诸侯府。七年，吉甫卒，方入朝为监察御史，累迁礼部员外郎。

元和十二年，宰相裴度出征吴元济，奏宗闵为彰义军观察判官。贼平，迁驾部郎中，又以本官知制诰。穆宗即位，拜中书舍人。时翱自宗正卿出刺华州，父子同时承恩制，人士荣之。长庆元年，子婿苏巢于钱徽下进士及第，其年，巢覆落。宗闵涉请托，贬剑州刺史。时李吉甫子德裕为翰林学士，钱徽榜出，德裕与同职李绅、元稹连衡言于上前，云徽受请托，所试不公，故致重覆。比相嫌恶，因是列为朋党，皆挟邪取权，两相倾轧。自是纷纭排陷，垂四十年。

复入为中书舍人。三年冬，权知礼部侍郎。四年，贡举事毕，权知兵部侍郎。宝历元年，正拜兵部侍郎，父忧免。大和二年，起为吏部侍郎，赐金紫之服。三年八月，以本官同平章事。时裴度荐李德裕，将大用。德裕自浙西入朝，为中人助宗闵者所沮，复出镇。寻引牛僧孺同知政事，二人唱和，凡德裕之党皆逐之。累转中书侍郎、集贤大学士。七年，德裕作相。六月，罢宗闵知政事，检校礼部尚书、同平章事、兴元尹、山南西道节度使。

宗闵为吏部侍郎时，因驸马都尉沈𬱟结托女学士宋若宪及知枢密杨承和，二人数称之于上前，故获征用。及德裕秉政，群邪不悦，而郑注、李训深恶之，文宗乃复召宗闵于兴元，为中书侍郎、平章事，命德裕代宗闵为兴元尹。既再得权位，辅之以训、注，尤恣所欲，进封襄武侯，食邑千户。九年六月，京兆尹杨虞卿得罪，宗闵极言救解，文宗怒叱之曰：“尔尝谓郑覃是妖气，今作妖，覃耶、尔耶？”翌日，贬明州刺史，寻再贬处州长史。七月，郑注发沈𬱟、宋若宪事，内官杨承和、韦元素、沈𬱟及若宪姻党坐贬者十余人，又贬宗闵潮州司户。

时训、注窃弄威权，凡不附己者，目为宗闵、德裕之党，贬逐无虚日，中外震骇，连月阴晦，人情不安。九月诏曰：

　　朕承天缵历，烛理不明，劳虚襟以求贤，励宽德以容众。顷者，或台辅乖弼违之道，而具僚扇朋附之风，翕然相从，实斁彝宪。致使薰莸共器，贤不肖并驰，退迹者成后时之夫，登门者有迎吠之客。缪戾之气，埋郁和平，而望阴阳顺时，疵疠不作，朝廷清肃，班列和安，自古及今，未尝有也。今既再申朝典，一变浇风，扫清朋比之徒，匡饬贞廉之俗。凡百卿士，惟新令猷。如闻周行之中，尚蓄疑惧，或有妄相指目，令不自安，今斯旷然，明喻朕意。应与宗闵、德裕或亲或故及门生旧吏等，除今日已前黜远之外，一切不问。各安职业，勿复为嫌。

文宗以二李朋党，绳之不能去，尝谓侍臣曰："去河北贼非难，去此朋党实难。"宗闵虽骤放黜，竟免李训之祸。

开成元年，量和多衢州司马。三年，杨嗣复辅政，与宗闵厚善，欲拔用之，而畏郑覃沮议，乃托中人密讽于上。上以嗣复故，因紫宸对，谓宰相曰："宗闵在外四五年，宜别授一官。"郑覃曰："陛下怜其地远，宜移近内地三五百里，不可再用奸邪。陛下若欲用宗闵，臣请先退。"陈夷行曰："比者，宗闵得罪，以朋党之故，恕死为幸。宝历初，李续之、张又新、苏景胤等，朋比奸险，几倾朝廷，时号'八关十六子'"。李珏曰："主此事者，罪在逢吉。李续之居丧服阕，不可不与一官，臣恐中外衣冠，交兴议论，非为续之辈也。"夷行曰："昔舜逐四凶天下治，朝廷求理，何惜此十数纤人？"嗣复曰："事贵得中，不可但徇憎爱。"上曰："与一郡可也。"郑覃曰："与郡太优，止可洪州司马耳。"夷行曰："宗闵养成郑注之恶，几覆邦家，国之巨蠹也。"嗣复曰："比者，陛下欲加郑注官，宗闵不肯，陛下亦当记忆。"覃曰："嗣复党庇宗闵。臣观宗闵之恶，甚于李林甫。"嗣复曰："覃语大过。昔玄宗季年，委用林甫，妒贤害能，破人家族。宗闵在位，固无此事。况大和末，宗闵、德裕同时得罪。二年之间，德裕再领重镇，而宗闵未离贬所。陛下惩恶劝善，进退之理宜均，非臣独敢党庇。昨殷侑与韩益奏官及章服，臣以益前年犯赃，未可其奏，郑覃托臣云'幸且勿论。'孰为党庇？"翌日，以宗闵为杭州刺史。四年冬，迁太子宾客，分司东都。时郑覃、陈夷行罢相，嗣复方再拔用宗闵知政事，俄而文宗崩。

会昌初，李德裕秉政，嗣复、李珏皆窜岭表。三年，刘稹据泽潞叛。德裕以宗闵素与刘从谏厚,上党近东都,宗闵分司非便,出为封州刺史。又发其旧理,贬郴州司马,卒于贬所。

子琨、瓒,大中朝皆进士擢第。令狐绹作相,特加奖拔。瓒自员外郎知制诰,历中书舍人、翰林学士。绹罢相,出为桂管观察使。御军无政,为卒所逐,贬死。

自天宝艰难之后,宗室子弟,贤而立功者,唯郑王、曹王子孙耳。夷简再从季父浍国公勉,德宗朝宰相。夷简诸弟夷亮、夷则、夷范,皆登进士第。宗闵弟宗冉。宗冉子深、汤。汤累官至给事中,咸通中践更台阁,知名于时。

杨嗣复字继之,仆射于陵子也。初,于陵十九登进士第,二十再登博学宏词科,调补润州句容尉。浙西观察使韩滉有知人之鉴,见之甚悦。滉有爱女,方择佳婿,谓其妻柳氏曰:“吾阅人多矣,无如杨生贵而有寿,生子必为宰相。”于陵秩满,寓居扬州而生嗣复。后滉见之,抚其首曰:“名位果逾于父,杨门之庆也。”因字曰庆门。

嗣复七八岁时已能秉笔为文。年二十,进士擢第。二十一,又登博学宏词科,释褐秘书省校书郎。迁右拾遗,直史馆。以嗣复深于礼学,改太常博士。元和十年,累迁至刑部员外郎。郑余庆为详定礼仪使,奏为判官,改礼部员外郎。时父于陵为户部侍郎,嗣复上言与父同省非便,请换他官。诏曰:“应同司官有大功以下亲者,但非连判及勾检之官并官长,则不在回避之限。如官署同,职司异,虽父子兄弟无所避嫌。”再迁兵部郎中。长庆元年十月,以库部郎中知制诰,正拜中书舍人。

嗣复与牛僧孺、李宗闵权德舆皆贡举门生,情义相得,进退取舍,多与之同。四年,僧孺作相,欲荐拔大用,又以于陵为东都留守,未历相位,乃令嗣复权知礼侍郎。宝历元年二月,选贡士六十八人,后多至达官。文宗即位,拜户部侍郎。以父于陵太子少傅致仕,年高多疾,恳辞侍养,不之许。大和四年,丁父忧免。七年三月,起为尚书左丞。其年宗闵罢相,德裕辅政。七月,以嗣复检校礼部尚书、梓州刺史、剑南东川节度观察等使。九年，宗闵复知政事。三月，以嗣复检校户部尚书、成都尹、剑南西川节度副大使知节度事、观察处置等使。

开成二年十月，入为户部侍郎，领诸道盐铁转运使。三年正月，与同列李珏并以本官同平章事，领使如故，进阶金紫，弘农伯，食邑七百户。上以币轻钱重，问盐铁使何以去其太甚？嗣复曰："此事累朝制置未得，但且禁铜，未可变法。法变扰人，终亦未能去弊。"李珏曰："禁铜之令，朝廷常典，但行之不严，不如无令。今江淮已南，铜器成肆，市井逐利者，销钱一缗，可为数器，售利三四倍。远民不知法令，率以为常。纵国家加炉铸钱，何以供销铸之弊？所以禁铜之令，不得不严。"

八月，紫宸奏事，曰："圣人在上，野无遗贤。陆洿上疏论兵，虽不中时事，意亦可奖。闲居苏州累年，宜与一官。"李珏曰："士子趋竞者多，若奖陆洿，贪夫知劝矣。昨窦洵直论事，陛下赏之以币帛，况与陆洿官耶？"帝曰："洵直奖其直心，不言事之当否。"郑覃曰："若苞藏则不可知。"嗣复曰："臣深知洵直无邪恶，所奏陆洿官，尚未奉圣旨。"郑覃曰："陛下须防朋党。"嗣复曰："郑覃疑臣朋党，乞陛下放臣归去。"因拜乞罢免。李珏曰："比来朋党，近亦稍弭。"覃曰："近有小朋党生。"帝曰："此辈凋丧向尽。"覃曰："杨汉公、张又新、李续之即今尚在。"珏曰："今有边事论奏。"覃曰："论边事安危，臣不如珏；嫉恶则珏不如臣。"嗣复曰："臣闻左右佩剑，彼此相笑。臣今不知郑覃指谁为朋党。"因当香案前奏曰："臣待罪宰相，不能申夔、龙之道，唯以朋党见讥，必乞陛下罢臣鼎职。"上慰勉之。文宗方以政事委嗣复，恶覃言切。

帝延英谓宰臣曰："人传符谶之语，自何而来？"嗣复对曰："汉光武好以谶书决事，近代隋文帝亦信此言，自是此说日滋，只如班彪《王命论》所引，盖矫意以止贼乱，非所重也。"李珏曰："丧乱之时，佐命者务神符命；理平之代，只合推诸人事。"上曰："卿言是也。"帝又曰："天后用人，有自布衣至宰相者，当时还得力否？"嗣复曰:"天后重行刑辟,轻用官爵,皆自图之计耳。凡用人之道,历试方见能否。当艰难之时,或须拔擢,无事之日,不如且循资级。古人拔卒为将,非治平之时,盖不获已而用之也。"上又问新修《开元政要》,叙致何如。嗣复曰:"臣等未见。陛下若欲遗之子孙,则请宣付臣等,参详可否。玄宗或好游畋,或好声色,与贞观之政不同,故取舍须当,方堪流传。"

四年五月,上问延英政事,逐日何人记录监修?李珏曰:"是臣职司。"陈夷行曰:"宰相所录,必当自伐,圣德即将掩之。臣所以频言,不欲威权在下。"珏曰:"夷行此言,是疑宰相中有卖威权、货刑赏者。不然,何自为宰相而出此言?臣累奏求退,若得王傅,臣之幸也。"郑覃曰:"陛下开成元年、二年政事至好,三年、四年渐不如前。"嗣复曰:"元年、二年是郑覃、夷行用事,三年、四年臣与李珏同之。臣蒙圣慈擢处相位,不能悉心奉职。郑覃云'三年之后,一年不如一年',臣之罪也。陛下纵不诛夷,臣合自求泯灭。"因叩头曰:"臣今日便辞玉阶,不敢更入中书。"即趋去。上令中使召还,劳之曰:"郑覃失言,卿何及此?"覃起谢曰:"臣性愚拙,言无顾虑。近日事亦渐好,未免些些不公,亦无甚处。臣亦不独斥嗣复,遽何至此。所为若是,乃嗣复不容臣耳。"嗣复曰:"陛下不以臣微才,用为中书侍郎。时政善否,其责在臣。陛下月费俸钱数十万,时新珍异,必先赐与,盖欲辅佐圣明,臻于至理。既一年不如一年,非惟臣合得罪,亦上累圣德。伏请别命贤能,许臣休退。"上曰:"郑覃之言偶然耳,奚执咎耶?"嗣复数日不入,上表请罢。帝方委用,乃罢郑覃、夷行知政事。自是,政归嗣复,进加门下侍郎。明年正月,文宗崩。

先是,以敬宗子陈王为皇太子。中尉仇士良违遗令立武宗。武宗之立,既非宰相本意,甚薄执政之臣。其年秋,李德裕自淮南入辅政。九月,出嗣复为湖南观察使。明年,诛枢密薛季稜、刘弘逸。中人言:"工人顷附嗣复、李珏,不利于陛下。"武宗性急立命中使往湖南、桂管,杀嗣复与珏。宰相崔郸、崔珙等亟请开延英,因极言国朝故事,大臣非恶逆显著,未有诛戮者,愿陛下复思其宜。帝良久改容曰:"朕缵嗣之际,宰相何尝比数。李珏、季棱志在扶册陈王,嗣复、弘逸志在树立安王。立陈王犹是文宗遗旨,嗣复欲立安王,全是希杨妃意旨。嗣复尝与妃书云:'姑姑何不教则天临朝!'"珏等曰:"此事暧昧,真虚难辨。"帝曰:"杨妃曾卧疾,妃弟玄思,文宗令入内侍疾月余,此时通导意旨。朕细问内人,情状皎然,我不欲宣出于外。向使安王得志,我岂有今日?然为卿等恕之。"乃追潭、桂二中使,再贬嗣复潮州刺史。

宣宗即位,征拜吏部尚书。大中二年,自潮阳还,至岳州病,一日而卒,时年六十六。赠左仆射,谥曰孝穆。子损、授、技、拭、挥,而授最贤。

授字得符,大中九年进士擢弟,释褐从事诸候府,入为户县尉、集贤校理。历监察御史、殿中,分务东台。再迁司勋员外郎、洛阳令、兵部员外郎。李福为东都留守,奏充判官,改兵部郎中。由吏部拜左谏议大夫、经事中,出为河南尹。卢携作相,召拜工部侍郎。黄巢犯京师,僖宗幸蜀,征拜户部侍郎。以母病,求散秩,改秘书监分司。车驾还,拜兵部侍郎。宰相有报怨者,改左散骑常侍、国子祭酒,又转太子宾客。从昭宗在华下,改刑部尚书、太子少保。卒,赠左仆射。

子睨字公隐,进士及第,再迁左拾遗。昭宗初即位,喜游宴,不恤时事,睨上疏极谏,帝面赐绯袍象笏。翟安潜出镇青州,辟为支使。不至镇,改太常博士。历主客、户部二员外郎。关中乱,崔胤引朱全忠入京师,乃挈家避地湖南,官终谏议大夫。

损字子默,以荫受官,为蓝田尉。三迁京兆府司录参军,入为殿中侍御史。家在新昌里,与宰相路岩第相接。岩以地狭,欲易损马厩广之,遣人致意。时损伯叔昆仲在朝者十余人,相与议曰:"家门损益恃时相,何可拒之?"损曰:"非也。凡尺寸地,非吾等所有。先人旧业,安可以奉权臣? 穷达命也。"岩不悦。会差制使鞫狱黔中,乃遣损使焉。逾年而还,改户部员外郎、洛阳县令。入为吏部员外,出为绛州刺史。路岩罢相，征拜给事中，迁京兆尹。卢携作相，有宿憾，复拜给事中，出为陕虢观察使。时军乱，逐前使崔荛。损至，尽诛其乱首。逾年，改青州刺史、御史大夫、淄青节度使。又检校刑部尚书、郓州刺史、天平军节度使。未赴郓，复留青州，卒于镇。

技进士及第，位至中书舍人。拭官终考功员外郎。挥终兵部郎中。拭、挥并进士擢第。

杨虞卿字师皋，虢州弘农人。祖燕客。父宁，贞元中为长安尉。少有栖遁之志，以处士征入朝。有口辩，优游公卿间，窦参尤重之，会参贬，仕进不达而卒。

虞卿，元和五年进士擢第，又应博学宏辞科。元和末，累官至监察御史。穆宗初即位，不修政道，盘游无节，虞卿上疏谏曰：

臣闻鸷鸟遭害则仁鸟逝，诽谤不诛则良言进。况诏旨勉谕，许陈愚诚，故臣不敢避诛，以献狂瞽。窃闻尧、舜受命，以天下为忧，不闻以位为乐。况北虏犹梗，西戎未宾，两河之疮痍未平，五岭之妖气未解。生人之疾苦尽在，朝廷之制度莫修，边储屡空，国用犹屈。固未可以高枕无虞也。

陛下初临万宇，有忧天下之志，宜日延辅臣公卿百执事，凝旒而问，造膝以求，使四方内外，有所观焉。自听政已来，六十日矣，八开延英，独三数大臣仰龙颜，承圣问。其余侍从诏诰之臣，偕入而齐出，何足以闻政事哉？谏臣盈廷，忠言未闻于圣听，臣实羞之。盖由主恩尚疏，而众正之路未启也。夫公卿大臣，宜朝夕接见论道，赐与从容，则君臣之情相接，而理道备闻矣。今自宰相已下四五人，时得顷刻侍坐，天威不远，鞠躬陨越，随旨上下，无能往来。此由君太尊、臣太卑故也。自公卿已下，虽历践清地，曾未祗奉天眷，以承下问，郁塞正路，偷安幸门。况陛下神圣如五帝，臣下莫能望清光，所宜周遍顾问，惠其气色，使支体相辅，君臣喻明。陛下求理于公卿，公卿求理于臣辈，自然上下孜孜相问，使进忠若趋利，论政若诉冤。如此而不闻过失、不致升平者，未之有也。自古帝王，居危思安之心不相殊，而居安虑危之心不相及，故不得皆为圣帝明王。小臣疏贱，岂宜及此，独不忍冒荣偷禄以负圣朝。惟陛下图之。

帝深奖其言。寻令奉使西北边，犒赏戍卒，迁侍御史，再转礼部员外郎、史馆修撰。长庆四年八月，改吏部员外郎。

大和二年，南曹令史李宝等六人，伪出告身签符，卖凿空伪官，令赴任者六十五人，取受钱一万六千七百三十贯。虞卿按得伪状，捕宝等移御史台鞫劾。宝称六人共率钱二千贯，与虞卿厅典温亮，求不发举伪滥事迹。乃诏给事中严休复、中书舍人高锴、左丞韦景休充三司推案，而温亮逃窜。宝等既伏诛，虞卿以检下无术，停见任。

及李宗闵、牛僧孺辅政，起为左司郎中。五年六月，拜谏议大夫，充弘文馆学士，判院事。六年，转给事中。七年，宗闵罢相，李德裕知政事，出为常州刺史。

虞卿性柔佞，能阿附权幸以为奸利。每岁铨曹贡部，为举选人弛走取科第，占员阙，无不得其所欲，升沉取舍，出其唇吻。而李宗闵待之如骨肉，以能朋比唱和，故时号党魁。八年，宗闵复入相，寻召为工部侍郎。九年四月，拜京兆尹。其年六月，京师讹言郑注为上合金丹，须小儿心肝，密旨捕小儿无算。民间相告语，扃锁小儿甚密，街肆恟恟。上闻之不悦，郑注颇不自安。御史大夫李固言素嫉虞卿朋党，乃奏曰：“臣昨穷问其由，此语出于京兆尹从人，因此扇于都下。”上怒，即令收虞卿下狱。虞卿弟汉公并男知进等八人自系，挝鼓诉冤，诏虞卿归私第。翌日，贬虔州司马，再贬虔州司户，卒于贬所。

子知进、知退、堪，弟汉公，皆登进士第。知退历都官、户部二郎中。堪库部、吏部二员外郎。

汉公，大和八年擢进士第，又书判拔萃，释褐为李绛兴元从事。绛遇害，汉公遁而获免。累迁户部郎中、史馆修撰。大和七年，迁司封郎中。汉公子范、筹，皆登进士第，累辟使府。虞卿从兄汝士。

　　汝士字慕巢,元和四年进士擢第,又登博学宏词科,累辟使府。长庆元年为右补阙。坐弟殷士贡举覆落,贬开江令。入为户部员外,再迁职方郎中。大和三年七月,以本官知制诰。时李宗闵、牛僧孺辅政,待汝士厚。寻正拜中书舍人,改工部侍郎。八年,出为同州刺史。九年九月,入为户部侍郎。开成元年七月,转兵部侍郎。其年十二月,检校礼部尚书、梓州刺史、剑南东川节度使。时宗人嗣复镇西川,兄弟对居节制,时人荣之。四年九月,入为吏部侍郎,位至尚书,卒。子知温、知远、知权,皆登进士第。

　　知温累官至礼部郎中、知制诰,入为翰林学士、户部侍郎,转左丞。出为河南尹、陕虢观察使。迁检校兵部尚书、襄州刺史、山南东道节度使。知温弟知至,累官至比部郎中、知制诰。坐故府刘瞻罢相,贬官。知至亦贬琼州司马。入为谏议大夫,累迁京兆尹、工部侍郎。知温、知至皆位至列曹尚书。汝士弟鲁士。

　　鲁士字宗尹,本名殷士。长庆元年,进士擢第,其年诏翰林覆试,殷士与郑朗等覆落,因改名鲁士。复登制科,位不达而卒。

　　初汝士中第,有时名,遂历清贯。其后诸子皆至正卿,郁为昌族。所居静恭里,知温兄弟,并列门戟。咸通中,昆仲子孙,在朝行方镇者十余人。

　　马植,扶风人。父曛。植,元和十四年进士擢第,又登制策科,释褐寿州团练副使。得秘书省校书郎,三迁饶州刺史。开成初,迁安南都护、御史中丞、安南招讨使。

　　植文雅之余,长于吏术。三年,奏:“当管羁縻州首领,或居巢穴自固,或为南蛮所诱,不可招谕,事有可虞。臣自到镇,约之以信诚,晓之以逆顺。今诸首领,总发忠言,愿纳赋税。其武陆县请升为州,以首领为刺史。”从之。又奏陆州界废珠池复生珠。以能政,就加检校左散骑常侍,加中散大夫,转黔中观察使。会昌中,入为大理卿。

　　植以文学政事为时所知,久在边远,及还朝,不获显官,心微有望，李德裕素不重之。宣宗即位，宰相白敏中与德裕有隙，凡德裕所薄者，必不次拔擢之，乃加植金紫光禄大夫，行刑部侍郎，充诸道盐铁转运使。转户部侍郎，领使如故。俄以本官同平章事，迁中书侍郎，兼礼部尚书。敏中罢相，植亦罢为太子宾客，分司东都。数年，出为许州刺史、检校刑部尚书、忠武军节度观察等使。大中末，迁汴州刺史、宣武军节度观察等使。卒于镇。

李让夷字达心，陇西人。祖悦，父应规。让夷，元和十四年擢进士第，释褐诸侯府。大和初入朝，为右拾遗，召充翰林学士，转左补阙。三年，迁职方员外郎、左司郎中充职。九年，拜谏议大夫。

开成元年，以本官兼知起居舍人事。时起居舍人李褒有痼疾，请罢官。宰臣李石奏阙官，上曰："褚遂良为谏议大夫，尝兼此官，卿可尽言今谏议大夫姓名。"石遂奏李让夷、冯定、孙简、萧俶。帝曰："让夷可也。"李固言欲用崔球、张次宗，郑覃曰："崔球游宗闵之门，赤墀下秉笔记注，为千古法，不可用朋党。如裴中孺、李让夷，臣不敢有纤芥异论。"其为人主大臣知重如此。二年，拜中书舍人。以郑覃此言，深为李珏、杨嗣复所恶，终文宗世官不达。及德裕秉政，骤加拔擢，历工、户二侍郎，转左丞。累迁检校尚书右仆射，俄拜中书侍郎，同平章事。宣宗即位罢相，以天子宾客分司卒。

魏谟字申之，巨鹿人。五代祖文贞公征，贞观朝名相。曾祖殷，汝阳令。祖明，亦为县令。父冯，献陵台令。谟，大和七年登进士第。杨汝士牧同州，辟为防御判官，得秘书省校书郎。汝士入朝，荐为右拾遗。文宗以谟魏征之裔，颇奇待之。

前邕管经略使董昌龄枉杀录事参军衡方厚，坐贬溆州司户。至是量移硖州刺史，谟上疏论之曰："王者施涣汗之恩以赦有罪，唯故意杀人无赦。昌龄比录以微效，授之方隅，不能祗慎宠光，恣其狂暴，无辜专杀，事迹显彰。妻孥衔冤，万里披诉。及按鞫伏罪，贷以微生，中外议论，以为屈法。今若授之牧守，以理疲人，则杀人者拔擢，而冤苦者何伸？交紊宪章，有乖至理。"疏奏，乃改为洪州别驾。

御史中丞李孝本，皇族也，坐李训诛，有女没入掖廷。谟谏曰：

臣闻治国家者，先资于德义，德义不修，家邦必坏。故王者以德服人，以义使人。服使之术，要在修身，修身之道，在于孜孜。夫一失百亏之戒，存乎又要之源。前志曰："勿以小恶而为之，勿以小善而不为。"斯则惧于渐也！臣又闻，君如日焉，显晦之微，人皆瞻仰，照临之大，何以掩藏？前代设敢谏之鼓，立诽谤之木，贵闻其过也。陛下即位已来，诞敷文德，不悦声色，出后宫之怨妇，配在外之鳏夫。洎今十年，未尝采择。自数月已来，天眷稍回，留神妓乐，教坊百人、二百人，选试未已，庄宅司收市，嚣嚣有闻。昨又宣取李孝本之女入内。宗姓不异，宠幸何名，此事深累慎修，有亏一篑。陛下九重之内，不得闻知。凡此之流，大生物议，实伤理道之本，未免尘秽之嫌。夫欲人不知，莫若勿为。谚曰："止寒莫若重裘，止谤莫若自修。"伏希陛下照鉴不惑，崇千载之盛德，去一旦之玩好。教坊停息，宗女遣还，则大正人伦之风，深弘王者之体。

疏奏，帝即日出孝本女，迁谟右补阙。诏曰："昔乃先祖贞观中谏书十上，指事直言，无所避讳。每览国史，未尝不沉吟伸卷，嘉尚久之。尔为拾遗，其风不坠，屡献章疏，必道其所以。至于备洒扫于诸王，非自广其声妓也；恤鬖髿之宗女，固无嫌于征取也。虽然，疑似之间，不可家至而户晓。尔能词旨深切，是博我之意多也。噫！人能匪躬謇谔，似其先祖，吾岂不能虚怀延纳，仰希贞观之理欤？而谟居官日浅，未当叙进，吾岂限以常典，以待直臣。可右补阙。"帝谓宰臣曰："昔太宗皇帝得魏征，裨补阙失，弼成圣政。我得魏谟，于疑似之间，必能极谏。不敢希贞观之政，庶几处无过之地矣。"

教坊副使云朝霞善吹笛，新声变律，深惬上旨，自左骁卫将军宣授兼扬府司马。宰臣奏曰："扬府司马品高，郎官刺史迭处，不可授伶官。"上意欲授之，因宰臣对，亟称朝霞之善。谟闻之，累疏陈论，乃改授润州司马。

荆南监军使吕令琮从人擅入江陵县,毁骂县令韩忠,观察使韦长申状与枢密使诉之。谟上疏曰:"伏以州县侵屈,只合上闻;中外关连,须存旧制。韦长任膺廉使,体合精详,公事都不奏闻,私情擅为逾越。况事无巨细,不可将迎。县令官业有乖,便宜理罪;监军职司侵越,即合闻天。或以虑烦圣听,何不但申门下?今则首紊常典,理合纠绳。伏望圣慈,速加惩诫!"疏奏不出,时论惜之。

三年,转起居舍人。紫宸中谢,帝谓之曰:"以卿论事忠切,有文贞之风,故不循月限,授卿此官。"又谓之曰:"卿家有何旧书诏?"对曰:"比多失坠,惟簪笏见存。"上令进来。郑覃曰:"在人不在笏。"上曰:"郑覃不会我意,此即《甘棠》之义,非在笏而已。"谟将退,又召诫之曰:"事有不当,即须奏论。"谟曰:"臣顷为谏官,合伸规讽。今居史职,职在记言,臣不敢辄逾职分。"帝曰:"凡两省官并合论事,勿拘此言。"寻以本官直弘文馆。

四年,拜谏议大夫,仍兼起居舍人,判弘文馆事。紫宸入阁,遣中使取谟起居注,欲视之,谟执奏曰:"自古置史官,书事以明鉴诫。陛下但为善事,勿畏臣不书。如陛下所行错忤,臣纵不书,天下之人书之。臣以陛下为文皇帝,陛下比臣如褚遂良。"帝又曰:"我尝取观之。"谟曰:"由史官不守职分,臣岂敢陷陛下为非法?陛下一览之后,自此书事须有回避。如此,善恶不直,非史也。遗后代,何以取信?"乃止。

谟初立朝,为李固言、李珏、杨嗣复所引,数年之内,至谏议大夫。武宗即位,李德裕用事,谟坐杨、李之党,出为汾州刺史。杨、李贬官,谟亦贬信州长史。宣宗即位,白敏中当国,量移郢州刺史,寻换商州。二年,内征为给事中,迁御史中丞。谢日,面赐金紫之服。弹驸马都尉杜中立赃罪,贵戚惮之。兼户部侍郎,判本司事。谟奏曰:"御史台纪纲之地,不宜与泉货吏杂处,乞罢中司,专综户部公事。"从之。

寻以本官同平章事,判使如故。谢日,奏曰:"臣无夔、契之才,骤叨夔、契之任,将何以仰报鸿私?今边戍粗安,海内宁息,臣愚所切者，陛下未立东宫，俾正人傅导，以存副贰之重。"因泣下。上感而听之。先是，累朝人君不欲人言立储贰，若非人主己欲，臣下不敢献言。宣宗春秋高，嫡嗣未辨，谟作相之日，率先启奏，人士重之。寻兼集贤大学士。詹毗国献象，谟以其性不安中土，请还其使，从之。太原节度使李业杀降虏，北边大扰。业有所恃，人不敢非。谟即奏其事，乃移业滑州。加中书侍郎。大理卿马曙从人王庆告曙家藏兵甲，曙坐贬官，而庆无罪。谟引法律论之，竟杖杀庆。

进阶银青光禄大夫，兼礼部尚书、监修国史。修成《文宗实录》四十卷，上之。其修史官给事中卢耽、太常少卿蒋偕、司勋员外郎王沨、右补阙卢告、膳部员外郎牛丛，皆颁赐锦彩、银器，序迁职秩。谟转门下侍郎，兼户部尚书。大中十年，以本官平章事、成都尹、剑南西川节度副大使知节度事。十一年，以疾求代，征拜吏部尚书。以疾未痊，乞授散秩，改检校右仆射，守太子少保。十二年十二月卒，时年六十六，赠司徒。

谟仪容魁伟，言论切直，与同列上前言事，他宰相必委曲规讽，唯谟谠言无所畏避。宣宗每曰："魏谟绰有祖风，名公子孙，我心重之。"然竟以语辞太刚，为令狐绹所忌，罢之。谟尝钞撮子书要言，以类相从，二十卷，号曰《魏氏手略》。有文集十卷。子潜、潓。潜登进士第。潜子敖甥。后琮为相，潜历显官。

周墀字德升，汝南人。祖颋，父霈。墀，长庆二年擢进士第，大和末，累迁至起居郎。墀能为古文，有史才，文宗重之，补集贤学士，转考功员外郎，仍兼起居舍人事。开成二年冬，以本官知制诰，寻召充翰林学士。三年，迁职方郎中。四年十月，正拜中书舍人，内职如故。武宗即位，出为华州刺我、镇国军潼关防御等使，改鄂州刺史、御史中丞、鄂岳观察使。会昌六年十一月，迁洪州刺史、江南西道观察使。大中初，检校礼部尚书、滑州刺史、义成军节度郑滑观察等使、上柱国、汝南男，食邑三百户。入朝为兵部侍郎、判度支。寻以本官同平章事，累迁银青光禄大夫、中书侍郎、监修国史，兼刑部尚书。罢相,检校刑部尚书、梓州刺史、御史大夫、剑南东川节度使。未行,追制改检校右仆射,加食邑五百户。历方镇卒。

崔龟从字玄告,清河人。祖璜,父诚,官微。龟从,元和十二年擢进士第,又登贤良方正制科及书判拔萃二科,释褐拜右拾遗。大和二年,改太常博士。龟从长于礼学,精历代没革,问无不通。时祫宗庙于敬宗室,祝板称皇帝孝弟。龟从议曰:"臣审详孝字,载考礼文,义本主于子孙,理难施于兄弟。按《礼记》卜虞之文,子孙曰哀,兄弟曰某。然则虞之称哀,与祭之称孝,其义一也。于祖祢则理宜称孝,于伯仲则止可称名。又东晋温峤议宗庙祝辞,于孝字非子者则不称,傍亲直言敢告。当时朝议,咸以为宜。今臣上考礼经,无兄弟称孝之义;下征晋史,有不称傍亲之文。臣谓祫敬宗庙,宜去孝弟两字。"

又以祀九宫坛,旧是大祠。龟从议曰:"九宫贵神,经典不载。天宝中,术士奏请,遂立祠坛。事出一时,礼同郊祀。臣详其图法,皆主星名。纵司水旱兵荒,品秩不过列宿。今者,五星悉是从祀,日月犹在中祠,岂容九宫独越常礼,备列王事,诚誓百官。尊卑乖仪,莫甚于此。若以尝在祀典,不可废除,臣请降为中祠。"制从之。

龟从又以大臣薨谢,不于闻哀日辍朝。奏议曰:"伏以废朝轸悼,义重君臣,所贵及哀,尤宜示信。自顷已来,辍朝非奏报之时,备礼于数日之外。虽尊常制,似不本情。臣不敢远征古书,请引国朝故事:贞观中任环卒,有司对仗奏闻,太宗责其乖礼;岑文本既殁,其夕为罢警严;张公谨之亡,哭之不避辰日。是知闵悼之意,不宜过时。臣谓大臣薨,礼合辍朝,纵有机务急速,便殿须召宰臣,不临正朝,无爽事体。如此,则由衷之信,载感于幽明,称情之文,无亏于典礼。"又奏:"文武三品官薨卒辍朝。有未经亲重之官,今任又是散列者,为之变礼,诚恐非宜。自今后,文武三品以上官,非曾任将相,及曾在密近,宜加恩礼者,余请不在辍朝之限。"从之。

累转考功郎中、史馆修撰。九年,转司勋郎中、知制诰。十二月,正拜中书舍人。开成初，出为华州刺史。三年三月，入为户部侍郎，判本司事。四年，权判吏部尚书铨事。大中四年，为中书侍郎、同平章事，兼吏部尚书。五年七月，撰成《续唐历》三十卷，上之。六年，罢相，检校吏部尚书、汴州刺史、宣武军节度观察等使，累历方镇卒。

郑肃，荥阳人。祖烈，父阅，世儒家。肃苦心力学。元和三年，擢进士第，又以书判拔萃，历佐使府。大和初，入朝为尚书郎。六年，转太常少卿。肃能为古文，长于经学，左丘明、《三礼》，仪注疑议，博士以下必就肃决之。

时鲁王永有宠，文宗择名儒为其府属，用户部侍郎庾敬休兼王傅，户部郎中李践方兼司马，以肃本官兼长史，由是知名。明年，鲁王为太子，肃加给事中。九年，改刑部侍郎，寻改尚书右丞，权判吏部西铨事。开成初，出为陕虢都防御观察使、兼御史大夫。二年九月，召拜吏部侍郎。帝以肃尝侍太子，言论典正，复令兼太子宾客，为东宫授经。既而太子失宠，上不悦，有废斥意。肃因召见，深陈邦国大本、君臣父子之义，上改容嘉之，而太子竟以杨妃故得罪，乃以肃检校礼部尚书，兼河中尹、河中节度、晋绛观察等使。会昌初，武宗思太子永之无罪，尽诛陷永之党。朝议称肃忠正，有大臣之节，召拜太常卿，累迁户部、兵部尚书。

五年，以本官同平章事，加中书、门下二侍郎，监修国史，兼尚书右仆射。素与李德裕亲厚，宣宗即位，德裕罢知政事，肃亦罢相，复为河中节度使。以疾辞，拜太子太保，卒。

子洎，咸通中累官尚书郎，出为刺史。洎子仁规、仁表，俱有俊才，文翰高逸。

仁规累迁拾遗、补阙、尚书郎、湖州刺史、尚书郎知制诰，正拜中书舍人，卒。仁表擢第后，从杜审权、赵骘为华州、河中掌书记，入为起居郎。仁表文章尤称俊拔，然恃才傲物，人士薄之。自谓门地、人物、文章具美，尝曰："天瑞有五色云，人瑞有郑仁表。"刘邺少时，投文于洎,仁表兄弟嗤鄙之。咸通末,邺为宰相,仁表竟贬死南荒。

卢商字为臣,范阳人。祖昂,澧州刺史。父广,河南县尉。商,元和四年擢进士第,又书判拔萃登科。少孤贫力学,释褐秘书省校书郎。范传式廉察宣歙,辟为从事。王播、段文昌相继镇西蜀,商皆佐职为记室,累改礼部员外郎。入朝为工部员外郎、河南县令,历工部、度支、司封三郎中。大和九年,改京兆少尹,权大理卿事。

开成初,出为苏州刺史。中谢日,赐金紫之服。初,郡人苦盐法太烦,奸吏侵渔。商至,籍见户,量所要自售,无定额,苏人便之,岁课增倍。宰相领盐铁,以其绩上,迁润州刺史、浙西团练观察使。入为刑部侍郎,转京兆尹。三年,朝廷用兵上党,飞辚越太行者环地六七镇,以商为户部侍郎,判度支,兼供军使,军用无阙。逆积荡平,加检校礼部尚书、梓州刺史、剑南东川节度使。

宣宗即位,入为兵部侍郎。寻以本官同平章事、范阳郡开国公,食邑二千户,加兼工部尚书。数年,检校工部尚书,出为鄂岳观察使,就加检校兵部尚书。大中十三年,以疾求代,征拜户部尚书。其年八月,卒于汉阴驿,时年七十一。子知远、知微、知宗、僧朗、莌。

史臣曰:宗闵、嗣复,承宗室世家之地胄,有文学政事之美名,徜翔清华,出入隆显。苟能义以为上,群而不党,议太平于稷、契之列,致人主于勋、华之盛,遭时得位,谁曰不然?而舍彼鸿猷,狎兹鼠辈,养虞卿而射利,抗德裕以报仇。矛盾相攻,几倾王室,没身蛮獠,其利伊何?古者,廉、兰解仇,冀全国体,而邀欢释憾,实乱大伦。世道销刓,一至于此!崔、魏二丞相,嘉言启奏,无忝正人。墀、让史才,肃之礼学,商之长者,或登三事,或践六卿,以道始终,夫何不韪。

赞曰:汉诛钩党,魏破疽囊。何邓之后,二李三杨。偷权报怨,任国存亡。书兹覆辙,敢告岩廊!

旧唐书卷一七七
列传第一二七

崔慎由　父从　伯父能　弟安潜　慎由子胤
崔珙　兄琯　弟瑨　球　玙子澹　澹子远
卢钧　裴休　兄俦　弟俅　杨收
兄发　弟岩　子巨　严子涉、注　收子鉴　钜　诚
韦保衡　路岩　夏侯孜　子潭
泽　刘瞻　刘瑑　曹确　毕诚
杜审权　子让能　彦林　弘徽　刘邺
豆卢瑑

崔慎由字敬止，清河武城人，高祖融，位终国子司业，谥曰文，自有传。会祖翘，位终礼部尚书、东都留守。祖异，位终渠州刺史。

父从，少孤贫。寓居太原，与仲兄能同隐山林，苦心力学。属岁兵荒，至于绝食，弟兄采稆拾橡实，饮水栖衡，而请诵不辍，怡然终日，不出山岩，如是者十年。贞元初，进士登第，释褐山南西道推官，府公严震，待以殊礼。以父忧免。弟兄庐于父墓，手植松柏。免丧，不应辟命。久之，西川节度使韦皋开西南夷，置两路运粮使，奏从掌

西山运务。后权知邛州事。及皋薨，副使刘辟阻命，欲并东川，以谋告从。从以书谕辟，辟怒，出兵攻之，从婴城拒守，卒不从之。高崇文平蜀，从事坐累多伏法，惟从以拒辟免。卢坦在宣州，辟为练团观察副使。

元和初入朝，累迁吏部员外郎。九年，裴度为中丞，奏从为侍御史知杂，守右司郎中。度作相，用从自代为中丞。从气貌孤峻，正色立朝，弹奏不避权幸。事关台阁或付仗内者，必抗章论列，请归有司。选辟御史，必先质重贞退者。改给事中，数月，出为陕州大都督府长史、陕虢团练观察使、兼御史丞，赐紫金鱼袋。入为尚书右丞。

淄青贼平，镇州王承宗惧，上章请割德、棣二州自赎，又令二子入侍。宪宗选使臣宣谕，以从中选。议者以承宗罪恶贯盈，每多奸谲，入朝二子，必非血胤，人颇忧之。从次魏州，田弘正以路由寇境，欲以五百骑援之，从辞之。以童奴十数骑，径至镇州。于鞠场宣救，三军大集。从谕以逆顺，辞情慷慨，军士感动，承宗泣下，礼貌益恭，遂按德、棣户口符印而还。其年八月，出为兴元尹、御史大夫、山南西道节度观察等使。监军使知上意欲大用之，每为中贵传达意旨，欲其赂遗，从终不答。

穆宗即位，召拜尚书左丞。长庆二年，检校礼部尚书、鄜州刺史、鄜坊丹延节度等使。鄜畤内接畿甸，神策军镇相望，逾禁犯法，累政不能制，而从抚遏举奏，军士惕然。党项羌有以羊马来市者，必先遗帅守，从皆不受，抚谕遣之，群羌不敢为盗。四年，入为吏部侍郎，寻改太常卿。宝历二年，检校吏部尚书，充东都留守。

大和三年，入为户部尚书。李宗闵秉政，以从与裴度、李德裕厚善，恶之，改检校尚书右仆射、太子宾客东都分司。从请告百日，罢官，物论咎执政。宗闵惧，四年三月，召拜检校左仆射，兼扬州大都督府长史、御史大夫，充淮南节度副大使，知节度事。扬府旧有货曲之利，资产奴婢交易者，皆有贯率，羊有口算，每岁收利以给用，从悉除之。旧制，官吏禄俸有布帛加估之给，节度使独不在此例。从至，一例估折给之。六年十月，卒于镇，赠司空，谥曰贞。

从少以贞晦恭让自处，不交权利，忠厚方严，正人多所推仰。阶品合立门戟，终不之请。四为大镇，家无妓乐，士友多之。

慎由，大和初擢进士第，又登贤良方正制科。聪敏强记，宇量端厚，有父风。释褐诸侯府。大中初入朝，为右拾遗、员外郎、知制诰，正拜舍人，召充翰林学士、户部侍郎。再历方镇，入朝为工部尚书。十年，以本官同平章事，兼集贤殿大学士，转监修国史、上柱国，加太中大夫、兼礼部尚书。

初，慎由与萧邺同在翰林，情不相洽。及慎由作相，罢邺学士。俄而邺自判度支为平章事，恩顾甚隆，邺引刘缘同知政事。十二年二月诏曰："太中大夫、中书侍郎、兼礼部尚书、同中书门下平章事、监修国史、上柱国、赐紫金鱼袋崔慎由，继美德门，承家贵位，搢绅伟望，礼乐上流。挺松筠之贞姿，服兰荪之懿行。自居名器，累历清华，禁林才擅于多能，纶阁词推于巨丽。物情愈茂，延誉甚高，再列二卿之崇，亟阐六条之化。爰加奖任，益委重难。屡启嘉谟，俄参大柄，而周涉寒暑，备见器能。道已著于始终，恩岂殊于中外。可检校礼部尚书、梓州刺史、兼御史大夫、剑南东川节度使。"

咸通初，改为华州刺史、潼关防御、镇国军等使，加检校司空、河中尹、河中晋绛节度使。入为吏部尚书。移疾请老，拜太子太保，分司东都，卒。子胤。弟安潜。

安潜字进之，大中三年登进士第。咸通中，累历清显，出为许州刺史、忠武军节度观察等使。乾符中，迁成都尹、剑南西川节度等使。黄巢之乱，从僖宗幸蜀。王铎为诸道行营都统，奏安潜为副。收复两京，以功累加至检校侍中。龙纪初，青州王敬武卒，以安潜代。敬武子师范拒命，安潜赴镇，至棣州，刺史张蟾出州兵攻青州，为师范所败，朝迁竟授之节钺。安潜还京师，累加太子太傅。卒，赠太师，谥曰贞孝。子柅、舣。柅，景福中为起居郎。舣为右拾遗。根累官至尚书。

从兄能，少励志苦学，累辟使府。元和初，为蜀州刺史。六年，转黔中观察使。坐为南蛮所攻，陷郡邑，贬永州刺史。穆宗即位，弟从居显列，召拜将作监。长庆四年九月，出为广州刺史、御史大夫、岭南节度使，卒。

子彦曾，有干局。大中末，历三郡刺史。咸通初，累迁太仆卿。七年，检校左散骑常侍、徐州刺史、御史大夫，充武宁军节度使。彦曾通于法律，性严急，以徐军骄，命彦曾治之，长于抚养，而短于军政。用亲吏尹戡、徐行俭当要职。二人贪猥，不恤军旅，士卒怨之。先是，六年，南蛮寇五管，陷交址，诏徐州节度使孟球召募二千人赴援，分八百人戍桂州。旧三年一代，至是戍卒求代，尹戡以军帑匮乏，难以发兵，且留旧戍十年。其戍卒家人飞书桂林，戍卒怒，牙官许佶、赵可立、王幼诚、刘景、傅寂、张实、王弘立、孟敬文、姚周等九人，杀都头王仲甫，立粮料判官庞勋为都将。群伍突入监军院取兵甲，乃剽湘潭、衡山两县，虏其丁壮。乃擅回戈，沿江自浙西入淮南界，由浊河达泗口。其众千余人，每将过郡县，先令倡卒弄傀儡以观人情，虑其邀击。既离泗口，彦曾令押牙田厚简慰喻，又令都虞候元密伏兵任山馆。庞勋遣吏送状启诉，以军士思归，势不能遏，愿至府外解甲归兵，便还家。彦曾怒诛之，勋等拥众攻宿州，陷之。出官帑召募，翌日，得兵二千人，乃虏夺舟船五千余艘。步卒在船，骑军夹岸，鼓噪而进，元密发伏邀之，为贼所败。时亡命者归贼如市，彦曾驱城中丁男城守。九年九月十四日，贼逼徐州。十五日后，每旦大雾不开。十六日，彦曾并诛逆卒家口。十七日，昏雾尤甚，贼四面斩关而入。庞勋先谒汉高祖庙，便入牙城。监军张道谨相见，不交一言，乃止大彭馆。收尹戡、徐行俭及判官焦璐、李柷、崔蕴、温廷皓、韦廷乂，并杀之。翌日，贼将赵可立害彦曾，庞勋自称武宁军节度使。

慎由子胤。

胤字昌遐，乾宁二年登进士第。王重荣镇河中，辟为从事。入朝，累迁考功、吏部二员外郎，转郎中、给事中、中书舍人。大顺中，历兵部、吏部二侍郎，寻以本官同平章事。时王室多故，南北司争权，咸树朋党，外结藩帅。胤长于阴计，巧于附丽，外示凝重而心险躁。自李茂贞、王行瑜怙乱，兵势不逊，杜让能、韦昭度继遭诛戮，而宰臣崔昭纬深结行瑜以自固，而待胤以宗人之分，屡加荐用，累迁中书侍郎，判户部事。昭宗出幸石门，胤与同列徐彦若、王抟等从。车驾还宫，加礼部尚书，并赐号"扶危匡国致理功臣"。

三年，李茂贞犯京师，扈昭宗华州。帝复雪杜让能、韦昭度、李磎之枉，征昭纬之前愆，罢胤政事，检校兵部尚书、广州刺史、岭南东道节度等使。时朱全忠方霸于关东，胤密致书全忠求援。全忠上疏理胤之功，不可离辅弼之地。胤已至湖南，复召拜平章事。胤既获汴州之援，颇弄威权。恨徐彦若、王抟发昭纬前事，深排抑之。俄出彦若为南海节度。又擿王抟交结敕使，同危宗社，令全忠上疏论之。光化中，贬抟溪州司马，赐死于蓝田驿。诛中尉宋道弼、景务修。自是朝廷权政，皆归于己，兼领三司务。宦官侧目，不胜其忿。

及刘季述幽昭宗于东内，以德王监国。季述畏全忠之强，不敢杀胤，但罢知政事，落使务，守本官而已。胤复致书于全忠，请出师反正，故全忠令大将张存敬急攻晋绛河中。胤以天子幽囚，诸侯观衅，有神策军巡使孙德昭者，颇怒季述之废立，胤伺知之，令判官石戬与德昭游，伺其深意。每酒酣，德昭泣下，戬知其诚，乃与之谋曰："今中外大臣，自废立已来，无不含怒。至于军旅，亦怀愤惋。今谋反者，独季述、仲先耳。足下诛此二竖，复帝宝位，垂名万代，今正其时。持疑不断，则功落他人之手也！"德昭谢曰："予军吏耳，社稷大计，不敢自专。如相公委使，不敢避也。"胤乃割衣带，手书以通其意。十二月晦，德昭伏兵诛季述。昭宗反正，胤进位司空，复知政事，兼领度支、盐铁、三司等使。

明年夏，朱全忠攻陷河中、晋绛，进兵至同华，中尉韩全诲以胤交结全忠，虑汴军逼京师，请罢知政事，落使务。其年冬，全诲挟帝幸凤翔。胤怨帝废黜，不宦从，遣使告全忠，请于岐阳迎驾，令太子太师卢知猷率百官迎全忠入京师。初，全忠至华州，遣掌书记裴铸入奏凤翔，言欲以兵士迎驾。及入京师，又上表曰：

臣独兼四镇，迨事两朝，分数千里之封疆，受二十年之恩渥。微同物类，犹解感知，忝齿人伦，宁忘报效？臣昨将兵士奔赴阙庭，寻过京畿，远迎车驾。初因幕吏，面奉德音；寻有宰臣，频飞密札。或以京都纷扰，委制置于中朝；或以銮辂播迁，俾奉迎于近甸。臣是以远离藩镇，不惮疲劳，昨奉诏书，兼宣口敕，令臣速抽兵士，且归本藩，仍遣百官，俾赴行在。睹纶言于凤纸，若面丹墀；认御札于龙衣，如亲翠盖。然知从来书诏，出自宰臣，每降宣传，皆非圣旨，致臣误将师旅，遽入关畿，比令迎驾之行，翻挂胁君之过。臣今见与茂贞要约，释两地猜嫌，早致万乘归京，以副八纮恳望。其宰臣百官已下，非臣辄有阻留，伏乞诏赴行朝，以备还驾。

昭宗得全忠表，怒胤尤甚。是月二十六日诏曰：

食君之禄，合务于尽忠；秉国之钧，宜思于致理。其有叠膺异渥，继执重权，遽萌狂悖之心，忽构倾危之计，人知不可，天固难容。扶危定乱致理功臣、开府仪同三司、守司空、兼门下侍郎、同平章事，充太清宫使、弘文馆大学士、延资库使、诸道盐铁转运等使、判度支、上柱国、魏国公、食邑五千户崔胤，奕叶公台，蝉聊圭组。冠岁名升于甲乙，壮年位列于公卿，趣向有闻，行藏可尚。朕采于群议，询彼舆情，有冀小康，遂登大用。殊不知漏卮难满，小器易盈，曾无报国之心，但作危邦之计，四居极位，一无可称。岂有都城，合聚兵甲，暗养死士，将乱国经，聚狼武以保其一坊，致刁斗远连于右辅。始则将京兆府官钱委元规召卒，后则用度支使榷利令陈班聚兵，事去公朝，权归私室。百辟休戚，由其顾眄之间；四方是非，系彼指呼之际。令狐涣奸纤有素，操守无堪，用作腹心，共张声势。遂令滥居深密，日在禁闱，罔惑朕躬，伪行书诏。致兹播越，职尔之由。岂有权重位崇,恩深奖厚,曾无惕厉,转恣睢盱,显构外兵,将图不轨。

　　朕以庶士流散,兵革繁多,遂命宰臣,与之商议。五降内使,一贡表章,坚卧不来,拒召如此。况又拘留庶吏,废阙晨趋。人既奔惊,朕须巡幸。果见兵缠辇毂,火照宫闱,烟尘涨天,干戈匝野。致朕奔迫,及于岐阳。翠辇未安,铁骑旋至,围逼行在,焚烧屋庐。睹此阽危,咎将谁执?近省全忠章表,兼遣幕吏敷陈,言宰臣继飞密缄,促其兵士西上,静详构扇,孰测苞藏,无功及人,为国生事。于戏!君人之道,委之宰衡,庶务殷繁,岂能亲理?尽将机事,付尔主张,负我何多,构乱至此!仍存大体,不谓无恩。可责授朝散大夫,守工部尚书。

　　初,天复反正之后,宦官尤畏胤,事无大小咸禀之。每内殿奏对,夜则继之以烛。常说昭宗请尽诛内官,但以宫人掌内司事。中尉韩全诲、张弘彦、袁易简等伺知之,于帝前求哀请命,乃诏胤密事进囊封,勿更口奏。宦官无由知其谋,乃求知书美妇人进内,以侦阴事。由是胤谋颇泄。宦官每相聚流涕,愈不自安,故全诲等为劫幸之谋,由胤忌嫉之太过也。

　　及全忠攻凤翔,胤寓居华州,为全忠画图王之策。天复二年,全忠自岐下还河中,胤迎谒于渭桥,捧卮上寿,持板为全忠唱歌,仍自撰歌辞,赞其功业。三年,李茂贞杀韩全诲等,与全忠通和,昭宗急诏征胤赴行在。凡四降诏,三赐朱书御札,称病不赴。及帝出凤翔,胤乃迎于中路,即日降制,复旧官,知政事,进位司徒,兼判六军诸卫事。仍诏移家入左军,赐帐幄器用十车。胤奏京兆尹郑元规为六军副使。胤与全忠奏罢左右神策内诸司等使及诸道监军、副监、小使、内官三百余人,同日斩之于内侍省。诸道监军,随处斩首以闻。

　　昭宗初幸凤翔,命卢光启、韦贻范、苏检等作相,及还京,胤皆贬斥之。又贬陆扆为沂王傅,王溥太子宾客,学士薛贻矩夔州司户,韩偓濮州司户,姚洎景王府咨议。应从幸群官贬逐者三十余人。唯用裴贽为相,以其孤立易制也。内官既尽屠戮,诸使悉罢,天子宣传诏命,惟令宫人宠颜等宣事。而欺君蠹国,所不妨闻。胤所悦者阆茸下辈,所恶者正人君子,人人悚惧,朝不保夕。

其年十月,全忠子友伦宿卫京师,因击鞠坠马而卒。全忠爱之,杀会鞠者十余人,而疑胤阴谋,由是怒胤。初,天子还宫,全忠东归,胤以事权在己,虑全忠急于篡代,乃与郑元规谋招致兵甲,以捍茂贞为辞。全忠知其意,从之。胤毁城外木浮图,取铜铁为兵仗。全忠令汴州军人入关应募者数百人。及友伦死,全忠怒,遣其子宿卫军使友谅诛胤,而应募者突然而出。四年正月初,贬太子宾客,寻为汴军所杀。胤倾险乐祸,外示宽宏。初拜平章事,其季父安潜谓所亲曰:“吾父兄刻苦树立门户,一旦终当为缁郎所坏。”果如其言。胤累加至侍中,封魏国公。初,朱全忠虽窃有河南方镇,惮河朔、河东,未萌问鼎之志。及得胤为乡导,乃电击潼关,始谋移国。自古与盗合从,覆亡宗社,无如胤之甚也。子有邻。

崔珙,博陵安平人。祖懿。父颋,贞元初进士登第,元和初累官至少府监。四年,出为同州刺史,卒。颋有子八人,皆至达官,时人比汉之荀氏,号曰“八龙”。

长曰琯,贞元十八年进士擢第。又制策登科,释褐诸侯府,入朝为尚书郎。大和初,累迁给事中,宣慰幽州称旨。俄而兴元兵乱,杀李绛,命琯平乱襃中,三军寂然从命。使还,改工部侍郎。四年冬,拜京兆尹。五年四月,改尚书右丞。六年十二月,出为江陵尹、御史大夫、荆南节度使。八年,入为兵部侍郎,转吏部,权判左丞事。开成二年,真拜左丞。时弟珙为京兆尹,兄弟并居显列。以本官权判兵部西铨、吏部东铨事。三年,检校户部尚书,判东都尚书省事、东都留守、东畿汝都防御等使。会昌中,迁银青光禄大夫、检校吏部尚书、兴元尹,充山南西道节度使。以弟珙罢相贬官,琯亦罢镇归东都。五年卒。诏曰:

孔氏以颜、冉之行,首于四科;汉代以荀、陈之门,方之“八凯”。乃眷时哲,得兹令名,用举饰终之恩,以抒歼良之叹。故山南西道节度使崔琯,诚明履正,粹密邻几,有子政之精忠,得

公绰之不欲。礼乐二事，以为身文；仁义五常，自成家范。往以
茂器，列于大僚。属贤相受诬，庙堂议法，由长孺之道，以佑正
人；微京兆之言，岂闻非罪？既是魏其之直，益彰王凤之邪。庄
色于朝，群公耸视；谠词不挠，淑问攸归。历践名藩，皆留遗爱。
居常慎独，清则畏知。爰自青衿，迄于白首，厉翼之志，始终不
渝。未陟台阶，实辜公论；追荣左相，式示优崇。可赠尚书左仆
射。

　　珙，琯之母弟也。以书判拔萃高等，累佐使府。性威重，尤精吏
术。大和初，累官泗州刺史，入为太府卿。七年正月，拜广州刺史、
岭南节度使。延英中谢，帝问以抚理南海之宜，珙奏对明辩，帝深嘉
之。时高瑀镇徐州，承智兴之后，军骄难制，军士数犯法，上欲择威
望之帅以临之，久难其才。会珙言事慷慨，谓宰臣曰："崔珙言事，神
气精爽，此可以临徐人。"即以王茂元代珙镇广南，授珙兼检校工部
尚书、徐州刺史、兼御史大夫，弃武宁军节度、徐泗濠观察使。

　　开成初，就加检校兵部尚书。二年，检校吏部尚书、右金吾大将
军，充街使。六月，迁京兆尹。是岁，京畿旱，珙奏浐水入内者，十分
量减九分，赐贫民溉田，从之。三年正月，盗发亲仁里，欲杀宰相李
石，其贼出于禁军，珙坐捕盗不获，罚俸料。会昌初，李德裕用事，与
珙亲厚，累迁户部侍郎，充诸道盐铁转运等使。寻以本官同中书门
下平章事，累兼刑部尚书、门下侍郎，进阶银青光禄大夫，兼尚书左
仆射。素与崔铉不叶，及李让夷引铉辅政，代珙领使务，乃掎摭珙领
使日妄破宋滑院盐铁钱九十万贯文，又言珙尝保护刘从谏，坐贬沣
州刺史，再贬恩州司马。宣宗即位，以赦召还，为太子宾客，出为凤
翔节度使。

　　三年，崔铉复知政事，珙辞疾请罢，制曰："将相大臣，与国同
体，诚欲自便，岂宜不从？苟非其时，涉于避事。前凤翔陇州节度观
察处置等使、光禄大夫、检校尚书右仆射、兼凤翔尹、御史大夫、上
柱国、安平郡开国公、食邑二千户崔珙，早以器能，周历显重。行己
每称其友悌，在公亦竭其精忠。自负谴前朝，远移南徼，及我嗣守，

颇闻嘉名。由是剖竹近关，扬旌右辅，为国垣翰，适资谋猷。近者犬戎输诚，归我故地，下议纳款，且筹开疆。宜其率先启行，副此宠待。忽览退闲之请，颇乖毗倚之诚。陈力之方，岂无其道？匪躬之故，或异于是。以其故老，特为优容，俾居青宫之辅，仍从分洛之命。君臣礼分，予无愧焉。可太子少师，分司东都。"未几卒。子涓，大中四年进士擢第。珙弟瑶、璪、玙、球、珦。

瑶以书判拔萃，开成中累迁至刑部郎中。会昌中，历三郡刺史，位终方镇。

璪，开成初为吏部郎中，转给事中。会昌初，出为陕虢观察使，迁河南尹，入为御史中丞，转吏部侍郎。大中初，改兵部侍郎，充诸道盐铁转运使。崔铉再辅政，罢璪使务，检校兵部尚书，兼河中尹、御史大夫，充河中晋绛磁隰等州节度观察使。七年，入为左丞，再迁刑部尚书。子滔，大中初登进士第。

玙字朗士，长庆初进士擢第，又制策登科。开成末，累迁至礼部员外郎。会昌初，以考功郎中知制诰，拜中书舍人。大中五年，迁礼部侍郎。六年，选士，时谓得才。七年，权知户部侍郎，进封博陵子，食邑五百户，转兵部侍郎。子澹。

澹，大中十三年登进士第，累迁礼部员外郎，位终吏部侍郎。澹子远。

远，龙纪元年登进士第。大顺初，以员外郎知制诰，召充翰林学士，正拜中书舍人。乾宁三年，转户部侍郎、博陵县男、食邑三百户，转兵部侍郎承旨。寻以本官同平章事，迁中书侍郎，兼吏部尚书。天祐初，从昭宗东迁洛阳。罢相，守右仆射。二年，为柳璨希朱全忠旨，累贬白州长史。行至滑州，被害于白马驿。远文才清丽，风神峻整，人皆慕其为人，当时目为"钉座梨"，言席上之珍也。

球字叔休，宝历二年登进士第。会昌中，为凤翔节度判官，入朝为尚书郎。子渍。渍，大中末亦进士登第。

崔氏咸通乾符间，昆仲子弟纡组拖绅，历台阁、践藩岳者二十余人。大中以来盛族,时推甲等。

卢钧字子和,本范阳人。祖炅,父继。钧,元和四年进士擢第,又书判拔萃,调补校书郎,累佐诸侯府。大和五年,迁左补阙。与同职理宋申锡之枉,由是知名。历尚书郎,出为常州刺史。九年,拜给事中。开成元年,出为华州刺史、潼关防御、镇国军等使。

其年冬,代李从易为广州刺史、御史大夫、岭南节度使。南海有蛮舶之利,珍货辐凑。旧帅作法兴利以致富,凡为南海者,靡不捆载而还。钧性仁恕,为政廉洁,请监军领市舶使,己一不干预。自贞元已来,衣冠得罪流放岭表者,因而物故,子孙贫悴,虽遇赦不能自还。凡在封境者,钧减俸钱为营槥椟。其家疾病死丧,则为之医药殡殓,孤儿稚女,为之婚嫁,凡数百家。由是山越之俗,服其德义,令不严而人化。三年将代,华蛮数千人诣阙请立生祠,铭功颂德。先是土人与蛮獠杂居,婚娶相通,吏或挠之,相诱为乱。钧至立法,俾华蛮异处,婚娶不通,蛮人不得立宅,由是徼外肃清,而不相犯。

会昌初,迁襄州刺史、山南东道节度使。四年,诛刘稹,以钧检校兵部尚书,兼潞州大都督府长史、昭义节度、泽潞邢洺磁观察等使。是冬,诏钧出潞军五千戍代北。钧升城门饯送,其家设幄观之。潞卒素骄,因与家人诀别,乘醉倒戈攻城门,监军以州兵拒之,至晚抚劳方定。诏钧入朝,拜户部侍郎、判度支,迁户部尚书。

大中初,检校尚书右仆射、汴州刺史、御史大夫、宣武军节度、宋亳汴颍观察等使,就加检校司空。四年,入为太子少师,进位上柱国、范阳郡开国公、食邑二千户。六年,复检校司空、太原尹、北都留守、河东节度使。九年,诏曰:"河东军节度使卢钧,长才博达,敏识宏深。蔼山河之灵,抱瑚琏之器。多能不耀,用晦而彰。由岭表而至太原,五换节钺,仁声载路,公论弥高。藩垣之和气不衰,台阁之清风常在,宜升揆路,以表群僚。可尚书左仆射。"

钧践历中外,事功益茂,后辈子弟,多至台司。至是急征,谓当辅弼,虽居端揆,心殊失望。常移病不视事,与亲旧游城南别墅,或累日一归。宰臣令狐绹恶之，乃罢仆射，仍加检校司空，守太子太师。物议以钧长者，罪绹弄权。绹惧，十一年九月，以钧检校司徒、同中书门下平章事、兴元尹，充山南西道节度使，入为太子太师，卒。

裴休字公美，河内济源人也。祖宣，父肃。肃，贞元中自常州刺史兼御史中丞、越州刺史、浙东团练观察等使。时山贼栗锽诱山越为乱，陷浙东郡县。肃召州兵讨平之，因纪其事，号《平戎记》，上之。德宗嘉赏。肃生三子，俦、休、俅，皆登进士第。

休志操坚正，童龀时，兄弟同学于济源别墅。休经年不出墅门，昼讲经籍，夜课诗赋。虞人有以鹿贽俦者，俦、俅炰之，召休食，休曰："我等穷生，菜食不充，今日食肉，翌日何继？无宜改馔。"独不食。长庆中，从乡赋登第，又应贤良方正，升甲科。大和初，历诸藩辟召，入为监察御史、右补阙、史馆修撰。会昌中，自尚书郎历典数郡。

大中初，累官户部侍郎，充诸道盐铁转运使，转兵部侍郎，兼御史大夫，领使如故。六年八月，以本官同平章事，判使如故。自大和已来重臣领使者，岁漕江、淮米不过四十万石，能至渭河仓者十不三四。漕吏狡蠹，败溺百端。官舟沉溺者岁七十余只。缘河奸吏，大紊刘晏之法。洎休领使，分命僚佐深按其弊。因是所过地里，令县令兼董漕事，能者奖之。自江津达渭口，以四十万之佣，岁计缗钱二十八万贯，悉使归诸漕吏，巡院无得侵牟。举新法凡十条，奏行之，又立税茶法十二条奏行之，物议是之。初休典使三岁，漕米至渭、河仓者一百二十万斛，更无沉舟之弊。累转中书侍郎，兼礼部尚书。

休在相位五年。十年，罢相，检校户部尚书、汴州刺史、御史大夫，充宣武军节度使。其年冬，进阶金紫光禄大夫、上柱国、河东县子、食邑五百户，守太子少保，分司东都。十一年冬，检校户部尚书、潞州大都督府长史、御史大夫，充昭义节度、潞磁邢洺观察使。十三年十月，加检校吏部尚书、太原尹、北都留守、河东节度观察等使。十四年八月，以本官兼凤翔尹，充凤翔陇州节度使。咸通初，入为户部尚书，累迁吏部尚书、太子少师，卒。

休性宽惠，为官不尚皦察，而吏民畏服。善为文，长于书翰，自成笔法。家世奉佛，休尤深于释典。太原、凤翔近名山，多僧寺。视事之隙，游践山林，与义学僧讲求佛理。中年后，不食荤血，常斋戒，屏嗜欲。香炉贝典，不离斋中，咏歌赞呗，以为法乐。与尚书纥干臯皆以法号相字。时人重其高洁而鄙其太过，多以词语嘲之，休不以为忤。

俅字冠识，亦登进士第。休子弦。

杨收字藏之，同州冯翊人。自言隋越公素之后。高祖悟虚，应贤良制科擢第，位终朔州司马。曾祖幼烈，位终宁州司马。祖藏器，邠州三水丞。父遗直，位终濠州录事参军。家世为儒，遗直客于苏州，讲学为事，因家于吴。遗直生四子：发、假、改、严。

发字至之，大和四年登进士第，又以书判拔萃，释褐校书郎、湖南观察推官，再辟西蜀从事。入朝为监察，转侍御史，累迁至礼部郎中。大中三年，改左司郎中。

宣宗追尊顺宗、宪宗等尊号，礼院奏庙中神主已题旧号，请改造及重题，诏礼官议。发与都官郎中卢搏献议曰：

臣等伏寻旧典，栗主升祔之后，在礼无改造之文，亦无重加尊谥、改题神主之例。求之旷古，琼无其文。周加太王、王季、文王之谥，但以德合王周，遂加主号，未闻改谥易主。且文物大备，礼法可称，最在两汉，并无其事。光武中兴，都洛阳，遣大司马邓禹入关，奉高祖已下十一帝后神主祔洛阳宗庙，盖神主不合新造故也。自魏、晋迄于周、隋，虽代有放恣之君，亦有知礼讲学之士，不闻加谥追尊、改主重题。书之史策，可以覆视。

今议者惟引东晋重造郑太后神主事为证。伏以郑太后本琅邪王妃，薨后已祔琅邪邸庙。其后，母以子贵，将升祔太庙。贺循请重造新主，改题皇后之号，备礼告祔，当时用之。伏以诸侯庙主与天子庙主长短不同。若以王妃八寸之主上配至极，礼似不同。时谄神贪君之私，用此谬礼，改造神主。比量晋事，又绝非宜。

　　且宣懿非穆宗之后，宝武宗之母。母以子之贵，已祔别庙，正为得礼，飨荐无亏。今若从祀至尊，题主称为太后，因臣因子，正得其宜。今乃别造新主，题去太子，即是穆宗上仙之后，臣下追致作嫔之礼，渎乱正经，实惊有识。臣当时并列朝行，实知谬戾。以汉律，擅论宗讽刺者以大不敬论，又其时无诏下议，遂默塞不敢出言。今又欲重用东晋谬礼，秽埭圣朝大典。猥蒙下问，敢不尽言。

　　臣谨按国朝前例，甚有明文。武德元年五月，备法驾于长安通义里旧庙，奉迎宣简公、懿王、景皇帝神主，升祔太庙。既言于旧庙奉迎，足明必奉旧主。其加谥追尊之礼，自古本无其事，自则天太后摄政之后累有。自此之后，数用其礼。历检国史，并无改造重题之文。若故事有之，无不书于简册。臣等愚见，宜但告新谥于庙而止。其改造重题之文，开元初，太常卿韦绍以高宗庙题武后神主云天后圣帝武氏，绍奏请削去天后圣帝之号，别题云则天顺圣皇后武氏，诏从之，即不知其时削旧题耶？重造主耶？亦不知用何代典礼？礼之疑者，决在宸衷。以臣所见，但以新谥宝册告陵庙，正得其宜。改造重题，恐乖礼意。

时宰相覆奏就神主改题，而知礼者非之，以发议为是。

　　改授太常少卿，出为苏州刺史。苏，发之乡里也。恭长慈幼，人士称之。还，改福州刺史、福建观察使。瓯闽之人，美其能政，耆老以善绩闻。朝廷以发长于边事，移授广州刺史、岭南节度使。属前政不率，蛮、夏咸怨，发以严为理，军乱，为军人所囚，致于邮舍。坐贬婺州刺史，卒于治所。

子乘，亦登进士第，有俊才，尤能为歌诗，历显职。

假字仁之，进士擢第。故相郑覃刺华州，署为从事。从覃镇京口，得大理评事。入为监察，转侍御史。由司封郎中知杂事，转太常少卿。出为常州刺史，卒官。

初，遗直娶元氏，生发、假。继室长孙氏，生收、严。

收长六尺二寸，广颡深颐，疏眉秀目，寡言笑，于于事上，博闻强记。初家寄溽阳，甚贫。收七岁丧父，居丧有如成人，而长孙夫人知书，亲自教授。十三，略通诸经义，善于文咏，吴人呼为"神童"。兄发戏令咏蛙，即曰："兔边分玉树，龙底耀铜仪。会当同鼓吹，不复问官私。"又令咏笔，仍赋钻字，即曰："虽匪囊中物，何坚不可钻？一朝操政事，定使冠三端。"每良辰美景，吴人造门观神童，请为诗什，观者厌败其藩。收嘲曰："尔幸无羸角，何用触吾藩。若是升堂者，还应自得门。"收以母奉佛，幼不食肉，母亦勉之曰："俟尔登进士第，可肉食也。"

收以仲兄假未登第，久之不从乡赋。开成末，假擢第，是冬，收之长安，明年，一举登第，年才二十六。时发为润州从事，因家金陵。收得第东归，路由淮右，故相司徒杜琮镇扬州，延收署节度推官，奏授校书郎。琮领度支，以收为巡官。琮罢相镇东蜀，奏授掌书记，得协律郎。琮移镇西川，复管记室。宰相马植奏授渭南尉，充集贤校理，改监察御史。收辞曰："仆兄弟进退以义。顷仲兄假乡赋未第，收不出衡门。今假从事侯府，仆不忍先为御史。相公必欲振恤孤生，俟仆禀兄旨命可也。"马公嘉之。收即密达意于西蜀杜公，愿复为参佐，琮即表为节度判官。马公乃以收弟严为渭南尉、集贤校理，代收之任。周墀罢相，镇东蜀，表严为掌书记。墀至镇而卒，琮乃辟严为观察判官。兄弟同幕，为两使判官，时人荣之。俄而假自浙西观察判官入为监察御史，收亦自西川入为监察。兄弟并居宪府，特为新例。

裴休作相,以收深于礼学,用为太常博士。时收弟严亦自扬州从事入为监察。寻丁母丧,归苏州。既除,崔珙罢相,镇淮南,以收为观察支使。入为侍御史,改职方员外郎,分司东都。宰相夏侯孜领度支,用收为判官。罢职,改司勋员外郎、长安令。秩满,改吏部员外郎。上言先人未葬,旅殡毗陵,拟迁卜于河南之偃师,请兄弟自往,从之。及葬东周,会葬者千人。时故府杜琮、夏侯孜皆在洛,二公联荐收于执政。宰相令狐绹用收为翰林学士,以库部郎中知制诰,正拜中书舍人,赐金紫,转兵部侍郎、学士承旨。左军中尉杨玄价以收宗姓,深左右之,乃加银青光禄大夫、中书侍郎、同平章事,累迁门下侍郎、刑部尚书。

收以交址未复,南蛮扰乱,请治军江西,以壮出岭之师。乃于洪州置镇南军,屯兵积粟,以饷南海。天子嘉之,进位尚书右仆射、太清太微宫使、弘文馆大学士、晋阳县男、食邑三百户。

收居位稍务华靡,颇为名辈所讥。而门吏僮奴,倚为奸利。时杨玄价弟兄掌机务,招来方镇之赂,屡有请托,收不能尽从。玄价以为背己,由是倾之。八年十月,罢知政事,检校工部尚书,出为宣歙观察使。韦保衡作相,又发收阴事,言前用严撰为江西节度,纳赂百万。明年八月,贬为端州司马,寻尽削官封,长流欢州。又令内养郭全穆赍诏赐死。九年三月十五日,全穆追及之,宣诏讫,收谓全穆曰:“收为宰相无状,得死为幸。心所悲者,弟兄沦丧将尽,只有弟严一人,以奉先人之祀。予欲昧死上尘天听,可容一刻之命,以俟秉笔乎?”全穆许之。收自书曰:

> 臣眇眇下才,谬当委任。心乖报国,罪积弥天,特举朝章,赐之显戮。臣诚悲诚感,顿首死罪。臣出自寒门,旁无势援,幸逢休运,累污清资。圣奖曲流,遂叨重任。上不能罄输臣节,以答宠光;下不能回避祸胎,以延俊义。苟利尸素,频历岁时,果至圣朝,难宽大典。诚知一死未塞深愆,固不合将泉壤之词,上尘天听。伏乞陛下哀臣愚蠢,稍缓雷霆。臣顷蒙擢在台衡,不敢令弟严守官阙下,旋蒙圣造,令刺浙东。所有罪愆,是臣自

负，伏乞圣慈，贷严微命。臣血属皆幼，更无近亲，只有弟严，才
力尫悴。家族所恃，在严一人，俾存殁曲全，在陛下弘覆。臣无
任魂魄望恩之至。

全穆复奏，懿宗憨然宥严。判官朱侃、常潾、阎均，族人杨公庆、严季
实、杨全益、何师玄、李孟勋、马全祐、李羽、王彦复等，皆配流岭表。
收子鉴、钜、镰，皆登进士第。

巨，乾宁初以尚书郎知制诰，召充翰林学士，拜中书舍人、户部
侍郎，封晋阳男、食邑三百户。从昭宗东迁，为左散骑常侍，卒。

镰，登第后补集贤校理，蓝田尉。乾宁中，累迁尚书郎。

严字凛之，会昌四年进士擢第。是岁仆射王起典贡部，选士三
十人，严与杨知至、窦缄、源重、郑朴五人试文合格，物议以子弟非
之，起覆奏。武宗敕曰：“杨严一人可及第，余四人落下。”严释褐诸
侯府。咸通中，累迁吏部员外，转郎中，拜给事中、工部侍郎，寻以本
官充翰林学士。兄收作相，封章请外职，拜越州刺史、御史中丞、浙
东团练观察使。收罢相贬官，严坐贬邵州刺史。收得雪，严量移吉
王傅。乾符四年，累迁后部侍郎。五年，判度支。其年病卒。二子：
涉、注。

涉，乾符二年登进士第。昭宗朝，累迁吏部郎中、礼刑二侍郎。
乾符四年，改吏部侍郎。天祐初，转左丞。从昭宗迁洛阳，改吏部尚
书。辉王即位，本官平章事，加中书侍郎。涉性端厚秉礼。乾宁之
后，贼臣窃发，王室寝微。及天祐东迁，大事去矣。涉为时所婴，不
能自退。及命相之日，与家人相向洒泣曰：“吾不能脱此网罗，祸将
至矣。”谓其子凝式曰：“今日之命，吾家重不幸矣，必累尔等。”涉谦
退善处，竟以令终。

注，中和二年进士登第。昭宗朝，累官考功员外、刑部郎中。寻
知制诰，正拜中书舍人，召充翰林学士，累迁户部侍郎。辉王缵历，
兄涉为宰相，注避嫌辞内职，守户部侍郎。

韦保衡者,字蕴用,京兆人。祖元贞,父悫,皆进士登第。悫字端士,大和初登第,后累佐使府,入朝亟历台阁。大中四年,拜礼部侍郎。五年选士,颇得名人,载领方镇节度,卒。

保衡,咸通五年登进士第,累拜起居郎。十年正月,尚懿宗女同昌公主。公主郭淑妃所生,妃有宠,出降之日,倾宫中珍玩以为赠送之资。寻以保衡为翰林学士,转郎中,正拜中书舍人、兵部侍郎承旨。不期年,以本官平章事。保衡恃恩权,素所不悦者,必加排斥。王铎贡举之师,萧遘同门生,以素薄其为人,皆摈斥之。以杨收、路岩在中书不加礼接,媒蘖逐之。自起居郎至宰相,二年之间,阶至特进、扶风县开国侯、食邑二千户、集贤殿大学士。十一年八月,公主薨,自后恩礼渐薄。咸通末,淮、徐盗起,素所怨者发其阴事,保衡竟得罪赐死。

弟保乂,进士登第,尚书郎,知制诰,召充翰林学士,历礼户兵三侍郎,学士称旨,坐保衡,免官。

路岩者,字鲁瞻,阳平冠氏人也。祖季登,大历六年登进士第,累辟诸侯府。升朝为尚书郎,迁左谏议大夫,卒。生三子,群、庠、单,皆登进士第。

群字正夫,既擢进士,又书判拔萃,累佐使府。入朝为监察御史。穆宗初即位,遣使西北边犒宴军士,称旨,累加兵部郎中。大和二年,迁谏议大夫,以本官充侍讲学士。四年,罢侍讲为翰林学士。五年,正拜中书舍人,学士如故。群精经学,善属文。性仁孝,志行贞洁。父母殁后,终身不茹荤血。历践台阁,受时君异宠,未尝以势位自矜。与士友结交,荣达如一。八年正月病卒,君子惜之。二子:岊、岩,大中相次进士登第。

岩幼聪敏过人,父友践方镇,书币交辟,久之方就。数年之间,出入禁署。累迁中书舍人、户部侍郎。咸通三年,以本官同平章事,年始三十六。在相位八年,累兼左仆射。懿宗时,王政多僻,宰臣用事。岩既承委遇,稍务奢靡,颇通赂遗。及韦保衡尚公主,素恶岩为人。保衡作相，罢岩知政事，以检校左仆射出为成都尹、剑南西川节度使。未几，改荆南节度。诏令六月下峡赴镇，寻复罢之。

岳历两郡刺史，入为给事中。子德延。

夏侯孜字好学，本谯人。父审封。孜，宝历二年登进士第，释褐诸侯府，累迁婺、绛二郡刺史。入为谏议大夫，转给事中。十年，改刑部侍郎。十一年，兼御史中丞，迁尚书右丞、上柱国，赐紫金鱼袋。十一年二月，迁朝议大夫，守户部侍郎，判户部事。再加兵部侍郎，充诸道盐铁转运等使。懿宗即位，以本官同平章事，领使如故。累加左仆射、门下侍郎，封谯郡侯，与路岩、杨收同辅政。咸通八年罢相，检校司空、同平章事，兼成都尹，充剑南西川节度使。属南蛮入寇，蜀中饥馑，军储不备，蛮陷西州，蜀川大扰。寻移孜为河中尹、检校司徒、河中晋绛节度使。

九年，庞勋据徐州，南蛮深入。天子惩孜治蜀无政，诏曰：

　　　河中晋绛磁隰节度使、开府仪同三司、检校司徒、同中书门下平章事、河中尹、上柱国，谯郡开国公、食邑二千户夏侯孜，早以文词，遂登科第，累更清贯，亦有能名。东阳推抚俗之能，故绛著临人之称。其后用司风宪，宠领藩条，皆以公才，不幸时选。泊掌于经费，备历重难，居然要会之权，颇得均平之道。录其绩效，擢处钧衡。造膝之时，亦闻其算画；沃心之际，备见其谋猷。于是念彼边隅，控临巴蜀，藉其才术，再静蛮陬。翻致帑廪空虚，军资窘竭，冤流阖境，寇逼连甍。虽易帅已来，频移星琯，而无备之后，岁有干戈。昨者微障初安，疮痍复衅。敷寻事实，果验根由。既乖经济之源，益昧君臣之义。出于物论，非独予怀，是议难处近藩，爰更散秩。可太子少保，分司东都。

未几卒。

子潭、泽，皆登进士第。潭累官至礼部侍郎。中和三年选士，多至卿相。子坦。

刘瞻字几之，彭城人。祖升，父景。瞻，大中初进士擢第。四年，又登博学宏词科，历佐使府。咸通初升朝，累迁太常博士。刘瑑作相，以宗人遇之，荐为翰林学士。转员外郎中，正拜中书舍人、户部侍郎承旨。出为太原尹、河东节度使。入拜京兆尹，复为户部侍郎、翰林学士。十年，以本官同平章事，加中书侍郎，兼刑部尚书、集贤殿大学士。

十一年八月，同昌公主薨，懿宗尤嗟惜之。以翰林医官韩宗召、康仲殷等用药无效，收之下狱。两家宗族，枝蔓尽捕三百余人，狴牢皆满。瞻召谏官令上疏，无敢极言。瞻自上疏曰：

臣闻修短之期，人之定分，贤愚共一，今古攸同。乔松蕣花，禀气各异。至如籛铿寿考，不因有智而延龄；颜子早亡，不为不贤而促寿。此皆含灵禀气，修短自然之理也。一昨同昌公久婴危疾，深轸圣慈。医药无征，幽明遽隔。陛下过钟宸爱，痛切追思，爰责医工，令从严宪。然韩宗召等因缘艺术，备荷宠荣，想于诊候之时，无不尽其方术。亦欲病如沃雪，药暂通神，其奈祸福难移，竟成差跌。原其情状，亦可哀矜。而差误之愆，死未塞责。自陛下雷霆一怒，朝野震惊，囚九族于狴牢，因两人之药误。老幼械系三百余人，咸云："宗召荷恩之日，寸禄不沾，进药之时，又不同议。此乃祸从天降，罪匪己为。"物议沸腾，道路嗟叹。

陛下以宽仁厚德，御宇十年，四海万邦，咸歌圣政。何事遽移前志，顿易初心。以达理知命之君，涉肆暴不明之谤。且殉宫女而违道，囚平人而结冤，此皆陛下安不思危，忿不顾难者也。陛下信崇释典，留意生天，大要不过喜舍慈悲，方便布施，不生恶念，所谓福田。则业累尽消，往生忉利，比居浊恶，未可同年。伏望陛下尽释系囚，易怒为喜，虔奉空王之教，以资爱主之灵。中外臣僚，同深恳激。

帝阅疏大怒，即日罢瞻相位，检校刑部尚书、同平章事、江陵尹,充荆南节度等使。再贬康州刺史,量移虢州刺史。入朝为太子宾客分司。翰林学士户部侍郎郑畋、右谏议大夫高湘、比部郎中知制诰杨知至、礼部郎中魏筜、兵部员外张颜、刑部员外崔彦融、御史中丞孙瑝等,皆坐瞻亲善贬逐。京兆尹温璋仰药而卒。

刘瑑者,彭城人。祖璠,父煟。瑑,开成初进士擢第。会昌末,累迁尚书郎、知制诰,正拜中书舍人。大中初,转列部侍郎。瑑精于法律,选大中以前二百四十四年制敕可行用者二千八百六十五条,分为六百四十六门,议其轻重,别成一家法书,号《大中统类》,奏行用之。出为河南尹,迁检校工部尚书,汴州刺史、宣武军节度使。十一年五月,加检校礼部尚书、太原尹、北都留守、河东节度观察等使。其年十二月入朝,拜户部侍郎,判度支。寻以本官同平章事,领使如故。十二年,累加集贤殿大学士。罢相,又历方镇,卒。弟顼,亦登进士第。

曹确字刚中,河南人。父景伯,贞元十九年进士擢第,又登制科。确,开成二年登进士第,历聘藩府。入朝为侍御史,以工部员外郎知制诰,转郎中,入内署为学士,正拜中书舍人,赐金紫,权知河南尹事。入为兵部侍郎。咸通五年,以本官同平章事,加中书侍郎、监修国史。

确精儒术,器识谨重,动循法度。懿宗以伶官李可及为威卫将军,确执奏曰:“臣览贞观故事,太宗初喧官品令,文武官共六百十三员,顾谓房玄龄曰:‘朕设此官员,以待贤士。工商杂色之流,假令术逾侪类,止可厚给财物,必不可超授官秩,与朝贤君子比肩而立,同坐而食。’大和中,文宗欲以乐官尉迟璋为王府率,拾遗窦洵直极谏,乃改授光州长史。伏乞以两朝故事,别授可及之官。”帝不之听。

可及善音律,尤能转喉为新声,音辞曲折,听者忘倦。京师屠沽效之,呼为“拍弹”。同昌公主除丧后,帝与淑妃思念不已,可及乃为

《叹百年舞曲》。舞人珠翠盛饰者数百人，画鱼龙地衣，用官绝五千匹。曲终乐阕，珠玑覆地，词语凄恻，闻者涕流，帝故宠之。尝于安国寺作《菩萨蛮舞》，如佛降生，帝益怜之。可及尝为子娶妇，帝赐酒二银樽，启之非酒，乃金翠也。人无敢非之者，唯确与中尉西门季玄屡论之，帝犹顾待不衰。僖宗即位，崔彦昭奏逐之，死于岭表。

确累加右仆射，判度支事。在相位六年。九年罢相，检校司徒、平章事、润州刺史、镇海军节度观察等使。以出师捍庞勋功，就加太子太师。弟汾，亦进士登第，累官尚书郎、知制诰，正拜中书舍人。出为河南尹，迁检校工部尚书、许州刺史、忠武军节度观察等使。入为户部侍郎，判度支。弟兄并列将相之任，人士荣之。确与毕诚俱以儒术进用，及居相位，廉俭贞苦，君子多之，称为曹、毕。

毕诚者，字存之，郓州须昌人也。伯祖构，高宗时吏部尚书。构弟栩，邦王府司马，生凌。凌为汾州长史，生匀，为协律郎。匀生诚，少孤贫，燃薪读书，刻苦自励。既立，博通经史，尤能歌诗。端悫好古，交游不杂。大和中，进士擢第，又以书判拔萃，尚书杜琮镇许昌，辟为从事。琮领度支，诚为巡官。琮镇扬州，又从之。琮入相，诚为监察，转侍御史。武宗朝，宰相李德裕专政，出琮为东蜀节度。琮之故吏，莫敢饯送问讯，唯诚无所顾虑，问遗不绝。德裕怒，出诚为磁州刺史。宣宗即位，德裕得罪，凡被遣者皆征还。诚入为户部员外郎，分司东都，历驾部员外郎、仓部郎中。故事，势门子弟，鄙仓、驾二曹，居之者不悦。唯诚受命，恬然恭逊，口无异言，执政多之。改职方郎中，兼侍御史知杂。期年，召为翰林学士、中书舍人，迁刑部侍郎。

自大中末，党项羌叛，屡扰河西。懿宗召学士对边事，诚即援引古今，论列破羌之状，上悦曰："吾方择能帅，安集河西，不期颇、牧在吾禁署，卿为朕行乎？"诚忻然从命，即用诚为邠宁节度、河西供军安抚等使。诚至军，遣使告喻叛徒，诸羌率化。又以边境御戎，以兵多积谷为上策。乃召募军士，开置屯田，岁收谷三十万石，省度支钱数百万。诏书嘉之,就加检校工部尚书,移镇泽潞,充昭义节度使。二年,改太原尹、北都留守、河东节度使。太原近胡,九姓为乱。诫明赏罚,谨斥候,期年诸部革心。就加检校尚书左仆射,移授汴州刺史,充宣武军节度、宋亳汴观察等使。

其年,入为户部尚书,领度支。月余,改礼部尚书,同平章事,累迁中书侍郎、兵部尚书、集贤大学士。在相位三年,十月以疾固辞位,诏守兵部尚书,以其本官同平章事,出镇河中。十二月二十三日,卒于镇,时年六十二。

诫谨重,长于文学,尤精史术。在相位,以同官任情不法,同辞而免,君子美之。子绍颜、知颜,登进士第,累历显官。

杜审权字殷衡,京兆人也。国初莱成公如晦六代孙。祖佐,位终大理正。佐生二子,元颖、元绛。元颖,穆宗朝宰相。绛位终太子宾客。绛生二子,审权、蔚,并登进士第。

审权,释褐江西观察判官,又以书判拔萃,拜右拾遗,转左补阙。大中初,迁司勋员外郎,转郎中知杂。又以本官知制诰,正拜中书舍人。十年,权知礼部贡举。十一年,选士三十人,后多至达官。正拜礼部侍郎。其年冬,出为陕州大都督府长史、陕虢都团练观察使,加检校户部尚书、河中尹、河中晋绛节度使。懿宗即位,召拜吏部尚书。三年,以本官同平章事,累加门下侍郎、右仆射。九年罢相,检校司空,兼润州刺史、镇海军节度使、苏杭常等州观察使。

时徐州戍将庞勋自桂州擅还,据徐、泗,大扰淮南。审权与淮南节度使令狐绹、荆南节度使崔铉,奉诏出师,掎角讨贼,而浙西馈运不绝,继破徐戎。贼平,召拜尚书左仆射。十一年,制曰:

开府仪同三司、检校司空、守尚书左仆射、上柱国、襄阳郡开国公、食邑二千户杜审权,韵合黄钟,行真白璧。冲粹孕灵岳之秀,精明涵列宿之光,尘外孤标,云间独步,践历华贯,余二十年;鉴裁名流,凡几百辈。清切之任无不试,重难之务无不经。静而立名,严以肃物,绝分毫徇己之意,秉尺寸度量之怀。

贞方饰躬,温茂缮性。俭不逼下,畏以居高。语默适时,吉愠莫见。顷罢机务,镇于金陵,值淮夷猖狂,干戈悖起。累发猛士,挫彼贼锋;广备糗粮,助兹军食。深惟将相之大体,颇睹文武之全才。王导以萧洒之名,不忘戎事;谢安以恬澹之德,亦在兵间。及驷马来朝,擢居端揆,严重自处,恬旷不渝。虞贡之故都,前踪尚尔;郇瑕之旧地,往事依然。兼以股肱之良,为吾腹心之寄,改佩相印,更握兵符。仍五教之崇名,极一时之盛礼。可检校司徒、同平章事、河中尹,充河中晋绛节度观察等使。

数年以本官兼许州刺史、忠武军节度观察等使,入为太子太傅,分司东都。卒,赠太师,谥曰德。三子:让能、彦林、弘徽。

让能,咸通十四年登进士第,释褐咸阳尉。宰相王铎镇汴,奏为推官。入为长安尉、集贤校理。丁母忧,以孝闻。服阕,淮南节度使刘邺辟掌记室,得殿中,赐绯。入为监察。牛蔚镇兴元,奏为节度判官。入为右补阙,历侍御史、起居郎、礼部兵部员外郎。萧遘领度支,以本官判度支案。

黄巢犯京师,奔赴行在,拜礼部郎中、史馆修撰。寻以本官知制诰,正拜中书舍人。谢日,面赐金紫之服,寻召充翰林学士。六飞在蜀,关东用兵,征发招怀,书诏云委。让能词才敏速,笔无点窜,动中事机,僖宗嘉之,累迁户部侍郎。从驾还京,加礼部尚书,进阶银青光禄大夫,封建平县开国子,食邑五百户。转兵部尚书、学士承旨。

沙陀逼京师,僖宗苍黄出幸。是夜,让能宿直禁中,闻难作,步出从驾。出城十余里,得遗马一匹,无羁勒,以绅束首而乘之。驾在凤翔,朱玫兵遽至,僖宗急幸宝鸡,近臣唯让能独从。翌日,孔纬等六七人至。邠师攻关,帝幸梁、汉,栈道为石协所毁,崎岖险阻之间,不离左右。帝顾谓之曰:“朕之失道,再致播迁。险难之中,卿常在侧,古所谓忠于所事,卿无负矣!”让能谢曰:“臣家世历重任,蒙国厚恩,陛下不以臣愚,擢居近侍。临难苟免,臣之耻也;获捍牧圉,臣之幸也。”至褒中,加金紫光禄大夫,改兵部侍郎,同平章事。

时朱玫立襄王称制,天下牧伯附之者十六七,贡赋殆绝。朝士才十数人，行帑无寸金，卫兵不宿饱。帝垂泣侧席，无如之何。让能首陈大计，请以重臣使河中，谕王重荣以大义，果承诏请雪，以图讨逆。京师平，拜特进、中书侍郎，兼兵部尚书，集贤殿大学士，进封襄阳郡开国公，食邑二千户。驾在凤翔，李昌符作乱，倏然变起，让能单步入侍。时朝臣受伪署者众，法司请行极法，以戒事君，让能固争之，获全者十七八。昭宗篡嗣，赐"扶危启运保乂功臣"，加开府仪同三司、尚书左仆射，封晋国公，增邑千户，仍赐铁券。诛秦宗权，许、蔡平定，加司空、门下侍郎、监修国史。昭宗郊礼毕，进位司徒、太清宫使、弘文馆大学士、延资库使、诸道盐铁转运等使，加食邑一千户。明年，册拜太尉，加食邑一千户。

自大顺已来，凤翔李茂贞大聚兵甲，恃功骄恣。会杨复恭走山南，茂贞欲兼有梁、汉之地，亟请问罪，诏未允而出师。昭宗怒其专，不得已而从之。及山南平，诏授以茂贞镇兴元，徐彦若镇凤翔，仍割果、阆两州隶武定军。茂贞怒，上章论列，语辞不逊，又与让能书曰：

> 宰相之职，外抚四夷，内安百姓。阴阳不顺，犹资变理之功；宇宙将倾，须假扶持之力。即万灵舒惨，四海安危，尽系朝纲，咸由庙算，既为重任，方属元臣。况今国步犹艰，皇居未壮。曩日九衢三市，草拥荒墟；当时万户千门，霜凝白骨。大厦倾欹而未已，沉疴绵息以无余。皆云非贤后无以拯社稷之危，非真宰无以革寰区之弊。今明公舍筑入梦，投竿为师，践履中台，制临外阃，不究兴亡之理，罕闻沉断之机。盖意有所不平，心有所未悟，辄思上问，愿审臧谋。窃见杨守亮擅举干戈，阻艰西道，将图割据，吞并东川。居巴、蒉为一窟豺狼，在梁、汉致十年荆棘。果闻败衄，寻挫凶狂。既前去而不谐，思却归而无地。当道与邠州见为隔绝纲运，方举问罪兵师，忽闻朝廷授武定之双旌，割果、阆之两郡，未审是何名目？酬何功劳？紊大国之纪纲，蠹天子之州县，非惟取笑于童稚，抑亦包羞于马牛。自谓奇谋，信为独见。伏虑是明公赏凶党无君之辈，挫忠臣奉国之心。要助奸邪，须摧正直。又闻公切于保位，利在安家。商量不自于

中书，刬割全通于内地。虽知深奥，罕测津涯，亦闻骇异群情，
颇是喧腾众口。

其悖戾如此。

京师百姓，闻茂贞聚兵甲，群情恼恼，数千百人守阙门。候中尉
西门重遂出，拥马论列曰："乞不分割山南，请姑息凤翔，与百姓为
主。"重遂曰："此非吾事，出于宰相也。"昭宗怒，诏让能只在中书调
发画计，不归第。月余，宰相崔昭纬阴结邠、歧为城社，凡让能出一
言，即日达于茂贞、行瑜。茂贞令健儿数百人，杂市人于街。崔昭纬、
郑延昌归第，市人拥肩舆诉曰："岐帅无罪，幸相公不加讨伐，致都
邑不宁。"二相舆中喻之曰："大政圣上委杜太尉，吾等不预。"市豪
睾帝熟视，又不之识，因投瓦石，击二相之舆。崔、郑下舆散走，匿身
获免。是日，丧堂印公服，天子怒，捕魁首诛之，由是用兵之意愈坚。
京师之人，相与藏窜，严刑不能已。让能奏曰："陛下初临大宝，国步
未安。自艰难已来，且行贞元故事，姑息藩镇。茂贞迩在国门，不宜
起怨。臣料此时未可行也。"帝曰："政刑削弱，诏令不出城门，此贾
生恸哭之际也。又《书》不云乎？药不瞑眩，厥疾弗瘳。朕不能屑屑
度日，坐观凌弱。卿为我主张调发，用兵吾委诸王。"让能对曰："陛
下愤藩臣之倔强，必欲强干弱枝，以隆王室，此则中外大臣所宜戮
力，以成陛下之志，不宜独任微臣。"帝曰："卿位居元辅，与朕同休
共戚，无宜避事。"让能泣辞曰："臣待罪台司，未乞骸骨者，思有以
报国恩耳，安敢爱身避事？况陛下之心，宪祖之志也。但时有所不
便，势有所必然。他日臣虽受晁错之诛，但不足以殄七国之患，敢不
奉诏，继之以死。"

景福二年秋，上以嗣覃王为招讨使，神策将李鐬副之，率禁军
三万，送彦若赴镇。崔昭纬密与邠、凤结托，心害让能，言讨伐非上
意，出于太尉也。九月，茂贞出军逆战，王师败于周至。岐兵乘胜至
三桥，让能奏曰："臣固预言之矣。请归罪于臣，可以纾难。"上涕下
不能已，曰："与卿诀矣。"即日贬为雷州司户。茂贞在临皋驿，请诛
让能，寻赐死，时年五十三。驾自石门还京，念让能之冤，追赠太师。

子光、乂、晓，以父枉横，不求闻达。晓入梁，位亦至宰辅。

彦林、弘徽，乾符中相次登进士第。彦林，光化中累官至尚书郎、知制诰，拜中书舍人。天祐初，为御史中丞。

弘徽，累官至中书舍人，迁户部侍郎，充弘文馆学士判馆事，与兄同日被害。

刘邺字汉藩，润州句容人也。父三复，聪敏绝人，幼善属文。少孤贫，母有废疾，三复丐食供养，不离左右，久之不遂乡赋。长庆中，李德裕拜浙西观察使，三复以德裕禁密大臣，以所业文诣郡干谒。德裕阅其文，倒屣迎之，乃辟为从事，管记室。母亡，哀毁殆不胜丧。德裕三为浙西，凡十年，三复皆从之。大和中，德裕辅政，用为员外郎。居无何，罢相，复镇浙西，三复从之。汝州刺史刘禹锡以宗人遇之，深重其才，尝为诗赠三复，序曰："从弟三复，三为浙右从事，凡十余年。往年主公入相，荐用登朝，中复从公之京口，未几而罢。昨以尚书员外郎奉使至潞，旋承新命，改辕而东。三从公皆在旧地，徽诸故事，琼无其比，因赋诗饯别以志之。"又从德裕历滑台、西蜀、扬州，累迁御史中丞。会昌中，德裕用事，自谏议、给事拜刑部侍郎、弘文馆学士判馆事。

朝廷用兵诛刘稹，泽潞既平，朝议以刘从谏妻裴氏是裴问之妹，欲原之。法司定罪，以刘稹之叛，裴以洒食会潞州将校妻女，泣告以固逆谋。三复奏曰：

> 刘从谏包藏逆谋，比虽已露，今推穷仆妾，尤得事情。据其图谋语言，制度服物，人臣僭乱，一至于斯。虽生前幸免于显诛，而死后已从于追戮，凡在朝野，同深庆快。且自古人臣叛逆，合有三族之诛。《尚书》曰："乃有颠越不恭，我则劓殄灭之，无遗育，无俾易种于兹新邑。"如此则阿裴已不得免于极法矣。又况从谏死后，主张狂谋，罪状非一。刘稹年既幼小，逆节未深，裴为母氏，固宜诚诱，若广说忠孝之道，深陈祸福之源，必

冀恤毒不施，枭音全革。而乃激厉凶党，胶固叛心，广招将校之妻，适有洒食之宴，号哭激其众意，赠遗结其群情。遂使叛党稽不舍之诛，孽童延必死之命，以至周岁，方就诛夷，此阿裴之罪也。虽以裴问之功，或希减等，而国家有法，难议从轻。伏以管叔，周公之亲弟也，有罪而且诛之。以周公之贤，尚不舍兄弟之罪；况裴问之功效，安能破朝廷法耶？据阿裴废臣妾之道，怀逆乱之谋，裴问如周公之功，尚合行周公之戮。况于朝典，固在不疑。阿裴请准法。

从之。三复未几病卒。

邺六七岁能赋诗，李德裕尤怜之，与诸子同砚席师学。大中初，德裕贬逐，邺无所依，以文章客游江、浙。每有制作，人皆称诵。高元裕廉察陕虢，署为团练推官，得秘书省校书郎。咸通初，刘瞻、高璩居要职，以故人子荐为左拾遗，召充翰林学士，转尚书郎中知制诰，正拜中书舍人、户部侍郎、学士承旨。

邺以李德裕贬死珠崖，大中朝以令狐绹当权，累有赦宥，不蒙恩例。懿宗即位，绹在方镇，属郊天大赦，邺奏论之曰："故崖州司户参军李德裕，其父吉甫，元和中以直道明诚，高居相位，中外咸理，讦谟有功。德裕以伟望宏才，继登台衮，险夷不易，劲正无群。禀周勃厚重之姿，慕杨秉忠贞之节。顷以微累，窜于遐荒，既迫衰残，竟归冥寞。其子烨坐贬象州立山县尉。去年遇陛下布惟新之命，覃作解之恩，移授郴州郴县尉，今已殁于贬所。傥德裕犹有亲援，可期振扬，微臣固不敢上论，以招浮议。今骨肉将尽，生涯已空，皆伤荣戟之门，遽作荆榛之地，孤骨未归于茔兆，一男又没于湘江。特乞圣明，俯垂哀愍，俾还遗骨，兼赐赠官。上弘录旧之仁，下激徇公之节。"诏从之。

邺寻以本官领诸道盐铁转运使。其年同平章事，判度支，转中书侍郎，兼吏部尚书，累加太清宫使、弘文馆大学士。僖宗即位，萧仿、崔彦昭秉政，素恶邺，乃罢邺知政事，检校尚书左仆射、同平章事、扬州大都督府长史、淮南节度使。是日邺押班宣麻竟，通事引邺内殿谢,不及笏记,业自叙十余句语云:"霖雨无功,深愧代天之用;烟霄失路,未知归骨之期。"帝为之恻然。

黄巢渡淮而南,诏以浙西高骈代还,寻除凤翔尹、凤翔陇右节度使,以疾辞,拜左仆射。巢贼犯长安,邺从驾不及,与崔沆、豆卢瑑匿于金吾将军张直方之家旬日。贼严切追捕,三人夜窜,为贼所得,迫以伪命,称病不应,俱为贼所害。

豆卢瑑者,河东人。祖愿,父籍,皆以进士擢第。瑑,大中十三年亦登进士科。咸通末,累迁兵部员外郎,转户部郎中知制诰,召充翰林学士,正拜中书舍人。乾符中,累迁户部侍郎、学士承旨。六年,与吏部侍郎崔沆同日拜平章事。宣制日,大风雷雨拔树,左丞韦蟾与瑑善,往贺之。瑑言及雷雨之异,蟾曰:"此应相公为霖作解之祥也。"瑑笑答曰:"霖何甚耶?"及巢贼犯京师,从僖宗出开远门,为盗所制,乃匿于张直方之家,遇害。识者以风雷不令之兆也。

弟瓒、璪,皆进士登第,累历清要。瓒子革,中兴位亦至宰辅。

史臣曰:近代衣冠人物,门族昌盛,从、颐之后,实富名流。而彦曾属徐乱之秋,胤接李亡之数,计则缪矣,天可逃乎? 杨、刘、曹、毕诸族,门非世胄,位以艺升,伏膺典坟,俯拾青紫。而收得位求侈,以至败名,行己殒躬,此为深诫! 杜氏三世辅相,太尉陷于横流,临难忘身,可为流涕。

赞曰:汉代荀、陈,我朝崔、杜。有子有弟,多登宰辅。裴士改节,杨子败名。膏粱移性,信而有征。

旧唐书卷一七八
列传第一二八

赵隐 弟骘 子光逢 光裔 光胤　张裼

子文蔚 济美 贻宪　李蔚 子渥 洵 泽

崔彦昭　郑畋 子凝绩 卢携附

王徽

赵隐字大隐,京兆奉天人也。祖植。建中末朱泚之乱,德宗幸奉天,时仓猝变起,羽卫不集,数日间贼来攻城,植以家人奴客奋力拒守,仍献家财以助军赏,天子嘉之。贼平,咸宁王浑瑊辟为推官,累迁殿中侍御史。贞元初,迁郑州刺史。郑滑节度使李融奏兼副使。十年,融病,军府之政委于植。大将宋朝晏构三军为乱,中夜火发,植与监军列卒待之。迟明,乱卒自溃,即日诛斩皆尽。帝优诏嘉之,入为卫尉少卿,三迁尚书工部侍郎。十七年,出为广州刺史、兼御史大夫、岭南东道节度观察等使,卒于镇。子存约、潆。

存约,大和三年为兴元从事。是时军乱,存约与节度使李绛方宴语,吏报:"新军乱,突入府廨,公宜避之。"绛曰:"吾为帅臣,去之安往?"麾存约令遁,存约曰:"荷公厚德,获奉宾阶。背恩苟免,非吾志也。"即欲部分左右拒贼,是日与绛同遇害。

隐以父罹非祸,泣守松楸十余年,杜门读书,不应辟命。会昌中,父友当权要,敦勉仕进,方应招,累为从事。大中三年,应进士登第,累迁郡守、尚书郎、给事中、河南尹,历户、兵二侍郎,领盐铁转运等使。咸通末,以本官同平章事,加中书侍郎,兼礼部尚书,进阶特进,天水伯,食邑七百户。

隐性仁孝,与弟骘尤称友悌。少孤贫,弟兄力耕稼以奉亲,造次不干亲戚。既居宰辅,不以权位自高。退朝易衣,弟兄侍母左右。岁时伏腊,公卿大臣盈门通讯,而大臣及母之荣,无如其比。乾符中罢相,检校兵部尚书、润州刺史、浙西观察等使。入为太常卿,转吏部尚书,累加尚书左仆射。广明中卒。子光逢、光裔、光胤。

弟骘,亦以进干登第。大中末,与兄隐并践省阁。咸通初,以兵部员外郎知制诰,转郎中,正拜中书舍人。六年,权知贡举。七年,选士,多得名流,拜礼部侍郎、御史中丞,累迁华州刺史、潼关防御、镇国军等使,卒。

光逢,乾符五年登进士第。释褐凤翔推官。入朝为监察御史,丁父忧免。僖宗还京,授太常博士,历礼部、司勋、吏部三员外郎,集贤殿学士,转礼部郎中。景福中,以祠部郎中知制诰,寻召充翰林学士,正拜中书舍人、户部侍郎、学士承旨。改兵部侍郎、尚书左丞,学士如故。乾宁三年,从驾幸华州,拜御史中丞,改礼部侍郎。刘季述废立之后,宰相崔胤与黄门争权,衣冠道丧。光逢移疾,退居洛阳,才关却扫六七年。昭宗迁洛,起为吏部侍郎,复为左丞,历太常卿。鼎没于梁,累官至宰辅,封齐国公。

光裔,光启三年进士擢第。乾宁中,累迁司勋郎中、弘文馆学士,改膳部郎中、知制诰,赐金紫之服。兄弟对掌内外制命,时人荣之。季述废立之后,光逢归洛。光裔旅游江表以避患,岭南刘隐深礼之,奏为副使,因家岭外。

光胤,大顺二年进士登第。天祐初,累官至驾部郎中。入梁,历显位。中兴用为宰辅。

张裼字公表,河间人。父君卿,元和中举进士,词学知名,累历郡守。裼,会昌四年进干擢第,释褐寿州防御判官。于琮布衣时,客游寿春,郡守待之不厚。裼以琼衣冠子,异礼遇之。琼将别,谓裼曰:"吾饷逆旅翁五十千,郡将之惠不登其数,如何?"裼方奉母,家贫,适得俸绢五十匹,尽以遗琼,约曰:"他时出处穷达,交相恤也。"裼累辟太原掌书记。大中朝,琼为翰林学士,俄登宰辅,判度支。琼召裼为司勋员外郎、判度支,寻用为翰林学士,转郎中、知制诰,拜中书舍人、户部侍郎、学士承旨。咸通末,琼为韦保衡所构谴逐,裼坐贬封州司马。保衡诛,琼得雪,裼量移入朝,为太子宾客,迁吏部侍郎、京兆尹。乾符三年,出为华州刺史。其年冬,检校吏部尚书、郓州刺史、天平军节度观察等使。四年,卒于镇,时年六十四。子文蔚、济美、贻宪。

文蔚,乾符二年进干擢第,累佐使府。龙纪初,入朝为尚书郎。乾宁中,以祠部郎中知制诰,正拜中书舍人,赐紫。崔胤擅朝政,与蔚同年进士,尤相善,用为翰林学士、户部侍郎,转兵部。从昭宗迁洛阳。辉王时,拜中书侍郎、平章事。入梁,卒。

济美、贻宪,相续以进干登第。贻宪覆试落籍,为户部巡官、集贤校理。

李蔚字茂休,陇西人。祖上公,位司农卿,元和初为陕虢观察使。父景素,大和中进士。蔚,开成末进士擢第,释褐襄阳从事。会昌末调选,又以书判拔萃,拜监察御史,转殿中监。大中七年,以员外郎知台杂,寻知制诰,转郎中,正拜中书舍人。咸通五年,权知礼部贡举。六年,拜礼部侍郎,转尚书右丞。

懿宗奉佛太过,常于禁中饭僧,亲为赞呗。以旃檀为二高座,赐安国寺僧彻,逢入饭万僧。蔚上疏谏曰:

臣闻孔丘圣者也,言则引周任之言;蔡融贤者也,谏必称王猛之议。诚以事求师古,词贵达情。陛下自缵帝图,克崇佛事,止当修外,未甚得中。臣略采本朝名臣启奏之言,以证奉佛初终之要。

天后时,会营大像,功费百万,狄仁杰谏曰:"夫宝铰殚于缀饰,环材竭于输奂。功不使鬼,必在役人,物不天来,皆从地出,非苦百姓,物何以求?物生有时,用之无度,臣每思惟,实所悲痛。至如往在江表,像法盛兴,梁武、简文,施舍无限。及乎三淮沸浪,五岭腾烟,列刹盈衢,无救危亡之祸;缯衣蔽路,岂益勤王之师?况近年以来,风尘屡扰,水旱失节,征役稍繁。必若多费官财,又苦人力,一隅有难,将何以救?"此切当之言一也。

中宗时,公主外戚,奏度僧尼,姚崇谏曰:"佛不在外,求之于心。佛图澄最贤,无益于后赵;罗什多艺,不救于姚秦。何充、符融,皆遭败灭;齐襄、梁武,未免灾殃。但志发慈悲,心行利益,若苍生安乐,即是佛身。"此切当之言二也。

睿宗为金仙、玉真二公主造二道中,辛替否谏曰:"自夏已来,淫雨不解,谷荒于垄,麦烂于场。入秋已来,讥旱为灾,苗而不实,霜损虫暴,草莱枯黄,下人咨嗟,未加赈贷。陛下爱两女而造两观,烧瓦运木,载土填沙。道路流言,皆云用钱百万。陛下圣人也,远无不知;陛下明君也,细无不见。既知且见,知仓有几年之储?库有几年之帛?知百姓之间可存活乎?三边之士可转输乎?今发一卒以捍边陲,追一兵以卫社稷,多无衣食,皆带饥寒,赏赐之间,迥然所出。军旅骤败,莫不由斯。而陛下破百万贯钱,造不急之观,以贾六合之怨,以违万人之心。"此切当之言三也。

替否又谏造寺曰:"释教以清净为基,慈悲为主。常体道以济物,不利己而害人;每去己以全真,不营身以害教。今三时之月,筑山穿池,损命也;殚府虚藏,损人也;广殿长廊,营身也。损命则不慈悲,损人则不济物,营身则不清净。岂大圣至神之心乎?佛书曰:'一切有为法,如梦幻泡影,如露亦如电。'臣以为减雕琢之费以赈贫人,是有如来之德;息穿掘之苦以全昆虫,是有如来之仁;罢营茸之直以给边陲,是有汤武之功;迥不急之禄以购清廉,是有唐虞之治。陛下缓其所急,急其所缓,亲未来而疏见在，失真实而冀虚无。重俗人之所为，轻天子之功业，臣实痛之。"此切当之言四也。

　　臣观仁杰，天后时上公也；姚崇，开元时贤相也；替否，睿宗之直臣也。臣每览斯言，未尝不废卷而太息，痛其言之不行也。伏以陛下深重缁流，妙崇佛事，其为乐善，实迈前踪。但细详时代之安危，渺鉴昔贤之敷奏，则思过半矣，道远乎哉！臣过忝渥恩，言亏匡谏，但举从绳之义，少裨负扆之明。营缮之间，稍宜停减。

优诏嘉之。寻拜京兆尹、太常卿。

　　寻以本官同平章事，加中书侍郎，与卢携、郑畋同辅政。罢相，出为襄州刺史、山南东道节度使。入为吏部尚书，加检校尚书右仆止射、汴州刺史、宣武军节度观察等使。咸通十四年，转扬州大都督府长史、淮南节度副大使知节度事。乾符三年受代，百姓诣阙乞留一年，从之。四年，复为吏部尚书，寻迁检校司空、东都留守、东畿汝都防御使。六年，河东军乱，杀崔季康，诏以宁李侃镇太原，军情不伏。以蔚尝为太原从事，军民怀之，八月，以蔚为太原尹、北都留守、河东节度观察等使。其年十月到镇，下车三日，暴病卒。弟绾，从兄绘，累官至刺史。蔚三子：渥、洵、泽。

　　渥，咸通末进干及第，释褐太原从事，累拜中书舍人、礼部侍郎。光化三年，选贡士。洵至福建观察使。

　　崔颜昭字思文，清河人。父岂。颜昭，大中三年进士擢第，释褐诸侯府。咸通初，累迁兵部员外郎，转郎中、知制诰，拜中书舍人，再迁户部侍郎，判本司事。

　　彦昭长于经济，儒学优深，精于吏事。前治数郡，所莅有声，动多遗爱。十年，检校礼部尚书、孟州刺史、河阳怀节度使，进阶金紫。十二年正月，加检校刑部尚书、太原尹、北都留守、河东节度管内观察等使。时徐、泗用兵之后，北戎多寇边，沙陀诸部动干纪律。彦昭柔以恩惠，来以兵威，三年之间，北门大治，军民歌之。考满受代，耆老数千诣阙乞留，诏报曰："彦昭早著令名，累更剧任。入司邦计，开张用经纬之文；出统藩维，抚驭得韬钤之术。自临并部，隐若长城。但先和众安人，不欲恃险与马。遂致三军百姓，沥恳同词，备述政能，唯恐罢去。顾兹重镇，方委长材。既获便安，未议移替，想当知悉。"

僖宗即位，就加检校吏部尚书。时赵隐、高璩知政事，与彦昭同年进士，荐彦昭长于治财赋。十五年三月，召为吏部侍郎，充诸道盐铁转运使。乾符初，以本官同平章事、判度支。

先是，杨收、路岩、韦保衡皆以朋党好赂得罪，萧仿秉政，颇革前弊。而彦昭辅政数月，百职斯举，察而不烦，士君子称之。二年，因其转官，僖宗诫曰：

彦昭历试有劳，金谐无愧，涉于六月，秉是一心。修乃文可以兴文教，励乃武可以成武功。重整前规，两司大计，清能壁立，政乃风行。奸欺屏绝于多歧，请托销推于正议。不烦内库，有助涓毫；不假外藩，有进丝发。军食所入，余剩于明年；郊庙所供，克办于今岁。颇符神化，真谓庙谋。不有良臣，安能富国？宜酬勋于黄阁，俾正位于紫垣。敬服诚词，永坚茂业。呜呼！秉钧之道，何所难哉；覆车之涂，近已多矣！与其树党，不若修身；与其收恩，不如乘直。买暂胜者贻其永败，沽不智者囊其大愚。不贵及人，唯争自我，初诚润屋，寻以危家，金玉满堂，莫之能守，纵经营而得位，用枉挠而当辜。唯尔选自朕心，采于人望。宣诏既毕，闲门未知，来遂奔车，退无私谢。独推元老，曾请争征，以守道而自臻，实荣亲之最重。尔其坚持正直，戏执规程。但畏幽阴，必归公当。甘言可惮，叙往可嘻。奖善须明，惩奸须锐。利于人者，虽难必举；利于己者，虽易勿为。颇念孤寒，每思耕织。常自勤于数事，便有望于中兴。彰朕知臣，在卿匡国，必使恩从下布，法自上行。但立直标，终无曲影。苟致我于尧、舜，亦比尔于皋、夔。可中书侍郎，依前判度支事。

考昭事母至孝，虽位居宰辅，退朝侍膳，与家人杂处，承奉左右，未尝高言。岁时庆贺，公卿拜席，时人荣之。累迁门下侍郎，兼刑部尚书，充太清宫使、弘文馆大学士。与郑畋、李蔚同知政事，三加兼官，皆领度支如故。进阶特进，累兼尚书右仆射。罢相，历方镇，以太子太保分司卒。子保谦。

郑畋字台文，荥阳人也。曾祖邻、祖穆、父亚，并登进士第。亚字子佐，元和十五年擢进士第，又应贤良方正、直言极谏制科，吏部调选，又以书判拔萃，数岁之内，连中三科。聪悟绝伦，文章秀发。李德裕在翰林，亚以文干谒，深知之。出镇浙西，辟为从事。累属家艰，人多忌嫉，久之不调。会昌初，始入朝为监察御史，累迁刑部郎中。中丞李回奏知杂，迁谏议大夫、给事中。五年，德裕罢相渚宫，授亚正议大夫，出为桂州刺史、御史中丞、桂管都防御经略使。大中二年，吴汝纳诉冤，德裕再贬潮州，亚亦贬循州刺史，卒。

畋年十八，登进士第，释褐汴宋节度推官，得秘书省校书郎。二十二，吏部调选，又以书判拔萃授渭南尉、直史馆事。未行，亚出桂州，畋随侍左右。大中朝，白敏中、令狐绹相继秉政十余年，素与德裕相恶，凡德裕亲旧多废斥之，畋久不偕于士伍。咸通中，令狐绹出镇，刘瞻镇北门，辟为从事。入朝为虞部员外郎。右丞郑薰，令狐之党也，摭畋旧事覆奏，不放入省，畋复出为从事。五年，入为刑部员外郎，转万年令。九年，刘瞻作相，荐为翰林学士，转户部郎中。

畋以久罹摈弃，幸承拔擢，因授官自陈曰："臣十八进士及第，二十二书判登科。此时结绶王畿，便贮青云之望。泊一沉风水，久换星霜，厌外府之罇罍，渴明庭之礼乐。咸通五年，方始登朝。若匪遭逢圣君，无以发扬幽迹。臣任刑部员外郎日，累于阁内对扬，去冬蒙擢宰万年，又得延英中谢。倾葵幸依于白日，舍盆终睹于青天。昨以京县浩穰，苦心为政，疲羸粗息，强御无踪。方专宰字之心，用副忧勤之化。陛下过垂采听，超授恩荣，擢于百里之中，致在三清之上。才超翰苑，遽改郎曹。"

寻加知制诰，又自陈曰："臣会昌二年进士及第，大中首岁，书判登科。其时替故昭义节度使沈询作谓南县尉;两考罢免,杨收以结绶替臣。询则备历显荣,殁经数载;收则宠极台辅,绌已三年。臣则外困宾筵,内甘散秩,仰窥霄汉,空叹云泥。虽云赋命屯奇,实以遭人排忌。"其因事自洗涤如此。

俄迁中书舍人。十年,王师讨徐方,禁庭书诏旁午,畋渍翰泉涌,动无滞思,言皆破的,同僚阁笔推之。寻迁户部侍郎。庞勋平,以本官充承旨。畋以德望先达,沦滞久之。既冠禁庭,当为宰辅,因谢承旨自陈曰:"禁林素号清严,承旨尤称峻重。偏膺顾问,首冠英贤。今之宰辅四人,三以此官腾跃,其为盛美,更异寻常。岂谓凡流,继兹芳躅,臣所以忧不称承旨之任也。至若继刘瞻之慎密,守保衡之规程,沥恳事君,披肝翊圣,以贞方为介胄,用忠信作藩篱。丹青帝文,金玉王度,臣亦不敢让承旨之职。况沉舟坠羽,因圣主发扬,有薄艺微才,受鸿恩知遇。再周寒暑,六忝官荣,由郎吏以至于贰卿,自末僚而迁于上列。"其切于大用如此。

其年八月,刘瞻以谏囚医工宗族罢相,出为荆南节度使。畋草制过为美词,懿宗省之甚怒,责之曰:"畋顷以行迹玷秽,为时弃捐,朝籍周行,无阶践历。竟因由径,遂致叨居,尘忝既多,狡蠹尤甚。且居承旨,合体朕怀。一昨刘瞻出藩,朕岂无意?尔次当视草,过为美词。逞谲诡于笔端,笼爱憎于形内。徒知报瞻咳唾之惠,谁思蔑我拔擢之恩。载详言伪而坚,果明同恶相济。人之多僻,一至于斯!宜行窜逐之科,用屏回邪之党。可梧州刺史。"

僖宗即位,召还,授右散骑常侍,改兵部侍郎。乾符四年,史部侍郎,寻降制曰:"顷者时邦正途,权归邪幸。尔畋执心无惑,秉节被谗,征征謇行,愈洽人望。既负弥纶之业,宜居辅弼之司。可本官同平章事。"僖宗上尊号礼毕,进加中书侍郎,进阶特进,转门下侍郎,兼礼部尚书、集贤殿大学士。

五年,黄巢起曹、郓,南犯荆、襄,东渡江、淮,众归百万,所经屡陷郡邑。六年,陷安南府据之,致书与浙东观察使崔璆,求郓州节钺。璆言贼势难图,宜因授之,以绝北顾之患,天子下百僚议。初黄巢之起也,宰相卢携以浙西观察使高骈素有军功,奏为淮南节度使,今扼贼冲,寻以骈为诸道行营都统。及崔璆之奏,朝臣议之。有请假节以纾患者,畋采群议,欲以南海节制璆之。携以始用高骈,欲立奇功以图胜。携曰:"高骈将略无双,淮土甲兵甚锐。今诸道之师方集,蕞尔纤寇,不足平珍。何事舍之示怯,而令诸军解体耶!"畋曰:"巢贼之乱,本因饥岁。人以利合,乃至实繁,江、淮以南,荐食殆半。国家久不用兵,士皆忘战,所在节将,闭门自守,尚不能枝。不如释咎包容,权降恩泽。彼本以饥年利合,一遇丰岁,孰不怀思乡土?其众一离,则巢贼几上肉耳,此所谓不战而屈人兵也。若此际不以计攻,全恃兵力,恐天下之忧未艾也。"群议然之,而左仆射于琮曰:"南海有市舶之利,岁贡珠玑。如令妖贼所有,国藏渐当废竭。"上亦望骈成功,乃依携议。及中书商量制救,畋曰:"妖贼百万,横行天下,高公迁延玩寇,无意翦除,又从而保之,彼得计矣。国祚安危,在我辈三四人画度。公倚淮南用兵,吾不知税驾之所矣。"携怒,拂衣而起,袂染于砚,因投之。僖宗闻之怒,曰:"大臣相诟,何以表仪四海?"二人俱罢政事,以太子宾客分司东都。

广明元年,贼自岭表北渡江、浙,虏崔璆,陷淮南郡县。高骈止令张璘控制冲要,闭壁自固。天子始思畋前言,二人俱征还,拜畋礼部尚书。寻出为凤翔陇右节度使。是冬,贼陷京师,僖宗出幸。畋闻难作,候驾于斜谷迎谒,垂泣曰:"将相误陛下,以至于此。臣实罪人,请死以惩元状。"上曰:"非卿失也。朕以狂寇凌犯,且驻跸兴元,卿宜坚扼贼冲,勿令滋蔓。"畋对曰:"臣心报国,死而后已,请陛下无东顾之忧。然道路艰虞,奏报梗涩,临机不能远禀圣旨,愿听臣便宜从事。"上曰:"苟利宗社,任卿所行。"畋还镇,搜乘补卒,缮修戎仗,浚饰城垒。尽出家财以散士卒。昼夜如临大敌。

中和元年二月,贼将尚让、王璠率众五万,欲攻凤翔,畋预知贼至,令大将李昌言等伏于要害。贼以畋儒者,必不能拒,步骑长驱,部伍不整。畋以锐卒数千,陈于高冈,虚立旗帜,延袤数里。距贼十余里,伐鼓而阵。贼不之测众寡,始欲列卒而阵,后军未至,而昌言等发伏击之,其众大挠。日既晡矣,岐军四合,追击于龙尾陂,贼委兵仗自溃,斩首万计,得其铠仗,岐军大振。天子闻之,谓宰相曰:"予知畋不尽,儒者之勇,甚慰予怀。"即授畋检校尚书左仆射、同平章事,充京西诸道行营都统。

时畿内诸镇禁军尚数万,贼巢污京师后,众无所归,畋承制招谕,诸镇将校皆萃岐阳。畋分财以结其心,与之盟誓,期匡王室。又传檄天下曰:

凤翔陇右节度使、检校尚书左仆射、同中书门下平章事、充京西诸道行营都统、上柱国、荥阳郡开国公、食邑二千户郑畋,移檄告诸藩镇、郡县、侯伯、牧守、将吏曰:夫屯亨有数,否泰相沿,如日月之蔽亏,似阴阳之愆伏。是以汉朝方盛,则莽、卓肆其奸凶;夏道未衰,而羿、浞骋其残酷。不无僭越,寻亦诛夷。即知妖孽之生,古今难免。代有忠贞之士,力为匡复之谋。我国家应五运以承乾,蹑三王之垂统,绵区饮化,匝宇归仁。十八帝之鸿猷,铭于神鼎;三百年之睿泽,播在人谣。加以政尚宽弘,刑无枉滥,翼翼勤行于王道,孜孜务恤于生灵。足可传宝祚于无穷,御瑶图于不朽。

近岁螟蝗作害,旱暵延灾,因令无赖之徒,遽起乱常之暴,虽加讨逐,犹肆猖狂。草贼黄巢,奴仆下才,豺狼丑类。寒耕热耨,不励力于田畴;偷食靡衣,务偷生于剽夺。结连凶党,驱迫平人,始扰害于里闾,遂侵凌于郡邑。属以藩臣不武,戎士贪财,徒加讨逐之名,竟作迁延之役。致令滋蔓,累有邀求。圣上爱育情深,含弘道广,指万方而罪己,用百姓以为心。假以节旄,委之藩镇,冀其悛革,免困疲羸。而殊无犬马之诚,但恣虫蛇之毒。剽掠我征镇,覆没我京都,凌辱我衣冠,屠残我士庶。视人命有同于草芥,谓大宝易取如弈棋。而乃窃据宫闱,伪称名号,烂羊头而拜爵,续狗尾以命官,燕巢幕以夸安,鱼在鼎而犹戏。殊不知五侯拗怒,期分项羽之尸;四塚既成,待葬蚩尤之骨。犹复广侵田宅,滥渎货财,比碛壑以难盈,类乌鸢而纵攫。

茫茫赤县,仅同夷貊之乡;惴惴黔黎,若在狴牢之内。固已人神共怒,行路伤心。

畋谬领藩垣,荣兼将相,每枕戈而待旦,常泣血以忘餐,誓与义士忠臣,共翦狐鸣狗盗。近承诏命,会合诸军。皇帝亲御六师,即离三蜀,霜戈万队,铁马千群,雕虎啸以风生,应龙骧而云起。淮南高相公,会关东诸道百万雄师,计以夏初,会于关内。畋与泾原节度使程宗楚、秦州节度使仇公遇等,已驱组练,大集关畿,争麾陇右之蛇矛,待扫关中之蚁聚。而吐蕃、党项以久被皇化,深愤国仇,愿以沙漠之军,共献荡平之捷。此际华戎合势,藩镇连衡,旌旗焕烂于云霞,剑戟晶荧于霜雪。莫不持绳待试,贾勇争先,思垂竹帛之功,誓雪朝廷之耻。矧兹残孽,不足殄除。况诸道世受国恩,身縻好爵,皆贮匡邦之略,咸倾致主之诚。自函、洛构氛,銮舆避狄,莫不指铜驼而眦裂,望玉垒以魂销。闻此勤王,固宜投袂。更希愤激,速殄寇仇。永图社稷之勋,以报君亲之德,迎銮反正,岂不休哉。

时驾在坤维,音驿阻绝,以为朝廷无能复振。及畋传檄,诸藩耸动,各治勤王之师,巢贼闻之大惧。自是贼骑不过京西。当时非畋扼贼之冲,褒、蜀危矣。寻进位检校司空。

其年冬,畋暴病,以岐山方御贼冲,宜须骁将镇守,表荐大将李昌言,诏可之。诏畋赴行在。二年正月至成都,以王铎代畋将兵收复。畋寻以仆射平章事,以疾,久之不拜,累表乞解机务。二年冬,罢相,授太子少保。僖宗以畋子给事中凝绩为陇州刺史,诏侍畋就郡养疾,薨于郡舍,时年五十九。

光启末,李茂贞授凤翔节度使。畋会兵时,茂贞为博野军小校在奉天,畋尽召其军至岐下,以茂贞勤于军旅,甚奇之,委以游逻之任。至是,茂贞思畋奖待之恩,上表论之曰:

臣伏见当道故检校司空、同平章事郑畋,瑞应星精,祥开月角,建洪炉于圣代,成庶绩于明时。凤毛方浴于春池,龙节忽移于右辅。旋以群鸥啸聚,万猬锋攒,苍黄而玉辂省方,次第而金门彻钥。九州相望，初犹豫以从风；百辟无归，半狐疑而委质。而畎冲冠怒发，投治兵，罗剑戟于樽前，练貔豸于阃外。坎牲誓众，桴鼓出师，驰羽檄于四方，畅皇威于万里。身为地轴，决横流而尽入东溟；手正天关，扫妖星而重尊北极。及至囊沙减灶，伐鼓扬旌，四凶方侈于兽心，一阵尽涂于龙尾。大振建瓴之捷，只于反掌之间。不期天柱朝摧，将星夜陨，竹帛徒书于茂烈，松楸未焕于易名。臣始仕从戎，爰承指顾，禀三令五申之戒，预一匡九合之谋。今则谬以微功，获居重镇。寻武侯之遗爱，城垒宛然；念叔子之高踪，涕零何极？伏冀特加赠谥，以慰泉局。

昭宗嘉之，诏赠司徒，谥曰文昭。

畎文学优深，器量弘恕，美风仪，神彩如玉，尤能赋诗。与人结交，荣悴如一。始为员外郎，为郑薰不放省上，畎不以为憾。及畎作相，薰子为郎，畎特奖拔为给事中，列曹侍郎。其以德报怨，多此类也。子凝绩，景福中历刑部、户部侍郎。

卢携字子升，范阳人。祖损。父求，宝历初登进士第，应诸府辟召。位终郡守。携，大中九年进士擢第，授集贤校理，出佐使府。咸通中，入朝为右拾遗、殿中侍御史，累转员外郎中、长安县令、郑州刺史。召拜谏议大夫。乾符初，以本官召充翰林学士，拜中书舍人。乾符末，加户部侍郎、学士承旨。四年，以本官同中书门下平章事，累加门下侍郎，兼兵部尚书、弘文馆大学士。

五年，黄巢陷荆南、江西外郭及虔、吉、饶、信等州，自浙东陷福建，遂至岭南，陷广州，杀节度使李岩，遂抗求求节钺。初，王仙芝起河南，携举宋威、齐克让、曾衮等有将略，用为招讨使。及宋威杀尚君长，致贼充斥，朝廷遂以宰臣王铎为都统，携深不悦。浙帅崔璆等上表，请假黄巢广州节钺，上令宰臣议。携以王铎为统帅，欲激怒黄巢，坚言不可假贼节制，止授率府率而已。与同列郑畎争论，投砚于地。由是两罢之，为太子宾客分司。

六年，高骈大将张麟频破贼。携素待高骈厚，常举可为统帅。天子以骈立功，复召携辅政。及王铎失守，罢都统，以高骈代之。由是自潼关以东，汝、陕、许、邓、汴、滑、青、兖皆易帅。王铎、郑畋所授任者皆易之。携内倚田令孜，外以高骈为援，朝廷大政，高下在心。时携病风，精神恍惚。政事可否，皆决于亲吏温季修，货贿公行。及贼拢淮南，张麟被杀，而许州逐帅，溵水兵溃，朝廷震惧，皆归罪于携。及贼陷潼关，罢携相，为太子宾客，是夜仰药而死。

子晏，天祐初为河南县尉，为柳璨所杀。

王徽字昭文，京兆杜陵人，其先出于梁魏。魏为秦灭，始皇徙关东豪族实关中，魏诸公子徙于霸陵。以其故王族，遂为王氏。后周同州刺史熊，徽之十代祖，葬咸阳之凤岐原，子孙因家焉。曾祖择从兄易从，天后朝登进士第。从弟明从、言从，睿宗朝并以进士擢第。昆仲四人，开元中三至凤阁舍人，故时号"凤阁王家"。其后，易从子定，定子逢，逢弟仲周，定兄密，密子行古，行古子收，收子超，皆以进士登第。王氏自易从已降，至大中朝登进士科者一十八人，登台省，历牧守、宾佐者三十余人。择从，大足三年登进士第，先天中又应贤良方正制举，升乙第，再迁京兆士曹参军，充丽正殿学士。祖察，至德二年登进士第，位终连州刺史。父自立，位终缑氏令。

徽大中十一年进士擢第，释褐秘书省校书郎。户部侍郎沈询判度支，辟为巡官。宰相徐商领盐铁，又奏为参佐。时懿宗诏宰相于进士中选子弟尚主，或以徽籍上闻。徽性冲澹，远势利，闻之忧形于色。徽登第时，年逾四十，见宰相刘琢哀祈，具陈年已高矣，居常多病，不足以尘污禁脔。琢于上前言之方免。从令狐绹历宣武、淮南两镇掌书记，得大理评事。召拜右拾遗，前后上疏论事二十三，人难言者必犯颜争之，人士翕然称重。会徐商罢相镇江陵，以徽旧僚，欲加奏辟而不敢言。徽探知其旨，即席言曰："仆在进士中，荷公重顾，公佩印临戎，下官安得不从？"商喜甚，奏授殿中侍御史，赐绯，荆南节度判官。高湜时持宪纲，奏为侍御史知杂，兼职方员外郎，转考功员外。时考簿上中下字朱书，吏缘为奸，多有揩改。徽白仆射，请以墨书，遂绝奸吏之弊。宰相萧仿以徽明于史术，尤重之。乾封初，迁司封郎中、长安县令。学士阙人，仿用徽为翰林学士，改职方郎中、知制诰，正拜中书舍人。延英中谢，面赐金紫，迁户部侍郎、学士承旨。改兵部侍郎、尚书左丞，学士承旨如故。

广明元年十二月三日，改户部侍郎、同平章事。是日，黄巢入潼关，其夜僖宗出幸。徽与同列崔沆豆卢瑑、仆射于琮，至曙方知车驾出幸，遂相奔驰赴行在。徽夜落荆榛中，坠于崖谷，为贼所得，迫还京师。将授之伪命，徽示以足折口喑，虽白刃环之，终无惧色。贼令舁归第，命医工视之。月余守视者稍怠，徽乃杂于负贩，窜之河中，遣人间道奉绢表入蜀。天子嘉之，诏授光禄大夫，守兵部尚书。将赴行在，寻诏徽以本官充东面宣慰催阵使。时王铎都统行营兵马在河中，累年未能破贼。徽与行营都监杨复光谋，赦沙陀三部落，令赴难。其年夏，代北军至，决战累捷，收复京师，以功加尚书右仆射。

光启中，潞州军乱，杀其帅成麟，以兵部侍郎郑昌图权知昭义军事。时孟方立割据山东三州，别为一镇。上党支郡唯泽州耳，而军中之人多附方立，昌图不能制。宰相奏请以重臣镇之，乃授徽检校尚书左仆射、同平章事、潞州大都督府长史、泽潞邢洺磁观察等使。时銮辂未还，关东聚盗。而河东李克用与孟方立方争泽潞。以朝廷兵力必不能加，上表诉之曰：

> 臣闻量才授任，本切于安人；奉上推忠，莫先于体国。臣早逢昌运，备历华资，止仗竭诚，幸无躁迹。六年内置，虽叨侍从之荣；一日台司，未殚匡扶之志。敢忘急病，用副忧勤。况重镇兵符，元戎相印，特膺宠寄，出自宸衷，岂合惮荣，更陈衷款。但以郑昌图主留累月，将结深根；孟方立专据三州，转成积瘠。招其外则潞人胥怨，抚其内则邢将益疑。祸方炽于既焚，计奈何于已失。须观胜负，乃决安危。欲遵命而勇行，则寝兴百虑；思奉身而先退，则事体两全。伏乞圣慈，博求廷议，择其可付，理在从长。免微臣负怀宠之讥，使上党破必争之势。触藩知难，

庶无愧于前言;报国图功,岂无伸于此日。

天子乃以昌图镇之,以徽为诸道租庸供军等使,余官如故。

时京师收复之后,宫寺焚烧,园陵毁废,故车驾久而未还,乃以徽为大明宫留守、京畿安抚制置修奉园陵等使。徽方治财赋,又兼制置,王畿之人,大半流丧,乃招合遗散,抚之如子。数年之间,版户稍葺,东内斋阁,缮完有序。徽拜表请车驾还京曰:"昨者狂寇将逃,延灾方甚。而端门凤畴,镇福地而独存;王气龙盘,郁祥烟而不散。足表宗祧降祉,临御非遥。今虽初议修崇,未全壮丽,式示卑宫之俭,更凝驭道之尊。且肃宗才见捷书,便离岐下;德宗虽当盛暑,不驻汉中。故事具存,昌期难缓,愿回銮辂,早复京师。臣谬以散材,叨膺重寄,闭阁深念,拜章累陈。审时事之安危,系庙谋之得失。臣虽随宜制置,竭力抚绥,如或銮驾未回,必恐人心复散。纵成微效,终负殊私。势有必然,理宜过虑。以兹淹驻,转失机宜。实希永挂宸聪,亟还清跸。"帝深嘉纳,进位检校司空、御史大夫,权知京兆尹事。

中外权臣,遣人治第京师。因其乱后,多侵犯居人,百姓告诉相继。徽不避权豪,平之以法。由是残民安业,而权幸侧目恶其强,乃以其党薛杞为少尹,知府事。杞方居父丧,徽执奏不令入府。权臣愈怒,奏罢徽使务,以本官征赴行在。寻授太子少师,移疾退居蒲州,满十旬,请罢。僖宗还宫,复授太子少师,疾未任朝谒。宰相以徽怨望,奏贬集州刺史,徽乃舆疾赴贬所。不旬日,沙陀逼京师,僖宗出幸宝鸡,而军容田令孜得咎。天子以徽无罪,召拜吏部尚书,封琅邪郡侯,食邑千户。徽将赴行在,而襄王僭伪。邠、岐兵士,追逼乘舆,天子幸汉中,徽不能进。李煴伪制至河中府,召徽赴阙。徽托以风疾,不能步履。煴将僭号,逼内外臣僚署誓状,徽称臂缓,不能秉笔,竟不署名。

朱玫既诛,天子自褒中还至凤翔,召徽拜御史大夫。车驾还宫,徽上章,以足膝风痹,不任朝拜,乞除散秩,复授太子少师。及便殿中谢,昭宗顾瞻进对,曰:"王徽神气尚强,安可自便?"乃改授吏部尚书。大乱之后,铨选失绪,吏为奸蠹,有重叠补拟者。徽从初注授,便置手历,一一检视,人无拥滞,内外称之。进位检校司空,守尚书右仆射。大顺元年十二月卒,赠太尉,谥曰贞。子三人:椿、樗、松。

　　史臣曰:议兵之难,古无百胜。盖以行权制变,法断在于临机;出奇无穷,声实悬于中的。昔晋国之平孙皓,贾公间坚沮渡江;吴人欲拒曹瞒,张辅吴终惭失策。彼之贤俊,未免悔尤。况卢子升平代书生,素迷军志,只保高骈之平昔,不料高骈之苞藏,以至力困黄巢,毒流赤县,绝吭仰药,何所补焉?台文气激壮图,志摅宿愤,慷慨誓众,叱咤临戎,竟扼贼喉,以康天步,谓之不武,斯焉取斯?崔、赵以鼎职奉亲,天伦并达,积庆垂裕,播美士林。徽志吐盗泉,脱身虎口,功名不坠,君子多之。

　　赞曰:武以伸威,谋以制敌。何必临戎,陈师衽席。高骈玩寇,卢携保奸。圣断一误,崎岖剑山。

旧唐书卷一七九
列传第一二九

萧遘 弟蘧　　孔纬 子崇弼　　韦昭度
崔昭纬　　张浚　　朱朴　　郑綮
刘崇望 兄崇龟　弟崇鲁　崇谟
徐彦若 父商　弟彦枢　子缩　　陆扆
柳璨 弟珹　瑀

　　萧遘,兰陵人。开元朝宰相太师徐国公嵩之四代孙。嵩生衡。衡生复,德宗朝宰相。复后湛。湛生寘,咸通中审相。寘生遘,以咸通五年登进士第,释褐秘书省校书郎、太原从事。入朝为右拾遗,再迁起居舍人。与韦保衡同年登进士第,保衡以幸进无艺,同年门生皆薄之。遘形神秀伟,志操不群,自比李德裕,同年皆戏呼“太尉”,保衡心衔之。及保衡作相,摭遘之失,贬为播州司马。途经三峡,维舟月夜赋诗自悼,虑保衡见害。遘有神人谓之曰:“相公勿忧,予当御侮奉卫。”遘心异之。过峡州,经白帝祠,即所睹之神人也。保衡诛,以礼部员外郎征还,转考功员外郎、知制诰。乾符初,召充翰林学士,正拜中书舍人,累迁户部侍郎、翰林承旨。

　　黄巢犯阙,僖宗出幸,以供馈不给,须近臣掌计,改兵部侍郎、判度支。中和元年三月,自襄中幸成都,次绵州。以本官同平章事,加中书侍郎,累兼吏部尚书、监修国史。

　　遘少负大节，以经济为己任，洎处台司，风望尤峻，奏对朗拔，天子器之。光启初，王纲不振。是时天下诸侯，半出群盗，强弱相噬，怙众邀宠，国法莫能制。有李凝古者，从支详为徐州从事，详为衙将时溥所逐，而宾佐陷于徐。及溥为节度使，因食中毒，而恶凝古者谮之，云为支详报仇行鸩，溥收凝古杀之。凝古父损，时为右常侍，溥上章披诉，言损与凝古同谋。内官田令孜受溥厚赂，曲奏请收损下狱。中丞卢渥附令孜，锻炼其狱。侍御史王华嫉恶，坚执奏证损无罪。令孜怒，奏移损付神策狱按问，王华拒不奉诏，奏曰："李损位居近侍，当死即死，安可取辱于黄门之手？"遘非时进状，请开延英，奏曰："李凝古行鸩之谋，其事暧昧，已遭屠害，今不复论。李损父子相别三四年，音问断绝，安得诬罔同谋？时溥恃勋坏法，凌蔑朝廷，而抗表请按侍臣，悖戾何甚？厚诬良善，人皆痛心。若李损罗织而诛，行当便及臣等。"帝为之改容，损得免，止于停任。

　　时田令孜专总禁军，公卿僚庶，无不候其颜色，唯遘以道自处，未尝屈降。是年冬，令孜奏安邑两池盐利，请直属禁军。王重荣上章论列，乃奏移重荣别镇。重荣不受，令孜请率禁军讨之。重荣求援于太原，李克用引军赴之，拒战沙苑，禁军大败，逼京城。僖宗惧，出幸凤翔。诸藩上章抗论令孜生事，离间方面。遘素恶令孜，乃与裴澈致书召朱玫。玫以邠州之军五千迎驾，仍与河中、太原修睦，请同匡王室。由是，诸镇继上章，请驾还京，令孜闻玫军至，迫胁天子幸陈仓。时僖宗仓猝出城，夜中百官不及扈从，玫怒令孜弄权，又以天子不谅其忠，语辞怨望，乃诉于遘曰："主上六年奔播，百端艰险。中原士庶，与贼血战，肝脑涂地，十室九空。比至收复京都，十亡七八。残民遗老，方喜车驾归宫。主上不念生灵转输之劳，甲士血战之效，将勤王之功业，为敕使之宠荣，而更志在乱邦，与国生事，召戎结怨，不自他人。昨奉指踪，径来奔问，不蒙见信，翻类胁君。古者忠而获罪，正如此也。吾等报国之心极矣，战贼之力殚矣，安能垂头叠翼，喘喘于阉寺之手哉！《春秋》之义，丧君有君。相公徐思其宜，改图可也。"遘曰："主上临御十余年，未闻过行。此来丧乱播越，失于授任非才。近年令孜掣肘，动不如意，上每言之，流涕不已。昨去陈仓，上无行意，令孜陈兵帐下，列卒阶前，造次迫行，不容俟旦。静言此贼，罪不容诛。至尊之心，孰不深鉴？足下乃心王室，止有归兵还镇，拜表迎銮，德业功名，益光图史。舍此已往，理或未安。改图之言，未敢闻命。"玫曰："李家王子极多，有天下者，岂一王哉？"遘曰："废立危事，虽有伊尹、霍光之贤，尚贻后悔。古人云：'勿为福始，勿为祸先。'如公矢谋，未见其利。"玫退而宣言曰："我册个王子为主，不从者斩。"及立襄王，请遘为册文。遘曰："少婴衰疾，文思减落。比来禁署，未免倩人，请命能者。"竟不措笔。乃命郑昌图为之，玫滋不悦。及还长安，以昌图代遘为相，署遘太子太保。乃移疾，满百日，退居河中之永乐县。

遘在相位五年，累兼尚书右仆射，进封楚国公。僖宗再还京，宰相孔纬与遘不协，以其受伪命，奏贬官，寻赐死于永乐。咸通中，王铎掌贡籍，遘与韦保衡俱以进士中选，而保衡暴贵，与铎同在中书。及僖宗在蜀。遘又与铎并居相位。帝尝召宰臣，铎年高，升阶足跌，踣勾陈中，遘旁掖起，帝目之喜曰："辅弼之臣和，予之幸也。"谓遘曰："适见卿扶王铎，予喜卿善事长矣。"遘对曰："臣扶王铎不独司长。臣应举岁，铎为主司，以臣中选门生也。"上笑曰："王铎选进士，朕选间相，于卿无负矣。"遘谢之而退。

遘为大臣，士行无缺。逢时不幸，为伪熅所污，不以令终，人士惜之。弟蘧，时为永乐令。

　　孔纬字化文，鲁曲阜人，宣尼之裔，曾祖岑父，位终秘书省著作佐郎，谏议大夫巢父兄也。祖戣位终礼部尚书，自有传。父遵孺，终华阴县丞。

纬少孤，依诸父温裕、温业，皆居方镇，与名公交，故纬声籍早达。大中十三年，进士擢第，释褐秘书省校书郎。崔慎由镇梓州，辟为从事。又从崔铉为扬州支使，得协律郎，崔慎由镇华州、河中，纬皆从之，历观察判官。宰相杨收奏授长安尉，直弘文馆。御史中丞王铎奏为监察御史,转礼部员外郎。宰相徐商奏兼集贤直学士,改考功员外郎。丁内忧免。服阕,以右司员外郎入朝。宰臣赵隐嘉其能文,荐为翰林学士,转考功郎中、知制诰,赐绯。正拜中书舍人,累迁户部侍郎。谢日,面赐金紫之服。乾符中,罢学士,出为御史中丞。纬器志文雅,嫉恶如仇。既总宪纲,中外不绳而自肃。历户部、兵部、吏部三侍郎。居选曹,动循格令。权要有所托,私书盈几,不之省。执政怒之,改太常卿。

黄巢之乱,从僖宗幸蜀,改刑部尚书,判户部事。宰臣萧遘在翰林时,与纬情旨不协。至是因户部取给不充,移之散秩,改太子少保。光启元年,从驾还京。

是时田令孜军败,沙陀逼京师,帝移幸凤翔,邠帅朱玫引兵来迎驾。令孜挟帝幸山南。时中夜出幸,百官不及扈从,而随驾者黄门卫士数百人而已。帝驻宝鸡,候百官,诏授纬御史大夫,遣中使传诏,令纬率百僚赴行在。时京师急变,从驾官属至周至,并为乱兵所剽,资装殆尽。纬承命见宰相论事,萧遘、裴澈以田令孜在帝左右,意不欲行,辞疾不见纬。纬遣台吏促百官上路,皆以袍笏不具为词。纬无如之何,乃召三院御史谓之曰:"吾辈世荷国恩,身居宪秩。虽六飞奔迫,而咫尺天颜,累诏追征,皆无承禀,非臣子之义也。凡布衣交旧,缓急犹相救恤,况在君亲?策名委质,安可背也!"言竟泣下。三院曰:"夫岂不怀,但周至剽剥之余,乞食不给。今若首途,聊营一日之费,俟信宿继行可也。"纬拂衣起曰:"吾妻危疾,且不保夕,丈夫岂以妻子之故,息君父之急乎?公辈善自为谋,吾行决矣。"

即日见李昌符告曰:"主上再有诏命,令促百僚前进。观群公立意,未有发期。仆忝宪闱,不宜居后。道途多梗,明公幸假五十骑,送至陈仓。"昌符嘉之,谓纬曰:"路无顿递,裹粮办耶?"乃送钱五十缗,令骑士援纬达散关。纬知朱玫必蓄异志,奏曰:"关城小邑,不足以驻六师,请速幸梁州。"翌日,车驾离陈仓,才入关而邠、岐之兵围宝鸡,攻散关。微纬之言几危矣。

至褒中,改兵部侍郎、同中书门下平章事,寻改中书侍郎、集贤殿大学士。王行瑜斩朱玫，平定京城，迁门下侍郎、监修国史。从驾还京，驻跸岐阳，进阶特进，兼吏部尚书，领诸道盐铁转运使。车驾还宫，进位左仆射，赐"持危启运保乂功臣"，食邑四千户，食实封二百户，赐铁券，恕十死罪，赐天兴县庄、善和里宅各一区，兼领京畿营田使。

僖宗晏驾，充山陵使。僖宗祔庙，纬准故事，不入朝服。昭宗遣中使召赴延英，令纬依旧视事，进加司空。以国学盗火所焚，令纬完葺，仍兼领国子祭酒。蔡贼秦宗权伏诛，进阶开府仪同三司，进位司徒，封鲁国公。

十一月，昭宗谒郊庙，两中尉、内枢密请朝服。所司申前例，中贵人无例朝服助祭之礼，少府监亦无素制冠服。中尉怒，立令制造，下太常礼院。礼官举故事，亦称无中尉朝服助祭之文，谏官亦论之。纬奏曰："中贵不衣朝服助祭，国典也。陛下欲以权道宠内臣，则请依所兼之官而为之服。"天子召谏官谓之曰："大礼日近，无宜立异，为朕容之。"于是内官以朝服助祭。郊礼毕，进位兼太保。

大顺元年夏，幽州、汴州请讨太原，宰臣张浚请自率禁军为招讨。上持疑未决，问计于纬。纬以讨之为便，语在《浚传》。其年秋，浚军为太原所击，大败而还。浚罢相贬官，纬坐附浚，以检校太保、江陵尹、荆南节度观察等使，未离阙下，再贬均州刺史。纬、浚密遣人求援于汴州，朱全忠上章论救。纬至商州，有诏俾令就便，遂寓居华州。

乾宁二年五月，三镇入京师，杀宰相韦昭度、李溪。帝以大臣朋党，外交方镇，思用骨鲠正人，遣中使趋华州召纬入朝，以疾未任上路。六月，授太子宾客。其日之夕，改吏部尚书。翌日，拜司空，兼门下侍郎、同平章事、太清宫使、修奉太庙、弘文馆大学士、延资库使。阶爵、功臣名、食邑并如故。旬日之内，驿骑敦促，相望于路，扶疾至京师。延英中谢，奏曰："臣前时待罪宰相，智术短浅，有负弼谐。陛下特贷刑书，曲全腰领。臣期于死报泉壤，不望生叩玉阶。复拜龙颜，实臣荣幸。然臣比婴衰疾，伏枕累年，形骸虽存，生意都尽。

平居勉强,御事犹疏。况比亢羸,宁胜重委?国祚方泰,英彦盈庭,岂以朽腐之人,再尘机务。臣力疾一拜殿庭,乞陛下许臣自便。"因呜咽流涕。纬久疾,拜蹈艰难,上令中使止之,改容轸念。令阁门使送纬中书视事。不旬日,沙陀次河中,同州王行约入京师谋乱,天子出幸石门。纬从驾至莎城,疾渐危笃,先还京城。九月,卒于光德里第,赠太尉。

纬家尚节义,挺然不屈。虽权势熏灼,未尝假以恩礼。大顺初,天武都头李顺节恃恩颇横,不期年领浙西节度使,俄加平章事。谢日,台吏申中书,称天武相公衙谢,准例班见百僚。纬判曰:"不用立班。"顺节粗暴小人,不闲朝法,盛饰趋中书,既见无班,心甚快快。他日因会,顺节微言之,纬曰:"必知公慊也。夫百辟卿士,天子庭臣也,比来班见宰相,以辅臣居班列之首,奉长之义也。公握天武健儿,而于政事厅受百僚班见,意自安乎?必若须此仪,俟去'都头'二字可也。"顺节不敢复言。其秉礼不回,多此类也。

孔氏子元和后,昆仲贵盛,至正卿方镇者六七人,未有为宰辅者,至纬始在鼎司。子崇弼,亦登进士第,仕至散骑常侍。

韦昭度字正纪,京兆人。祖绪,父逢。昭度,咸通八年进士擢第。乾符中,累迁尚书郎、知制诰,正拜中书舍人。从僖宗幸蜀,拜启部侍郎。中和元年,权知礼部贡举。明年,以本官同平章事,兼吏部尚书。

昭宗即位,阆州刺史王建攻陈敬瑄于成都,隔绝贡奉,乃以昭度检校司空、同平章事、成都尹、剑南西川节度招抚宣慰等使。昭度赴镇,敬瑄不受代,诏东川顾彦朗与王建合势讨之,昭度为行营招讨。卒岁止拔汉州。王建谓昭度曰:"相公劳师弊众,远事蛮夷。访闻京洛以东,群侯相噬,祸难未已,朝廷不治,腹心之疾也。相公宜及还京师,咨谋匡合,平定两河,国家之利也。敬瑄小丑,以日月制之,擒之必矣,此事责建可办。"昭度然之,奏请还都。昭度未及京师,建以重兵守剑门,急攻成都下之,杀敬瑄,自称留后。昭度还,以检校司空充东都留守。召还，为右仆射。

景福二年冬，宰相杜让能为凤翔所杀，复委昭度知政事，与李
谿并命。时宰相崔昭纬专政，恶李谿之为人。降制日，令知制诰刘
崇鲁哭麻以沮之。谿上表论列，天子待谿益厚。明年春，复命谿同
平章事，昭纬不胜其忿。先是，邠州王行瑜求为尚书令，昭度奏议
云："国朝已来，功如郭子仪，未省曾兼此官。"乃赐号"尚父"。崔昭
纬宗人铤曾为行瑜从事，朝廷每降制敕不便于昭纬者，即令铤诉于
行瑜，俾上章论列。朝旨小有依违，即表章不逊。至是李谿入拜，昭
纬谓铤曰："前时尚父之命已行，而昭度沮之，今又引谿同列。此人
奸纤，惑上视听，宗社不宁，恐复有杜太尉之事。"行瑜与李茂贞上
章言："命相非其人，惧危宗社。"天子优诏晓谕，言谿有才。其年五
月，行瑜、茂贞、华州韩建以兵入觐，面奏昭度、李谿之奸邪，请加谴
逐。制敕未行，三镇兵害昭度于都亭驿。及行瑜诛，降制复其官爵，
令其家收葬。

崔昭纬，清河人也。祖庇，滑州酸枣县尉。父璟，鄂州观察使。
昭纬进士及第。昭宗朝，历中书舍人、翰林学士、户部侍郎、同平章
事。性奸纤，忌前达。内结中人，外连藩阃，属朝廷微弱，每托援以
凌人主。昭宗明察，心不能堪。以诱召三镇将兵诣阙，贼杀宰辅内
臣，帝深切齿。会太原之师诛行瑜，罢相，授右仆射。

后又以托附汴州，再贬梧州司马。寻降制曰：

崔昭纬顷居内署，粗著微劳。擢于侍从之司，委以燮调之
任。不能忠贞报国，端慎处身，潜交结于奸臣，致漏汇于机事。
星霜累换，匡辅蔑闻。尔罪一也。又快其私忿，辄恣阴谋。托
崔铤之险巇，连行瑜之计画，遂致称兵向阙，怙众胁君。故宰臣
韦昭度、李谿并以无辜见害，几危宗社，显辱君亲。尔罪二也。
及行瑜败灭，京国甫安，而乃自惧欺诬，别谋托附。又于藩阃，
潜请荐论，不唯苟免罪愆，兼亦再希任用，贪荣冒宠，僭滥无
厌，败俗伤风，贤愚共鄙。尔罪三也。又将厚赂，欲结诸王，轻

侮我宪章,玷渎我骨肉。货财之数,文字具存。赖诸王作朕腹
心,嫉其蠹害,尽将昭纬情款,兼其亲吏姓名,直具奏闻,拒其
求托。昭纬曾居宰辅,久历清崇,但欲逞其回邪,都不顾其事
体。观其识见,实骇听闻。尔罪四也。自奸邪既露,情状难容。
尚示宽刑,未行严宪,投于荒裔,冀其自新。而不能退省过尤,
恭承制命,速赴贬所,用守常规。而犹自务宴安,寻闻所在留
驻,搅扰藩镇,侮慢朝章。曾无禀畏之心,可验苞藏之计。罔知
怨咎,唯谤朝廷。尔罪五也。朕以恩泽者帝王之雨露,刑法者
邦国之雷霆,无雨露则庶物不荣,无雷霆则万邦不肃。朕体天
道以化育,遵王度以澄清,罪既昭彰,理难含垢。凡百多士,宜
体予怀。宜所在赐自尽。

时昭纬行次至荆南,中使至,斩之。

兄昭符,仕至礼部尚书。昭愿,太子少保。昭矩,给事中。昭远,
考功员外郎。

张浚字禹川,河间人。祖仲素,位至中书舍人。父铹,官卑,家
寓州。浚倜傥不羁,涉猎文史,好大言,为士友之所摈弃。初从乡赋
随计,咸薄其为人。浚愤愤不得志,乃田衣野服,隐于金凤山,学鬼
谷纵横之术,欲以捭阖取贵仕。乾符中,枢密使杨复恭因使遇,自处
士荐为太常博士,累转度支员外郎。

黄巢将逼关辅,浚托疾请告,侍其母,挈族避乱商州。贼犯京
师,僖宗出幸,途无供顿,卫军不得食。汉阴令李康献糇饵数百骡
纲,军士始得食。僖宗召康问曰:"卿为县令,安操心及此?"康对曰:
"臣为尘吏,敢有此进献?张浚员外教臣也。"帝异之,急召至行在,
拜兵部郎中。未几,拜谏议大夫。

其年冬,宰相王铎至滑台,兼充天下行营都统。方征兵诸侯,奏
用浚为都统判官。时王敬武初破弘霸郎,军威大振,累诏征平卢兵,
敬武独不赴援。铎遣浚往说之,敬武已受伪命,复怙强不迎诏使。浚
至,谒见,责之曰:"公为天子守藩,王臣赍诏宣谕,而侮慢诏使。既

未识君臣礼分,复何颜以御军民哉?"敬武愕然谢咎。既宣诏,军士按兵默然,濬并召将佐集于鞠面谕之曰:"人生效忠仗义,所冀粗分逆顺,悬知利害。黄巢前日贩盐虏耳,公等舍累叶天子而臣贩盐白丁,何利害之可论耶!今诸侯勤王,天下响应,公等独据一州,坐观成败。贼平之后,去就何安?若能此际排难解纷,陈师鞠旅,共诛寇盗,迎奉銮舆,则富贵功名,指掌可取。吾惜公辈舍安而即危也。"诸将改容引过,谓敬武曰:"谏议之言是也。"即时出军,从濬入援京师。贼平,累迁户部侍郎。僖宗再幸山南,拜平章事、判度支。

濬初发迹,依杨复恭。及复恭失势,乃依田令孜,以至重位,而反薄复恭。及再幸山南,复恭代令孜为中尉,罢濬知政事。昭宗初在藩邸,深嫉宦官,复恭有援立大勋,恃恩任事,上心不平之。当时趋向者,多言濬有方略,能画大计,复用为宰相、判度支。上尝问濬,致理何事最急?对曰:"莫若强兵。兵强而天下服。"上由是专务搜补兵甲,欲以武功胜天下。后延英论前代为治得失,濬曰:"不必远征汉、晋之弊。臣窃见陛下春秋鼎盛,英睿如此,内外逼于强臣,臣每思之,实痛心而泣血也。"

会朱全忠诛秦宗权,安居受杀李克恭,以潞州降全忠。幽州李匡威、云州赫连铎等奏请出军讨太原。诏四品以上官议,皆言:"国祚未安,不宜生事。假如得太原,亦非国家所有。"濬议曰:"先帝频至播越,王室不宁。原其乱阶,由克用、全忠之矛盾也。请因其奏,乘全忠立功,可断两雄之势。"上曰:"收复之功,克用第一。今乘其危困而加兵,诸侯其谓我何?"濬恳论用兵之利害,盖欲示外势而挤复恭也。上旨未决。宰臣孔纬曰:"张濬所陈,万代之利也。陛下所惜,即目之利也。以臣所料,师渡河而贼必自破。昨计度军中转饷犒劳,一二年间,必无阙事,陛下断意行之。"

既二相俱论,乃以濬为河东行营兵马都招讨宣慰使,以京兆尹孙揆副之,仍授揆昭义节度使,华州韩建为供军使,朱全忠为太原西南面招讨使,李匡威、赫连铎为太原东北面招讨使。全忠以汴军三千为濬牙队。大顺元年六月,濬率军五十二都,兼邠宁、鄜、夏杂虏共五万人骑,发自京师。昭宗御安喜楼临送,浚酒酣泣奏曰:"陛下动为贼臣掣肘,臣所以誓死愤惋,为陛下除其僭逼。"杨复恭闻之不悦。中尉内使饯于长乐,复恭奉卮酒属浚,浚辞曰:"圣人赐酒,已醉矣。"复恭戏曰:"相公握禁兵,拥大旆,独当一面,不领复恭意作面子耶!"浚笑曰:"贼平之后,方见面子。"复恭衔之。

时汴、华、邠、岐之师渡河,会浚于晋州。汴将朱崇节权知潞州事,太原将李存孝攻之。浚虑贼平汴人据昭义,乃令孙揆分兵赴镇,中使韩归范送旌节至军。八月,揆与归范赴潞州。至潞,并为存孝擒送太原。九月,汴将葛从周弃潞州。十月,浚军至阴地,邠、岐、华三镇之师营平阳。李存孝击之,一战而败,委兵仗溃散。进攻晋州。数日,中夜浚敛众遁走。比曙,丧师殆半。存孝进收晋、绛、慈、隰等州。浚狼狈由含山逾王屋,出河清,坼屋木缚筏济河,部下离散将尽。李克用上章论诉曰:

　　晋州长宁关使张承晖于当道录到张浚榜并诏曰,张浚充招讨制置使,令率师讨臣,兼削臣属籍官爵者。臣诚冤诚愤,顿首顿首。伏以宰臣张浚欺天蔽日,廊庙不容。谗臣于君,夺臣之位。凭燕帅妄奏,与汴贼结恩,矫托皇威,擅宣王命,征集师旅,挠乱乾坤。误陛下中兴之谋,资黔黎重伤之困。臣实何罪。而陛下伐之?此则宰臣持权,面欺陛下。

　　况臣父子二代,受恩四朝,破徐方,救荆楚,收凤阙,碎枭巢,致陛下今日冠通天之冠,佩白玉之玺。臣之属籍,懿皇所赐;臣之师律,先帝所命。臣无逆节,浚讨何名?陛下若厌逐功臣,欲用文吏,自可迁臣封邑,以候就第。奈何加诸其罪。孰肯无词?若以臣云中之伐,获罪于时,则拓拔思恭取鄜、延,朱全忠侵徐、郓,陛下何不讨之?假令李孝德不忠于主,伐之为是,则朱瑄、时溥有何罪耶?此乃同坐而异名,赏彼而诛此,使天下藩服,强者扼腕,弱者自动,流言窃议,为臣怨嗟,固非中兴之术也。

　　且陛下阽危之秋,则奖臣为韩、彭、伊、霍;既安之后,骂臣

曰戎、羯、蕃、夷。海内握兵立事如臣者众矣,宁不惧陛下他时
之骂哉!臣昨遇燕军,以礼退舍,匡威浅昧,厚自矜夸,乃言臣
中矢石,覆士卒。致内外吠声一发,短谋竞陈,误陛下君臣之
分。况命官选将,自有典刑,不必幸臣之弱而后取之。倘臣延
期挺命,尚固一方,彼实何颜以见陛下。此则奸邪朋党,轻弄邦
典,陛下凝旒端扆,何由知之?今张浚既以出军,微臣固难束
手。臣便欲叫阍,轻骑面叩玉阶,诉邪佞于陛下之彤墀,纳诏命
于先皇之宗庙,然后束身司败,甘处宪章。

时克用令所擒中使奉表,表至而浚败,朝廷耸震,制曰:

汉武因恭俭富庶之后,建置朔方,孙弘沮之,十不得一。而
良史以弘有宰相体者,诚以爱人治国为先,拓境开疆为末。及
孝宣值雄才削平之余,将议北征,魏相争之,五将寻罢。果致中
兴,号为贤辅。况朕承天厌兵戈之后,人思休息之时。敢望皋、
夔,共成尧日;庶几孙、魏,粗及汉年。苟易于斯,如何倚注。

光禄大夫、门下侍郎、兼户部尚书、同中书门下平章事、上
柱国、清河郡开国伯、食邑一千二百户、充河东行营诸道兵马
招讨制置等使张浚,早以盛名,称为奇士,由是再加征用,委以
钧衡,谓其必致小康,克胜大任。而乃罔思守道,但欲邀功,用
不诡之询谋,起无名之兵革。自云一举,止在旬时,坚请抗论,
势莫能夺。轻葛亮渭滨之役,小裴度淮右之行。经历寒暄,耗
费百万。虚延彰于朝野,诈诡布于华夷,横草蔑闻,燎原愈急。
俾拥旄乘驿之使,囚在虏庭;勤王奉国之军,怀归本土。忘廊庙
之威重,结藩屏之仇仇。欲使海内生灵,竭其贡赋;不独河中郡
邑,荡为丘墟。潜生厉阶,欲谁归咎?

于戏!征晁错之故事,思王恢之旧章,国有明文,尔当何
道?尚以爱人以礼,理体宜然。廉镇剧权,武昌善地,宜罢枢轴
之务,仍停支度之司。勉自思惟,以逃后命。可检校户部尚书、
鄂州刺史、武昌军节度观察等使。

寻贬连州刺史,驰驿发遣。行至蓝田关不行,留华州依韩建。时朝

廷微弱，竟不能诘。

乾宁二年，三镇杀韦昭度，帝召孔纬欲大用，亦以浚为兵部尚书，又领天下租庸使。三年，天子幸华州，罢浚使务，守尚书右仆射。上疏乞致仕，授左仆射致仕，乃还洛阳，居于长水县别墅。浚虽退居山墅，朝廷或有得失，必章疏上言。德王废立之际，浚致书诸蕃，请图匡复。王师范青州起兵，欲取浚为谋主。事虽不果，其迹颇泄。朱全忠将图篡代，惧浚构乱四方，不欲显诛，密讽张全义令图之。乃令牙将杨麟率健卒五十人，有如劫盗，围其墅而杀之，天复三年十二月晦夜也。

永宁县吏叶彦者，张氏待之素厚。杨麟之来，彦知之，告浚第二子格曰：“相公之祸不可免，郎君宜自为谋。”格、浚父子号啕而已。浚谓格曰：“留则并命，去或可免。汝自图之，勿以吾为累，冀存后祀也。”格拜矢而去。叶彦率义士三十人，送渡汉江而旋。格由荆江上峡入蜀。王建僭号，用为宰相。中兴平蜀，任圜携格而还。格感叶彦之惠，访之身已殁，而厚报其家。浚第三子窜于杨行密。

自乾宁之后，贼臣内侮，王室浸微，昭宗不堪凌弱，欲简拔奇材以为相。然采于群小之论，未尝获一名人。登用之徒，无不为时嗤诮。

朱朴者，乾宁中为国子博士。腐儒木强，无他才伎。道士许岩士出入禁中，尝依朴为奸利，从容上前荐朴有经济才。昭宗召见，对以经义，甚悦，即日拜谏议大夫、平章事。在中书与名公齿，笔札议论，动为笑端。数月，岩士事败，俱为韩建所杀。

郑綮者，以进士登第，历监察、殿中，仓、户二员外，金、刑、右司三郎中。家贫求君，出为庐州刺史。黄巢自岭表还，经淮剽掠，綮移黄巢文牒，请不犯君界，巢笑而从之，一郡独不被寇。天子嘉之，赐绯鱼袋。罢郡，有钱千缗，寄州帑。后郡数陷，盗不犯郑使君寄库钱。至杨行密为刺史，送所寄于京师还綮。

綮善为诗，多俳剧剌时，故落格调，时号郑五歇后体。初去庐江，与郡人别云："唯有两行公廨泪，一时洒向渡头风。"滑稽皆此类也。

王徽为御史大夫，奏綮为兵部郎中、知台杂，迁给事中，赐金紫。僖宗自山南还，以宰相杜让能弟弘徽为中书舍人。綮以弘徽兄在中书，弟不宜同居禁近，封还制书，天子不报，綮即移病休官。无几，以左散骑常侍征还。朝政有阙，无不上章论列。事虽不行，喧传都下，执政恶之，改国子祭酒。物议以綮匡谏而置之散地不可，执政惧，复用为常侍。

光化初，昭宗还宫，庶政未惬，綮每形于诗什而嘲之，中人或诵其语于上前。昭宗见其激讦，谓有蕴蓄，就常奏班簿侧注云："郑綮可礼部侍郎、平章事。"中书胥吏诣其家参谒，綮笑而问之曰："诸君大误，俾天下人并不识字，宰相不及郑五也。"胥吏曰："出自圣旨特恩，来日制下。"抗其手曰："万一如此，笑杀他人。"明日果制下，亲宾来贺，搔首言曰："歇后郑五作宰相，时事可知矣。"累表逊让不获。既入视事，侃然守道，无复诙谐。终以物望非宜，自求引退。三月余，移疾乞骸，以太子少保致仕。光化二年卒。

时议以昭宗命台臣浚、朴、綮三人尤谬，季末之妖也。

刘崇望字希徒。其先代郡人，随元魏孝文帝徙洛阳，遂为河南人。八代祖隋大理卿坦，生政会，辅太宗起义晋阳，官至户部尚书，封渝国公，图形凌烟阁。政会生玄意，尚太宗女南平公主，历洪、饶八州采访使。玄意生奇，位至吏部侍郎。奇生慎知，仕至获嘉令。慎知生裴，仕至东阿令。裴生藻，位终秘书郎。藻生符，进士登第，咸通中位终蔡州刺史，生八子，崇龟、崇望、崇鲁、崇慕最知名。

崇龟，咸通六年进士擢第，累迁起居舍人，礼部、兵部二员外。丁母忧免。广明元年春，郑从谠罢相，镇太原，奏崇龟为度支判官、检校吏部郎中、御史中丞，赐金紫。中和三年入朝，为兵部郎中，拜给事中。大顺中，迁左散骑常侍、集贤殿学士、判院事，改户部侍郎，检校户部尚书。出为广州刺史、清海军节度、岭南东道观察处置等使，卒。

崇望，咸通十五年登进士科。王凝廉问宣歙，辟为转运巡官。户部侍郎裴坦领盐铁，辟为参佐。崔安潜镇许昌、成都，崇望昆仲四人，皆在安潜幕下。入为长安尉，直弘文馆，迁监察御史、右补阙、起居郎、权文馆学士，转司勋、吏部二员外郎。崔安潜为吏部尚书，崇望判南曹，涤除宿弊，复清选部。田令孜干政，藩镇怨望，河中尤甚，不修职贡。僖宗在山南，以蒲坂近关，欲其效用，选使谕旨，以崇望为谏议大夫。既至，谕以大义，重荣奉诏恭顺，誓心匡复，请杀朱玫自赎。使还，上悦，召入翰林充学士，累迁户部侍郎、承旨，转兵部，在禁署四年。

昭宗即位，拜中书侍郎、同平章事，累兼兵部、吏部尚书。大顺初，同列张浚画策讨太原，崇望以为不可，浚果败。浚黜，崇望代为门下侍郎、监修国史、判度支。

明年，玉山都头杨守信协杨复恭称兵阙下，阵于通化门，上陈兵于延嘉门。是夜，命崇望守度支库。明日晓，入含光门，未开，门内禁军列于左右，俟门开即劫掠两市。及闻传呼宰相来，门方启，崇望驻马慰谕之曰："圣上在街东亲总戎事。公等禁军，何不楼前杀贼，立取功名。节不可剽掠街市，图小得以成恶名也。"将士唯唯，从崇望至长乐门。守信见兵来，即遁去，军士呼万岁。是日库市获全，军人不乱，医崇望之方略也。寻加左仆射。

时溥与朱全忠争衡，全忠谋兼徐、泗，上表请以重臣镇徐，乃以崇望守本官，充武宁军节度使。溥不受代，行至华阴而还，拜太常卿。王重盈死，王珂、王珙争河中节钺，朝廷以宰相崔胤为河中节度使。珂，李克用之子婿也。河东进奏官薛志勤扬言曰："崔相虽重德，如作镇河中代王珂，不如光德刘公，于我公事素也。"及三镇以兵入朝，杀害大臣，以志勤之言，责授崇望昭州司马。及王行瑜诛，太原上表言崇望无辜放逐。时已至荆南，有诏召还，拜吏部尚书。未至，王抟再知政事，兼吏部尚书，乃改崇望兵部尚书。

时西川侵寇顾彦晖，欲并东川，以崇望检校右仆射、平章事、梓州刺史、剑南东川节度使。未至镇，召还，复为兵部尚书。光化三年卒，时年六十二，册赠司空。

崇龟，广明元年登进士第，郑从谠奏充太原推官。时兄崇龟为节度判官，昆仲同居幕府，寻转掌书记。中和三年入朝，拜右拾遗、左补阙。景福初，以水部员外郎知制诰。二年，杜让能得罪，昭宗复命韦昭度为相，翰林学士李磎同平章事。崇鲁与崔昭纬相善。昭纬恃邠、岐之援，让能既诛之后，权归于己，昭宗师李磎为文，惧居位得宠则恩顾渐衰，乃私与崇鲁谋沮之。及磎宣制之日，出班而哭，谓昭纬曰："朝廷虽乏贤，不可用纤人为宰辅。磎比依复恭、重遂居内职。前日杜太尉狼籍，为朝廷深耻。今则削弱如此，安可更遵覆辙乎？"由是磎命不行。浚自十一月初至岁暮，联上十表诉冤，其词诋毁，所不忍闻。明年春，复命磎为平章事。昭纬召李茂贞、王行瑜、韩建称兵入朝，杀昭度与磎。其年，太原诛王行瑜，昭纬贬官，崇鲁坐贬崖州司户。初崇龟在外，闻崇鲁哭麻，大恚，数日不食，谓所亲曰："吾家兄弟进身有素，未尝以声利败名。吾门不幸，生此等儿。"

崇谟，中和三年进士及第。乾宁末，为太常少卿、弘文馆直学士。

徐彦若，天后朝大理卿有功之裔。曾祖宰，祖陶，父商，三世继登进士科。商字义声，大中十三年及第，释褐秘书省校书郎。累迁侍御史，改礼部员外郎。寻知制诰，转郎中，召充翰林学士，拜中书舍人、户部侍郎判本司事，检校户部尚书、襄州刺史、山南东道节度等使。入为御史大夫。咸通初，加刑部尚书，充诸道盐铁转运使，迁兵部尚书、东莞子、食邑五百户。四年，以本官同平章事。六年罢相，

检校右仆射、江陵尹、荆南节度观察等使。入为吏部尚书,累迁太子
太保,卒。

彦若,咸通十二年进士擢第,乾符末,以尚书郎知制诰,正拜中
书舍人。昭宗即位,迁御史中丞,转吏部侍郎,检校户部尚书,代李
茂贞为凤翔陇节度使。茂贞不受代,复拜中丞,改兵部侍郎、同平章
事,进加中书侍郎,累兼左仆射、监修国史。扈昭宗石门还宫,加开
府仪同三司、守司空,进封齐国公,太清宫、修奉太庙等使,加弘文
馆大学士,赐"扶危匡国致理功臣"名。昭宗自华还宫,进位太保、门
下侍郎。时崔胤专权,以彦若在己上,欲事权萃于其门。二年九月,
以彦若检校太尉、同平章事、广州刺史、清海军节度、岭南东道节度
等使。卒于镇。

弟彦枢,位至太常少卿。

子绾,天佑初历司勋、兵部二员外,户部、兵部二郎中。

陆扆字祥文,本名允迪,吴郡人。徙家于陕,今为陕州人。曾祖
沣,位终殿中侍御史。祖师德,淮南观察支使。父郓,陕州法曹参军。
扆,光启二年登进士第,其年从僖宗幸兴元。九月,宰相韦昭度领盐
铁,奏为巡官。明年,宰相孔纬奏直史馆。得校书郎,寻丁母忧免。
龙纪元年冬,召授蓝田尉,直弘文馆,迁左拾遗,兼集贤学士。中丞
柳玭奏改监察御史。大顺二年三月,召充翰林学士,改屯田员外郎,
赐绯。景福元年,加祠部郎中、知制诰。二年元日朝贺,面赐金紫之
服。五月,拜中书舍人。

扆文思敏速,初无思虑,挥翰如飞,文理俱惬,同舍服其能。天
子顾待特异。尝金銮作赋,命学士和,扆先成。帝览而嗟挹之,曰:
"朕闻贞元时有陆贽、吴通玄兄弟,能作内庭文书,后来绝不相继。
今吾得卿,斯文不坠矣。"

乾宁初,转户部郎。二年,改兵部,进阶银青光禄大夫、嘉兴男、
三百户。三年正月,宣授学士承旨,寻改左丞。其年七月,改户部侍
郎、同平章事。故事,三署除拜,有光署钱以宴旧僚,内署即无斯例。

扆拜辅相之月，送学士光院钱五百贯，特举新例，内署荣之。八月，加中书侍郎、集贤殿大学士、判户部事。九月，覃王率师送徐彦若赴凤翔。师之起也，扆坚请曰："播越之后，国步初集，不宜与近辅交恶，必为他盗所窥。加以亲王统兵，物议腾口，无益于事，只贻后患。"昭宗已发兵，怒扆沮议，是月十九日，责授硖州刺史。师出果败，车驾出幸。四年二月，复授扆工部尚书。八月，转兵部尚书，从昭宗自华还宫。

　　明年正月，复拜中书侍郎、同平章事。光化三年四月，兼户部尚书，进封吴郡开国公，食邑一千户。九月，转门下侍郎、监修国史。天复元年五月，进阶特进，兼兵部尚书，加食邑五百户。车驾自凤翔还京，赦后诸道皆降诏书，独凤翔无诏。扆奏曰："凤翔近在国门，责其心迹，罪实难容。然比来职贡无亏，朝廷未与之绝。一朝独无诏命，示人不广也。"崔胤怒，奏贬扆沂王傅，分司东都，削阶至正议大夫。居无何，崔胤诛，复授吏部尚书，阶封如故。从昭宗还洛。其年秋，昭宗遇弑。明年五月，责授濮州司户，与裴枢、崔远、独孤损等被害于滑州白马驿。时年五十九。子璪，后为猴氏令。

　　柳璨，河东人。曾祖子华。祖公器，仆射公绰之再从弟也。父遵。璨少孤贫好学，僻居林泉。昼则采樵，夜则燃木叶以照书。性謇直，无缘饰。宗人璧、玭，贵仕于朝，鄙璨朴钝，不以诸宗齿之。光化中，登进士第。尤精《汉史》，鲁国颜荛深重之。荛为中书舍人，判史馆，引为直学士。璨以刘子玄所撰《史通》讥驳经史过当，璨纪子玄子失，别为十卷，号《柳氏释史》，学者伏其优赡。迁左拾遗。公卿朝野，托为笺奏，时誉日洽。以其博奥，目为"柳箧子"。

　　昭宗好文，初宠待李谿颇厚。洎谿不得其死，心常惜之，求文士似谿者。或荐璨高才，召见，试以诗什，甚喜。无几，召为翰林学士。崔胤得罪前一日，召璨入内殿草制敕。胤死之日，既夕，璨自内出，前驱传呼相公来。人未见制敕，莫测所以。翌日对学士，上谓之曰："朕以柳璨奇特，似可奖任。若令预政事，宜授何官？"承旨张文蔚曰："陛下拔用贤能，固不拘资级。恩命高下，出自圣怀。若循两省迁转，拾遗超等入起居郎，临大位非宜也。"帝曰："超至谏议大夫可乎？"文蔚曰："此命甚惬。"即以谏议大夫平章事，改中书侍郎。任人之速，古无兹例。

同列裴枢、独孤损、崔远皆宿素名德，遽与璨同列，意微轻之，璨深蓄怨。昭宗迁洛，诸司内使、宿卫将佐，皆朱全忠腹心也。璨皆将迎，接之以恩，厚相交结，故当时权任皆归之。二年五月，西北长星竟天，扫太微、文昌、帝座诸宿，全忠方谋篡代，而妖星谪见，占者云："君臣俱灾。宜刑杀以应天变。"蒋玄晖、张廷范谋杀衣冠宿望难制者，璨即首疏素所不快者三十余人，相次诛杀，班行为之一空，冤声载路。伤害既甚，朱全忠心恶之。会全忠授九锡，蒋玄晖等别陈意见。王殷至大梁，诬玄晖等通导宫掖，欲兴复李氏。全忠怒，捕廷范，令河南聚众，五车分裂之，兼诛璨，临刑呼曰："负国贼柳璨，死其宜矣！"初，璨迁洛后，累兼户部尚书、守司空，进阶光禄大夫、盐铁转运使。其弟瑀、瑊坐璨笞死。

史臣曰：呜呼！李氏之失驭也，孳渗之气纷如，仁义之徒殆尽。狐鸣鸱啸，瓦解土崩。带河砺岳之门，寂无琨、逖；奋挺揭竿之类，唯效敦、玄。手未舍于棘矜，心已萌于问鼎。加以器浮士子，阘茸鲰儒，昧管、葛济时之才，无王、谢扶颠之业，邀功谢利，陷族丧邦。浚、纬养虎于前，胤、璨剥庐于后。逐徐、薛于瘴海，置綮、朴于岩廊。殿廷有哭制之夫，辅弼走破舆之党。九畴既紊，百怪斯呈。木将朽而蠹蝎生，厉既笃而夔魖见。妖徒若此，亡国宜然。何必长星，更临衰运？

赞曰：萧召朱玫，孔符张浚。身世罹殃，邦家起衅。如木斯蠹，自溃于中。抵巇侮乱，安责伏戎。

旧唐书卷一八〇

列传第一三〇

朱克融　李载义　杨志诚

史元忠附　张仲武　子直方　张允伸

张公素　李可举　李全忠

子匡威　匡筹

　　朱克融，贼泚之从孙也。祖滔，父洄。克融少为幽州军校，事节度使刘总。总将归朝，虑其有变，籍军中素有异志者，荐之阙下，时克融亦在籍中。宰相崔植、杜元颖不知兵，且无远略，谓两河无虞，遂奏勒归镇。长庆初，幽州军乱，囚其帅张弘靖。时洄废疾于家，军中素伏其谋略，至是众欲立之，洄自以老且病，推克融统军务焉。朝廷寻加检校左散骑常侍，授以符节。

　　宝历二年，遣使送方镇及三军时服，克融怒所赐疏弱，执中使以闻。上特优容，别命中使宣谕，仍改赐衣物，流其使杨文端等。先是克融执中使。奏称：“窃闻陛下欲幸东都，请将兵马并丁匠五千人，修理宫阙，迎侯车驾。”又上言无衣，拟于朝廷请三十万端疋，以备一岁所费，不然则三军不安。天子怒其悖慢，取宰臣裴度谋，优容之，语见别卷。克融官至检校司空、吴兴郡王。其年五月，本州军乱，杀之，子延龄亦遇害。次子延嗣窃立，寻为大将李载义所杀。

　　李载义字方谷，常山愍王之后。代以武力称，继为幽州属郡守。

载义少孤，与乡曲之不令者游。有勇力，善挽强角触。刘济为幽州节度使，见而伟之，致于亲军，从征伐。以功迁衙前都知兵马使，检校光禄大夫、兼监察御史。宝历中，幽师杀朱克融。其子延嗣窃袭父位，不遵朝旨，虐用其人，载义遂杀之，数其罪以闻。敬宗嘉之，拜检校户部尚书、兼御史大夫，封武威郡王，充幽州卢龙等军节度副大使，知节度事。

未几，李同捷据沧景以邀袭父爵。载义上表，请讨同捷以自效。上嘉其诚恳，特加检校右仆射。累破贼军，以功加司空，进阶金紫。大和三年，平沧景，策勋加平章事，仍赐实封三百户。四年，奚寇边，以兵击走之，仍虏其名王，就加太保。五年春，为其部下杨志诚所逐，因入觐。上以载义有平沧景之功，又能恭顺朝旨，册拜太保、同平章事。其年，改山南西道节度、观察等使，兼兴元尹。七年，迁北都留守，兼太原尹，充河东节度观察处置等使。寻加开府仪同三司。丁母忧，起复骠骑大将军，余如故。

回鹘每遗使入朝，所至强暴。边城长吏多务苟安，不敢制之以法，但严兵防守，虏益骄悍，或突入市肆，暴横无所惮。至是，有回鹘将军李畅者，晓习中国事，知不能以法制驭，益骄瓷。鞭捶驿史，贪求无已。载义因召李畅与语曰："可汗使将军朝贡，以固舅甥之好，不当使将军暴践中华。今朝廷飨饩至厚，所以礼蕃客也。苟有不至，吏当坐死。若将军之部伍不戢，侮上国，剽掠庐舍，载义必杀为盗。将军勿以法令可轻而不戒励之！"遂罢防守之兵，而使两卒司其门。虏知其不为下。无敢犯令。九年，加侍中。开成二年卒，年五十，赠太尉。

载义晚年骄瓷，惨暴一方。以杨志诚复为部下所逐，过太原，载义躬自殴击，遂欲杀之，赖从事救解以免。然而擅杀志诚之妻孥及将卒。朝廷录其功，屈法不问。

杨志诚，大和五年为幽州后院副兵马使，事李载义。时朝廷赐载义德政碑文，载义延中使击鞠，志诚亦与焉，遂于鞠场叫呼谋乱，载义奔于易州，志诚乃为本道马步都知兵马使。文宗闻之惊，急召宰臣。时牛僧孺先至，上谓曰："幽州今日之事可奈何？"僧孺曰："此不足烦圣虑，臣被召疾趋气促，容臣稍缓息以对。"上良久曰："卿以为不足忧，何也？"僧孺对曰："陛下以范阳得失系国家休戚耶？且自安、史之后，范是非国家所有。前时刘总向化，以土地归阙，朝廷约用钱八十万贯，而未尝得范阳尺布斗粟上供天府，则今日志诚之得，犹前日载义之得也。陛下但因而抚之，亦事之宜也。且范阳国家所赖者，以其北捍突厥，不令南寇。今若假志诚节钺，惜其土地，必自为力。则爪牙之用，固不计于逆顺。臣固曰不足烦圣虑。"上大喜曰："如卿之言，吾洗然矣。"寻以嘉王运遥领节度，以志诚为节度观察留后，检校左散骑常侍，兼幽州左司马。寻改检校工部尚书、节度副大使，知节度事。

七年，转检校吏部尚书。诏下，进奏官徐迪诣中书白宰相曰："军中不识朝廷体位，只知自尚书改仆射为迁，何知工部转吏部为美？且军士盛饰以待新恩，一旦复为尚书，军中必惭。今中使往彼，其势恐不得出。"及使至，其帝奔还，奏曰："杨志诚怒不得仆射，三军亦有怨言。春衣使魏宝义、兼他使焦奉鸾尹士恭，并为志诚絷留矣。"志诚遣将王文颖谢恩，并让官，复赐官告批答，文颖不受而归。朝廷纳裴度言，务以含垢，下诏谕之，因再遣使加尚书右仆射。

八年，为三军所逐，而立史元忠。元忠进志诚所造衮龙衣二副及被服鞍鞯，皆绣饰鸾凤日月之形，或为王字。因付御史台按问，流岭南。行至商州，杀之。

初，元忠既逐志诚，诏以通王淳遥领节度，授元忠左散骑常侍、幽州大都督府左司马、知府事，充节度留后。明年，转检校工部尚书、节度副大使，知节度事。后为偏将陈行泰所杀。

张仲武，范阳人也。仲武少业《左氏春秋》，掷笔为蓟北雄武军使。会昌初，陈行泰杀节度使史元忠，权主留后。俄而行泰又为次将张绛所杀，令三军上表，请降符节。时仲武遣军吏吴仲舒表请以本军伐叛。上遣宰臣询其事，仲舒曰："绛与行泰皆是游客，主军人心不附。仲武是军中旧将张光朝之子，年五十余，兼晓儒书，老于戎事，性抱忠义，愿归心阙廷。"李德裕因奏："陈行泰、张绛皆令大将上奏，邀求节旄，所以必不可与。今仲武上表布诚，先陈密款，因而拔用，即似有名。"许之，乃授兵马留后，诏抚王绂遥领节度。寻改仲武节度副大使、知节度事，检校工部尚书、幽州大都督府长史、兼御史大夫、兰陵郡王。俄而回鹘扰边。

　　时回鹘有将勒那颉啜拥赤心宰相一族七千帐，东逼渔阳。仲武遣其弟仲至与裨将游奉寰、王如清等，率锐兵三万人大破之。前后收其侯王贵族千余人，降三万人，护牛马、橐驼、旗纛、罽幕不可胜计。遣从事李周瞳、牙门将国从玘相次献捷。诏加检校兵部尚书，兼东面招抚回鹘使。先是，奚、契丹皆有回鹘监护使，督以岁贡，且为汉谍。至是，遣裨将石公绪等谕意两部，凡戮八百余人。又回鹘初遣宣门将军等四十七人，诡词结欢；潜伺边隙。仲武使密赂其下，尽得阴谋，且欲驰入五原，驱掠杂虏。遂逗留其使，缓彼师期。人马病死，竟不遣之。回鹘乌介可汗既败，不敢近边，乃依康居求活，尽徙余种，寄托黑车子。仲武由是威加北狄，表请于蓟北立《纪圣功铭》，敕李德裕为之文，其铭曰：

　　大和之初，赤气宵兴；开成之末，彤云暮凝。异鸟南来，胡灭之征，北夷飘扫，厥国土崩。逼迫迁徙，震我边鄙，长蛇去穴，奔鲸失水。上都蓟门，兵连千里，曾不畏天，犹为骄子。丐我边谷，邀我王师，假我一城，建彼幡旗。"归计强汉"，郅支嫚辞，狼顾朔野，伏莽见羸。雁门之北，羌戎杂处，溅溅群羊，茫茫大卤。纵其枭骑，惊我牧圉，暴若豺狼，疾如风雨。皇赫斯怒，羽檄征兵，谋而泉默，断乃霆声。沉机变化，动合神明，沙漠之外，虏元隐情。渔阳突骑，交歌壮气，赳赳元戎，眈眈虎视。金鼓誓众，干旄蔽地，爰命其弟，属之大事。翩翩飞将，董我三军，禀兄之制，代帅之勤。威略火烈，胡马星分，戈回白日，剑薄浮云。天街之北，旄头已落，绝辔之野，蚩尤未缚。俾我元侯，恢弘远略，终取单于，系之徽索。阴山寝锋，亭徼弢弓，万里昆夷，九译而通。蛮夷既同，天子之功，儒臣篆美，刊石垂鸿。

仲武历官至司徒、中书门下平章事。大中年卒，谥曰庄。

子直方，以幽州节度副使袭父位。动多不法，虑为将卒所图，三年冬，托以游猎，奔赴阙庭，寻授金吾将军。直方性率暴，行豪夺之事，以罪累贬柳州司马。十一年，迁右骁卫将军，分司东都。咸通中，位至羽林统军。中和岁，贼巢犯阙，公卿恃其豪，多隐藏于第。直方纳招亡命，谋欲劫巢。或有告者，由是以兵围而害之。

张允伸字逢昌，范阳人也。曾祖秀，檀州刺史。祖岩，纳降军使。父朝掖，赠太尉。允伸世仕幽州军门，累职至押衙，兼马步都知兵马使。大中四年，戎帅周綝寝疾，表允伸为留后，朝廷可其奏，加右散骑常侍。其年冬，诏赐旌节，迁检校工部尚书。咸通九年，累加至光禄大夫、检校司徒、兼太傅、同中书门下平章事、燕国公。十年，徐人作乱，请以弟允皋领兵伐叛，懿宗不允。进助军米五十万石，盐二万石，诏嘉之，赐以锦彩、玉带、金银器等。冬，又加特进，兼侍中。十二年，以风恙拜章请就医药，诏许之。以子简会检校工部尚书，充节度副大使。十三年，允伸再上表进纳所赐旌节。朝命未至，其年正月二十五日卒，年八十八。册赠太尉，谥曰忠烈。

允伸领镇凡二十三年，克勤克俭，比岁丰登。边鄙无虞，军民用乂。至今谈者美之。有子十四人。

简真，幽府左司马，先允伸卒。简寿，右领军卫大将军。余或升朝籍，或为刺史、郡佐。

张公素，范阳人。咸通中，为幽州军校，事张允伸，累迁至平州刺史。允伸卒，子简会权主留后事，公素领本郡兵赴焉。三军素畏公素威望，简会知力不能制，即时出奔，遂立为帅。朝廷寻授旌节，累加至中书门下平章事。无几，李茂勋夺其位，公素归阙，贬复州司户参军。

李可举，本回鹘阿布思之族也。张仲武破回鹘，可举父茂勋与本部侯王降焉。茂勋善骑射，性沉毅，仲武器之。常遣拓边，以功封郡王，赐姓名。咸通末，纳降军使陈贡言者，幽之宿将，人所信服。茂勋密谋劫而杀之，声云贡言举兵。张公素以兵逆击不利，公素走，茂勋入城，军民方知其非贡言也。既有其众，遂推而立之，朝廷即降符节。无几，以疾告老，授右仆射致仕，表可举自节度副使、幽州左司马加右散骑常侍，为节度留后。中和中，累官至检校太尉。

中和末，以太原李克用兵势方盛，与定州王处存密相缔结。可举虑其窥伺山东，终为己患，遂遣使构云中赫连铎乘其背，则与镇州合谋举兵，兼言易、定是燕、赵之余，云得其地则正其疆理而分之。时可举遣将李全忠攻易州。有次将刘仁恭者，多权数，攻之弥月不下，乃穴地道以入其城，既下易州，士卒稍骄。王处存引轻军三千，以羊皮蒙之，夜伏于城外，仍别于间道以骑士伺之。燕军望见，谓之群羊，争趋焉。处存乘其无部伍，一击大败之，寻复其城。全忠遁归，惧可举罪之，收其余众，反攻幽州。可举危急，收集其族，登楼自燔而死。

李全忠，范阳人。广明中，为棣州司马。有芦生于室，一尺三节，心恶之，谓别驾张建曰："吾室生芦，无乃怪欤？"建曰："芦，茅类，得泽而滋，公家有茅土之庆，殆天意乎！其生三节，秘传节钺者三人。公勉树功名，无忘斯言。"全忠秩满还乡里，事节度使李可举为牙将。时可举兵锋方盛，欲与镇人分易、定，遣全忠将兵攻之，为定州军大败于易水。全忠惧，率其余众掩攻幽州。可举死，三军推全忠为留后，朝廷因以节钺授之，光启元年春也。

全忠卒，子匡威自袭父位，称留后。匡威素称豪爽，属遇乱离，缮甲燕蓟，有吞四海之志。赫连铎据云中，屡引匡威与河东争云、代，交兵积年。景福初，镇州王熔诱河东将李存孝，克用怒，加兵讨之。时熔童幼,求援于燕,匡威亲率军应之。二年春,河东复出师井陉,熔再乞师,匡威来援。匡威弟匡筹,妻张氏有国色。师将发,家人会别,匡威酒酣,留张氏报之。匡筹私怀忿怒,匡威军至博野,匡筹乃据自为节度。匡威部下闻之,亡归者半。匡威退无归路,将入觐京师。旱匡威留于深州,遣判官李抱贞奉章以闻。属京师大乱之后,闻匡威来朝,市人震恐,咸曰"金头王来谋社稷",士庶有亡窜山谷者。匡威其实不行,欲图镇州,示无留意。熔以匡威再来援己,致其失师,遣使迎归府第,父事之。匡威为熔城郛缮甲,指陈方略,视熔如子。每阴谋骤施,以悦人心。镇之三军,素忠于王氏,恶其所为。会熔过匡威第慰忌辰,匡威缟衣裹甲,伏兵劫熔入牙城。熔兵逆战,燔东偏门,军士呼噪登屋,矢下如雨。熔仆墨君和乱中扶熔登屋免难,而斩匡威以徇。

是岁,匡筹出师攻镇之乐寿、武强以报耻。匡威部曲刘仁恭归于河东。乾宁元年冬,河东听仁恭之谋,出师进讨。二月,败燕军于居庸,匡筹挈其族遁去,将赴京师。至景城,为沧州节度使卢彦威所杀,掠其辎车、妓妾。匡筹妻张氏产于路,不能进,刘仁恭获之,献于李克用用,后立为夫人,嬖宠专房。李氏父子三叶,十年而亡。

史臣曰:大都偶国,乱之本也。故古先哲王建国,公侯之封,不过千乘,所以强干弱枝,防其悖慢。彼肉州者,列九围之一,地方千里而遥,其民刚强,厥田活壤。远则慕田光、荆卿之义,近则染禄山、思明之风。二百余年,自相崇树,虽朝廷有时命帅,而土人多务逐君。习苦忘非,尾大不掉,非一朝一夕之故也。若李载义、张仲武、张允伸因利乘便,获领旌旗,以仁守之,恭顺朝旨,亦足多也。如朱克融、杨志诚、史元忠、张公素、李可举、李全忠,以不仁得之,靡更曩志。或寻为篡夺,或仅传子孙,咸非令终,盖其宜也。

赞曰:碣石之野,气劲人豪。二百余载,自相尊高。载义、仲武,亦多忠劳。余因篡得,不仁何逃?

旧唐书卷一八一
列传第一三一

史宪诚 子孝章　何进滔
韩允忠　乐彦祯　罗弘信
子威

　　史宪诚，其先出于奚虏，今为灵武建康人。祖道德，开府仪同三司、试太常卿、上柱国、怀泽郡王。父周洛，为魏博军校，事田季安，至兵马大使、银青光禄大夫、检校太子宾客、兼御史中丞、柱国、北海郡王。宪诚始以材勇，随父历军中右职，兼监察御史。元和中，田弘正讨李师道，令宪诚以先锋四千人济河，累下其城栅。复以大军齐进，乘势逐北，魏之全师迫于郓之城下。师道穷蹙，刘悟斩首投魏军。录功，超授宪诚兼中丞。

　　镇州王承宗死，弘正自魏移领镇州。居数月，为王廷凑所杀，遂以兵叛，朝廷以弘正子布为魏博节度使，领兵讨伐，俾复父冤。时幽州朱克融援助廷凑，布不能制，因自引决，军情嚣然。宪诚为中军都知兵马使，乘乱以河朔旧事动其人心，诸军即拥而归魏，共立为帅，国家因而命之。时克融、廷凑并据兵为乱，宪诚喜得旄节，虽外顺朝旨，而中与朱、王为辅车之势，长庆二年正月也。

　　寻遣司门郎中韦文恪宣慰。时李𬇹为乱，与宪诚书问交通。宪诚表请与𬇹节钺，仍于黎阳舣舟，示欲渡河。及见文恪，举止骄倨，其言甚悖，旋闻𬇹为帐下所杀，乃从改过，谓文恪曰："宪诚蕃人，犹狗也。唯能识主，虽被棒打，终不忍离。"其狡谲如此。朝廷每为优容,寻加左仆射。敬宗即位,进秩司空。

大和二年,沧景节度使李全略卒,其子同捷窃据军城,表邀符节,举兵伐之。先是,宪诚与全略婚媾,及同捷叛,复潜以粮饷为助。上屡发使申谕,寻又就加平章事。宪诚尝遣骁将至阙下,瓷为张大,宰相韦处厚以语折挫之,宪诚不敢复与同捷为应。时宪诚示出师共讨同捷。及沧景平,加司徒。宪诚心不自安,乃遣子孝章入觐,又飞章愿以所管奉命,上嘉之,乃加侍中,移镇河中。宪诚素怀向背,不能以忠诚感激其众。未及出城,大和三年六月二十六日夜,为军众所害,册赠太尉。

孝章幼聪悟好学。元和中,李愬为魏帅,取大将子弟列于军籍。孝章倡言愿劾文职,愬奇之,令摄府参军。及宪诚领节钺,改士曹参军、兼监察御史,赐绯。孝章以父在镇多违朝旨,尝雪涕极谏,备陈逆顺之理,朝廷闻而嘉之,乃授检校太子左谕德、兼侍御史,充节度副使。累迁至散骑常侍、兼御史大夫,赐紫。领本道兵同平沧景,加工部尚书。寻请赴阙,文宗慰劳甚厚,宪诚亦因恳乞朝觐。上知宪诚之入觐,自孝章之谋,遂加礼部尚书,分相、卫、澶三州别为一镇,俾孝章领之。孝章未到镇,宪诚遇害。上以孝章有忠节,起复为右金吾卫将军。闲岁,授鄜坊节度使。居四年,迁于滑。一岁,入为右领军大将军,改右金吾大将军,俄授邠宁节度。孝章历三镇,虽无异绩,而谨身畏法,以保初终。开成三年十月卒,赠右仆射。

何进滔,灵武人也。曾祖孝物,祖俊,并本州军校。父默,夏州衙前兵马使,检校太子宾客,试太常卿。以进滔之贵,赠左散骑常侍。进滔客寄于魏,委质军门,事节度使田弦正。弘正奉诏讨郓州,破李师道,时进滔为衙内都知兵马使,以功授兼侍御史。大和三年,军众害史宪诚,连声而呼曰:"得衙内都知兵马使何端公知留后,即三军安矣。"推而立之。朝廷因授进滔左散骑常侍、魏博等州节度观察处置等使。为魏帅十余年,大得民情,累官至司徒、平章事卒。

子弘敬袭其位。朝廷时遣河中帅李执方、沧州帅刘约各遣使劝令归阙，别俟朝旨。弘敬不从，竟就加节制。及刘稹反，不时起兵。镇州王元逵下邢、洺二州，兵次上党，弘敬方出师压境。大中后，宣宗务其姑息，继加官爵，亦至使相。咸通初卒，子全皞嗣之。朝廷寻降符节，累官亦至同平章事。十一年，为军人所害。子孙相继。四十余年。

韩允忠，魏州人也。旧名君雄，懿宗改赐今名。父国昌，历本州右职。仓昌中，从何统敬破刘稹，以功为贝州刺史、兼御史中丞。以允忠故，累赠兵部尚书。允忠少仕军门，继升裨校。潞州之役，亦与其行。咸通十一年，何全皞为军众所杀，推允忠为帅。时僖宗为普王，即降诏遥领节度，授允忠左散骑常侍、兼御史中丞，充节度观察留后。不数月，转检校工部尚书、魏州大都督府长史、充魏博节度观察等使。累加至检校司空、同平章事。乾符元年十一月卒，年六十一。累赠太尉。

子简，自允忠初授戎帅，便为节度副使。乾符初，累官至检校工部尚书。允忠卒，即起复为节度观察留后。逾月，加检校右仆射。其后累加至侍中，封昌黎郡王。贼巢之乱，诸葛爽受其伪命河阳节度使。时僖宗在蜀，寇盗蜂起，简据有六州，甲兵强盛，窃怀僭乱之志，且欲启其封疆，乃举兵攻河阳，爽弃城而走。简遂留兵保守，因北掠邢、洺而归，遂移军攻郓。郓帅曹全晸出战，为简所败，死之。郓将崔君裕收合残众，保郓州。简进攻其城，半年不下，河阳复为诸葛爽所袭。简因欲先讨君裕，次及河阳，乃举兵至郓，郡裕请降。寻移军复攻河阳，行及新乡，为爽军逆击，败之。简单骑奔回，忧愤，疽发背而卒，时中和元年十一月也。

乐彦祯，魏州人也。父少寂，历澶、博、贝三州刺史，赠工部尚

书。彦祯少为本州军校。韩简之领节旄也,以彦祯为马步军都虞候,
转博州刺史。下河阳,走诸葛爽,有功,迁澶州刺史。简再讨河阳之
败也,彦祯以一军先归,魏人遂共立之,朝廷寻授检校工部尚书,知
魏博留后。俄加户部尚书,充节度观察处置等使。中和四年,累加
至尚书左仆射、同平章事。僖宗自蜀回,加开府仪同三司,册拜司
徒。彦祯志满骄大,勋多不法。一旦征六州之众,板筑罗城,约河门
旧堤,周八十里,月余而毕,人用怨咨。

　　又其子从训天资悖逆。王铎自滑移镇沧州,过魏郊,从训见其
女妓,利之,先伏兵于漳南高鸡泊,俟铎之至,围而害之,掠其所有。
时朝廷微弱,不能诘,魏人素知铎名望,议者惜之,而罪从训。从训
又召亡命之徒五百余辈,出入卧内,号为“子将”,委以腹心,军人籍
籍,各有异议。从训闻而忌之,易服遁出,止于近县,彦祯因命为六
州都指挥使。未几,又兼相州刺史。到任之后,般辇军器,取索钱帛,
使人来往,交午涂路,军府疑贰。彦祯危愤而卒,众推都将赵文玼知
留后事。从训自相州领兵三万余人至城下,文玼按兵不出。众怀疑
惧,复害文玼,推罗弘信为帅。弘信以兵出战,败之。从训招集余众,
次于洹水。弘信遣将程公佐领兵讨击,大败之,枭从训首于军门,时
文德元年春也。

　　罗弘信字德孚,魏州贵乡人。曾祖秀,祖珍,父让,皆为本州军
校。弘信少从戎役,历事节度使韩简、乐彦祯。光启末,彦祯子从训
忌牙军,出居于外,军众废彦祯,推赵文玼权主军州事。众复以为不
便,因推弘信为帅。先是,有邻人密谓弘信曰:“某尝夜遇一白须翁,
相告云,君当为土地主。如是者再三。”弘信窃异之。及废文玼,军
人聚呼曰:“孰愿为节度使者?”弘信即应之曰:“白须翁早以命我。”
众乃环而视之,曰:“可也。”由是立之。僖宗闻之,文德元年四月,诏
加工部尚书,权知节度留后。七月,复加金紫光禄大夫、检校尚书右
仆射,充魏博节度观察处置等使。龙纪中,加检校司空、同平章事,
封豫章郡公。

乾宁中，朱全忠急攻衮郓，朱瑄求援于太原。太原发军，假道于魏，令大将李存信屯莘县。存信御军无法，侵魏之刍牧，弘信不平之。全忠复遣人谓之曰："太原志吞河朔，回戈之日，贵道堪忧。"弘信乃托好于汴，出师三万攻存信，败之。太原怒，举兵攻魏，营于观音门外，汴将葛从周援之，屯于洹水。李克用子落落时为铁林军使，为从周所擒，乃退归。自是太原之师，每岁侵扰相、魏，魏人患之。朱全忠方事衮郓，惧弘信离贰，每岁时赂遗，必卑辞厚礼答贶，全忠对魏使北面拜而受之曰："六兄比予倍年已上，兄弟之国，安得以常邻遇之。"弘信以为厚己，亦推心焉。弘信累官至检校太师、守侍中、临清王。光化元年九月卒，年六十三，赠太师，追封北平王，谥曰庄肃。子威。

威字端己。文德初，授左散骑常侍，充天雄军节度副使。自龙纪至乾宁，十年之中，累加官爵。弘信卒，袭父位为留后，朝廷从而命之。天复末，累加至检校太傅、兼侍中、长沙王。天祐初，授检校太尉、守侍中，进封邺王，赐号"忠勤宣力致理功臣"。

魏之牙中军者，自至德中，田承嗣盗据相、魏、澶、博、卫、贝等六州，召募军中子弟置之部下，遂以为号。皆丰给厚赐，不胜骄宠。年代浸远，父子相袭，亲党胶固。其凶戾者，强买豪夺，逾法犯令，长吏不能禁。变易主帅，有同儿戏，如史宪诚、何进滔、韩君雄、乐彦祯，皆为其所立，优奖小不如意，则举族被害。威惩其往弊，虽以货赂姑息，而心衔之。

威嗣世之明年，正月，幽州，刘仁恭拥兵十万，谋乱河朔，进陷贝州，长驱攻魏。威求援于汴，朱全忠遣将李思安屯于洹水，葛从周自邢、洺引军入魏。燕将刘守文、单可及攻汴军于内黄。思安逆战，大败之，乘胜追蹑。从周出会掩击，复败燕军，斩首三万。三年，威引汴军攻沧州以报之。自是，威感全忠援助之恩，合从景附。

天祐二年七月十三日夜，牙军裨校李公佺作乱，威仅以身免，公佺出奔沧州。自是愈惧，遣使求援于全忠，密谋破之。全忠遣李思安会魏博军，再攻沧州。全忠女妻威子廷规，先是卒，全忠遣长直军校马嗣勋选兵千人，密于舆中实兵甲入魏，言助女葬事。三年正月五日，嗣勋至，全忠亲率大军济河，言视行营于沧景。威欲因而出迎，至期，即假全忠帐下锐卒入而夹攻之。牙军颇疑，坚请不出。威恐泄其事，慰纳之。是月十四日夜，率厮养百十辈，与嗣勋合攻之。时宿于牙城者千人，迟明杀之殆尽，凡八千家，皆破其族。魏军攻沧州者在历亭闻有变，其将史仁遇拥之，保于高唐，六州之内，皆为仇敌，累月平之。威仕梁数年后卒，年三十四，位至守太师、兼中书令，赠尚书令，谥曰贞壮。

威性明敏，达于吏道。伏膺儒术，招纳文人，聚书至万卷。每花朝月夕，与宾佐赋咏，甚有情致。钱塘人罗隐者，有当世诗名，自号江东生。威遣使赂遗，叙其宗姓，推为叔父。隐亦集其诗寄之。威酷嗜其作，目己所为曰《偷江东集》，凡五卷，今邺中人士讽咏之。

史臣曰：魏、镇、燕三镇，不能制之也久矣。兵强地广，合从连衡，爵命虽假于朝廷，群臣自谋于元帅。如史宪诚等五家，其初皆因此而得之，其后亦因此而失之。盖不知取之以权，守之以仁，则远矣。若善继者，史氏、罗氏之二子有焉。其余不足观也。

赞曰：逆取顺守，古亦有之。如其逆守，灭亡必随。史、何、韩、乐，世数盛衰。足以为鉴，念兹在兹。

旧唐书卷一八二
列传第一三二

王重荣　王处存 弟处直
诸葛爽　高骈 毕师铎　秦彦
时溥　朱瑄 弟瑾

　　王重荣，河中人。父纵，盐州刺史，咸通中有边功。生荣以父荫补军校，与兄重盈俱号骁雄，名酱军中。广明初，重荣为河中马步军都虞侯。巢贼据长安，蒲帅李都不能拒，称臣于贼，贼伪授重荣节度副使。河中密迩京师，贼征求无已，军府疲于供亿，贼使百辈，填委传舍。重荣谓都曰：“吾以外援未至，诡谋附贼以纾难。今军府积实，苦被征求，复来收兵，是贼危我也，倘不改图，危亡必矣。请绝桥道，婴城自固。”都曰：“吾兵微力寡，绝之立见其患。唯公图之，愿以节钺假公。”翌日，都归行在，重荣知留后事，乃斩贼使，求援邻藩。既而贼将朱温舟师自同州至，黄邺之兵自华阴至，数万攻之。重荣戒励士众，大败之，获其兵仗，军声益振，朝廷遂授节钺，检校司空。时中和元年夏也。

　　俄而忠武监军杨复光率陈、蔡之师万人，与重荣合。贼将李祥守华州，重荣合势攻之，擒祥以徇。俄而朱温以同州降。贼既失同、华，狂躁益炽。黄巢自率精兵数万，至梁田坡。时重荣军华阴南，杨复光在渭北，掎角破贼，出其不意，大败贼军，护其将赵璋，巢中流矢而退。而重荣之师，亡耗殆半，惧贼复来，深忧之，谓复光曰：“军虽小捷，锐旅亡失。万一贼党复来，其将何军以应？吾之成败，未可知也。"复光曰："雁门李仆射，与仆家世事旧，其尊人与仆父兄同患难。仆射奋不顾身，死义知己。倘得李雁门为援，吾事济矣。"因遣使传诏征兵。明年，李克用领兵至，大败巢贼，收复京城。其倡义启导之功，实重荣居首。京师平，以功检校太尉、同平章事、琅玡郡王。

光启元年，僖宗还京。丧乱之后，六军初复，国藏虚竭。观军容使田令孜奏以安邑、解县两池榷课，直属省司，以充赡给。旧事，河中节度兼榷使，每年额输省课。重荣累表论列，既循往例，兼恃大功。令孜不许，奏请移重荣为定州节度。制下，不奉诏，令孜率禁军攻之，屯于沙苑，为重荣击败之。十二月，令孜挟天子出幸宝鸡，太原闻之，乃与重荣入援京师，遣使迎驾还宫。令孜尤惧，却劫幸山南。及朱玫立襄王称制，重荣不受命，会太原之师于河西，以图兴复。明年，王行瑜杀朱玫，僖宗反正，重荣之忠力居多。

重荣用法稍严，季年尤甚。部下常行儒者，尝有所谴罚，深衔之。光启三年六月，行儒以兵攻府第，重荣夜出于城外别墅。诘旦，为行儒所害，行儒乃推重盈为帅。重盈既立，诛行儒与其党，安集军民。

乾宁初，重盈卒，军府推行军司马王珂为留后。重盈子珙，时为陕帅，瑶为绛州刺史。珂即重荣兄重简子，出继重荣。由是争为蒲帅。瑶、珙上章论列，又与朱温书云："珂非吾兄弟，予家之苍头也，小字虫儿，安得继嗣？"珂上章云："亡父有兴复之功。"遣使求援于太原，太原保荐于朝。珙厚结王行瑜、李茂贞、韩建为援，三镇互相表荐。昭宗诏谕之曰："吾以太原与重荣有再造之功，已俞其奏矣。"故明年五月，茂贞等三人率兵入觐，贼害时政，请以河中授珙。珙、瑶连兵攻河中，李克用怒，出师讨三镇。瑶、珙兵退，克用拔绛州，斩瑶，乃师于渭北。天子以珂为河中节度，授以旄钺，仍充供军粮料使。既诛王行瑜，克用以女妻之。珂亲至太原，太原令李嗣昭将兵助珂攻珙，珙每战频败。珙性惨刻，人有逾犯，必斩首置于座前，言笑自若，部下咸苦之。因其削弱，皆怀离叛。光化二年六月，部将李瑶杀珙，自称留后。

光化末，朱温初伏镇、定，将图关辅，属刘季述废立之际，京师
俶扰，崔胤潜乞师于汴，以图反正。温谓其将张存敬、侯言曰："王珂
恃太原之势侮慢藩邻，骨肉相残，自大其事，尔为我持一绳以缚
之。"存敬等率兵数万渡河，由含山出其不意，天复元年正月，兵攻
晋、绛。珂将绛州刺史陶建钊、晋州刺史张汉瑜既无备，即开门降，
温令别将何绹守晋州，扼其援路。二月，存敬大军逼河中，珂遣告急
于太原。晋、绛既当兵冲，援师不能进，珂妻书告太原曰："贼势攻
逼，朝夕为俘囚，乞食大梁，大人安忍不救？"克用曰："贼阻前途，众
寡不敌，救则与尔两亡。可与王郎归朝廷。"珂计无从出，即谋归京
师。又使人告李茂贞曰："圣上初返正，诏藩镇无相侵伐，同匡王室。
朱公不顾国家约束，卒遣贼臣，急攻敝邑，则朱公之心可见矣。敝邑
若亡，则同、华、邠、岐非诸君所能保也。天子神器，拱手而授人矣。
此自然之势也。公可与华州令公早出精锐固潼关，以应敝邑。仆自
量不武，请于公之西偏求为镇守，此地请公有之。关西安危，国祚延
促，系公此举也。"茂贞不答。

珂势蹙，将渡河归京师，人情离合。时河桥毁圮，凌澌梗塞，舟
楫难济。珂族舣舟有日，珂夜自慰谕守陴者，默然无应。牙将刘训
夜半至珂寝门，珂叱之曰："兵欲反耶？"训解衣袒臂曰："公苟怀疑，
训请断臂。"珂曰："事势如何，计将安出？"训曰："若夜出整棹待济，
人必争舟。苟一夫鸥张，其祸莫测。不如俟明旦，以情谕三军，愿从
者必半，然后登舟赴阙，可以前济。不然，则召诸将校，且为款状，以
缓贼军，徐图向背，策之上也。"珂然之，即登城谓存敬曰："吾于汴
王有家世事分，公宜退舍。俟汴王至，吾自听命。"存敬即日退舍。

三月，朱温自洛阳至，先哭于重荣之墓，悲不自胜，陈辞致祭，
蒲人闻之感悦。珂欲面缚牵羊以见。温报曰："太师阿舅之恩，何时
可忘耶？郎君若以亡国之礼相见，黄泉其谓我何？"及珂出，迎之于
路，握手歔欷，联辔而入。居半月，以存敬守河中，珂举家徙于汴。后
温令珂入觐，遣人杀之于华州传舍。自重荣初帅河中，传至珂二十

年。

王处存，京兆万年县胜业里人。世隶神策军，为京师富族，财产数百万。父宗，自军校累至检校司空、金吾大将军、左街使，遥领兴元节度。宗善兴利，乘时贸易，由是富拟王者，仕官因赀而贵，侯服玉食，僮奴万指。处存起家右军镇使，累至骁卫将军、左军巡使。乾符六年十月，检校刑部尚书、义武军节度使。

明年，黄巢犯阙，僖宗出幸，处存号哭累日，不俟诏命，即率本军入援。遣二千人间道往山南，卫从车驾。时李都守河中降贼，会王重荣斩伪使，通使于处存，乃同盟誓师，营于渭北。时巢贼僭号，天下藩镇，多受其伪命，唯郑畋守凤翔，郑从谠守太原。处存、王重荣首倡义举，以招太原。俄而郑畋破贼前锋，王铎自行在至，故诸镇翻然改图，以出勤王之师。

中和元年四月，泾原行军唐弘夫败贼将林言、尚让军，乘胜进逼京师。处存自渭北亲选骁卒五千，皆以白缯为号，夜入京城，贼已遁去。京师故人见处存，遮道恸哭，欢呼塞路。军人皆释兵，争据第宅，坊市少年多带白号杂军。翌日，贼侦知，自灞上复袭京师，市人以为王师，欢呼迎之。处存为贼所迫，收军还营。贼怒，召集两市丁壮七八万，拼杀之，血流成渠。

处存家在京师，世受国恩，以贼寇未平，銮舆出狩，每言及时事，未尝不暗呜流涕，诸军义之。前后遣使十辈迎李克用，既奕世姻好，特相款昵。洎收京师，王铎第其功，勤王举义，处存为之最；收城破贼，克用为之最。以功检校司空。后又遣大将张公庆率劲兵三千，合诸军灭贼巢于泰山，以功检校司徒。

田令孜讨王重荣，诏处存为河中节度，处存上章申理，言："重荣无罪，有大功于国，不宜轻有除改，以摇藩镇之心。"初幽、镇两藩，兵甲强盛，易定于其间，疲于侵寇。及匡威得志骄盈，恒欲兼并之，赖与太原姻好，每为之援。处存亦睦邻以礼，优抚军民，折节下士，人多归之，以至抗衡列镇。累加侍中、检校太尉。乾宁二年九月卒,年六十五,赠太子太师,谥曰忠肃。

三军以河朔旧事,推其子副大使郜为留后,朝廷从而命之,授以旌钺,寻加检校司空、同平章事,累至太保。光化三年七月,汴将张存敬进寇幽州,旋人祁沟。郜遣马步都将王处直将兵拒之,为存敬所败,退营沙河。汴人进击,营于怀德驿,处直之众奔挠,城中大恐。十月,郜委城携族奔于太原,太原累表授检校太尉。天复初,卒于晋阳。其弟郇,克用以女妻之,历岚、石、沔三州刺史、大同军防御使。天祐中卒。

处直字允明,处存母弟也。初为定州后院军都知兵马使。汴人入寇,处直拒战不利而退,三军大噪,推处直为帅。及郜出奔,乃权留后事。汴将张存敬攻城,梯冲云合,处直登城呼曰:"敝邑于朝廷未尝不忠,于藩邻未尝失礼,不虞君之涉吾地,何也?"朱温遣人报之曰:"何以附太原而弱邻道?"处直报曰:"吾兄与太原同时立勋王室,地又亲邻,修好往来,常道也。请从此改图。"温许之。仍归罪于孔目吏梁问,出绢十万匹,牛酒以犒汴军,存敬修盟而退。温因表授旌钺,检校左仆射。天祐元年,加太保,封太原王。后仕伪梁,授北平王,检校太尉。不数岁,复于庄宗。后十余年,为其子都废私第,寻卒,年六十一。

诸葛爽,青州博昌人。役属县为伍伯,为令所笞,乃弃役,以里讴自给。会庞勋之乱,乃委身为徐卒,累军功至小校。官军讨徐,庞勋势蹙。率百余人与泗州守将阳群归国,累授汝州防御使。李琢为招讨使,讨沙陀于云州,表爽为副。广明元年,贼陷京师,诏爽率代北行营兵马,赴难关中。爽军屯栎阳。潼关不守,车驾出幸,爽乃降贼,巢以爽为河阳节度使。巢贼败,复表归国,进位检校司徒。

时魏博韩简军势方盛。中和元年四月,魏人攻河阳,大败爽军于修武,爽弃城遁走。简令大将守河阳,乃出师讨曹全晸于郓州。十月,孟州人复诱爽,爽自金商率兵千人,复入河阳。乃犒劳魏人,令赵文爽率之而去。十一月，爽攻新乡，简自郓来逆战，军于获嘉西北。时简将引魏人入趋关辅，诛除巢孽，自有图王之志，三军屡谏不从。偏将乐彦祯因众心摇，说激之，牙军奔归魏州。爽军乘之，简乡兵八万大败，奔腾乱死，清水为之不流。明年正月，简为牙军所杀，爽军由是大振。

及巢贼将败，爽复归国。爽虽起群盗，既贵之后，善于为理，所至法令澄清，人无怨叹，人士以此多之。光启二年，爽卒，帐中将刘经、张言以爽子仲方为孟帅。俄而蔡贼孙儒率众攻之，城陷于贼，仲方归于汴，儒遂据孟州。

高骈字千里，幽州人。祖崇文，元和初功臣，封南平王，自有传。父承明，神策虞侯。骈，家世仕禁军，幼而朗拔，好为文，多与儒者游，喜言理道。两军中贵，翕然称重，乃靡勇爵，累历神策都虞侯。会党项羌叛，令率禁兵万人戍长武城。时诸将御羌无功，唯骈伺隙用兵，出无不捷，懿宗深嘉之。西蕃寇边，移镇秦州，寻授秦州刺史、本州经略使。

先是李琢为安南都护，贪于货贿，虐赋夷獠，人多怨叛，遂结蛮军合势攻安南，陷之。自是累年亟命将帅，未能收复。五年，移骈为安南都护。至则匡合五管之兵，期年之内，招怀溪洞，诛其首恶，一战而蛮卒遁去，收复交州郡邑。又以广州馈运艰涩，骈视其水路，自交至广，多有巨石梗途，乃购募工徒，作法去之。由是舟楫无滞，安南储备不乏，至今赖之。天子嘉其才，迁检校工部尚书、郓州刺史、天平军节度观察等使。治郓之政，民吏歌之。

南诏蛮寇巂州，渡泸肆掠。乃以骈为成都尹、剑南西川节度观察等使。蜀土散恶，成都比无垣墉，骈乃计每岁完葺之费，甃之以砖甓，雉堞由是完坚。传檄云南，以兵压境，讲信修好，不敢入寇，进位检校尚书右仆射、江陵尹、荆南节度观察等使。乾符四年，进位检校司空、润州刺史、镇海军节度、浙江西道观察等使，进封燕国公。

时草贼王仙芝陷荆襄，宋威率诸道师讨逐，其众离散过江表。

天子以骈前镇郓,军民畏服,仙芝徒党,郓人也,故授骈京口节钺,以招怀之。寻授诸道兵马都统、江淮盐铁转运等使。骈令其张璘、梁缵分兵讨贼,前后累捷,降其首领数十人,贼南趋岭表,天子嘉之。六年冬,进位检校司徒、扬州大都督府长史、淮南节度副大使知节度事。兵马都统、盐铁转运使如故。骈至淮南,缮完城垒,招募军旅,土客之军七万,乃传檄征天下兵,威望大振。朝廷深倚赖之,进位检校太尉、同平章事。

既而黄巢贼合仙芝残党,复陷湖南、浙西州郡,众号百万。巢据广州,求天平节钺,朝廷议欲以南海节钺授之。宰相卢携与骈素善,以骈前在浙西已立讨贼之效,今方集诸道之师于淮甸,不宜舍贼,以弱士心。郑畋议且宜假贼方镇以纾难。二人争论于朝,以言词不逊,由是两罢之。骈方持兵柄,闻朝议异同,心颇不平之。

广明元年夏,黄巢之党自岭表北趋江淮,由采石渡江,张璘勒兵天长欲击之。骈急朝议有不附己者,欲贼纵横河洛,令朝廷耸振,则从而诛之。大将毕师铎曰:“妖贼百万,所经镇戍若蹈无人之境。今朝廷所恃者都统,破贼要害之地,唯江淮为首。彼众我寡,若不据津要以击之,俾北渡长淮,何以扼束,中原陷覆必矣。”骈骇然曰:“君言是也。”即令出军。有爱将吕用之者,以左道媚骈,骈颇用其言。用之惧师铎等立功,即夺己权,从容谓骈曰:“相公勋业高矣,妖贼未殄,朝廷已有间言。贼若荡平,则威望震主,功居不赏,公安税驾耶?为公良画,莫若观衅,自求多福。”骈深然之,乃止诸将,但握兵保境而已。

其年冬,贼陷河洛,中使促骈讨贼,冠盖相望,骈终逗挠不行。既而两京覆没,卢携死,骈大阅军师,欲兼并两浙,为孙策三分之计。天子在蜀,亟命出师。中和二年五月,雊雊于扬州廨舍,占者云:“野鸟入室,军府将空。”骈心恶之。其月,尽出兵于东塘,结垒而处,每日教阅,如赴难之势。仍与浙西周宝书,请同入援京师,宝大喜,即点阅将赴之,遣人侦之,知其非实。骈在东塘凡百日,复还广陵,盖禳雊;雊之异也。

　　僖宗知骈无赴难意,乃以宰臣王铎为京城四面诸道行营兵马都统,崔安潜副之,韦昭度领江淮盐铁转运使。增骈阶爵,使务并停。骈既失兵柄,又落利权,攘袂大诟,累上章论列,语词不逊。其末章曰:

　　　　臣伏奉诏命,令臣自省,更勿依违者。臣仰天诉地,血泪交流,如剑戟攒心,若汤火在己。只如黄巢大寇,围逼天长小城,四旬有余,竟至败走。臣散征诸道兵甲,尽出家财赏给,而诸道多不发兵,财物即为己有。纵然遣使征得,敕旨不许过淮。其时黄巢残凶,才及二万,经过数千里,军镇尽若无人。只如潼关已东,止有一径,其为险固,甚于井陉。岂有狂寇奔冲,略无阻碍,即百二之地,固是虚言,神策六军,此时安在?陛下下苍黄西出,内官奔命东来,黎庶尽被杀伤,衣冠悉遭屠戮。今则园陵开毁,宗庙荆榛,远近痛伤,遐迩嗟怨。虽然,奸臣未悟,陛下犹迷,不思宗庙之焚烧,不痛园陵之开毁。臣之痛也。实在于斯!此事见之多年,不独知于今日。况自崔蒲盗起,朝廷征用至多,上至帅臣,下及裨将,以臣所料,悉可坐擒,用此为谋,安能办事?陛下今用王铎,尽主兵权,诚知狂寇必歼,枭巢即覆。臣读《礼》至宣尼射于矍相之圃,盖观者如堵墙,使子路出延射曰:"溃军之将,亡国之大夫,与为人后者,不入于射也。严诚如斯,图功也岂宜容易?陛下安忍委败军之将,陷一儒臣?崔安潜到处贪残,只如西川,可为验矣,委之副贰,讵可平戎?况天下兵骄,在处僭越,岂二儒士,能戢强兵,万一乖张,将何救助?愿陛下下念黎庶,上为宗桃,无使百代有抱恨之臣,千古留刮席之耻。臣但虑寇生东土,刘氏复兴,即轵道之灾,岂独往日。乞陛下稍留神虑,以安宗社。今贤才在野,憸人满朝,致陛下为亡国之君,此等计将安出?伏乞戮卖官鬻爵之辈,征鲠直公正之臣,委之重难,置之左右,克复宫阙,莫尚于斯。若此时谤诽忠臣,沉埋烈士,匡复宗社,未见有期。臣受国恩深,不觉语切,无任忧惧之至。

诏报骈曰：

省表具悉。卿一门忠孝，三代勋庸，铭于景钟，焕在青史。卿承祖父之训，袭弓冶之基，起自禁军，从微至著。始则囊锥露颖，稍有知音；寻则天骥呈才，急于试效。自秦州经略使，授交趾节旄，联翩宠荣，汗漫富贵，未尝断绝，仅二十年。卿报国之功，亦可悉数。最显赫者，安南拒蛮，至今海隅尚守。次则汶阳之日，政声洽平。洎临成都，胁归骠信，三载之内，亦无侵凌。创筑罗城，大新锦里，其为雄壮，实少比侪。诸宫不暇于施为，便当移镇；建邺才闻于安静，旋即渡江。自到广陵，并钟多垒，即亦招降草寇，救援临淮。大约昭灼功勋，不大于此数者。朝廷累加渥泽，靡吝徽章，位极三公，兵环大镇。铜盐重务，绾握约及七年；都统雄藩，幅员几于万里。朕瞻如太华，倚若长城，凡有奏论，无不依允，其为托赖，岂愧神明？自黄巢肆毒咸京，卿并不离隋苑。岂金陵苑水，能遮鹅鹳之雄；风伯雨师，终阻帆樯之利？自闻归止，宁免郁陶。卿既安住鞠城，郑畋以春初入觐，遂命上相，亲领师徒，因落卿都统之名，固亦不乖事例，仍加封实，贵表优恩。何乃疑忿太深，指陈过当，移时省读，深用震嗟。聊举诸条，粗申报复。

卿表云"自是陛下不用微臣，固非微臣有负陛下"者。朕拔卿汶上，超领剑南、荆、润、维扬，联居四镇。绾利则牢盆在手，主兵则都统当权。直至京北、京南、神策诸镇，悉在指挥之下，可知董制之雄。而乃贵作司徒，荣为太尉，以为不用，何名为用乎？

卿又云"若欲俯念旧勋，伫观后效，何不以王铎权位，与臣主持，必能纠率诸侯，诛锄群盗"者。朕缘久付卿兵柄，不能翦灭元凶，自天长漏纲过淮，不出一兵袭逐，奄残京国，首尾三年。广陵之师，未离封部，忠臣积望，勇士兴讥。所以擢用元臣，诛夷巨寇，心期貔武，便扫攙枪。卿初委张璘，请放却诸道兵士，辛勤召置，容易放还，璘果败亡，巢益颠越。卿前年初夏，逗发神机,与京中朝贵书,题云:"得灵仙教导,芒种之后,贼必荡平。"寻闻围逼天长,必谓死在卿手,岂知鱼跳鼎釜,狐脱网罗,遽过长淮,竟为大憝。都统既不能御遏,诸将更何以枝梧?果致连犯关河,继倾都邑。从来倚仗之意,一旦控告无门,凝睇东南,惟增凄恻。及朕蒙尘入蜀,宗庙污于贼庭,天下人心,无不雪涕。既知历数犹在,讴谣未移,则怀忠拗怒之臣,贮救难除奸之志,便须果决,安可因循?况恩厚者其报深,位重者其心急。此际天下义举,皆望淮海率先。岂知近辅儒臣,先为首唱,而穷边勇将,誓志平戎,关东寂寥,不见干羽。洎乎初秋览表,方云仲夏发兵,便诏军前,并移汶上。喜闻兵势,渴见旌幢。寻称宣润阻艰,难从天讨。谢玄破符坚于淝水,裴度平元济于淮西,未必儒臣,不如武将。

卿又云:"若不斥逐邪佞,亲近忠良,臣既不能保家,陛下岂能安国,忽当今日,弃若寒灰"者。未委谁是忠良,谁为邪佞?终日宠荣富贵,何尝不保其家,无人捍御寇戎,所以不安其国。岂有位兼将相,使带铜盐,自谓寒灰,真同流语。

卿又云:"不痛园陵之开毁,不念宗庙之焚烧,臣实痛之,实在兹也。"且龟玉毁于椟中,谁之过也?鲸鲵漏于网外,抑有其由。卿手握强兵,身居大镇,不能遮围擒戮,致令脱猖狂,虽则上系天时,抑亦旁由人事。朕自到西蜀,不离一室之中,屏弃笙歌,杜绝游猎,蔬食适口,布服被身,焚香以望陵,雪涕以思宗庙,省躬罪己,不敢遑安。"奸臣未悟"之言,谁人肯认,"陛下犹迷"之语,朕不敢当。

卿又云:"自来所用将帅,上至帅臣,下及裨将,以臣所料,悉可坐擒,用此为谋,安能集事"者。且十室之邑,犹有忠信,天下至大,岂无英雄?况守固城池,悉严兵甲,纵非尽美,安得平欺?卿尚不能缚黄巢于天长,安能坐擒诸将。只如拓拔思恭、诸葛爽辈,安能坐擒耶?勿务大言,不堪垂训。

卿又云:"王铎是败军之将,兼征引蔺相射义"者。昔曹沫三败,终复鲁仇;孟明再奔,竟雪秦耻。近代汾阳尚父,咸宁太师,亦曾不利鼓鼙,寻则功成钟鼎。安知王铎不立大勋?

卿又云:"无使百代有抱恨之臣,千古留刮席之耻。但虑寇生东土,刘氏复兴,即轵道之灾,岂独往日"者。我国家景祚方远,天命未穷,海内人心,尚乐唐德。朕不荒酒色,不亏刑名,不结怨于生灵,不贪财于宇县。自知运历,必保延洪。况巡省已来,祯祥荐降,西蜀半年之内,声名又以备全。塞北、日南,悉来朝贡;默戛、善阐,并至梯航。但虑天宝、建中,未如今日;清宫复国,秘有近期。卿云"刘氏复兴",不知谁为其首?遽言"刮席之耻",比朕于刘盆子盆子耶?仍忧"轵道之灾",方朕于秦子婴也?虽称直行,何太罔诬!三复斯言,尤深骇异。

卿又云:"贤才在野,佞人满朝,致陛下为亡国之君,此子等计将安出;伏乞戮卖官鬻爵之辈,征鲠直公正之臣"者。且唐、虞之世,未必尽是忠良;今岩野之间,安得不遗贤彦。朕每令铨择,亦遣访求。其于选将料兵,安人救物,但属收复之业,讲求理化之基,自有长才,同匡大计。卖官鬻爵之士,中外必不有之,勿听狂辞,以资游说。且朕远违宫阙,寄寓巴邛,所失恩者甚多,尚不兴怨,卿落一都统,何足介怀?况天步未倾,皇纲尚整,三灵不昧,百度犹存。但守君臣之轨仪,正上下之名分,宜遵教约,未可躐凌。朕虽冲人,安得轻侮!但以知卿岁久,许卿分深,贵存终始之恩,勿贮猜嫌之虑。所宜深省,无更过言。

骈始以兵权,欲临藩镇,吞拼江南,一朝失之,威望顿减,阴谋自阻,故累表坚论,欲其报敌。明年四月,王铎与诸道之师败贼关中,收复京城,骈闻之,悔恨万状。而部下多叛,计无所出,乃托求神仙,屏绝戎政,军中可否,取决于吕用之。光启初,僖宗再幸山南,李熅僭号,伪授骈中书令、诸道兵马都统、江淮盐铁转运等使。骈方怨望,而甘于伪署,称藩纳贿,不绝于途,宴安自得,日以神仙为事。吕用之又荐暨工诸葛殷、张守一有长年之术,骈并署为牙将。于府第别建道院,院有迎仙楼、延和阁,高八十尺,饰以珠玑金钿。侍女数百,皆羽衣霓服,和声度曲,拟之钧天。日与用之、殷、守一三人授道家法录,谈论于其间,宾佐罕见其面。

　　府第有隋炀帝所造门屋数间,俗号中书门,最为宏壮,光启元年,无故自坏。明年,淮南饥,蝗自西来,行而不飞,浮水缘城而入府第。道院竹木,一夕如剪,经像幢节,皆啮去其首。扑之不能止。旬日之内,蝗自食唼而尽。其年九月,雨鱼。是月十日夜,大星陨于延和阁前,其声如雷,火光烁地。自二年十一月雨雪阴晦,至三年二月不解。比岁不稔,食物踊贵,道殣相望,饥骸蔽地。是月,浙西周宝为三军所逐,骈喜,以为妖异当之。

　　三月,蔡贼过淮口,骈令毕师铎出军御之。师铎与高邮镇将张神剑、郑汉璋等,率行营兵反攻扬州。四月城陷,师铎囚骈于道院,召宣州观察使秦彦为广陵帅。既而蔡贼杨行密自寿州率兵三万,乘虚攻城。城中米斗五十千,饿死大半。骈家属并在道院,秦彦供给甚薄,薪蒸亦阙,奴仆彻延和阁栏槛煮革带食之,互相篡唉。骈召从事卢况谓之曰:“予三朝为国,粗立功名。比摆脱尘埃,自求清净,非与人世争利。一旦至此,神道其何望耶?”掩涕不能已。初,师铎之入城也,爱将申及谓骈曰:“逆党人数不多,即目弛于防禁,愿奉令公潜出广陵,依投支郡,以图雪耻,贼不足平也。若持疑不决,及旦夕不得在公左右。”骈怯惧不能行其谋。九月,师铎出城战败,虑骈为贼内应,又有尼奉仙,自言通神,谓师铎曰:“扬府灾,当有大人死应之,自此善也。”秦彦曰:“大人非高令公耶?”即令师铎以兵攻道院,侍者白骈曰:“有贼攻门。”曰:“此秦彦来。”整衣候之。俄而乱卒升阶曳骈数之曰:“公上负天子恩,下陷扬州民,淮南涂炭,公之罪也。”骈未暇言,首已坠地矣。

　　骈既死,左右奴客逾垣而遁,入行密军。行密闻之,举军缟素,绕城大哭者竟日,仍焚纸奠酒,信宿不已。骈与儿侄死于道院,都一坎瘗之,裹之以毡。行密入城,以骈孙俞为判官,令主丧事。葬送未行而俞卒,后故吏邝师虔收葬之。初师铎入城,吕用之、张守一出奔杨行密,诈言所居有金。行密入城,掘其家地下,得铜人长三尺余,身被桎梏,钉其心,刻"高骈"二字于胸,盖以魅道厌胜蛊惑其心,以至族灭。

毕师铎者,曹州冤朐人。乾符初,与里人王仙芝啸聚为盗,相与陷曹、郓、荆、襄。师铎善骑射,其徒目为"鹞子"。仙芝死,来降高骈。初败黄巢于浙西,皆师铎、梁缵之效也,颇宠待之。

骈末年惑于吕用之,旧将俞公楚、姚归礼皆为用之谮构见杀,师铎意不自安,有爱妾复为用之所夺。光启三年三月,蔡贼杨行密逼淮口,骈令师铎率三百骑戍高邮,戍将张神剑亦怨用之,两人谋自安之计。用之伺知,及请召还。师铎母在广陵,遣信令师铎遁去。或谓师铎曰:"请杀神剑,并高邮之兵趋府,令公必杀用之为解。"又曰:"不如投徐州,则身存而家保。"师铎曰:"非计也。吕用之诳惑主帅,涂炭生民,七八年来,鬼怨人怒。今日之事,安知天不假予诛妖乱而康淮甸耶?"又曰:"郑汉璋是我归顺时副使,常切齿于用之,今率精兵在淮口。闻吾此举,即乐从也。"乃趋淮口,与汉璋合,得兵千人。又相与至高邮,问计于张神剑。神剑曰:"公见事晚耶?用之一妖物耳,前受襄王伪命,作镇广州,迟留不行,志图淮海节镇。令公已夺其魄,彼一旦成事,焉能北面事妖物耶!"即割臂血为盟,推师铎为盟主,称大丞相,移檄郡县,以诛用之、守一、殷为名,乃署其卒长唐宏、王朗、骆玄真、倪详、逯本、赵简等,分董其卒三千人。

四月,趋广陵,营于大明寺。扬州大骇。吕用之分兵城守,高骈登延和阁,闻鼓噪声怪之。用之曰:'师铎兵士回戈,止遏不得,适已随宜处置,公幸勿忧。苟不听,徒劳玄女一符耳。"师铎陈兵数日,用之屡出战,师铎忧其不克,求救于宣州秦彦曰:"苟得广陵,则迎公为帅。"彦令牙将秦稠,率兵三千助之。师铎门客毕慕颜自城中出,曰:"人心已离,破之必矣。"秦稠军至,兵威渐振。骈闻甚忧,谓用之曰:"吾以心腹仗尔,不能驾驭此辈。误我何多?百姓遭罹饥馑,不可虐用。吾自枉手札喻师铎,可令大将一人自行。"用之即以其党许戡送骈书,师铎怒曰:"梁缵、韩问何在?令尔来耶!"即斩之。用之选劲兵自卫。一日,至道院,骈叱去之,乃令犹子杰握牙兵,令师铎母作书,遣大将古锷与师铎子出城喻之。师铎令子还白曰:"不敢负令公恩德,正为淮南除弊。但斩用之、守一,即日退还高邮。"秦稠攻西南隅,城中应之,即日城陷。吕用之由参佐门遁走。骈闻师铎至,改服俟之,与师铎交拜,如宾主之仪,即日署为节度副使,汉璋、神剑皆署职事。

秦稠点阅府库临守之,仍密召彦于宣州。或谓师铎曰:"公昨举兵诛二妖物,故人情乐从。今军府已安,以事理论之,公宜还政高公,自典兵马,戎权在手取舍自由,藩邻闻之,不失大义。议者皆言秦稠破城之日,已召秦彦。彦若为帅,兵权非足下有也。公感其援,但以金玉报之,阻其渡江,最为上策。若秦彦作帅,则杨行密朝闻夕至。如高令复帅,外寇必自卷怀。"师铎犹豫未决,而秦彦军至。五月,彦为节度使,署师铎为行军司马,移居牙外,心颇不悦。

是月,杨行密引军攻扬州,彦兵拒战继败。八月,师铎与郑汉璋出军万人击行密,皆大败而还,自是不复出。九月,师铎杀高骈。十月,秦彦、师铎突围而遁。十一月,秦彦、师铎引蔡贼孙儒之兵三万围扬州。行密求救于汴,朱全忠遣大将李璠率师淮口,以为声援。孙儒以广陵未下,而汴卒来,又虑秦彦、师铎异志。四年正月,孙儒斩秦彦、师铎于高邮之南,郑汉璋亦死焉。

秦彦者,徐州人,本名立。为卒,隶徐军。乾符中,坐盗系狱,将死,梦人谓之曰:"尔可随我。"及瘐械破,乃得逸去,因改名彦。乃聚徒百人,杀下邳令,取其资装入黄巢军。巢兵败于淮南,乃与许勍俱降高骈,累奏授和州刺史。中和二年,宣歙观察使窦潏病,彦以兵袭取之,遂代潏为观察使,朝廷因则命之。

光启三年,扬州牙将毕师铎囚其帅高骈,惧外寇来侵,乃迎彦为帅。彦召池州刺史赵锽知宣州事,自率众入扬州。师铎推彦为帅。

五月,寿州刺史杨行密率兵攻彦。遣其将张神剑令统兵屯湾头山光寺。行密屯大云寺,北跨长岗,前临大道,自扬子江北至槐家

桥,栅垒相联。秦彦登城望之,惧形于色,令秦稠、师铎率劲卒八千
出斗,为行密所掩,尽没,稠死之。彦急求援于苏州刺史张雄,雄率
兵赴之,屯于东塘。重围半年,城中刍粮并尽,草根木实、市肆药物、
皮囊革带,食之亦尽。外军掠人而卖,人五十千。死者十六七,纵存
者鬼形鸟面,气息奄然。张雄多军粮,相约交市。城中以宝贝市米,
金一斤,通犀带一,得米五升,雄军得货,不战而去。九月,毕师铎出
战,又败,自是日与秦彦相对嗟惋。问神尼奉仙何以获济,尼曰:"走
为上计也。"十月,彦与师铎突围投孙儒,并为所杀。

江淮之间,广陵大镇,富甲天下。自师铎、秦彦之后,孙儒、行密
继踵相攻,四五年间,连兵不息,庐舍焚荡,民户丧亡,广陵之雄富
扫地矣。

时溥,彭城人,徐之牙将。黄巢据长安,诏征天下兵进讨。中和
二年,武宁军节度使支详遣溥与副将陈璠率师五千赴难。行至河
阴,军乱,剽河阴县回。溥招合抚谕,其众复集,惧罪,屯于境上。详
遣人迎犒,悉恕之,溥乃移军向徐州。既入,军人大呼,推溥为留后,
送详于大彭馆。溥大出资装,遣陈璠援详归京。详宿七里亭,其夜
为璠所杀,举家屠害。溥以璠为宿州刺史,竟以违命杀详,溥诛璠,
又令别将帅军三千赴难京师,天子还宫。授之节钺。

及黄巢攻陈州,秦宗权据蔡州,与贼连结。徐、蔡相近,溥出师
讨之,军锋益盛,每占屡捷。黄巢之败也,其将尚让以数千人降溥,
后林言又斩黄巢首归徐州,时溥功居第一,诏授检校太尉、中书令、
巨鹿郡王。宗权未平,仍授溥徐州行营兵马都统。

蔡贼平,朱全忠与之争功,遂相嫌怨。淮南乱,朝廷以全忠遥领
淮南节度,以平孙儒、行密之乱。汴人应援,路出徐方,溥阻之。全
忠怒,出师攻徐。自光启至大顺六七年间,汴军四集,徐、泗三郡,民
无耕稼,频岁水灾,人丧十六七。溥窘蹙,求和于汴,全忠曰:"移镇
则可。"然之。朝廷以尚书刘崇望代溥,以溥为太子太师。溥惧出城
见害,不受代。汴将庞师古陈兵于野,溥求援于兖州,朱瑾出兵救

之,值大雪,粮尽而还。城中守陴者饥甚,加之病疫。汴将王重师、牛存节夜乘梯而入,溥与妻子登楼自焚而卒,景福二年四月也。地入于汴。

朱瑄,宋州人。父庆,盗盐抵法。瑄逃于青州,为王敬武牙卒。中和初,黄巢据长安,诏征天下兵。敬武遣牙将曹全晸率兵三千赴难关西瑄已为军候。会青州警急,敬武召全晸还,路由郓州。时郓帅薛崇为草贼王仙芝所杀,郓将崔君裕权知州事。全晸知其兵寡,袭杀君裕,据有郓州,自称留后。以瑄有功,署为濮州刺史,留将牙军。

光启初,魏博韩简欲兼并曹郓,以兵济河收郓。全晸出兵逆战,为魏军所败,全晸死之。瑄收合残卒,保州城,韩简攻围半年,不能拔。会魏军乱退去,朝廷嘉之,授以节钺。

时瑄有众三万,其弟瑾,勇冠三军,有争天下之心。秦宗权之盛也,屡侵郑、汴。朱全忠,为贼所攻,甚窘,求救于瑄。瑄令朱瑾出师援之,击败秦宗权,全忠乃与瑄情极隆厚。全忠狡谲翻覆,虎视蕃邻。会宗权诛,乃急攻徐州。时溥求援于瑄,瑄与全忠书,请释溥修好,伪许之。瑄以恩及全忠,遣使让之,双令朱瑾出军援溥。及徐、泗平,全忠乃移兵攻郓。三四年间,每春秋入其境剽掠,人不得耕织,民为俘者十五六,瑄御备殚竭。景福末,与弟瑾合两镇之兵,与汴人大战于鱼山下,瑄、瑾俱败,兵士陷没。汴将朱友裕以长堑围之。乾宁四年正月,城中食竭,瑄与妻荣氏出奔,至中都,为野人所害,传首汴州。荣氏至汴州为尼。

朱瑾,瑄之母弟,骁果善战。初乾符末,朝廷以将军齐克让为衮州节度,瑾将袭取之,乃求婚于克让。及亲迎,瑾选勇士卫从,礼会之夜窃发,逐克让,遂据城称留后。朝廷不获已,以节钺授之。及朱瑄平,汴人移兵攻衮,经年食尽,瑾出城求食,比还,为别将所拒,不得入,乃渡淮依杨行密。行密宠待之,用为寿州刺史,大败汴军于清口,自此全忠不敢以兵渡淮。瑾,杨溥时谋乱,为徐知训所杀。

　　史臣曰:疾风知劲草,世乱见忠臣,诚哉是言也。土运中微,贼
巢僭越,藩伯勤王,赴难者率有声而无实。唯重荣斩贼使于近关,处
存举义师于安喜,横身泣赴,不顾祸患,遂得义徒云合,逆党势穷。
宜乎服冕乘轩,传家胙土。而重荣伤于峻法,严而少恩,祸发舆台,
诚悲枉横。高骈起家禁旅,颇立功名,玩寇崇妖,致兹狼籍。后来勖
德,可诚前车。瑄、溥不以善取,固宜凶终。瑾持此狼心,安逃虎口?
王纲之紊,群盗及兹,复何言哉!

　　赞曰:王者抚运居安虑危。不以德处,即为盗窥。乾坤荡覆,生
聚流离。读骈章疏,可为涕洟。

旧唐书卷一八三
列传第一三三

外　戚

独孤怀恩　　窦德明 侄怀贞　族弟孝谌

孝谌子希珹　希球　希瓘　希瓘子锷

希瓘从父弟维　鉴　长孙敬　武承嗣

子延秀　从父弟三思　三思子崇训　从祖弟懿宗

攸暨　攸暨妻太平公主　从父弟攸绪　薛怀义

韦温　仁皎 子守一　吴漵 弟凑

窦觎 柳晟附　王思敬 子难得

难得子子颜

　　自古后族,能以德礼进退,全宗保名者,鲜矣。盖恃宫掖之宠,
接宴私之欢,高爵厚禄骄其内,声色服玩惑于外,莫知师友之训,不
达危亡之道。故以中才处之,罕不覆败,亦由重植之木,自然颠披
也。明哲之君,知骄侈之易满,荣宠之难保,授任各当其才,禄位不
过其量,告之以天命不易,诫之以大义灭亲,使居无过之地,永享不
赀之福,与国终始,不失其所以亲也。《易》曰:"震来,恐致福也。"又
曰:"父子嘻嘻,失家节也。"与其爱而失节,曷若惧而致福? 魏氏惩
汉人之败,著矫枉之法:幼主嗣位,母后不得临朝;外氏无功,时主
不得封爵。虽曰刻薄,而卞、甄之族,竟无大过。皇唐受命,长孙、窦

氏以勋贤任职,而武氏、韦氏以盈满致覆。夫废兴者,岂天命哉,盖
人事也。窦威、长孙无忌各自有传,其余载其得失,为《外戚传》,以
存鉴诚焉。

　　独孤怀恩,元贞皇后弟之子也。父整,隋汲郡太守。怀恩幼时,
以献皇后之侄,养于宫中。后仕为户县令。高祖平京城,授长安令,
在职严明,甚得时誉。及高祖受禅,擢拜工部尚书。时虞州刺史韦
义节击尧君素于蒲州,而义节文吏怯懦,频战不利。高祖遣怀恩代
总其众,怀恩督兵城下,为贼所拒,频战不利,高祖切让之,因是怨
望。高祖尝戏之曰:"弟姑子悉为天子,次当舅子乎?"怀恩遂自以为
符命,每扼腕曰:"我家岂女独富贵耶?"由是阴图异计。

　　时虞乡南山多群盗,刘武周将宋金刚寇陷浍州,高祖悉发关中
卒以隶太宗,屯于柏壁。怀恩遂与解县令荣静、前五原县主簿元君
宝谋引王行本兵及武周连和,与山贼劫永丰仓而断柏壁粮道,割河
东地以啖武周。事临发,会夏县人吕崇茂杀县令,据县起兵,应武
周。高祖遣怀恩与永安王孝基、陕州总管于筠、内史侍郎唐俭攻崇
茂。宋金刚潜兵来袭,诸将尽没,君宝与开府刘让亦同陷于贼中,遂
泄怀恩之谋。既而怀恩逃归,高祖复令率师攻蒲州。唐俭在贼中,
说贼将尉迟敬德,请使让还,连和罢兵,遂使发其事。会尧君素为其
下所杀,小帅王行本以蒲州降,怀恩勒兵入据其城。高祖将济河,已
御舟矣,会让至,乃使召怀恩,怀恩不知事已泄,轻舟来赴。及中流
而执之,收其党按验,遂诛之,时年三十六,籍没其家。

　　窦德明,太穆顺圣皇后兄之孙也。祖照,尚后魏文帝女义阳公
主,封巨鹿公。父彦,袭父封,仕隋为西平郡守。德明少师事陈留王
孝逸,颇涉文史。会汉王谅作乱,遣其将綦良攻黎州,德明时年十
八,募得五千人,倍道而进,号令严整,一战破之。以功累拜齐王府
属,坐事免。及义师围长安,永安王孝基、襄邑王神符、江夏王道宗
及高祖之婿窦诞、赵慈景并系狱,隋将卫文升、阴世师欲杀之。德明

谓文升曰："罪不在此辈,杀之无伤于彼,适足招怨。"文升乃止。及谒见高祖,竟不自言,时人称其长者。武德初,拜考功郎中。从太宗击王世充,频有战功,封显武男。贞观初,历常、爱二州刺史。寻卒。

弟德玄,高宗时为左相。德玄子怀贞。

怀贞少有名誉,时兄弟宗族,并以舆马为事,怀贞独折节自修,衣服俭素。圣历中为清河令,治有能名。俄历越州都督、扬州大都督府长史,所在皆以清干著称。

神龙二年,累迁御史大夫,兼检校雍州长史。时韦庶人及安乐公主等干预朝政,怀贞每谄顺委曲取容,改名从一,以避后父之讳,自是名称日损。庶人微时乳母王氏,本蛮婢也,特封莒国夫人,嫁为怀贞妻。俗谓乳母之婿为阿爹,怀贞每因谒见之次及进表疏,列在官位,必曰"皇后阿爹",时人或以"国爹"呼之,初无惭色。宦官用权,怀贞尤所畏敬,每视事听讼,见无须者,误以接之。监察御史魏传弓尝以内常侍辅信义尤纵暴,将奏劾之,怀贞曰:"辅常侍深为安乐公主所信任,权势甚高,言成祸福,何得辄有弹纠?"传弓曰:"今王纲渐坏,君子道消,正由此辈擅权耳。若得今日杀之,明日受诛,无所恨。"怀贞无以答,但固止之。

韦庶人败,左迁濠州司马。寻擢授益州大都督府长史。以附会太平公主,累拜侍中、兼御史大夫,代韦安石为尚书左仆射,监修国史,赐爵魏国公。睿宗为金仙、玉真二公主创立两观,料功甚多,时议皆以为不可,唯怀贞赞成其事,躬自监役。怀贞族弟詹事司直维鋆谓怀贞曰:"兄位极台衮,当思献可替否,以辅明主。奈何校量瓦木,厕迹工匠之间,欲令海内何所瞻仰也?"怀贞不能对,而监作如故。时人为之语曰:"窦仆射前为韦氏国爹,后作公主邑丞。"言怀贞伏事公主,同于邑官也。先天二年,太平公主逆谋事泄,怀贞惧罪,投水而死,追戮其尸,改姓毒氏。德明族弟孝谌。

孝谌,刑部尚书诞之子,昭成顺圣皇后父也。则天时,历太常少卿、润州刺史。长寿二年,后母庞氏被酷吏所陷,诬与后咒诅不道,孝谌左迁罗州司马而卒。

子希瑊,希球、希瑾,并流岭南。神龙初,随例雪免。景云年,追赠孝谌太尉、邠国公,希瑊袭爵。玄宗即位,加赠孝谌太保,希瑊等以舅氏,甚见优宠。希瑊累迁太子少傅、幽国公,寻卒。希球官至太子宾客,封冀国公,开元二十七年卒。及卒,谥曰靖。希瑾初赐爵毕国公,后改名璬,初为左散骑常侍,及希球卒,因授开府仪同三司。玄宗以早失太后,尤重外家,璬兄弟三人皆国公,食实封。璬子锷,又尚玄宗女永昌长公主,恩宠赐赉,实为厚矣。而兄弟皆贪鄙,过自封植,璬又甚之。天宝七年,有窦勉潜交巫祝,勉犯法,璬坐信其诡说,被停官,放归田园。寻以尊老,又授开府仪同三司,依旧朝会。十三载十二月卒,玄宗哭于行在,赠司徒,财货巨万。

璬从父弟维鉴,好学,以撰著为业。时宗族咸以外戚,崇饰舆马,维鉴独清俭自守。中书令张说、黄门侍郎卢藏用、给事中裴子余皆与之亲善。官至水部郎中卒。撰《吉凶礼要》二十卷行于代。

长孙敞,文德顺圣皇后之叔父也。仕隋为左卫郎将。炀帝幸江都,留敞守京城禁苑。及义旗入关,率子弟迎谒于新丰,从平京城,以功除将作少监。出为杞州刺史。贞观初,坐赃免。太宗以后亲,常令内给绢以供私费。寻拜宗正少卿致仕,加金紫光禄大夫,累封平原郡公。卒,赠幽州都督,谥曰良,陪葬昭陵。

敞从父弟操,周大司徒、薛国公览之子也。武德中,为陕东道行台金部郎中,出为陕州刺史。自州东引水入城,以代井汲,百姓于今利之。贞观中,历洛州刺史、益扬二州都督府长史,并有善政。二十三年,以子诠尚太宗女新城公主,拜岐州刺史。永徽初,加金紫光禄大夫,赐爵乐寿男。寻卒,赠吏部尚书、并州都督,谥曰安。

诠官至尚衣奉御。诠即侍中韩瑗妻弟也,及瑗得罪,事连于诠,减死配流西州。诠至流所,县令希旨杖杀之。诠之甥有赵持满者,工书善射,力搏兽捷及奔马,而亲仁爱众,多所交结,京师无贵贱皆爱慕之。初为凉州长史,尝逐野马,自后射之,无不洞于胸腋,边人深伏之。许敬宗惧其作难,诬与诠及无忌同反。及拷讯,终无异词,且曰:"身可杀,辞不可夺"。吏音代为款以杀之。

武承嗣,荆州都督士彟之孙,则天顺圣皇后兄子也。初,士彟娶相里氏,生元庆、元爽。又娶杨氏,生三女:长适越王府功曹贺兰越石,次则天,次适郭氏。士彟卒后,兄子惟良、怀运及元爽等遇杨氏失礼。及则天立为皇后,追赠士彟为司徒、周忠孝王,封杨氏代国夫人。贺兰越石早卒,封其妻为韩国夫人。寻又国赠士彟为太尉,杨氏改封为荣国夫人。时元庆仕为宗正少卿,元爽为少府少监,惟良为卫尉少卿,荣国夫人恨其畴日薄己,讽皇后抗疏请出元庆等为外职,佯为退让,其实恶之也。于是元庆为龙州刺史,元爽为濠州刺史,惟良为始州刺史。元庆至州病卒,元爽自濠州又配流振州而死。

乾封年,惟良与弟淄州刺史怀运,以岳牧例集于泰山之下。时韩国夫人女贺兰氏在宫中,颇承恩宠。则天意欲除之,讽高宗幸其母宅,因惟良等献食,则天密令人以毒药贮贺兰氏食中,贺兰氏食之,暴卒,归罪于惟良、怀运,乃诛之。仍讽百僚抗表请改其姓为蝮氏,绝其属籍。元爽等缘坐配流岭外而死,乃以韩国夫人之子敏之为士彟嗣,改姓武氏,累拜左侍极、兰台太史,袭爵周国公。仍令鸠集学士李嗣真、吴兢之徒,于兰台刊正经史并著撰传记。

敏之既年少色美,蒸于荣国夫人,恃宠多愆犯,则天颇不悦之。咸亨二年,荣国夫人卒,则天出内大瑞锦,令敏之造佛像追福,敏之自隐用之。又司卫少卿杨思俭女有殊色,高宗及则天自选以为太子妃,成有定日矣,敏之又逼而淫焉。及在荣国服内,私释衰绖,著吉服,奏妓乐。时太平公主尚幼,往来荣国之家,宫人侍行,又尝为敏之所逼。俄而奸污事发,配流雷州,行至韶州,以马缰自缢而死。

承嗣,元爽子也。敏之死后,自岭南召还,拜尚衣奉御,袭祖爵周国公。俄迁秘书监。则天临朝，追尊士彠为忠孝太皇，置崇先府官属，五代祖已下，皆为王。嗣圣元年，以承嗣为礼部尚书。寻除太常卿、同中书门下三品。垂拱中，转春官尚书，依旧知政事。载初元年，代苏良嗣为文昌左相、同凤阁鸾台三品，兼知内史事。

天授元年，于东都创置武氏七庙，追尊周文王为始祖文皇帝，王子武为睿祖康皇帝，云武氏之先也。后五代祖赠太原靖王居常为严祖成皇帝，高祖赠赵肃恭王克己为肃祖章敬皇帝，曾祖赠魏康王俭为烈祖昭安皇帝，祖赠周安成王华为显祖文穆皇帝，考忠孝太皇为太祖孝明高皇帝，妣皆随帝号曰皇后。元庆为梁宪王，元爽为魏德王。又追封伯父及兄弟俱为王，诸姑姊为长公主。于是封承嗣为魏王，元庆子夏官尚书三思为梁王，后从父兄子纳言攸宁为建昌王，太子通事舍人攸归为九江王，司礼卿重规为广平王，左卫亲府中郎将载德为颍川王，右卫将军攸暨为千乘王，司农卿懿宗为河内王，左千牛中郎将嗣宗为临川王，右卫勋二府中郎将攸宜为建安王，尚乘直长攸望为会稽王，太子通事舍人攸绪为安平王，攸止为恒安王。又封承嗣男延基为南阳王，延秀为淮阳王，三思男崇训为高阳王，崇烈为新安王，后兄子赠陈王承业男延晖为嗣陈王，延祚为咸安王。

承嗣尝讽则天革命，尽诛皇室诸王及公卿中不附己者，承嗣从父弟三思又盛赞其计，天下于今冤之。俄又赐承嗣实封千户，仍监修国史，承嗣自为次当为皇储，令凤阁舍人张嘉福讽谕百姓抗表陈请，则天竟不许。如意元年，授特进。寻拜太子太保。罢知政事。承嗣以不得立为皇太子，怏怏而卒，赠太尉、并州牧，谥曰宣。

子延基袭爵，则天避其父名，封为继魏王。寻与其妻永泰郡主及懿德太子等，话及张易之兄弟出入宫中，恐有不利，后忿争不协，泄之，则天闻而大怒，咸令自杀。复以承嗣次子延义为继魏王。

中宗即位，侍中敬晖等以唐室中兴，武氏诸王宜削其王爵，乃率群官上表曰：

臣闻神器者，天下之至公，必归乎有德；皇极者，域中之大宝，必顺乎天命。历考前古，详观帝业，皆不并兴，莫有二主。故三皇氏没而五帝氏兴，夏、商氏衰而周、汉氏作。何则？帝王之历数，必应乎五行，水盛则火衰，木衰则金盛；天地之运也，合乎四时，春往则夏来，暑退则寒集。则知五行之数也，帝王不可违，违之则宗社不安，生人不理；四时之序，天地不能变，变之则霜露不均，水旱交错。

自有隋失御，海内崩离，天历之重，归于唐室。万方乐业，荷拨乱之功；三圣重光，布生成之德。可谓有功于四海，有德于蒸人。自弘道过密，生灵降祸，百辟哀号，如丧考妣。则天皇后临御帝图，明目达聪，躬亲庶绩。则有逸邪凶孽，诬惑睿德，构害宗枝，诛夷殆尽。英藩贤戚，百不一存，余类在者，投窜荒裔。冤酷人神，感伤天地，忠臣义士，实所痛心。自天授之际，时称改革，武家子侄，咸树封建，十余年间，实亦荣极。于时唐室藩屏，岂得并封，故知事有升降，时使然也。

今则天皇帝厌倦万机，神器大宝，重旭陛下，百姓讴歌，欣复唐业，上至卿士，下及苍生，黄发之伦，童儿之辈，莫不欢欣舞抃，如见父母。岂不以唐家恩德，感幽祇之心；陛下仁明，顺天下之望？今皇业重构，圣祚中兴，神祇之道，有助于先德矣，黎人之诚，无负于陛下矣。臣又闻之，业不两盛，事不两大，故天无二日，土无二王，前圣之格言，先哲之明诫。自皇明反正，天命惟新，武家诸王，封建依旧，生者既加茅土，死者仍追赋邑，万姓失望，卿士寒心。何则？开辟已来，罕有斯理，帝王之道，实无此法。陛下纵欲开恩以行私惠，岂可违五行之历数乎？乖四时之寒暑乎？

又海内众情，朝廷窃议，为武氏诸王身计，亦适将有损。何则？处之未得其所，居之实恐不安，陛下虽欲宠之，翻乃陷之，不遵古典故也。且唐历有归，周命已去，爵重则难保，禄薄则易全。又则天皇帝亲政之时，武氏诸王，亦分外职。今居京辇，不降旧封，天下之心，窃将不可。陛下纵欲敦崇外戚，曲流恩贷，奈宗庙社稷之计何？奈卿士黎庶之议何？

伏愿陛下为社稷之远图，割私情之小爱，内崇经邦之要，外顺遐迩之心，岂不固宗社之基，允人灵之愿？则陛下巍巍之业，贯三光而洞九泉；亲亲之义，上有伦而下有序。臣特承荣宠，思竭丹赤，既为唐臣，实为唐计，伏乞圣慈，俯垂矜纳。

中书舍人岑羲之词也。上答曰：

朕尝因暇景，博览前修，帝籍皇图，略稽其迹。至若二灵肇判，三才聿兴，骊连栗陆之辰，尊卢大庭之日，时犹朴略，来著图书。洎乎出震，应期，画八卦而成象，炎皇御历，播百谷以兴农。车服创于轩辕之朝，历象建于唐尧之代，封建之事，阙尔无闻。自周汉已来，方崇藩屏。至于三微更王，五运迭兴，以古揆今，事迹有爽。

比者别宗抚历，异姓兴邦，伏以则天大圣皇帝，内辅外临，将五十载，在朕躬则为慈母，于士庶即是明君。往者垂拱之中，嗣皇临政，当此之际，鲁卫并存。及乎全节兴妖，琅琅构逆，灾连七国，衅结三监，既行大义之怀，遂有泣诛之事。周唐革命，盖为从权，子侄封王，国之常典。卿等表云"天授之际，武家封建，唐家藩屏，岂得并封"者，至如千里一房，不预逆谋，还依姓李，无改旧惠，岂非善恶区分，申明逆顺矣？今以圣上乖豫，高枕怡神，委政朕躬，篆承丕绪。昨者二月之首，攸暨等屡请削封，朕独断襟怀，不依来请。昔汉祖以布衣取天下，犹封异姓为王，况朕以累圣开基，岂可削封外族。群公等以"天无二日，土无二主"，抗表紫庭，用申丹恳者。然以赏罚之典，经国大纲，攸暨、三思，皆悉预告凶竖，虽不亲冒白刃，而亦早献丹诚，今若却除旧封，便虑有功难劝。

于是降封梁王三思为德静郡王，量减实封二百户，定王、驸马都尉攸暨为乐寿郡王，河内郡王懿宗为耿国公，建昌郡王攸宁为江国公，会稽郡王攸望为邺国公，临川郡王嗣宗为管国公，建安郡王攸

宜为息国公,高平郡王重规为邵国公,继魏王延义为魏国公,安平
郡王攸绪为巢国公,高平郡王、驸马都尉崇训为丰国公,淮阳郡王
延秀为桓国公,咸安郡王延祚为咸安郡公。

中宗时,嗣宗至曹州刺史,攸宜工部尚书,重规岐州刺史,相次
病卒。攸望至太常卿,左迁春州司马而死。延秀伏诛后,武氏宗属
缘坐诛死及配流,殆将尽矣。先天二年,制削士濩帝号,依旧追赠太
原王,妻杨氏亦削后号,依旧为太原王妃。

延秀,承嗣第二子也。则天时,突厥默啜上言有女请和亲,制延
秀与阎知微俱往突厥,将亲迎默啜女为妻。既而默啜执知微,入寇
赵、定等州,故延秀久不得还。神龙初,默啜更请通和,先令延秀送
款,始得归,封桓国公,又授左卫中郎将。时武崇训为安乐公主婿,
即延秀从父兄,数引至主第。延秀久在蕃中,解突厥语,常于主第,
延秀唱突厥歌,作胡旋舞,有姿媚,主甚喜之。及崇训死,延秀得幸,
遂尚公主。

主,韦后所生男女中最小。初,中宗迁于房州,欲达州境,生于
路次。性惠敏,容质秀绝。中宗韦后爱宠日深,恣其所欲,奏请无不
允许,恃宠横纵,权倾天下,自王侯宰相已下,除拜多出其门。所营
第宅并造安乐佛寺,拟于宫掖,巧妙过之,令杨务廉于城西造定昆
池于其庄,延袤数里。出降之时,以皇后仗发于宫中,中宗与韦后御
安福门观之。灯烛供拟,彻明如昼。延秀拜席日,授太常卿,兼右卫
将军、驸马都尉,改封桓国公,实封五百户。废休祥宅,于金城坊造
宅,穷极壮丽,帑藏为之空竭。崇训子数岁,因加金紫光禄大夫、太
常卿同正员、左卫将军,封镐国公,赐实封五百户,以嗣其父。公主
产男满月,中宗韦后幸其第,就第放赦,遣宰臣李峤、文士宋之问、
沈佺期、张说、阎朝隐等数百人赋诗美之。

延秀既恃恩,放纵无所忌惮。又公主府仓曹符凤知延秀有不臣
之心,遂说曰:“今天下苍生,犹以武氏为念,大周必可再兴。按谶书
云‘黑衣神孙披天裳’,驸马即神皇之孙也。”每劝令著皂袄子以应

之。及韦庶人败，延秀与公主在内宅，格战良久，皆斩之。后追贬为悖逆庶人。

三思，元庆子也。少以后族累转右卫将军。则天临朝，擢拜夏官尚书。及革命，封梁王，赐实封一千户。寻拜天官尚书，证圣元年，转春官尚书，监修国史。圣历元年，检校内史。二年，进拜特进、太子宾客，仍并依旧监修国史。

三思略涉文史，性倾巧便僻，善事人，由是特蒙信任。则天数幸其第，赏赐甚厚。时薛怀义、张易之、昌宗皆承恩顾，三思与承嗣每折节事之。怀义欲乘马，承嗣、三思必为之执辔。又赠昌宗诗，盛称昌宗才貌，是王子晋后身，仍令朝士递相属和。三思又以则天厌居深宫，又欲与张易之、昌宗等扈从驰骋，以弄其权。乃请创造三阳宫于嵩高山，兴泰宫于万寿山，请则天每岁临幸，前后工役甚众，百姓怨之。

神龙初，进拜司空、同中书门下三品，加实封五百户，固辞不受。未几，随例降封为德静郡王，量减实封二百户。寻拜左散骑常侍，则天遗制令复其所减实封。初，敬晖等立功后，掌知国政，三思虑其更为己患，而令其子崇训因安乐公主构诬敬晖等，并流于岭表而死。自是三思威权日盛，军国政事，多所参综，敬晖等所斥黜者，皆能引复旧职，令百官复修则天之法。时人皆言其阴怀篡逆，以比曹孟德、司马仲达。

雍州人韦月将、高轸等并上疏言三思父子必为逆乱。三思知而求索其罪，有司希旨，奏"月将坐当弃市，轸配流岭外"。黄门侍郎宋璟执奏云："月将所犯，不合至死。"三思怒，竟斥宋璟为外职。三思既猜嫉正士，尝言"不知何等名作好人，唯有向我好者，是好人耳"。又与其所亲兵部尚书宗楚客、交作大匠宗晋卿、太府卿纪处讷、鸿胪卿甘元柬递相引致，干黩时政。侍御史周利用、冉祖雍，太仆丞李悛，光禄丞宋之逊，监察御史姚绍之等五人，常为其耳目，时人呼为"三思五狗"。中宗寻又制：武氏崇恩庙，一依天授时旧礼享祭，其昊陵、顺陵,并置官员,皆三思意也。

三思既与韦庶人及上官昭容私通,尝忌节愍太子,又因安乐公主密谋废黜之。三年七月,太子率羽林大将军李多祚等,发左右羽林兵,杀三思及其子崇训于其第,并杀其亲党十余人。俄而事变,太子既死,中宗为三思举哀,废朝五日,赠太尉,追封梁王,谥曰宣。安乐公主又以节愍太子首致祭于三思及崇训灵柩前。睿宗践祚,以三思父子俱有逆节,制令斫棺暴尸,平其坟墓。

崇训,三思第二子也。则天时,封为高阳郡王。长安中,尚安乐郡主。时三思用事于朝,欲宠其礼,中宗为太子在东宫,三思宅在天津桥南,自重光门内行亲迎礼,归于其宅。三思又令宰臣李峤、苏味道,词人沈佺期、宋之问、徐彦伯、张说、阎朝隐、崔融、崔湜、郑愔等赋《花烛行》以美之。其时张易之、昌宗、宗楚客兄弟贵盛,时假词于人,皆有新句。崇训授左卫大郎将。神龙元年,拜驸马都尉,迁太常卿,兼左将军。降封丰国公,仍赐实封五百户,寻徙封镐国公。二年,兼太子宾客,摄左卫将军。及为节愍太子所杀,优制赠开府仪同三司,追赠鲁王,谥曰忠。

懿宗,则天伯父士逸之孙也。父元忠,高宗时仕至仓部郎中。天授年,封士逸为蜀王,懿宗封为河内郡王,历迁洛州长史、左金吾卫大将军。万岁通天年中,契丹贼帅孙万荣寇河北,命懿宗为大总管讨之,军次赵州,及闻贼将至冀州,懿宗惧,便欲弃军而遁。人或谓曰:"贼众极多,然其军无辎重,以抄掠为资,若按兵以守,势必离散,因而击之,可有大功也。"懿宗不听,遂退据相州,时人嗤其怯懦,由是贼众进屠赵州而去。寻又令懿宗安抚河北诸州。

先是,百姓有胁从贼众,后得归来者,懿宗以为同反,总杀之,仍生剐取其胆,后行刑,流血盈前,言笑自若。初,孙万荣别帅何阿小攻陷冀州,亦多屠害士女;至是,时人号懿宗与阿小为两何,为之语曰:"唯此两何,杀人最多。"懿宗又自天授已来,尝受中旨,推鞫制狱,王公大臣,多被陷成其罪,时人以为周兴、来俊臣之亚焉。神龙初,随例降爵,封耿国公,累转怀州刺史,寻卒。

攸暨,则天伯父士让孙也。天授中,封士让为楚王,攸暨封千乘郡王,赐爵实封三百户。兄攸宁为建昌郡王,实封四百户。攸宁历迁凤阁侍郎、纳言、冬官尚书,病卒。攸暨初为右卫中郎将,尚太平公主,授驸马都尉。累迁右卫将军,进封定王,又加实封三百户。俄又改安定郡王,历迁司礼卿、左散骑常侍,加特进。神龙中,拜司徒,复封定王,实封满一千户,固辞不拜。寻而随例降封乐寿郡王,拜右散骑常侍,加开府仪同三司。延秀等诛后,又降封楚国公。延和元年卒,赠太尉、并州大都督,追封定王。寻以公主谋逆,令平毁其墓。

太平公主者,高宗少女也。以则天所生,特承恩宠。初,永隆年降驸马薛绍。绍,垂拱中被诬告与诸王连谋伏诛,则天私杀攸暨之妻以配主焉。公主丰硕,方额广颐,多权略,则天以为类己,每预谋议,宫禁严峻,事不令泄。公主亦畏惧自检,但崇饰邸第。二十余年,天下独有太平一公主,父为帝,母为帝,夫为亲王,子为郡王,贵盛无比。永淳已前朝制,亲王食实封八百户,有至一千户;公主出降三百户,公主加五十户。太平食汤沐之邑一千二百户,圣历初加至三千户。

神龙元年,预诛张易之谋有功,进号镇国太平公主,相王加号安国相王,并食实封通前五千户,赏赐不可胜纪。公主薛氏二男二女,武氏二男一女,并食实封。又相王、卫王重俊、成王千里宅,遣卫士宿卫,环其所居,十步置一伎舍,持兵巡徼,同于宫禁。太平、长宁、安乐三公主,置铺一如亲王。二年正月,置公主府。景龙二年,公主男崇简、崇敏、崇行,同授三品,与渔阳王兄弟四人同制。时中宗仁善,韦后、上官昭容用事禁中,皆以为智谋不及公主,甚惮之。公主日益豪横,进达朝士,多至大官,词人后进造其门者,或有贫窘,则遗之金帛,士亦翕然称之。

及唐隆元年六月，韦后作逆称制，伪尊温王。玄宗居临淄邸，愤之，将清内难。公主又预其谋，令男崇简从之。及立温王，数日，天下之心归于相府，难为其议。公主入启幼主，以王室多故，资于长君，乃提下幼主，因与玄宗、大臣尊立睿宗。公主频著大勋，益尊重，乃加实封五千户，通前满一万户。公主子崇行、崇敏、崇简三人，封异姓王，崇行国子祭酒，四人九卿三品，每入奏事，坐语移时，所言皆听。荐人或骤历清职，或至南北衙将相，权移人主。军国大政，事必参决，如不朝谒，则宰臣就第议其可否。

公主由是滋骄，田园遍于近甸膏腴，而市易造作器物，吴、蜀、岭南供送，相属于路。绮疏宝帐，音乐舆乘，同于宫掖。侍儿披罗绮，常数百人，苍头监妪，必盈千数。外州供狗马玩好滋味，不可纪极。有胡僧惠范，家富于财宝，善事权贵，公主与之私，奏为圣善寺主，加三品，封公，殖货流于江剑。公主惧玄宗英武，乃连结将相，专谋异计。其时宰相七人，五出公主门，常元楷、李慈掌禁兵，常私谒公主。

先天二年七月，玄宗在武德殿，事渐危逼，乃勒兵诛其党窦怀贞、萧至忠、岑义等。公主遽入山寺，数日方出，赐死于家。公主诸子及党与死者数十人。籍其家，财货山积，珍奇宝物，侔于御府，马牧羊牧田园质库，数年征敛不尽。惠范家产亦数十万贯。

攸绪，惟良子也。少有志行。天授中封安平郡王，历迁殿中监，出为扬州大都督府长史。圣历中，弃官隐于嵩山，以琴书药饵为务。中宗即位，以安车备礼征之，降书曰：

朕闻大隐忘情，不去朝市，至人无迹，何所凝滞。王高标峻尚，雅操孤贞，有咸一之用，弘体二之德，学究深远，理实精微。草芥貂蝉，锱铢缨绂，荫松山而辞竹苑，去朱邸而卧清溪，逍遥林壑，傲睨箕颍，有年岁矣。朕虔膺圣历，重阐皇基，保乂邦家，宁辑区宇，求贤采彦，俯谷窥山。王之所居，接近嵩岳，长望高烈，思满风烟。驻骅乔岩，追寻大隗，鸣銮峒岫，询访广成，机务殷繁，有怀莫遂。今遣国子司业杜慎盈以礼命征辟，扫虁、龙之第，虚稷、契之筵，神化丹青，朕之志也。岂以黄屋之贵，倾彼白云之心？通变之宜，希从降志，延贮闾阖，若在汾阳。

攸绪应召至都，授太子宾客。寻请归嵩山，制从之，令京官五品已上饯送于定鼎门外。

及三思、延秀等构逆，诸武多坐诛戮，唯攸绪以隐居不预其祸，时论美之。睿宗即位，又降敕曰：“顷以贼臣结党，后族擅权，扇动宫闱，肆行鸩毒。灵只所感，奸恶伏诛，今得宗社稷安，天地交泰。卿久厌簪绂，早慕林泉，守道不回，见机而作，兴言高尚，有足嘉称。但怒用不迁，罪无相及，为善有验，卿之谓与！或虑惊疑，故令慰谢。”其见重如此。寻征为太子宾客，不就。开元二年，攸绪又请就庐山居止。制不许，仍令州县数加存问，不令外人侵扰。十一年卒，年六十九。

薛怀义者，京兆户县人，本姓冯，名小宝。以鬻台货为业，伟形神，有膂力，为市于洛阳，得幸于千金公主侍儿。公主知之，入宫言曰：“小宝有非常材用，可以近侍。”因得召见，恩遇日深。则天欲隐其迹，便于出入禁中，乃度为僧。又以怀义非士族，乃改姓薛，令与太平公主婿薛绍合族，令绍以季父事之。自是与洛阳大德僧法明、处一、惠俨、稜行、感德、感知、静轨、宣政等在内道场念诵。怀义出入乘厩马，中官侍从，诸武朝贵，匍匐礼谒，人间呼为薛师。

垂拱初，说则天于故洛阳城西修故白马寺，怀义自护作，寺成，自为寺主。颇恃恩狂蹶，其下犯法，人不敢言。右台御史冯思勖屡以法劾之，怀义遇勖于途，令从者殴之，几死。又于建春门内敬爱寺别造殿宇，改名佛授记寺。垂拱四年，拆乾元殿，于其地造明堂，怀义充使督作。凡役数万人。曳一大木千人，置号头，头一喊，千人齐和。明堂大屋凡三层，计高三百尺。又于明堂北起天堂，广袤亚于明堂，怀义以功拜左威卫大将军，封梁国公。永昌中，突厥默啜犯边，以怀义为清平道大总管，率军击之，至单于台，刻石纪功而还。

加辅国大将军,进右卫大将军,改封鄂国公、柱国,赐帛二千段。

怀义与法明等造《大云经》,陈符命,言则天是弥勒下生,作阎浮提主,唐氏合微。故则天革命称周,怀义与法明等九人并封县公,赐物有差,皆赐紫袈裟、银龟袋。其伪《大云经》颁于天下,寺各藏一本,令升高座讲说。则天将革命,诛杀宗属诸王,唯千金公主以巧媚善进奉独存,抗疏请以则天为母,因得曲加恩宠,改邑号为延安大长公主,加实封,赐姓武氏。以子克礼娶魏王武承嗣女,内门参问,不限早晚,见则尽欢。长寿二年,默啜复犯塞,又以怀义为代北道行军大总管,以李多祚、苏宏晖为将。未行,改朔方道行军大总管,以内史李昭德为行军长史、凤阁侍郎、平章事苏味道为行军司马,契苾明、曹仁师、沙吒忠义等十八将军以讨之。未行虏退,乃止。

怀义后厌入宫中,多居白马寺,刺血画大像,选有膂力白丁度为僧,数满千人。侍御史周矩疑其奸,奏请劾之,不许,固请之,则天曰:“卿且退,朕即令去。”矩至台,薛师亦至,乘马踏阶而下,便坦腹于床。矩召台吏,将按之,遽乘马而去。矩具以闻,则天曰:“此道人风病,不可苦问。所度僧任卿勘当。”矩按之,穷其状以闻,诸僧悉配远州。迁矩天官员外郎,竟为薛师所构,下狱,免官。

后有御医沈南璆得幸,薛师恩渐衰,恨怒颇甚。证圣中,乃焚明堂、天堂,并为灰烬,则天愧而隐之,又令怀义充使督作。乃于明堂下置九州鼎,铸铜为十二属形象,置于本辰位,皆高一丈,怀义率人作号头安置之。其后益骄倨,则天恶之,令太平公主择膂力妇人数十,密防虑之。人有发其阴谋者,太平公主乳母张夫人令壮士缚而缢杀之,以辇车载尸送白马寺。其侍者僧徒,皆流窜远恶处。

韦温,中宗韦庶人从父兄也。父玄俨,高宗末官至许州刺史。玄俨弟玄贞,初为普州参军,以女为皇太子妃,擢拜豫州刺史。中宗嗣位,妃为后。及帝降为庐陵王,玄贞配流钦州而死。后母崔氏,为钦州首领宁承兄弟所杀。玄贞有四子洵、浩、洞、泚,亦死于容州。后二妹,逃窜获免,间行归长安。

及中宗复位,韦氏复为皇后,其日,追赠玄贞为上洛郡王。左拾遗贾虚己上疏谏曰:"孔子曰:'惟名与器,不可以假人。'且非李氏而王,自古盟书所弃。今陛下创制谋始,垂范将来,为皇王令图,子孙明镜。匡复未几,后族有私,臣虽庸愚,尚知未可,史官执简,必是直书。今万姓颙然,闻一善令,莫不途歌里颂,延颈向风,欣然慕化,日恐不及。陛下奈何行私惠,使樵夫议之。即先朝赠太原王,殷鉴不远。同云生于肤寸,寻木起于蘖栽,诚可惜也。涣汗既行,难改成命,臣望请皇后抗表固辞,使天下知弘让之风。彤管著冲谦之德,是则巍巍圣鉴,无得而称。"疏奏不省。

寻又追赠玄贞为太师、雍州牧、益州大都督,玄俨为特进、并州大都督、鲁国公,遣使迎玄贞及崔氏丧柩归京师。又遣广州都督周仁轨率兵讨斩宁承兄弟,以其首祭于崔氏,擢拜仁轨左羽林大将军,赐爵汝南郡公,食实封五百户。及玄贞等柩将至,上与后登长乐宫,望丧而泣。加赠玄贞为丰王,谥曰文献,仍号其庙曰褒德,陵曰荣先,各置官员,并给户一百人守卫洒扫。又赠玄贞子洵为吏部尚书、汝南郡王,浩太常卿、武陵郡王,洞卫尉卿、淮南郡王,湑太仆卿、上蔡郡王,亦遣使迎其丧柩于京师。

温,神龙中累迁礼部尚书,封鲁国公。弟湑,左羽林将军,封曹国公。后妹夫陆颂为国子祭酒,冯太和为太常少卿,太和寻卒,又适嗣虢王邕。湑子捷,尚成安公主,温从祖弟濯,尚定安公主,皆拜驸马都尉。景龙三年,温迁太子少保、同中书门下三品,仍遥授扬州大都督。温等既居荣要,熏灼朝野,时人比之武氏。湑及陆颂相次病卒,赙赠甚厚。及中宗崩,后令温总知内外兵马,守援宫掖。又引从子播、族弟璇、弟捷、濯等,分掌屯营及左右羽林军。临淄王讨韦氏,温等皆坐斩,宗族无少长皆死,语在《韦庶人传》。睿宗即位,仍令削平玄贞及洵等坟墓。

王仁皎,玄宗王庶人父也。景龙中,官至长上果毅。玄宗即位,以后父,历将作大匠、太仆卿,迁开府仪同三司,封祁国公。仁皎不预朝政,但厚自奉养,积子女财货而已。开元七年卒,赠太尉,官供葬事。柩车既发,上于望春亭遥望之,令张说为其碑文,玄宗亲书石焉。子守一。

守一与后双生。守一与玄宗有旧,及上登极,以清阳公主妻之。从讨萧至忠、岑义等有功,自尚乘奉御迁殿中少监,特封晋国公,累转太子少保。父卒,袭爵祁国公。十一年,坐与庶人潜通左道,左迁柳州司马,行至蓝田驿,赐死。守一性贪鄙,积财巨万,及籍没其家,财帛不可胜计。

吴溆,章敬皇后之弟也,濮州濮阳人。祖神泉,位终县令。父珪,益州郫县丞。宝历二年,代宗始封拜外族,赠神泉司徒,令珪太尉。令珪母弟前宣城仅令瑶为开府仪同三司、太子家令,封濮阳郡公;中郎将令瑜为开府仪同三司、太子谕德、济阳郡公。溆时为盛王府录事参军,拜开府仪同三司、太子詹事、濮阳郡公。以元舅迁鸿胪少卿、金吾将军。建中初,迁大将军。溆虽居戚属,恭逊谦和,人皆重之。

泾师之乱,从幸奉天,卢杞、白志贞谓德宗曰:“臣细观朱泚心迹,必不至为戎首,伫当效顺。宜择大臣一人,入京师慰谕,以观其心。”上召从幸群臣言之,皆惮其行。溆起奏曰:“不以臣才望无堪,臣愿此行。”德宗甚悦。溆退而谓人曰:“人臣食君之禄,死君之难,临危自计,非忠也。吾忝戚属,今日委身于贼,诚知必死,不欲圣情慊于无人犯难也。”即日斋诏见泚,深陈上待属之意。时泚逆谋已定,貌虽从命,而心已异,乃留溆于客省,竟被害。上闻之,悲悼不已,赠太子太傅,赐其家实封二百户,一子五品正员官,敕收城日葬事官给。弟凑。

凑,宝历中与兄溆同日开府,授太子詹事,俱封濮阳郡公。凑以兄弟三品,固辞太过,乞授卑民,乃以凑检校太子宾客兼太子家令,充十宅王使。累转左金吾卫大将军。凑小心谨慎，智识周敏，特承顾问，偏见委信。大历中，滑帅令狐彰、汴帅田神功相次殁于理所，时藩方兵骄，乘戎帅丧亡，人情多梗。代宗命凑衔命抚慰，至必委曲说谕，随所欲为之奏请，皆得军民和协，帝深重之。

宰臣元载弄权，招致贿赂，丑迹日彰，帝恶之，将加之法，恐左右泄漏，无与言者，唯与凑密计图之。及收载于内侍省，同列王缙，其党杨炎、王昂、韩洄、包佶、韩会等，皆当从坐籍没。凑谏救百端，言"法宜从宽，缙等从坐，理不至死。若不降以等差，一例极刑，恐亏损圣德。"由是缙等得减死，流贬之。

大历末，丁继母丧免。建中初，起为右卫将军，兼通州刺史。贞元初，入为太子宾客，出为福州刺史、御史中丞、福建观察使，为政勤俭清苦，美誉日闻。宰相窦参以私怨恶之，数加谮毁，又言凑风病，不任趋驰。德宗召凑至京师，对于别殿，上令殿上行走，以验其病否，由是悟参之诬，因是恶参。寻以凑为陕州大都督府长史、陕虢观察使，以代参之党李翼。会刘玄佐卒，以凑检校兵部尚书、汴州刺史、御史大夫、宣武军节度使。时汴州军乱，杀牙将曹金岸、县令李迈，谋立玄佐子士宁。上将遣兵送凑赴镇，召宰臣议，窦参深沮其行，恐军中拒命，乃召凑回，授右金吾卫大将军，而以梁宋节钺授士宁。

贞元十四年春夏旱，谷贵，人多流亡，京兆尹韩皋以政事不理黜官。上召凑，面授京兆尹，即日令视事，经宿方下制。凑孜孜为理，以勤俭为务，人乐其政。时宫中选内官买物于市，倚势强买，物不充价，人畏而避之，呼为"宫市"。掌赋者多与中贵人交结假借，不言其弊。凑为京尹，便殿从容论之，曰："物议以中人买物于市，稍不便于人，引事甚细，虚掇流议。凡宫中所须，责臣可办，不必更差中使。若以臣府县外吏，不合预闻宫中所须，则乞选内官年高谨重者，充宫市令，庶息人间论议。"又奏："掌闲矿骑、飞龙内园、芙蓉及禁军诸司等使，杂供手力资课太多，量宜减省。"上多从之。

初，府掾吏以凑起自戚藩，不谙簿领，凡有疑狱难决之事，多候凑将出时方呈，冀免指擿瑕病，凑虽仓卒阅视，必指其奸幸之处，下笔决为，无毫厘之差。掾吏非大过，不行答责。而召面按问，诘责而释之，吏尤惕厉，庶务咸举。

文敬太子、义章公主相继薨殁，上深追念，葬送之仪颇厚。召集工役，载土筑坟，妨民农务。凑候上顾问，极言之。宗属门吏以凑论谏太繁，恐上厌苦，每以简约规之。凑曰："圣上明哲，忧劳四海，必不以公主、太子之钟念而忽疲民。但人多顺旨不言，若再三启谏，必动宸情，则生民受赐。长吏不言，是为阿旨。如穷民上诉，罪在何人？"议者重之。以能政，兼兵部尚书。官街树缺，所司植榆以补之，凑曰："榆非九衢之玩。"及命易之以槐。及槐阴成而凑卒，人指树而怀之。

凑于德宗为老舅，汉魏故事，多退居散地，才免罪戾而已，凑自贞元已来，特承恩顾，历中外显贵，虽圣奖隆深，亦由凑小心办事，奉职有方故也。

凑既疾，不召巫医，药不入口，家人泣而勉之，对曰："吾以凡才，滥因外戚进用，起家便授三品，历显位四十年，寿登七十，为人足矣，更欲何求？古之以亲戚进用者，罕有善终，吾得归全以侍先人，幸也。"德宗知之，令御医进药，不获已，服之。贞元十六年四月卒，时年七十一，赠尚书左仆射，罢朝一日。

窦觎，昭成皇后族侄。父光，华原尉。觎以亲荫，释褐右卫率府兵曹参军。鄜坊节度臧希让奏为判官，累授监察殿中侍御史、检校工部员外郎、坊州刺史。兴元元年，讨李怀光于河中，沼觎以坊州兵七百人屯台阳。贼平，以功兼御史中丞。迁同州刺史，入朝为户部侍郎。觎无他才伎，为吏有计数，又以韩滉子婿，故藩府辟召，遂历牧守。宰相窦参，觎再从侄，参少依觎，及参秉政，力荐于朝，故有贰卿之拜。数月，为扬州大都督府长史、御史大夫、充淮南节度副大使、知节度事，既非德举，人咸薄之。赴镇旬日，暴卒，诏赠礼部尚书。

柳晟者，肃宗皇后之甥。母和政公主，父潭，官至太仆卿、驸马都尉。晟少无检操，代宗于诸甥之中，特加抚鞠，俾与太子、诸王同学，授诗书，恩宠罕比。累试太常卿。德宗即位，以与晟幼同砚席，尤亲之。泾师之乱，从幸奉天，晟密启曰：“愿受诏入京城，游说群贼，冀其携贰。”德宗壮而许之。晟与贼帅多有旧，出入其门说诱之。事泄，为朱泚所擒，械之于狱。晟有力，乃于狱中穿垣破械而遁，落发为僧，间道归行在。迁将作少监。元和初，检校工部尚书、兴元尹、山南西道节度使。罢镇入朝，以违诏进奉，为御史元稹所劾，诏宥之。俄充入回鹘册立使。复命，迁左金吾卫大将军。元和十三年卒，赠太子少保。

王子颜，琅琊临沂人，庄宪皇后之父也。祖思敬，少从军，累试太子宾客。父难得，有勇决，善骑射，天宝初为河源军使。吐蕃赞普王子郎支都有勇，乘谍真马，宝钿装鞍，出阵求斗，无敢与校者。难得挟枪奋马突前，刺杀郎支都，斩其首，传于京师。军还，玄宗召见之，令于殿前乘马挟枪作刺郎支都之状，赐以锦袍金带，累拜金吾将军同正员。天宝七载，从哥舒翰击吐蕃于积石军，虏吐谷浑王子悉乔参及子婿悉颊藏而还，累拜左武卫将军、关西游奕使。九载，击吐蕃，收五桥，拔树敦城，补白水军使。十三载，从收九曲，加特进。

禄山之叛，从哥舒翰战于潼关，关门不守，从肃宗幸灵武。时行在阙军赏，难得进绢三千疋及金银器等。至德初，试卫尉卿、兴平军使，兼凤翔都是知兵马使。进收京城，与贼军战。其下斩元曜战酣坠马，难得驰救之，贼射之中眉，皮空披下郭目。难得自拔去箭，并皮掣落，驰马复战，血流被面，而抗贼不已，肃宗深嘉之。从郭子仪攻安庆绪于相州，累封琅琊郡公、英武军使。宝应二年卒，赠潞州大都督。

子颜少从父征役，累官金紫光禄大夫、检校卫尉卿，生后而卒。顺宗内禅，以后生宪宗皇帝，褒赠先代：思敬司徒，难得太傅，子颜太师。

颜子重荣,官至福王傅;用,官至太子宾客、金吾将军。

赞曰:戚里之贤,避宠畏权。不恤祸患,鲜能保全。福盈者败,势压者颠。武之惟良,明于自然。

旧唐书卷一八四
列传第一三四

宦　官

杨思勖　　高力士　　袁思艺　　李辅国
程元振　　<u>鱼朝恩</u>　　刘希暹　　贾明观
窦文场　　霍仙鸣　　俱文珍
吐突承璀　　王守澄　　田令孜
杨复光　　杨复恭　　刘季述　　王奉先
韩全海

　　唐制有内侍省，其官员：内侍四人，内常侍六人，内谒者监六
人，内给事八人，谒者十二人，典引十八人，寺伯二人，寺人六人。别
有五局：掖廷局掌宫人簿籍；宫闱局掌宫内门禁，其属有掌扇、给使
等员；奚官局掌宫人疾病死丧；内仆局掌宫中供帐灯烛；内府局主
中藏给纳。五局有令丞，皆内官为之。
　　贞观中，太宗定制，内侍省不置三品官，内侍是长官，阶四品。
至永淳末，向七十年，权未假于内官，但在阁门守御，黄衣廪食而
已。则天称制，二十年间，差增员位。中宗性慈，务崇恩贷，神龙中，
宦官三千余人，超授七品以上员外官者千余人，然衣朱紫者尚寡。
　　玄宗在位既久，崇重宫禁，中官稍称旨者，即授三品左右监门

将军,得门施榮戴。开元、天宝中,长安大内、大明、兴庆三宫,皇子十宅院,皇孙百孙院,东都大内、上阳两宫,大率宫女四万人,品官黄衣已上三千人,衣朱紫者千余人。后李辅国从幸灵武,程元振翼卫代宗,怙宠邀君,乃至守三公,封王爵,干预国政,亦未全握兵权。代宗时,子仪北伐,亲王东讨,遂特立观军容宣慰使,命鱼朝恩为之。然自有统帅,亦监领而已。

德宗避泾师之难,幸山南,内官窦文场、霍仙鸣拥从。贼平之后,不欲武臣典重兵,其左右神策、天威等军,欲委宦者主之,乃置护军中尉两员,中护军两员,分掌禁兵,以文场、仙鸣为两中尉,自是神策亲军之权,全归于宦者矣。自贞元之后,威权日炽,兰锜将臣,率皆子蓄,藩方戎帅,必以贿成,万机之与夺任情,九重之废立由己。元和之季,毒被乘舆。长庆缵隆,徒郁枕干之愤;临轩暇逸,旋忘涂地之冤。而易月未除,滔天尽怒。甲第名园之赐,莫匪伶官;朱袍紫绶之荣,无非巷伯。是时高品白身之数,四千六百一十八人,内则参秉戎权,外则监临藩岳。文宗包祖宗之耻,痛肘腋之仇,思翦厉阶,去其太甚。宋申锡言未出口,寻以破家;李仲言谋之不臧,几乎败国。何、窦之徒转蹙,让、珪之势尤狂,五十余年,祸胎逾煽,昭宗之季,所不忍闻。

臣遍览前书,考兹覆辙,试言大较,庶竭其源。何者?自书契已来,不无阉寺,况垂之天象,备见职官。即如秦皇、汉武,宫闱之内,宦官以侍宴游。但英睿之君,措置斯得;及荒僻之主,奢荡是求。委藩、采、瞩、楇之徒,饰姬姜狗马之玩,外言不入,惟欲是从。虽并列五侯,犹为赏薄,遍封万户,尚嫌恩疏。苟思捧日之勤,遂据回天之势。及三纲错乱,四海崩离,袁本初之入北宫,无须殆尽;石冉闵之攻邺下,内坚咸诛。旋至殄瘁邦家,不独感伤和气,淫刑斯逞,可为伤心。向使不假威权,但趋帷扆,何止四星终吉,抑亦万乘延洪。昔贤为社鼠之喻,不其然乎?

今录杨思勖已下所行事,以为鉴诫云。

　　杨思勖，本姓苏，罗州石城人。为内官杨氏所养，以阉，从事内侍省。预讨李多祚功，超拜银青光禄大夫，行内常侍。思勖有臂力，残忍好杀，从临淄王诛韦氏，遂从王为爪士，累迁右监门卫将军。

　　开元初，安南首领梅玄成叛，自称"黑帝"，与林邑、真腊国通谋，陷安南府，诏思勖将兵讨之。思勖至岭表，鸠募首领子弟兵马十余万，取伏波故道以进，出其不意。玄成遽闻兵至，惶惑计无所擒，竟为官军所擒，临阵斩之，尽诛其党与，积尸为京观而还。十二年，五溪首领覃行璋作乱，思勖复受诏率兵讨之，生擒行璋，斩其党三万余级。以军功累加辅国大将军。后从东封，又加骠骑大将军，封虢国公。十四年，邕州贼帅梁大海拥宾、横等数州反叛，思勖又统兵讨之，生擒梁大海等三千余人，斩余党二万余级，复积尸为京观。十六年，泷州首领陈行范、何游鲁、冯璘等聚徒作乱，陷四十余城。行范自称帝，游鲁称定国大将军，璘称南越王，割据岭表。诏思勖率永、连、道等兵及淮南弩手十万人进讨。兵至泷州。临阵擒游鲁、冯璘，斩之。行范潜窜深州，投云际、盘辽二洞。思勖悉众攻之，生擒行范，斩之，斩其党六万级，获口马金玉巨万计。思勖性刚决，所得俘囚，多生剥其面，或鬐发际，擘去头皮，将士已下，望风慑惮，莫敢仰视，故所至立功。内给事牛仙童使幽州，受张守珪厚赂，玄宗怒，命思勖杀之。思勖缚架之数日，乃探取其心，截去手足，割肉而啖之，其残酷如此。二十八年卒，时年八十余。

　　高力士，潘州人，本姓冯。少阉，与同类金刚二人，圣历元年岭南讨击使李千里进入宫。则天嘉其黠惠，总角修整，令给事左右。后因小过，挞而逐之。内官高延福收为假子，延福出自武三思家，力士遂往来三思第。岁余，则天复召入禁中，隶司宫台，廪食之。长六尺五寸，性谨密，能传诏敕，授宫闱丞。景龙中，玄宗在藩，力士倾心奉之，接以恩顾。及唐隆平内难，升储位，奏力士属内坊，日侍左右，擢授朝散大夫、内给事。先天中，预诛萧、岑等功，超拜银青光禄大夫，行内侍同正员。开元初，加右监门卫将军，知内侍省事。

玄宗尊重宫闱，中官稍称旨，即授三品将军，门施棨戟，故杨思勖、黎敬仁、林招隐、尹凤祥等，贵宠与力士等。杨则持节讨伐，黎、林则奉使宣传，尹则主书院。其余孙六、韩庄、杨八、牛仙童、刘奉廷、王承恩、张道斌、李大宜、朱光辉、郭全、边令诚等，殿头供奉、监军、入蕃、教坊、功德主当，皆为委任之务。监军则权过节度，出使则列郡辟易。其郡县丰赡，中官一至军，则所冀千万计，修功德，市鸟兽，诣一处，则不啻千贯，皆在力士可否。故帝城中甲第，畿甸上田、果园池沼，中官参半于其间矣。

每四方进奏文表，必先呈力士，然后进御，小事便决之。玄宗常曰："力士当上，我寝则稳。"故常止于宫中，稀出外宅。若附会者，想望风彩，以冀吹嘘，竭肝胆者多矣。宇文融、李林甫、李适之、盖嘉运、韦坚、杨慎矜、王铁、杨国忠、安禄山、安思顺、高仙芝因之而取将相高位，其余职不可胜纪。肃宗在春宫，呼为二兄，诸王公主皆呼"阿翁"，驸马辈呼为爷。力士于寝殿侧帘帷中休息，殿侧亦有一院，中有修功德处，雕莹璀璨，穷极精妙。力士谨慎无大过，然自宇文融已下，用权相噬，以紊朝纲，皆力士之由。又与时消息，观其势候，虽至亲爱，临覆败皆不之救。

力士义父高延福夫妻，正授供奉。岭南节度使于潘州求其本母麦氏送长安，令两媪在堂，备于甘脆。金吾大将军程伯献与力士结为兄弟，麦氏亡，伯献于灵筵散发，具缞绖，受宾吊答。十七年，赠力士父广州大都督，麦氏越国夫人。开元初，瀛州吕玄晤作吏京师，女有姿色，力士娶之为妇，擢玄晤为少卿、刺史，子弟皆为王傅。吕夫人卒，葬城东，葬礼甚盛。中外争致祭赠，充溢衢路，自第至墓，车马不绝。

天宝初，加力士冠军大将军、右监门卫大将军，进封渤海郡公。七载，加骠骑大将军。力士资产殷厚，非王侯能拟，于来庭坊造宝寿佛寺、兴宁坊造华封道士观，宝殿珍台，侔于国力。于京城西北截沣水作碾，并转五轮，日碾麦三百斛。初，宝寿寺钟成，力士斋庆之，举朝毕至。凡击钟者，一击百千；有规其意者，击至二十杵，少尚十杵。

其后又有华州袁思艺，特承恩顾。然力士巧密，人悦之；思艺骄倨，人士疏惧之。十四载，置内侍省，内侍监两员，秩正三品，以力士、思艺对任之。玄宗幸蜀，思艺走投禄山，力士从幸成都，进封齐国公。从上皇还京，加开府仪同三司，赐实封五百户。

上元元年八月，上皇移居西内甘露殿，力士与内官王承恩、魏悦等，因侍上皇登长庆楼，为李辅国所构，配流黔中道。力士至巫州，地多荠而不食，因感伤而咏之曰："两京作斤卖，五溪无人采。夷夏虽不同，气味终不改。"宝应元年三月，会赦归，至朗州，遇流人言京国事，始知上皇厌代，力士北望号恸，呕血而卒。代宗以其耆宿，保护先朝，赠扬州大都督，陪葬泰陵。

李辅国，本名静忠，闲厩马家小儿。少为阉，貌陋，粗知书计。为仆，事高力士，年且四十余，令掌厩中簿籍。天宝中，闲厩使王铣嘉其畜牧之能，荐入东宫。禄山之乱，玄宗幸蜀，辅国侍太子扈从，至马嵬，诛杨国忠，辅国献计太子，请分玄宗麾下兵，北趋朔方，以图兴复。辅国从至灵武，劝太子即帝位，以系人心。肃宗即位，擢为太子家令，判元帅府行军司马事，以心腹委之，仍赐名护国，四方奏事，御前符印军号，一以委之。辅国不茹荤血，常为僧行，视事之隙，手持念珠，人皆信以为善。从幸凤翔，授太子詹事，改名辅国。

肃宗还京，拜殿中监，闲厩、五坊、宫苑、营田、栽接、总监等使，又兼陇右群牧、京畿铸钱、长春宫等使，勾当少府、殿中二监都使。至德二年十二月，加开府仪同三司，进封郕国公，食实封五百户。宰臣百司，不时奏事，皆因辅国上决。常在银台门受事，置察事厅子数十人，官吏有小过，无不伺知，即加推讯。府县按鞫，三司制狱，必诣辅国取决，随意区分，皆称制敕，无敢异议者。每出则甲士数百人卫从。中贵人不敢呼其官，但呼五郎。宰相李揆，山东甲族，位居台辅，见辅国执子弟之礼，谓之五父。肃宗又为辅国娶故吏部侍郎元希声侄擢女为妻。擢弟挹，时并引入台省，擢为梁州长史。辅国判元帅行军司马，专掌禁兵，赐内宅居止。

上皇自蜀还京，居兴庆宫，肃宗自夹城中起居。上皇时召伶官奏乐，持盈公主往来宫中，辅国常阴候其隙而间之。上元元年，上皇尝登长庆楼，与公主语，剑南奏事官过朝谒，上皇令公主及如仙媛作主人。辅国起微贱，贵达日近，不为上皇左右所礼，虑恩顾或衰，乃潜画奇谋以自固。因持勇待客，乃奏云："南内有异谋。"矫诏移上皇居西内，送持盈于玉真观，高力士等皆坐流窜。

二年八月，拜兵部尚书，余官如故。诏群臣于尚书省送上，赐御府酒馔、太常乐，武士戎服夹道，朝列毕会。辅国骄恣日甚，求为宰臣，肃宗曰："以公勋力，何官不可，但未允朝望，如何？"辅国讽仆射裴冕联章荐己，肃宗蜜谓宰臣萧华曰："辅国欲带平章事，卿等欲有章荐，信乎？"华不对，问裴冕，曰："初无此事，吾臂可截，宰相不可得也。"华复入奏，上喜曰："冕固堪大用。"辅国衔之。宝应元年四月，肃宗寝疾，宰臣等不可谒见，辅国诬奏华专权，请黜之，上不许，辅国固请不已，乃罢华知政事，守礼部尚书。及帝崩，华竟被斥逐。

代宗即位，辅国与程元振有定策功，愈恣横，私奏曰："大家但内里坐，外事听老奴处置。"代宗怒其不逊，以方握禁军，不欲遽责，乃尊为尚父，政无巨细，皆委参决。五月，加司空、中书令，食实封八百户。程元振欲夺其权，请上渐加禁制，乘其有间，乃罢辅国判元帅行军事，其闲厩已下使名，并分授诸贵，仍移居外。辅国始惧，茫然失据。诏进封博陆王，罢中书令。许朝朔望。辅国欲入中书修谢表，阍吏止之曰："尚父罢相，不合复入此门。"乃气愤而言曰："老奴死罪，事郎君不了，请于地下事先帝。"上犹优诏答之。十月十八日夜，盗入辅国第，杀辅国，携首臂而去。诏刻木首葬之，仍赠太傅。

程元振，以宦者直内侍省，累迁至内射生使。宝应末，肃宗晏驾，张皇后与太子有怨，恐不附己，引越王系入宫，欲令监国。元振知其谋，密告李辅国，乃挟太子，诛越王并其党与。代宗即位，以功拜飞龙副使、右监门将军、上柱国，知内侍省事。寻代辅国判元帅行军司马,专制禁兵,加镇军大将军、右监门卫大将军,封保定县侯,充宝应军使。九月,加骠骑大将军,封邠国公,赠其父元贞司空,母郗氏赵国夫人。是时元振之权,甚于辅国,军中呼为"十郎"。

元振常请托于襄阳节度使来瑱,瑱不从。及元振握权,征瑱入朝,瑱迁延不至。广德元年,破裴茂,遂入朝,拜兵部尚书。元振欲报私憾,诬瑱之罪,竟坐诛。宰臣裴冕为肃宗山陵使,有事与元振相违,乃发小吏赃私,贬冕施州刺史。来瑱名将,裴冕元勋,二人既被诬陷,天下方镇皆解体,元振犹以骄豪自处,不顾物议。

九月,吐蕃、党项入犯京畿,下诏征兵,诸道卒无至者。十月,蕃军至便桥,代宗苍黄出幸陕州,贼陷京师,府库荡尽。及至行在,太常博士柳伉上疏切谏诛元振以谢天下,代宗顾人情归咎,乃罢元振官,放归田里,家在三原。

十二月,车驾还京,元振服缞麻于车中,入京城,以规仕用。与御史大夫王升饮酒,为御史所弹。诏曰:

族谈错立,法尚不容,同恶阴谋,议当从重,有一于此,情实难原。程元振性惟凶愎,质本庸愚,蕞尔之身,合当万死。顷已宽其严典,念其微劳,屈法伸恩,放归田里。仍乖克己,尚未知非,既忘含煦之仁,别贮觊觎之望。敢为啸聚,仍欲动摇,不令之臣,共为睥睨,妄谈休咎,仍怀怨望。束兵襄甲,变服潜行,无顾君亲,将图不轨。按验皆是,无所逃刑,首足异门,未云塞责。朕犹不忘薄效,再舍罪人,特宽斧钺之诛,俾正投荒之典。宜长流溱州百姓,委京兆府差纲递送,路次州县,差人防援,至彼捉搦,勿许东西。纵有非常之赦,不在会恩之限。凡百僚庶,宜体朕怀。

鱼朝恩,天宝末以宦者入内侍省,初为品官,给事黄门。性黠惠,善宣答,通书计。至德中,常令监军事。九节度讨安庆绪于相州,不立统帅,以朝恩为观军容宣慰处置使。观军容使名,自朝恩始也。以功累加左监门卫大将军。时郭子仪频立大功,当代无出其右,朝恩妒其功高,屡行间谍,子仪悉心奉上,殊不介意。肃宗英悟,特察其心，故朝恩之间不行。自相州之败。史思明再陷河洛，朝恩常统禁军镇陕，以殿东夏。广德元年，西蕃入犯京畿，代宗幸陕。时禁军不集，征召离散，比至华阴，朝恩大军遽至迎奉，六师方振。由是深加宠异，改为天下观军容宣慰处置使。时四方未宁，万务事殷，上方注意勋臣，朝恩专典神策军，出入禁中，赏赐无算。

朝恩性本凡劣，恃勋自伐，靡所忌惮。时引腐儒及轻薄文士于门下，讲授经籍，作为文章，粗能把笔释义，乃大言于朝士之中，自谓有文武才干，以邀恩宠。上优遇之，加判国子监事，光禄、鸿胪、礼宾、内飞龙、闲厩等使。赴国子监视事，特诏宰臣、百僚、六军将军送上，京兆府造食，教坊赐乐。大臣群官二百余人，皆以本官备章服充附学生，列于监之廊下，待诏给钱万贯充食本，以附学生厨料。朝恩恣横，求取无厌，凡有奏请，以必允为度，幸臣未有其比。

大历二年，朝恩献通化门外赐庄为寺，以资章敬太后冥福，仍请以章敬为名，复加兴造，穷极壮丽。以城中材木不足充费，乃奏坏曲江亭馆、华清宫观楼及百司行廨、将相没官宅给其用，土木之役，仅逾万亿。三年，让判国子监事，加韩国公。章敬太后忌日，百僚于兴唐寺行香，朝恩置斋馔于寺外之车坊，延宰臣百僚就食。朝恩恣口谈时政，公卿惕息。户部郎中相里造、殿中侍御史李衍以正言折之，朝恩不悦，乃罢会。

后尝释奠于国子监，宰臣百僚皆会，朝恩讲《易》，征鼎卦覆𫗧之义，以讥元载，载心衔之，阴图除去之。上以朝恩太横，亦恶之。载欲伺其便，巧中伤之，乃用腹心崔昭为京兆尹，伺朝恩出处。昭不吝财赂，潜与朝恩党陕州观察使皇甫温相结，温与昭协，自是朝恩动静，载皆知之，巨细悉以闻。上益怒，朝恩未之察，日以骄横。载奏加朝恩实封，又加皇甫温权位，以肆其欲。

五年，朝恩所昵武将刘希暹微有过忤，上讽之，诏罢朝恩观军容使，加实封通前一千户，朝恩始疑，然每朝谒，恩顾如常，亦不以载为意。会寒食宴近臣，朝恩入谒。先是，每宴罢，必出还营，是日有诏留之。朝恩始惧，言颇悖慢，上亦以旧恩不之责。是日朝恩还第,雉经而卒,刘希暹亦下狱赐死。

希暹,出自戎伍,有膂力,形貌光伟,以骑射闻。朝恩用之为神
策都虞候,封交河郡王。善候朝恩意旨,深被委信。累迁至太仆卿,
与兵马使王驾鹤同掌禁兵所为不法。讽朝恩于北军置狱,召坊市凶
恶少年,罗织城内富人,诬以违法,捕置狱中,忍酷考讯,录其家产,
并没于军。或有举选之士,财货稍殷,客于旅舍,遇横死者非一。坊
市苦之,谓之入地牢。捕贼吏有贾明观者,尤凶蠹,以屡置大狱,家
产巨万。希暹党之,地在禁密,人无敢言者。朝恩死。上宽宥之。以
素志非顺,虑不见容,常自疑惧。与王驾鹤联职,希暹辞多不逊。驾
鹤纯谨,上信任之。至是以希暹语上闻,乃诛之。

贾明观者,本万年县捕贼史。事希暹,恣为凶恶,毒甚豺狼。朝
恩、希暹既死,元载复受明观奸谋,潜容之,特奏令江西效力。明观
将出城,百姓数万人怀砖石候之,载令市吏止约。明观在洪州二年,
观察使魏少游容之。及路嗣恭代少游,至郡之日,召明观笞杀之。识
者减魏之名,多路之正。

朝恩素待礼部尚书裴士淹,户部侍郎、判度支第五琦,二人亦
坐贬官。

窦文场、霍仙鸣者,始在东宫事德宗。初鱼朝恩诛后,内官不复
典兵,德宗以亲军委白志贞。志贞多纳豪民赂,补为军士,取其佣
直,身无在军者,但以名籍请给而已。泾师之乱,帝召禁军御贼,志
贞召集无素,是时并无至者,唯文场、仙鸣率诸宦者及亲王左右从
行。志贞贬官,左右禁旅,悉委文场主之。从幸山南,两军渐集。

德宗还京,颇忌宿将,凡握兵多者,悉罢之,禁旅文场、仙鸣分
统焉。贞元十二年六月,特立护军中尉两员、中护军两员,以帅禁
军,乃以文场为左神策护军中尉,仙鸣为右神策护军中尉,右神威
军使张尚进为右神策中护军,内谒者监焦希望为左神策中护军,自

文场等始也。时窦、霍之权,振于天下,藩镇节将,多出禁军,台省清要,时出其门。文场累加骠骑大将军。是岁仙鸣病,帝赐马十匹,令于诸寺为僧斋以祈福。久病不愈,士四年,仓卒而卒。上疑左右小使正将食手加毒,配流者数十人。仙鸣死后,以开府内常侍第五守亮为右军中尉。文场连表请致仕,许之。

十五年已后,杨志廉、孙荣义为左右军中尉,亦踵窦、霍之事,怙宠骄恣。贪利冒宠之徒,利其纳贿,多附丽之。至于贞元末,宦官复盛。顺宗即位,王叔文用事,与韦执谊谋夺神策军权,乃用宿将范希朝为京西北禁军都将。事未行,为内官俱文珍等所排,叔文贬而止。

俱文珍,贞元末宦官,后从义父姓,曰刘贞亮。性忠正,刚而蹈义。顺宗即位,风疾不能视朝政,而宦官李忠言与牛美人侍病,美人受旨于帝,复宣之于忠言,忠言授之王叔文。叔文与朝士柳宗元、刘禹锡、韩日华等图议,然后下中书,俾韦执谊施行,故王之权振天下。叔文欲夺宦者兵权,每忠言宣命,内臣无敢言者,唯贞亮建议与之争。知其朋徒炽,虑斁朝政,乃与中官刘光琦、薛文珍、尚衍、解玉等谋,奏请立广陵王为皇太子,勾当军国大事,顺宗可之。贞亮遂召学士卫次公、郑絪、李程、王涯入金銮殿,草立储君诏。及太子受内禅,尽逐叔文之党,政事悉委旧臣,时议嘉贞亮之忠尽。累迁至右卫大将军,知内侍省事。元和八年卒,宪宗思其翊戴之功,赠开府仪同三司。

吐突承璀,幼以小黄门直东宫,性敏慧,有才干。宪宗即位,授内常侍,知内省事,左监门将军,俄授左军中尉、功德使。四年,王承宗叛,诏以承璀为河中、河南、浙西、宣歙等道赴徒州行营兵马招讨等使,内侍省常侍宋惟澄为河南、陕州、河阳已来馆驿使,内官曹进玉、刘国珍、马江朝等分为河北行营粮料馆驿等使。谏官、御史上疏相属,皆言自古无中贵人为兵马统帅者,补阙独孤郁、段平仲尤激切。宪宗不获已，改为充镇州已来招抚处置等使。及承璀率禁军上路，帝御通化门楼，慰谕遣之。出师经年无功，乃遣密人告王承宗，令上疏待罪，许以罢兵为解。仍奏昭义节度使卢从史素与贼通，许为承宗求节钺。乃诱潞州牙将乌重胤谋执从史送京师。及承宗表至，朝廷议罢兵，承璀班师，仍为禁军中尉。段平仲抗疏极论承璀轻谋弊赋，请斩之以谢天下，宪宗不获已，降为军器使。俄复为左卫上将军，知内侍省事。

时弓箭库使刘希先取羽林大将军孙璹钱二十万以求方镇，事发赐死，辞相告讦，事连承璀，乃出为淮南节度监军使。太子通事舍人李涉，性狂险，投匦上书，论希先、承璀无罪，不宜贬戮。谏议大夫、知匦事孔戣，见涉疏之副本，不受其章，涉持疏于光顺门欲进之，戣上疏论其纤邪，贬涉硖州司仓。上待承璀之意未已，而宰相李绛在翰林，时数论承璀之过，故出之。八年，欲召承璀还，乃罢绛相位。承璀还，复为神策中尉。惠昭太子薨，承璀建议请立澧王宽为太子，宪宗不纳，立遂王宥。穆宗即位，衔承璀不祐已，诛之。敬宗时，中尉马存亮论承璀之冤，诏雪之，仍令假子士晔以礼收葬。

王守澄，元和末宦者。宪宗疾大渐，内官陈弘庆等弑逆。宪宗英武，威德在人，内官秘之，不敢除讨，但云药发暴崩。时守澄与中尉马进潭、梁守谦、刘承偕、韦元素等定册立穆宗皇帝。长庆中，守澄知枢密事。

初元和中，守澄为徐州监军，遇翼城医人郑注，出入节度使李愬家。注敏悟过人，博通典艺，棋奕医卜，尤臻于妙，人见之者，无不欢然。注尝为李愬煮黄金，服一刀圭，可瘰弱重腿之疾，复能反老成童。诉与守澄服之，颇效。守澄知枢密，荐引入禁中，穆宗待之亦厚。注多奇诡，每与守澄言必通夕。

文宗即位，守澄为骠骑大将军，充右军中尉。注复得幸于文宗，后依倚守澄，大为奸弊。文宗以元和逆党尚在，其党大盛，心常愤惋，端居不怡。翰林学士宋申锡尝独对控知，上略言其意，申锡请渐除其逼。帝亦以申锡沉厚有方略，为其事可成，乃用为宰相。申锡谋未果，为注所察，守澄乃令军吏豆卢著诬告申锡与漳王谋逆，申锡坐贬。

宰相李逢吉从子训，与注交通，训亦机诡万端，二人情义相得，俱为守澄所重。复引训入禁中，为上讲《周易》。既得幸，又控知帝旨，复以除宦官谋中帝意。帝以训才辩纵横，以为其事必捷，待以殊宠，自流人中用为学官，充侍讲学士。时仇士良有翊上之功，为守澄所抑，位未通显。训奏用士良分守澄之权，乃以士良为左军中尉，守澄不悦，两相矛盾。训因其恶。大和九年，帝令内养李好古齐赍赐守澄，秘而不发，守澄死，仍赠扬州大都督。其弟守涓为徐州监军，召还，至中牟，诛之。守澄豢养训、注，反罹其祸，人皆快其受佞而恶训、注之阴狡。

李训既杀守澄，复恶郑注，乃奏用注为凤翔节度使。训欲尽诛宦官。乃与金吾将军韩约、新除太原节度使王璠、新除邠宁节度使郭行余、权御史中丞李孝本、权京兆尹罗立言谋。其年十一月二十一日，上御宣政殿，百僚班定，韩约不奏平安，乃奏曰："臣当仗廨内石榴树，夜来降甘露，请陛下幸仗舍观之。"帝乘辇趋金吾仗。中尉仇士良与诸官先往石榴树观之，伺知其诈，又闻幕下兵仗声，苍黄而还，奏曰："南衙有变。"遂扶帝辇入阁门。李训从辇大呼曰："邠宁、太原之兵，何不赴难？卫乘舆者，人赏百千！"于是谁何之卒及御史台从人，持兵入宣政殿院，宦官死者甚众。辇既入阁门。内官呼万岁。俄而士良等率禁兵五百余人，露刃出东上阁门，逢人即杀，王涯、贾餗、舒元舆、李训等四人宰相及王璠郭行余等十一人，尸横阙下。自是权归士良与鱼弘志。至宣宗即位，复诛其甚泰者，而阉寺之势，仍握军权之重焉。

田令孜，本姓陈。咸通中，从义父义内侍省为宦者。颇知书，有谋略，自诸司小使监诸镇用兵，累迁神策中尉、左监门卫大将军。乾符中，盗起关东。诸军诛盗，以令孜为观军容、制置左右神策、护驾十军等使。京师不守，从僖宗幸蜀。銮舆返正，令孜颇有匡佐之功，时令孜威权振天下。

时关中寇乱初平，国用虚竭，诸军不给，令孜请以安邑、解县两池榷盐课利，全隶神策军，诏下，河中王重荣抗章论列，言使名久例隶当道，省赋自有常规。令孜怒，用王处存为河中节度使，重荣不奉诏。令孜率禁兵讨之，重荣引太原军为援，战于沙苑，禁军大败。京师复乱，僖宗出幸宝鸡，又移幸山南，方镇皆憾令孜生事。令孜惧，引前枢密杨复恭代己，从幸梁州，求为西川监军。西川节度使陈敬瑄，即令孜之弟也。

昭宗即位，三川大乱，诏宰相韦昭度镇西川，陈敬瑄不受代。令孜引阆州刺史王建为援，建素以父事令孜。时建方乱东川，闻其召也，以西蜀可图，欣然赴之。建以所领千余兵至汉州，陈敬瑄以建雄豪难制，辞而遣之。建曰："十军阿父召予，及门而拒，邻藩闻之，孰肯相容？为予报令公，建至此，无所归也。"遂遣使上表，请讨陈敬瑄以自效。朝廷嘉之，即命昭度为招讨，入蜀加兵，经年无功，昭度还京。建遂绝栈道，不通诏使。岁中急击成都，陈敬瑄计窘，遣令孜出城，与建通和。建竟自为蜀帅，令孜以义父之故，依倚仍旧监军事。既而陈敬瑄遇鸩，令孜亦为建所杀。

杨复光，内常侍杨玄价之养子也。幼以宦者入内侍省，慷慨负节义，有筹略，为小黄门，监镇兵征讨。乾符中，贼渠黄巢之犯江西，复光为排阵使，遣判官吴彦弘入城喻朝旨，巢即令其将尚君长奉表归国。招讨使守威害其功，并兵击贼，巢怒，复作剽。朝廷诛尚君长，怨怒愈深。宋威战败，复光总其兵权，进攻洪州，擒贼将徐唐莒。诏以荆南节度使王铎为招讨，代宋威。复光监忠武军，屯于以州，以遏贼冲。

京师陷贼，节度使周岌授伪命，贼使往来旁午。岌尝夜宴，急召复光，左右曰："周公归贼，必谋害内寺，不如勿往。"复光曰："事势如此，义不图全。"即赴之。酒酣，岌言本朝事，复光因泣下，良久曰：

"丈夫所感者恩义,不规利害,非丈夫也。公自匹夫享公侯之贵,岂舍十八叶天子而北面臣贼,何恩义利害之可言乎!"声泪俱发,岌亦为之流涕。岌曰:"吾不能独力拒贼,貌奉而心图之,故召公。"洒酒为盟。是夜,复光遣其养子守亮杀贼使于传舍。

时秦宗权叛岌,据蔡州。复光得忠武之师三千入蔡州,说宗权,俾同义举。宗权遣将王叔率众万人从复光收荆襄。次邓州,王叔逗留不进,复光斩之,并其军,分为八都。鹿晏弘、晋师秦、王建、韩建等,皆八都之大将也。进攻南阳,贼将朱温、何勤来逆战,复光败之,进收邓州,献捷行在,中和元年五月也。复光乘胜追贼,至蓝桥,丁母忧还。寻起复,受诏充天下兵马都监,押诸军入定关辅。王重荣为东面招讨使,复光以兵会之。

二年七月,至河中。贼将朱温守同州,复光遣使谕之。九月,温以所部来降。时贼将李翔守华州,巢寇益盛,王重荣忧之,谓复光曰:"臣贼则负国,拒战则兵微,今日成败,未可知也,公其图之。"复光曰:"雁门李仆射以雄武振北陲,其家尊与吾先世同患难。李雁门奋不顾身,自播迁已来,征兵未至者,盖太原阻路也。如以朝旨谕郑公,诏到,其军必至。"重荣曰:"善"。王铎遣使奉墨诏之太原,太原以兵从之。及收京城,三败巢贼,复光与其子守亮、守宗等身先犯难,功烈居多。其年六月,卒于河中,时年四十二。复光虽黄门近幸,然慷慨有大志,善抚士卒,及死之日,军中恸哭累日。身后平贼立功者,多是复光部下门人故将也。

诸假子:守亮,兴元节度使;守宗,忠武节度使;守信,商州防御使;守忠,洋州节度使;其余以守为名者数十人,皆为牧守将帅。

杨复恭,贞元末中尉杨志廉之后。志廉子钦义,大中朝为神策中尉。钦义子三人:玄翼、玄价、玄实。玄翼,咸通中掌枢密;玄实,乾符中为右军中尉;玄价,河阳监军。复恭,即玄翼子也。以父,幼为宦者,入内侍省。知书,有学术,每监诸镇兵。庞勋之乱,监陈有功,自河阳监军入为宣徽使。咸通十年,玄翼卒,起复为枢密使。时黄巢犯阙，左军中尉田令孜为天下观军容制置使，专制中外。复恭每事力争得失，令孜怒，左授复恭飞龙使，乃称疾退于蓝田。僖宗自蜀还京，田令孜出师失律，车驾再幸山南，复用复恭为枢密使，寻代令孜为右军中尉。时行在制置，内外经略，皆出于复恭。车驾还京，授观军容使，封魏国公。

僖宗晏驾，迎寿王践祚。文德元年，加开府、金吾上将军，专典禁兵，既军权在手，颇擅朝政。昭宗恶之，政事多访于宰臣，故韦昭度、张浚、杜让能每有陈奏，即举大中故事，稍抑宦者之权。上性明察，由是偏听之衅生焉。国舅王瑰，颇居中任事，复恭恶之，奏授黔南节度。至吉柏江，覆舟而没，物议归咎于复恭，上每切齿道复恭。复恭假子天威军使守立，权勇冠六军，人皆避之。上欲罪复恭，惧守立为乱，乃谓复恭曰："吾要卿家守立在左右，可进来"。乃赐姓李，名顺节，恩宠特异，势侔枢要。乃与复恭争权，每中伤其阴事，授顺节镇海军节度使、同平章事。

大顺二年九月，诏复恭致仕，赐杖屦。复恭既失势，欲退止商山别居，第在昭化里，近玉山营。假子守信为玉山军使，守信时候复恭于其第，或诬告云玉山军使与复恭谋乱，诏李顺节率禁军攻之。昭宗御延喜楼。守信以兵拒之，顺节屡败。际晚，守信、复恭挈其族出通化门，趋兴元。守信令部将张绾殿其后，绾战败，被擒。复恭至兴元，节度使杨守亮乃纠合诸守义兄弟举兵，以讨顺节为名。天子诏李茂贞、王行瑜讨之。明年，守亮兵败，复恭与守亮挈其族，将奔太原，入商山。至乾元县，为华州兵所获，执送京师，皆枭首于市。李茂贞收兴元，进复恭前后与守亮私书六十纸，内诉致仕之由云："承天是隋家旧业，大姓但积粟训兵，不要进奉，吾于荆榛中援立寿王，有如此负心门生天子，既得尊位，乃废定策国老。"其不逊如是。后复恭假子彦博奔太原，收复恭骸骨，葬于介休县之抱腹山。

复恭之后，宦者西门重遂为右军中尉。李茂贞初并山南，兵众强盛，干预朝政，宰相杜让能与重遂等谋诛之。师兴，为茂贞所败。

重遂被诛，乃以内官骆全瓘、刘景宣为左右军中尉。乾宁二年春，李茂贞、王行瑜以兵入朝，杀宰相韦昭度、李溪。河东节度使李克用率师渡河，讨邠、岐二帅，军于渭北。骆全瓘与茂贞宿卫将阎圭，胁天子幸岐州，昭宗苍黄幸莎城。茂贞以太原问罪，乃诛全瓘、阎圭以自解。昭守幸华州，宦官稍微。

及光化还宫，内官景务修、宋道弼复专国政，宰相崔胤深恶之。中外不睦。宰相徐彦若、王搏有度量，见其阴险相倾，惧危时事，尝奏曰："人君当务大体，平心御物，无有偏私。偏任偏听，古人所患。今中官怙宠，道路目之，皆知此弊，然未能卒改。俟多难渐平，以道消息之。陛下勿泄圣谟，启其奸诈。"崔胤知搏所奏，颇衔之，他日见上，曰："王搏奸邪，已为敕使外应，不可在相位。"二年六月，贬搏官，赐死于蓝田，道弼、务修亦赐死，以枢密使刘季述、王奉先为两军中尉，出徐彦若镇南海。

崔胤秉政而排摈宦官，季述等外结藩侯，以为党援。十一月六日，季述矫诏以皇太子监国，遂废昭宗，居东内，夺传国宝授太子。昭宗以何皇后宫嫔数人随行，幽于东宫，季述手持银树，于上前以树画地数上罪状，云："某时某事，你不从我言，其罪一也。"其悖逆如此。乃令李师虔以兵围之，熔锡锢其扃镝。时方凝冽，嫔御无被，哭声闻于外。穴墙通食者两月。十二月晦，崔胤等谋反正，诛季述、奉先，复迎昭宗即位，改元天复元年。

其岁十一月，朱全忠寇河中华州，陷之，京师震恐，中尉韩全诲请上且幸凤翔。全忠追逼乘舆，兵围凤翔者累年。三年正月，茂贞杀两军中尉韩全诲张弘彦、枢密使袁易简周敬容等二十二人，皆斩首，以布囊贮之，令学士薛贻矩送于全忠求和。是月，全忠迎驾还长安，诏以崔胤为宰相，兼判六军诸卫。

胤奏曰："高祖、太宗承平时，无内官典军旅。自天宝以后，宦官浸盛。贞元、元和，分羽林卫为左、右神策军，以使卫从，令宦官主之，唯以二千人定制。自是参掌枢密。由是内务百司，皆归宦者，上下弥缝，共为不法，大则倾覆朝政，小则构扇藩方。车驾频致播迁，

朝廷渐加微弱，原其祸作，始自中人。自先帝临御已来，陛下篡承之
后，朋侪日炽，交乱朝纲，此不翦其本根，终为国之蟊贼。内诸司使
务宦官主者，望一切罢之，诸道监军使，并追赴阙廷，即国家万世之
便也。

诏曰：

宦官之兴，肇于秦、汉。赵高、阎乐，竟灭嬴宗；张让、段珪，
遂倾刘祚。肆其志则国必受祸，悟其事则运可延长。朕所以断
在不疑，祈天永命者也。

先皇帝嗣位之始，年在幼冲，群竖相推，奄专大政。于是毒
流宇内，兵起山东，迁幸三川，几沦神器。回銮之始，率土思安，
而田令孜妒能忌功，迁摇近镇，陈仓播越，患难相仍。洎朕篡
承，益相侮慢，复恭、重遂逞其祸，道弼、季述继其凶，幽辱朕
躬，凌胁孺子。天复返正，罪己求安，两军内枢，一切假借。韩
全诲等每怀愤惋，曾务报仇，视将相若血仇，轻君上如木偶。未
周星岁，竟致播迁；及在岐阳，过于羁继。上尤宗社倾坠，下痛
民庶流离，茫然孤居，无所控告。

全忠位兼二柄，深识朕心，驻兵近及于三年，独断方诛于
元恶。今谢罪郊庙，即宅宫闱，正刑当在于事初，除恶宜绝其根
本。先朝及朕，五致播迁，王畿之甿，减耗大半。父不能庇子，
夫不能室妻。言念于兹，痛深骨髓，其谁之罪？尔辈之由。

帝王之为治也，内有宰辅卿士，外有藩翰大臣，岂可令刑
余之人，参预大政？况此辈皆朕之家臣也，比于人臣之家，则奴
隶之流。恣横如此，罪恶贯盈，天命诛之，罪岂能舍？横尸伏法，
固不足矜，含容久之，亦所多愧。其第五可范已下，并宜赐死。
其在畿甸同华、河中，并尽底处置讫。诸道监军使已下，及管内
经过并居停内使，敕到并仰随处诛夷讫闻奏。已令准国朝故
事，量留三十人，各赐黄绢衫一领，以备宫内指使。仍不得辄有
养男。其左右神策军，并令停废。

是日，诸司宦官百余人，及随驾凤翔群小又二百余人，一时斩

首于内侍省,血流涂地。及宫人宋柔等十一人,两街僧道与内官相善者二十余人,并笞死于京兆府。内诸司一切罢之,皆归省寺。自是京城并无宦官,天子每宣传诏命,即令宫人出入。崔胤虽复仇快志,国祚旋亦覆亡,悲夫。

　　赞曰:崇墉大厦,壮其楯碍。殿邦御侮,亦俟明德。宵人意褊,动不量力。投鼠败器,良堪太息。

旧唐书卷一八五上

列传第一三五上

良吏上

韦仁寿	陈君宾	张允济	李桐客
李素立	薛大鼎	贾敦颐 弟敦实	
李君球	崔知温	高智周	
田仁会 子归道	韦机	权怀恩	
冯元常	蒋俨	王方翼	薛季昶

汉宣帝曰："使政平讼息，民无愁叹，与我共理，其惟良二千石乎！"故汉代命官，重外轻内，郎官出宰百里，郡守入作三公，世祖中兴，尤深吏术，慎选名儒为辅相，不以吏事责功臣，政优则增秩赐金，绩负则论输左校。选任之道，皇汉其优。

隋政不纲，彝伦斯紊，天子事巡游而务征伐，具僚逞侧媚而窃恩权。是时朝廷无正人，方岳无廉吏。跨州连郡，莫非豺虎之流；佩紫怀黄，悉奋爪牙之毒。以至土崩不救，旋踵而亡。

武德之初，余风未殄。太宗皇帝削平乱迹，湔洗污风，唯思稼穑之艰，不以珠玑为宝，以是人知耻格，俗尚贞修，太平之基，率由兹道。洎天后、玄宗之代，贞元、长庆之间，或以卿士大夫莅方州，或以御史、郎官宰畿甸，行古道也，所病不能。

自武德已还，历年三百，其间岳牧，不乏循良。今录其政术有闻,为之立传,所冀表吏师而儆不恪也。

韦仁寿,雍州万年人也。大业末,为蜀郡司法书佐,断狱平恕,其得罪者皆曰:“韦君所断,死而无恨。”高祖入关,遣使定巴蜀,使者承制拜仁寿西州都督府长史,时南宁州内附,朝廷每遣使安抚,类皆受贿,边人患之,或有叛者。高祖以仁寿素有能名,令检校南宁州都督,寄听政于越西,使每岁一至其地以慰抚之。仁寿将兵五百人至西洱河,承制置八州十七县,授其豪帅为牧宰,法令清肃,人怀欢悦。及将还,酋长号泣曰:“天子遣公镇抚南宁,何得便去?仁寿以城池未立为辞,诸酋长乃相与筑城,立廨舍,旬日而就。仁寿又曰:“吾奉诏但令巡抚,不敢擅住。”及将归,蛮夷父老各挥涕相送。因遣子弟随之入朝,贡方物,高祖大悦。仁寿复请徙居南宁,以兵镇守。有诏特听以便宜从事,令益州给兵送之。刺史窦轨害其功,托以蜀中山獠反叛,未遑远略,不时发遣。经岁余,仁寿病卒。

陈君宾,陈鄱阳王伯山子也。仕隋为襄国太守。武德初,以郡归款,封东阳公,拜邢州刺史。贞观元年,累转邓州刺史。州邑丧乱之后,百姓流离,君宾至才期月,皆来复业。二年,天下诸州并遭霜涝,君宾一境独免,当年多有储积,蒲、虞、虞等州户口,尽入其境逐食。太宗下诏劳之曰:

> 朕以隋末乱离,毒被海内,率土百姓,零落殆尽,州里萧条,十不存一,寤寐思之,心焉若疚。是以日昃忘食,未明求衣,晓夜孜孜,惟以安养为虑。每见水旱降灾,霜雹失所,抚躬责己,自惭德薄。恐贫乏之黎庶,不免饥馁,倾竭仓廪,普加赈恤。其有一人绝食,若朕夺之,分命庶僚,尽心匡救。去年关内六州及蒲、虞、陕、鼎等复曹亢旱,禾稼不登,粮储既少,遂令分房就食。此闻刺史以下及百姓等并识朕怀,逐粮户到,递相安养,回还之日,各有赢粮,乃别斋布帛,以申赠遣,如此用意,嘉叹良深。一则知水旱无常或此递相拯赡,不虑凶年。二则知礼让兴

行,轻财重义,四海士庶,皆为兄弟。变浇蒲之风,敦仁慈之俗,政化如此,朕复何忧。其安置言口,官人支配得所,并令考司录为功最。养户百姓,不吝财帛,已敕主者免今年调物。宜知此意,善相劝勉。

其年入为太府少卿,转少府少监。九年,坐事除名。后起授虔州刺史,卒。

张允济,青州北海人也。隋大业中为武阳令,务以德教训下,百姓怀之。元武县与其邻接,有人以牸牛依其妻家者八九年,牛孳产至十余头,及将异居,妻家不与,县司累政不能决。其人诣武阳质于允济,允济曰:"尔自有令,何至此也?"其人垂泣不止,具言所以。允济遂令左右缚牛主,以衫蒙其头,将诣妻家村中,云捕盗牛贼,召村中牛悉集,各问所从来处。妻家不知其故,恐被连及,指其所诉牛曰:"此是女婿家牛也,非我所知。"允济遂发蒙,谓妻家人曰:"此即女婿,可以牛归之。"妻家叩头服罪。元武县司闻之,皆大惭。又尝道逢一老母种葱者,结庵守之,允济谓母曰:"但归,不烦守也。若遇盗,当来告令。"老母如其言,居一宿而葱大失,母以告允济,悉召葱地十里中男女毕集,允济呼前验问,果得盗葱者。曾有行人候晓先发,遗衫于路,行十数里方觉,或谓曰:"我武阳境内,路不拾遗,但能回取,物必当在。"如言果得,远近称之,政绩尤异。

迁高阳郡丞,时无郡将,允济独统大郡,吏人畏悦。及贼帅王须拔攻围,时城中粮尽,吏人取槐叶槁节食之,竟无叛者。贞观初,累迁刑部侍郎,封武城县男。出为幽州刺史,寻卒。

李桐客,冀州衡水人也。仕隋为门下录事。大业末。炀帝幸江都,时四方兵起,谋欲徙都丹阳,召百僚会议。公卿希旨,俱言:"江右黔黎皆思望幸,巡狩吴会,勒石杨功,复禹之迹,今,其时也。"桐客独议曰:"江南卑湿,地狭州小,内奉万乘,外给三军,吴人力屈,恐不堪命。且逾越险阻,非社稷之福。"御史奏桐客谤毁朝政,仅而获免。后隋灭，从宇文化及至黎阳，转没窦建德。建德平，太宗召授秦府法曹参军。贞观初，累迁通、巴二州，所在清平流誉，百姓呼为慈父。后卒于家。

李素立，赵州高邑人，北齐梁州刺史义深曾孙也。祖骍，散骑常侍。父政藻，隋水部郎中，大业末农使淮南，为盗所杀。素立，武德初为监察御史。时有犯法不至死者，高祖特命杀之，素立谏曰：“三尺之法，与天下共之，法一动摇，则人无所措手足。陛下甫创鸿业，遐荒尚阻，奈何辇毂之下，便弃刑书？臣忝法司，不敢奉旨。”高祖从之。自是屡承恩顾。素立寻丁忧，高祖令所司夺情授以七品清要官，所司拟雍州司户参军，高祖曰：“此官要而不清。”又拟秘书郎，高祖曰：“此官清而不要。”遂擢授侍御史，高祖曰：“此官清而复要。”

贞观中，累转扬州大都督府司马。时突厥铁勒部相率内附，太宗于其地置瀚海都护府以统之，以素立为瀚海都护。又有阙泥孰别部，犹为边患，素立遣使招谕降之。夷人感其惠，率马牛以馈素立，素立唯受其酒一杯，余悉还之。为建立廨舍，开置屯田。久之，转绵州刺史。永徽初，迁蒲州刺史，及将之任，所余粮储及什物，皆令州司收之，唯赍己之书籍而去。道病卒，高宗闻而特为废朝一日，谥曰平。

其孙至远，有重名，长寿中为天官郎中。内史李昭德重其才，荐于则天，擢令知流内选事，或劝至远谢其私恩，至远曰：“李公以公见用，岂得以私谒也。”竟不谢，遂为昭德所衔，因事出为壁州刺史卒。

至远子畲，初为氾水主簿，处事敏速，有声称，虽村童而养之辈，一阅之后，无不知替代姓名者，累转国子司业。事母甚谨，闺门邕睦，累代同居。每岁时拜庆，长幼男女，咸有礼节。及妻卒，时母已先病，畲恐伤母意，约家人不令哭声使闻于母，朝夕定省，不曾见其忧忘之色,士友甚以此称之。及母终,过毁,卒于丧。

至远弟从远,景云中历黄门侍郎、太府卿。

素立从兄子游道,则天时官至冬官尚书、同凤阁鸾台三品。

薛大鼎,蒲州汾阳人,周太子少傅博平公善孙也。父粹,隋介州长史。汉王谅谋反,授绛州刺史,谅败伏诛。大鼎以年幼免死,配流辰州,后得还乡里,义旗初建,于龙门谒记祖,因说:"请勿攻河东,从龙门直渡,据永丰仓,传檄远近,则足食足兵。既总天府,据百二之所,斯亦拊背扼喉之计。"高祖深然之。时将士咸请先攻河东,遂从众议。授大将军府察非掾。

贞观中,累转鸿胪少卿、沧州刺史。州界有无棣河,隋末填废,大鼎奏开之,引鱼盐于海。百姓歌之曰:"新河得通舟楫利,直达沧海盐鱼至。昔日徒行今骋驷,美哉薛公德滂被。"大鼎又以州界卑下,遂决长芦及漳、衡等三河,分泄夏潦,境内无复水害。地与瀛州刺史贾敦颐、曹州刺史郑德本,俱有美政,河北称为铛脚刺史。

永徽四年,授银青光禄大夫,行荆州大都督府长史。明年卒。有二子:克构、克勤。

克构,天授中官至麟台监。克勤,历司农少卿,为来俊臣所陷伏诛。克构坐配流岭表而死。

贾敦颐,曹州宛句人也。贞观中,历迁沧州刺史。在职清洁,每入朝,尽室而行,唯弊车一乘,羸马数匹。羁勒有阙,以绳为之,见者不知其刺史也。二十三年,转瀛州刺史。州界滹沱河及滱水,每岁泛溢,漂流居人,敦颐奏立堤堰,自是无复水患。

永徽五年,累迁洛州刺史。时豪富之室,皆籍外占田,敦颐都括获三千余顷,以给贫乏。又发奸摘伏,有若神明。寻卒。弟敦实。

敦实,贞观中为饶阳令,政化清静,老幼怀之。时敦颐复授瀛州刺史,旧制,大功以上不复连官,朝廷以其兄弟在职,俱有能名,竟不迁替。咸亨元年,累转洛州长史,甚有惠政。时洛阳令杨德干杖杀人吏,以立威名,敦实曰:"政在养人,义须存抚,伤生过多,虽能亦不足贵也。"常抑止德干,德干亦为之稍减。四年,迁太子右庶子。

初敦颐为洛州刺史,百姓共树碑于大市通衢,及敦实去职,复刻石颂美,立于兄之碑侧,时人号为"棠棣碑"。敦实后为怀州刺史,永淳初,以年老致仕。及病笃,子孙迎医视之,敦实曰:"未闻良医能治老也。"终不服药。垂拱四年卒,时年九十余。

子膺福,先天中历左散骑常侍、昭文馆学士,坐预窦怀贞等谋逆伏诛。

李君球,齐州平陵人也。父义满,属隋乱,纠合宗党,保固村闾,外盗不敢侵逼,以功累授齐君通守。武德初,远申诚款,诏以其宅为谭州,仍拜为总管,封平陵郡公。

君球少任侠,颇涉书籍。贞观中,齐州都督齐王据州城举兵作乱,君球长兄子行均守县城。事平,太宗闻而嘉之,擢授游击将军,仍改其本县为全节县。君球累补左骁卫、义全府折冲都尉。

龙朔三年,高宗将伐高丽,君球上疏谏曰:

臣闻心之病者,不能缓声,事之急者,不能安言;性之慈者,不能隐情。且食君之禄者,死君之事,今臣食陛下之禄矣,其敢爱身乎?臣闻《司马法》曰:"国虽大,好战必亡;天下虽安,忘战必危。"兵者凶器,战者危事,故圣主明王重行之也。爱人力之尽,恐府库之殚,惧社稷之危,生中国之患。故古人云:"务广德者昌,务广地者亡。"昔秦始皇好战不已,至于失国,是不爱其内而务其外故也。汉武远讨朔方,殆乎万里,广拓南海,分为八郡,终于户口减半,国用空虚,至于末年,方垂哀痛之诏,自悔其失。

彼高丽者,辟侧小丑,潜藏山海之间,得其人不足以彰圣化,弃其地不足以损天威,何至乎疲中国之人,倾府库之实,使男子不得耕耘,女子不得蚕织。陛下为人父母,不垂恻隐之心,倾其有限之赏,贪于无用之地。设令高丽既灭,即不得不发兵镇守,少发则兵威不足,多发则人心不安,是乃疲于转戍,万姓无聊生也。万姓无聊,即天下败矣。天下既败。陛下何以自安?故臣以为征之不如不征。灭之不如不灭。

书奏不纳。

寻迁蔚州刺史,未行,改为兴州刺史。累迁扬州大都督府长史,政尚严肃,人吏惮之,盗贼屏迹,高宗频降书劳勉。时有吐谷浑犯塞,以君球素有威重,转为灵州都督。寻卒官。

崔知温,许州鄢陵人。祖枢,司农卿。父义真,陕州刺史。知温初为左千牛。麟德中,累转灵州都督府司马。州界有浑、斛薛部落万余帐,数侵掠居人,百姓咸废农业。习骑射以备之。知温表请徙于河北,斛薛不顾迁移,时将军契苾何力为之言于高宗,遂寝其奏。知温前后十五上,诏竟从之,于是百姓始就耕获。后斛薛入朝,因过州谢曰:“前蒙奏徙河北,实有怨心。然牧地膏腴,水草不乏,部落日富,始荷公恩。”拜伏而去。

知温四迁兰州刺史,会有党项三万余众来寇州城,城内胜兵既少,众大惧,不知所为。知温使开城门延贼,贼恐有伏,不敢进。俄而将军权善才率兵来救,大破党项之众。善才因其降,欲尽坑之,以绝后患,知温曰:“弗逆克奔,古人之善战。诛无噍类,祸及后昆。又溪谷峥嵘,草木幽蔚,万一变生,悔之何及。”善才然其计。又欲分降口五百人以与知温,知温曰:“向论安危之策,乃公事也,岂图私利哉!”固辞不受。党项余众由是悉来降附。知温累迁尚书左丞,转黄门侍郎、同中书门下三品,兼修国史。永隆二年七月,迁中书令。永淳三年三月卒,年五十七,赠荆州大都督。

子泰之,开元中官至工部尚书。

少子谞之。谞之,神龙初为将作少匠,预诛张易之有功,封博陵县侯,赐实封二百户。开元初,累迁少府监。

知温兄知悌。知悌,高宗时官至户部尚书。

高智周,常州晋陵人。少好学,举进士。累补费县令,与丞、尉均分俸钱,政化大行,人吏刊石以颂之。寻授秘书郎、弘文馆直学士,预撰瑶山玉彩、文馆辞林等,三迁兰台大夫。时孝敬在东宫,智周与司文郎中贺凯、司经大夫王真儒等,俱以儒学诏授为侍读。总章元年,请假归葬其父母,因谓所亲曰:"知进而不知退,取患之道也。"乃称疾去职。

俄起授寿州刺史,政存宽惠,百姓安之。每行部,必先召学官,见诸生,试其讲育,访以经义及时政得失,然后问及垦田狱讼之事。咸亨二年,诏拜正谏大夫,兼检校礼部侍郎。寻迁黄门侍郎、同中书门下三品,兼修国史,俄转御史大夫,累表固辞烦剧之任,高宗嘉其意,拜右散骑常侍。又请致仕,许之。永淳二年十月,卒于家,年八十二,赠越州都督府。

智周少与乡人蒋子慎善,同诣善相者,曰:"明公位极人臣,而胤嗣微弱;蒋侯官禄至薄,而子孙转盛。"子慎后累年为建安尉卒,其子绘来谒智周,智周已贵矣,曰:"吾与子父有故,子复有才。"因以女妻之。永淳中,为缑氏尉、郑州司兵卒。

绘子捷,举进士。开元中,历台省,仕至湖、延二州刺史。子贵,赠扬州大都督。

捷子洌、涣,并进士及第。洌,历礼、吏、户部三侍郎,尚书左丞;涣,天宝末给事中,永泰初右散骑常侍。高氏殄灭已久,果符相者之言。初,洌兄弟在父艰,庐于墓侧,植松柏千余株,又同时荣贵,人推其友爱。

洌子炼,涣子铢,亦进士举。

田仁会,雍州长安人。祖轨,隋幽州刺史、信都郡公。父弘,陵州刺史,袭信都郡公。仁会,武德初应制举,授左卫兵曹,累迁左武候中郎将。贞观十八年,太宗征辽发后,薛延陀数万骑抄河南,太宗令仁会及执失思力率兵击破之,逐北数百里,延陀脱身走免。太宗嘉其功,降玺书慰劳。

永徽二年,授平州刺史,劝学务农,称为善政。转鄞州刺史,属时旱,仁会自曝祈祷,竟获甘泽。其年大熟,百姓歌曰:"父母育我田使君,精诚为人上天闻。田中致雨山出云,仓廪既实礼义申。但愿常在不愁贫。"五迁胜州都督,州界有山贼阴险,劫夺行李,仁会发骑尽捕杀之。自是外户不闭,盗贼绝迹。入为太府少卿。

麟德二年,转右金吾将军,所得禄俸,估外有余,辄以纳官,时人颇讥其邀名。仁会强力疾恶,昼夜巡警,自宫城至于衢路,丝毫越法,无不立发。每日庭引百余人。躬自阅罚,略无宽者。京城贵贱,咸畏惮之。时有女巫蔡氏,以鬼道惑众,自云能令死者复生,市里以为神明,仁会验其假妄,奏请徙边。高宗曰:"若死者不活,便是妖妄;若死者得生,更是罪过。"竟依仁会所奏。仁会,总章二年迁太常正卿,咸亨初又转右卫将军,以年老致仕。仪凤四年卒,年七十八,谥曰威。神龙中,以子归道赠户部尚书。

归道,弱冠明经举。长寿中累补司宾丞,仍通事舍人内供奉。久之,转左卫郎将。

圣历初,突厥默啜遣使请和,制遣左豹韬卫将军阎知微入蕃。册为立功报国可汗。默啜又遣使入朝谢恩,知微遇诸途,便与之绯袍、银带,兼表请蕃使入都日,大备陈设。归道上言曰:"突厥背恩积稔,悔过来朝,宜待圣恩,宽其罪戾,解辫削衽,须禀天慈。知微擅与袍带,国家更将何物充赐?望反初服,以俟朝恩。且小蕃使到,不劳大备之仪。"则天然之。及默啜将至单于都护府,乃令归道摄司宾卿迎劳之。默啜以奏请六胡州及单于都护府之地,则天不许。默啜深怨,遂拘縶归道,将害之。归道辞色不挠,更责以无厌求请,兼喻其祸福,默啜意稍解。会有制赐默啜粟三万石、杂彩五万段、农器三千事,并许之结婚。于是归道得还,遂面陈默啜不利之状,请加防御,则天内焉。顷之,默啜果叛,挟阎知微入寇赵、定等州。擢拜归道夏官侍郎,甚见亲委。累迁左金吾将军、司膳卿,兼押千骑。未几,除尚方监,加银青光禄大夫。转殿中监,仍令依旧押千骑,宿卫于玄武门。

敬晖等讨张易之、昌宗也,遣使就索千骑,归道既先不预谋,拒而不与。及事定,晖等将诛之,归道执辞免,令归私第,中宗嘉其忠壮,召拜太仆少卿,驱除殿中少监,右金吾将军。岁余病卒,赠辅国大将军,追封原国公,中宗亲为文以祭之。

子宾庭,开元中为光禄卿。

韦机,雍州万年人。祖元礼,隋浙州刺史。父恪,洛州别驾。机,贞观中为左千牛胄曹,充使往西突厥,册立同俄设为可汗。会石国反叛,路绝,三年不得归。机裂裳录所经诸国风俗物产,名为《西征记》。及还,太宗问蕃中事,机因奏所撰书,太宗大悦,擢拜朝散大夫,累迁至殿中监。

显庆中为檀州刺史。边州素无学校,机敦劝生徒,创立孔子庙,图七十二子及自古贤达,皆为之赞述。会契苾何力东讨高丽,军众至檀州,而滦河泛涨,师不能进,供其资粮,数日不乏。何力全师还,以其事闻。高宗以为能。超拜司农少卿,兼知东都营田,甚见委遇。有宦者于苑中犯法,机杖而后奏,高宗嗟赏,赐绢数十匹,谓曰:“更有犯者,卿即鞭之,不烦奏也。”

上元中,迁司农卿,检校园苑,造上阳宫,并移中桥从立德坊曲徙于长夏门街,时人称其省功便事。有道士朱钦遂为天后所使,驰传至都,所为横恣。机囚之,因密奏曰:“道士假称中宫驱使,依倚形势,臣恐亏损皇明,为祸患之渐。”高宗特发中使慰谕机,而钦遂配流边州,天后由是不悦。仪凤中,机坐家人犯盗,为宪司所劾,免官。永淳中,高宗幸东都,至芳桂宫驿,召机,令白衣检校园苑。将复本官,为天后所挤而止,俄令检校司农少卿事,会卒。子余庆。

余庆官至右骁卫兵曹,早卒。余庆子岳。

岳亦以吏干著名,则天时,累转汝州司马。会则天幸长安,召拜尚舍奉御,从驾还京,因召见。则天谓曰:"卿是韦机之孙,勤干固有家风也。卿之家事。朕悉知之。"因问家人名,赏慰良久。寻拜太原尹,岳素不习武,固辞边任。由是忤旨,左迁宋州长史,历海、虢二州刺史,所在皆著威名。睿宗时,入为殿中少监,甚承恩顾。及窦怀贞、李晋等伏诛,以岳尝与交往,为姜皎所陷,左迁渠州别驾,稍迁陕州刺史。开元中,卒于颍州别驾。岳子景骏。

景骏明经举。神龙中,累转肥乡令。县北界漳水,连年泛溢。旧堤迫近水漕,虽修筑不息,而漂流相继。景骏审其地势,拓南数里,因高筑堤。暴水至,堤南以无患,水去而堤北称为腴田。漳水旧有架柱长桥,每年修葺,景骏又改造为浮桥,自是无复水患,至今赖焉。时河北饥,景骏躬抚合境,村闾必通赡恤,贫弱独免流离。及去任,人吏立碑颂德。

开元中,为贵乡令。县人有母子相讼者,景骏谓之曰:"吾少孤,每见人养亲,自恨终天无分,汝幸在温清之地,何得如此?锡类不行,令之罪也。"因垂泣呜咽,仍取《孝经》付令习读之,于是母子感悟,各请改悔,遂称慈孝。

累转赵州长史,路由肥乡,人吏惊喜,竞来犒饯,留连经日。有童稚数人,年甫十余岁,亦在其中,景骏谓曰:"计吾为此令时,汝辈未生,既无旧恩,何殷勤之甚也?"咸对曰:"此间长宿传说,县中廨宇、学堂、馆舍、堤桥,并是明公遗迹。将谓古人,不意亲得瞻睹,不觉欣恋倍于常也。"其为人所思如此。

十七年,迁房州刺史。州带山谷,俗参蛮夷,好淫祀而不修学校。景骏始开贡奉,悉除淫祀。又通狭路,并造传馆,行旅甚以为便。二十年,转奉先令,未行而卒。

权怀恩,雍州万年人,周荆州刺史、千金郡公景宣玄孙也。其先自天水徙家焉。祖弘寿,大业末为监汾郡司仓书佐。高祖镇晋阳,引判留守事。以从义师之功,累转秦王府长史,太宗遇之甚厚。又从平王世充,拜太仆卿,累封卢国公卒,谥曰恭。父知让,袭爵,官至博州刺史。

怀恩初以荫授太子进马。咸亨初,累转尚乘奉御,袭爵卢国公。时有奉乘安毕罗善于调马,甚为高宗所宠,怀恩奏事,遇毕罗在帝左右戏无礼,怀恩退而杖之四十。高宗知而嗟赏之,谓侍臣曰:"怀恩乃能不避强御,真良吏也。"即日拜万年令,为政清肃,令行禁止,前后京县令无及之者。后历庆、莱、卫、邢四州刺史,洛州长史。怀恩姿状雄毅,束带之后,妻子不敢仰视。所历皆以威名御下,人吏重足而立。俄出为宋州刺史。时汴州刺史杨德干亦以严肃与怀恩齐名。至是怀恩路由汴州,德干送之出郊,怀恩见新桥中途立木以禁车过者,谓德干曰:"一言处分岂不得,何用此为?"德干大惭,时议以为不如怀恩也。转益州大都督府长史,寻卒。

侄楚璧,官至左领军卫兵曹参军。开元十年,驾在东都,楚璧乃与故兵部尚书李迥秀男齐损、从祖弟金吾淑、陈仓尉卢玢及京城左屯营押官长上折冲周履济杨楚剑元令琪等举兵反。立楚璧兄子梁山,年十五,诈称襄王男,号为光帝。拥左屯营兵百余人,梯上景风门,逾城而入,踞长乐恭礼门。入宫城,求留守、刑部尚书王志愔,不获。属天晓,屯营兵自相翻覆,尽杀梁山等,传首东都,楚璧并坐籍没。

怀恩叔祖万纪。万纪性强正,好直言。贞观中,为治书侍御史,以公事奏劾魏征、温彦博等,太宗以为不避豪贵,甚礼之。迁尚书左丞,封冀氏男,再转齐王祐府长史。祐既失德,数匡正之,竟为祐所杀,语在《祐传》。祐既死,赠万纪齐州都督、武都公,谥曰敬。

子玄福,高宗时为兵部侍郎。

冯元常,相州安阳人,自长乐徙家焉,北齐右仆射子琮曾孙也。举明经。高宗时,累迁监察御史,为剑南道巡察使,兴利除害,蜀土赖焉。永淳中，为尚书左丞。元常清鉴有理识，甚为高宗之所赏，尝密奏"中宫权重，宜稍抑损"，高宗虽不能用，深以其言为然，则天闻而甚恶之。及临朝，四方承旨，多献符瑞，嵩阳令樊文进瑞石，则天命于明堂示百官。元常奏言"状涉谄伪，不可诬罔士庶"，则天不悦，出为陇州刺史。

俄而天下岳牧集乾陵会葬，则天不欲元常赴陵所，中途改授眉州刺史。剑南先时光火贼夜掠居人，昼潜山谷，元常至，喻以恩信，许其首露，仍切加捕逐，贼徒舍器杖，面缚自陈者相继。又转广州都督，便道之任，不许诣都。寻属安南首领李嗣仙杀都护刘延祐，剽陷州县，敕元常讨之。率士卒济南海，先驰檄示以威恩，喻以祸福，嗣仙徒党多相率归降，因纵兵诛其魁首，安慰居人而旋。虽屡有政绩，则天竟不赏之。寻为酷吏周兴所陷，追赴都，下狱死。

元常闺门雍肃，雅有礼度，虽小功之丧，未尝寝于私室，甚为士类所称。

从父弟元淑，则天时为清漳令，政有殊绩，百姓号为神明。又历浚仪、始平二县仅，皆单骑赴职，未尝以妻子之官。所乘马，午后则不与茭，云令其作齐。身及奴仆，每日一食而已。俸禄之余，皆供公用，并给与贫士。人或讥其邀名，元淑曰："此吾本性，不为苦也。"中宗时，降玺书劳勉，仍令史官编其事迹。卒于祠部郎中。

蒋俨，常州义兴人。贞观中，为右屯卫兵曹参军。太宗将征辽东，募使高丽者，众皆畏惮，俨谓人曰："主上雄略，华夷畏威，高丽小蕃。岂敢图其使者。纵其凌虐，亦是吾死所也。"遂出请行。及至高丽，莫离支置于窟室中，胁以兵刃，终不屈挠。会高丽败，得归，太宗奇之，拜明散大夫。再迁幽州司马，以善政为巡察使刘祥道所荐，擢为会州刺史。再迁殿中少监，数陈意见，高宗每优纳之。再转蒲州刺史。蒲州户口殷剧，前后刺史，多水称职，俨下车未几，令行禁止，称为良牧。

永淳元年，拜太仆卿，以父名卿，固辞，乃除太子右卫副率。时征隐士田游岩为太子洗马，在宫竟无匡辅，俨乃贻书以责之曰："足下负巢、由之峻节，傲唐、虞之圣主，养烟霞之逸气，守林壑之遁情，有年载矣，故能声出区宇，名流海内。主上屈万乘之重，申三顾之荣，遇子以商山之客，待子以不臣之礼，将以辅导储贰，渐染芝兰耳。皇太子春秋鼎盛，圣道未周，拾遗补阙，臣子恒务。仆以不才，犹参廷谍，诚以素非德望，位班卒伍，言以人废，不蒙采掇。足下受调护之寄，是可言之秋，唯唯而无一谈，悠悠以卒年岁。向使不食周粟，仆何敢言，禄及亲矣，将何酬塞？想为不达，谨书起予。"游岩竟不能答。

俨寻检校太常卿。文明中，封义兴县子，历右卫大将军、太子詹事，以年老致仕。垂拱三年卒于家，年七十八。文集五卷。

王方翼，并州祁人也，高宗王庶人从祖兄也。祖裕，武德初隋州刺史，裕妻即高祖妹同安大长公主也。太宗时，以公主属尊年，特加敬异，数幸其第，赏赐累万。方翼父仁表，贞观中为岐州刺史。仁表卒，妻李氏为主所斥，居于凰泉别业。时方翼尚幼，乃与佣保齐力勤作，苦心计，功不虚弃，数年辟田数十顷，修饰馆宇，列植竹木，遂为富室。公主卒后，归长安。友人真持满犯罪被诛，暴尸于城西，亲戚莫敢收视，方翼叹曰："栾布之哭彭越，大义也；周文之掩朽骼，至仁也。绝友之义，蔽主之仁，何以事君？"乃收其尸，具礼葬之。高宗闻而嘉叹，由是知名。

永徽中累授安定令，诛大姓皇甫氏，盗贼止息，号为善政。五迁肃州刺史。时州城荒毁，又无壕堑，数为寇贼所乘。方翼发卒浚筑，引多乐水环城为壕。又出私财造水碾硙，税其利以养饥馁，宅侧起舍十余行以居之。属蝗俭，诸州贫人死于道路，而肃州全活者甚众，州人为立碑颂美。

会吏部侍郎裴行俭西讨遮匐，奏方翼为副，兼检校安西都护。又筑碎叶镇城，立四面十二门，皆屈曲作隐伏出没之状，五旬而毕。

西域诸胡竞来观之，因献方物。

永隆中，车簿反叛，围弓月城。方翼引兵救之，至伊丽河，贼前来拒，因纵击，大破之，斩首千余级。俄而三姓咽面悉发众十万，与车簿合势以拒。方翼屯兵热海，与贼连战，流矢贯臂，徐以佩刀截之，左右莫有觉者。既而所将蕃兵怀贰，谋执方翼以应贼，方翼密知之，悉召会议，佯出军资以赐之。续续引去，便令斩之，会大风，又振金鼓以乱其声，遂诛七千余人。因遣裨将分道讨袭咽面等，贼既无备，因是大溃，擒首领突骑施等三百人，西域遂定。以功迁夏州都督。属牛疫，无以营农，方翼造人耕之法，施关键，使人推之，百姓赖焉。永淳二年，诏征方翼，将议西域之事，于奉天宫谒见，赐食与语。方翼衣有战时血渍之处，高宗问其故，方翼具对热海苦战之状。高宗使祖视其疮，叹曰："吾亲也。"赏赐甚厚。俄属绥州白铁余举兵反，乃诏方翼副程务挺讨之。贼平，封太原郡公。

则天临朝，以方翼是庶人近属，阴欲除之。及程务挺被诛，以方翼与务挺连职素善，追赴都下狱，遂流于崖州而死。

子璥、珣、瑨，并知名。璥、瑨，开元中皆为中书舍人；珣，至秘书监。

薛季昶，绛州龙门人也。则天初，上封事，解褐拜监察御史。频按制狱称旨，累迁御史中丞。万岁通天元年，夏官郎中侯味虚统兵讨契丹不利，奏言"贼徒炽盛，常有蛇虎导其军。"则天命季昶按验其状，便为河北道按察使。季昶先驰至军，斩味虚以闻。又有藁城尉吴泽者，贪虐纵横，尝射杀驿使，截百姓子女发以为髢，州将不能制，甚为人吏所患，季昶又杖杀之。由是威震远近，州县望风慑惧。然后布以恩信，旌扬善吏。有汴州孝女李氏，年八岁，父卒，柩殡在堂十余载，每日哭临无限。及年长，母欲嫁之，遂截发自誓，请在家终养。及丧母，号毁殆至灭性，家无丈夫，自营棺椁，州里钦其至孝，送葬者千余人。葬毕，庐于墓侧，蓬头跣足，负土成坟，手植松柏数百株。季昶列上其状，有制特表门闾，赐以粟帛。

　　久视元年，季昶自定州刺史入为雍州长史，威名甚著，前后京尹，无及之者。俄迁文昌左丞，历魏、陕二州刺史。长安末，为洛州长史，所在皆以严肃为政。

　　神龙初，以预诛张易之兄弟功，加银青光禄大夫，拜户部侍郎。时季昶劝敬晖等因兵势杀武三思，晖等不从，竟以此败，语在《晖传》。季昶亦因是累贬，自桂州都督授儋州司马。初，季昶与昭州首领周庆立及广州司马光楚客不协。及将之儋州，惧庆立见杀，将往广州，又恶楚客，乃叹曰："薛季昶行事至是耶！"因自制棺，仰药而死。

　　睿宗即位，下制曰："故儋州司马薛季昶，刚干义烈，早承先顾，驱策中外，绩誉昭宣，有庄、汤之推举，同没黯之强直。属丑正操衡，除其异己，横加窜责，卒至殂亡。言念忠冤，有怀嘉悼。可赠左御史大夫，仍同敬晖等例，与一子官。"

旧唐书卷一八五下
列传第一三五下

良吏下

裴怀古　张知謇　兄知玄　知晦　弟知泰

知默　杨元琰　子仲嗣　仲昌　倪若水

李浚　子麟　阳峤　宋庆礼

姜师度　强循　和逢尧　潘好礼

杨茂谦　杨玚　崔隐甫　李尚隐

吕諲　萧定　蒋沇　薛珏　子存庆

李惠登　任迪简　范传正　袁滋

薛苹　阎济美

　　裴怀古,寿州寿春人也。仪凤中,诣阙上书,授下邽主簿。长寿中,累转监察御史。时姚、西蛮首反叛,诏怀古往招辑之。怀古申明赏罚,贼徒归附者日以千数,乃俘其魁首,处其居人而还。蛮夷荷恩,立碑颂德。时恒州鹿泉寺僧净满为弟子所谋,密画女人居高楼,仍作净满引弓而射之,藏于经笥。已而诣阙上言僧咒诅,大逆不道。则天命怀古按问诛之。怀古究其辞状,释净满以闻,则天大怒,怀古奏曰:“陛下法无亲疏,当与天下画一。岂使臣诛无辜之人,以希圣旨。向使净满有不臣之状,臣复何颜能宽之乎?臣今慎守平典,虽死无恨也。"则天意乃解。

圣历中，阎知微充使往突厥，怀古监其军。至房庭，默啜立知微为南面可汗，将授怀古伪职，怀古不从，将杀之，怀古抗辞曰："宁守忠以就死，不毁节以求生，请就斩，所不避也。"乃禁锢随军，因挺身奔窜以归，拜祠部员外郎。

时姚、西蛮首相率诣阙颂怀古绥抚之状，请为牧守以抚之，遂授姚州都督，以疾不行，转司封郎中。时始安贼欧阳倩拥徒数万，剽陷州县，授怀古桂州都督，仍充招慰讨击使。才及岭，飞书招诱，示以祸福，贼徒迎降，自陈为吏人侵逼，乃举兵耳。怀古知其诚恳，乃轻骑以赴之，左右曰："夷獠难亲，未可信也。"怀古曰："吾仗忠信，可通于神明，况于人乎！"因造其营以慰谕之。群贼喜悦，归其所掠财货，纳于公府。诸洞酋长素持两端者，尽来款附，岭外悉定。

复历相州刺史、并州大都督府长史，所在为人吏所慕。神龙中，迁左羽林大将军，行未达都，复授并州长史。吏人闻怀古还，老幼相携，郊野欢迎。时崔宣道代怀古为并州，下车而罢，出郊以候怀古。怀古恐伤宣道之意，命官吏驱逐出迎之人，而百姓奔赴愈众，其为人所思如此。俄转幽州都督，征为左威卫大将军。寻卒。

张知謇，蒲州河东人也。徙家于岐。少与兄知玄、知晦，弟知泰、知默五人，励志读书，皆以明经擢第。仪质环伟，眉目疏朗，晓于玄理，清介自守，故当时名公争引荐之，递历畿赤。知謇、知泰、知默，调露后又历台省。

知謇，天授后历房、和、舒、延、德、定、稷、晋、洺、宣、贝十一州刺史，所莅有威严，人不敢犯。通天中，知泰为洛州司马，知默为秋官郎中。知謇自德州入计，则天重其才干，又目其状貌过人，命画工写之，以赐其本。曰："人或有才，未必有貌，卿家昆弟，可谓两绝。"时人称之。寻以知泰为夏官、地官侍郎，益州长史，中台右丞。

初，知謇为房州时，中宗以庐陵王安置房州，制约甚急。知謇与董玄质、崔敬嗣相次为刺史，皆保护，供拟丰赡，中宗德之。及神龙元年,中宗践极,自贝州追知謇为左卫将军,加云麾将军,封范阳郡公。知泰自兵部侍郎授右御史大夫,加银青光禄大夫,进封渔阳郡公。须发华皓,同贵于朝,时望甚美之。

知泰以忤武三思,出为并州刺史、天平军使,仍带本官。寻又为魏州刺史。景龙二年卒,优诏褒赠,谥曰定。时知謇为洛州长史、东都副留守,又历左、右羽林大将军,同、华州刺史,大理卿致仕。开元中卒,年八十。

知謇敏于从政,性亮直,不喜有请托求进、无才而冒位者。故子偓经义不精,不许论举。知默尝与来俊臣、周兴等同掌诏狱,陷于酷吏,子孙禁锢。知泰,开元中累赠刑部尚书、特进。

知玄子景升,知泰子景佚,开元中皆至大官,门列棨戟。

杨元琰,虢州阌乡人,隋礼部尚书希曾孙也。初生时,数岁不能言,相者曰:“语迟者神定,此必成大器也。”及长,伟姿仪,以器局见称。初为平棘令,号为善政。载初中,累迁安南副都护,又历蕲、蒲、晋、魏、宣、许六州刺史,凉、梁二都督,荆府长史。前后九度清白升进,累降玺书褒美。

长安中,张柬之代元琰为荆州长史,与元琰泛江中流,言及则天革命,议诸武擅权之状,克琰发言慷慨,有匡复之意。及柬之知政事,奏引元琰为右羽林将军。至都,柬之谓曰:“记昔江中之言乎?今日之授,意不细也。”乃结元琰与李多祚等,定计诛张易之兄弟。及事成,加云麾将军,封弘农郡公,食实封五百户,仍赐铁券,恕十死。

俄而张柬之、敬晖等为武三思所构,元琰觉变,奏请削发出家,仍辞官爵实封,中宗不许。敬晖闻而笑曰:“向不知奏请出家,合赞成其事,剃却胡头,岂不妙也。”元琰多须类胡,晖以此言戏之。元琰曰:“功成名遂,不退将危。此由衷之请,不徒然也。”晖知其意,瞿然不悦。

及晖等得罪,元琰竟以先觉获全。寻加金紫光禄大夫,转卫尉卿。明年，李多祚等被诛，元琰以曾与多祚同立功，亦被系狱问状。赖中书侍郎萧至忠保明之，竟得免罪，又转光禄卿。景龙中，抗疏请削在身官爵，回赠父官。中宗许之，乃追赠其父越州长史。睿宗即位，三迁刑部尚书，改封魏国公。开元初，拜太子宾客致仕。六年，卒于家，年七十九。

子仲嗣，密州刺史；仲昌，吏部郎中。

倪若水，恒州藁城人也。开元初，历迁中书舍人、尚书右丞，出为汴州刺史，政尚清静，人吏安之。又增修孔子庙堂及州县学舍，劝励生徒，儒孝甚盛，河、汴间称咏不已。

四年，玄宗宦官往江南采鸂鶒等诸鸟，路由汴州。若水知之，上表谏曰：“方今九夏时忙，三农作苦，田夫拥耒，蚕妇持桑。而以此时采捕奇禽异鸟，供园池之玩，远自江、岭，达于京师，水备舟船，陆倦檐负，饭之以鱼肉，间之以稻梁。道路观者，岂不以陛下贱人贵鸟也！陛下方当以凤皇为凡鸟，麒麟为凡兽，即鸂鶒、鸂鶒，曷足贵也？陛下昔潜龙藩邸，备历艰虞。今氛祲廓清，高居九五，玉帛子女，充于后庭，职贡珍奇，盈于内府，过此之外，复何求哉？臣承国厚恩，超居重任。草芥贱命，常欲杀身以效忠；葵藿微心，常愿隳肝以报主。瞻望庭阙，敢布腹心，直言忤旨，甘从鼎镬。手诏答曰：“朕先使人取少杂鸟，其使不识朕意，采鸟稍多。卿具奏其事，辞诚忠恳，深称朕意。卿达识周材，义方敬直，故辍纲辖之重，委以方面之权。果能闲邪存诚，守节弥固，骨鲠忠烈，遇事无隐。言念忠谠，深用嘉慰。使人朕已量事决罚，禽鸟并令放讫。今赐卿物四十段，用答至言。”

寻入拜户部侍郎。七年，复授尚书右丞卒。

李浚，陇西人，祖世武。睿宗即位，加银青光禄大夫。上在东宫，选为太子中允。又出为麟州刺史，政有能名。开元初，置诸道按察使，盛选能吏，授浚润州刺史、江东按察使，累封真源县子。州人孙处玄以学行著名，浚特加礼异，累表荐之，仍令子麟与之结交。处玄

竟称疾不起。浚寻拜虢、潞二州刺史,又拜益州长史、剑南节度使、
摄御史大夫。所历皆以诚信待物,称为良吏。及去职,咸有遗爱。八
年卒官,赠户部尚书,谥曰成。子麟,自有传。

阳峤,河南洛阳人,其先自北平徙焉,北齐右仆射休之玄孙也。
仪凤中应八科举,授将陵尉,累迁詹事司直。长安中,桓彦范为左御
史中丞,袁恕己为右御史中丞,争荐峤,请引为御史。内史杨再思素
与峤善,知峤不乐搏击之任,谓彦范等曰:“闻其不情愿,如何?”彦
范曰:“为官择人,岂待情愿。唯不情愿者,尤须与之,所以长难进之
风,抑躁求之路。”再思然其言,擢为右台侍御史。景龙末,累转国子
司业。峤恭谨好学,有儒者之风。又勤于政理,循循善诱。及在学
司,时人以为称职。奏修先圣庙及讲堂,因建碑前庭,以纪崇儒之
事。

睿宗即位,拜尚书右丞。时分建都督府以统外台,精择良吏,以
峤为泾州都督府,寻停不行。又历魏州刺史,充衮州都督、荆州长
史,为本道按察使,所在以清白闻。魏州人诣阙割耳,请峤重临其
郡,又除魏州刺史。入为国子祭酒,累封北平伯,荐尹知章、范行恭、
赵玄默等为学官,皆称名儒。时学徒渐弛,峤课率经业,稍行鞭棰,
学生怨之,颇有喧谤,乃相率乘夜于街中殴之。上闻而令所由杖杀
无理者,由是始息。

峤素友悌,抚孤侄如己子。常谓人曰:“吾虽位登方伯,而心不
异于曩时一尉耳。”识者甚称叹之。寻以年老致仕,卒于家,谥曰敬。

宋庆礼,洺州永年人。举明经,授卫县尉。则天时,侍御史桓彦
范受诏于河北断塞居庸、岳岭、五回等路,以备突厥,特召庆礼以谋
其事。庆礼雅有方略,彦范甚礼之。寻迁大理评事,仍充岭南采访
使。时崖、振等五州首领,更相侵掠,荒俗不安,承前使人,惧其炎
瘴,莫有到者。庆礼躬至其境,询问风俗,示以祸福,于是安堵,遂罢
镇兵五千人。

　　开元中，累迁贝州刺史，仍为河北支度营田使。初，营州都督府置在柳城，控带奚、契丹。则天时，都督赵文翙政理乖方，两蕃反叛，攻陷州城，其后移于幽州东二百里渔阳城安置。开元五年，奚、契丹各款塞归附，玄宗欲复营州于旧城，侍中宋璟固争以为不可，独庆礼盛陈其利。乃诏庆礼及太子詹事姜师度、左骁卫将军邵宏等充使，更于柳城筑营州城，兴役三旬而毕。俄拜庆礼御史中丞，兼检校营州都督。开屯田八十余所，追拔幽州及渔阳、淄青等户，并招辑商胡，为立店肆，数年间，营州仓廪颇实，居人渐殷。

　　庆礼为政清严，而勤于听理，所历之处，人吏不敢犯。然好兴功役，多所改更。尝于边险置阱立枪，以邀贼路，议者颇嗤其不切事也。七年卒，赠工部尚书。太常博士张星议曰："宋庆礼大刚则折，至察无徒，有事东北，所亡万计，所谓害于而家，凶于而国。案谥法，好巧自是曰'专'，请谥曰'专'。"礼部员外郎张九龄驳曰：

　　庆礼在人苦节，为国劳臣，一行边陲，三十年所。户庭可乐，彼独安于传递；稼穑为艰，又能实于军廪。莫不服劳辱之事而匪懈其心，守贞坚之规而自尽其力，有一于此，人之所难。况营州者，镇彼戎夷，扼喉断臂，逆则制其死命，顺则为其主人，是称乐都，其来尚矣。往缘赵翙作牧，驭之非才，自经隳废，便长寇孽。故二十年间，有事东鄙，僵尸暴骨，败将覆军，盖不可胜纪。

　　大明临下，圣谋独断，恢祖宗之旧，复大禹之迹。以数千之役徒，无甲兵之强卫，指期遂往，禀命而行。于是量畚筑，执耒鼓，亲总其役，不愆所虑，俾柳城为金汤之险，林胡生腹心之疾，盖为此也。寻而罢海运，收岁储，边亭晏然，河朔无扰。与夫兴师之费，转输之劳，较其优劣，孰为利害？而云"所亡万计"，一何廖哉！及契丹背诞之日，惧我掎角之势，虽鼠穴自固，而驹牧无侵，盖张星彼都医赖之力也。安有践其迹以制其实，贬其谥以徇其虚，采虑始之谤声，忘经远之权利，义非得所，孰谓其可？请以所议，更下太常，庶素行之迹可寻，易名之典不坠者也。

星复执前议，庆礼兄子辞玉又诣阙称冤，乃谥曰敬。

姜师度，魏人也。明经举。神龙初，累迁易州刺史、兼御史中丞，为河北道监察兼支度营田使。师度勤于为政，又有巧思，颇知沟洫之利。始于蓟门之北，涨水为沟，以备奚、契丹之寇。又约魏武旧渠，傍海穿漕，号为平虏渠，以避海艰，粮运者至今利焉。寻加银青光禄大夫，累迁大理卿。景云二年，转司农卿。

开元初，迁陕州刺史。州西太原仓控两京水陆二运，常自仓车载米至河际，然后登舟。师度遂凿地道，自上注之，便至水次，所省万计。六年，以蒲州为河中府，拜师度为河中尹，令其缮缉府寺。先是，安邑、盐池渐涸，师度发卒开拓，疏决水道，署为盐屯，公私大收其利。再迁同州刺史，又于朝邑、河西二县界，就古通灵陂，择地引雒水及堰黄河灌之，以种稻田，凡二千余顷，内置屯十余所，收获万计。特加金紫光禄大夫，寻迁将作大匠。

明年，左拾遗刘彤上言："请置盐铁之官，收利以供国用，则免重赋贫人，使穷困者获济。"疏奏，令宰相议其可否，咸以为盐铁之利，甚裨国用。遂令师度与户部侍郎强循并摄御史中丞，与诸道按察使计会，以收海内盐铁。其后颇多沮议者，事竟不行。

师度以十一年病卒，年七十余。师度既好沟洫，所在必发众空凿，虽时有不利，而成功亦多。先是，太史令傅孝忠善占星纬，时人为之语曰："傅孝忠两眼看天，姜师度一心穿地。"传之以为口实。

强循者，凤州人。亦以吏干知名，官至大理卿。

又有和逢尧者，岐州岐山人。性诡谲，有辞辩。睿宗时，突厥默啜请尚公主，许之，逢尧以御史中丞摄鸿胪卿充使报命。既至虏庭，默啜遣其大臣谓逢尧曰："敕书送金镂鞍，检乃银胎金涂，岂是天子意，为是使人换却。如此虚假，公主必应非实。请还信物，罢和亲之事。"遂策马而去,逢尧大呼,命左右引马回,谓曰:"汉法重女婿,令送鞍者,只取平安长久之义,何必以金银为升降耶?若尔,乃是可汗贪金而轻银,岂是重人而贵信?"默啜闻之,曰:"承前汉使,不敢如此,不可轻也。"遂设宴备礼。逢尧又说默啜令裹头著紫衫,南面再拜,遣子随逢尧入朝。逢尧以奉使功,骤迁户部侍郎。寻以附会太平公主,左迁朗州司马。开元中,累转柘州刺史,卒于官。

潘好礼,贝州宗城人。少与乡人孟温礼、杨茂谦为莫逆之友。好礼举明经,累授上蔡令,理有异绩,擢为监察御史。开元三年,累转邠王府长史。俄而邠王出为滑州刺史,以好礼兼邠王府司马,知滑州事。王欲有所游观,好礼辄谏止之。后王将鹰犬与家人出猎,好礼闻而遮道请还,王初不从,好礼遂卧于马前,呼曰:"今正是农月,王何得非时将此恶少狗马践暴禾稼,纵乐以损于人!请先踏杀司马,然后听王所为也。"王惭惧,谢之而还。

好礼寻迁豫州刺史,为政孜孜,而繁于细事,人吏虽惮其清严,亦厌其苛察。其子请归乡预明经举,好礼谓曰:"国法须平,汝若经业未精,则不可妄求也。"乃自试其子,经义未通,好礼大怒,集州僚笞而枷之,立于州门以徇于众。俄坐事左迁温州别驾卒。好礼常自以直道,不附于人,又未尝叙累阶勋,服用粗陋,形骸土木,议者亦嫌其邀名。

杨茂谦者,清河人。窦怀贞初为清河令,甚重之。起家应制举,拜左拾遗,出为临洺令。时洺州称茂廉与清漳令冯元淑、肥乡令韦景骏,皆有政理之声。茂廉以清白闻,擢为秘书郎。时窦怀贞为相,数称荐之,由是历迁大理正、御史中丞。开元初,出为魏州刺史、河北道按察使,与司马张怀玉本同乡曲,初善而末隙,遂相纠讦,坐贬桂州都督。寻转广州都督,以疾卒。

杨玚,华阴人。高祖缙,陈中书舍人,以辞学知名。陈亡,始自江左徙关中。祖琮，绛州刺史。玚初为麟游令，时御史大夫窦怀贞检校造金仙、玉真二观，移牒近县，征百姓所隐逆人资财，以充观用。玚拒而不受，怀贞怒曰："焉有县令卑微，敢拒大夫之命乎？"玚曰："所论为人冤抑，不知计位高卑。"怀贞壮其对。又中宗时，韦庶人上表请以年二十二为丁限。及韦氏败，省司举征租调，玚执曰："韦庶人临朝当国，制书非一，或进阶卿士，或赦宥罪人，何独于已役中男，重征丁课，恐非保人之术。"省司遂依玚所执，一切免之。玚由是知名，擢拜殿中侍御史。

开元初，迁侍御史。时崔日知为京兆尹，贪暴犯法，玚与御史大夫李杰将纠劾之。杰反为日知所构，玚廷奏曰："纠弹之司，若遭恐胁，以成奸人之谋，御史台固可废矣。"上以其言切直，遽令杰依旧视事，贬日知为歙县丞。玚历迁御史在丞、户部侍郎。上曾于延英殿召中书门下与诸司尚书及玚议户口之事，玚因奏人间损益，甚见嗟赏。时御史中丞宇文融奏括户口，议者或以为不便，敕百僚省中集议，时融方在权要，公卿已下，多雷同融议，玚独与尽理争之。寻出为华州刺史。

十六年，迁国子祭酒，表荐"沧州人王迥质、瀛州人尹子路、汴州人白覆忠，皆经学优长，德行纯茂，堪为后生师范，请追授学官，令其教授，以奖儒学之路。"及追至，迥质起家拜谏议大夫，仍为皇太子侍读；覆忠以年老，不任职事，拜朝散大夫，放归家；子路直弘文馆教授。玚又奏曰："窃见今之举明经者，主司不详其述作之意，曲求其文句之难，每至帖试，必取年头月日，孤经绝句。且今之明经，习《左传》者十无二三，若此久行，臣恐左氏之学，废无日矣。臣望请自今已后，考试者尽帖平文，以存大典。又《周礼》、《仪礼》及《公羊》、《谷梁》殆将废绝，若无甄异，恐后代便弃。望请能通《周》、《仪礼》、《公羊》、《谷梁》者，亦量加优奖。"于是下制"明经习《左氏》及通《周礼》等四经者，出身免任散官。"遂著于式。由是生徒为玚立颂于学门之外。再迁大理卿，以老疾辞职。二十三年，拜左散骑常侍。寻卒，赠户部尚书，谥曰贞。

瑒常叹《礼仪》废绝，虽士大夫不能行之。其家子女婚冠及有吉凶之会，皆按据旧文，更为仪注，使长幼遵行焉。

崔隐甫，贝州武城人，隋散骑侍郎儦之曾孙也。祖济，太子洗马。父元彦，太平令。隐甫，开元初再迁洛阳令，理有威名。九年，自华州刺史转太原尹，人吏刊石颂其美政。十二年，入为河南尹。十四年，代程行谌为御史大夫。时中书令张说当朝用事，隐甫与御史中丞宇文融、李林甫劾其犯状，说遂罢知政事。

隐甫在职强正，无所回避。自贞观年李乾祐为御史大夫，别置台狱，有所鞠讯，便辄系之。由是自中丞、侍御史已下，各自禁人，牢扉常满。隐甫引故事，奏以为不便，遂掘去之。又宪司故事，大夫已下至监察御史，竞为官政，略无承禀。隐甫一切督责，事无大小，悉令谘决，稍有忤意者，便列上其罪，前后贬黜者殆半，群僚侧目。是冬，敕隐甫校外官考。旧例皆委细参问，经春未定。隐甫召天下朝集使，一时集省中，一日校考便毕，时人伏其敏断。帝尝谓曰："卿为御史大夫，海内咸云称职，甚副朕之所委也。"

隐甫既与张说有隙，俄又递为朋党，帝闻而恶之，特免官，令归侍母。岁余，复授御史大夫。迁刑部尚书，母忧去官。二十一年，起复太原尹，仍为河东采访处置使。复为刑部尚书，兼河南尹。二十四年，车驾还京，以隐甫为东都留守，为政严肃，甚为人吏之所叹服。寻卒。

李尚隐，其先赵郡人，世居潞州之铜鞮，近又徙家京兆之万年。弱冠明经累举，补下邽主簿。时姚珽为同州刺史，甚礼之。景龙中为左台监察御史。时中书侍郎、知吏部选事崔湜及吏部侍郎郑愔同时典选，倾附势要，逆用三年员阙，士庶嗟怨。寻而相次知政事，尚隐与同列御史李怀让于殿廷劾之，湜等遂下狱推究，竟贬黜之。时又有睦州刺史冯昭泰，诬奏桐卢令李师等二百余家，称其妖逆，诏御史按覆之。诸御史惮昭泰刚愎，皆称病不敢往。尚隐叹曰："岂可使良善陷枉刑而不为申明哉！"遂越次请往，竟推雪李师等，奏免之。

俄而崔湜、郑愔等复用，尚隐自殿中侍御史出为伊阙令，怀让为魏县令。湜等既死，尚隐又自定州司马擢拜吏部员外郎，怀让自河阳令擢拜兵部员外郎。尚隐累迁御史中丞。时御史王旭颇用威权，为士庶所患。会为仇者所讼，尚隐按之，无所容贷，获其奸赃钜万，旭遂得罪。尚隐寻转兵部侍郎，再迁河南尹。

尚隐性率刚直，言无所隐，处事明断。其御下，豁如也。又详练故事，近年制敕，皆暗记之，所在称为良吏。

十三年夏，妖贼刘定高夜犯通洛门，尚隐坐不能觉察所部，左迁桂州都督。临行，帝使谓之曰："知卿公忠，然国法须尔。"因赐杂彩百匹以慰之。俄又迁广州都督，仍充五府经略使。及去任，有怀金以赠尚隐者，尚隐固辞之，曰："吾自性分，不可改易，非为慎四知也。"竟不受之。

累转京兆尹，历蒲、华二州刺史，加银青光禄大夫，赐爵高邑伯，入为大理卿，代王铢为御史大夫。时司农卿陈思问多引小人为其属吏，隐盗钱谷，积至累万。尚隐又举按之，思问遂流岭南而死。尚隐三为宪官，辄去朝廷之所恶者，时议甚以此称之。二十四年，拜户部尚书、东都留守。二十八年，转太子宾客。寻卒，年七十五，谥曰贞。

吕諲，蒲州河东人。志行修整，勤于学业。少孤贫，不能自振，里人程楚宾家富于财，諲娶其女，楚宾及子震皆重其才，厚与资给，遂游京师。天宝初，进士及第，调授宁陵尉，本道采访使韦陟嘉其才，辟为支使。陇右、河西节度使哥舒翰奏充度支判官，累兼卫佐、太子通事舍人。諲性谨守，勤于吏职，虽同僚追赏，而块然视事，不离案簿，翰益亲之，累兼虞部员外郎、侍御史。

禄山之乱，哥舒翰败，肃宗即位于灵武，諲驰赴行在。内官朱光辉、李遵骤荐有才，帝深遇之，超拜御史中丞，进奏无不允从。幸凤翔,迁武部侍郎,赐金紫之服。十月,克复两京,诏谭与三司官详定陷贼官陈希烈已下数百人罪戾轻重。谭用法太深,君子薄之。

乾元二年三月,以本官同中书门下平章事,知门下省事。七月,丁母忧免。十月,起复授本官,兼充度支使,迁黄门侍郎。上元元年正月,加同中书门下三品,赐门戟。既立于第门,或谓谭曰:"吉庆之事,不宜凶服受之。"谭遂权释缞麻,当中而拜,人皆笑其失礼。累加银青光禄大夫,东平男。谭既为相,用妻父程楚宾为卫尉少卿,子震为员外郎。中官马上言出纳诏使,谭昵之,有纳赂于上言求官者,谭补之蓝田尉。五月,上言事泄笞死,以其肉令从官食之,谭坐贬太子宾客。

七月,授谭荆州大都督府长史、兼御史大夫,充澧、朗、荆、忠、硖五州节度观察处置等使。谭至治所,上言请于江陵置南都。九月,敕改荆州为江陵府,永平军团练三千人,以遏吴、蜀之冲。又析江陵置长宁县。又请割潭、衡、连、道、邵、柳、涪等七州隶江陵府。

先是,张惟一为荆州长史,已为防御使,陈希昂为司马。希昂,衡州酋帅,家兵千人在部下,自为藩卫。有牟遂金仕至将军,为惟一亲将,与希昂积憾。率兵入惟一衙,索遂金之首,惟一惧,即令斩首与之。自是军政归于希昂。及谭至,奏追希昂赴上都,除侍御史,出为常州刺史、本州防御使。希昂路由江陵,谭伏甲击杀之,部下皆斩,积尸于府门。府中慑取,始奏其罪。

又妖人申泰芝以左道事李辅国,擢为谏议大夫。辅国奏于道州界置军,令泰芝为军校,诱引群蛮,纳其金帛,赏以绯紫,用囊中敕书赐衣以示之,人用听信。军人例衣朱紫,作剽溪洞,吏不敢制,已积年矣。潭州刺史庞承鼎忿之,因泰芝入奏,至长沙,縶之,首赃巨万,及左道文记,一时搜获,遣使奏闻。辅国党泰芝,奏召泰芝赴阙。既得召见,具言承鼎曲加诬陷。诏鞫承鼎诬罔之罪,令荆南府按问。谭令判官、监察御史严郢鞫之。谭上疏论其事,肃宗怒,流郢于建州。承鼎竟得雪,后泰芝竟以赃败流死。人重谭之守正,其刚断不挠,皆此类也。

初谞作相，与同列李揆不协。及谞被斥二年，以善政闻，揆恶之，因言置军湖南不便，又使人往荆、湖，密伺谞过。谞知之，乃上疏论揆，揆坐贬袁州长史。

谞素羸疾，元年建卯月，卒，赠吏部尚书，有司谥曰肃。故吏度支员外郎严郢请以二字曰"忠肃"，博士独孤及坚议以"肃"为当，从之。谞在台司无异称，及理江陵三年，号为良守。初郡人立祠，谞殁后岁余，江陵将吏合钱十万，于府西爽垲地大立祠宇，四时祠祷之。

萧定字梅臣，江南兰陵人，左仆射、宋国公瑀曾孙也。父恕，虢州刺史，以定赠工部尚书。定以荫授陕州参军、金城丞，以吏事清干闻。给事中裴遵庆奏为选补黜陟使判官。回改万年主簿，累迁侍御史、考功员外郎、左右司二郎中。为元载所挤，出为秘书少监，兼袁州刺史，历信、湖、宋、睦、润五州刺史，所莅有政声。大历中，有司条天下牧守课绩，唯定与常州刺史萧复、豪州刺史张镒为理行第一。其勤农桑，均赋税，逋亡归复，户口增加，定又冠焉。寻迁户部侍郎、太常卿。朱泚之逆，变姓名藏匿里闾间。京师平，首蒙旌擢，除太子少师。兴元元年卒，年七十七，加赠太子太师。

蒋沇，莱州胶水人，吏部侍郎钦绪之子也。性介独好学，早有名称。以孝廉累授洛阳尉、监察御史。与兄演、溶，弟清，俱以干局吏事擅能名于天宝中。长史韩朝宗、裴迥咸以推覆检勾之任委之，处事平允，剖断精当，动为群僚楷式。乾元后，授陆浑、周至、咸阳、高陵四县令，当军旅之后，疮痍未平，沇竭心绥抚，所至安辑。副元帅郭子仪每统兵由其县，必诫军吏曰：蒋沇令清而严干，供亿故当有素，士众得蔬饭见馈则足，无挠"清政"。其为名人所知如此。

稍迁长安令、刑部郎中、兼侍御史，领渭桥河运出纳使。时元载秉政，廉洁守道者多不更职，沇以故滞于郎位，久不徙官。大历十二年，常衮以群议称沇屈，擢拜御史中丞、东都副留守。寻迁刑部侍郎、删定副使。改大理卿。持法明审，号为称职。

建中元年冬，銮驾幸奉天，沇奔行在，为贼候骑所拘执，欲以伪职诱之，因绝食称病，潜窜里闾间。京师平，首蒙旌擢，拜右散骑常侍。寻以疾终，年七十四，追赠工部尚书。

薛珏字温如，河中宝鼎人。祖宝胤，邠州刺史。父绂，蒲州刺史。珏少以门荫授懿德太子庙令，累授乾陵台令。无几，拜试太子中允，兼渭南尉，奏课第一。间岁，复以清名尤异闻，迁昭德令。县人请立碑纪政，珏固让不受。

迁楚州刺史、本州营田使。先是，州营田宰相遥领使，刺史得专达，俸钱及他给百余万，田官数百员，奉厮役者三千户，岁以优授官者复十余人。珏皆条去之，十留一二，而租入有赢。为观察使诬奏，左授硖州刺史，迁陈州刺史。建中初，上分命臣黜陟官吏，使淮南李承以珏楚州之去烦政简，使山南赵赞以珏硖州之廉清，使淮南卢翰以珏之肃物，皆以陟状闻，加中散大夫，赐紫。宣武军节度使刘玄佐署奏兼御史大夫、汴宋都统行军司马。无几，李希烈自汴州走，除珏汴州刺史，迁河南尹，入为司农卿。

当是时，诏天下举可任刺史、县令者，殆有百人。有诏令与群官询考，及延问人间疾苦，及胥吏得失，取其有恻隐、通达事理者条举，什才一二。宰相将以辞策校之，珏曰：“求良吏不可兼责以文学，宜以圣群爱人之本为心。”执政卒无难之，皆叙进官，颇多称职。

贞元五年，拜京兆尹。珏刚严明察，练达法理，以勤身率下，失于纤巧，无文学大体。八年，坐窦参改太子宾客。无几，除岭南节度观察使。以疾卒，年七十四，废朝一日，赠工部尚书。有子存庆，自有传。

李惠登，平卢人也。少为平卢裨将。安禄山反，遂从兵马使董秦海转收沧、棣等州，轻师远斗，贼不能支。史思明反，复陷于贼，脱身投山南节度使来瑱，奏授试金吾卫将军。李希烈反，授惠登兵二千，镇隋州。贞元初，举州归顺，授隋州刺史、兼御史中丞。遭李忠臣、希烈奸残之后,野旷无人,惠登朴素不知学,居官无枝叶,率心为政,皆与理顺,利人者因行之,病人者因去之,二十年间,田畴辟,户口加。诸州奏吏入其境,无不歌谣其能。及于頔为山南东道节度,以其绩上闻,加御史大夫,升其州为上。寻加检校国子祭酒。及卒,加赠洪州都督。

任迪简,京兆万年。举进士。初为天德军使李景略判官。性重厚,尝有军宴,行酒者误以醯进,迪简知误,以景略性严,虑坐主酒者,乃勉饮尽之,而伪容其过,以酒薄白景略,请换之,于是军中皆感悦。及景略卒,众以迪简长者,议请为帅。监军使闻之,拘迪简于别室,军众连呼而至,户发扃取之。表闻。德宗使察焉,具以军情奏,除丰州刺史、天德军使,自殿中授兼御史大夫,再加常侍。追入,拜太常少卿、汝州刺史、左庶子。

及张茂昭去易定,以迪简为行军司马。既至,属虞候杨柏玉以府城叛,俄而众杀之。将纳迪简,兵马使张佐元又叛,迪简攻杀之,乃得入。寻加检校工部尚书,充节度使。初,茂昭奢荡不节,公私殚罄,迪简至,欲飨士,无所取给,乃以粝食与士同之。身居戟门下凡周月,军吏感之,请归堂寝,迪简乃安其位。三年,以疾代,除工部侍郎,至京,竟不能朝谢。改太子宾客卒,赠刑部尚书。

范传正字西老,南阳顺阳人也。父伦,户部员外郎,与郡人李华敦交友之契。传正举进士,又以博学宏辞及书判皆登甲科,授集贤殿校书郎、渭南尉,拜监察、殿中侍御史。自比部员外郎出为歙州刺史,转湖州刺史,历三郡,以政事修理闻。擢为宣歙观察使,受代至京师,宪宗闻其里第过侈,薄之,因拜光禄卿。以风恙卒,赠左散骑常侍。

传正精悍有立,好古自饬。及为廉察,颇事奢侈,厚以财货问遗权贵,视公蓄如私藏,幸而不至甚败。褐衣时游西边,著《西陲要略》三卷。

袁滋字德深，陈郡汝南人也。弱岁强学，以外兄道州刺史元结有重名，往来依焉。每读书，玄解旨奥，结甚重之。无何，黜陟使赵赞以处士荐，授试校书郎。何士干镇武昌，辟为从事，累官詹事府司直。部有邑长，下吏诬以盗金，滋察其冤，竟出之。御史中丞韦韬闻之，荐为侍御史，转工部员外郎。

贞元十九年，韦皋始通西南蛮夷，酋长异牟寻贡琛请使，朝廷方命抚谕，迁郎吏可行者，皆以西南遐远惮之。滋独不辞，德宗甚嘉之，以本官兼御史中丞，持节充入南诏使。未行，迁祠部郎中，使如故。来年夏，使还，擢为谏议大夫。俄拜尚书右丞，知吏部选事。

出为华州刺史、兼御史中丞、潼关防御使、镇国军使，以宽易清简为政。百姓有至自他境者，皆给地以居，名其居曰义合里。专以慈惠为本，人甚爱之。然百姓有过犯者，皆纵而不理。擒盗辄舍，或以物偿之。征拜金吾卫大将军，耆耋鳏寡庶道不得进。杨于陵代其任，宣言谓百姓曰："于陵不敢易袁公之政。"然后罗拜而诀。

上始监国，与杜黄裳俱为相，拜中书侍郎、平章事。会韦皋殁，刘辟拥兵擅命，滋持节安抚。行及中路，拜检校吏部尚书、平章事、剑南西川节度使，贼兵方炽，滋惧而不进，贬吉州刺史。俄拜义成军节度使，百姓立生祠祷之。征拜户部尚书，连为荆襄二帅，改彰义军节度、随唐邓申光等州观察使。逆贼吴元济与官军对垒者数年，滋竟以淹留无功，贬抚州刺史。未几，迁湖南观察使卒，年七十，赠太子少保。

滋工篆籀书，雅有古法。因使行，著《云南记》五卷。尝读刘晖《悲甘陵赋》，叹其褒善惩恶虽失《春秋》之旨，然其文不可废，因著《甘陵赋后序》。

子都，仕至翰林学士。

薛苹，河东宝鼎人也。少以吏事进，累官至长安令，拜虢州刺史，朝廷以尤课擢为湖南观察使，又迁浙江东道观察使，以理行迁浙江西道观察使。廉风俗，守法度，人甚安之。理身俭薄，尝衣一绿袍，十余年不易，因加赐朱绂，然后解去。苹历三镇，凡十余年，家无声乐，俸禄悉以散诸亲族故人子弟。除左散骑常侍致仕。时有年过悬车而不知止者，唯苹年至而无疾请告，角巾东洛，时甚高之。卒年七十四，赠工部尚书。

阎济美，登进士第。累历台省，有长者之誉。自婺州刺史为福建观察使，复为润州刺史、浙西观察使。所至以简澹为理，两地之人，常赋之外，不知其他。入拜右散骑常侍。华州刺史、潼关防御、镇国军使，入为秘书监。以年及悬车，上表乞骸骨，以工部尚书致仕。后以恩例，累有进改。及殁于家，年九十余。

赞曰：圣人选世，才杰济时。在理致治，无为而为。坑陧非议，简易从规。乐只君子，邦家之基。

旧唐书卷一八六上
列传第一三六上

酷吏上

来俊臣　　周兴　　傅游艺　　丘神勣
索元礼　　侯思止　　万国俊　　来子珣
王弘义　　郭霸　　吉顼

　　古今御天下者,其政有四:五帝尚仁,体文德也;三王仗义,立武功也;五霸崇信,取威令也;七雄任力,重刑名也。盖仁义既废,然后齐之以威刑;威刑既衰,而酷吏为用,于是商鞅、李斯谲诈设矣。持法任术,尊君卑臣,奋其策而鞭挞宇宙,持危救弊,先王不得已而用之,天下之人谓之苛法。降及两汉,承其余烈。于是前有郅都、张汤之徒持其刻,后有董宣、阳球之属肆其猛。虽然异代,亦克公方,天下之人谓之酷吏,此又鞅、斯之罪人也,然而纲既密而奸不胜矣。夫子曰:"刑罚不中,则人无所措手足。"诚哉是言也。

　　唐初革前古之敝,务于胜残,垂衣而理,且七十载,而人不敢欺。由是观之,在彼不在此。逮则天以女主临朝,大臣未附,委政狱吏,剪除宗枝。于是来俊臣、索元礼、万国俊、周兴、丘神勣、侯思止、郭霸、王弘义之属,纷纷而出。然后起告密之刑,制罗织之狱,生人屏息,莫能自固。至于怀忠蹈义,连颈就戮者,不可胜言哉。武后因之坐移唐鼎,天纲一举,而卒笼八荒,酷之为用,斯害也已。遂使酷吏之党，横噬于朝，制公卿之死命，擅王者之威力。贵从其欲，毒侈其心，天诛发于唇吻，国柄弃于掌握。凶愚之士，荣而慕之，身赴鼎镬，死而无悔。若是者何？要时希旨，见利忘义也。

尝试而论之，今夫国家行斧钺之诛，设狴牢之禁以防盗者，虽云固矣，而犹逾垣掘冢，揭箧控囊，死者于前，盗者于后，何者？以其间有欲也，然所徇者不过数金之资耳！彼酷吏与时上下，取重人主，无怵惕之忧，坐致尊宠，杖起卒伍，富拟封君，岂唯数金之利耶？则盗官者为幸矣。故有国者则必室觊觎之路，杜侥幸之门，可不务乎！况乎乐观时变，恣怀阴贼，斯又郅都、董宣之罪人也。异哉，又有效于斯者！中兴四十载而有吉温、罗希奭之蠹政，又数载而有敬羽、毛若虚之危法。朝经四叶，狱讼再起，比周恶党，翦绝善人。屡挠将措之刑，以伤大和之气，幸灾乐祸，苟售其身，此又来、索之罪人也。

呜呼！天道祸淫，人道恶杀，既为祸始，必以凶终。故自鞅、斯至于毛、敬，蹈其迹者，卒以诛夷，非不幸也。呜呼！执愚贾害，任天下之怨；反道辱名，归天下之恶。或肆诸原野，人得而诛之；或投之魑魅，鬼得而诛之。天人报应，岂虚也哉！俾千载之后，闻其名者，曾蛇豕之不若。悲夫！昔《春秋》之义，善恶不隐，今为《酷吏传》，亦所以示惩劝也。语曰："前事不忘，将来之师。"意在斯乎！意在斯乎！

来俊臣，雍州万年人也。父操，博徒。与乡人蔡本结友，遂通其妻，因樗蒲赢本钱数十万，本无以酬，操遂纳本妻。入操门时，先已有娠，而生俊臣。凶险不事生产，反覆残害，举无与比。曾于和州犯奸盗被鞫，遂妄告密，召见奏，刺史东平王续杖之一百。后续天授中被诛，俊臣复告密，召见，奏言前所告密是豫、博州事，枉被续决杖，遂不得申。则天以为忠，累迁侍御史，加朝散大夫。按制狱，少不会意者，必引之，前后坐族千余家。

二年，擢拜左台御史中丞。朝廷累息，无交言者，道路以目。与侍御史侯思止、王弘义、郭霸、李仁敬，司刑评事康暐、卫遂忠等，同恶相济。招集无赖数百人，令其告事，共为罗织，千里响应。欲诬陷一人，即数处别告，皆是事状不异，以惑上下。仍皆云："请付来俊臣推勘，必获实情。"则天于是于丽景门别置推事院，俊臣推勘必获，专令俊臣等按鞫，亦号为新开门。但入新开门者，百不全一。弘义戏谓凡景门"例竟门"，言入此门者，例皆竟也。

　　俊臣与其党朱南山辈造《告密罗织经》一卷，皆有条贯支节，布置事状有绪。俊臣每鞫囚，无问轻重，多以醋灌鼻，禁地牢中，或盛之瓮中，以火圈绕炙之，并绝其粮饷，至有抽衣絮以啖之者。又令寝处粪秽，备诸苦毒。自非身死，终不得出。每有赦令，俊臣必先遣狱卒尽杀重囚，然后宣示。又以索元礼等作大枷，凡有十号：一曰定百脉，二曰喘不得，三曰突地吼，四曰著即承，五曰失魂胆，六曰实同反，七曰反是实，八曰死猪悉，九曰求即死，十曰求破家。复有铁笼头连其枷者，轮转于地，斯须闷绝矣。囚人无贵贱，必先布枷棒于地，召囚前曰："此是作具。"见之魂膽飞越，无不自诬矣。则天重其赏以酬之，故吏竞劝为酷矣。由是告密之徒，纷然道路，名流俛俯阅日而已。朝士多因入朝，默遭掩袭，以至于族，与其家无复音息。故每入朝者，必与其家诀曰：不知重相见不？

　　如意元年，地官尚书狄仁杰、益州长史任令晖、冬官尚书李游道、秋官尚书袁智宏、司宾卿崔神基、文昌左丞卢献等六人，并为其罗告。俊臣既以族人家为功，苟引之承反，乃奏请降敕，一问即承，同首例得减死。及胁仁杰等反，仁杰叹曰："大周革命，万物惟新，唐朝旧臣，甘从诛戮。反是实。"俊臣乃少宽之。其判官王德寿谓仁杰曰："尚书事已尔，得减死。德寿今业已爱驱策，欲求少阶级，凭尚书牵杨执柔，可乎？"仁杰曰："若之何？"德寿曰："尚书昔在春官时，执柔任某司员外，引之可也。"仁杰曰："皇天后土，遣狄仁杰行此事！"以头触柱，血流被面，德寿惧而止焉。

　　仁杰既承反，有司但待报行刑，不复严备。仁杰得凭守者求笔砚，拆被头帛书之，叙冤苦，置于绵衣，遣谓德寿曰：时方热，请付家人去其绵。"德寿不复疑矣，家人得衣中书，仁杰子光远持之称变，得召见。则天览之愕然，召问俊臣曰："卿言仁杰等承反，今子弟讼

冤,何故也?"俊臣曰:"此等何能自伏其罪!臣寝处甚安,亦不去其
巾带。"则天令通事舍人周綝视之。俊臣遽令狱卒令假仁杰等巾带,
行立于西,命綝视之。綝惧俊臣,莫敢西顾,但视东唯诺而已。俊臣
令綝少留,附进状,乃令判官妄为仁杰等作谢死表,代署而进之。凤
阁侍郎乐思晦男年八九岁,其家已族,宜隶于司农,上变,得召见,
言"俊臣苛毒,愿陛下假条反状以付之,无大小皆如状矣。"则天意
少解,乃召见仁杰曰:"卿承反何也?"仁杰等曰:"不承反,臣已死于
枷棒矣。"则天曰:"何谓作谢死表?"仁杰曰:"无。"因以表示之,乃
知其代署,遂出此六家。

俊臣复按大将军张虔勖、大将军内侍范云仙于洛阳牧院。虔勖
等不堪其苦,自讼于徐有功,言辞颇厉,俊臣命卫士以乱刀斩杀之。
云仙亦言历事先朝,称所司冤苦,俊臣命截去其舌。士庶破胆,无敢
言者。

俊臣累坐赃,为卫吏纪覆忠所告下狱。长寿二年,除殿中丞。又
坐赃,出为同州参军。逼夺同列参军妻,仍辱其母。万岁通天元年,
召为合宫尉,擢拜洛阳令、司农少卿。则天赐其奴婢十人,当受于司
农。时西蕃酋长阿史那斛瑟罗家有细婢,善歌舞,俊臣因令其党罗
告斛瑟罗反,将图其婢。诸蕃长诣阙割耳剺面论冤者数十人,乃得
不族。时綦连耀、刘思礼等有异谋,明堂尉吉顼知之,不自安,以白
俊臣发之,连坐族者数十辈。俊臣将擅其功,复罗告顼,得召见,仅
而免。

俊臣先逼娶太原王庆诜女。俊臣与河东卫遂忠有旧,遂忠行虽
不著,然好学,有词辩,尝携酒谒俊臣,俊臣方与妻族宴集,应门者
绐云:"已出矣。"遂忠知妄,入其宅,慢骂毁辱之。俊臣耻其妻族,命
殴击反接,既而免之,自此构隙。俊臣将罗告武氏诸王及太平公主、
张易之等,遂相掎摭,则天屡保持之。而诸武及太平公主恐惧,共发
其罪,乃弃市,国人无少长皆怨之,竞剐其肉,斯须尽矣。

中宗神龙元年三月八日,诏曰:"国之大纲,惟刑与政,刑之不
中,其政乃亏。刘光业、王德寿、王处贞、屈贞筠、鲍思恭、刘景阳等,

庸流贱职，奸吏险夫，以粗暴为能官，以凶残为奉法。往从按察，害虐在心，倏忽加刑，呼吸就戮，曝骨流血，其数甚多，冤滥之声，盈于海内。朕唯布新泽，恩被人只，抚事长怀，尤深恻隐。光业等五人积恶成衅，并谢生涯，虽其人已殂，而其迹可贬，所有官爵，并宜追夺。其枉被杀人，各令州县以礼埋葬，还其官荫。刘景阳身今见在，情不可矜，特以会恩，免其严罚，宜从贬降，以雪冤情，可棣州乐单县员外尉。自今内外法官，咸宜敬慎。其文深刺骨，迹徇凝脂，高下任情，轻重随意。如酷吏丘神勣、来子珣、万国俊、周兴、来俊臣、鱼承晔、王景昭、索元礼、傅游艺、王弘义、张知默、裴籍、焦仁亶、侯思止、郭霸、李仁敬、皇甫文备、陈嘉言等，其身已死，自垂拱以来，枉滥杀人，有官者并令削夺。唐奉一依前配流，李秦授、曹仁哲并与岭南恶处。"

开元十三年三月十二日，御史大夫程行谌奏：周朝酷吏来子珣、万国俊、王弘义、侯思止、郭霸、焦仁亶、张知默、李敬仁、唐奉一、来俊臣、周兴、丘神勣、索元礼、曹仁哲、王景昭、裴籍、李秦授、刘光业、王德寿、屈贞筠、鲍思恭、刘景阳、王处贞二十三人，残害宗枝，毒陷良善，情状尤重，子孙不许与官。陈嘉言、鱼承晔、皇甫文备、傅游艺四人，情状稍轻，子孙不许近任。

周兴者，雍州长安人也。少以明习法律，为尚书省都事。累迁司刑少卿、秋官侍郎。自垂拱已来，屡受制狱，被其陷害者数千人。天授元年九月革命，除尚书左丞，上疏除李家宗正属籍。二年十一月，与丘神勣同下狱，当诛，则天特免之，徙于岭表。在道为仇人所杀。

傅游艺，卫州汲人也。载初元年，为合宫主簿、左肃政台御史，除左补阙。上书称武氏符瑞，合革姓受命，则天甚悦，擢为给事中。数月，加同凤阁鸾台平章事。同月，又加朝散大夫，守鸾台侍郎，依旧同平章事。其年九月革命，改天授元年，赐姓武氏。二年正月，加银青光禄大夫。兄神童为冬官尚书，兄弟并承荣宠。逾月，除司礼少卿，停知政事。梦登湛露殿，旦而陈于所亲，为其所发，伏诛。时人号为四时仕宦，言一年自青而绿，及于朱紫也。希则天旨，诬族皇枝。神龙初，禁锢其子孙。初，游艺请则天发六道使，虽身死之后，竟从其谋，于是万国俊辈恣斩戮矣。

丘神勣，左卫大将军行恭子也。永淳元年，为左金吾卫将军。弘道元年，高宗崩，则天使于巴州害章怀太子，既而归罪于神勣，左迁叠州刺史。寻复入为左金吾卫将军，深见亲委。受诏与周兴、来俊臣鞫制狱，俱号为酷吏。垂拱四年，博州刺史、琅邪王冲起兵，以神勣为清平道大总管。寻而冲为百姓孟青棒、吴希智所杀。神勣至州，官吏素服来迎，神勣挥刃尽杀之，破千余家，因加左金吾卫大将军。天授二年十月，下诏狱伏诛。

索元礼，胡人也。光宅初，徐敬业起兵扬州，以匡复为名，则天震怒，又恐人心动摇，欲以威制天下。元礼控其旨告事，召见，擢为游击将军，令于洛州牧院推案制狱。元礼性残忍，推一人，广令引数十百人，衣冠震惧，甚于狼虎。则天数召见赏赐，张其权势，凡为杀戮者数千人。于是周兴、来俊臣之徒，效之而起矣。时有诸州告密人，皆给公乘，州县护送至阙下，于宾馆以廪之，稍称旨，必授以爵赏以诱之，贵以威于远近。元礼寻以酷毒转甚，则天收人望而杀之。天下之人谓之来、索，言酷毒之极，又首按制狱也。

载初元年十月，左台御史周矩上疏谏曰：顷者小人告讦，习以为常，内外诸司，人怀苟免，姑息台吏，承接强梁，非故欲，规避诬构耳。又推劾之吏，皆以深刻为功，凿空争能，相矜以虐。泥耳笼头，枷研楔榼，折胁签爪，悬发薰耳，卧邻秽溺，曾不聊生，号为"狱持"。或累日节食，连宵缓问，昼夜摇撼，使不得眠，号曰"宿囚"。此等既非木石，且救目前，苟求赊死。臣窃听舆议，皆称天下太平，何苦须反。岂被告者尽是英雄，以求帝王耶？只是不胜楚毒自诬耳。何以核之？陛下试取所告状酌其虚实者，付令推，微讯动以探其情，所推者必上下其手，希圣旨也。愿陛下察之。今满朝侧息不安，皆以为陛下朝与之密，夕与之仇，不可保也。闻有追摄，与妻子即为死诀。故为国者以仁为宗，以刑为助，周用仁而昌，秦用刑而亡，此之谓也。愿陛下缓刑用仁天下幸甚。则天从之，犹是制狱稍息。

侯思止，雍州醴泉人也。贫穷不能理生业，乃乐事渤海高元礼家。性无赖诡谲。时恒州刺史裴贞杖一判司。则天将不利王室，罗反之徒已兴矣，判司教思止说游击将军高元礼，因请状乃告舒王元名及裴贞反，周兴按之，并族灭。授思止游击将军。元礼惧而曲媚，引与同坐，呼为侯大，曰："国家用人以不次，若言侯大不识字，即奏云：獬豸兽亦不识字，而能触邪。"则大果如其言，思止以獬豸对之，则天大悦。天授三年，乃拜朝散大夫、左台侍御史。元礼复教曰：在上知侯大无宅，倘以诸役官宅见借，可辞谢而不受。在上必问所由，即奏云：诸反逆人，臣恶其名，不愿坐其宅。则天复大悦，恩泽甚优。

思止既按制狱，苛酷日甚。尝按中丞魏元忠曰："急认白司马，不然，即吃孟青。"白司马者，洛阳有坂号白司马坂。孟青者，将军姓孟名青棒，即杀琅邪王冲者也。思止闾巷庸奴，常以此谓诸囚也。元忠辞气不屈，思止怒而倒曳元忠。元忠徐起曰："我薄命，如乘恶驴坠，脚为镫所挂，被拖曳。"思止大怒，又曳之曰："汝拒捍制使，奏斩之。"元忠曰："侯思止，汝今为国家御史，须识礼数轻重。如必须魏元忠头，何不以锯截将，无为抑我承反。奈何尔佩服朱紫，亲衔天命，不行正直之事，乃言白司马、孟青，是何言也！非魏元忠，无人抑教。"思止惊起悚怍，曰："思止死罪，幸蒙中丞教。"引上床坐而问之，元忠徐就坐自若，思止言竟不正。时人效之，以为谈谑之资。侍御史霍献可笑之，思止以闻，则天怒，谓献可曰："我已用之，卿笑何也？"献可具以其言奏，则天亦大笑。

时来俊臣弃故妻，逼娶太原王庆诜女，思止亦奏请娶赵郡李自挹女，敕政事商量。凰阁侍郎李昭德抚掌谓诸宰相曰："大可笑。"诸宰相问故,昭德曰:"往年来俊臣贼劫王庆诜女,已大辱国。今日此奴又请索李自挹女,无乃复辱国乎!"竟为李昭德搒杀之。

　　万国俊,洛阳人。少谲异险诈。垂拱后,与来俊臣同为《罗织经》,屠覆宗枝朝贵,以作威势,自司刑评事,俊臣同引为判官。天授二年,摄右台监察御史,常与俊臣同按制狱。长寿二年,有上封事言岭南流人有阴谋逆者,乃遣国俊就按之,若得反状,便斩决。国俊至广州,遍召流人,置于别所,矫制赐自尽,并号哭称冤不服。国俊乃引出,拥之水曲,以次加戮,三百余人,一时并命。然后锻链曲成反状,仍诬奏云:诸流人咸有怨望,若不推究,为变不遥。则天深然其奏,乃命右卫翊二府兵曹参军刘光业、司刑评事王德寿、苑南面监丞鲍思恭、尚辇直长王大贞、右武卫兵曹参军屈贞筠等,并摄监察御史,分往剑南、黔中、安南等六道鞫流人。寻擢授国俊朝散大夫、肃政台侍御史。光业等见国俊盛行残杀,得加荣贵,乃共肆其凶忍,唯恐后之。光业杀九百人,德寿杀七百人,其余少者咸五百人。亦有远年流人,非革命时犯罪,亦同杀之。

　　则天后知其冤溢,下制:被六道使所杀之家口未归者,并递还本管。国俊等俄亦相次而死,皆见鬼物为崇,或有流窜而终。

　　来子珣,雍州长安人。永昌元年四月,以上书陈事,除左台监察御史。时朝不带靴而朝者,子珣弹之曰:"臣闻束带立于朝。"举朝大噱。则天委之按制狱,多希旨,赐姓姓武氏,字家臣。天授中,丁父忧,起复朝散大夫、侍御史。时雅州刺史刘行实及弟渠州刺史行瑜、尚衣奉御行威并兄子鹰扬郎将虔通等,为子珣诬告谋反诛,又于盱眙毁其父左监门大将军伯英棺柩。俄又转为游击将军、右羽林中郎将。常衣锦半臂,言笑自若,朝士诮之。长寿元年,配流爱州卒。

　　王弘义,冀州衡水人也。告变,授游击将军。天授中,拜右台殿中侍御史。长寿中,拜左台侍御史,与来俊臣罗告衣冠。延载元年,俊臣贬。弘义亦流放琼州，妄称敕追。时胡元礼为侍御史，使岭南道，次于襄、邓，会而按之。弘义词穷，乃谓曰："与公气类。"元礼曰："足下任御史，元礼任洛阳尉。元礼今为御史，公乃流囚，复何气类？"乃搒杀之。弘义每暑月系囚，必于小房中积蒿而施毡褥，遭之者斯须气绝矣，苟自诬引，则易于他房。与俊臣常行移牒，州县慑惧，自矜曰："我之文牒，有如狼毒野葛也。弘义常于乡里傍舍求瓜，主吝之，弘义乃状言瓜园中有白兔，县官命人捕逐，斯须园苗尽矣。内史李昭德曰：昔闻鹰狱吏，今见白兔御史。"

郭霸，庐江人也，天授二年，自宋州宁陵丞应革命举，拜左台监察御史。如意元年，除左台殿中侍御史。长寿二年，右台侍御史。初举集，召见，于则天前自陈忠鲠云："往年征徐敬业，臣愿抽其筋，食其肉，饮其血，绝其髓。"则天悦，故拜焉。时人号为"四其御史"。时大夫魏元忠卧疾，诸御史尽往省之，霸独居后，比见元忠，忧惧，请示元忠便液，以验疾之轻重。元忠惊悼，霸悦曰："大夫粪味甘，或不瘳。今味苦，当即愈矣""元忠刚直，殊恶之，以其事露朝士。尝推芳州刺史李思征，榜捶考禁，不胜而死。圣历中，屡见思征，甚恶之。尝因退朝遽归，命家人曰："速请僧转经设齐"。须臾见思征从数十骑上其廷，曰："汝枉陷我，我今取汝。"霸周章惶怖，援刀自刳其腹，斯须蛆烂矣。是日，闾里亦见兵马数十骑驻于门，少顷不复见矣。时洛阳桥坏，行李弊之，至是功毕。则天尝问群臣："比在外有何好事？"舍人张元一素滑稽，对曰："百姓喜洛桥成，幸郭霸死，此即好事。"

吉顼，洛州河南人也。身长七尺，阴毒敢言事。进士举，累转明堂尉。万岁通天二年，有箕州刺史刘思礼，自云学于张憬藏，善相，云洛州录事参军綦连耀应图谶，有"两角骐骥儿"之符命。顼告之，则天付武懿宗与顼对讯。懿宗与顼诱思礼，令广引朝士，必全其命。思礼乃引凤阁侍郎李元素、夏官侍郎孙元通、天官侍郎刘奇石抱忠、凤阁舍人王处来庭、主簿柳璆、给事中周潘、泾州刺史王勔、监察御史王助、司议郎路敬淳、司门员外郎刘慎之、右司员外郎宇文全志等三十六家，微有忤意者，必构之，楚毒百端，以成其狱。皆海内贤士名家，天下冤之，亲故连累窜逐者千余人。顼由是擢拜右肃政台中丞，日见恩遇。

明年，突厥寇陷赵、定等州，则天召顼检校相州刺史，以断贼南侵之路。顼以素不习武为辞，则天曰："贼势将退，藉卿威名镇遏耳。"初，太原有术士温彬茂，高宗时老，临死，封一状谓其妻曰："吾死后，年名垂拱，即诣阙献之，慎勿开也。"垂拱初，其妻献之。状中预陈则天革命及突厥至赵、定之事，故则天知贼至赵州而退。顼初至州募人，略无应者。俄而诏以皇太子为元帅，应募者不可胜数。及贼退，顼入朝奏之，则天甚悦。

圣历二年腊月，迁天官侍郎、同凤阁鸾台平章事。时易之、昌宗讽则天置控鹤监官员，则天以易之为控鹤监。顼素与易之兄弟亲善，遂引顼、中少监田归道、凤阁舍人薛稷、正谏大夫员半千、夏官侍郎李迥秀，俱为控鹤内供奉，时议甚不悦。初，则天以顼干辩有口才，传仪质，堪委以心腹，故擢任之。及与武懿宗争赵州功于殿中，懿宗短小俯偻，顼声气凌厉，下视懿宗，尝不相假。则天以为卑"我诸武于我前，其可倚与！"其年十月，以弟作伪官，贬琰川尉，后改安固尉。寻卒。

初，中宗未立为皇太子时，易之、昌宗尝密问顼自安之策，顼云："公兄弟承恩既深，非有大功于天下，则不全矣。今天下士庶，咸思李家，庐陵既在房州，相王又在幽闭，主上春秋既高，须有付托。武氏诸王，殊非属意。明公若能从容请建立庐陵及相王，以副生人之望，岂止转祸为福，必长享茅土之重矣。"易之然其言，遂承间奏请。则天知顼首谋，召而问之，顼曰："庐陵王及相王，皆陛下之子，先帝顾托于陛下，当有主意，唯陛下裁之。则天意乃定。顼既得罪，时无知者。睿宗即位，左右发明其事，乃下制曰：故吏部侍郎、同中书门下平章事吉顼，体识宏远，风规久大。尝以经纬之才，允膺匡佐之委。时王命中否,人谋未辑,首陈返政之议,克副祈天之基。永怀遗烈,宁忘厥效。可赠左御史台大夫。

旧唐书卷一八六下
列传第一三六下

酷吏下

姚绍之　　周利贞　　王旭　　吉温
罗希奭　　毛若虚　　敬羽

　　姚绍之，湖州武康人也。解褐典仪，累拜监察御史。"中宗朝，武三思恃庶人势，驸马都尉王同皎谋诛之，事泄，令绍之按问而诛同皎。绍之初按问同皎，张仲之、祖延庆谋衣袖中发调弩射三思，伺其便未果。宋之逊以其外妹妻延庆，曰："今日将行何事，而以妻为？"之逊固抑而延庆，且洽其心矣。之逊子昙密发之，乃敕右台大夫李承嘉与绍之按于新开门内。初，绍之将直尽其事。诏宰相李峤等对问，诸相惧三思威权，但电勉俯佯不问。仲之、延庆言曰："宰相中有附会三思者。峤与承嘉耳言，复说诱绍之，其事乃变。遂密置人力十余，命引仲之对问，至，即为绍之所擒，塞口反接，送狱中。绍之还，谓仲之曰：张三，事不谐矣！"仲之固言三思反状，绍之命棒之而臂折，大呼天者六七，谓绍之曰："反贼，臂且折矣，命已输汝，当诉尔于天帝！"因裂衫以束之，乃自诬反而遇诛。绍之自此神气自若，朝廷侧目。

　　累迁左台侍御史。奉使江左，经汴州，辱录事参军魏传弓。寻拜监察御史。绍之后坐赃污，诏传弓按之，获赃五千余贯以闻，当坐死。韦庶人妹保持之，遂黜放为岭南琼山尉。传弓初按绍之，绍之在扬州，色动，谓长吏卢万石曰："顷辱传弓，今为所按，绍之死矣。"逃入西京，为万年尉擒之，击折其足，因授南陵令员外置。开元十三年，累转括州长史同正员，不预知州事，死。

周利贞，神龙初为侍御史，附托权要，为桓彦范、敬晖等五王嫉之，出为嘉州司马。时中书舍人崔湜与桓、敬善，武三思用事禁中，彦范忧之，托心腹于湜。湜反露其计于三思，为三思所中，尽流岭南。湜劝尽杀之，以绝其归望。三思问："谁可使者？"利贞即湜之表兄，因举为此行。利贞至，皆鸩杀之，因擢为左台御史中丞。先天元年，为广州都督。时湜为中书令，与仆射刘幽求不叶，陷幽求徙于岭表，讽利贞杀之，为桂州都督王晙护之，逗留护免。无何，玄宗正位，利贞与薛季昶、宋之问同赐死于桂州驿。"

王旭，太原祁人也。曾祖珪，贞观初为侍中，尚永宁公主。旭解褐鸿州参军，转兖州兵曹。神龙元年正月，张柬之、桓彦范等诛张易之、昌宗兄弟，尊立孝和皇帝。其兄昌仪，先贬乾封尉，旭斩之，齐其首赴于东都，迁并州录事参军。唐隆元年，玄宗诛韦庶人等，并州长史周仁轨，韦氏之党，有诏诛之，旭不覆敕，又斩其首，驰赴西京。开元二年，累迁左台侍御史。时光禄少卿卢崇道以崔湜妻父，贬于岭外。逃归，匿于东都，为仇家所发，诏旭究其狱。旭欲擅其威权，因捕崇道亲党数十人，皆极其楚毒，然后结成其罪，崇道及三子并杖死于都亭驿，门生亲友皆决杖流贬。时得罪多是知名之士，四海冤之。旭又与御史大夫李杰不叶，递相纠评，杰竟左迁衢州刺史。旭既得志，擅行威福，由是朝廷畏而鄙之。

五年，迁左司郎中，常带侍御史。旭为吏严苛，左右无敢支梧，每衔命推劾，一见无不输款者。时宋王宪府掾纪希虬兄任剑南县令，被告有赃私，旭使至蜀鞫之。其妻美，旭威逼之，因奏决杀县令，纳赃数千万。至六年，希虬遣奴诈为祗承人，受顾在台，事旭累月，旭赏之，召入宅中，委以腹心。其奴密记旭受馈遗嘱托事，乃成数千贯，归谒希虬。希虬衔泣见宪，叙以家冤。宪悯之，执其状以奏，诏付台司劾之，赃私累巨万，贬龙平尉，愤恚而死，甚为时人之所庆快。

吉温，天官侍郎顼弟琚之孽子也。谲诡能谄事人，游于中贵门，爱若亲戚。性禁害，果于推劾。天宝初，为新丰丞。时太子文学薛嶷承恩幸，引温入对，玄宗目之而谓嶷曰："是一不良汉，朕不要也。"时萧炅为河南尹，河南府有事，京台差温推诘，事连炅，坚执不舍，赖炅与右相李林甫善，抑而免之。及温选，炅已为京兆尹，一唱万年尉，即就其官，人为危之。时骠骑高力士常止宿宫禁，或时出外第，炅必谒焉。温先驰与力士言谴甚洽，握手呼行第，炅觇之欢伏。及他日，温谒炅于府庭，遽布心腹曰："他日不敢隳国家法，今日已后，洗心事公。"炅复与尽欢。

会林甫与左相李适之、驸马张垍不叶，适之兼兵部尚书，垍兄均为兵部侍郎，林甫遣人讦出兵部铨曹主簿事令史六十余人伪滥事，图覆其官长，诏出付京兆府与宪司对问。数日，竟不究其由。炅使温劾之。温于院中分因于两处，温于后厅佯取两重囚讯之，或杖或夺，痛苦之声，所不忍闻，即云："若存性命，乞纸尽答。"令史辈素谙温，各自诬伏罪，及温引问，无敢违者。晷刻间事辑，验囚无栲讯决罚处。常云："若遇知己，南山白额兽不足缚也。"会李林甫将起刑狱，除不附己者，乃引之于门，与罗希奭同锻炼诏狱。

五载，因中官纳其外甥武敬一女为盛王琦妃，擢京兆府士曹。时林甫专谋不利于东储，以左骁卫兵曹柳勣杜良娣妹婿，令温推之。温追著作郎王曾、前右司御率府仓曹王修己、左武卫司戈卢宁、左威卫骑曹除征同就台鞫，数日而狱成。勣等杖死，积尸于大理寺。

六载，林甫又以户部侍郎、兼御史中丞杨慎矜违忤其旨，御史中丞王铁与慎矜亲而嫉之，同构其事，云"蓄图谶，以己是隋炀帝子孙，窥于兴复"，林甫又奏付温鞫焉，慎矜下狱系之。使温于东京收捕其兄少府少监慎余、弟洛阳令慎名，于汝州捕其门客史敬忠。敬忠颇有学,尝与朝贵游,蹉跎不进,与温父琚情契甚密,温孩孺时,敬忠尝抱抚之。温令河南丞姚开就擒之,锁其颈,布袂蒙面以见温。温驱之于前,不交一言。欲及京,使典诱之云:"杨慎矜今款招已成,须子一辨。若解人意,必活;忤之,必死。"敬忠回首曰:"七郎,乞一纸。"温佯不与,见词恳,乃于桑下令答三纸,辩皆符温旨,喜曰:"丈人莫相怪!"遂徐下拜。及至温汤,始鞫慎矜,以敬忠词为证。及再搜其家,不得图谶。林甫恐事泄,危之,乃使御史卢铉入搜。铉乃袖谶书而入,于隐僻中诟而出曰:"逆贼牢藏秘记,今得之矣。"指于慎矜小妻韩珠团婢见,举家惶惧,且行捶击,谁敢忤焉。狱乃成,慎矜兄弟赐死。温自是威振,衣冠不敢偶言。

温早以严毒闻,频知诏狱,忍行枉滥,推事未讯问,已作奏状,计赃数。及被引问,便慑惧,即随意而书,无敢惜其生者,因不加栲击,狱成矣。林甫深以温为能,擢户部郎中,常带御史。林甫虽倚以爪牙,温又见安禄山受主恩,骠骑高力士居中用事,皆附会其间,结为兄弟。常谓禄山曰:"李右相虽观察人事,亲于三兄,必不以兄为宰相。"温虽被驱使,必不超擢。若三兄奏温为相,即奏兄堪大任,挤出林甫,是两人必为相矣。禄山悦之。时禄山承恩无敌,骤言温能,玄宗亦忘曩岁之语。十载,禄山加河东节度,因奏温为河东节度副使,并知节度营田及管内采访监察留后事。其载,又加兼鹰门太守,仍知安边郡铸钱事,赐紫金鱼袋。及丁所生尤,禄山又奏起复为本官。寻复奏为魏郡太守、兼侍御史。

杨国忠入相,素与温交通,追入为御史中丞,仍充京畿、关内采访处置使。温于范阳辞,禄山令累路馆驿作白绸帐以候之,又令男庆绪出界送,拔马出驿数十步。及至西京,朝廷动静,辄报禄山,信宿而达。十三载正月,禄山入朝,拜左仆射,充闲厩使,因奏加温武部侍郎、兼御史中丞,充闲厩、苑内、营田、五坊等副使。时杨国忠与禄山嫌隙已成,温转厚于禄山,国忠又忌之。其冬,河东太守韦陟入奏于华清宫,陟自谓失职,托于温结欢于禄山,广载河东土物馈于温,又及权贵。国忠讽评事吴豸之使乡人告之,召付中书门下,对法官鞫之，陟伏其状，贬桂岭尉，温浓阳长史，温判官员锡新兴尉。明年，温又坐赃七千匹及夺人口马奸秽事发，贬端州高要尉。温至岭外，迁延不进，依于张博济，止于始安郡。八月，遣大理司直蒋沇鞫之，温死于狱中，博济乃始安太守罗希奭死于州门。

初，温之贬斥，玄宗在华清宫，谓朝臣曰："吉温是酷吏子侄，朕被人诳惑，用之至此。屡劝朕起刑狱以作威福，朕不受其言。今去矣，卿等皆可安枕也。"初，开元九年，有王钧为洛阳尉，十八年，有严安之为河南丞，皆性毒虐，笞罚人畏其不死，皆杖讫不放起，须其肿愤，徐乃重杖之，懊血流地，苦楚欲死，钧与安之始眉目喜畅，故人吏慑惧。温则售身权贵，噬螫衣冠，来颇异耳。温九月死始兴，十一月，禄山起兵作乱，人谓与温报仇军。禄山入洛阳城，即伪位。玄宗幸蜀后，禄山求得温一子，才六七岁，授河南府参军，给与财帛。

初，温之按杨慎矜，侍御史卢铉同其事。铉初为御史，作韦坚判官，及坚为李林甫所嫉，铉以坚款曲发于林甫，冀售其身。及按慎矜，铉先与张瑄同台，情旨素厚，贵取媚于权臣，诬瑄与杨慎矜共解图谶，持之，为驴驹拔橛以成其狱。又为王铣闲厩判官，铣缘邢缚事朝堂被推，铉证云："大夫将白帖索厩马五百匹以助逆，我不与之。铣死在晷刻，铉忍诬之，众咸怒恨焉。及被贬为卢江长史，在郡忽见瑄为祟，乃云：端公何得来乞命？不自由。"铉须臾而卒。

罗希奭，本杭州人也，近家洛阳，鸿胪少卿张博济堂外甥。为吏持法深刻。天宝初，右相李林甫引与吉温持狱，又与希奭姻娅，自御史台主簿再迁殿中侍御史。自韦坚、皇甫惟明、李适之、柳勣、裴敦复、李邕、邬元昌、杨慎矜、赵奉璋下狱事，皆与温锻炼，故时称罗钳吉纲，恶其深刻也。八载，除刑部员外，转郎中。十一载，李林甫卒，出为中部、始安二太守，仍充当管经略使。

十四载，以张博济、吉温、韦陟、韦诚奢、李从一、员锡等流贬，皆于始安，希奭或令假摄。右相杨国忠奏遣司直蒋沇往按之，复令张光奇替为始安太守，仍降敕曰："前始安郡太守、充当管经略使罗希奭,幸此资序,叨居牧守。地列要荒,人多窜殛,尤加委任,冀绝奸讹。翻乃啸结逋逃,群聚不逞,应是流贬,公然安置。或差摄郡县,割剥黎氓;或辄借馆宇,侵扰人吏。不唯轻侮典宪,实亦隳壤纪纲。擿发数愆,岂多其罪,可贬海东郡海康尉员外置。张博济往托回邪,迹惟凭恃,尝自抵犯,又坐亲姻,前后贬官,岁月颇久,逗留不赴,情状难容。及命按举,仍更潜匿,亡命逭刑,莫斯为甚。并当切害,合峻常刑,宜于所在各决重杖六十。使夫为政之士,克守章程,负罪之人,期于悛革。凡厥在位,宜各悉心。"时员锡、李从一、韦诚奢、吉承恩并决杖,遣司直宇文审往监之。

毛若虚,绛州太平人也。眉毛覆于眼,其性残忍。初为蜀川县尉,使司以推勾见任。天宝末,为武功丞,年已六十余矣。肃宗收两京,除监察御史,审国用不足,上策征剥财货,有润于公者,日有进奉,渐见任用称旨。每推一人,未鞫,即先收其家资,以定赃数,不满望,即摊征乡里近亲,峻其威权,人皆惧死,输纳不差晷刻。

乾元二年,凤翔府七坊押官先行剽劫,州县不能制,因有劫杀事,县尉谢夷甫因众怒,遂搒杀之。其妻诉于李辅国,辅国奏请御史孙蓥鞫之,蓥不能正其事。又令中丞崔伯阳三司使杂讯之,又不证成其罪。因令若虚推之,遂归罪于夷甫。伯阳与之言,若虚颇不逊。伯阳数让之,若虚驰谒告急,肃宗曰:"卿且出。"对曰:"臣出即死矣。"肃宗潜留若虚帘内,召伯阳至,伯阳颇短若虚,上怒,叱出之。因流贬伯阳同推官十余人,皆于岭外远恶处。宰相李岘以左右于蓥等,亦被贬斥。于是若虚威震朝列,公卿慑惧矣。寻擢为御史中丞。上元元年,贬宾化尉而死。

敬羽,宝鼎人也。父昭道,开元初为监察御史。羽貌寝而性便僻,善候人意旨。天宝九载,为康成县尉。安思顺为朔方节度使,引在幕下。及肃宗于灵武即大位,羽寻擢为监察御史,以苛刻征剥求进。及收两京后,转见委任。作大枷,有勔鳖榆,著即闷绝。又卧囚于地，以门关辗其腹，号为肉饽饦。掘地为坑，实以棘刺，以败席覆上，领囚临坑讯之，必坠其中，万刺攒之。又捕逐钱货，不减毛若虚。

上元中，擢为御史中丞。太子少傅、宗正卿、郑国公李遵，为宗子通事舍人李若冰告其赃私，诏羽按之。羽延遵，各危坐于小庄，羽小瘦，遵丰硕，顷间问即倒。请垂足，羽曰："尚书下狱是囚，羽礼延坐，何得慢耶！"遵绝倒者数四。请问，羽徐应之，授纸笔，书赃数千贯，奏之。肃宗以勋旧舍之，但停宗正卿。及嗣薛王珍潜谋不轨，诏羽鞫之。羽召支党罗于廷，索勦鳖尾榆枷之，布栲讯之具以绕之，信宿成狱。珍坐死，右卫将军窦如玢、试都水使者崔昌等九人并斩，太子洗马赵非熊、陈王府长史陈闶、楚州司马张昴、左武卫兵曹参军焦自荣、前凤翔府郿县主簿李昷、广文馆进士张复等六人决杀，驸马都尉薛履谦赐自尽，左散骑常侍张镐贬长州司户。

胡人康谦善贾，资产亿万计。杨国忠为相，授安南都护。至德中，为试鸿胪卿，专知山南东路驿。人嫉之，告其阴通史朝义。谦髭长三尺过带，按之两宿，鬓发皆秃，膝踝亦栲碎，视之者以为鬼物，非人类也。乞舍其生，以后送状奏杀之，没其资产。

羽与毛若虚在台五六年间，台中囚系不绝。又有裴升、毕曜同为御史，皆酷毒，人之陷刑，当时有毛、敬、裴、毕之称。裴、毕寻又流黔中。羽，宝应元年贬为道州刺史。寻有诏杀之，羽闻之，衣凶服南奔溪洞，为吏所擒，临刑，袖中执州县官吏犯赃私状数纸，曰："有人通此状，恨不得推究其事。主州政者，无宜寝也。"

赞曰：王德将衰，政在奸臣。鹰犬搏击，纵之者人。遭其毒螫，可为悲辛。作法为害，延滥不仁。

旧唐书卷一八七上
列传第一三七上

忠义上

夏侯端　刘感　常达　罗士信
吕子臧　张道源　族子楚金附　李公逸
张善相　李玄通　敬君弘　冯立
谢叔方　王义方　成三郎　尹元贞
高睿　子仲舒　王同皎　周憬
苏安恒　俞文俊　王求礼　燕钦融
郎岌附　安金藏

　　语曰:"无求生以害仁,有杀身以成仁"。孟轲曰:"生亦我所有,义亦我所欲,舍生面取义可也。"古之德行君子,动必由礼,守之以仁,造次颠沛,不愆于素。有若仲由之结缨,钥鏖之角树,纪信之蹈火,豫让之斩衣,此所谓杀身成仁,临难不苟者也。然受刑一代,顾瞻七族。不犯难者,有终身之利;随市道者,获当世之荣。苟非气义不群,贞刚绝俗,安能碎所重之支体,徇他人之义哉!则由、鏖、信、让之徒,君人者常宜血祀,况自有其臣乎!即如安金藏剖腹以明皇嗣,段秀实挺笏而击元凶,张巡、姚訚之守城,杲卿真卿之骂贼,又愈于金藏。秀实等各见本传。今采夏侯端、李祉已下,附于此篇。

夏侯端,寿州寿春人,梁尚书左仆射详之孙也。仕隋为大理司直,高祖龙潜时,与其结交。大业中,高祖帅师于河东讨捕,乃请端为副。时炀帝幸江都,盗贼日滋。端颇知玄象,善相人,高祖曰:"金玉床摇动,此帝座不安。参墟得岁,必有真人起于实沉之次。天下方乱,能安之者,其在明公。但主上晓察,情多猜忍,切忌诸李,强者先诛,全才既死,明公岂非其次?若早为计,则应天福,不然者,则诛矣。"高祖深然其言。及义师起,端在河东,为吏所捕,送于长安,囚之。高祖入京城,释之,引入卧内,与语极欢,授秘书监。

属李密为王世充所破,以众来降,关东之地,未有所属,端固请往招谕之,乃加大将军,持节为河南道招慰使。至黎阳,李勣发兵送之,自澶水济河,传檄郡县,东至于海,南至于淮,二十余州,并遣使送款。行次谯州,会亳州刺史丁叔则及汴州刺史王要汉并以所部降于世充,路遂隔绝。

端素得众心,所从二千人,虽粮尽,不忍委去。端知事必不济,乃坐泽中,尽杀私马,以会军士,因歔欷曰:"今王师已败,诸处并没,卿等土壤,悉皆从伪,特以共事之情,未能见委。然我奉王命,不可从。卿有妻子,无宜效我。可斩吾首,持归于贼,必获富贵"。众皆流涕。端又曰:"卿不忍见杀,吾当自刭。"众士抱持之,皆曰:"公于唐家,非有亲属,但以忠义之故,不辞于死。诸人与公共事,经涉艰危,岂有害公而取富贵!"复与同进。潜行五日,馁死者十三四,又为贼所击,奔溃相失者大半。端唯与三十余人东走,采生荳豆而食之,犹持节与之俱卧起,谓众人曰:"平生不知死地乃在此中。我受国恩,所以然耳,今卿等何乃相伴死乎!可散投贼,犹全性命。吾当抱此一节,与之俱殒。"众又不去。

属李公逸为唐守杞州,闻而勒兵迎馆之。于时河南之地,皆入世充,唯公逸感端之义,独坚守不下。世充遣使召端,解衣遗之,礼甚厚,仍送除书,以端为淮南郡公、吏部尚书。端对其使者曰:"夏侯端天子大使,岂受王世充之官!自非斩我头将往见汝,何容身苟活而屈于贼乎!"遂焚其书,拔刀斩其所遣衣服。因发路西归,解节旄怀之,取竿加刃,从间道得至宜阳。初,山中险峻,先无蹊径,但冒履榛醒,昼夜兼行,从者三十二人,或坠崖溺水、遇猛兽而死又半,其余至者,皆鬓发秃落,形貌枯瘠。端驰驿奉见,但谢无功,殊不自言艰苦。高祖悯之,复以为秘书监。俄出为梓州刺史,所得料钱,皆散施孤寡。贞观元年病卒。

刘感,岐州凤泉人,后魏司徒高昌王丰生之孙也。武德初,以骠骑将军镇泾州,薛仁杲率众围之,感婴城拒守,城中粮尽,遂杀所乘马以分将士,感一无所啖,唯煮马骨取汁,和木屑食之。城垂陷者数矣。长平王叔良援兵至,仁杲解围而去。感与叔良出战,为贼所擒。仁杲复围泾州,令感语城中云:"援军已败,徒守孤城,何益也!宜早出降,以全家室。"感许之。及至城下,大呼曰:"逆贼饥饿,亡在朝夕!秦王率数十万众,四面俱集,城中勿忧,各宜自勉,以全忠节!"仁杲大怒,执感、于城边,埋脚至膝,驰骑射杀之,至死声色愈厉。贼平,高祖购得其尸,祭以少牢,赠瀛州刺史,封平原郡公,谥曰忠壮。令其子袭官爵,并赐田宅。

常达,陕人也。初仕隋为鹰扬郎将,数从高祖征伐,甚蒙亲待。及义兵起,达在霍邑,从宋老生来拒战。老生败,达惧,自匿不出。高祖谓达已死,令人阅尸求之。及达奉见,高祖大悦,以为统军。武德初,拜陇州刺史。时薛举屡攻之,不能克,乃遣其将仵士政以数百人伪降达。达不之测,厚加抚接。士政伺隙以其徒劫达,拥城中二千人而叛,牵达以见于举,达词色抗厉,不为之屈。举指其妻谓达曰:"识皇后否?"达曰:"正是产瘿老姬,何足可识!"竟释之。有贼帅张贵谓达曰:"汝识我否?"答曰:"汝逃死奴。"瞋目视之,贵怒,拔刀将斫达,人救之,获免。及仁杲平,高祖见达,谓曰:"卿之忠节,便可求之古人。"命起居舍人令狐德棻曰:"刘感、常达,须载之史策也。"执仵士政,扑杀之。赐达布帛三百段,复拜陇州刺史,卒。

　　罗士信，齐州历城人也。大业中，长白山贼王簿、左才相、孟让来寇齐郡，通守张须陀率兵讨击。士信年始十四，固请自效，须陀谓曰："汝形容未胜衣甲，何可入阵"！士信怒，重著二甲，左右双鞬而上马，须陀壮而从之。击贼潍水之上，阵才列，士信驰至贼所，刺倒数人，斩一人首，掷于空中，用枪承之，戴以略阵。贼众愕然，无敢逼者，须陀因而奋击，贼众大溃。士信逐北，每杀一人，辄劓其鼻而怀之，及还则验鼻以表杀贼之多少也。须陀甚加欢赏，以所乘马遣之，引置左右。每战，须陀先登，士信为副。炀帝遣使慰喻之，又令画工写须陀、士信战阵之图，上于内史。

　　及须陀为李密所杀，士信随裴仁基率众归于密，署为总管。使统所部，随密击王世充。败，士信跃马突进，身中数矢，乃陷于世充军。世充知其骁勇，厚礼之，与同寝食。后世充破李密，得密将邴元真等，尽拜为将军，不复专重之。士信耻与为伍，率所部千余人奔于谷州。高祖以为陕州道行军总管，使图世充。及大军至洛阳，士信以兵围世充千金堡，中有大骂之者，士信怒，夜遣百余人将婴儿数十至于堡下，诈言"从东都来投罗总管。"因令婴儿啼噪，既而佯惊曰："此千金堡，吾辈错矣！"忽然而去。堡中谓是东都逃人，遽出兵追之。士信伏兵于路，俟其开门，奋击大破之，杀无遗类。世充平，擢授绛州总管，封剡国公。

　　寻从太宗击刘黑闼于河北，有洺水人以城来降，遣士信入城据守，贼悉众攻之甚急，遇两雪，大军不得救，经数日，城陷，为贼所擒。黑闼闻其勇，意欲活之，士信词色不屈，遂遇害，年二十。太宗闻而伤惜，购得其尸，葬之，谥曰勇。士信初为裴仁基所礼，尝感其知己之恩，及东都平，遂以家财收敛，葬于北邙。又云："我死后，当葬此墓侧。"及卒，果就仁基左而托葬焉。

　　吕子臧，蒲州河东人也。大业末，为南阳郡丞。高祖克京师，遣马元规抚慰山南，子臧坚守不下，元规见遣使讽谕之，前后数辈，皆为子臧所杀。及炀帝被杀,高祖又遣其婿薛君倩赍手诏谕旨,子臧乃为炀帝发丧成礼,而后归国,拜邓州刺史,封南阳郡公。

时朱粲新败,子臧率所部数千人,与元规并力将击之,谓元规曰:"朱粲新破之后,上下危惧,一战可擒。若更迁延,部众稍集,力强食尽,必死战于我,为患不细也。"元规不纳,子臧请以本兵独战,又不许。俄而粲众大至,元规惧,退保南阳。子臧谓元规曰:"言不见纳,以至于此,老夫今坐公死矣!"粲果率兵围之,遇霖雨,城壁皆坏,所亲者知城必陷,固劝其降,子臧曰:"安有天子方伯降贼者乎!"于是率其麾下赴敌而死。俄而城陷,元规亦遇害。

张道源,并州祁人也。年十五,父死,居丧以孝行称,县令郭湛改其所居为复礼乡至孝里。道源尝与友人客游,友人病,中宵而卒,道源恐惧扰主人,遂共尸卧,达曙方哭,亲步营送,至其本乡里。高祖举义,召授大将军府户曹参军。及平京城,遣道源抚慰山东,燕、赵之地争来款附,高祖下书褒美,累封范阳郡公,后拜大理卿。时何稠、士澄有罪,家口籍没,仍以赐之,道源叹曰:"人有否泰,盖亦是常。安可因己之泰。利人之否,取其子女以为仆妾,岂近仁者之心乎!"皆舍之,一无所取。寻转太仆卿,后历相州都督。武德七年卒官,赠工部尚书,谥曰节。道源虽历职九卿,身死日,唯有粟两石,高祖深异之,赐其家帛三百段。族子楚金。

楚金少有志行,事亲以孝闻。初与兄越石同预乡贡进士,州司将罢越石而荐楚金,辞曰:"以顺则越石长,以才则楚金不如。"固请俱退。时李勣为都督,叹曰:"贡士本求才行,相推如此,何嫌双居也。"乃俱荐擢第。楚金,高宗时累迁刑部侍郎。仪凤年,有妖星见,楚金上疏,极言得失,高宗优纳,赐帛二百段。则天临朝,历位吏部侍郎、秋官尚书,赐爵南阳侯。为酷吏周兴所陷,配流岭表,竟卒于徙所。著《翰苑》三十卷、《绅诫》三卷,并传于时。

　　李公逸，汴梁雍丘人也。隋末，与族弟善行以义勇为人所附。初归王世充，知其必败，遣间使请降。高祖因以雍丘置杞州，拜为总管，封阳夏郡公，又以善行为杞州刺史。世充遣其从弟辨率众攻之，公逸遣使请援，高祖以其悬隔贼境，未即出兵。公逸乃留善行居守，自入朝请援，行至襄城，为世充伊州刺史张殷所获，送于洛阳。世充谓曰："卿越郑臣唐，其说安在？"公逸答曰："我于天下，唯闻有唐。"世充怒，斩之，善行竟没于贼。高祖闻而悼惜，封其子为襄邑县公。

　　张善相，许州襄城人也。大业末，为里长，每督县兵逐小盗，为众所附，遂据本郡，归于李密。密败，以城归国，高祖授伊州总管。王世充数攻之，善相频遣使请救，兵既不赴，城中粮尽，自知必败，谓僚属曰："死当斩吾头以归世充。"众皆泣曰："宁与公同死，终不独生！"后城陷被擒。送于世充，辞色不挠，骂世充极口，寻被害。高祖叹曰："吾负善相，善相不负吾。"封其子为襄城郡公。

　　李玄通，雍州蓝田人。仕隋鹰扬郎将。义兵入关，率所部归国，累除定州总管。刘黑闼反叛，攻之，城陷被擒。黑闼重其才，欲以为大将，玄通叹息曰："吾荷朝恩，作藩东夏，孤城无援，遂陷虏庭。当守臣节，以忠报国，岂能降志，辄受贼官。"拒而不受。故吏有以酒食愧之者，玄通曰："诸君哀吾困辱，故以酒食来相宽慰，吾当为诸君一醉。"遂与乐饮，谓守者曰："吾能舞剑，可借吾刀。"守者与之，及曲终，太息而言："大丈夫受国厚轭，镇抚方面，不能保全所守，亦何面目视息世间哉！"因溃腹而死。高祖闻而为之流涕，拜其子伏护为大将。

　　敬君弘，绛州太平人，齐右仆射显俊曾孙也。武德中，为骠骑将军，封黔昌县侯，掌屯营兵于玄武门，加授云麾将军隐太子建成之诛也，其余党冯立、谢叔方率兵犯玄武门，君弘挺身出战，其所亲止之曰：事未可知，当且观变，待兵集，成列而战，未晚也。君弘不从，乃与中郎将吕世衡大呼而进，并遇害。太宗甚嗟赏之，赠君弘左屯卫大将军，世衡右骁卫将军。

冯立，同州冯翊人也。有武艺，略涉书记，隐太子建成引为翊卫车骑将军，托以心膂。建成被诛，其左右多逃散，立叹曰："岂有生受其恩而死逃其难！"于是率兵犯玄武门，苦战久之，杀屯营将军敬君弘，谓其徒曰："微以报太子矣！"遂解兵遁于野。俄而来请罪，太宗数之曰："汝在东宫，潜为间构，阻我骨肉，汝罪一也。昨日复出兵来战，杀伤我将士，汝罪二也。何以逃死！"对曰："出身事主，期之效命，当职之日，无所顾惮。"因伏地歔欷，悲不自胜。太宗慰勉之。立归，谓所亲曰："逢莫大之恩，幸而获济，终当以死奉答。"未几，突厥至便桥，立率数百骑与虏战于咸阳，杀获甚众。太宗闻而嘉叹，拜广州都督。前后作牧者，多以黩货为蛮夷所患，由是数怨叛。立到，不营产业，衣食取给而已。尝至贪泉，叹曰："此吴隐之所酌泉也。饮一杯水，何足道哉！吾当汲而为食，岂止一杯耶，安能易吾性乎！"遂毕饮而去。在职数年，甚有惠政，卒于官。

谢叔方，雍州万年人也。初从巢剌王元吉征讨，数有战功，元吉奏授屈咥直府左军骑。太宗诛隐太子及元吉于玄武门，叔方率府兵与冯立合军，拒战于北阙下，杀敬君弘、吕世衡。太宗兵不振，秦府护军尉迟敬德传元吉首以示之，叔方下马号哭而遁。明日出首，太宗曰："义士也！"命释之。历迁西、伊二州刺史，善绥边镇，胡戎爱而敬之，如事严父。贞观末，累加银青光禄大夫，历洪、广二州都督。永徽中卒。

王义方，泗州涟水人也。少孤贫，事母甚谨，博通《五经》，而謇傲独行。初举明经。因诣京师，中路逢徒步者，自云父为颍上令，闻病笃，倍道将往焉。徒步不前，计无所出。义方解所乘马与之，不告姓名而去。俄授晋王府参军，直弘文馆。特进魏征甚礼之，将以侄女妻之，义方竟娶征之侄女，告人曰："昔不附宰相之势，今感知己之言故也。转太子校书。

无何，坐与刑部尚书张亮交通，贬为儋州吉安丞。行至海南，舟人将以酒脯致祭，义方曰：黍稷非馨，义在明德。"乃酌水而祭，为文曰："思帝乡而北顾，望海浦而南浮。必也行愆诸己，义负前修。长鲸击水，天乎覆舟。因忠获戾，以孝见尤。四维雾廓，千里安流。灵应如响，无作神羞。"时当盛夏，风涛蒸毒，既而开霁，南渡吉安。蛮俗荒梗，义方召诸首领，集生徒，亲为讲经，行释奠之礼，清歌吹篪，登降有序，蛮酋大喜。

贞观二十三年，改授洹水丞。时张亮兄子皎，配流在崖州，来依义方而卒，临终托以妻子及致尸还乡。义方与皎妻自誓于海神，使奴负枢，令皎妻抱其赤子，乘义方之马，身独步从而还。先之原武葬皎，告祭张亮，送皎妻子归其家而往洹水。转云阳丞，擢为著作佐郎。

显庆元年，迁侍御史。时中书侍郎李义府执权用事，妇人淳于氏有美色，坐事系大理，义府悦之，托大理丞毕正义枉法出之。高宗又敕给事中刘仁轨、侍御史张伦重按其事。正义自缢。高宗特原义府之罪。义方以义府奸蠹害政，将加弹奏，以问其母，母曰："昔王陵母伏剑成子之义，汝能尽忠立名，吾之愿也，虽死不恨。"义方乃先奏曰：

臣闻春莺鸣于献岁，蟋蟀吟于始秋，物有微而应时，人有贱而言忠。臣去岁冬初，云阳下县丞耳。今春及夏，陛下擢臣著作佐郎，极文学之清选。未几，又拜臣侍御史，滥朝廷之雄职。顾视生涯，陨首非报，唯欲有犯无隐，以广天听。伏以李义府枉杀寺丞，陛下已赦之，臣不应更有鞫问。然天子置三公、九卿、二十七大夫、八十一元士，本欲水火相济，盐梅相成，然后庶绩咸熙，风雨交泰，亦不可独是独非，皆由圣旨。昔唐尧失之于四凶，汉祖失之于陈豨，光武失之于逄萌，魏武失之于张邈。此四帝者，英杰之主，然失之于前，得之于后。今陛下继圣，

抚育万邦，蛮陬夷落，犹惧疏纲，况辇毂咫尺，奸臣肆虐，足使
忠臣抗愤，义士扼腕。纵令正义自缢，尔不可容，便是畏义府之
权势，能杀身以灭口。此则生杀之威，上非王出；赏罚之柄，下
移佞宠。臣恐覆霜坚冰，积小成大，请重鞫正义死由，雪冤气于
幽泉，诛奸臣于白日。

乃廷劾义府曰："臣闻附下罔上，圣主之所宜诛；心狠貌恭，明
时之所必罚。是以隐贼掩义，不容唐帝之朝；窃幸乘权，终齿汉皇之
剑。中书侍郎李义府，因缘际会，遂阶通显。不能尽忠竭节，对扬王
休，策蹇励驽，祗奉皇眷，而反凭附城社，蔽亏日月，请托公行，交游
群。贪冶容之美，原有罪之淳于；恐漏泄其谋，殒无辜之正义。虽挟
山超海之力，望此犹轻；回天转日之威，方斯更劣。此而可恕，孰不
可容！金风届节，玉露启涂，霜简与秋典共清，忠臣将鹰鹯并击。请
除君侧，少答鸿私，碎首玉阶，庶明臣节。"高宗以义方毁辱大臣，言
词不逊，左迁莱州司户参军。秩满，家于昌乐，聚徒教授。母卒，遂
不复仕进。总章二年卒，年五十五。撰《笔海》十卷、文集十卷。门
人何彦光、员半千为义方制师服，三年丧毕而去。

半千者，齐州全节人也。事义方经十余年，博涉经史，知名河
朔。则天时官至天官侍郎。撰《三国春秋》二十卷，行于代。自有传。

成三郎，幽州渔阳人也。光宅年，为左豹韬卫长上果毅。李孝
逸之讨徐敬业，以为前锋，与贼战于高邮，官军败绩，被擒，送于江
都。贼党唐之奇绐其众曰："此李孝逸也！"将斩之，三郎大呼曰："我
是果毅成三郎，不是将军李孝逸。官军已围尔数重，破尔在于朝夕。
我死，妻子受荣；尔死，家口配没，终不及我。"之奇怒，斩之。敬业
平，赠左监父表门将军，谥曰勇。时曲阿令尹元贞，亦死敬业之难。

尹元贞者，瀛州河间人也。在曲阿，闻敬业攻陷润州，率兵赴
援。及战败，被擒。敬业临以白刃，胁令附己，将加任用。元贞词色
慷慨，竟不之屈，寻遇害。敬业平，赠润州刺史，谥曰壮。

高睿，雍州万年人，隋尚书左仆射颖孙也。父表仁，谷州刺史。睿少以明经累除桂州都督，寻加银青光禄大夫，转赵州刺史，封平昌县子。圣历初，突厥默啜来寇，睿婴城固守。长史唐波若见城围甚急，遂潜谋应贼。睿觉之，将自杀，不死，俄而城陷被擒，更令招喻诸县未降者，睿竟不从，遂为所杀。

初，贼将至州境，或谓睿曰：突厥所向无前，百姓丧胆，明公力不能御，不若降之。"睿曰："吾为天子刺史，不战而降，其罪大矣。"则天闻而深叹息之，赠冬官尚书，谥曰节。及贼退，唐波若伏诛，家口籍没。因下制曰："故赵州刺史高睿，狂贼既至，死节不降；长史唐波若，不能固城，相率归贼。高睿已加褒赠，波若等身死破家。赏罚既行，须敦惩劝，宜颁示天下，咸使知闻。"

子仲舒，博通经史，尤明三礼及诂训之书。神龙中，为相王府文学，王甚敬重之。开元中，累授中书舍人，侍中宋璟、中书侍郎苏珽每询访故事焉。

时又有中书舍人崔琳，深达政理，璟等亦礼焉。尝谓人曰："故事问高仲舒，今事问崔琳，则又何所疑矣。"仲舒累迁太子右庶子卒。

王同皎，相州安阳人，陈侍中、驸马都尉宽之曾孙。其先自琅邪仕江左，陈亡，徙家河北。同皎，长安中尚皇太子女定安郡主，授朝散大夫，行太子典膳郎。敬晖等讨张易之兄弟也，遣同皎与右羽林将军李多祚奉太子于东宫，请太子至玄武门指麾将士。太子初拒而不许，同皎讽谕切至，太子乃就驾。以功授右千牛将军，封琅邪郡公，赐实封五百户。及郡主进封为公主，拜同皎为驸马都尉。寻加银青光禄大夫，迁光禄卿。

神龙二年，同皎以武三思专权任势，谋为逆乱，乃招集壮士，期以则天灵驾发引，劫杀思。同谋人抚州司仓冉祖雍，具以其计密告三思，三思乃遣校书郎李悛上言："同皎潜谋杀三思后，将拥兵诣阙,废黜皇后。"帝然之,遂斩同皎于都亭驿前,籍没其家。临刑神色不变,天下莫不冤之。睿宗即位,令复其官爵。执冉祖雍、李悛,并诛之。

初与同皎叶谋,有武当丞周憬者,寿州寿春人也。事既泄,遁于比干庙中,自刭而死。临终,谓左右曰:"比干,古之忠臣也。倘神道聪明,应知周憬忠而死也。韦后乱朝,宠树邪佞,武三思干上犯顺,虐害忠良,吾知其灭亡不久也。可悬吾头于国门。观其身首异门而出。"其后皆如其言。

苏安恒,冀州武邑人也。博学,尤明《周礼》及《春秋左氏传》。大足元年,投匦上疏曰:

陛下钦圣皇之顾托,受嗣子之推让,应天顺人,二十年矣。岂不思虞舜褰裳,周公复辟,良以大禹至圣,成王既长,推位让国,其道备焉。故舜之于禹,是其族亲;且举成王,不离叔父。且族亲何如子之爱?叔父何如母之恩?今太子孝敬是崇,春秋既壮,若使统临宸极,何异陛下之身。陛下年德既尊,宝位将倦,机务殷重,浩荡心神,何不禅位东宫,自怡圣体?臣闻自明明王之孝理天下者,不见二姓而俱王也。当今梁、定、河内、建昌诸王等,承陛下之荫覆,并得封王,臣恐千秋万岁之后,于事非便,臣请黜为公侯,任以闲简。臣又闻陛下有二十余孙,今无尺土之封,此非长久之计也。臣请四面都督府及要冲州郡,分土而王之。纵今年尚幼小,未娴养人之术,请择立师傅,成其孝敬之道,将以夹辅周室,藩屏皇家,使累叶重光,飨祀不辍,斯为美矣。岂不大哉。

疏奏,则天召见,赐食慰谕而遣之。

长安二年,又上疏曰:

忠臣不顺时而取宠,烈士不惜死而偷生。故君道不明者,忠臣之过欤!臣道不轨者,烈士之过欤!昔者先皇晏驾,留其顾托,将以万机殷广,令陛下兼知其事。虽唐尧、虞舜居其位,而共工、驩兜在其间，陛下骨肉之恩阻，陛下子母之爱忘。臣谓圣情以连祚将丧，极斯大节；天下谓陛下微弱李氏，贪天之功。何以年在耄倦，而不能复子明辟，使忠言莫进，奸佞成朋，夷狄纷扰，屠害黎庶。陛下虽纳隉轸念，亦罔能救此生灵。

臣闻天下者，神尧、文武之天下也。昔有隋失驭，小人道长，群雄骇鹿，四海瞻乌。皇唐亲事戎旃，凤翔参野，削平万县，龙践宸极。歃血为盟，指河为誓，非李氏不王，非功臣不封。陛下虽居正统，实唐氏旧基。故《诗》曰："惟鹊有巢，唯鸠居之。"此言虽小，可以喻大。陛下自坤生徒，乘乾作主，岂不以上符天意，下顺人心。东宫昔在谅阴，相王又非长子，陛下恐宗祀中绝，所以应其讴歌。当今太子逗留，年德俱盛，陛下贪其宝位，而忘母子深恩。臣闻京邑翼翼，四方取则。陛下蔽太子之元良，枉太子之神器，何以教天下母慈子孝，焉能使天下移风易俗焉？惟陛下思之，将何圣颜以见唐家宗庙？将何诰命以谒大帝坟陵？陛下何故日夜积忧，不知钟鸣漏尽？臣愚以天意人事，还归李家。陛下虽安天位，殊不知物极则反，器满则倾。故语曰：当断不断，反受其乱。此之谓也。陛下不如高揖机务，自恬圣躬，命史臣以书之，令乐府以歌之，斯亦太平之盛事也。

臣闻见过不谏，非忠臣也；畏死不言，非勇士也。臣何惜一朝之命，而不安万乘之国哉！故曰：苟利国家。虽死可矣。愿陛下稍辍万机，详臣愚见。陛下若以臣为忠，则从谏如流，择是而用；若以臣不忠，则斩取臣头，以令天下。

疏奏不纳。

明年，御史大夫魏元忠为张易之兄弟所构，安恒又抗疏申理曰：

臣闻明王有含天下之量，有济天下之心，能进天下之善，除天下之恶。若为君王而不行此四者，则当神冤鬼怒，阴错阳乱，欲使国家荣泰，其可得乎！陛下革命之初，勤于庶政，亲总万机，博采谋猷，傍求俊乂，故海内以陛下为纳谏之主矣。暮年已来,急于政教,谗邪结党,水火成灾,百姓不亲,五品不逊,故四海之内,以陛下为受佞之主矣。邪正莫辩,诉讼含冤,岂陛下昔是而今非,盖居安忘危之失也。

臣窃见御史大夫、检校太子右庶子、同凤阁鸾台平章事魏元忠,廉直有闻,位居宰辅。覆忠正之基者,用元忠为龟镜;践邪佞之路者,嫉元忠若仇仇。麟台监张易之兄弟,在身无德,于国无功,不逾数年,遂极隆贵。自当饮冰怀惧,酌水思清,夙夜兢兢,以答恩造。不谓溪壑其志,豺狼其心,欲指鹿而献马,先害忠而损善,将斯乱代之法,污我明君之朝。自元忠下狱,臣见长安城内,街谈巷议,皆以陛下委任奸宄,斥逐贤良,以元忠必无不顺之言,以易之必有交乱之意,相逢偶语,人心不安。虽有忠臣烈士,空抚髀于私室,而钳口不敢言者,皆惧易之等威权,恐无辜而受戮,亦徒虚死耳!

今贼虏强盛,征敛烦重,以臣言之,万姓不胜其弊。况又闻陛下纵逸谗慝,禁锢良善,赏刑失中,则遐迩生变。臣恐四夷因之,则窥觇得失,以为边郡之患;百姓因之,即结聚义兵,以除君侧之恶。复恐逐鹿之党,叩关而至,乱阶之徒,从中相应,争锋于朱雀门内,问鼎于大明殿前,陛下将何事以谢之?复何方以御之?臣今为陛下计,安百姓之心者,莫若收雷电之威,解元忠之纲,复其爵位,君臣如初,则天下幸甚。陛下好生恶杀,纵不能斩佞臣头以塞人望。臣请夺其荣宠,翦其羽翼,无使权柄在手,骄横日滋。专国倍于穰侯,回天过于左悺,则社稷危矣,惟陛下图之。

臣本微贱,不识元忠、易之,岂此可亲而彼可疏,但恐谗邪长而忠臣绝。伏愿陛下暂垂天鉴,察臣此心,即微臣朝志得行,夕死无恨。

疏奏,易之等大怒,欲遣刺客杀之,赖正谏大夫朱敬则、凤阁舍人桓彦范、著作郎魏知古等保护以免。

安恒,神龙初为集艺馆内教。节愍太子之杀武三思也,或言安恒预其谋,遂下狱死。睿宗即位,知其冤,下制曰:故苏安恒,文学基身,鲠直成操,往年抗疏,忠谠可嘉。属回邪檀构,奄从非命,兴言轸悼,用恻于怀。宜赠宠章,式旌徽烈,可赠谏议大夫。时又有俞文俊、王求礼,亦以直言见称。

俞文俊者,荆州江陵人。则天载初年,新丰因风雷山移,乃改县名为庆山,四言毕贺,文俊诣阙上书曰:"臣闻天气不和而寒暑并,人气不和而疣赘生,地气不和而堆阜出。今陛下以女主处阳位,反易刚柔,故地气隔塞而山变为灾。陛下谓之庆山,臣以为非庆也。臣愚以为宜侧身修德,以答天谴。不然,恐殃祸至矣!"则天大怒,流于岭外。后为六道使所杀。

王求礼者,许州长社人。则天时,为左拾遗。时武懿宗统兵讨契丹,畏懦不敢进,及贼平,懿宗奏沧、瀛等数百家从贼,请诛之。求礼廷折之曰:"此等素无武备,载池不完,遇贼畏惧,苟从以求生,岂素有背叛之心!懿宗拥强兵数十万,闻贼辄退,使其滋蔓,又欲移罪于草泽诖误之人。岂为臣之道!臣请先斩懿宗,以谢河北。"懿宗不能答,则天遂宽胁从者之罪。后都城三月两雪,凤阁侍郎苏味道以为瑞雪,率群官表贺,求礼曰:"公为宰相,不能变理阴阳,非时降雪,又将灾而为端,诬罔视听。若以三月雪为瑞雪,即腊月雷亦为瑞雷耶?"味道不从。求礼累迁左台殿中侍御史。神龙初,为卫王掾,病卒。

燕钦融,洛州偃师人也。景龙末,为许州司户参军。时韦庶人干预国政,盛封拜群从子弟,又与悖逆庶人及驸马都尉武延秀、中书令宗楚客等将图危宗社。钦融连上奏其事,庶人大怒,劝中宗召钦融廷见,扑杀之。宗楚客又私令执法者加刃,钦融因而致死。睿宗即位,下制曰:"故许州司户参军燕钦融,先陈忠谠,颇列章奏,虽干非其位,而进不顾身。永言奄亡,诚所伤悼,方开谏路,宜慰窀穸。

可赠谏议大夫，仍令备礼改葬，特授一子官。"

　　先是，定州人郎岌，亦备陈韦庶人及宗楚客将为逆乱之状，中宗不纳，而韦庶人劝杖杀之。睿宗即位，追赠谏议大夫。

　　安金藏，京兆长安人，初为太常工人。载初年，则天称制，睿宗号为皇嗣。少府监裴匪躬、内侍范云仙并以私谒皇嗣腰斩。自此公卿已下，并不得见之，唯金藏等工人得在左右。或有诬告皇嗣潜有异谋者，则天令来俊臣穷鞫其状，左右不胜楚毒，皆欲自诬，唯金藏确然无辞，大呼谓俊臣曰："公既不信金藏之言，请剖心以明皇嗣不反。"即引佩刀自剖其胸，五藏并出，流血被地，因气绝而仆。则天闻之，令舆入宫中，遣医人却纳五藏，以桑白皮为线缝合，傅之药，经宿，金藏始醒。则天亲临视之，叹曰："吾子不能自明，不如尔之忠也。"即令俊臣停推，睿宗由是免难。

　　金藏，神龙初丧母，寓葬于都南阙口之北，庐于墓侧，躬造石坟石塔，昼夜不息。原上旧无水，忽有涌泉自出。又有李树盛冬开花，犬鹿相狎。本道使卢怀慎上闻，敕旌表其门。景云中，累迁右武卫中郎将。玄宗即位，追思金藏忠节，下制褒美，擢拜右骁卫将军，乃令史官编次其事。开元二十年，又特封代国公，仍于东岳等诸碑镌勒其名。竟以寿终，赠兵部尚书。

旧唐书卷一八七下
列传第一三七下

忠义下

李憕　张介然　崔无诐　卢奕
蒋清　颜杲卿　袁履谦附　薛愿　庞坚附
张巡　姚訚附　南霁云　许远
程千里　袁光庭　邵真　符璘
赵晔　石演芬　张名振附　张伾
甄济　刘敦儒　高沐　贾直言
庾敬休　辛谠

　　李憕，太原文水人。父希倩，中宗神龙初右台监察御史。憕早聪敏，以明经举，开元初为咸阳尉。时张说自紫微令、燕国公出为相州刺史、河北按察使，有洺州刘行善相人，说问"寮寀后谁贵达？"行乃称憕及临河尉郑岩，说乃以女妻岩，妹婿阴行真女妻于憕。及说为并州长史，太平军大使，引憕常在幕下。九年，入为相，憕又为长安尉。属宇文融为御史，括田户，奏知名之士崔希逸、咸廙业、宇文顺、于孺卿、李宙及憕为判官，摄监察御史，分路检察，以课并迁监察御史。憕骤历兵、吏部郎中，给事中。憕有吏干，明于几案，甚有当官之称。

二十八年，为河南少尹。时萧炅为尹，依倚权贵，莅事多不法，憕以公直正之，人用系赖。又道士孙甑生以左道求进，托以修功德，往来嵩山，求请无度，憕必挫之。炅及甑生患之而构于朝廷，天宝初，出为清河太守。十一载，累转河东太守、本道采访。谒于行在所，改尚书右丞、京兆尹。

十四载，转光禄卿、东京留守，判尚书省事。其载十一月，安禄山反于范阳，人心震惧。玄宗遣安西节度封常清兼御史大夫为将，招募于东京以御之。憕与留台御史中丞卢奕、河南尹达奚珣，绥辑将士，完缮城郭，遏其侵逼。迁憕礼部尚，依前留守。自逆徒发范阳，至渡河，令严，觇候计绝。及渡河，陷陈留、荥阳二郡，杀张介然、崔无诐，数日间已至都城下。禄山所统，皆蕃汉精兵，训练已久；常清之众，多市井之人，初不知战。及兵交之后，被铁骑唐突，飞矢如雨，皆魂慑色沮，望贼奔散。憕谓奕曰："吾曹荷国重寄，誓无避死，虽力不敌，其若官守何！"奕亦便许愿守本司。于宅憕居留守宅，奕独居台中。及常清西奔，禄山领其众，椎鼓大呼，以入都城，杀掠数千人，箭及宫阙。然后住居于闲厩中，令擒憕及奕、判官蒋清等三人害之，以威于众。禄山传憕、奕、清三人之首，以徇河北。信宿，至平原，太守颜真卿斩其使，浴其首，殓以木函，祭而瘗之，以闻。玄宗赠憕司徒，仍与一子五品官，奕武部尚书，崔无诐工部尚书，各与一子官；蒋清文部郎中。

憕丰于产业，伊川膏腴，水陆上田，修竹茂树，自城及阙口，别业相望，与吏部侍郎李彭年皆有地癖。郑岩，天宝中仕至绛郡太守，入为少府监，田产亚于憕。憕有子十余人，二子为僧，与憕同遇害；二子彭、源，存焉。

源时年八岁，为贼所俘，转徙流离，凡七八年。及史朝义走河北，洛阳故吏有义源者，赎之于民家。代宗闻之，授河南府参军，转司农寺主簿。以父死祸难，无心禄仕，誓不婚妻，不食酒肉。洛阳之北惠林寺，憕之旧墅也，源依寺僧，寓居一室，依乃僧斋戒，人未尝见其所习。先穴地为墓，预为终制，时时偃仰于穴中。

　　长庆三年，御史中丞李德裕表荐之曰：处士李源，即故礼部尚书、东都留守、赠司徒、忠烈公李憕之少子。天与忠孝，嗣兹贞烈。以父死国难，哀缠终身，自司农寺主簿，绝心禄仕，垂五十年。暨于衰暮，多依惠林佛寺，本憕之墅也。寺之正殿，即憕之寝室，源过殿必趋，未尝登践。随僧一食，已五十年。其端心执孝，无有不至。抱此贞节，弃于清朝，臣窃为陛下惜之。诏曰：

　　　　礼著死绥，传称握节，捐生守位，取重人伦。为义甚明，其风或替，言念于此，慨然兴怀，而朝之公卿，有上言者，云南天宝之季，盗起幽陵，振荡生灵，噬吞河洛。赠司徒、忠烈公憕，处难居首，正色受屠，两河闻风，再固危壁，首立殊节，到今称之。其子源，有曾、闵之行，可贯于神明；有巢、由之风，可希于太古。山林以寄其迹，爵禄不入于心，泊然无营，五十余载。夫褒忠可以劝臣，旌孝可以激人伦，尚义可以警浇浮，敬老可以厚风俗。举兹四者，大傲于时。是用擢自衡门，立于文陛，处以谏职，冀闻谠言，仍加印绶，式示光宠。可守左谏议大夫，赐绯鱼袋。仍敕河南尹差官就所居敦谕遣发。

穆宗寻令中使赍手诏、绯袍、牙笏、绢二百匹，往洛阳惠林寺宣赐。源受诏，对中使苦陈疾甚年高，不能趋拜，附表谢恩，其官告服色绢，皆辞不受。竟卒于寺。

　　彭以一子官累历州县令长。子宏，仕官俞卑，生三子：景让、景庄、景温，自元和后，相继以进士登第。

　　景让，大和中为尚书郎，出为商州刺史。开元二年，入朝为中书舍人。二年十月，出为华州刺史、潼关防御、镇国军使。四年，入为礼部侍郎。五年，选贡士李蔚，后至宰相；杨知退为尚书。大中朝，为襄州刺史、山南道节度使，入为吏部尚书。十一年，转御史大夫。景让有大志，事亲以孝闻，正色立朝，言无避忌。为大夫时，宣宗舅郑光卒，诏赠司徒，罢朝三日，景让曰："国舅虽亲，朝典有素，无容过越。"乃上言曰：

　　郑光是陛下亲舅,外族之爱,诚轸圣心,况皇太后哀切之时,理合加等,而赐之粟帛,隆其第宅,自家刑国,允谓合宜。今以辍朝之数,比于亲王公主,则前例所无,纵有,亦不可施用。何者?先王制礼礼,所以防微。大凡人情,于外族则深,于宗庙庙薄。所以先王制礼,割爱厚亲,士庶犹然,况当万乘。亲王公主,宗属也;舅氏,外族也。今朝廷公卿以至庶人,据《开元礼》,外祖父母及亲舅丧服,小功五月,若亲伯叔亲兄弟即服齐缞周年。所以疏其外而密于内也。有天下者,尤不可使上戚强盛,故西汉有吕氏之侈,几灭刘氏;国朝有则天之篡,殆革唐命。皆非一朝一夕,其所由来渐也。今郑光辍朝日数,与亲王公主同,设使陛下速改诏命,辍朝一日或两日,示其升降有差,恩礼无僭,使四方见陛下钦明之德,青史传陛下制度之文,垂之百王,播之芳烈。臣愚不肖,谬窃恩私,实愿陛下处于尧、舜之上,义、轩之列,所以甘心鼎镬,伏进危言。

优诏报之,乃罢两日。景让复为吏部尚书卒,谥曰孝。

　　景温,登第后践历台阁。咸通中,自工部侍郎出为华州刺史、潼关防御、镇国军使。景庄,亦至达官。

　　张介然者,蒲州猗氏人也。本名六朗。谨慎善筹算,为郡守在河、陇。及天宝中,王忠嗣、皇甫惟明、哥舒翰相次为节将,并委以营田支部度等使。进位卫尉卿,仍兼行军司马,使如故。及加银青光禄大夫,带上柱国,因入奏称旨,特加赐赉,介然秉间奏曰:“臣今三品,合列荣戟。若列于帝城,乡里不知臣贵。臣,河东人也,请列戟于故乡。”玄宗曰:“所给可列故乡,京城仁当别赐。”介然拜谢而出,仍赐绢五百匹,令宴集闾里,以宠异之。本乡列戟,自介然始也。哥舒翰追在西京,荐为少府监。

　　安禄山将犯河洛,以介然为河南防御使,令守陈留。陈留水陆所凑,邑居万家,而素不习战。介然至任数日,贼已渡河。虽率兵登城,兼守要害,虏骑十万,所过杀戮,烟尘亘天,弥漫数十里。介然之众，闻吹角鼓噪之声，授甲不得，气已夺矣，故至覆败。初，玄宗以禄山起逆，于河南要路悬榜以购其首，又谕已杀其子庆宗等。禄山入陈留北郭，安庆绪见榜，白于禄山。禄山于舆中两手抚胸，大哭数声，曰："我有何罪，已杀我儿！"便纵凶毒，前有陈留兵将降者向万人，行列于路，禄山命其牙将杀戮皆尽，流血如川，乃斩介然于军门，禄山气乃稍解。顿军于陈留郭下，以其将李庭望为节度镇之。十五载，玄宗赠介然工部尚书，与一子五品官。

崔无诐者，京兆长安人也。本博陵旧族。父从礼，中宗韦庶人之舅，景龙中卫尉卿。时中书令、酇国公萧至忠才位素高，甚承恩顾，敕亡先女冥婚韦庶人亡弟。无诐婚至忠女，后为女家，中宗为儿家，供拟甚厚，时人为之语曰："皇后嫁女，天子娶妇"。及韦庶人败，至忠女亦死，无诐坐累久贬在外。开元中，为益州司马。会杨国忠为新都尉，与之欢甚，国忠因事引用之，累转陕郡太守、少府监、荥阳郡太守。安禄山率众南向，无诐召募拒之。及贼陷陈留郡后，凶威转盛，戈矛鼓角，惊骇城邑，两宿及荥阳，乘城自坠如雨，故无诐及官吏，尽为贼所虏。贼以其将武令珣镇之。

卢奕，黄门监怀慎之少子也。与其兄奕齐名。大腹丰下，眉目疏朗。谨愿寡欲，不尚舆马，克己自励。开元中，任京兆司录参军。天宝初，为雩县令、兵部郎中。所历有声，皆如奂之所治也。天宝八载，转给事中。十一载，为御史中丞。始怀慎及奕并为中丞，父子三继，清节不易，时人美之。奕留台东都，又分知东都武部选事。

十四载，安禄山犯东都，人吏奔散，奕在台独居，为贼所执，与李憕同见害。玄宗闻而愍之，赠兵部尚书。太常议谥，博士独孤及议曰：

> 卢奕刚毅朴忠，直方而清，励精吏事，所居可纪。天宝十四载，洛阳陷没，于时东京人士，狼狈鹿骇，猛虎磨牙而争其肉，居位者皆欲保命而全妻子。或先策高足，争脱羿彀；或不耻苟

活,甘饮盗泉。奕独正身守位义不去,以死全节誓不辱。势窘力屈,以朝服就执,犹慷慨感愤,数贼枭獍之罪。观者股栗,奕不变其色,而北面辞君,然后受害。虽古烈士,方之者鲜矣!

或曰:"洛阳之存亡,操兵者实任其咎,非执法吏所能抗。师败将奔,去之可也。委身寇仇,以死谁怼?"及以为不然。勇者御而忠者守,必社稷是卫,则死生以之。危而去之,是智免也,于忠何有?昔荀息杀身于晋,不食其言也;仲由结缨于卫,食焉不避其难也;玄冥勤其官而水死,守位而忘躯也;伯姬待保姆而火死,先礼而后身也。彼四人者,死之日,皆于事无补,夫岂爱死而贾祸也,以为死轻于义,故蹈义而捐生。古史书之,使事君者劝。然则禄山之乱,大于里克、孔悝;奕廉察之任,切于玄冥之官。分命所系,不啻于保姆;逆党兵威,甚于水火。于斯时也,能与执干戈者同其戮力,挽之不来,推之不去,岂不以师可亏,免不可苟,身可杀,节不可夺。故全其特操于白刃之下,孰与夫怀安偷生者同其风哉!

谨按谥法,图国忘身曰"贞",秉德遵业曰"烈"。奕执宪戎马之间,志藩王室,可谓图国;国危不能拯,而继之以死,可谓忘身;历官一十任,言必正,事必果,而清节不挠,去之若始至,可谓秉德;先黄门以直道佐时,奕嗣之以忠纯,可谓遵业。请谥曰"贞烈"。

从之。

蒋清者,故吏部侍郎钦绪之子。举明经,调补太子校书郎、巩县丞。卢奕留之宪府。清与诸兄溢、演、沇,知名于时。奕之被害,清亦死焉。

颜杲卿,琅邪临沂人。世仕江左。五代祖之推,北齐黄门侍郎、修文馆学士,齐亡入周,始家关内,遂为长安人焉。曾伯祖师古,贞观中秘书监,自有传。曾祖勤礼,崇文馆学士。祖甫,曹王侍读。父元孙，垂拱初登进士第，考功员外郎刘奇榜其词策，文瑰俊拔，多士耸观。历官长安尉、太子舍人、亳州刺史卒。

呆卿以荫受官，性刚直，有吏干。开元中，为魏州录事参军，振兴纲目，政称第一。天宝十四载，摄常山太守。时安禄山为河北、河东采访使，常山在其部内。其年十一月，禄山举范阳之兵诣阙。十二月十二日，陷东都。呆卿忠诚感发，惧贼遂寇潼关，即危宗社。时从弟真卿为平原太守，初闻禄山逆谋，阴养死士，招怀豪右，为拒贼之计。至是遣使告呆卿，相与起义兵，掎角断贼归路，以纾西寇之势。呆卿乃与长史袁履谦、前真定令贾深、前内丘丞张通幽等，谋开土门以背之。时禄山遣蒋凑高邈率众五千守土门。呆卿欲诛钦凑，开土门之路。时钦凑军隶常山郡，属钦凑遣高邈往幽州未还，呆卿遣吏召钦凑至君计事。是月二十二日夜，钦凑至，舍之于传舍。会钦既醉，令袁履谦与参军冯虔、县尉李栖默、手力翟万德等杀钦凑。中夜，履谦以钦凑首见呆卿，相与垂泣，喜事交济也。是夜，槁城尉崔安石报高邈还至蒲城，即令冯虔、翟万德与安石往图之。诘朝，高邈之骑从数人至槁城驿，安石皆杀之。俄而邈至，安石绐之曰："太守备酒乐于传舍。"邈方据厅下马，冯虔等擒而系之。是日，贼将何千年自东都来赵郡，冯虔、万德伏兵于配泉驿，千年至，又擒之。即日缚二贼将还郡。呆卿遣子安平尉泉明及贾深、张通幽、翟万德，函钦凑之首，械二贼，送于京师。至太原，节度使王承业留泉明、贾深等，寝呆卿之表，承业自上表献之，以为己功。玄宗不之知，擢拜承业大将军，牙官获赏者百数。玄宗寻知呆卿之功，乃加卫尉卿、兼御史大夫，以袁履谦为常山太守，贾深为司马。

呆卿既斩贼将，收兵练卒，乃檄告河北郡县，言朝廷以荣王为河北兵马大元帅，哥舒翰为副，统众三十万，即出土门。郡县闻之。皆杀贼守将，远近响应，时十五郡皆为国家所守。时安禄山遣使传李憕、卢奕之首徇河北，至平原，真卿杀贼使收藏憕等首。清池尉贾载亦斩伪署景城守刘玄道，传首于平原。饶阳郡守卢全诚亦据郡举兵，会于赵卿。时常山、平原二郡兵威大振。禄山方自率众而西，已至陕虢，闻河北有变而还，乃命史思明、蔡希德率众渡河。

十五年正月，思明攻常山郡，城中兵少，众寡不敌，御备皆竭。其月八日，城陷，杲卿、履谦为贼所执，送于东都。思明既陷常山，遂攻诸郡，邺、广平、钜鹿、赵郡、上谷、博陵、文安、魏郡、信都，复为贼宋。禄山见杲卿。面责之曰："汝昨自范阳户曹，我奏为判官，遂得光禄、太常二丞，便用汝摄常山太守，负汝何事而背我耶？"杲卿瞋目而报曰："我世为唐臣，常守忠义，纵受汝奏署，复合从汝反乎！且汝本营州一牧羊羯奴耳，叨窃恩宠，致身及此，天子负汝何事而汝反耶？"禄山怒甚，令缚于中桥南头从西第二柱，节解之，比至气绝，大骂不息。是日杲卿幼子诞、侄诩及袁履谦，皆被先截手足，何千年弟在傍，含血喷其面，因加割脔，路人见之流涕。其年二月，李光弼、郭子仪之师自土门东下，复收常山郡。杲卿、履谦等妻女数百人。系之狱中，光弼破械出之，令行丧服，给遣周厚。

至德二年冬，广平王收复两京，史思明以河朔归国。时真卿为蒲州刺史，乃令泉明于河北求访血属。杲卿妹先适故榆次令张景儋，妹女流落贼中，泉明一女亦落贼中，俱索购钱三万。泉明悉索所费，购姑女而还，比复纳购，己女遂失。而袁履谦已下，父之将吏妻子奴隶三百余人，转徙贼中，穷窘无告。泉明悉以归蒲州，真卿赡给久之，随其所诣而资送之。泉明求其父尸于东都，得其行刑者，言杲卿被害时，先断一足，与履谦同坎瘗之。及发瘗得尸，果无一足，即日与履谦之尸，各为一柩，扶护还长安。初，履谦妻疑夫柩殓衣俭薄，发棺视之，一与杲卿等，履谦妻号踊感叹，待之如父。泉明之志行仁义如此。

乾元元年五月，诏曰："故卫尉卿、兼御史中丞、恒州刺史颜杲卿，任彼专城，志枭狂房，艰难之际，忠义在心。愤群凶而慷慨，临大节而奋发，遂擒元恶，成此茂勋。属胡房凭陵，流毒方炽，孤城力屈，见陷寇仇，身殁名存，实彰忠烈。夫仁者有勇，验之于临难；臣之报国，义存于捐躯。嘉其死节之诚，未备饰终之礼，可赠太子太保。"

薛愿，河东汾阴人。父绦，礼部郎中。兄崇一，尚惠宣太子女宜君县主。女弟为废太子瑛妃。愿坐宫废贬官。禄山之乱，南阳节度使鲁炅奏用愿为颍川太守、本郡防御使。时贼已陷陈留、荥阳、汝南等郡，方围南阳。颍川当其来往之路，愿与防御副使庞坚同力固守，城中储蓄无素，兵卒单寡。自至德元年正月至十一月，贼昼夜攻之不息，距城百里，庐舍坟墓林树开发斩彻殆尽，而外救无至。贼将阿史那承庆悉以锐卒并攻，为木驴木鹅，云梯冲棚，四面云合，鼓噪如雷，矢石如雨，力攻十余日，城中守备皆竭，贼夜半乘梯而入。愿、坚俱被执，送于东都，将支解之，或说禄山曰：“薛愿、庞坚，义士也。人各为其主，屠之不祥。”乃击洛水之滨，属苦寒，一夕冻死。

坚，武德功臣玉之玄孙。初娶邠王守礼女建宁县主。鲁炅奏为颍川郡长史兼防御副使。

张巡，蒲州河东人。兄晓，开元中监察御史。兄弟皆以文行知名。巡总悟有才干，举一进士，三以书判拔萃入等。天宝中。调授清河令。有能名，重义尚气节，人以危窘告者，必倾财以恤之。

禄山之乱，巡为真源令，说谯郡太守，令完城，募市人，为拒贼之势。时吴王祗为灵昌太守，奉诏纠率河南诸郡，练兵以拒逆党，济南太守李随副之。巡与单父尉贾贲各召募豪杰，同为义举。

时雍丘令令狐潮欲以其城降贼，民吏百余人不从命，潮皆反接，仆之于地，将斩之。会贼来攻城，潮遽出斗，而反接者自解其缚，闭城门拒潮召贲。贲与巡引众入雍丘，杀潮妻子，婴城守备。吴王祗承制授贲监察御史。数日，贼来攻城，贲出斗而死，巡乃合贲之众城守。令狐潮引贼将李廷望攻围累月，贼伤夷大半。禄山乃于雍丘北置杞州，筑城垒以绝饷路，自是内外隔绝。又相持累月，贼锋转炽，城中益困。

时许远为睢阳守，与城父令姚訚同守睢阳城，贼攻之不下。初禄山陷河洛，许叔冀守灵昌，薛愿守颍川，许远守睢阳，皆城孤无援。愿守一年而城陷，叔冀一年而自拔，独睢阳坚守。贼将尹子奇攻围经年，巡以雍丘小邑，储备不足，大寇临之，必难保守，乃列卒结阵诈降，至德二年正月也。玄宗闻而壮之，授巡主客郎中、兼御史中丞。尹子奇攻围既久，城中粮尽，易子而食，析骸而爨，人心危恐，虑将有变，巡乃出其妾，对三军杀之，以飨军士，曰：“诸公为国家戮力守城，一心无二，经年乏食，忠义不衰。巡不能自割肌肤，以啖将士，岂可惜此妇人，坐视危迫。”将士皆泣下，不忍食，巡强令食之。乃括城中妇人，既尽，以男夫老小继之，所食人口二三万，人心终不离变。

时贺兰进明以重兵守临淮，巡遣帐下之士南霁云夜缒出城，求援于进明。进明日与诸将张乐高会，无出师意。霁云泣告之曰：“本州强寇凌逼，重围半年，食尽兵穷，计无从出。初围城之日，城中数万口，今妇人老幼，相食殆尽，张中丞杀爱妾以啖军人，今见存之数，不过数千，城中之人，分当饵贼。但睢阳既拔，即及临淮，皮毛相依，理须援助。霁云所以昌贼锋刃，匍匐乞师，谓大夫深念危亡，言发响应，何得宴安自处，殊无救恤之心？夫忠臣义士之所为，岂宜如此！霁云既不能达主将之意，请啮一指，留于大夫，示之以信，归报本州。”霁云自临淮还睢阳，绳城而入。城中将吏知救不至，恸哭累日。

十月，城陷，巡与姚訚、南霁云、许远，皆为贼所执。巡神气慷慨，每与贼战，大呼誓师，皆裂血流，齿牙皆碎。城将陷，西向再拜，曰：“臣智勇俱竭，不能戍遏强寇，保守孤城。臣虽为鬼，誓与贼为厉，以答明恩。”及城陷，尹子奇谓巡曰：“闻君每战眦裂，嚼齿皆碎，何至此耶？”巡曰：“吾欲气吞逆贼，但力不遂耳！”子奇以大刀剔巡口，视其齿，存者不过三数。巡大骂曰：“我为君父义死。尔附逆贼，犬彘也，安能久哉！子奇义其言，将礼之，左右曰：此人守义，必不为我用。素得士心，不可久留。”是日，与姚訚、霁云同被害，唯许远报废送洛阳。

姚訚者，陕州平陆人，故相梁国公崇之侄孙。父弇，开元初历处州刺史式。訚性豪荡，好饮谑，善丝竹。历寿安尉、城父令，与张巡素相亲善。以守睢阳之功，至德二年春，加检校尚书侍郎。

贾贲者，故阆州刺史璇之子也。

许远者，杭州盐官人也。世仕江右。曾祖高阳公敬宗，龙朔中宰相，自有传。远清干，初从军河西，为碛西支度判官。章仇兼琼镇剑南，又辟为从事，慕其门，欲以子妻之，远辞，兼琼怒，积他事中伤，贬为高要尉。后遇赦得还。

禄山之乱，不次拔将帅，或荐远素练戎事，玄宗召见，拜睢阳太守，累加侍御史、本州防御使。及贼将尹子奇攻围，远与张巡、姚訚婴城拒守经年，外救不至，兵粮俱尽而城陷。尹子奇执送洛阳，与哥舒翰、程千里，俱囚之客省。及安庆绪败，渡河北走，使严庄皆害之。

初，贺兰进明与房琯素不相叶。及琯为宰相，进明时为御史大夫。琯奏用进明为彭城太守、河南节度使、兼御史大夫，代嗣虢王巨；复用灵昌太守许叔冀为进明都知兵马、使亦兼御史大夫，重其官以挫进明。嗣虢王巨受代之时，尽将部曲而行，所留者拣退羸兵数千人、劣马数百匹，不堪捍贼。叔冀恃部下精锐，又名位等于进明，自谓匹敌，不受进明节制。故南霁云之乞师，进明不敢分兵，惧叔冀见袭。两相观望，坐视危亡，致河南郡邑为墟，由执政之乖经制也。

程千里，京兆人。身长七尺，骨相魁岸，有勇力。本碛西募人，累以戎勋，官至安西副都护。天宝十一载，授御史中丞。十二载，兼北庭都护，充安西、北庭节度使。突厥首领阿布思先率众内附，隶朔方军，玄宗赐姓名曰李献忠。李林甫遥领朔方节度，用献忠为副将。后有诏移献忠部落隶幽州，献忠素与禄山有隙，惧不奉诏，乃叛归碛北，数为边患。玄宗愤之，命千里将兵讨之。十二载十一月，千里兵至碛西，以书喻葛禄，令其相应。献忠势穷，归葛禄部，葛禄缚献忠并其妻子及帐下数千人，送之千里，飞表献捷，天子壮之。十三载三月，千里献俘于勤政楼，斩之于朱雀街，以功授右金吾卫大将军同正，仍留佐羽林军。

上下禄山之乱，诏千里于河东召募。充河东节度副使、云中太守。十五载正月，迁上党郡长史、特进，摄御史中丞，以兵守上党。贼来攻城，屡为千里所败，以功累加开府仪同三司、礼部尚书、兼御史大夫。

至德二年九月，贼将蔡希德围城，数以轻骑挑战。千里恃其骁果，开悬门，率百骑，欲生擒希德，劲骑搏之，垂将擒而希德救兵至，千里敛骑而退，桥壤坠坑，反为希德所执，仰首告诸骑曰：“非吾战之过，此天也！为我报诸将士，乍可失帅，不可失城。”军人闻之泣下，昼夜严兵城守，贼竟不能拔。东都，安庆绪舍之，伪署特进，囚之客省。及庆绪败走，为严庄所害。

其年十二月，上御丹凤楼大赦，节文曰：“忠臣事君，有死无贰；烈士徇义，虽殁如存。其李憕、卢奕、袁覆谦、张巡、许远、张介然。蒋清、庞坚等，即与追赠，访其子孙，厚其官爵，家口深加优恤。”自是赦恩，无不该于节义，而程千里终以生执贼庭，不沾褒赠。

袁光庭者，河西戍将，天宝末为伊州刺史。禄山之乱，西北边戍兵入赴难，河、陇郡邑，皆为吐蕃所拔。唯光庭守伊州累年，外救不至，虏百端诱说，终不之屈，部下如一。及矢石既尽，粮储并竭，城将陷没，光庭手杀其妻子，自焚而死。朝廷闻之，赠工部尚书。

邵真者，恒州节度使李宝臣之判官也。累加检校司封郎中、兼御史中丞，专掌文翰，宝臣深所信任。宝臣死，其子惟岳擅领父众，李正己、田悦遣人说惟岳同叛，真泣谏曰：“先公位兼将相，受国厚恩，大夫缞绖之中，遽欲违命，同邻道之恶，违先公之志，必不可也。田悦与我密迩，绝之又恐速祸；正己稍远，绝之易耳。但令悦使还报，请徐思其宜；执正己使于京师，因请致讨，朝廷必嘉大夫之忠，而旌节可得。”惟岳然之，令真草奏。将发，孔目吏胡震谓惟岳曰：

"此事非细,请与将吏会议。"长史毕华曰:"先公与二道亲好,二十余年,一朝背之,伏恐生事。今执其来使,送于京师,大善。脱未为朝廷所信,正己兵强,忽来袭城,孤军无援,何以敌之?不若仍旧勿绝,徐观其变。"惟岳又从之。真又劝惟岳遣其弟惟简入朝,仍遣军吏薛广嗣诣河东节度马燧军求保荐。屯兵束鹿,田悦闻其谋,遣人谓惟岳曰:"邵真惑乱军政,必速杀之。不然,吾且讨其罪矣。"惟岳惧,遂杀真。朝廷闻而嘉之,赠户部尚书。

符璘者,田悦之将。初,马燧、李抱真、李芃等破田悦于洹水,燧等进屯魏州。时悦与李纳会于濮阳,因请助兵,纳分麾下数千人随之。至是纳为河南诸军所逼,自濮阳奔归濮州,征兵于悦,悦遣璘将三百骑护送之。纳兵既归,遂悉其众降于燧。迁璘试太子詹事、兼御史中丞,封义阳郡王,实封一百户。

璘父令奇,初为悦部将,至是因璘之出,遂令三子同降于燧。悦怒,执令奇,令奇大呼慢骂之,悦族其家。赠令奇户部尚书。

赵晔,字云卿,邓州穰人,其先自天水徙焉,贞观中主客员外郎德言曾孙也。父敬先,殿中侍御史。

晔志学,善属文。开元中,举进士,连擢科第,补太子正字,累授大理评事,贬北阳尉,移雷泽、河东二丞。河东采访使韦陟以晔覆操清直,颇推敬之,表为宾僚。陟罢,陈留采访使郭纳复奏晔为支使。及安禄山陷阵留,因没于贼。

时有京兆韦氏,夫任畿官,以不供贼军遇害,韦被逆贼没入为婢。江西观察使韦儇,族兄弟也。晔哀其冤抑,以钱赎之,俾其妻置之别院,厚供衣食,而晔竟不面其人。明年,收复东都,晔以家财资给,而访其亲属归之。识者咸重焉。

乾元初,三司议罪,贬晋江尉。数年,改录事参军。征拜左补阙,未至。福建观察使李承昭奏为判官,授试大理司直、兼监察御史。试司议郎、兼殿中侍御史。入为膳部、比部二员外,膳部、仓部二郎中,秘书少监。

　　晔性孝悌，敦重交友，虽经艰危，不改其操。少时与殷寅、颜真卿、柳芳、陆据、萧颖士、李华、邵轸，同志友善，故天宝中语曰："殷、颜、柳、陆、萧、李、邵、赵，以其重行义，敦交道也。"而晔早擅高名，在宦途五十年，累经贬谪，蹇踬备至。入仕三十年，方沾省官，身在郎署，子常徒步。官既散曹，俸禄单寡，衣食不充，以至亡殁，服名检者为之叹息。建中四年冬，泾原兵叛，晔窜于山谷。寻以疾终，追赠华州刺史。子宗儒，别有传。

　　石演芬，本西域胡人也。以武勇为朔方邠宁节度兵马使、兼御史大夫。李怀光养为子，累至右武锋都将。时怀光军屯三桥，将与朱泚通谋，演芬乃使门客鄐成义密疏，具言怀光无状，请罢其总统。成义至奉天，乃反以其言告怀光子璀，璀密告其父。怀光乃召演芬责之曰："以尔为子，奈何欲破我家！今死可乎？"演芬对曰："天子以公为腹心，公上负天子，安可责演芬！且演芬胡人，不解异心，欲守事一人，幸免呼为贼。死常分也！"怀光使左右脔食之，皆曰："此忠烈士也！可令速死。"乃以刀断其颈。德宗追思义烈，赠兵部尚书，仍赐钱三百千。又捕得鄐成义于朔方，戮之。

　　先是，诏赐怀光铁券，怀光奉诏倨慢，左都将张名振大呼军门曰："太尉见贼不击，天使到不迎，固将反耶！且安史两贼、仆固怀恩今皆族灭，公欲何为？是资忠义之士立功勋耳！"怀光闻之，召谓曰："我不反，为贼强盛，须蓄锐俟时耳。"无几，怀光引军入咸阳，名振曰："公乃言不反，今此来何也？何不急攻朱泚，收复京城，以图富贵。怀光曰：名振病狂。"使左右杀之。

　　张伾，建中初，以泽潞将镇临洺。田悦攻之，伾度兵力不能出战，严设守备，婴城拒守，贼不能拔。累月，攻之益急，士多死伤，粮储渐乏，救兵未至。伾知事不济，无以激士心，乃悉寻将卒于军门，命其女出拜之，谓曰："将士辛苦守战，伾之家无尺寸物与公等，独有此女,幸未嫁人,愿出卖之,为将士一日之费。"众皆大哭,曰:"誓为将军死战,幸无虑也。"会马燧与太原之师至,与众合击悦于城下,大败之。佖乘势出战,士卒无不一当百。围解,以功迁泗州刺史。在州十余年,拜右金吾卫大将军,诏未至,病卒。贞元二十一年,赠尚书右仆射。

有子重政,军吏欲立为郡将,重政母徐氏固拒不从。诏曰:"前昭义军泗州行营衙前兵马使、大中大夫、试太子宾客、兼监察御史张重政,门有勋力,惟推义勇。夙闻克家之美,常称抚众之才。近者其父初亡,群小煽惑,诱以奇计,俾执军麾。而重政与其母兄,号泣固拒,遂全恳愿,奔告元戎,不为利回,成其先志。于家为孝子,在国为忠臣,军政乂安,行义昭著。念兹名节,感欢良深,宜洽恩荣,俾弘激劝。礼无避于金革,理当由于权夺,戎章宪府,式示兼崇。可起复云麾将军,守金吾卫大将军员外置同正员、检校太子詹事、兼御史中丞,仍委淮南节度使与要职事任使。"

又诏曰:"张重政母高平郡夫人徐氏,族茂姻阀,行表柔明,怀正家之美,有择邻之识。顷当变故,曾不诡随,保其门宗,训成忠孝,虽图史所载,何以加。念其令子,已申奖用,特彰母仪之德,俾崇封国之荣。可封鲁国太夫人。"

甄济,字孟成,中山无极人,家于卫州。少孤,天宝中隐居卫州青岩山,人伏其操行,约不畋渔。采访使安禄山表荐之,授试大理评事,充范阳郡节度掌书记。天宝末,安禄山有异志,谋以智免。卫县令齐珝诚信可托,乃求使至卫,具以诚告。弟憕密求羊血以为备,至夜,伪呕血疾不能支,遂舁归。及禄山反,使伪节度使蔡希德领行戮者李揆等二人,封刀来召,察济诈不起,即就戮之。济以左手书云:"去不得!"李揆持刀而前,济引首以待,希德歔欷嗟叹之,曰:"李揆退"。以实病报禄山。后安庆绪亦使人至县,强舁至东都安国观。经月余,代宗收东京,济起,诣军门上谒,乃送上都。肃宗馆之于三司,使令受伪命官瞻望,以愧其心。授秘书郎,转太子舍人。宝应初,拜刑部员外郎。少游奏授著作郎、兼侍御史,终于襄州。

元和中,襄州节度使袁滋奏其节行,诏曰:"符风树节,谓之立名,殁加褒赠,所以诱善。故朝散大夫、秘书省著作郎、兼侍御史甄济,早以文雅,见称于时。尝因辟召,亦佐戎府。而能保坚贞之正性,不覆危机;睹逆乱之潜萌,不从胁污。义声可传于竹帛,显赠未贲于松楸。藩方所陈,允叶彝典,追加命秩,以奖忠魂。可赠秘书少监。

刘敦儒,开元朝史官左散骑常侍子玄之孙。敦儒母有心疾,非日鞭人不安,子弟仆使,不胜其苦,皆逃遁他处,唯敦儒侍养不息,体常流血,及母亡,居丧毁瘠骨立,洛中谓之刘孝子。元和中,东都留守权德舆具奏其孝行,诏曰:"孝子刘敦儒,生于儒门,禀此至性。王祥笃行,起孝敬而不移;曾参养志,积岁年而罔息。用弘劝奖,而服官常,分曹洛师,俾遂私志。可左龙武军兵曹参军,分司东都。

高沐,渤海人。父凭,从事于宣武军,知曹州事。李灵曜作乱,凭密遣使奏贼中事状,诏除曹州刺史。无何,李正己盗有曹、濮,凭遂陷于贼,数年卒。

沐,贞元中进士及第。以家族在郓,李师古置为判官。居数年,师道擅袭,每谋不顺,沐与同列郭昈、李公度等,必广引古今成败谕之,前后说师道为善者凡千言。其判官李文会、孔目官林英,皆为师道信用,乘间相与涕泣于师道前曰:"文会等血诚尤尚书家事,反为高沐辈所嫉,尚书奈何不惜十二州之城,成高沐等百代之名乎!"复日夜谗构,由是渐见疑忌,令沐知莱州事。林英因奏事至京,逼邸吏密报师道云:"高沐潜有诚款至朝廷矣!"师道大怒,李文会从而构成之,沐遂遇害于迁所,而囚郭昈于莱州,其血属皆徙远地。

及淮西平,师道渐惧。李公度与其将李英昙乘其惧也,说师道献三州及入质长子。初甚然之,中悔,将杀公度。贾直言闻之,谓师道用事奴曰:"今大祸将至,岂非高沐冤气所为!又杀公度,是益其疾也。"乃止。逐英昙于莱州,未至,缢杀之。又有崔承宠、杨偕、陈佑、崔清，皆以伎顺为贼所恶，李文会呼为高沐之党。沐遇害，承宠等同被囚放。郭昕名亚于沐，虽不死，备尝困辱矣。及刘悟平贼，遽召李公度，执手歔欷。既除滑州节度，首辟昕及公度为从事。

元和十四年四月，诏曰："图难忘死，为臣之峻节；显忠旌善，有国之令猷。日者妖坚反覆，侮我朝章，而濮州刺史高沐，动在凶威，潜输忠款。讽其不庭之咎，将冀革心；数其煮海之饶，聿求利国。伏奏必陈于逆节，漏师常破其阴谋。竟以盗憎，遂死王事，殁而不朽，风声凛然。式表漏泉之泽，且彰劲草之节。可赠吏部尚书。仍委马总访其遗骸，以礼收葬，优恤其家。若有子孙，具名闻奏。"

贾直言者，父道冲，以伎术得罪，贬之，赐鸩于路。直言伪令其父拜四方，辞上下神只，伺使者视稍息，即取其鸩以饮，遂迷仆而死。明日鸩浅于足而复苏。代宗闻之，减父死，直言亦自此病瘖。后从事于李师道。师道不恭朝命，直言冒刃说者二，舆榇说者一，师道讫不从。及刘悟斩师道，节制郑滑，得直于禁锢之间，又嘉其所为，因奏置幕中。后迁于潞，亦与之俱行。悟纤微乖失，直言必尽理箴规，以是美誉日闻于朝。穆宗以谏议大夫征之，悟拜章乞留，复授检校右庶子、兼御史大夫，依前充昭义军行军司马。悟用其言，终身不亏臣节。后历太子宾客。大和九年三月卒，废朝一日，赠工部尚书。

庾敬休，字顺之，其先南阳新野人。祖光烈，与仲弟光先，禄山迫以伪官，皆潜伏奔窜。光烈为大理少卿，光先为吏部侍郎。父河，当贼泚盗据宫阙，与季北倬逃窜山谷。河终兵部郎中。

敬休举进士，以宏词登科，授秘书省校书郎，从事宣州。旋授渭南尉、集贤校理。迁右拾遗、集贤学士。历右补阙，称职，转起居舍人，俄迁礼部员外郎。入为翰林学士，迁礼部郎中，罢职归官。又迁兵部郎中、知制诰。丁尤，服阕，改工部侍郎，权知吏部选事，迁吏部侍郎。

上将立鲁王为太子，慎选师傅，改工部侍郎兼鲁王傅。奏："剑南西川、山南西道每年税茶及除陌钱，旧例委度支巡院勾当榷税，当司于上都召商人便换。大和元年，户部侍郎崔元略与西川节度使商量，取其稳便，遂奏请茶税事使自勾当，每年出钱四万贯送省。近年已来，不依元奏，三道诸色钱物，州府逗留，多不送省。请取江西例，于归州置巡院一所，自勾当收管诸色钱物送省，所冀免有通悬。欲令巡官李渍专往与德裕、遵古商量制置，续具奏闻。"从之。又奏："两川米价腾踊，百姓流亡。请粜两川阙官职田禄米，以救贫人。"从之。再为尚书左丞。大和九年三月，卒于家。敬休姿容温雅，襟抱夷旷，不饮酒茹荤，不迩声色。著《谕善录》七卷。赠吏部尚书。

　　辛谠，故太原尹尹云京之孙，寿州刺史晦之犹子也。性慷慨，重然诺，专务赈人之急。年五十，不求苟进，有济时匡难之志。

　　咸通十年，庞勋乱徐泗。时杜慆守泗州，贼以郡当江淮要害，极力攻之。时两进淮郡皆陷，慆守临淮久之，援军虽集，贼未解围。时谠寓居广陵，乃仗剑拿小艇趋泗口，贯城栅为城见慆。慆素闻有义而不相面，喜谠至，握手谢曰："判官李延枢方话子为人，何遽至耶？吾无忧矣！"时贼三面攻城，王师结垒于洪源驿，相顾不前。谠夜以小舟穿贼垒至洪源驿，见监军郭厚本，论泗州危急，且宜速救，厚本然之。淮南都将王公弁谓厚本曰："贼众我寡，无宜轻举，当俟可行。"谠坐中拔剑瞋目谓公弁曰："贼百道攻城，陷在旦夕。公等奉诏赴援，而逗留不进，更欲何为？不唯有负国恩，丈夫气义，亦宜感发。假如临淮陷贼，淮南即是寇场，公何独存耶！"即欲挥刃向公弁，厚本持之。谠望泗州大哭经日，帐下为之流涕。厚本义其心，选勇士三百，随谠入泗州。夜半斩贼栅，大呼，由水门而入，贼军大骇。既知援兵入，贼乃退舍，人心遂固。

　　浙西观察使杜审权遣大将翟行约率军三千赴援，屯莲塘驿。慆欲遣人劳之，将吏皆惮其行，谠曰："杜相公以大夫宗盟，急难相赴，安得令使者无言而还！"即赍慆书币，犒其使。淮南大将李湘率师五千来援，贼诈降，败于淮口，相与郭厚本皆为贼所执，自是无援。贼并兵急攻，以铁锁断淮流，梯冲云合，凡周七月，昼夜不息。乘城之士，不遑寝寐，面目生疮，军储渐少，分食稀粥。赖说犯难伏义，求救于淮北诸军。既而马举双军至，贼解围而去。

说无子，犹子山僧、元老等寄在广陵。每出城，则书二姓名，谓慆曰："志之，得嗣为幸。"慆益感之。贼平，授说泗州团练判官、侍御史。慆迁郑滑节度，说亦从之，为宾佐。慆卒，乃退归江东，以隐居为事。

赞曰：兽觟角邪，草能指佞。烈士徇义，见危致命。国有忠臣，亡而复存。何以丧邦？奸邪受恩。

旧唐书卷一八八
列传第一三八

孝　友

李知本　　张志宽　　刘君良　宋兴贵

张公艺附　　王君操　周智寿　弟智爽　许坦

王少玄附　　赵弘智　陈集原　元让

裴敬彝　裴守真　李日知　崔沔

陆南金　弟赵璧　张琇　兄瑝　梁文贞

李处恭　张义贞　吕元简等附　崔衍

丁公著　罗让

　　善父母为孝，善兄弟为友。夫善于父母，必能陷身锡类，仁惠逮于胤嗣矣；善于兄弟，必能因心广济，德信被于宗族矣。推而言之，可以移于君，施于有政，承上而顺下，令终而善始，虽蛮貊犹行焉，虽窘迫犹亨焉。自昔立身扬名，未有不偕孝友而成者也。前代史官，所传孝友传，多录当时旌表之士，人或微细，非众所闻，事出闾里，又难详究。今录衣冠盛德，众所知者，以为称首。至于州县荐饰者，必覆其殊尤，可以劝世者，亦载之。

　　李知本，赵州元氏人，后魏洛州刺史灵六世孙也。父孝端，隋获嘉丞。初,孝端与族弟太冲,俱有世阀,而太冲官宦最高,孝端方之为劣,乡族为之语曰:“太冲无兄,孝端无弟。”知本颇涉经史,事亲至孝,与弟知隐甚称雍睦。子孙百余口,财物僮仆,纤毫无间。隋末,盗贼过其闾而不入,因相让曰:“无犯义门。”同时避难者五百余家,皆赖而获免。知本贞观初官至夏津令,知隐至伊阙丞。知本孙瑱,开元中为给事中、扬州刺史。知隐孙颙,有文词,亦历给事中、太保少卿。从祖兄弟,凡为给事者四人。

张志宽,蒲州安邑人。隋末丧父,哀毁骨立,为州里所称。贼帅王君廓屡为寇掠,闻其名,独不犯其闾,邻里赖之而免者百余家。后为里正,诣县称母疾,急求归。县令问其状,对曰:“母尝有所苦,志宽亦有所苦,志宽亦有所苦。向患心痛,知母有疾。”令怒曰:“妖妄之辞也!”系之于狱。驰验其母,竟如所言。令异之,慰喻遣去。及丁母忧,负土成坟,庐于墓侧,手植松柏千余株。高祖闻之,遣使就吊,授员外散骑常侍,赐物四十段,表其门闾。

刘君良,瀛州饶阳人也。累代义居,兄弟虽至四从,皆如同气,尺布斗粟,人无私焉。大业末,天下饥馑,君良妻劝其分析,乃窃取庭树上鸟鷇,交置诸巢中,令群鸟斗竞,举家怪之,其妻曰:“方今天下大乱,争斗之秋。禽鸟尚不能相容,况于人乎!”君良从之。分别后月余,方知其计。中夜,遂揽妻发大呼曰:“此即破家贼耳!”召诸昆弟,哭以告之。是夜弃其妻,更与诸兄弟同居处,情契如初。属盗起,闾里依之为堡者数百家,因名为义成堡。武德七年,深州别驾杨弘业造其第,见有六院,唯一灶,子弟十人,皆有礼节,咨嗟而去。贞观六年,诏加旌表。

又有宋兴贵者,雍州万年人。累世同居,躬耕致养,至兴贵已四从矣。高祖闻而嘉之,武德二年,诏曰:人禀五常,仁义为重;士有百行孝敬为先。自古哲王,经邦致治,设教垂范,皆尚于斯。叔世浇讹,人多伪薄，修身克己，事资诱劝。朕恭膺灵命，抚临四海，愍兹弊俗，方思迁导。宋兴遣立操雍和，志情友穆，同居合爨，累代积年，务本力农，崇谦覆顺。弘长名教，敦励风俗，宜加褒显，以劝将来。可表其门闾，蠲免课役。布告天下，使明知之。兴贵寻卒。

郓州寿张人张公艺，九代同居。北齐时，东安王高永乐诣宅慰抚旌表焉。隋开皇中大使、邵阳公梁子恭亦亲慰抚，重表其门。贞观中，特敕吏加旌表。麟德中，高宗有事泰山，路过郓州，亲幸其宅，问其义由。其人请纸笔，但书百余忍字。高宗为之流涕，赐以缣帛。

王君操，莱州即墨人也。其父隋中兴大与乡人李君则斗竞，因被殴杀。君操时年六岁，其母刘氏告县收捕，君则弃家亡命，追访数年俘获。贞观初，君则自以世代迁革，不虑国刑，又见君操孤微，谓其无复雠之志，遂诣州府自首。而君操密袖白刃刺杀之，刳腹取其心肝，咀食立尽，诣刺史具自陈告。州司以其擅杀戮，问曰："杀人偿死，律有明文，何方自理，以求生路？"对曰："亡父被杀，二十余载。闻诸典礼，父雠不可同天。早愿图之，久而未遂，常惧亡灭，不展冤情。今大耻既雪，甘从刑宪。"州司据法处死，列上其状，太宗特诏原免。

周智寿者，雍州同官人。其父永徽初被族人安吉所害。智寿及弟智爽乃候安吉于途，击杀之。兄弟相率归罪于县，争为谋首，官司经数年不能决。乡人或证智爽先谋，竟伏诛。临刑神色自若，顾谓市人曰："父雠已报，死亦何恨。"智寿顿绝衢路，流血遍体。又收智爽尸，舐取智爽血，食之皆尽，见者莫不伤焉。

豫州人许坦，年十岁余，父入山采药，为猛兽所噬，即号叫以杖击之，兽遂奔走，父以得全。太宗闻而谓侍臣曰："坦虽幼童，遂能致命救亲，至孝自中，深可嘉尚。"授文林郎，赐帛五十段。

博州聊城人王少玄者，父隋末于郡西为乱兵所害。少玄遗腹生，年十余岁，问父所在，其母告之，因哀泣，便欲求尸以葬。时白骨蔽野，无由可辨，或曰："以子血沾父骨，即渗入焉。"少玄乃刺其体以试之，凡经旬日，竟获父骸以葬。尽体病疮，历年方愈。贞观中，本州闻荐，拜徐王府参军。

赵弘智，洛州新安人。后魏车骑大将军肃孙。父玄轨，隋陕州刺史。弘智早丧母，事父以孝闻。学通《三礼》、《史记》、《汉书》。隋大业中，为司隶从事。武德初，太理卿郎楚之应诏举之，授詹事府主簿。又预修六代史。初与秘书丞令狐德棻、齐王文学袁朗等十数人同修《艺文类聚》，转太子舍人。贞观中，累迁黄门侍郎，兼弘文馆学士。以疾出为莱州刺史。弘智事兄弘安，同于事父，所得俸禄，皆送于兄处。及兄亡，哀毁过礼，事寡嫂甚谨，抚孤侄以慈爱称。稍迁太子右庶子。及宫废，坐除名。寻起为光州刺史。

永徽初，累转陈王师。高宗令弘智于百福殿讲《孝经》，召中书门下三品及弘文馆学士、太学儒者，并预讲筵。弘智演畅微言，备陈五孝。学士等难问相继，弘智酬应如响。高宗怡然曰："朕颇耽坟籍，至于《孝经》，偏所习睹。然孝之为德，弘益实深，故云'德教加于百姓，刑于四海，'是知孝道之为大也。"顾谓弘智："宜略陈此经切要者，以辅不逮。"弘智对曰："昔者天子有诤臣七人，虽无道不失其天下。微臣颛愚，愿以此言奏献。"帝甚悦。赐彩绢二百匹、名马一匹。寻迁国子祭酒，仍为崇贤馆学士。四年卒，年八十二，谥曰宣。有文集二十卷。

陈集原，陇州开阳人也。代为岭表酋长。父龙树，钦州刺史。集原幼有孝行，父才有疾，即终日不食。永徽中，丧父，呕血数升，枕服苫庐，悲感行路。资财田宅及僮仆三十余人，并以让兄弟。则天时，官至左豹韬卫将军。

元让，雍州武功人也。弱冠明经擢第。以母疾，遂不求仕，躬亲药膳，承侍致养，不出闾里者数十余年。及母终，庐于墓侧，蓬发不栉沐，菜食饮水而已。咸亨中，孝敬监国，下令表其门闾。永淳元年，巡察使奏让孝悌殊异，擢拜太子右内率府长史。后以岁满还乡里。乡人有所争讼，不诣州县，皆就让决焉。圣历中，中宗居春宫，召拜太子司议郎。及谒见，则天谓曰："卿既能孝于家，必能忠于国。今授此职，须知朕意。宜以孝道辅弼我儿。"寻卒。"

裴敬彝，绛州闻喜人也。曾祖子通，隋开皇中太中大夫。母终，庐于墓侧，哭泣无节，目遂丧明。俄有白鸟巢于坟树。子通弟兄八人，复以友悌著名，诏旌表其门，乡人至今称为"义门裴氏"。敬彝少聪敏，七岁解属文，性又端谨，宗族咸重之，号为"甘露顶"。年十四，侍御史唐临为河北巡察使，敬彝父智周时为内黄令，为部人所讼，敬彝诣临论其冤。临大奇之，因令作词赋，智周事得释，特表荐敬彝，补陈王府典签。智周在官暴卒，敬彝时在长安，忽泣涕不食，谓所亲曰："大人每有痛处，吾即辄然不安。今日心痛，手足皆废，事在不测，得无戚乎？"遂请急还，倍道言归，果闻父丧，羸毁逾礼。事母复以孝闻。乾封初，累转监察御史。时母病，有医人许仁则，足疾不能乘马，敬彝每肩舆之以候母焉。及母卒，特诏赠以缣帛，仍官造灵舆。服阕，拜著作郎，兼修国史。仪凤中，自中书舍人历吏部侍郎、左庶子。则天临朝，为酷吏所陷，配流岭南，寻卒。

裴守真，绛州稷山人也。后魏冀州刺史叔业六世孙也。父慎，大业中为淮南郡司户。属郡人杨琳、田瓒据郡作乱，尽杀官吏，以慎素有仁政，相诫不许惊害，仍令人护送慎及妻子还乡。贞观中，官至鄹令。

守真早孤，事母至孝，及母终，哀毁骨立，殆不胜丧。复事寡姊及兄甚谨，闺门礼则，士友所推。初举进士，及应八科举，累转乾封尉，属永淳初关中大饥，守真尽以禄俸供姊及诸甥，身及妻子粗粝不充，初无倦色。寻授太常博士。

守真尤善礼仪之学，当时以为称职。高宗时封嵩山，诏礼官议射牲之事，守真奏曰："据《周礼》及《国语》，郊祀天地，天子自射其牲。汉武唯封太山，令侍中儒者射牲行事。至于余祀，亦无射牲之文。但亲春射牲，虽是古礼，久从废省。据封禅祀礼，日未明十五刻，宰人以鸾刀割牲，质明而行事。比鸾驾至时，宰牲总毕，天皇唯奠玉酌献而已。今礼前一日射牲，事即伤早；祀日方始射牲，事又伤晚。若依汉武故事，即非亲射之仪，事不可行。"

又《神功破阵乐》、《功成庆善乐》二舞每奏，上皆立对，守真又议曰：窃唯二舞肇兴，讴吟攸属，赞九功之茂烈，叶万国之欢心。义均韶、夏，用兼宾祭，皆祖宗盛德，而子孙享之。详览传记，未有皇王立观之礼。况升中大事，华夷毕集，九服仰垂拱之安，百蛮怀率舞之庆。甄陶化育，莫匪神功，岂于乐舞，别申严敬。臣等详议奏二舞时，天皇不合起立。"时并从守真议。会高宗不豫，事竟不行。及高宗崩，时无大行凶仪，守真与同时博士韦叔夏、辅鲍素等讨论旧事创为之，当时称为得礼之中。

守真天授中为司府丞，则天特令推究诏狱，务存平恕，前后奏免数十家。由是不合旨，出为汴州司录，累转成州刺史。为政不务威刑，甚为人吏所爱。俄转宁州刺史，成州人送出境者数千人。长安中卒。

子余，事继母以孝闻。举明经，累补鄠县尉。时同列李朝隐、程行谌皆以文法著称，子余独以词学知名。或问雍州长史陈崇业，子余与朝隐、行谌优劣，崇业曰："譬如春兰秋菊，俱不可废也。"景龙中，为左台监察御史。时泾、岐二州有隋代蕃户子孙数千家，司农卿赵履温奏，悉没为官户奴婢，仍充赐口，以给贵幸。子余以为官户承恩，始为蕃户，又是子孙，不下抑之为贱，奏劾其事。时覆温依附宗楚客等，与子余廷对曲直。子余词色不挠，覆温等词屈，从子余奏为定。开元初，累迁冀州刺史，政存宽惠，人吏称之。又为岐王府长史，加银青光禄大夫。十四年卒，谥曰孝。子余居官清俭，友爱诸兄弟。兄弟六人，皆有志行。次弟巨卿，卫尉卿；耀卿，别有传。

李日知,郑州荥阳人也。举进士。天授中,累迁司刑丞。时用法严急,日知独宽平无冤滥。尝免一死囚,少卿胡元礼请断杀之,与日知往复至于数四,元礼怒曰:"元礼不离刑曹,此囚终无生理。"答曰:"日知不离刑曹,此囚终无死法。"因以两状列上,日知果直。端明其事。

神龙初,为给事中。日知事母至孝,时母老,尝疾病,日知取急调侍,数日而鬓发变白。寻加朝散大夫。其母未受命妇邑号而卒,将葬发引,吏人赍告身而至,日知于路上即时殒绝,久之乃苏。左右皆哀恸,莫能仰视。巡察使、卫州司马路敬潜将闻其孝悌之迹,使求其状,日知辞让不报。服阕,累迁黄门侍郎。

时安乐公主池馆新成,中宗亲往临幸,从官皆预宴赋诗,日知独存规诫,其末章曰:"所愿暂思居者逸,莫使时称作者劳。"论者多之。

景云九年,同中书门下平章事,转御史大夫,知政事如故。明年,进拜侍中。先天元年,转刑部尚书,罢知政事。频乞骸骨,请致仕,许之。初,日知将有陈请,而不与妻谋,归家而使左右饰装,将出居别业。妻惊曰:"家产屡空,子弟名宦未立,何为遽辞职也?"日知曰:"书生至此,已过本分。人情无厌,若恣其心,是非止足之日。"及归田园,不事产业但葺构池亭,多引后进,与之谈宴。开元三年卒。

初,日知以官在权要,诸子弟年才总角,皆结婚名族,时议以为失礼之中。卒后,少子伊衡,以妾为妻,费散田宅,仍列讼诸兄,家风替矣。

崔沔,京兆长安人,周陇州刺史士约玄孙也。自博陵徙关中,世为著姓。父皑,库部员外郎、汝州长史。沔淳谨,口无二言,事亲至孝,博学有文词。初应制举,对策高第。俄被落第者所援,则天令所司重试,沔所对策,又工于前,为天下第一,由是大知名。再转陆浑主簿。秩满调迁,吏部侍郎岑义深赏重之,谓人曰:"此今之郤诜也。"特表荐擢为左补阙，累迁祠部员外郎。沔为人舒缓，讷于造次，当官正色，未尝挠沮。

睿宗时，征拜中书舍人。时沔母老疾在东都，沔不忍舍之，固请闲官，以申侍养，由是改为虞部郎中。无何，检校御史中丞。时监察御史宋宣远，恃卢怀慎之亲，颇犯法，沔举劾之。又姚崇之子光禄少卿彝，留司东都，颇通宾客，广纳贿赂，沔又将按验其事。姚、卢时在政事，遽荐沔有史才，转为著作郎，其实去权也。

开元七年，为太子左庶子。母卒，哀毁逾礼，常于庐前受吊，宾客未尝至于灵座之室，谓人曰："平生非至亲者，未尝升堂入谒，岂可以存亡而变其礼也。"中书令张说数称荐之。服阕，拜中书侍郎。或谓沔曰："今之中书，皆是宰相承宣制命。侍郎虽是副贰，但署位而已，甚无事也。"沔曰："不然。设官分职，上下相维，各申所见，方为济理，岂可俯默偷安，而为怀禄士也！"自是每有制敕及曹事，沔多所异同，张说颇不悦焉。寻出为魏州刺史，奏课第一，征还朝廷，分掌吏部十铨事。以清直，历秘书监、太子宾客。

三十三年，制令礼官议加笾豆之数及服制之纪。太常卿韦绦奏请加宗庙之奠，每坐笾豆各十二。外祖服请加至大功九月，舅服加至小功五月，堂姨、堂舅、舅母服请加至袒免。时又令百官详议可否。沔建议曰：

窃闻议礼乐之情者能作，达礼乐之文者能述。述作之义，圣贤所重；礼乐之本，古今所崇。变而通之，所以久也。所谓变者，变其文也；所谓通者，通其情也。祭祀之兴，肇于太古，人所饮食，必先严献。未有火化，茹毛饮血，则有毛血之荐；未有蘖麴，污樽杯饮，则有玄酒之奠。施及后王，礼物渐备，作为酒配，伏其牺牲，以致馨香，以极丰洁，故有三牲八簋之盛，五齐九献之殷。然以神道至敬，可备而不敢废也。是以血腥焰熟，玄樽牺象，靡不毕登于明荐矣。

然而荐贵于新，味不尚亵，虽则备物，犹存节制。故《礼》云："天之所生，地之所长，苟可荐者，莫不咸在。"备物之情也。

"三牲之俎，八簋之实，美物备矣；昆虫之异，草木之实，阴阳之物备矣。"此则节制之文也。铏俎、笾豆、簠簋、樽罍之实，皆周人之时馔也，其用通于燕飨宾客。而周公制礼，咸与毛血玄酒同荐于先。晋中郎卢谌，近古之知礼、著《家祭礼》者也。观其所荐，皆晋时常食，不服纯用礼经旧文。然则当时饮食，不可阙于祭祀明矣，是变礼文而通其情也。

　　我国家由礼立训，因时制范，考国图史于前典，稽周、汉之旧仪。清庙时享，礼馔毕陈，用周制也，而古式存焉；园寝上食，时膳具设，遵汉法也，而珍味极焉。职贡来祭，致远物也；有新必荐，顺时令也。苑囿之内，躬稼所收搜，狩之时，亲发所中，莫不割鲜择美，荐而后食，尽诚敬也。若此至矣，复何加焉。但当申敕有司，祭如神在，无或简怠，勖增虔诚。其进贡珍羞，或时物鲜美，考诸祠典，无有漏落。皆详名目，编诸甲令，因宜而荐，以类相从。则新鲜肥浓，尽在是矣，不必加于笾豆之数也。至于祭器，随物所宜。故羹，古食也，盛于甒，甒，古器也；和羹，时馔也，盛于时器，故毛血盛于盘，玄酒盛于樽。未有荐时馔而追用古器者，由古质而今文，便于事也。虽加笾一十二，未足以尽天下美物，而措诸清庙，有兼倍之名，近于侈矣。鲁人丹桓宫之楹栌，又刻其桷，《春秋》书以《非礼》。御孙谏曰："俭德之恭也，侈，恶之大也。先君有恭德，而君纳诸恶，无乃不可乎！"是不可以越礼而崇侈于宗庙也。又据《汉书艺文志》，墨家之流，出于清庙，是以贵俭。"由此观之，清庙之不尚于奢，旧矣。太常所请，恐未可行。

　　又按太常奏状"今酌献酒爵，制度全小，仅未一合，执持甚难，不可全依古制，由望稍须广大"者。窃据礼文，有以小为贵者，献以爵，贵其小也。小不及制，敬而非礼，是有司之失其传也。固可随失厘正，无待议而后革。然礼失于敬，犹奢而宁俭，非大过也。未知今制，何所依准。请兼详令式，据文而行。

　　又按太常奏状"外祖服请加至大功九月，舅服请加至小功五月，堂姨、堂舅、舅母请加至袒免"者。窃闻大道既隐，天下为家，圣人因之，然后制礼。礼教之设，本于正家，家道正而天下定矣。正家之道，不可以贰，总一之义，理归本宗。所以父以尊崇，母以厌降，岂亡爱敬，宜存伦序。是以内有齐斩，外服皆缌，尊名所加，不过一等，此先王不易之道。前圣所志，后贤所传，其来久矣。昔辛有适伊川，见被发而祭于野者，曰："不及百年，此其戎乎！其礼先亡矣。"往修新礼，时改旧章，渐广《渭阳》之恩，不遵洙、泗之典。及弘道之后，唐元之间，国命再移于外族矣。礼亡征兆，倘或斯见，天人之际，可不试哉！开元初，补阙卢覆冰尝进状论丧服经重，敕令佥议。于时群议纷拿，各安积习，太常礼部奏依旧定。陛下连稽古之明，特降别敕，一依古礼，事符典故，人知向方，式固宗盟，社稷之福。吏图异议，窃所未详。

时职方郎中韦述、户部郎中杨伯成、礼部员外郎杨冲昌、监门兵曹刘秩等，亦建议与沔相符。俄又令中书门下参详为定。于是宗之典，笾豆每座各加至六，亲姨舅为小功，舅母加缌麻，堂姨至袒免。余依旧定，乃下制施行焉。沔既善礼经，朝廷每有疑议，皆取决焉。二十七年卒，时年六十七，赠礼部尚书。

陆南金，苏州吴郡人也。祖士季，从同郡顾野王学《左氏传》，兼通《史记》、《汉书》。隋末，为越王侗记室兼侍读。侗称制，授著作郎。时王世充将行篡夺。侗不平之，谓士季曰："隋有天下三十余载，朝廷文武，遂无烈者乎？"士季对曰："见危授命，臣之宿心。请因其启事，便加手刃。"事颇浅，遂停士季侍读。贞观初，为太学博士，兼弘文馆学士，寻卒。

南金初为奉礼郎。开元初，太常少卿卢崇道犯罪流岭表，逃归东都。时南金以母丧在家，崇道事急，假称吊宾，造南金言其情，南金哀而纳焉。崇道俄为雠人所发，诏使侍御史王旭按其事，遂捕获崇道，连引南金，旭遂绳以重法。

　　南金弟赵璧诣旭，自言藏崇道，请代兄死。南金固称："弟实自诬，身请当罪。"兄弟让死，旭怪而问其故，赵璧曰："兄是长嫡，又能干家事。亡母未葬，小妹未嫁，自惟幼劣，生无所益，身自请死。"旭遂列上状，上嘉其友义，并特宥之。南金由是大知名。南金颇涉经史，言行修谨，左丞相张说及宗人太子少保象先皆钦重之。累转库部员外郎，以疾，固辞不堪繁剧，转为太子洗马。卒年五十余。

　　张琇者，蒲州解人也。父审素，为巂州都督，在边累载。俄有纠其军中赃罪，敕监察御史杨汪驰传就军按之。汪在路，为审素党与所劫，对汪杀告事者，胁汪令奏雪审素之罪。俄而州人翻杀审素之党，汪始得还。至益州，奏称审素谋反，因深按审素，构成其罪，斩之，籍没其家。琇与兄瑝，以年幼坐徙岭外。寻各逃归，累年隐匿。汪后累转殿中侍御史，改名万顷。

　　开元二十三年，瑝、琇候万顷于都城，挺刀杀之。瑝虽年长，其发谋及手刃，皆琇为之。既杀万顷，系表于斧刃，自言报雠之状。便逃奔，将就江外，杀与万顷同谋构父罪者。行至汜水，为捕者所获。时都城士女，皆矜琇等幼稚孝烈，能复父雠，多言其合矜恕者。中书令张九龄又欲活之。裴耀卿、李林甫固言：国法不可纵报雠。上以为然，因谓九龄等曰："复雠虽礼法所许，杀人亦格律具存。孝子之情，义不顾命，国家设法，焉得容此。杀之成复雠之志，赦之亏律格之条。然道路喧议，故须告示。"乃下敕曰："张瑝等兄弟同杀，推问款承。律有正条，俱各至死。近闻士庶，颇有喧词，矜其为父复雠，或言本罪冤滥。但国家设法，事在经久，盖以济人，期于止杀。各申为子之志，谁非徇孝之夫，展转相继，相杀何限，咎繇作士，法在必行；曾参杀人，亦不可恕。不能加以刑戮，肆诸市朝，宣付河南府告示决杀。"

　　瑝、琇既死，士庶咸伤愍之，为作哀诔，榜于衢路。市人敛钱，于死所造义井，并葬瑝、琇于北邙，又恐万顷家人发之。并作疑冢数所。其为时人所伤如此。

　　梁文贞，虢州阌乡人。少从征役，比回而父母皆卒。文贞恨不获终养，乃穿圹为门。磴道出入，晨夕洒扫其中。结庐墓侧，未尝暂离。自是不言三十年，家人有所问，但画字以对。其后山水冲断驿路，更于原上开道，经文贞墓前。由是行旅见之，远近莫不钦叹。有甘露降茔前树，白兔驯扰，乡人以为孝感所致。开元初，县令崔季友刊石以纪之。十四年，刺史许景先奏："文贞持学绝伦，泣血庐墓三十余年，请宣付史官。"是岁，御史大夫崔隐甫廷奏："恒州鹿泉人李处恭、张义贞两家祖父，自国初已来，异姓同居，至今三代，百有余年。又青州北海人吕元简，四代同居，至所畜牛马羊狗，皆异母共乳。请加旌表，仍编入史馆。"制皆许之。

　　崔衍，左丞伦之子。继母李氏，不慈于衍。衍时为富平尉，伦使于吐蕃。久方归，李氏衣弊衣以见伦。伦问其故，李氏称："自伦使于蕃中，衍不给衣食。"伦大怒，召衍责诟，命仆隶拉于地，袒其背，将鞭之。衍涕泣，终不自陈。伦弟殷，闻之趋往，以身蔽衍，杖不得下。因大言曰："衍每月俸钱，皆送嫂处，殷所具知，何忍乃言衍不给衣食！"伦怒乃解。由是伦遂不听李氏之谮。及伦卒，衍事李氏益谨。李氏所生子郃，每多取子母钱，使其主以契书征负于衍。衍岁为偿之，故衍官至江州刺史，而妻子衣食无所余。

　　后历苏、虢二州刺史。虢居陕、华二州之间，而税重数倍。其青苗钱，华、陕之郊，亩出十有八；而虢之郊，每征十之七。衍乃上事，时裴延龄领度支，方务聚敛，乃给衍以前后刺史无言者。衍又上陈人困曰："臣所治多是山田，且当邮传冲要，属岁不号，颇甚流离。旧额赋租，特望蠲减。臣伏见比来诸郡论百姓间事，患在长吏因循不为申请，不谙实，不患朝廷不矜放。有以不言受谴者，未有言而获罪者。陛下拔臣牧大郡，委臣抚疲民，臣所以不敢顾望，苟求自安，敢罄狂瞽，上干圣览。"帝以衍词理切直，乃特敕度支，令减虢州青苗钱。

迁宣歙池观察使，政务简便，人颇怀之。其所择从事，多得名流。时有位者待宾僚率轻傲，衍独加礼敬，幕中之士，后多显达。贞元中，天下好进奉以结主恩，征求聚敛，州郡耗竭，韦皋、刘赞、裴肃为之首。赞死而衍代其位，衍虽不能骤革其弊，居宣州十年，颇勤俭，府库盈溢。及穆赞代衍，宣州岁馑，遂以钱四十二贯代百姓税，故宣州人不至流散。贞元二十一年，诏加工部尚书。

丁公著，字平子，苏州吴郡人。祖衷，父绪，皆不仕。公著生三岁，丧所亲。七岁，见邻母抱其子。哀感不食，因请于父，绝粒奉道，冀其幽赞，父悯而从之。年十七，父勉令就学。年二十一，《五经》及第。明年，又通《开元礼》，授集贤校书郎。秩未终，归侍乡里，不应请辟。居父丧，躬负土成坟，哀毁之容，人为尤之，里间闻风，皆敦孝悌。观察使薛苹表其行，诏赐粟帛，旌其门闾。淮南节度使李吉甫慕其才行，荐授太子文学，兼集贤殿校理。吉甫自淮南入相，廷荐其行，即日授右补阙。迁集贤直学士，寻授水部员外郎，充皇太子及诸王侍读。著《皇太子及诸王训》十卷。转驾部员外，仍兼旧职。

穆宗即位，未及听政，召居禁中，询访朝典，以宰相许之。公著陈情，词意极切，超授给事中，赐紫金鱼袋。未几，迁工部侍郎，仍兼集贤殿学士，宠青宫之旧也。知吏部选事。公著知将欲大用，以疾辞退，因求外官，遂授浙江西道都团练观察使。二年，授河南尹。皆以清静为理。改尚书右丞。转兵部、吏部侍郎，迁礼部尚书、翰林侍讲学士，上以浙西灾寇，询求良师，命检校户部尚书领之。诏赐米七万石以赈给，浙民赖之。改授太常卿，以疾请归乡里，未至而终，年六十四。赠右仆射，废朝一日。著《礼志》十卷。

公著清俭守道，每得一官，未尝不忧色满容。年四十四丧室，以至终知，无妓妾声乐之好。凶问至日，中外痛惜之。

罗让字景宣。祖怀操。父珦，官至京兆尹。让少以文学知名，举进士，应诏对策高等，为咸阳尉。丁父忧，服阙除，尚衣麻茹菜，不从四方之辟者十余年。李献为淮南节度使，就其所居，请为从事。除监察御史，转殿中，历尚书郎、给事中，累迁至福建观察使、兼御史中丞。其著仁惠。有以女奴遗让者，让问其所因，曰："本某等家人。兄姊九人，皆为官所卖，其留者唯老母耳。"让惨然，焚其券书，以女奴归其母。入为散骑常侍。未几，除江西都团练观察使、兼御史大夫。年七十一卒。赠礼部尚书。

子劢京，字子峻，进士擢第，又登科。让再从弟咏。咏子劢权，字昭衡，进士擢第。劢京、劢权知名于时，并历清贯。

赞曰：麒麟凤凰，飞走之类。唯孝与悌，亦为人瑞。表门赐爵，劝乃锡类。彼禽者枭，伤仁害义。

旧唐卷一八九上
列传第一三九上

儒学上

徐文远　陆德明　曹宪 许淹 李善

公孙罗附 **欧阳询** 子通　　**朱子奢**

张士衡　贾公彦　张后胤　盖文达

谷那律　萧德言　许叔牙 子儒附

敬播　刘伯庄　秦景通　罗道琮

　　古称儒学家者流，本出于司徒之官，可以正君臣，明贵贱，美教化，移风俗。莫若于此焉。故前古哲王，咸用儒术之士，汉家宰相，无不精通一经，朝廷若有疑事，皆引经决定，由是人识礼教，理致升平。近代重文轻儒，或参以法律，儒道既丧，淳风大衰，故近理国多劣于前古。自隋氏道消，海内版荡，彝伦攸斁，戎马生郊，先代之旧章，往圣之遗训，扫地尽矣。

　　及高祖建义太原，初定京邑，虽得之马上，而颇好儒臣。以义宁三年五月，初令国子学置生七十二员，取三品以上子孙；太学置生一百四十员，取五品以上子孙；四门学生一百三十员，取七品以上子孙。上郡学置生六十员，中郡五十员一下郡五十员。上县学并四十员，中县三十员，下县二十员。武德元年，诏皇族子孙及功臣子弟，于秘书外省别立小学。

二年，诏曰：

盛德必祀，义存方策，达人命世，流庆后昆。建国君人，弘风阐教，崇贤彰善，莫尚于兹。自八卦初陈，九畴攸叙，徽章互垂，节文不备。爰始姬旦，匡翊周邦，创设礼经，尤明典宪。启生人之耳目，穷法度之本源，化起《二南》，业隆八百，丰功茂德，冠于终古。暨乎王道既衰，颂声不作，诸侯力争，礼乐陵迟。奥若宣父，天资睿哲，经纶齐、鲁之内，揖让洙、泗之间，综理遗文，弘宣旧制。四科之教，历代不刊；三千之文，风流无歇。惟兹二圣，道著群生，守祀不修，明褒尚阙。朕君监区宇，兴化崇儒，永言先达，情深绍嗣。宜令有司于国子学立周公、孔子庙各一所，四时致祭。仍博求其后，具以名闻，详考所宜，当加爵士。是以学者慕血，儒教聿兴。

至三年，太宗讨平东夏，海内无事，乃锐意经籍，于秦府开文学馆，广引文学之士，下诏以府属杜如晦等十八人为学士，给五品珍膳，分为三番，更直宿于阁下。及即位，又于正殿之左，置弘文学馆，精选天下文儒之士虞世南、褚亮、姚思廉等，各以本官兼署学士，令更日宿直。听朝之暇，引入内殿，讲论经义，商略政事，或至夜分乃罢。又召勋贤三品已上子孙，为弘文馆学生。贞观二年，停以周公为先圣，始立孔子庙堂于国学，以宣父为先圣，颜子为先师。大征天下儒士，以为学官。数幸国学，令祭酒、博士讲论，毕，赐以束帛。学生能通一大经已上，咸得署吏。又于国学增筑学舍一千二百间，国学、四门博士亦增置生员，其书算各置博士、学生，以备艺文，凡三千二百六十员。其玄武门屯营飞骑，亦给博士，授以经业，有能通经者，听之贡举。是时四方儒士，多抱负典籍，云会京师。俄而高丽及百济、新罗、高昌、吐蕃等诸国酋长，亦遣子弟请入于国学之内。鼓箧而升讲筵者，八千余人，济济洋洋焉，儒学之盛，古昔未之有也。

太宗又以经籍去圣久远，文字多讹谬，诏前中书侍郎颜师古考定《五经》，颁于天下，命学者习焉，又以儒学多门，章句繁杂，诏国子祭酒孔颖达与诸儒撰定《五经》义疏，凡一百七十卷，名曰《五经正义》,令天下传习。十四年,诏曰:"梁皇侃、褚仲都,周熊安生、沈重,陈太沈文何、用弘正、张讥,隋何安、刘炫等,并前代名儒,经术可纪。加以所在学徒,多行其疏,宜加优异,以劝后生。可访其子孙见在者,录名奏闻,当加引擢。二十一年,又诏曰:左丘明、卜子夏、公羊高、谷梁赤、伏胜、高堂生、戴圣、毛苌、孔安国、刘向、郑众、杜子春、马融、卢植、郑玄、伏虔、何休、王肃、王弼、杜元凯、范宁等二十一人,并用其书,垂于国胄。既行其道,理合褒崇。自今有事太学,可与颜子俱配享孔子庙堂。"其尊重儒道如此。

高宗嗣位,政教渐衰,薄于儒术,尤重文史。于是醇酽日去,华竞日彰,犹火销膏而莫觉也。及则天称制,以权道临下,不吝官爵,取悦当时。其国子祭酒,多授诸王及驸马都尉。准贞观旧事,祭酒孔颖达等赴上日,皆讲《五经》题。至是,诸王与驸马赴上,唯判祥瑞按三道而已。至于博士、助教,唯有学官之名,多非儒雅之实。是时复将亲祠明堂及南郊,又拜洛,封嵩岳,将取弘文国子生充斋郎行事,皆令出身放选,前后不可胜数。因是生徒不复以经学为意,唯苟希侥幸。二十年间,学校顿时隳废矣。

玄宗在东宫,亲幸太学,大开讲论,学官生徒,各赐束帛。及即位,数诏州县及百官荐举经通之士。又置集贤院,招集学者校选,募儒士及博涉著实之流。以为《儒学遍》。

徐文远,洛州偃师人。陈司空孝嗣玄孙,其先自东海徙家焉。父彻,梁秘书郎,尚元帝女安昌公主而生文远。属江陵陷,被虏于长安,家贫无以自给。其兄休,鬻书为事,文远日阅书于肆,博览《五经》,尤精《春秋左氏传》。时有大儒沈重讲于太学,听者常千余人。文远就质问,数日便去。或问曰:"何辞去之速?"答曰:"观其所说,悉是纸上语耳,仆皆先已诵得之。至于奥赜之境,翻似未见。"有以其言告重者,重呼与议论,十余反,重甚叹服之。

文远方正纯厚,有儒者风。窦威、杨玄感、李密皆从其受学。开皇中,累迁太学博士。诏令往并州,为汉王谅讲《孝经》、《礼记》。及谅反,除名。大业初,礼部侍郎许善心举文远与包恺、褚徽、陆德明、鲁达为学官,遂擢授文远国子博士,恺等并为太学博士。时人称文远之《左氏》、褚徽之《礼》、鲁达之《诗》、陆德明之《易》,皆为一时之最。文远所讲释,多立新义,先儒异论,皆定其是非,然后诘驳诸家,又出己意,博而且辨,听者忘倦。

后越王侗署为国子祭酒。时洛阳饥馑,文远出城樵采,为李密军所执。密令文远南面坐,备弟子礼北面拜之。文远曰:"老夫畴昔之日,幸以先王之道,仰授将军。时经兴替,倏焉已久。今将军属风云之际,为义众所归,权镇万物,威加四海,犹能屈体弘尊师之义,此将军之德也,老夫之幸也。既荷兹厚礼,安不尽言乎,但未审将军意耳! 欲为伊、霍继绝扶倾,虽迟暮,犹愿尽力;若为莽、卓乘危迫险,则老夫耄矣,无能为也。"密顿首曰:"昨奉朝命,垂拜上公,冀竭庸虚,匡奉国难。所以未朝见者,不测城内人情。且欲先征化及,报复冤耻,立功赎罪,然后凯旋,入拜天阙。此密之本意,惟先生教之。"文远曰:"将军名臣之子,累显忠节,前受误于玄感,遂乃暂坠家声。行迷未远,而回车复路,终于忠孝,用康家国,天下之人,是所望于将军也。"密又顿首曰:"敬闻命矣,请奉以周旋。"及征化及还,而王世充已杀元文都等,权兵专制。密又问计于文远,答曰:"王世充亦门人也,颇得识之。是人残忍,意又褊促,既乘此势,必有异图。将军前计为不谐矣,非破王世充,不可朝觐。"密曰:"尝谓先生儒者,不学军旅之事,今筹大计,殊有明略。"

及密败,复入东都,王世充给其廪食,而文远尽敬,见之先拜。或问曰:"闻君踞见李密,而敬王公,何也?"答曰:"李密,君子也,能受郦生之揖;王公,小人也,有杀故人之义。相时而动,岂不然欤! 后王世充僭号,复以为国子博士。因出樵采,为罗士信获之,送于京师,复授国子博士。武德六年,高祖幸国学,观释奠,遣文远发春秋题,诸儒设难蜂起,随方占对,皆莫能屈。封东莞县男。年七十四,卒。官撰《左传音》三卷、《义疏》六十卷。孙有功,自有传。

陆德明，苏州吴人也。初受学于周弘正，善言玄理。陈太建中，太子征四方名儒，讲于承光殿，德明年始弱冠，往参焉。国子祭酒徐克开讲，恃贵纵辩，众莫敢当，德明使与抗对，合朝赏叹。解褐始兴王国左常侍，迁国子助教。陈亡，归乡里。隋炀帝嗣位，以为秘书学士。大业中，广召经明之士，四方至者甚众。遣德明与鲁达、孔褒俱会门下省，共相交难，无出其右者。授国子助教。王世充僭号，封其子为汉王，署德明为师，就其家，将行束修之礼。德明耻之，因服巴豆散，卧东壁下。王世充子入，跪床前，对之遗痢，竟不与语。遂移病于成皋，杜绝人事。

王世充平，太宗征为秦府文学馆学士，命中山王承乾从其受业。寻补太学博士。后高祖亲临释奠，时徐文远讲《孝经》，沙门惠乘讲《波若经》，道士刘进喜讲《老子》，德明难此三人，各因宗指，随端立义，众皆为之屈。高祖善之，赐帛五十匹。贞观初，拜国子博士，封吴县男。寻卒。撰《经典释文》三十卷、《老子疏》十五卷、《易疏》二十卷，并行于世。太宗后尝阅德明《经典释文》，甚嘉之，赐其家束帛二百段。子敦信，龙朔中官至左侍极，同东西台三品。

曹宪，扬州江都人也。仕隋为秘书学士。每聚徒教授，诸生数百人。当时公卿已下，亦多从之受业。宪又精诸家文字之书，自汉代杜林、卫宏之后，古文泯绝，由宪此学复兴。大业中，炀帝令与诸学者撰《桂苑珠丛》一百卷，时人称其该博。宪又训注张揖所撰《博雅》，分为十卷，炀帝令藏于秘阁。贞观中，扬州长史李袭誉表荐之，太宗征为弘文馆学士，以年老不仕，乃遣使就家拜朝散大夫，学者荣之。太宗又尝读书有所难字，字书所阙者，录以问宪，宪皆为之音训及引证明白，太宗甚奇之。年一百五岁卒。所撰《文选音义》，甚为当时所重。初，江、淮间为《文选》学者，本之于宪，又有许淹、李善、公孙罗复相继以《文选》教授，由是其学大兴于代。

许淹者，润州句容人也。少出家为僧，后又还俗。博物洽闻，尤精诂训。撰《文选音》十卷。

　　李善者，扬州江都人。方雅清劲，有士君子之风。明庆中，累补太子内率府录事参军、崇贤馆直学士，兼沛王侍读。尝注解《文选》，分为六十卷，表上之，赐绢一百二十匹，诏藏于秘阁。除潞王府记室参军，转秘书郎。乾封中，出为经城令。坐与贺兰敏之周密，配流姚州。后遇赦得还，以教授为业。诸生多自远方而至。又撰《汉书辩惑》三十卷。载初元年卒。子邕，亦知名。

　　公孙罗，江都人也。历沛王府参军，无锡县丞。撰《文选音义》卷，行于代。

　　欧阳询，潭州临湘人，陈大司空颁之孙也。父纥，陈广州刺史，以谋反诛。询当从坐，仅而获免。陈尚书令江聪与纥有旧，收养之，教以书计。虽貌甚寝陋，而聪悟绝伦，读书即数行俱下，博览经史，尤精《三史》。仕隋为太常博士。高祖微时，引为宾客。及即位，累迁给事中。询初学王义之书，后更渐变其体，笔力险劲，为一时之绝，人得其尺牍文字，咸以为楷范焉。高丽甚重其书，尝遣使求之。高祖叹曰：不意询之书名，远播夷狄，彼观其迹，固谓其形魁梧耶！武德七年，诏与裴矩、陈叔撰《达艺文类聚》一百卷。奏之，赐帛二百段。贞观初，官至太子率更令，弘文馆学士，封渤海县男。年八十余卒。

　　子通，少孤，母徐氏教其父书。每遣通钱，绐云："质汝父书迹之直。"通慕名甚锐，昼夜精力无倦，遂亚于询。仪凤中，累迁中书舍人。丁母尤，居丧过礼。起复本官，每入朝，必徒跣至皇城门外。直宿在省，则席地藉藁。非公事不言，亦未尝启齿。归家必衣缞绖，号恸无恒。自武德已来，起复后而能哀戚合礼者，无与通比。年凶未葬，四年居庐不释服，家人冬月密以毡絮置所眠席下，通觉，大怒，遽令撤之。五迁，垂拱中至殿中监，赐爵渤海子。天授元年，封夏官尚书。二年，转司礼卿，判纳言事。为相月余，会凤阁舍人张嘉福等请立武承嗣为皇太子，通与岑长倩固执以为不可，遂忤诸武意，为酷吏所陷，被诛。神龙初，追复官爵。

朱子奢，苏州吴人也。少从乡人顾彪习《春秋左氏传》，后博观子史，善属文。隋大业中，直秘书学士。及天下大乱，辞职归乡里，寻附于杜伏威。武德四年，随伏威入朝，授国子助教。贞观初，高丽、百济同代新罗，连兵数年不解，新罗遣使告急。乃假子奢员外散骑侍郎充使，喻可以释三国之憾，雅有仪观，东夷大钦敬之，三国王皆上表谢罪，赐遣甚厚。初，子奢之出使也太宗谓曰：海夷颇重学问，卿为大国使，必勿藉其束修，为之讲说。使还称旨，当以中书舍人待卿。子奢至其国，欲悦夷虏之情，遂为发《春秋左传》题，又纳其美女之赠。使还，太宗责其违旨，犹惜其才，不至深谴，令散官直国子学。转谏议大夫、弘文馆学士，迁国子司业。仍为学士。子奢风流蕴藉，颇滑稽，又辅之以文义，由是数蒙宴遇，或使论难于前。十五年卒。

张士衡，瀛州乐寿人也。父之庆，齐国子助教。士衡九岁丧母，哀慕过礼，父友齐国博士刘轨思见之，每为掩泣，谓其父曰："昔伯钦号'张曾子'，亦岂能远过！吾闻君子不亲教，当为成就之。"及长，轨思授以《毛诗》、《周礼》，又从熊安生及刘焯受《礼记》，皆精究大义。此后遍讲《五经》，尤攻《三礼》。仕隋为余杭令，后以年老归乡里。

贞观中，幽州都督燕王灵夔备玄纁束帛之礼，就家迎聘，北面师之。庶人承乾在东宫，又加旌命。及至洛阳宫谒见，太宗延之升殿，赐食，擢授朝散大夫、崇贤馆学士。承乾见之，问以齐氏灭亡之由绪，对曰："齐后主悖虐无度，昵近小人，至如高阿那坏、骆提婆、韩长鸾等，皆奴仆下才，凶险无赖，是信是使，以为心腹。诛害忠良，疏忌骨肉。穷极奢靡，剥丧黎元。所以周师临郊，人莫为用，以至覆灭，实此之由。"承乾又问曰："布施营功德，有果报不？"对曰："事佛在于清净无欲，仁恕为心。如其贪婪无厌，骄虐是务，虽复倾财事佛，无救目前之祸。且善恶之报，若影随形，此是儒书之言，岂徒佛经所说。是为人君父，当须仕慈；为人臣子，宜尽忠孝。仁慈忠孝，则福祚攸永；如或反此，则殃祸斯及。此理昭然，愿殿下勿为尤虑。"及承乾废黜，敕给乘传，令归本乡。十九年卒。

士衡既礼学为优，当时受其业擅名于时者，唯贾公彦为最焉。

贾公彦，洺州永年人。永徽中，官至太学博士。撰《周礼义疏》五十卷、《仪礼义疏》四十卷。子大隐，官至礼部侍郎。

时有赵州李玄植，又受《三礼》于公彦，撰《三礼音义》行于代。玄植兼习《春秋左氏传》于王德韶，受《毛诗》于齐威，博叔涉汉史及老、庄诸子之说。贞观中，累迁太子文学、弘文馆直学士。高宗时，屡被召见，与道士、沙门在御前讲说经义，玄植辨论甚美，申规讽，帝深礼之。后坐事左迁汜水令，卒官。

张后胤，苏州昆山人也。父中，有儒学，隋汉五谅出牧并州，引为博士。后胤从父在并州，以学行见称。时高祖镇太原，引居宾馆。太宗就受《春秋左氏传》。武德中，累除燕王谘议参军。贞观中，后胤上言："陛下昔在太原，问臣：'隋氏连终，何族当得天下？'臣奉对：'李姓必得。公家德业，天下系心，若于此首谋，长驱关右，以图帝业。孰不幸赖！'此实微臣早识天命。"太宗曰："此事并记之耳。"因诏入赐宴，言及平昔，从容谓曰："今弟子何如？"后胤对曰："昔孔子领徒三千，达者无子男之位。臣翼赞一人，为万乘主，计臣功逾于先圣。"太宗甚悦，赐良马五匹，拜燕王府司马，迁国子祭酒，转散骑常侍。永徽初，请致仕，加金紫光禄大夫，给赐并同职事。卒赠礼部侍郎，陪葬昭陵。"

盖文达，冀州信都人也。博叔涉经史，尤明"三传"。性方雅，美须貌，有士君子之风。刺史窦抗尝广集儒生，令相问难，其大儒刘焯、刘轨思、孔颖达咸在坐，文达亦参焉。既论难，皆出诸儒意表，抗大奇之，问曰："盖生就谁受学？"刘焯对曰："此生岐嶷，出自天然。以多问寡。焯为师首。"抗曰："可谓冰生于水而寒于水也。"武德中，累授国子助教。太宗在藩，召为文学馆直学士。贞观十年，迁谏议大夫，兼弘文馆学士。十三年，除国子司业。俄拜蜀王师，以王有罪，坐免。十八年，授崇贤馆学士。寻卒。其宗人文懿，亦以儒业知名，当时称为"二盖"焉。

文懿者，贝州宗城人也。武德初，历国子助教。时高祖别于秘书省置学，教授王公之子，时以文懿为博士。文懿尝开讲《毛诗》，发题，公卿咸萃，更相问难，文懿发扬风雅，甚得诗人之致。贞观中，卒于国子博士。

谷那律，魏州昌乐人也。贞观中，累补国子博士。黄门侍郎褚遂良称为"九经库"。寻迁谏议大夫，兼弘文馆学士。尝从太宗出猎，在途遇两，因问："油衣若为得不漏？"那律曰："能以瓦为之，必不漏矣。"意欲太宗不为畋猎。太宗悦，赐帛二百段。永徽初卒官。

萧德言，雍州长安人，齐尚书左仆射思话玄孙也。本兰陵人，陈亡，徙关中。祖介，梁侍中、都官尚书；父引，陈吏部侍郎，并有名于时。德言博涉经史，尤精《春秋左氏传》，好属文。贞观中，除著作郎，兼弘文馆学士。德言晚年尤笃志于学，自昼达夜，略无休倦。每欲开《五经》，必束带盥濯，危坐对之。妻子候间请曰："终日如是，无乃劳乎？"德言曰："敬先圣之言，岂惮如此。"时高宗为晋王，诏德言授经讲业。及升春宫，仍兼侍读。寻以年老，请致仕，太宗不许，又遣之书曰："朕历观前代，详览儒林，至于颜、闵之才，不终其寿；游、夏之德，不逮其学。惟卿幼挺圭璋，早标美誉。下帷闭户，包括《六经》；映雪聚萤，牢笼百氏。自隋季版荡，庠序无闻，儒道坠泥作，诗书填坑阱。眷言坟典，每用伤怀。顷年已来，天下无事，方欲建礼作乐,偃武修文。卿年齿已衰,教将何恃！所冀才德犹茂,卧振高风,使济南伏生,重在于兹日;关西孔子,故显于当今。令问令望,何其美也！念卿疲朽,何以可言。"寻赐封阳县侯。十七年,拜秘书少监。两官礼赐甚厚。二十三年累表请致仕,许之。高宗嗣位,以师傅恩,加银青光禄大夫。永徽五年,卒于家,年九十七,高宗为之辍朝,赠太常卿。文集三十卷。曾孙至忠,自有传。

许叔牙,润州句容人。少精于《毛诗》、《礼记》,尤善讽咏。贞观初,累授晋王文学兼侍读,寻迁太常博士。升春宫,加朝散大夫,迁太子洗马,兼崇贤馆学士,仍兼侍读。尝撰《毛诗纂义》十卷,以进皇太子,太子赐帛百段,兼令写本付司经局。御史大夫高智周尝谓人曰:"凡欲言诗者,必须先读此书。"贞观二十三年卒。子子儒。

子儒,亦以学艺称。长寿中,官至天官侍郎、弘文馆学士。子儒居选部,不以藻鉴为意,委令史句直,以为腹心,注官之次,子儒但高枕而卧,时云"句直平配"。由是补授失序,无复纲纪,道路以为口实。其所评注史记,竟未就而终。

敬播,蒲州河东人也。贞观初,举进士。俄有诏诣秘书内省佐颜师古、孔颖达修《隋史》,寻授太子校书。史成,迁著作郎,兼修国史。与给事中许敬宗撰《高祖》、《太宗实录》,自创业至于贞观十四年,凡四十卷,奏之,赐物五百段。太宗之破高丽,名所战六山为驻跸,播谓人曰:"圣人者,与天地合德,山名驻跸,此盖以銮舆不复更东矣。"卒如所言。时梁国公房玄龄深称播有良史之才,曰:"陈寿之流也。"玄龄以颜师古所注《汉书》,文繁难省,令播撮其机要,撰成四十卷,传于代。寻以撰实录功,迁太子司议郎。时于此官至,极为清望。中书令马周叹曰:"所恨资品妄高,不获历居此职。"参撰晋书,播与令狐德棻、阳仁卿、李严等四人总类。

会其刑部奏言:"准律、谋反大逆,父子皆坐死,兄弟处流。此则轻而不惩,望请改从重法。"制遣百僚详议。播议曰:"昆季孔怀,天伦虽重,比于父子,性理已殊。生有异室之文,死有别宗之义。"今有高官重爵,本荫唯迨子孙;祚土锡圭,余光不及昆季。岂有不沾其荫,辄受其辜,背礼违情,殊为太甚。必期反兹春令,蹈彼秋荼,创次骨于道德之辰,建深文于措刑之日,臣将以为不可。"诏从之。

永徽初,拜著作郎。与许敬宗等撰《西域图》。后历谏议大夫、给事中,并依旧兼修国史。又撰《太宗实录》,从贞观十五年至二十三年,为二十卷,奏之,赐帛三百段。后坐事出为越州都督府长史。龙朔三年,卒官。播又著《隋略》二十卷。

刘伯庄,徐州彭城人也。贞观中,累除国子助教。与其舅太学博士侯孝遵齐为弘文馆学士,当代荣之。寻迁国子博士,其后又与许敬敬宗等参修《文思博要》及《文馆词林》。龙朔中,兼授崇贤馆学士。撰《史记音义》、《史记地名》、《汉书音义》各二十卷,行于代。

子之宏,亦传父业。则天时,累迁著作郎,兼修国史。卒于相王府司马。睿宗即位,以故吏赠秘书少监。

秦景通,常州晋陵人也。与弟暐尤精《汉书》,当时习《汉书》者皆宗师之,常云景通为大秦君,暐为小秦君。若不经其兄弟指授,则谓之"不经师匠,无足采也"。景通,贞观中累迁太子洗马,兼崇贤馆学士。为《汉书》学者,又有刘纳言,亦为当时宗匠。

纳言,乾封中历都水监主簿,以《汉书》授沛王贤。及贤为皇太子,累迁太子洗马,兼充侍读。常撰《诗谤集》十五卷以进太子。及东宫废,高宗见而怒之,诏曰:"刘纳言收其余艺,参侍经史,自府入宫久淹岁月,朝游夕处,竟无匡赞。关忠孝之良规,进诙谐之鄙说,储宫败德,抑有所由。情在好生,不忍加戮,宜从屏弃,以励将来。可除名。"后又坐事配流振州而死。

罗道琮,蒲州虞乡人也。祖顺,武德初为兴州刺史。勤于学业,而慷慨有节义。贞观末,上书忤旨,配流岭表。时有同被流者,至荆、襄间病死,临终,泣谓道琮曰:"人生有死,所恨委骨异壤。"道琮曰:"我若生还,终不独归弃卿于此。"瘗之路左而去。岁余,遇赦得还,至殡所,属霖潦弥漫,尸枢不复可得。道琮设祭恸哭,告以欲与俱归之意。若有灵者,幸相警示。言讫,路侧水中,忽然涌沸。道琮又咒云:"若所沸处是,愿更令一沸。"讫,又沸。道琮便取得其尸,铭名可验,遂负之还乡。当时识者称道琮诚感所致。道琮寻以明经登第。高宗末,官至太学博士。每与太学助教康国安、道士李荣等讲论,为时所称。寻卒。

旧唐书卷一八九下
列传一三九下

儒学下

邢文伟　高子贡　郎余令　路敬淳
王元感　王绍宗　韦叔夏　祝钦明
郭山恽　柳冲　卢粲　尹知章
徐岱　苏弁　兄衮　弟冕　陆质
冯伉　韦表微　子蟾　许康佐

　　邢文伟，滁州全椒人也。少与和州高子贡、寿州裴怀贵俱以博学知名于江、淮间。咸亨中，累迁太子典膳丞。时孝敬在东宫，罕与宫臣接见，文伟辄减膳，上书曰：“臣窃见《礼戴记》曰：‘太子既冠成人，免于保傅之严，则有司过之史，彻膳之宰。史之义，不得不司过；宰之义，不得彻膳，彻膳则死。’今皇帝式稽前典，妙简英俊，自庶子已下，至谘议、舍人及学士、侍读等，使翼佐殿下，以成圣德。近日已来，未甚延纳，谈议不狎，谒见尚稀，三朝之后，但与内人独居，何由发挥圣智，使睿哲文明者乎？今史虽阙官，宰当奉职，忝备所司，未敢逃死，谨守礼经，辄申减膳。”太子答书曰：“顾以庸虚，早尚坟典，每欲研精政术，极意书林。但往在幼年，未闲将卫，竭诚耽诵，因即损心。比日以来，风虚更积，中奉恩旨，不许重劳。加以趋侍含元，温靖朝夕，承亲以无专之道，遵体以色养为先。所以屡阙坐朝，时乖学绪。公潜申勖戒，韦荐忠规，敬寻来请，良符宿志。自非情思审谕，义均弼谐，岂能进此药言，形于简墨！抚躬三省，感愧兼深。"文伟自是益知名。

其后右史缺官，高宗谓侍臣曰："邢文伟事我儿，能减膳切谏，此正直人也。"遂擢拜右史。则天临朝，累迁凤阁侍郎，兼弘文馆学士。载初元年，迁内史。天授初，内史宗秦客以奸赃获罪，文伟坐附会秦客，贬授珍州刺史。后有制使至其州境，文伟以为杀己，遂自缢而死。

高子贡者，和州历阳人也。弱冠游太学，遍涉《六经》，尤精《史记》。与文伟及亳州朱敬则为莫逆这交。明经举，历秘书正字、弘文馆直学士。郁郁不得志，弃官而归。属徐敬业作乱于扬州，遣弟敬猷统兵五千人，缘江西上，将逼和州。子贡率乡曲数百人拒之，自是贼不敢犯。以功擢授朝散大夫，拜成均助教。虢王凤之子东莞公融，曾为和州刺史，从子贡受业，情义特深。及融为申州，阴怀异志，令黄公撰结交于子贡，推为谋主，潜谋密议，书信往复，诸王内外相应，皆出自其策。寻而事发，被诛。

郎余令，定州新乐人也。祖楚之，少与兄蔚之，俱有重名。隋大业中，蔚之为左丞，楚之为尚书民曹郎，炀帝重其兄弟，称为二郎。楚之，武德初为大理卿，与太子少保李纲、侍中陈叔达撰定律令。后受诏招谕山东，为窦建德所获，胁以兵刃，又诱以厚利，楚之竟不为屈。及还，以年老致仕。贞观初卒，时年八十。余令父知运，贝州刺史；兄余庆，高宗时万年令，理有威名，京城路不拾遗，后卒于交州都督。

余令少以博学知名，举进士。初授霍王元轨府参军，数上词赋，元轨深礼之。先是，余令从父知年为霍王友，亦见推仰。元轨谓人曰："郎氏两贤，人之望也。相次入府，不意培塿而松柏成林。"转幽州录事参军。时有客僧聚众欲自焚，长史裴照率官属欲往观之。余令曰："好生恶死，人之性也。违越教义，不近人情。明公佐守重藩，须察其奸诈，岂得轻举，观此妖妄。"照从其言，因收僧按问，果得诈状。孝敬在东宫，余令续梁元帝《孝德传》，撰《孝子后传》三十卷以献，甚见嗟重。累转著作佐郎。撰《隋书》未成，会病卒，时人甚痛惜之。

路敬淳，贝州临清人也。父文逸。隋大业末，阖门遇盗，文逸潜匿草泽，昼伏于死人中，夜行避难。自伤穷梗，闭口不食。同侣闵其谨愿，劝以不当灭性，捃拾以食之，递负之而行，遂免于难。贞观末，官至申州司马。

敬淳与季弟敬潜俱早知名。敬淳尤勤学，不窥门庭，遍览坟籍，而孝友笃敬。遭丧，三年不出庐寝。服免，方号恸入见其妻，形容羸毁，妻不之识也。后举进士。天授中，历司礼博士、太子司议郎，兼修国史，仍授崇贤馆学士。数受诏修缉吉凶杂仪，则天深重之。万岁通天二年，坐与綦连耀结交，下狱死。敬淳尤明谱学，尽能究其根源枝派，近代已来，无及之者。撰《著姓略记》十卷，行于时。又撰《衣冠本系》，未成而死。神龙初，追赠秘书少监。敬潜仕至中书舍人。

王元感，濮州鄄城人也。少举明经，累补博城县丞。衮州都督、纪王慎深礼之，命其之东平王续从元感受学。天授中，稍迁左卫率府录事，兼直弘文馆。是后则天亲祠南郊及享明堂，封嵩岳，元感皆受诏共诸儒撰定仪注，凡所立议，众咸推服之。转四门博士，仍直弘文馆。元感时虽年老，犹能烛下看书，通宵不寐。长安三年，表上其所撰《尚书纠谬》十卷、《春秋振滞》二十卷、《礼记绳愆》三十卷，并所注《孝经》、《史记》稿草，请官给纸笔，写上秘书阁。诏令弘文、崇贤两馆学士及成均博士详其可否。学士祝钦明、郭山恽、李宪等皆专守先儒章句，深讥元感掎摭旧义，元感随方应答，竟不之屈。凤阁舍人魏知古、司封郎中徐坚、左史刘知几、右史张思敬，雅好异闻，每为元感申理其义,连表荐之。寻下诏曰:王元感质性温敏,博闻强记,手不释卷,老而弥笃。掎前达之失,究先圣之旨,是谓儒宗,不可多得。可太子司议郎,兼崇贤馆学士。"魏知古尝称其所撰书曰:"信可谓《五经》之指南也。"中宗即位,以春宫旧僚,进加朝散大夫,拜崇贤馆学士。寻卒。

王绍宗,扬州江都人也,梁左民尚书铨曾孙也,其先自琅邪徙焉。绍宗少勤学,遍览经史,尤工草隶。家贫,常佣力写佛经以自给,每月自支钱足即止,虽高价盈倍,亦即拒之。寓居寺中,以清净自守。垂拱十年。文明中,徐敬业于扬州作乱,闻其高行,遣使征之,绍宗称疾固辞。又令唐之奇亲诣所居逼之,竟不起。敬业大怒,将杀之,之奇曰:"绍宗人望,杀之恐伤士众之心。"由是获免。及贼平,行军大总管李孝逸以其状闻,则天驿召赴东都,引入禁中,亲加慰抚,擢拜太子文学,累转秘书少监,仍侍皇太子读书。绍宗性澹雅,以儒素见称,当时朝廷之士,咸敬慕之。张易之兄弟,亦加厚礼。易之伏诛,绍宗坐以交往见废,卒于乡里。

韦叔夏,尚书左仆射安石兄也。少而精通《三礼》,其叔父太子詹事琨尝谓曰:"汝能如是,可以继丞相业矣。"举明经。调露年,累除太常博士。后属高宗崩,山陵旧仪多废缺,叔夏与中书舍人贾太隐、太常博士裴守贞等,草创撰定,由是授春官员外郎。则天将拜洛及享明堂,皆别受制,共当时大儒祝钦明、郭山恽撰定仪注。凡所立议,众咸推服之。累迁成均司业。久视元年,特下制曰:"吉凶礼仪,国家所重,司礼博士,未甚详明。成均司业韦叔夏、太子率更令祝钦明等,博涉礼经,多所该练,委以参掌,冀弘典式。自今司礼所修仪注,并委叔夏等刊定讫,然后进奏"。长安四年,擢春官侍郎。神龙初,转太常少卿,充建立庙社使。以功进银青光禄大夫。三年,拜国子祭酒。累封沛国郡公。卒时年七十余。撰《五礼要记》三十卷,行于代。赠衮州都督、修文馆学士,谥曰文。子绍,太常卿。

　　祝钦明，雍州始平人也。少通《五经》，兼涉众史百家之说。举明经。长安元年，累迁太子率更令，兼崇文馆学士。中宗在春宫，钦明兼充侍读。二年，迁太子少保。中宗即位，以侍读之故，擢拜国子祭酒、同中书门下三品，加位银青光禄大夫，历刑部、礼部二尚书，兼修国史，仍旧知政事，累封鲁国公，食实封三百户。寻以匿忌日，为御史中丞萧至忠所劾，贬授申州刺史。久之，入为国子祭酒。

　　景龙三年，中宗将亲祀南郊，钦明与国子司业郭，山晖二人奏言皇后亦合助祭，遂建议曰：

　　　　谨按《周礼》，天神曰祀，地祇曰祭，宗庙曰享。大宗伯职曰："祀大神，祭大祇，享大鬼，理其大礼。若王有故不预，则摄而为彻豆笾，"又追师职："掌王后之首服，以待祭祀。"又追内司服职："掌王后之六服。凡祭祀，供后之衣服。"又九嫔职："大祭祀，后裸献则赞，瑶爵亦如之。"据此诸文，即皇后合助皇帝祀天神、祭地祇，明矣。故郑玄注《司服》云："阙狄，皇后助王祭群小祀之服。"然则小祀尚助王祭，中、大推理可知。阙狄之上，犹有两服：第一袆衣，第二揄狄，第三阙狄。此三狄，皆助祭之服。阙狄即助祭小祀，即知揄狄助祭中祀，袆衣助祭大祀。郑举一隅，故不委说。唯祭宗庙，《周礼》王有两服，先王衮冕，先公鷩冕。郑玄因此以后助祭宗庙，亦分两服，云："袆衣助祭先王，揄狄助祭先公。"不言助祭天地社稷，自宜三隅而反。

　　　　且《周礼》正文"凡祭，王后不预"，既不专言宗庙，即知兼祀天地，故云"凡"也。又《春秋外传》云："禘郊之事，天子亲射其牲，王后亲舂其粢。"故代妇职但云："诏王后之礼事"，不主言宗庙也。若专主宗庙者，则内宗、外宗职皆言"掌宗庙之祭祀"。此皆礼文分明，不合疑惑。

　　　　旧说以天子父天、母地、兄日、姊月，所以祀天于南郊，祭地于北郊，朝日于东门之外，以昭事神，训人事，君必躬亲以礼文，有故然后使摄，此其义也。《礼记祭统》曰："夫祭也者，必夫

妇亲之，所以备内外之官也。官备则具备。"又，"哀公问于孔子
曰：'冕而亲迎，不亦重乎？'孔子愀然作色而对曰：'合二姓之
好，以继先圣之后，以为宗庙社稷之主，君何谓已重焉！'"又
《汉书郊祀志》云："天地合祭，先祖配天，先妣配地。合精，夫妇
判合。祭天南郊，则以地配，一体之义也。"据此诸文，即知皇后
合助祭，望请别修助祭仪注同进。

帝颇以为疑，召礼官亲问之。太常博士唐绍、蒋钦绪对曰："皇后南
郊助祭，于礼不合。但钦明所执，是祭宗庙礼，非祭天地礼。谨按魏、
晋、宋及齐、梁、周、隋等历代史籍，至于郊天祀地，并无皇后助祭之
事。"帝令宰相取两家状对定。钦绪与唐绍及太常博士彭景直又奏
议曰：

　　《周礼》凡言祭、祀、享三者，皆祭之互名，本无定义。何以
明之？按《周礼》典瑞职云："两圭有邸，以祀地。"则祭地亦称祀
也。又司筵云："设祀先王之昨席。"则祭宗庙亦称祀也。又内
宗职云："掌宗庙之祭祀。"此又非独天称祀，地称祭也。又按
《礼记》云："惟圣为能享帝。"此即祀天帝亦言享也。又按《孝
经》云："春秋祭祀，以时思之。"此即宗庙亦言祭祀也。经典此
文，不可备数。据此则钦明所执天曰祀，地曰祭，庙曰享，未得
为定明矣。又《周礼》凡言大祭祀者，祭天地宗庙之总名，不独
天地为大祭也。何以明之？按爵人职云："大祭祀，与量人授举
斝之卒爵。"尸与斝，皆宗庙之事，则宗庙亦称大祭祀。又钦明
状引九嫔职："大祭祀，后裸献则赞瑶，爵。"据祭天无裸，亦无
瑶爵，此乃宗庙称大祭祀之明文。钦明所执大祭祀即为祭天
地，未得为定明矣。

　　又《周礼》大宗伯职云："凡大祭祀，王后有故不预，则摄荐
而豆笾，彻。"钦明唯执此文，以为王后有祭天地之礼。钦绪等
据此，乃是王后荐宗庙之礼，非祭天地之事。何以明之？按此
文："凡祀大神，祭大祇，享大鬼，帅执事而卜宿，视涤濯，莅玉
鬯，省牲镬，奉玉斋，制号，理其礼，制相天王之大礼。若王不与

祭祀，则摄位。"此已上一"凡"，直是王兼祭天地宗庙之事，故通言大神、大祇、大鬼之祭也。已下文云："凡大祭祀，王后不与，则摄而荐豆笾。彻。"此一"凡"，直是王后庙之事，故唯言大祀也。若云王后助祭天地，不应重起"凡大祭祀"之文也。为嫌王后有祭天地之疑故重起后"凡"以别之耳。王后祭庙，自是大祭祀，何故取上"凡"相天王之礼，以混下"凡"王后祭宗庙之文？此是本经科段明白。

又按《周礼》"外宗掌宗庙之祭祀，佐王后荐玉豆。凡后之献，亦如之。王后有故不预则宗伯摄而荐豆笾。"外宗无佐无祭天地之礼。但天地尚质，宗庙尚文。玉豆，宗庙之器，初非祭天所设。请问钦明，若王后助祭天地，在《周礼》使何人赞佐？若宗伯摄后荐豆祭天，又合何人赞佐？并请明征礼文，即知摄荐是宗庙之礼明矣。

按《周礼司服》云："王祀昊天上帝，则服大裘而冕。享先王，则衮冕。"内司服"掌王后祭服"，无王后祭天之服。按《三礼义宗》明王后六服，谓袆衣、摇翟、阙翟、鞠衣、展衣、禄衣。"袆衣从王祭先王则服之，摇翟祭先公及飨诸侯则服之，鞠衣以采桑则服之，展衣以礼见王及见宾客则服之，禄衣燕居服之。"王后无助祭于天地，但自先王已下。又《三礼义宗》明二夫人服云："后不助祭天地五岳，故无助天地四望之服。"按此，则王后无祭天服明矣。《三礼义宗》明王后五辂，谓重翟、厌翟、安车、翟车、辇车也。"重翟者，后从王祭先王先公所乘也；厌翟者，后从王飨诸侯所乘也；安车者，后宫中朝夕见于王所乘也；翟车者，后求桑所乘也；辇车者，后游宴所乘也。"按此，则王后无祭天之车明矣。

又《礼记郊特牲义赞》云："祭天无裸。郑玄注云：'唯人道宗庙有裸。天地太神，至尊不裸。'圆丘之祭，与宗庙祫同。朝践，王酌泛斋以献，是一献。后无祭天之事，大宗伯次酌醴斋以献，是为二献。"按此，则祭圆丘，大宗伯次王为献，非摄王后之事。钦明等所执王后有故不预，则宗伯摄荐豆笾，更明摄王后宗庙之荐，非摄天地之祀明矣。

钦明建议引《礼记祭统》曰："夫祭也者，必夫妇亲之"。按此，是王与后祭宗庙之礼，非关祀天地之义。按汉、魏、晋、宋、后魏、齐、梁、周、陈、隋等历代史籍，兴王令主，郊天祀地，代有其礼，史不阙书，并不见往代皇后助祭之事。又高祖神尧皇帝、太宗文武圣皇帝南郊祀天，无皇后助祭处。高宗天皇大帝永徽二年十一月辛酉亲有事于南郊，又总章元年十二月丁卯亲拜南郊，亦并无皇后助祭处。又按《大唐礼》，亦无皇后南郊助祭之礼。

钦绪等幸忝礼官，亲承圣问，竭尽闻见，不敢依随。伏以主上稽古，志遵旧典，所议助祭，实无明文。

时尚书左仆射韦巨源又希旨，协同钦明之议。上纳其言，竟以后为亚献，仍补大工卢李峤等女为斋娘，以执笾豆。及礼毕，特诏斋娘有夫婿者，咸为改官。

景云初，侍御史倪若水劾奏钦明及郭山恽曰："钦明等本自腐儒，素无操行，崇班列爵，实为叨忝，而涓尘莫效，谄佞为能。遂使曲台之礼，园丘之制，百王故事，一朝坠失。所谓乱常改作，希旨病君，人之不才，遂至于此。今圣明驭历，贤良入用，惟兹小人，犹在朝列。臣请并从黜放，以肃周行。"于是左授钦明饶州刺史。后入为崇文馆学士。寻卒。

郭山恽，蒲州河东人。少通《三礼》。景龙中，累迁国子司业。时中宗数引近臣及修文学士，与之宴集，尝令各效伎艺，以为笑乐。工部尚书张锡为《谈容娘舞》，将作大匠宗晋卿舞《浑脱》，左卫将军张洽舞《黄獐》，左金吾卫将军杜元琰诵《婆罗门咒》，给事中李行言唱《驾车西河》，中书舍人卢藏用效道士上章。山恽独奏曰："臣无所解，请诵古诗两篇。"帝从之，于是诵《鹿鸣》、《蟋蟀》之诗。奏未毕，中书令李峤以其词有"好乐无荒"之语，颇涉规讽，怒为忤旨，遂止之。翌日，帝嘉山恽之意，诏曰："郭山恽业优经史，识贮古今，《八索》、《九丘》，由来遍览；前言往行，实所该详。昨者因其预游，式宴朝彦，既乘欢洽，咸使咏歌。遂能志在匡时，潜申规讽，謇謇之诚弥切，谔谔之操逾明。宜示褒扬，美兹鲠直。"赐时服一副。寻与祝钦明同献皇后助祭郊祀之议。景云中，左授括州长史。开元初，复入为国子司业。卒于官。

柳冲，蒲州虞乡人也，隋饶州刺史庄曾孙也。其先仕江左，世居襄阳。陈亡，还乡里。父楚贤，大业末为河北县长。时尧君素固守郡城，以拒义师。楚贤进说曰："隋之将亡，天下皆知。唐公名应图箓，动以信义，豪杰响应，天所赞也。君子见机而作，不俟终日，转祸为福，今其时也。"君素不从，楚贤潜行归国，高祖甚悦，拜侍御史。贞观中，累转光禄少卿，使突厥存抚李思摩，突厥赠马百匹及方物，悉拒而不受。累转交、桂二州都督，皆有能名。卒于杭州刺史。

冲博学，尤明世族，名亚路敬淳。天授初，为司府主簿，受诏往淮南安抚。使还，赐爵河东县男。景龙中，累迁为左骑常侍，修国史。初，贞观中太宗命学者撰《氏族志》百卷，以甄别士庶；至是向百年，而诸姓至有兴替，冲乃上表请改修氏族。中宗命冲与左仆射魏元忠及史官张锡、徐坚、刘宪等八人，依据《氏族志》，重加修撰。元忠等施功未半，相继而卒，乃迁为外职。至先天初，冲始与侍中魏知古、中书侍郎陆象先及徐坚、刘子玄、吴克等撰成《姓族系录》二百卷奏上。冲后历太子詹事、太子宾客、宋王傅、昭文馆学士，以老疾致仕。开元二年，又敕冲及著作郎薛南金刊定《系录》，奏上，赐绢百匹。五年卒。

卢粲，幽州范阳人，后魏侍中旦乌五代孙。祖彦卿，撰《后魏纪》二十卷，行于时，官至合肥令。叔父行嘉。亦有学涉，高宗时为雍王记室。粲博览经史，弱冠举进士。景龙二年，累迁给事中。时节愍太子初立，韦庶人以非己所生，深加忌嫉，劝中宗下敕令太子却取卫府封物，每年以供服用。粲驳奏曰："皇太子处继明之重，当主鬯之尊，岁时服用，自可百司供拟。又据《周官》，诸应用财器，岁终则会，唯王及太子应用物，并不会。此则储君之费，咸与王同。今与列国诸侯齐衡入封，岂所谓宪章在昔，垂法将来者也！必谓青宫初启，服和所资，自当广支库物，不可长存藩封。"诏从之。

后安乐公主婿武崇训为节愍太子所杀，特追封为鲁王，令司农少卿赵履温监护葬事。履温讽公主奏请依永泰公主故事，为崇训造陵。诏从其请。粲驳奏曰：

> 伏寻陵之和称谓，本属皇王及储君等。自皇家以来，诸王及公主墓，无称陵者，唯永泰公主承恩特葬，事越常涂，不合引以为名。《春秋左氏传》云："卫孙桓子与齐战。卫新筑大夫仲叔于奚救孙桓子，桓子以免。卫人赏之以邑，于奚辞，请曲悬、繁缨以朝，许之。仲尼闻之，曰：'惜也，不如多与之邑。唯名与器，不可以假人。若以假，与之政也，政亡则国家从之。'"圣人知微知章，不可不慎。鲁王哀荣之典，诚别承恩，然国之名器，岂可妄假！又茔兆之称，不应假永泰公主为名，请比贞观已来诸王旧例，足得丰厚。

手敕答曰："安乐公主与永泰公主无异。同穴之义，古今不殊。鲁王缘自特为陵制，不烦固执。"粲又奏曰：

> 臣闻陵之称谓，施于尊极，不属王公已下。且鲁王若欲论亲等第，则不亲于雍王。雍王之墓，尚不称陵，鲁王则不可因尚公主而加号。且君之举事，则载于方册，或稽之往典，或考自前朝。臣历检贞观已来，驸马墓无得称陵者。且君人之礼，服绝于傍期，盖为不独亲其亲，不独子其子。陛下以膝下之恩爱，施及其夫，赠赗之仪，哀荣足备，岂得使上下无辨，君臣一贯者哉！又安乐公主承两仪之泽，履福禄之基，指南山以锡年，仰北辰而永庇。鲁王之葬，车服有章，加等之仪，备有常数，茔兆之称，不应假永泰公主为名，非所谓垂法将来，作则群辟者也。

帝竟依粲所奏。公主大怒，粲以忤旨出为陈州刺史。累转秘书少监。开元初卒。

尹知章，绛州翼城人。少勤学，尝梦神人以大凿开其心，以药内之，自是日益开朗，尽通诸经精义，未几而诸师友北面受业焉。长安中，驸马都尉武攸暨重其经学，奏授其府定王文学。神龙初，转太常博士。中宗初即位，建立宗庙，议者欲以凉武昭王为始祖，以俻七代之数知章。以为武昭逮世非王业所因特奏议以为不可。当时竟从知章之议。俄拜陆浑令，以公玷弃官。时散骑常侍解琬亦罢职归田园，与知章共居汝、洛间，以修学为事。

睿宗初即位，中书令张说荐知章有古人之风，足以坐镇雅俗，拜礼部员外郎。俄转国子博士。后秘书监马怀素奏引知章就秘书省与学者刊定经史。知章虽居吏职，归家则讲授不辍，尤明《易》及庄、老玄言之学，远近咸来受业。其有贫匮者，知章尽其家以衣食之。性和厚，喜愠不形于色，未尝言及家人产业。其子尝请并市樵米，以备岁时之费，知章曰："如汝所言，则下人何以取资？吾幸食禄，不宜夺其利也。"竟不从。开元六年卒，时年五十有余。所注《孝经》、《老子》、《庄子》、《韩子》、《管子》、《鬼谷子》，颇行于时。门人孙季良等立碑于东都国子监之门外，以颂其德。

孙季良者，河南偃师人也，一名翌。开元中为左拾遗、集贤院直学士。撰《正声诗集》三卷，行于代。

徐岱字处仁，苏州嘉奖兴人也。家世以农为业。岱好学，六籍诸子，悉所探究，总辨问无不通，难莫能屈。大历中，转运使刘晏表荐之，授校书郎。浙西观察使李栖筠厚遇之，敕故所居为复礼乡。寻为朝廷推援，改河南府偃师县尉。建中年，礼仪使蒋镇特荐为太常博士，掌礼仪。从幸奉天、兴元。改膳部员外郎兼博士。贞元初，迁水部郎中，充皇太子及舒王已下侍读。寻改司封郎中，擢拜给事中，加兼史馆修撰，并依旧侍读。承两宫恩顾，时无与比，而谨慎过甚，未尝浅禁中语,亦不谈人之短,婚嫁甥侄之孤遗者,时人以此称之。然吝啬颇甚,仓库管钥,皆自执掌,获讥于时。卒时年五十,上叹惜之,赙以帛绢,皇太子又遗绢一百疋,赠礼部尚书。

苏弁字元容,京兆武功人。曾叔祖良嗣,天后朝宰相,国史有传。弁少有文学,举进士,授秘书省正字,转奉天主簿。朱泚之乱,德宗仓卒出幸,县令杜正元上府计事,闻大驾至,官吏惶恐,皆欲奔窜山谷。弁谕之曰:"君上避狄,臣下当伏难死节。昔肃宗幸灵武,至新平、安定,二太守皆潜遁,帝命斩之以徇,诸君知其事乎!"众心乃安。及车驾至,迎扈储备无阙,德宗嘉之,就加试大理司直。贼平,拜监察御史,历三院,累转仓部郎中,仍判度支案。

裴延龄卒,德宗闻其才,特开延英,面赐金紫,授度支郎中,副知度支事,仍命立于正郎之首。副知之号,自弁始也。承延龄之后,以宽简代烦虐,人甚称之。迁户部侍郎,依前判度支,改太子詹事。弁初入朝,班位失序,殿中侍御史邹儒立对仗弹之。弁于金吾待罪数刻,特释放。旧制,太子詹事班次太常、宗正卿已下。贞元三年,御史中丞窦参叙定班,移詹事在河南、太原尹之下。弁乃引旧班制立,台官诘之,仍给云:"自已宰相,请依旧。"故为儒立弹之。旋坐给长武城军粮朽败,贬河州司户参军。当德宗时,朝臣受谴,少蒙再录,至晚年尤甚。唯弁与韩皋得起为刺史,授滁州转杭州。弁与兄冕、衮,皆以友弟儒学称。

冕缵国朝政事,撰《会要》四十卷,行于时。弁聚书至二万卷,皆手自刊校,至今言苏氏书,次于集贤秘阁焉。贞元二十一年,卒于家。衮自赞善大夫贬永州司户参军,敕:"苏衮贬官,本缘弟连坐。矜其年暮,加以疾患,宜令所在勒回,任归私第。"衮年且七十,两目无见已逾年,以弁之故,竟未停官。及贬,上闻之哀悯,故许还家。寻卒。初,冕既坐弁贬官,或有人言衮才学,上悔不早知,业已贬出,又复还衮,难于再追冕,乃止。

陆质,吴郡人,本名淳,避宪宗名改之。质有经学,尤深于《春秋》,少师事赵匡,匡师啖助,助、匡皆为异儒,颇传其学,由是知名。陈少游镇扬州,爱其才,辟为从事。后荐于朝,拜左拾遗。转太常博士,累迁左司郎中,坐细故,改国子博士,历信台二州刺史。顺宗即位,质素与韦执谊善,由是征为给事中、皇太子侍读,仍改赐名质。时执谊得幸,顺帝寝疾,与王叔文等窃弄权柄。上在春宫,执谊惧,质已用事,故令质入侍,而潜伺上意,因用解。及质发言,上果怒曰:"陛下令先生与寡人讲义,何得言他。"质惶惧而出。未几病卒。质著《集注春秋》二十卷、《类礼》二十卷、《君臣图翼》二十五卷,并行于代。贞元二十一年卒。

冯伉,本魏州元城人。父玠,后家于京兆。少有经学。大历初,登五经秀才科,授秘书郎。建中四年,又登博学《三史》科。三迁尚书膳部员外郎,充睦王已下侍读。泽潞节度使李抱真卒,为吊赠使,抱真男遣伉帛数百匹,不纳。又专送至京,伉因表奏,固请不受。属醴泉缺县令,宰臣进人名,帝意不可,谓宰臣曰:"前使泽潞不受财帛者,此人必有清政,可以授之。"遂改醴泉令。县中百姓多猾,为著《谕蒙》十四篇,大略指明忠孝仁义,劝学务农,每乡给一卷,俾其传习。在县七年,韦渠牟荐为给事中,充皇太子及诸王侍读。召见于别殿,赐金紫。著《三传异同》三卷。顺宗即位,拜尚书兵部侍郎。改国子祭酒,为同三州刺史。入拜左散骑常侍,复领太学。元和四年卒,年六十六,赠礼部尚书。子药,进士擢第,又登制科,仕至尚书郎。

韦表微,始举进士登第,累佐藩府。元和十五年,拜监察御史。逾年,以本官充翰林学士。迁左补阙、库部员外郎、知制诰。满岁,擢迁中书舍人。俄拜户部侍郎,职并如故。时自长庆、宝历,国家比有变故,凡在翰林,迁擢例无满岁,由是表微自监察六七年间,秩正贰卿，命服金紫，承遇恩渥，盛于一时。卒年六十。表微少时，克苦自立。著《九经师授谱》一卷、《春秋三传总列》二十卷。

子蟾，进士登第，咸通末，为尚书左丞。

许康佐，父审。康佐登进士第，又登宏词科。以家贫母老，求为知院官，人或怪，笑而不答。及母亡，服除，不就侯府之辟，君子始知其不择禄养亲之志也，故名益重。迁侍御史，转职方员外郎，累迁至驾部郎中，充翰林侍讲学士，仍赐金紫。历谏议大夫、中书舍人，皆在内庭。为户部侍郎，以疾解职。除兵部侍郎，转礼部尚书，卒年七十二，赠吏部尚书。撰《九鼎记》四卷。

弟尧佐、元佐，尧佐子道敏，并登进士第，历官清显。

赞曰：积学成功，开谈辨治。儒道玄机，圣人雅旨，出必由户，行迹其轨。邈有其人，光乎信史。

旧唐书卷一九○上
列传第一四○上

文苑上

孔绍安　　袁朗　　贺德仁　　庾抱
蔡允恭　　郑世翼　　谢偃　　崔信明
张蕴古　　刘胤之　　张昌龄　　崔行功
孟利贞　　董思恭　　元思敬　　徐齐聃
杜易简　从祖弟审言　　卢照邻　　杨炯
王勃　兄勔　勮　　骆宾王　　邓玄挺

　　臣观前代秉笔论文者多矣。莫不宪章谟、诰，祖述诗、骚，远宗毛、郑之训论，近鄙班、扬之述作。谓"采采芣苢"，独高比兴之源；"湛湛江枫"，长擅咏歌之体。殊不知世代有文质，风俗有淳醨，学识有浅深，才性有工拙。昔仲尼演三代之《易》，删诸国之《诗》，非求胜于昔贤，要取名于今代。实以淳朴之时伤质，民俗之语不经，故饰以文言，考之弦诵。然后致远不泥，永代作程，即知是古非今，未为通论。夫执鉴写形，持衡品物，非伯乐不能分骐骥之状，非延陵不能别《雅》、《郑》之音。若空混吹竽之人，即异闻《韶》之叹。近代唯沈隐侯斟酌《二南》，剖陈三变，摭云、渊之抑郁，振潘、陆之风徽。俾律吕和谐，宫商辑洽，不独子建总建安之霸，客儿擅江左之雄。爰及我朝,挺生贤俊,文皇帝解戎衣而开学校,饰贲帛而礼儒生,门罗吐凤之才,人擅握蛇之价。靡不发言为论,下笔成文,足以纬俗经邦,岂止雕章缛句。韶谐金奏,词炳丹青,故贞观之风,同乎三代。高宗、天后,尤重详延,天子赋横汾之诗,臣下继柏梁之奏,巍巍济济,辉烁古今。如燕、许之润色王言,吴、陆之铺扬鸿业,元稹、刘黄之对策,王维、杜甫之雕虫,并非肆业使然,自是天机秀绝。若隋珠色泽,无假淬磨,孔玑翠羽,自成华彩,置之文苑,实焕缃图。其间爵位崇高,别为之传。今采孔绍安已下,为《文苑》三篇,觊怀才憔悴之徒,千古见知于作者。

孔绍安,越州山阴人,陈吏部尚书奂之子。少与兄绍新俱以文词知名。十三,陈亡入隋,徙居京兆雩县。闭门读书,诵古文集数十万言,外兄虞世南叹异之。绍新尝谓世南曰:“本朝沦陷,分从湮灭,但见此弟,窃谓家族不亡矣。”时有词人孙万寿,与绍安笃忘年之好,时人称为孙、孔。绍安大业末为监察御史,时高祖为隋讨贼于河东,诏绍安监高祖之军,深见接遇。及高祖受禅,绍安自洛阳间行来奔。高祖见之甚悦,拜内史舍人,赐宅一区、良马两匹、钱米绢布等。时夏侯端亦尝为御史,监高祖军,先绍安归朝,授秘书监。绍安因侍宴,应诏咏《石榴诗》曰:“只为时来晚,开花不及春。”时人称之。寻诏撰《梁史》,未成而卒。有文集五卷。

子祯,高宗时为苏州长史。曹王明为刺史,不循法度,祯每进谏,明曰:“寡人天子之弟,岂失于为王哉!”祯曰:“恩宠不可恃,大王不奉行国命,恐今之荣位,非大王所保,独不见淮南之事乎?”明不悦。明左右有侵暴下人者,祯捕而杖杀之。明后果坐法,迁于黔中,谓人曰:“诰愧不用孔长史言,以及于此!”祯累迁绛州刺史,封武昌县子。卒,谥曰温。

子季诩,早知名,官至左补阙。

绍安孙若思。若思孤，母褚氏亲自教训，遂以学行知名。年少时，有人赍褚遂良书迹数卷以遗若思唯受其一卷。其人曰："此书当今所重，价比黄金，何不总取？"若思曰："若价比金宝，此为多矣！"更截去半以还之。明经举，累迁库部郎中。若思常谓人曰："仕至郎中足矣。"至是持一石止水，置于座右，以示有止足之意。寻迁给事中。中宗即位，敬晖、桓彦范等知国政，以若思多识故事，所有改革大事及疑议，多访于若思。再转礼部侍郎，出卫州刺史。先是，诸州别驾皆以宗室为之，不为刺史致敬，由是多行不法。若思至州，举奏别驾李道钦犯状，请加鞠讯。乃诏别驾于刺史致礼，自若思始也。俄以清白称，加银青光禄大夫，赐绢百匹。历汝州刺史、太子右谕德，封梁郡公，开元十七年卒，谥曰惠。

袁朗，雍州长安人，陈尚书左仆射枢之子。其先自陈郡仕江左，世为冠族，陈亡徙关中。朗勤学，好属文。在陈，释褐秘书郎，甚为尚书令江总所重。尝制千字诗，当时以为盛作。陈后主闻而召入禁中，使为《月赋》，朗染翰立成。后主曰："观此赋，谢希逸不能独美于前矣。"又使为《芝草》、《嘉莲》二颂，深见优赏。历太子洗马、德教殿学士，迁秘书丞。陈亡，仕隋为尚书仪曹郎。武德初，授齐王文学、祠部郎中，封汝南县男，再转给事中。贞观初卒官。太宗为之废朝一日，谓高士廉曰："袁朗在任虽近，然其性谨厚，特使人伤惜。"因敕给其丧事，并存问妻子。有文集十四卷。

从父弟承序，陈尚书仆射宪之子。武德中，齐王元吉闻其名，召为学士。府废，累转建昌令。在任清静，士史怀之。高宗在藩，太宗选学行之士为其僚属，谓中书侍郎岑文本曰："梁、陈名臣，有谁可称？复有子弟堪扫引否？"文本因言："隋师入陈，百司奔散，莫有留者，唯袁宪独在其主之傍。王世充将受隋禅，群僚表请劝进，宪子给事中承家，托疾独不署名。此父子足称忠烈。承家弟承序，清贞雅操，实继先风。"由是召守音王友，仍令侍读，加授弘文馆学士。未几卒。

朗从祖弟利贞，陈中书令敬之孙也。高宗时为太常博士、周王侍读。永隆二年，王立为皇太子，百官上礼，高宗将会百官及命妇于宣政殿，并设九部伎及散乐，利贞上疏谏曰：“臣以前殿正寝，非命妇宴会之地；象阙路门，非倡优进御之所。望请命妇会于别殿，九部伎从东西门入，散乐一色伏望停省。若于三殿别所，自可备极思和。微臣庸蔽，不闲典则，忝预礼司，轻陈狂瞽。”帝纳其言，即令移于麟德殿。至会日，酒酣，帝使中书侍郎薛元超谓利贞曰：“卿门承忠鲠，能抗疏直言，不加厚赐，何以奖劝！”赐物百段。俄迁祠部员外郎，卒。中宗即位，以侍读恩，追赠秘书少监。

朗十三代祖汉司徒滂，滂生魏国郎中、御史大夫涣，涣生晋尚书准，准生东晋右将军、豫章太守冲，冲生司徒从事中郎耽，耽生琅邪内史质，质生丹阳尹、宋公长史豹，豹生宋吴郡太守洵，累代有高名重位，前史有传。五代叔祖宋太尉淑，高祖父左仆射、雍州刺史颙，高祖司空察，昔死国难。曾祖梁中书监、司空、穆公昂，仕齐为吴兴太守，及梁高祖禅齐，久辞朝命父枢，叔父宪，仕陈，皆为陈仆射。叔祖敬，中书令。及陈亡，宪冒难扶护后主。朗自以中外人物为海内冠族，虽琅邪王氏继有台鼎，而历朝首为佐命，鄙之不以为伍。

朗孙谊，又虞世南外孙。神功中，为苏州刺史。尝因视事司马清河张沛通谒，沛即侍中文瓘之子，谊揖之曰：“司马何事？”沛曰：“此州得一长史，是陇西李亶，天下甲门。”谊曰：“司马何言之失！门户须历代人贤，名节风教，为衣冠顾瞩，始可称举，此老夫是也。夫山东人尚于婚媾，求于禄利；作时柱石，见危授命，则旷代无人。何可说之以为门户！”沛怀惭而退。时人以为口实。

贺德仁，越州山阴人也。父朗，陈散骑常侍。德仁少与从兄德基俱事国子祭酒周弘正，咸以词学见称，时人语曰：“学行可师贺德基,文质彬彬贺德仁。"德仁兄弟八人,时人方之荀氏。陈鄱阳王伯山为会稽太守,改其所居甘滂里为高阳里。德仁事陈,至吴兴王友。入隋,仆射杨素荐之,授豫章王府记室参军。王以师资礼之,恩遇甚厚。及炀帝即位,豫章王改封齐王,又授齐王府属。及齐王获谴,府僚皆被诛责,唯德仁以忠谨免罪,出补河东郡司法。素与隐太子善,及高祖平京师,隐太子封陇西公,用德仁为陇西公友。寻迁太子中舍人,以衰老不习吏事,转太子洗马。时萧德言亦为洗马。陈子良为右卫率府长史,皆为东宫学士。贞观初,德仁转赵王友。无几卒,年七十余。有文集二十卷。

　　德仁弟子纪、鼓,亦以博学知名。高宗时,纪官至太子洗马。修《五礼》,鼓至率更令,兼太子侍读。兄弟并为崇贤馆学士,学者荣之。

　　庾抱,润州江宁人也,其先自颍川徙家焉。祖众,陈御史中丞。父超,南平王记室。抱开皇中为延州参军事。后累岁,调吏部,尚书牛弘知其有学术,给笔札令自序,援翰便就,弘甚奇之。后补元德太子学士,礼赐甚优。会皇孙载诞,太子宴宾客,抱于坐中献《嫡皇孙颂》,深被嗟赏。后为越巂主簿,称病不行。义宁中,隐太子弘引为陇西公府记室。时军国多务,公府文檄皆出于抱。寻转太子舍人,未几卒。有集十卷。

　　蔡允恭,荆州江陵人也。祖点,梁尚书仪曹郎。父大业,后梁左民尚书。允恭有风彩,善缀文。仕隋历著作佐郎、起居舍人。雅善吟咏,炀帝属词赋,多令讽诵之。尝遣教宫女,允恭深以为耻,因称气疾,不时应召。炀帝又许授以内史舍人,更令入内教宫人,允恭固辞不就,以是稍被疏绝。江都之难,允恭从宇文化及西上,没于窦建德。及平东夏,太宗引为秦府参军兼文学馆学士。贞观初,除太子洗马。寻致仕,卒于家。有集十卷,又撰《后梁春秋》十卷。

郑世翼，郑州荥阳人也，世为著姓。祖敬德，周仪同大将军。父机，司武中士。世翼弱冠有盛名，武德中，历万年丞、扬州录事参军。数以言辞忤物，称为轻薄。时崔信明自谓文章独步，多所凌轹，世翼遇诸江中，谓之曰："尝闻'枫落吴江冷。'"信明欣然示百余篇。世翼览之未终，曰："所见不如所闻。"投之于江，信明不能对，拥楫而去。世翼贞观中坐怨谤，配流巂州卒。文集多遗失，撰《交游传》，颇行于时。

射偃，卫县人也，本姓直勒氏。祖孝政，北齐散骑常侍，改姓谢氏。偃仕隋为散从正员郎。贞观初，应诏对策及第，历高陵主簿。十一年，驾幸东都，谷、洛泛溢洛阳宫，诏求直谏之士。偃上封事，极言得失，太宗称善，引为弘文馆直学士，拜魏王府功曹。偃尝为《尘》、《影》二赋，甚工。太宗闻而召见，自制赋序，言"区宇乂安，功德茂盛"。令其为赋，偃奉诏撰成，名曰：《述圣赋》，赐彩数十匹。偃又献《惟皇诫德赋》以申讽，曰：

臣闻理忘乱，安忘危，逸忘劳，得忘失，此四者，人君莫不皆然。是以夏桀以瑶台璇室为丽，而不悟鸣条南巢之祸；殷辛以象箸玉杯为华，不知牧野白旗之败。故当其盛也，谓四海为己力；及其衰焉，乃匹夫之不制。当其信也，谓天下为无危；及其疑也，则顾盼皆雠敌。是知必有其德，则诚结戎夷，化行荒裔；苟失其度，则变生骨肉，衅起腹心矣。是以为人主者，不可忘初。处殿堂，则思前主之所以亡；朝万国，则思今己之所以贵；巡府库，则思今己之所以得；视功臣，则思其为己之始；见名将，则思其用力之己初。苟弗忘旧，则人无易心，何患乎天下之不化。故旦行之则为尧、舜，暮失之则为桀、纣，岂异人哉！其词曰：

周坟籍以遐观，总宇宙而一窥，结绳往而莫纪，书契崇而可知。惟皇王之迭代，信叔骤之恒规，莫不卢失者常得，怀安者必危。是以战战栗栗，日慎一日，守约守俭，去奢去逸。外无荒禽,内无荒色,唯贤是授,唯人斯恤。则三皇不足六,五帝不足十。若夫恃圣骄力,狠戾倔强,忠良是弃,谄佞斯奖。构崇台以造天,空深池以绝壤。厚赋重敛,积宝藏镪,无罪加刑,有功不赏。则夏桀可二,殷辛易两。在危所恃,居安勿忘。功臣无逐,故人无放,放故者亡,逐功者丧。四海炱炱,九土漫漫,覆之甚易,存之实难。是以一人有悦,万国同欢;一人失所,兆庶俱残。喜则隆冬可热,怒则盛夏成寒,一动而八表乱,一言而天下安。举君过者曰忠,述主美者为佞,苟承颜以顺旨,必蔽视而称圣。故使曲者乱直,邪者疑正,改华服以就胡,变雅音而入郑,虽往古之轨躅,亦当今之龟镜。崔巍龙殿,赫奕凤门,苞四海以称主,冠天下而独尊。既兄日而姊月,亦父乾而母坤。视则金翠溢目,听则丝竹盈耳。信赏罚之在躬,实荣辱之由己,语义皇而易匹,言尧、舜之可拟。骄志自此而生,侈心因兹而起。常惧覆而惧亡,必思足而思止;勿忘潜龙之初,当怀布衣之始。在位称宝,居器曰神,钟鼓庭设,玉帛阶陈。得必有兆,失必有因,一替一立,或周或秦。既承前代,当思后人,唯德可以久,天道无常亲。

时李百药工为五言诗,而偓善作赋,时人称为李诗谢赋焉。十七年,府废,出为湘潭令,卒。文集十卷。

崔信明,青州益都人也,后魏七兵尚书光伯曾孙也。祖绍,北海郡守。信明以五月五日日正中时生,有异雀数头,身形甚小,五色毕备,集于庭树,鼓翼齐鸣,声清宛亮。隋太史令史良使至青州,遇而占之曰:"五月为火,火为离,离为文彩。日正中,文之盛也。又有雀五色,奋翼而鸣。此儿必文藻焕烂,声名播于天下。雀形既小,禄位殆不高。"及长,博闻强记,下笔成章。乡人高孝其有知人之鉴,每谓人曰:"崔信明才学富赡,虽名冠一时,但恨其位不达耳!"

大业中为尧城令,窦建德僭号,欲引用之。信明族弟敬素为建德鸿胪卿,说信明曰:"隋主无道,天下鼎沸,衣冠礼乐,扫地无余。

兄遁迹下僚，不被收用，豫让所以不报范中行，只以众人遇我者也。
夏王英武，有并吞天下之心，士女襁负而至者不可称数。此时不立
功立事，岂是见机而作者乎？"信明曰："昔申胥海畔渔者，尚能固其
节，吾终不能屈身伪主，求斗筲之职。"遂逾城而遁，隐于太行山。贞
观六年，应诏举，授兴世丞。迁秦川令，卒。

　　信明颇褰傲自伐，常赋诗吟啸，自谓过于李百药，时人多不许
之。又矜其门族，轻侮四海士望，由是为世所讥。

　　子冬日，则天时为黄门侍郎，被酷吏所杀。

　　张蕴古，相州洹水人也。性聪敏，博涉书传，善缀文，能背碑覆
局，尤晓时务，为州闾所称。自幽州总管府记室直中书省。太宗初
即位，上《大宝箴》以讽，其词曰：

　　　　今来古往，俯察仰观，惟辟作福，为君实难。宅普天之下，
　　处王公之上，任土贡其所求，具僚和其所唱。是故兢惧之心日
　　弛，邪僻之情转放，岂知事起乎所忽，福生乎无妄。固以圣人受
　　命，拯溺亨屯，归过于己，推恩于民。大明无偏照，至公无私亲，
　　故以一人治天下，不以天下奉一人。礼以禁其奢，乐以防其佚。
　　左言而右事，出警而入跸。四时同其惨舒，三光同其得失。故
　　身为之度，而声为之律。勿谓无知，居高听卑；勿谓何害，积小
　　成大。乐不可极，极乐生哀；欲不可纵，纵欲成灾。壮九重于内，
　　所居不过容膝，彼昏不知，瑶其台而琼其室。罗八品于前，所食
　　不过适口，唯狂罔念，丘其糟而池其酒。勿内荒于色，勿外荒于
　　禽，勿贵难得之货，勿听亡国之音。内荒伐人情，外荒荡人心，
　　难得之货侈，亡国之声淫。勿谓我尊而傲贤侮士，勿谓我智而
　　拒谏矜己。闻之夏王，据馈频起；亦有魏帝，牵裾不止。安彼反
　　侧，如春阳秋露，巍巍荡荡，惟汉高大度；抚兹庶事，如覆薄临
　　深，战战栗栗，用周文小心。

　　　　《诗》云"不识不知"，《书》曰"无偏无党"。一彼此于胸臆，
　　思好恶于心想。众弃而后加刑，众悦而后命赏。弱其强而治其

乱,申其屈而直其枉。故曰:如衡如石,不定物以数,物之悬者,轻重自具;如水如镜,不示物以情,物之鉴者,妍媸自生。勿浑浑而浊,勿皎皎而清,勿没没而暗,勿察察而明。虽冕旒蔽目而视于未形,虽黈纩塞耳而听于无声。纵心乎湛然之域,游神于至道之精。扣之者应洪纤而劝响,酌之者随深浅而皆盈。故曰:天之清,地之宁。王之贞。四时不言而代序,万物无为而受成,岂知帝有其力,而天下和平。吾王拨乱,裁以智力,民惧其威,未怀其德。我皇抚运,扇以淳风,民怀其始,未保其终。爰述金镜,穷神尽圣,使文与心,应言与行。包括治体,抑扬词令,天下为公,一人有庆。开罗起祝,援琴命诗,一曰两曰念兹在兹唯人所召,自天祐之。争臣司直敢告前疑太宗嘉之,赐以束帛,除大理丞。

初,河内人李好德,素有风疾,而语涉妄妖。蕴古究其狱,称好德癫病有征,法不当坐。治书侍御史权万纪劾蕴古家住相州,好德之兄厚德为其刺史,情在阿纵,奏事不实。太宗大怒,曰:“小子乃敢乱吾法耶!”令斩于东市。太宗寻悔,因发制,凡决死者,命所司五覆奏,自蕴古始也。

刘胤之,徐州彭城人也。祖祎之,后魏临淮镇将。胤之少有学业,与隋信都丞孙万寿、宗正卿李百药为忘年之友。武德中,御史大夫杜淹表荐之,再迁信都令,甚存惠政。永徽初,累转著作郎、弘文馆学士,与国子祭酒令狐德棻、著作郎杨仁卿等,撰成国史及实录,奏上之,封阳城县男。寻以老,不堪著述,出为楚州刺史,卒。

弟子延佑,弱冠本州举进士,累补渭南尉,刀笔吏能,为畿邑当时之冠。司空李绩尝谓曰:“足下春秋甫尔,便擅大名,宜称自贬抑,无为独出人右也。”后历右司郎中,检校司宾少卿,封薛县男。徐敬业之乱,扬州初平,所有刑名,莫能决定,延佑奉使至军所决之。时议者断受贼五品官者斩,六品者流。延佑以为诸非元谋,迫胁从盗,则置极刑，事涉枉滥，乃断受贼五品者流，六品已下俱除名而已。其得全济者甚众。

出为箕州刺史，转安南都护。岭南俚户，旧输半课，及延佑到，遂勒全输。由是其下皆怨，谋欲将叛，延佑乃诛其首恶李嗣仙。垂拱三年，嗣仙党与丁建、李思慎等遂率众围安南府。时城中胜兵不过数百，乃禁门坚守，以候邻境之援。广州大族冯子猷幸灾乐祸，欲因危，立功，遂按兵纵敌，使其为害滋甚，延佑遂为思慎所害。其后桂州司马曹玄静率兵讨思慎等，擒之，尽斩于安南城下。

胤之从父兄子藏器，亦有词学，官至宋州司马。藏器子知柔，开元初为工部尚书。知柔弟在知几，避玄宗名改子玄，自有传。

张昌龄，冀州南宫人。弱冠以文词知名，本州欲以秀才举之，昌龄以时废此科已久，固辞，乃充进士贡举及第。贞观二十一年，翠微宫成，诣阙献颂。太宗召见，试作《息兵诏草》，俄顷而就。太宗甚悦，因谓之曰："昔祢衡、潘岳，皆恃才傲物，以至非命。汝才不减二贤，宜追鉴前轨，以副吾所取也。"乃敕于通事舍人裹供奉。寻为昆山道行军记室，破卢明月，平龟兹，军书露布，皆昌龄之文也。再转长安尉，出为襄州司户，丁忧去官。后贺兰敏之奏引于北门修撰，寻又罢去。乾封元年卒。文集二十卷。

兄昌宗，亦有学业，官至太子舍人、修文馆学士。撰《古文纪年新传》三十卷。

崔行功，恒州井陉人，北齐钜鹿太守伯让曾孙也，自博陵徙家焉。行功少好学，中书侍郎唐俭爱其才，以女妻之。俭前后征讨，所有文表，皆行功之文。高宗时，累转吏部郎中。以善敷奏，尝兼通事舍人、内奉。坐事贬为游安令，寻征为司文郎中。当时朝廷大手笔，多是功及兰台侍郎李怀俨之词。

　　先是，太宗命秘书监魏征写四部群书，将进内贮库，别置雠校二十人、书手一百人，征改职之后，令虞世南、颜师古等续其事，至高宗初，其功未毕。显庆中，罢雠校及御书手，令工书人缮写，计直酬佣，择散官随番雠校。其后又诏东台侍郎赵仁本、东台舍人张文瓘及行功、怀俨等相次充使检校，又置详正学士以校理之，功仍专知御集。迁兰台侍郎。咸亨中，官名复旧，改为秘书少监。上元元年，卒官。有集六十卷。兄子玄晊，别有传。

　　行功前后预撰《晋书》及《文思博要》等。同时又有孟利贞、董思恭、元思敬等，并以文藻知名。

　　孟利贞者，华州华阴人也。父神庆，高宗初为沁州刺史，以清介著名。利贞初为太子司议郎，宗在东宫，深惮之。受诏与少师许敬宗、崇贤馆学士郭瑜、顾胤、董思恭等撰《瑶山玉彩》五百卷，龙朔二年奏上之，高宗称善，加级赐物有差。利贞累转著作郎，加弘文馆学士。垂拱中初卒。又撰《续文选》十三卷。

　　兄允忠，垂拱中为天官侍郎。

　　董思恭者，苏州吴人。所著篇咏甚为时人所重，初为右史，知考功举事，坐预泄问目，配流岭表而死。

　　元思敬者，总章中为协律郎，预修《芳林要览》，又撰《诗人秀句》两卷，传于世。

　　徐齐聃，湖州长城人也。父孝德，以女为才人，官至果州刺史。齐聃少善属文，高宗时累迁兰台舍人。时敕令有突厥酋长子弟事东宫，齐聃上疏曰："昔姬诵与伯禽同业，晋储以师旷为友。匪唯专赖师资，固亦详观近习。皇太子自可招集园、绮，寤寐应、刘。阶闼小臣，必采于端士；驱驰所任，并归于正人。方流好善之风，永播崇贤之美。今乃使毡裘之子，解辫而侍春闱；冒顿之苗，削衽而陪望苑。

在于道义,臣窃有疑。《诗》云'敬慎威仪,以近有德。'《书》曰:'任官惟贤才,左右惟其人。'盖殷勤于此,防微之至也"齐聃又尝上奏曰:"齐献公即陛下外氏,虽子孙有犯,不合上延于祖。今周忠孝公庙甚修崇,而齐献公庙遽毁坏,不审陛下将何以重示海内,以彰孝理之风?"帝皆纳其言。

齐聃善于文诰,甚为当时所称。高宗爱其文,令侍周王等属文,以职在枢剧,仍敕间日来往焉。以漏汇机密,左授蕲州司马。俄又坐事配流钦州。咸亨中卒,年四十余。睿宗即位,追录旧恩,累赠礼部尚书。子坚,别有传。

杜易简,襄州襄阳人,周硖州刺史叔毗曾孙也。九岁能属文,及长,博学有高名,姨兄中书令岑文本甚推重之。登进士举,累转殿中侍御史,咸亨中,为考功员外郎。时吏部侍郎裴行俭、李敬玄相与不合,易简与吏部员外郎贾言忠希行俭之旨,上封陈敬玄罪状。高宗恶其朋党,左转易简为开州司马,寻卒。易简颇善著述。撰《御史台杂注》五卷、文集二十卷,行于代。易简从祖弟审言。

审言,进士举,初为隰城尉。雅善五言诗,工书翰,有能名。然恃才謇傲,甚为时辈所嫉。乾封中,苏味道为天官侍郎,审言预选,试判讫,谓人曰:"苏味道必死。"人问其故,审言曰:"见吾判,即自当羞死矣!"又尝谓人曰:"吾之文章,合得屈、宋作衙官;吾之书迹,合得王羲之北面。"其矜诞如此。

累转洛阳丞。坐事贬授吉州司户参军,又与州僚不合,司马周季重与员外司户郭若讷共构审言罪状,系狱,将因事杀之。既而季重等府中酣宴,审言子并年十三,怀刃以击之,季重中伤死,而并亦为左右所杀。季重临死曰:"吾不知审言有孝子,郭若讷误我至此。"审言因此免官,还东都,自为文祭并,士友咸哀并孝烈,苏颋为墓志,刘允济为祭文。后则天召见审言,将加擢用,问曰:"卿欢喜否?"审言蹈舞谢恩,因令作《欢喜诗》,甚见嘉赏,拜著作佐郎。俄迁膳部员外郎。神龙初,坐与张易之兄弟交往,配流岭外。寻召授国子监主簿,加修文馆直学士。年六十余卒。有文集十卷。次子闲。闲子甫,别有传。

卢照邻字升之,幽州范阳人也。年十余岁,就曹宪、王义方授《苍》、《雅》及经史,博学善属文。初授邓王府典签,王甚爱重之,曾谓群官曰:“此即寡人相如也。”后拜新都尉,因染风疾去官,处太白山中,以服饵为事。后疾转笃,徙居阳翟之具茨山,著《释疾文》、《五悲》等诵,颇有骚人之风,甚为文士所重。照邻既沉痼挛废,不堪其苦,尝与亲属执别,遂自投颍水而死,时年四十。文集二十卷。

兄光乘,亦知名,长寿中为陇州刺史。

杨炯,华阴人。伯祖虔威,武德中官至右卫将军。炯幼聪敏博学,善属文。神童举,拜校书郎,为崇文馆学士。仪凤中,太常博士苏知几上表,以公卿已下冕服,请别立节文。敕下有司详议,炯献议曰:

古者太昊庖牺氏,仰以观象,俯以察法,造书契而文籍生。次有黄帝轩辕氏,长而敦敏,成而聪明,垂衣裳而天下理。其后数迁五德,君非一姓,体国经野,建邦设都,文质所以再而复,正朔所以三而改。夫改正朔者,谓夏后氏之建寅,殷人建丑,周人建子。至于以日系月,以月系时,以时系年,此三王相袭之道也。夫易服色者,谓夏后氏尚黑,殷人尚白,周人尚赤。至于山、龙、华虫:宗彝、藻、火、粉米、黼,此又百代可知之道。

谨按《虞书》曰:“予欲观古人之象,日、月、星辰、山、龙、华虫作会,宗彝、藻、火、粉米、黼、黻、絺绣。”由此言之,则其所从来者尚矣。日月星辰者,明光照下土也。山者,布散云两,象圣王大泽露下也。龙者变化,无方象圣王应机布杀也。华虫者雉也,身披五彩,象圣王体兼文明也。宗彝者,武蜼也,以刚猛制物,象圣王神武定乱也。藻者,逐水上下,象圣王随代而应也。

火者,陶冶烹饪,象圣王至德日新也。粉米者,人恃以生,象圣王为物之所赖也。黼能断割,象圣王临事能决也。黻者,两己相背,象君臣可否相济也。

迨有周氏,乃以日月星辰为旌旗之饰,又登龙于山,登火于宗彝,于是乎制衮冕以祀先王也。九章者,法阳数也,以龙为首章。衮者,卷也,龙德神异,应变潜见,表圣王深沉远智,卷舒神化也。又制鷩冕以祭先公也。鷩者,雉也,有耿介之志,表公有贤才,能守耿介之节也。又制毳冕以祭四望也。四望者,岳渎之神也。武雉者,山林所生,明其象也。制绨冕以祭社稷也。土谷之神也。社稷粉米由之而成,象基功也。又制玄冕以祭群小祀也。百神异形,难可遍拟,但取黻之相背,异名也。夫以周公之多才也,故化理制礼,功成作乐。夫以孔宣之将圣也。故行夏之时,服周之冕。先王之法服,乃此之自出矣;天下之能事,又于是乎毕矣。

今知几表状请制大明冕十三章,乘舆服之者。谨按,日月星辰者,已施于旌旗矣。龙武山火者,又不逾于古矣。而云麟凤有四灵之名,玄龟有负图之应,云有纪官之号,水有盛德之祥,此盖别表休征,是无逾比象。然则皇王受命,天地兴符,仰观则璧合珠连,俯察则银黄玉紫。殚南宫之粉壁,不足写其形状;罄东观之铅黄,未可纪其名实。固不可毕陈于法服也。云也者,龙之气也。水者,藻之自生也。又不假别为章目也。此盖不经之甚也。

又鸾冕八章,三公服之者。鸾者,太平之瑞也,非三公之德也。鹰鹯者,鸷鸟也,适可以辨祥刑之职也。熊者,猛兽也,适可以旌武臣之力也。又称藻为水草,无所法象,引张衡赋"蒂倒茄于藻井,披红葩之狎猎",请为莲华,取其文彩者。夫茄者,莲也。若以莲代藻,变古从今,既不知草木之名,亦未达文章之意,此又不经之甚也。

又毳冕六章,三品服之者。按此王者祀四望服之名也。今三品乃得同王之毳冕,而三公不得同王之衮名,岂唯颠倒衣裳,抑亦自相矛盾,此又不经之甚也。

又黻冕四章,五品服之者。考之于古,则无其名,验之于今,则非章首,此又不经之甚也。

若夫礼唯从俗,则命为制,令为诏,乃秦皇之故事,犹可以适于今矣。若夫义取随时,则出称警,入称跸,乃汉国之旧仪,犹可以行于代矣。亦何取变周公之轨物,改宣尼之法度者哉!由是竟寝知几所请。

炯俄迁詹事司直。则天初,坐从祖弟神让犯逆,左转梓州司法参军。秩满,选授盈川令。如意元年七月望日,宫中出盂兰盆,分送佛寺,则天御洛南门,与百僚观之。炯献《盂兰盆赋》,词其雅丽。炯至官,为政残酷,人吏动不如意,辄榜杀之。又所居府舍,多进士亭台,皆书榜额,为之美名,大为远近所笑。无何卒官。中宗即位以旧僚追赠著作郎。文集三十卷。

炯与王勃、卢照邻、骆宾王以文词齐名,海内称为王杨卢骆,亦号为“四杰”。炯闻之,谓人曰:“吾愧在卢前,耻居王后。”当时议者,亦以为然。其后崔融、李峤、张说俱重四杰之文。崔融曰:“王勃文章宏逸,有绝尘之迹,固非常流所及。炯与照邻可以企之,盈川之言信矣。”说曰:“杨盈川文思如悬河注水,酌之不竭,既优于卢,亦不减王。‘耻居王后’,信然;‘愧在卢前’,谦也。”

开元中,说为集贤大学士十余年,常与学士徐坚论近代文士,悲其凋丧。坚曰:“李赵公、崔文公之笔术,擅价一时,其间孰优?”说曰:“李峤、崔融、薛稷、宋之问之文,如良金美玉,无施不可。富嘉谟之文,如孤峰绝岸,壁立万仞,浓云郁兴,震雷俱发,诚可畏也,若施于廓庙,则骇矣。阎朝隐之文,如丽服靓妆,燕歌赵舞,观者忘疲,若类之《风》、《雅》,则罪人矣。”问后进词人之优劣。说曰:“韩休之文,如太羹旨酒,雅有典则,而薄于滋味。许景先之文,如丰肌腻理,虽稼华可爱,而微少风骨。张九龄之文如轻缣素练,实济时用,而微窘边幅。王翰之文,如琼杯玉斝虽烂然可珍,而多有玷缺。”坚以为然。

　　虔威子德干,高宗末,历泽、齐、沐、相四州刺史,治有威名,郡人为之语曰:"宁食三斗蒜,不逢杨德干。"子神让,天授初与徐敬业于杨州谋叛,父子伏诛。

　　王勃字子安,绛州龙门人。祖通,隋蜀郡司户书佐。大业末,弃官归,以著书讲学为业。依《春秋》体例,自获麟后,历秦汉、至于后魏,著纪年之书,谓之《元经》。又依《孔子家语》、杨雄《法言》例,为客主对答之说,号曰《中说》。皆为儒士所称。义宁元年卒,门人薛收等相与议谥曰文中子。二子:福畤、福郊。

　　勃六岁解属文构思无滞词情英迈,与兄勔、勮,才藻相类。父友杜易简常称之曰:"此王氏三珠树也。"勃年未及冠,应幽素举及第。乾封初,诣阙上《宸游东岳颂》。时东都造乾元殿,又上《乾元殿颂》。沛王贤闻其名,召为沛府修撰,甚爱生之。诸王斗鸡,互有胜负,勃戏为《檄英王鸡文》。高宗览之,怒曰:"据此是交搆之渐。"即日斥勃,不令入府。久之,补虢州参军。勃恃才傲物,为同僚所嫉。有官奴曹达犯罪,勃匿之,又惧事泄,乃杀达以塞口。事发,当诛,会赦除名。时勃父福畤为雍州司户参军坐勃左迁交趾令。上元二年,勃往交趾省父,道出江中,为《采莲赋》以见意,其辞甚美。渡南海,坠水而卒,时年二十八。·

　　勮,弱冠进士登第,累除太子典膳丞。长寿中,擢为凤阁舍人。时寿春王成器、衡阳王成义等五王初出阁,同日授册。有司撰仪注,忘载册文。及百僚在列,方知阙礼,宰相相顾失色。勮立召书吏五人,各令执笔,口占分写,一时俱毕,词理典赡,人皆叹服。寻加弘文馆学士,兼知天官侍郎。勮颇任权势,交结非类。万岁通天二年,綦连耀谋逆事汇,勮坐与耀善,并弟勔并伏交诛。

　　勔累官至泾州刺史。神龙初,有诏追复勮、勔官位。

　　福畤,天后朝以子贵,累转泽州长史,卒。

　　初,吏部侍郎裴行俭典选,有知人之鉴,见勮与苏味道,谓人曰:"二子亦当掌铨衡之任。"李敬玄尤重杨炯、卢照邻、骆宾王与勃等四人,必当显贵。行俭曰:"士之致远,先器识而后文艺。勃等虽有文才,而浮躁浅露,岂享爵禄之器耶!杨子沉静,应至令长,余得令终为幸。"果如其言。

　　勃文章迈捷,下笔则成,尤好著书,撰《周易发挥》五卷及《次论》等书数部,勃亡后,并多遗失。有文集三十卷。勃聪警绝众,于推步历算尤精,尝作《大唐千岁历》,言唐德灵长千年,合承周、隋短祚。其论大旨云:"以土王者,五十代而一千年;金王者,四十九代百九百年;水王者,二十代而六百年;木王者,三十代而八百年;火王者,二十代而七百年。此天地之常期,符历之数也。自黄帝至汉,并是五运真主。五行已遍,土运复归,唐德承之,宜矣。魏、晋至于周、隋,咸非正统,五行之沴气也,故不可承之。"大率如此。

　　骆宾王,婺州义乌人。少善属文,尤妙于五言诗,尝作《帝京篇》,当时以为绝唱。然落魄无行,好与博徒游。高宗末,为长安主簿。坐赃,左迁临海丞,怏怏失志,弃官而去。文明中,与徐敬业于扬州作乱。敬业军中书檄,皆宾王之词也。敬业败,伏诛,文多散失,则天素重其文,遣使求之。有衮州人郄云卿集成十卷,盛传于世。

　　邓玄挺,雍州蓝田人。少善属文,累迁左史。坐与上官仪善出为顿丘令,有善政,玺书劳问。累授中书舍人。性俊辨,机捷过人,每有嘲谑,朝廷称为口实。则天临朝,迁吏部侍郎,既不称职,甚为时谈所鄙。又患消渴之疾,选人目为"邓渴",为榜于衢路。自有唐已来,掌选之失,未有如玄挺者。坐此左迁浓州刺史,在州复以善政闻,迁晋州刺史召拜麟台少监,重为天官侍郎,其失又甚于前。玄挺女为道王子谭妻,又与蒋王子炜相善。谭谋迎中宗于房陵,以问玄挺。炜又尝谓玄挺曰:"欲作急计如何?"玄挺虽皆不答,而不以告。永昌元年得罪,下狱死。

旧唐书卷一九〇中
列传第一四〇中

文苑中

郭正一　　元万顷　范履冰　苗神客

周思茂　　胡楚宾　　乔知之　弟侃　备

刘希夷附　　刘允济　富嘉谟　吴少微

谷倚附　　员半千　丘悦附　　刘宪　父思立

子适　司马锽　梁载言附　　沈佺期　弟全交附

陈子昂　闾丘均附　　宋之问　弟之悌

之逊附　　阎朝隐　王无竞　李适

尹元凯　贾曾　许景先　贺知章

席豫　徐安贞附　　齐浣　王浣　李邕

孙逖　子宿　绛　成　宿子公器　公器子简范

　　郭正一,定州鼓城人。贞观中举进士。累转中书舍人、弘文馆学士。永隆二年,迁秘书少监,检校中书侍郎,与魏玄同、郭待举并同中书门下平章事。宰相以平章事为名,自正一等始也。永淳二年,正除中书侍郎。正一在中书累年,明习旧事,兼有词学,制敕多出其手,当时号为称职。则天临朝,转国子祭酒,罢知政事。寻出为晋州刺史,入为麟台监,又检校陕州刺史。永昌元年,为酷吏所陷,流配岭南而死,家口籍没,文集多遗失。

先是仪凤中,吐蕃入寇,工部尚书刘审礼率兵十八万与蕃将伦钦陵战于青海,王师大败,审礼没于阵。高宗骇然,乃召侍臣问以御戎之策,正一对曰:"吐蕃作梗,年岁已深,命将兴师,相继不绝,空劳士马,虚费粮储,近讨则徒损兵威,深入则未穷巢穴。臣望少发兵募,且遣备边,明立烽候,勿令侵扰。伺国用丰足,人心叶同,宽之数年,可一举而灭。"给事中刘齐贤、皇甫文亮等亦以为严守为便。正一才略,率多此类。

元万顷,洛阳人,后魏景穆皇帝之胤。祖白泽,武德中总管。万顷善属文,起家拜通事舍人。乾封中,从英国公李征绩高丽,为辽东道总管记室。别帅冯本以水军援裨将郭待封,船破失期。待封欲作书与绩,恐高丽知其救兵不至,乘危迫之,乃作离合诗赠绩。不达其意,大怒曰:"军机急切,何用诗为? 必斩之!"万顷为解释之,乃止。绩尝令万顷作文檄高丽,其语有讥高丽"不知守鸭绿之险",莫离支报云"谨闻命矣",遂移兵固守鸭绿,官军不得入,万顷坐是流于岭外。后会赦得还,拜著作郎。

时天后讽高宗广召文词之士入禁中修撰,万顷与左史范履冰、苗神客,右史周思茂、胡楚宾咸预其选,前后撰《列女传》、《臣轨》、《百僚新诫》、《乐书》等凡千余卷。朝廷疑议及百司表疏,皆密令万顷等参决,以分宰相之权,时人谓之"北门学士"。万顷属文敏速,然性疏旷,不拘细节,无儒者之风。则天临朝,迁凤阁舍人。无几,擢拜凤阁侍郎。万顷素与徐敬业兄弟友善,永昌元年为酷吏所陷,配流岭南而死。时神客、楚宾已卒,履冰、思茂相次为酷吏所杀。

范履冰者,怀州河内人。自周王府户曹召入禁中,凡二十余年。垂拱中,历鸾台、天官二侍郎。寻迁春官尚书、同凤阁鸾台平章事,兼修国史。载初元年,坐尝举犯逆者被杀。

苗神客者,沧州东光人。官至著作郎。

周思茂者,贝州漳南人。少与弟思钧,俱早知名。自右史转太子舍人。与范履冰在禁中最蒙亲遇,至于政事损益,多参预焉。累迁麟台少监、崇文馆学士。垂拱四年,下狱死。

胡楚宾者,宣州秋浦人。属文敏速,每饮半酣而后操笔。高宗每令作文,必以金银杯盛酒令饮,便以杯赐之。楚宾终日酣宴,家无所藏,费尽复入待诏,得赐又出。然性慎密,未尝言禁中事,醉后人或问之,答以他事而已。自殷王文学拜右史、崇贤直学士而卒。

乔知之,同州冯翊人也。父师望,尚高祖女庐陵公主,拜驸马都尉,官至同州刺史。知之与弟侃、备,并以文词知名。知之尤称俊才,所作篇咏,时人多讽诵之。则天时,累除右补阙,迁左司郎中。知之有侍婢曰:窈娘,美丽善歌舞,为武承嗣所夺。知之怨惜,因作《绿珠篇》以寄情,密送与婢,婢感愤自杀。承嗣大怒,因讽酷吏罗织知之。

侃,开元初为衮州都督。

备,预修《三教珠英》,长安中卒于襄阳令。

时又有汝州人刘希夷,善为从军闺情之诗,词调哀苦,为时所重,志行不修,为奸人所杀。

刘允济,洛州巩人,其先自沛国徙焉,南齐彭城郡丞瓛六代孙也。少孤,事母甚谨。博学善属文,与绛州王勃早齐名,特相友善。弱冠本州举进士,累除著作佐郎。允济尝采摭鲁哀公后十二代至于战国遗事,撰《鲁后春秋》二十卷,表上之,迁左史,兼直弘文馆。垂拱四年,明堂初成,允济奏上《明堂赋》以讽,则天甚嘉叹之,手制褒美,拜著作郎。天授中,为来俊臣所构,当坐死,以其母老,特许终其余年,仍留系狱。久之,会赦免,贬授大庾尉。长安中,累迁著作佐郎,兼修国史。未几,擢拜凤阁舍人。中兴初,坐与张易之款狎,左授青州长史,为吏清白,河南道巡察使路敬潜甚称荐之。寻丁母忧,服阕而卒。

富嘉谟，雍州武功人也。举进士。长安中，累转晋阳尉，与新安吴少微友善，同官。先是，文士撰碑颂，皆以徐、庾为宗，气调渐劣；嘉谟与少微属词，皆以经典为本，时人钦慕之，文体一变，称为富吴体。嘉谟作《双龙泉颂》、《千蠋谷颂》，少微撰《崇福寺钟铭》，词最高雅，作者推重。并州长史张仁亶待以殊礼，坐必同榻。嘉谟后为寿安尉，预修《三教珠英》。中兴初，为左台监察御史，卒。有文集五卷。

少微亦举进士，累至晋阳尉。中兴初，调于吏部，侍郎韦嗣立称荐，拜右台监察御史。卧病，闻嘉谟死，哭而赋诗，寻亦卒。有文集五卷。

嘉谟与少微在晋阳，魏郡谷倚为太原主簿，皆以文词著名，时人谓之"北京三杰"。倚后流寓客死，文章遗失。

微子巩，开元中为中书舍人。

员半千，本名余庆，晋州临汾人。少与齐州人何彦先同师事学士王义方，义方嘉重之，尝谓之曰："五百年一贤，足下当之矣。"因改名半千。及义方卒，半千与彦先皆制服，丧毕而去。

上元初，应八科师举，授武陟尉。属频岁旱饥，劝县令殷子良开仓以赈贫馁，子良不从。会子良赴州，半千便发仓粟以给饥人。怀州刺史郭齐宗大惊，因而按之。时黄门侍郎薛元超为河北道存抚使，谓齐宗曰："公百姓不能救之，而使惠归一尉，岂不愧也！"遽令释之。寻又应狱牧举，高宗御武成殿，召诸州举人，亲问曰："兵书所云天阵、地阵　人阵，各何谓也？"半千越次而进曰："臣观载籍，此事多矣。或谓：天阵，星宿孤虚；地阵，山川向背；人阵，偏伍弥缝。以臣愚见，谓不然矣。夫师出以义，有若时雨，得天之时，此天阵也；兵在足食，且耕且战，得地之利，此地阵也；善用兵者，使三军之士，如父子兄弟，得人之和，此人阵也。三者去矣，其何以战！"高宗甚嗟赏之。及对策，擢为上第。

垂拱中，累补左卫胄曹，仍充宣慰吐蕃使。及引辞，则天曰："久闻卿名，谓是古人，不意乃在朝列。境外小事，不足烦卿，宜留制也。"即日使入阁供奉。证圣元年，半千为左卫长史，与凤阁舍人王处知、天官侍郎石抱忠，并为弘文馆直学士，仍与著作佐郎路敬淳分日于显福门待制。半千因撰《明堂新礼》三卷，上之。则天封中岳，半千又撰《封禅四坛碑》十二首以进，则天称善。前后赐绢千余匹。

长安中，五迁正谏大夫，兼右控鹤内供奉。半千以控鹤之职，古无其事，又授斯任者率多轻薄，非朝廷进德之选，上疏请罢之。由是忤旨，左迁水部郎中，预修《三教珠英》。

中宗时，为濠州刺史。睿宗即位，征拜太子右谕德，兼崇文馆学士，加银青禄大夫，累封平原郡公。开元二年卒。文集多遗失。半千同时学士丘悦。

丘悦者，河南陆浑人也。亦有学业。景龙中，为相王府掾，与文学韦利器、典签裴耀卿俱为王府直学士。睿宗在藩甚重之，官至岐王傅。开元初卒。撰《三国典略》三十卷，行于时。

刘宪，宋州宁陵人也。父思立，高宗时为侍御史。属河南、河北旱俭，遣御史中丞崔谧等分道存问赈给，思立上疏谏曰："今麦序方秋，蚕功未毕，三时之务，万姓所先。敕使抚巡，人皆竦抃，忘其家业，冀此天恩，踊跃参迎，必难抑止，集众既广，妨废亦多。加以途程往还，兼之晨夕停滞，既缘，须立簿书，本欲安荐，却成烦扰。又无驿之处。其马稍难，简择公私，须预追集。雨后农务，特切常情，暂废须臾，即亏岁计，每为一马，遂劳数家，从此相乘，恐更滋甚。望且委州县赈给，待秋闲时出使褒贬。"疏奏，谧等遂不行。后迁考功员外郎，始奏请明经加帖、进士试杂文，自思立始也。寻卒官。

宪弱冠举进士，累除冬官员外郎。天授中，受诏推按来俊臣，宪嫉其酷暴，欲因事绳之，反为俊臣所构，贬邻水令，再迁司仆丞。及俊臣伏诛，擢宪为给事中，寻转凤阁舍人。神龙初，坐尝为张易之所引,自吏部侍郎出为渝州刺史。俄复入为太仆少卿,兼修国史,加修文馆学士。景云初,三迁太子詹事。玄宗在东宫,留意经籍,宪因上启曰:"自古及今,皆重于学。至于光耀盛德,发扬令问,安静身心,保宁家国。无以加焉。殿下居副君之位,有绝人之才,岂假寻章摘句,盖资略知大意,用功甚少,为利极多。伏愿克成美志,无弃暇日,上以慰至尊之心,下以答庶僚之望。侍读褚无量经明行修,耆年宿望,时赐召问,以察其言,幸甚。"玄宗甚嘉纳之。明年,宪卒,赠衮州都督。有集三十卷。

初则天时,敕吏部糊名考选人判,以求才彦,宪与王适、司马锽、梁载言相次判入第二等。

王适,幽州人。官至雍州司功。

司马锽,洛州温人也。神龙中,卒于黄门侍郎。

梁载言,博州聊城人。历凤阁舍人,专知制诰。撰《具员故事》十卷、《十道志》十六卷,并传于时。中宗时为怀州刺史。

沈佺期,相州内黄人也。进士举。长安中,累迁通事舍人预修《三教珠英》。佺期善属文,尤长七言之作,与宋之问齐名,时人称为沈宋。再转考功员外郎,坐赃配流岭表。神龙中,授起居郎,加修文馆直学士。后历中书舍人、太子詹事。开元初卒。有文集十卷。

弟全交及亻,亦以文词知名。

陈子昂,梓州射洪人。家世富豪,子昂独苦节读书,尤善属文。初为《感遇诗》三十首,京兆司功王适见而惊曰:"此子必为天下文宗矣!"由是知名。举进士。会高宗崩,灵驾将还长安,子昂诣阙上书,盛陈东都形胜,可以安置山陵,关中旱俭,灵驾西行不便。曰:

梓州射洪县草莽愚臣子昂,谨顿首冒死献书阙下。臣闻明王不恶切直之言以纳忠,烈士不惮死亡之诛以极谏。故有非常之策者,必待非常之时;得非常之时者,必待非常之主。然后危言正色，抗义直辞，赴汤镬而不回，至诛夷而无悔。岂徒欲诡世夸俗，厌生乐死者哉！实以为杀身之害小，存国之利大，故审计定议而甘心焉。况乎得非常之时，遇非常之主，言必获用，死亦何惊，千载之迹，将不朽于今日矣。

伏惟大行皇帝遗天下，弃群臣，万国震惊，百姓屠裂。陛下以徇齐之圣，承宗庙之重，天下之望，喁喁如也，莫不冀蒙圣化，以保余年，太平之主，将复在于兹矣，况皇太后又以文母之贤。协轩宫之耀，军国大事，遗诏决之，唐、虞之际，于斯盛矣。臣伏见诏书，梓宫将迁西京，銮舆亦欲陪幸，计非上策，智者失图，庙堂未闻有骨鲠之谟，朝廷多见有顺从之议，臣窃惑以为过矣。伏自思之，生圣日，沐皇风，摩顶至踵，莫非亭育，不能历丹凤，抵濯龙，北面玉阶，东望金屋，抗音而正谏者，圣王之罪人也。所以不顾万死，乞献一言，愿蒙听览，甘就鼎镬，伏惟陛下察之。

臣闻秦都咸阳之时，汉都长安之日，山河为固，天下服矣。然犹北取胡、宛之利，南资巴蜀之饶。自渭入河，转关东之粟；逾沙绝漠，致山西之储。然后能削平天下弹压诸侯，长辔利策，横制宇宙。今则不然。燕、代迫匈奴之侵，巴、陇婴吐蕃之患，西蜀疲老，千里赢粮，北国丁男，十五乘塞，岁月奔命，其弊不堪。秦之首尾，今为阙矣，即所余者，独三辅之间耳。顷遭荒馑，人被荐饥。自河已西，莫非赤地；循陇已北，罕逢青草。莫不父兄转徙，妻子流离，委家丧业，膏原润莽，此朝廷之所备知也。赖以宗庙神灵，皇天悔祸，去岁薄稔，前秋稍登，使赢饿之余，得保性命，天下幸甚，可谓厚矣。然则流人未返，田野尚芜，白骨纵横，阡陌无主。至于蓄积，尤可哀伤。陛下不料其难，贵从先意，遂欲长驱大驾，按节秦京，千乘万骑，何方取给？况山陵初制，穿复未央，土木工匠，必资徒役。今欲率疲弊之众，兴数万之军，征发近畿，鞭扑赢老，凿山采石，驱以就功。春作无时，秋成绝望，凋瘵遗噍，再罹难苦，倘不堪弊，必有逋逃，"子来"

之颂，将何以述之？此亦宗庙之大机，不可不审图也。况国无兼岁之储，家鲜匝时之蓄，一旬不雨，犹可深尤，忽加水旱，人何以济？陛下不深察始终，独违群议，臣恐三辅之弊，不止如前日矣！

　　且天子以四海为家。圣人包六合为宇。历观邃古，以至于今，何尝不以三王为仁，五帝为圣。虽周公制作，夫子著明，莫不祖述尧、舜，宪章文、武，为百王之鸿烈，作千载之雄图。然而舜死陟方，葬苍梧而不返；禹会群后，殁稽山而永终。岂其爱蛮夷之乡而鄙中国哉？实将欲示圣人无外也。故能使坟籍以为美谈，这王以为高范。况我巍巍大圣，轶帝登皇，日月所照，莫不率俾。何独秦、丰之地，可置山陵，河、洛之都不堪园寝？陛下岂不察之，愚臣窃为陛下惜也。且景山崇丽，秀冠群峰，北对嵩、邙，西望汝海，居祝融之故地，连太吴之遗墟，帝王图迹，纵横左右，园陵之美，复何加焉，陛下曾未察之，谓其不可，愚臣鄙见，良足尚矣。况瀍、涧之中，天地交会，北有太行之险，南有宛、叶之饶，东压江、淮，食湖淮之利，西驰崤、渑，据关河之宝。以聪明之主，养纯粹之人，天下和平，恭己正南面而已。陛下不思瀍、洛之壮观，关、陇之荒芜，乃欲弃太山之安，履焦原之险，忘神器之大宝，徇曾、闵之小节，愚臣暗昧，以为甚也。陛下何不览争臣之策，采行路之谣，谘谟太后，平章宰辅，使苍生之望，知有所安，天下岂不幸甚。

　　昔者平王迁都，光武都洛，山陵寝庙，不在东京，宗社坟茔，并居西土，然而《春秋》美为始王，《汉书》载为代祖，岂共不愿荐哉？何圣贤褒贬于斯滥矣？实以时有不可，事有必然。盖欲遣小存大，去祸归福，圣人所以贵也。夫小不忍乱大谋，仲尼之至诚，愿陛下察之。若以臣愚不用，朝议遂行，臣恐关、陇之尤，未时休也。

　　臣又闻太原蓄钜万之仓，洛口积天下之粟，国家之资，斯为大矣。今欲舍而不顾，背以长驱，使有识惊嗟，天下失望。倘

鼠窃狗盗，万一不图，西入陕州之郊，东犯武牢之镇，盗敖仓一
抔之粟，陛下何以遏之？此天下之至机，不可不深料也。虽则
盗未旋踵，诛刑已及，灭其九族，焚其妻子，泣辜虽恨，将何及
焉！故曰："先谋后事者逸。先事后谋者失。""国之利器，不可
以示人。"斯言岂徒设也，固愿陛下念之。

则天召见，奇其对，拜麟台正字。

则天将事雅州讨生羌，子昂上书曰：

麟台正字臣子昂昧死上言。臣闻道路云：国家欲开蜀山，
自雅州道入讨生羌，因以袭击吐蕃。执事者不审图其利害，遂
发梁、凤、巴蜒兵以徇之。臣愚以为西蜀之祸，自此结矣。

臣闻乱生必由于怨。雅州边羌，自国初已来，未尝一日为
盗。今一旦无罪受戮，其怨必甚；怨甚惧诛，必蜂骇西山；西山
盗起，则蜀之边邑，不得不连兵备守；兵久不解，则蜀之祸构
矣。昔后汉末西京丧败，盖由此诸羌。此一事也。

且臣闻吐蕃桀黠之房，君长相信，而多奸谋。自敢抗天诛，
迩来向二十余载，大战则大胜，小战则小胜，未尝败一队，亡一
夫。国家往以薛仁贵、郭待封为虓武之将，屠十一万众于大非
之川，一甲不返。又以李敬玄、刘审礼为廊庙之器，辱十八万众
于青海之泽，身囚房庭。是时精甲勇士，势如云雷，然竟不能擒
一戎，馘一丑，至今而关、陇为空。今乃欲以李处一为将，驱憔
悴之兵，将袭吐蕃，臣窃忧之，而为此房所笑。此二事也。

且夫事有求利而得害者，则蜀昔时不通中国，秦惠王欲帝
天下而并诸侯，以为不兼赍，不取蜀，势未可举，乃用张仪计，
饰美女，谲金牛，因间以啗蜀侯。蜀侯果贪其利，使五丁力士凿
通谷，栈褒斜，置道于秦。自是险阻不关，山谷不闭，张仪蹑踵
乘便，纵兵大破之，蜀侯诛，赍邑灭。至今蜀为中州，是贪利而
亡。此三事也。

且臣闻吐蕃羯房，爱蜀之珍富。欲盗之久有日矣。然其势
不能举者，徒以山川阻绝，障隘不通，此其所以顿饿狼之喙而

不得侵食也。今国家乃乱边羌，开隘道，使其收奔亡之种，为向导以攻边。是乃借寇兵而为贼除道，举全蜀以遗之。此四事也。

臣窃观蜀为西南一都会，国家之宝库，天下珍货聚出其中。又人富粟多，顺江而下，可以兼济中国。今执事者乃图伐幸之利，悉以委事西羌。地不足以富国，徒杀无辜之众，以伤陛下之仁，縻费随之，无益圣德，又况侥幸之利，未可图哉！此五事也。

夫蜀之所恃，有险也；人之所安，无杀者也。今国家乃开其险，役其人，险开则便寇，人役则伤财。臣恐未见羌戎，已有奸盗在其中矣。往年益州长史李崇真图此奸利，传檄称吐蕃欲寇松州，遂使国家盛军师、大转饷以备之。未二三年，巴蜀二十余州，骚然大弊，竟不见吐蕃之面，而崇真赃钱已计钜万矣。蜀人残破，几不堪命。此之近事，犹在人口，陛下所亲知。臣愚意者不有奸臣欲图此利，复以生羌为计者哉！此六事也。

且助蜀人尪劣，不习兵战，一虏持矛，百人莫敢当。又山川阻旷，去中夏精兵处远。今国家若击西羌，掩吐蕃，遂能破灭其国，奴虏其人，使其君长系首北阙，计亦可矣。若不到如此，臣方见蜀之边陲不守，而为羌夷所横暴。昔辛有见被发而祭伊川者，以为不出百年，此其戎。臣恐不及百年而蜀为戎。此七事也。

且国家近者废安北，拔单于，弃龟兹，放疏勒，天上翕然，谓之盛德。所以者何？盖以陛下务在仁，不在广，务在养，不在杀，将以此息边鄙，休甲兵，行三皇、五帝之事者也。今又徇贪夫之议，谋动兵戈，将诛无罪之戎，而遗全蜀之患，将何以令天下乎？

此愚臣所以不甚悟者也。况当今山东饥，关、陇弊，历岁枯旱，人有流亡。诚是圣人宁静思和天人之时，不可动甲兵，兴大役，以自生乱。臣又流闻西军失守，北军不利，边人忙动，情有不安。今者复驱此兵，投之不测。臣闻自古亡国破家，未尝不由斁兵。今小人议夷狄之利，非帝王之至德也，又况弊中夏哉！

臣闻古之善为天下者，计大而不计小，务德而不务刑，图其安则思其危，谋其利则虑其害，然后能长享福禄，伏愿陛下熟计之。

再转右拾遗，数上疏陈事，词皆典美。时有同州下邽人徐元庆，父为县尉赵师韫所杀。后师韫为御史，元庆变姓名于驿家佣力，候师韫，手刃杀之。议者以元庆孝烈，欲舍其罪。子昂建议以为"国法专杀者死，元庆宜正国法，然后旌其闾墓，以褒其孝义可也"当时议者咸以子昂为是。俄授麟台正字。武攸宜统军北讨契丹，以子昂为管记，军中文翰皆委之。子昂父在乡，为县令段简所辱，子昂闻之，遽还乡里。简乃因事收系狱中，尤愤而卒，时年四十余。

子昂褊躁无威仪，然文词宏丽，甚为当时所重。有集十卷，友人黄门侍郎卢藏用为之序，盛行于代。

子昂卒后，益州成都人间丘均，亦以文章著称。景龙中，为安乐公主所荐，起家拜太常博士。而公主被诛，均坐贬为循州司仓，卒。有集十卷。

宋之问，虢州弘农人。父令文，有勇力，而工书，善属文。高宗时，为左骁卫郎将、东台详正学士。之问弱冠知名，尤善五言诗，当时无能出其右者。初征令与杨炯分直内教，俄授洛州参军，累转尚方监丞、左奉宸内供奉。易之兄弟雅爱其才，之问亦倾附焉。预修《三教珠英》，常扈从游宴。则天幸洛阳龙门，令从官赋诗，左史天东方虬诗先成，则天以锦袍赐之。及之问诗成，则天称其词愈高，夺虬锦袍以赏之。及易之等败，左迁泷州参军。未几，逃还，匿于洛阳人张仲之家。仲之与驸马都尉王同皎等谋杀武三思，之问令兄子发其事以自赎。及同皎等获罪，起之问为鸿胪主簿，由是深为义士所讥。景龙中，再转考功员外郎。时中宗增置修馆学士，择朝中文学之士，之问与薛稷、杜审言等首膺其选，当时荣之。及典举，引拔后进，多知名者。寻转越州长史。睿宗即位，以之问尝附张易之、武三思，配徙钦州。先天中，赐死于徙所。之问再被窜谪，经途江、岭，所有篇咏，传布远近。友人武平一为之纂集，成十卷，传于代。

世人以之问父为三绝，之问以文词知名，弟之悌有勇力，之逊善书，议者云各得父之一绝。

之悌，开元中自右羽林将军出为益州长史、剑南节度兼采访使。寻迁太原尹。

阎朝隐，赵州栾城人也。少与兄镜几、弟仙舟俱知名。朝隐文章虽无《风》、《雅》之体，善构奇，甚为时人所赏。累迁给事中，预修《三教珠英》。张易之等所作篇什，多是朝隐及宋之问潜代为之。圣历二年，则天不豫，令朝隐往少室山祈祷。朝隐乃曲申悦媚，以身为牺牲，请代上所苦。及将康复，赐绢彩百匹、金银器十事。俄转麟台少监。易之伏诛，坐徙岭外。寻召还。先天中，复为秘书少监又坐事贬为通州别驾，卒官。

朝隐修《三教珠英》时，成均祭酒李峤与张昌宗为修书使，尽收天下文词之士为学士，预其列者，有王无竞、李适、尹元凯，并知名于时。自余有事迹者，各见其本传。

王无竞者，字仲烈，其先琅邪人，因官徙居东莱，宋太尉弘之十一代孙。父侃，棣州司马。无竞有文学，初应下笔成章举及第，解褐授赵州栾城县尉，历秘书省正字，转右武卫仓曹、洛阳县尉，迁监察御史，转殿中。旧例，每日更直于殿前正班。时宰相宗楚客、杨再思常离班偶语，无竞前曰："朝礼至敬，公等大臣，不宜轻易以慢恒典。"楚客等大怒，转无竞为太子舍人。神龙初，坐诃诋权幸，出为苏州司马。及张易之等败，以尝交往，再贬岭外，卒于广州，年五十四。

李适者，雍州万年人，景龙中，为中书舍人，俄转工部侍郎睿宗时，天台道士司马承祯被征至京师。及还，适赠诗，叙其高尚之致，其词甚美，当时朝廷之士，无不属和，凡三百余人。徐彦伯编庵叙之，谓之《白云记》，颇传于代。寻卒。

尹元凯者，瀛州乐寿人。初为磁州司仓，坐事免，乃栖迟山林，不求仕进，垂三十年。与张说、卢藏用特相友善，征拜右补阙。卒于并州司马。

贾曾，河南洛阳人也。父言忠，乾封中为侍御史。时朝廷有事辽东，言忠奉使往支军粮。及还，高宗问以军事，言忠画其山川地势，及陈辽东可平之状，高宗大悦。又问诸将优劣，言忠曰："李绩先朝旧臣，圣鉴所悉。庞同善虽门将，而持军严整。薛仁贵勇冠三军，名可振敌。高侃俭素自处，忠果有谋。契苾何力沉毅持重，有统御之才，然颇有忌前之癖。诸将夙夜小心，忘身忧国，莫过于李绩者。"高宗深然之。累转吏部员外郎。坐事左迁邠州司马，卒。

曾少知名。景云中，为吏部员外郎。玄宗在东宫，盛择宫僚，拜曾为太子舍人，时太子频遣使访召女乐，命宫臣就率吏署阅乐，多奏女妓。曾启谏曰：

臣闻作乐崇德，以感人神，《诏》、《夏》有容，《咸》、《英》有节，妇人亵黩，无豫其间。昔鲁用孔子，几至于霸，齐人惧之，馈以女乐，鲁君既受，孔子所以行。戎有由余，兵强国富。秦人反间，遣之女妓，戎王耽悦，悦，由余乃奔。斯则大圣名贤嫉之已久。良以妇人为乐，必务冶容，哇姣动心，蛊惑丧志，上行下效，淫俗将成，败国乱人，实由兹起。伏惟殿下神武命代，文思登庸，宇内颙颙，瞻仰德化。而渴贤之美，未被于民心；好妓之声，或闻于人听。岂所以追启、诵之徽烈，袭尧、舜之英风者哉！至若监抚余闲，宴私多豫，后庭妓乐，古或有之，非以风人，为弊犹隐。至于所司教习，章示群僚，慢伎淫声，实亏睿化。伏愿下教令，发德音，屏倡优敦《雅》、《颂》，率更女乐，并令禁断，诸使采召，一切皆停。则朝野内外，皆知殿下放郑远佞，辉光日新，凡在含生，孰不欣戴。

太子手令答曰："比尝闻公正直,信亦不虚。寡人近日颇寻典籍,至于政化,偏所留心,女乐之徒,亦拟禁断。公之所言,雅符本意。"俄特授曾中书舍人。曾以父名忠,固辞,乃拜谏议大夫、知制诰。

明年,有事于南郊,有司立议,唯祭昊天上帝,而不设皇地祇之位。曾奏议"请于南郊方丘,设皇地祇及从祀等坐,则礼得稽古,义得缘情。"睿宗令宰相及礼官详议,竟依曾所奏。开元初,复拜中书舍人,曾又固辞,议者以为中书是曹司名,又怀曾父晋同字别,于礼无嫌,曾乃就职。与苏晋同掌制诰,皆以词学见知,时人称为苏贾。曾后坐事,贬洋州刺史。开元六年,玄宗念旧,特恩甄叙,继历庆、郑等州刺史入拜光禄和卿,迁礼部侍郎。十五年卒。子至。

至,天宝末为中书舍人。禄山之乱从上皇幸蜀。时肃宗即位于灵武,上皇遣至为传位册文,上皇览之叹曰："昔先帝逊位于朕,册文则卿之先父所为。今朕以神器大宝付储君,卿又当演诰。累朝盛典,出卿父子之手,可谓难矣。"至伏于御前,呜咽感涕。

宝应二年,为尚书左丞。时礼部侍郎杨绾上疏请依古制,县令举孝廉于刺史,刺史试其所通之学,送名于省:省试每经问义十条、对策三道,取其通否。诏令左右丞、诸司侍郎、大夫中丞、给、舍等参议,议者多与绾同。至议曰:

夏之政尚忠,殷之政尚敬,周之政尚文,然见文与忠敬,皆统人之行也。是故前代以文取士,本行也,则词以观行,则及词也。宣父称"颜子不迁怒,不贰过",谓之"好学"。至乎修《春秋》,则游、夏不能措一辞,不亦明乎!间者礼部取人,有乖斯义。试学者以帖字为精通,而不穷旨义,岂能知"迁怒""贰过"之道乎?考文者以声病为是非,唯择浮艳,岂能知移风易俗化天下之事乎?是以上失其源,下袭其流,乘流波荡,不知所止,先王之道,莫能行也。夫先王之道消则小人之道长,小人之道长,则乱臣贼子由是出焉。臣弑其君,子弑其父,非一朝一夕之故,其所由来者渐矣。渐者何?儒道不举,取士之失也。夫一国之事,系一人之本,谓之风。赞扬其风,系卿大夫也卿大夫何尝不出于士乎？今取士，试之小道，不以远者大者，使干禄之徒，趋驰末术，是诱导之差也。所以禄山一呼，四海震荡，思明再乱，十年不复。向使礼让之道弘，仁义之风著，则忠臣孝子比屋可封，逆节不得而萌也，人心不得而摇也。

且夏有天下四百载，禹之道丧，而殷始兴焉；殷有天下六百祀，汤之法弃，而周始兴焉；周有天下八百年，文、武之政弊，而秦始并焉。观三代之选士任贤，皆考实行，故能风俗淳一，运祚长远。秦坑儒士，二代而亡。汉兴，杂用三代之政，弘四科之举，终彼四百，岂非学行道扇，化行于乡里哉！自魏至隋，仅四百载，窃号僭位，德义不修，是以子孙速颠，享国咸促。

国家革魏、晋、梁、隋之弊，承夏、殷、周、汉之业，四隩既宅，九州攸同，覆帱生育，德合天地，安有舍皇王举士之道，从乱代取人术，此公卿大夫之辱也。今西京有太学，州县有小学，兵革一动。生徒流离，儒臣师氏，禄廪无由，贡士不称行实，胄子何尝讲习。礼部每岁擢甲乙之第，谓弘奖劝，不其谬欤！只足以长浮薄之风，启侥幸之路矣！其国子博士等，望加员数，厚其禄秩，通儒硕生，间居其职。十道大郡，量置太学馆，令博士出外，兼领郡官，召置生徒，依乎故事，保桑梓者乡里举焉，在流寓者庠序推焉。朝而行之。夕见其利。

议者然之。宰臣等奏以举旧业以成，难于速改。其今岁举人，望且依旧。贾至所议，来年允之。

广德二年，转礼部侍郎。是岁至以时艰岁歉，举人赴省者，奏请两都试举人，自至始也。永泰元年，加集贤院待制。大历初，改兵部侍郎。五年，转京兆尹、兼御史大夫，卒。

许景先，常州义兴人，后徙家洛阳。少举进士，授夏阳尉。神龙初，东都起圣善寺报慈阁。景先诣阙献《大像阁赋》，词甚美丽，擢拜左拾遗。累迁给事中。开元初，每年赐射，节级赐物，属年俭，甚费府库。景先奏曰：

近以三九之辰,频赐宴射。已著格令,犹降纶言。但古制不存,礼章多阙,官员累倍,帑藏未充,水旱相仍,继之师旅,既不足以观德,又未足以威边,耗国损人,且为不急。夫古之天子,以射选诸侯,以射饰礼乐,以射观容志,故有《驺虞》、《狸首》之奏,《采蘩》、《采苹》之乐。天子则以备官为节,诸侯则以时会为节,卿大夫以循法为节,士以不失职为节,皆审志固行,德美事成,阴阳克和,暴乱不作。故诸侯贡士,亦试于射宫,容体有亏,则绌其地。是诸侯君臣皆尽志于射,射之礼也大矣哉!今则不然。众官既多,鸣镝乱下,以苟获为利,以偶中为能,素无五善之容,颇失三侯之礼。冗官厚秩,禁卫崇班,动盈累千,其算无数。近河南、河北,水劳处多,林胡小蕃,见寇郊垒,军书日至,河朔骚然。命将除凶,未图克捷,兴师十万,日费千金。去岁豫、亳两州,微遭旱损,庸赋不办,以致流亡。圣人尤勤,降使招恤,流离岁月,犹未能安,人之困穷,以至于此。今一箭偶中,是一丁庸调,用之既无恻隐,获之固无耻惭。考古循今,则为未可。且禁卫武官,随番许射,能中的者,必有赏焉。此则训武习戎,时习不阙,待寇宁岁稔,率由旧章,则爱礼养人,幸甚幸甚。自是乃停赐射之礼。

俄转中书舍人。自开元初,景先与中书舍人齐浣、王丘、韩休、张九龄掌知制诰,以文翰见称。中书令张说尝称曰:"许舍人之文,虽无峻峰激流崭绝之势,然属词丰美,得中和之气,亦一时之秀也。"十年夏,伊、汝泛溢,漂损居人庐舍,溺死者甚众。景先言于侍中源乾曜曰:"灾眚所降,必资修德以禳之,《左传》所载'降服出次',即其事也。诚宜发德音,遣大臣存问,忧人罪己,以答天谴。明公位存辅弼,当发明大体,以启沃明主,不可缄默也。"乾曜然其言,遽以闻奏,乃下诏遣户部尚书陆象先往赈给穷乏。十三年,玄宗令宰臣择刺史之任,必在得人,景先首中其选,自吏部侍郎同为虢州刺史。后转岐州,入拜吏部侍郎,卒。

贺知章，会稽永兴人，太子洗马德仁之族孙也。少以文词知名举进士。初授国子四门博士，又迁太常博士，皆陆象先在中书引荐也。开元十年，兵部尚书张说为丽正殿修书使，奏请知章及秘书员外监徐坚、监察御史赵冬曦皆入书院，同撰《六典》及《文纂》等，累年，书竟不就。后转太常少卿。

十三年，迁礼部侍郎，加集贤院学士，又充皇太子侍读。是岁，玄宗对东岳，有诏应行从群臣并留于谷口，上独与宰臣及升坛行事官登于岳上斋宫之所。初，上以灵山清洁，不欲喧繁，召知章讲定仪注，因奏曰："昊天上帝君位，五方诸帝臣位，帝号虽同，而君异位。陛下享君位于山上，群臣祀臣位于山下，诚足垂范来叶，为变礼之大者也。然礼成于三献，亚终合于一处。"上曰："朕正欲如是，故问卿耳。"于是敕："三献于山上行事，五方帝及诸神座于下坛行事。"俄属惠文太子薨，有诏礼部选挽郎，知章取舍非允，为门荫子弟喧诉盈庭。知章于是以梯登墙，首出决事，时人咸嗤之，由是改授工部侍郎，兼秘书监同正员，依旧充集贤院学士。俄迁太子宾客、银青光禄大夫兼正授秘书监。

知章性放旷，善谈笑，当时贤达皆倾慕之。工部尚书陆象先，即知章之族姑子也，与知章甚相亲善。象先常谓人曰："贺兄言论倜傥，真可谓风流之士。吾与子弟离阔，都不思之，一日不见贺兄，则鄙吝生矣。"知章晚年尤加纵诞，无复规检，自号四明狂客，又称"秘书外监"，遨游里巷。醉后属词，动成卷轴，文不加点，咸有可观。又善草隶书，好事者供其片翰，每纸不过数十字，共传宝之。

时有吴郡张旭，亦与知章相善。旭善草书，而好酒，每醉后号呼狂走，索笔挥洒，变化无穷，若有神助，时人号为张颠。

天宝三载，知章因病恍惚，乃上疏请度为道士，求还乡里，仍舍本乡宅为观。上许之，仍拜其子典设郎曾为会稽郡司马，仍令侍养。御制诗以赠行，皇太子已下咸就执别。至乡无几寿终，年八十六。

肃宗以侍读旧，乾元元年十一月诏曰："故越州千秋观道士贺知章，器识夷淡，襟怀和雅，神清志逸，学富才雄，挺会稽之美箭，蕴昆岗之良玉。故飞名仙省,侍讲龙楼,常静默以养闲,因谈谐而讽谏。以暮齿辞禄,再见款诚,愿追二老之踪,克遂四明之客。允叶初志,脱落朝衣,驾青牛而不还,狎白衣而长往。丹壑非昔,人琴两亡,惟旧之怀,有深追悼,宜加缛礼,式殚哀荣。可赠礼部尚书。"

先是神龙中,知章与越州贺朝、万齐融,扬州张若虚、邢巨,湖州包融,俱以吴、越之士,文词俊秀,名扬于上京。朝万止山阴尉,齐融昆山令,若虚衮州兵曹,巨监察御史。融遇张九龄,引为怀州司户、集贤直学士。数子人间往往传其文,独知章最贵。

神龙中,有尉氏李登之,善五言诗,蹉跌不偶,六十余,为宋州参军卒。

席豫,襄阳人,湖州刺史固七世孙,徙家河南。豫进士及第。开元中累官至考功员外郎,典举得士,为时所称。三迁中书舍人,与韩休、许景先、徐安贞、孙逖相次掌制诰,皆有能名。转户部侍郎,充江南东道巡抚使,兼郑州刺史。入为吏部侍郎,玄宗谓之曰:"卿以前为考功,职事修举,故有此授。"豫典选六年,复有令誉。天宝初,改中书左丞。寻检校礼部中书,封襄阳县子。玄宗幸温泉宫,登朝元阁赋诗,群臣属和。帝以豫诗为工,手制褒美曰:"览卿所进,实诗人之首出,作者之冠冕也。"

豫与弟晋,俱以词藻见称,而豫性尤谨,虽与子弟书疏及吏曹簿领,未尝草书,谓人曰:"不敬他人,是自不敬也。"或曰:"此事甚细,卿何介意?"豫曰:"细犹不谨,而况巨耶!"七载,卒于位,时年六十九。疾笃,谓其子曰:"吾亡三日敛,敛日即葬,勿更久留,贻公私之烦。家无余财,可卖所居,聊备葬礼。"人嘉其达。赠江陵大都督,谥曰文。

徐安贞者,信安龙丘人。尤善五言诗。尝应制举,一岁三擢甲科,人士称之。开元中为中书舍人、集贤院学士。上每属文及作手诏多命安贞视草,甚承恩顾。累迁中书侍郎。天宝初卒。

齐浣,定州义丰人。少以词学称。弱冠以制科登第,释褐蒲州司法参军。景云二年,中书令姚崇用为监察御史。弹劾违犯,先于风教,当时以为称职。开元中崇复用为给事中,迁中书舍人。论驳书诏,润色王言,皆以古义谟诰为准的,侍中宋璟、中书侍郎苏颋并重之。秘书监马怀素、右常侍元行冲受诏编次四库群书,乃奏浣为编修使,改秘书少监。寻丁忧免。

十二年,出为汴州刺史。河南,汴为雄郡,自江、淮达于河、洛,舟车辐辏,人庶浩繁。前后牧守,多不称职,唯倪若水与浣皆以清严为治,民吏歌之。中书令张说择左右丞之才,举怀州刺史王丘为左丞,以浣为右丞。李元纮、杜暹为相,以开府、广平公宋璟为吏部尚书,又用户部侍郎苏晋与浣为吏部侍郎,当时以为高选。

时开府王毛仲宠幸用事,与龙武将军万福顺为姻亲,故北门官见毛仲奏请,无不之允,皆受毛仲之惠,进退随其指使。浣恶之,乘间论之曰:“福顺典兵马,与毛仲婚姻,小人宠极则奸生,若不预图,恐后为患,惟陛下思之。况腹心之委,何必毛仲,而高力士小心谨慎,又是阉官,便于禁中驱使。臣虽过言,庶裨万一。臣闻君不密则失臣,臣不密则失身,惟圣虑密之。”玄宗嘉其诚,谕之曰:“卿且出。朕知卿忠义,徐俟其宜。”会大埋丞麻察坐事出为兴州别驾,浣与察善出城饯之,因语禁中谏语。察性谞诸,遽以浣语奏之。玄宗怒,令中书门下鞫问。又召浣于内殿,谓之曰:“卿向朕道‘君不密则失臣,臣不密则失身’,而疑朕不密,而翻告麻察,是何密耶?麻察轻险无行,常游太平之门,此日之事,卿岂不知耶?”浣免冠顿首谢罪,乃贬高州良德丞。又贬察为浔州皇德尉。浣数年量移常州刺史。

二十五年,迁润州刺史,充江南东道采访处置使。润州北界隔吴江,至瓜步尾,纤汇六十里,船绕瓜步,多为风涛之所漂损。浣乃移其漕路,于京口塘下直渡江二十里,又开伊娄河二十五里,即达扬子县。自是免漂损之灾,岁减脚钱数十万。又立伊娄埭,官收其课,迄今利济焉。数年,复为汴州刺史。淮、汴水运路,自虹县至临淮一百五十里,水流迅急,旧用牛曳竹索上下,流急难制。浣乃奏自虹县下开河三十余里,入于清河,百余里出清水,又开河至淮阴县北岸入淮,免淮流湍险之害。久之,新河水复迅急,又多僵石,漕连难涩,行旅弊之。

浣因高力士中助,连为两道采访使,遂兴开漕之利,以中人主意,复勾剥货财,赂遗中贵,物议薄之。又纳刘戒之女为妾,凌其正室,专制家政。李林甫恶之。遣人掎摭其失。会浣判官犯赃,浣连坐,遂废归田里。天宝初,起为员外少詹事,留司东都。时绛州刺史严挺之为林甫所构,除员外少詹事,留司东都。与浣皆朝廷旧德,既废居家巷,每园林行乐,则杖履相过,谈宴终日。林甫闻而患之,欲离其势。五年,用浣为平阳太守。卒于郡。肃宗即位,为林甫所陷者皆得雪,浣受褒赠。

王浣,并州晋阳人。少豪荡不羁,登进士第,日以捕酒为事。并州长史张嘉贞奇其才,礼接甚厚,浣感之,撰乐词以叙情,于席上自唱自舞,神气豪迈。张说镇并州,浣益至。会说复知政事以浣为秘书正字,擢拜通事舍人,迁驾部员外。枥多名马,家有妓乐。浣发言立意,自比王侯,颐指俦类,人多嫉之。说既罢相,出浣为汝州长史,改仙州别驾。至郡,日聚英豪,从禽击鼓,恣为欢赏,文士祖咏、杜华常在座,于是贬道州司马,卒。有文集十卷。

李邕,广陵江都人。父善尝受《文选》于同郡人曹宪。后为左侍极贺兰敏之所荐引,为崇贤馆学士,转兰台郎。敏之败,善坐配流岭外。会赦还,因寓居汴、郑之间,以讲《文选》为业。年老疾卒。所注《文选》六十卷,大行于时。

邕少知名。长安初,内史李峤及监察御史张廷珪,并荐邕词高行直,堪为谏诤之官,由是召拜左拾遗。俄而御史中丞宋璟奏侍臣张昌宗兄弟有不顺之言,请付法推断。则天初不应,邕在阶下进曰:

"臣观宋璟之言,事关社稷,望陛下可其奏。"则天色稍解,始允宋璟所请。既出,或谓邕曰:"吾子名位尚卑,若不称旨,祸将不测,何为造次如是?"邕曰:"不愿不狂,其名不彰。若不如此,后代何以称也?"

及中宗即位,以妖人郑普思为秘书监,邕上书谏曰:

盖人有感一餐之惠,殒七尺之身,况臣为陛下官,受陛下禄,而目有所见,口不言之,是负恩矣。自陛下亲政日近,复在九重所以未闻在外群下窃议。道路籍籍,皆云普思多行诡惑,妄说妖祥,唯陛下不知,尚见驱使,此道若行,必挟乱政。臣至愚至贱,不敢以胸臆对扬天威,请以古事为明证。孔丘云:"《诗》三百,一言以蔽之,曰:思无邪。"陛下今若以普思有奇术,可致长生久视之道,则爽鸠氏久应得之,永有天下,非陛下今日可得而求;若以普思可致仙方,则秦皇、汉武久应得之,永有天下,亦非陛下今日可得而求;若以普思可致佛光,则汉明梁武应得之,永有天下,亦非陛下今日可得而求。若以普思可致鬼道,则墨翟、干宝各献于至尊矣,而二主得之,永有天下,亦非陛下今日可得而求。此皆事涉虚妄,历代无效,臣愚不愿陛下复行之于明时。唯尧、舜二帝,自古称圣,臣观所得,故在人事,郭睦九族,平章百姓,不闻以鬼神之道理天下。伏愿陛下察之,则天下幸甚。

疏奏不纳。以与张柬之善,出为南和令,又贬富州司户。

唐隆元年,玄宗清内难,召拜左台殿中侍御史。改户部员外郎,又贬崖州舍城丞。开元三年,擢为户部郎中。邕素与黄门寺郎张廷珪友善,时姜皎用事,与廷珪谋引邕为宪官。事浅,中书令姚崇嫉邕险躁,因而构成其罪,左迁括州司马。后征为陈州刺史。

十三年,玄宗车驾东封回,邕于汴州谒见,累献词赋,甚称上旨。由是颇自矜炫,自云当居相位。张说为中书令,甚恶之。俄而陈州赃污事发,下狱鞠讯,罪当死,许州人孔璋上书救邕曰:

臣闻明主御宇,舍过举能,取材弃行;烈士抗节,勇不避死,见危授命。晋用林父,岂念过乎?汉用陈平,岂念行乎?禽息殒身,北郭碎首,岂爱死乎?向若林父诛,陈平死,百里不用,晏婴见逐,是晋无赤狄之土,汉无皇极之尊,秦不并西戎,齐不霸东海矣。

臣伏见陈州刺史李邕,学成师范,文堪经国,刚毅忠烈,难不苟免。往者张易之用权,人畏其口,而邕折其角;韦氏恃势,言出祸应,而邕挫其锋。虽身受屈终,而奸谋中损,即邕有大造于我邦家也。且斯人所能者,拯孤恤穷,救乏赈惠,积而便散,家无私聚。今闻坐赃下吏。鞫讯待报,将至极刑,死在朝夕。

臣闻生无益于国,不若杀身以明贤。臣朽贱庸夫,轮辕无取,兽息禽视,虽生何为。况贤为国宝,社稷之卫,是臣痛惜深矣。臣愿六尺之躯,甘受膏斧,以代邕死。臣之死,所谓落一毛;邕之生,有足照千里。然臣与邕,生平不款,臣知有邕,邕不知有臣。臣不逮邕,明矣。夫知贤而举,仁也;代人任患,义也。臣获二善而死,且不朽,则又何求!陛下若以臣之贱不足以赎邕,雁门缝掖有效矣。伏惟陛下宽邕之生,速臣之死,令邕率德改行,想林父之功,使臣得瞑目黄泉,附北郭之迹,臣之大愿毕矣。陛下即以阳和之始,难于用钺,俟天成命,敢忘伏剑,岂烦大刑,然后归死。皇天后土,实照臣之心。

昔吴、楚七国叛,因亚夫得剧孟,则寇不足忧。夫以一贤之能,敌七国之众。伏惟敷含垢之道,存弃瑕之义,远思剧孟,近取李邕,岂惟成恺悌之泽,实亦归天下之望。况大礼之后,天地更新,赦而复论,人谁无罪?惟明主图之。臣闻士为知己者死,且臣不为死者所知,甘于死者,岂独为惜邕之贤,亦成陛下矜能之德。惟明主图之。

疏奏,邕以会减死,贬为钦州遵化县尉,璋亦配流岭南而死。邕后于岭南从中官杨思勖讨贼有功,又累转括、淄、滑三州刺史,上计京师。邕素负美名,频被贬斥,皆以邕能文养士。贾生、信陵之流,执事忌胜,剥落在外。人间素有声称,后进不识,京、洛阡陌聚观,以为古人，或将眉目有异，衣冠望风，寻访门巷。又中使临问，索其新文，后为人阴中，竟不得进。

天宝初，为汲郡、北海二太守。邕性豪侈，不拘细行，所在纵求财货，驰猎自恣。五载，奸赃事发。又尝与左骁卫兵曹柳绩马一匹，及绩下狱，吉温令绩引邕议及休咎，厚相赂遗，词状连引，敕刑部员外郎祁顺之、监察御史罗希奭驰往就郡决杀之，时年七十余。

初，邕早擅才名，尤长碑颂。虽贬职在外，中朝衣冠及天下寺观，多赍持金帛，往求其文。前后所制，凡数百首，受纳馈遗，亦至钜万。时议以为自古鬻文获财，未有如邕者。有文集七十卷。其《韩公行状》、《洪州放生池碑》、《批韦巨源谥议》，文士推重之。后因恩例，得赠秘书监。

孙逖，潞州涉县人。曾祖仲将，寿张丞。祖希庄，韩王府典签。父嘉之，天册年进士擢第，又以书判拔萃，授蜀州新津主簿，历曲周、襄邑二县令，以宋州司马致仕，卒年八十三。

逖幼而英俊，文思敏速。始年十五，谒雍州长史崔日用。日用小之，令为《土火炉赋》，逖握翰即成，词理典赡。日用览之骇然，遂为忘年之交，以是价誉益重。开元初，应哲人奇士举，授山阴尉。迁秘书正字。十年，应制登文藻宏丽科，拜左拾遗。张说尤重其才，逖日游其门，转左补阙。黄门侍郎李皓出镇太原，辟为从事。皓在镇，与游州刺史李商隐游于伯乐川，逖为之记，文士盛称之。二十一年，入为考功员外郎、集贤修撰。逖选贡士二年，多得俊才。初年则杜鸿渐至宰辅，颜真卿为尚书。后年拔李华、萧颖士、赵骅登上第，逖谓人曰："此三人便堪掌纶诰。"

二十四年，拜逖中书舍人。逖自以通籍禁闱，其父官才邑宰，乃上表陈情曰："臣父嘉之，虽当暮齿，幸遇明时，绵历驱驰，才及令长。臣凤荷严训，累登清秩，频迁省闼，又拜掖垣。地近班荣。臣则过量；途遥日暮，父乃后时。在公府有偷荣之责，于私庭无报德之效，反惭乌鸟，徒厕鸳鸿。伏望降臣一外官，特乞微恩，稍沾臣父。"

玄宗优诏奖之，授嘉之宋州司马致仕，寻卒。丁父丧免，二十九年服阕，复为中书舍人。其年充河东游黜陟使。天宝三载，权判刑部侍郎。五载，以风病求散秩，改太子左庶子。逖掌诰八年，制敕所出，为时流叹服。议者以为自开元已来，苏颋、齐浣、苏晋、贾曾、韩休、许景先及逖，为王言之最。逖尤善思，文理精练，加之谦退不伐，人多称之。以疾沉废累年，转太子詹事。上元上卒。广德二年，诏赠尚书右仆射，谥曰文。有集三十卷。子宿、绛、成。逖弟通、遘、造。

遘终左武卫兵曹。宿历河东掌记，代宗朝历刑部郎中、中书舍人，出为华州刺史，卒。成字退思，以父荫累授云阳、长安尉。历监察御史，转殿中。陇右副元帅李抱玉奏充掌书记，入为屯田、司勋二员外郎。丁母丧免，终制，出为洛阳令，转长安令。时兄宿为华州刺史，因失火惊惧成暗病。成素孝悌，苍黄请急，不俟报而趋华。代宗嘉之，叹曰："急难之切，观过知仁。"历仓部郎中、京兆少尹。出为信州刺史，有惠政，郡人请立碑颂德，优诏褒美。转苏州刺史。贞元四年，改桂州刺史、桂管观察使。五年卒。

宿子公器，官至信州刺史、邕管经略使。公器子简、范，并举进士。会昌后，兄弟继居显秩，历诸道观察使。简，兵部尚书。子纾、徽，并登进士第。

旧唐书卷一九〇下
列传第一四〇下

文苑下

李华　萧颖士 李翰附　陆据　崔颢
王昌龄　孟浩然　元德秀　王维
李白　杜甫　吴通玄 兄通微　卢景亮
王仲舒　崔咸　唐次 子扶　持弟款
款子枝 持子彦谦　刘蕡　李商隐 弟义叟
温庭筠　薛逢 子廷珪　李拯
李巨川　司空图

李华字遐叔,赵郡人。开元二十三年进士擢第。天宝中,登朝为监察御史。累转侍御史,礼部、吏部二员外郎。华善属文,与兰陵萧颖士友善。华进士时,著《含元殿赋》万余言,颖士见而赏之,曰:"《景福》之上《灵光》之下。"华文体温丽,少宏杰之气,颖士词锋俊发,华自以所业过之,疑其诬词。乃为《祭古战场文》,熏污之如故物,置于佛书之阁。华与颖士因阅佛书得之,华谓之曰:"此文何如?"颖士曰:"可矣。"华曰:"当人秉笔者,谁及于此?"颖士曰:"君稍精思,便可及此。"华愕然。华著论言龟卜可废,通人当其言。

禄山陷京师,玄宗出幸,华扈从不及,陷贼,伪署为凤阁舍人。

收城后,三司类例减等,从轻贬官,遂废于家,卒。华尝为《鲁山令元德秀墓碑》,颜真卿书,李阳冰篆额,后人争模写之,号为"四绝碑"。有文集十卷,行于时。

萧颖士者,字茂挺。与华同年登进士第。当开元中,天下承平,人物骈集,如贾曾、席豫、张垍、韦述辈,皆有盛名,而颖士皆与之游,由是缙绅多誉之。李林甫采其名,欲拔用之,乃召见。时颖士寓居广陵,母丧,即缞麻,而诣京师,径谒林甫于政事省。林甫素不识,遽见缞麻,而自庇。泊枝干而非据,专庙廷之右地。虽先寝而或荐,岂和羹之正味。"其狂率不逊,皆此类也。然而聪警绝,伦尝与李华、陆据同游洛南龙门,三人共读路侧古碑,颖士一阅,即能诵之,华再阅,据三阅,方能记之。议者以三人才格高下亦如此。是时外夷亦知颖士之名,新罗使入朝,言国人愿得萧夫子为师,其名动华夷若此。终以诞傲褊忿,困踬而卒。

华宗人翰,亦以进士知名。天宝中,寓居阳翟。为文精密,用思苦涩,常从阳翟令皇甫曾求音乐,每思涸则奏乐,神逸则著文。禄山之乱,友人张巡客宋州。巡率州人守城,贼攻围经年,食尽矢穷方陷。当时薄巡者言其降贼,翰乃序巡守城事迹,撰《张巡姚訚等传》两卷上之,肃宗方明巡之忠义,士友称之。上元中为卫县尉,入朝为侍御史。

陆据者,周上庸公腾六代孙。少孤,文章俊逸,言论纵横。年三十余,始游京师,举进士。公卿览其文,称重之,辟为从事。累官至司勋员外郎。天宝十三载卒。

开元、天宝间,文士知名者,汴州崔颢、京兆王昌龄高适、襄阳孟浩然,皆名位不振,唯高适宦达,自有传。

崔颢者，登进士第，有俊才，无士行，好蒲博饮酒。及游京师，娶妻择有貌者，稍不惬意，即去之，前后数四。累官司勋员外郎。天宝十三年卒。

王昌龄者，进士登第，补秘书省校书郎。又以博学宏词登科，再迁汜水县尉。不护细行，屡见贬斥，卒。昌龄为文，绪微而思清。有集五卷。

孟浩然，隐鹿门山，以诗自适。年四十来游京师，应进士不第，还襄阳。张九龄镇荆州，署为从事，与之唱和。不达而卒。

元德秀者，河南人，字紫芝。开元二十一年登进士第。性纯朴，无缘饰，动师古道。父为延州刺史。德秀少孤贫，事母以孝闻。开元中，从乡赋，岁游京师，不忍离亲，每行则自负板舆，与母诣长安。登第后，母亡，庐于墓所，食无盐酪，藉无茵席，刺血画像写佛经。久之，以孤幼牵于禄仕，调授邢州南和尉。佐治有惠政，黜陟使上闻，召补龙武录事参军。

德秀早失恃怙，缞麻相继，不及亲在而娶，既孤之后，遂不娶婚。族人以绝嗣规之，德秀曰："吾兄有子，足继先人之祀。"以兄子婚娶，家贫无以为礼，求为鲁山令。先是坠车伤足，不任趋拜，汝郡守以客礼待之。部人为盗，吏捕之系狱，会县界有猛兽为暴，盗自陈曰："愿格杀猛兽以自赎。"德秀许之，胥吏曰："盗诡计苟免，擅放官囚，无乃累乎？"德秀曰："吾不欲负约，累则吾坐，必请不及诸君。"即破械出之。翌日，格猛兽而还。诚信化人，大率此类。

秩满，南游陆浑，见佳山水，杳然有长往之志，乃结庐山阿。岁属饥歉，庖厨不爨，而弹琴读书，怡然自得。好事者载酒肴过之，不择贤不肖，与之对酌，陶陶然遗身物外。琴觞之余，间以文咏，率情而书，语无雕刻。所著《季子听乐论》、《蹇士赋》，为高人所称。天宝十三年卒，时五十九，门人相与谥为文行先生。士大夫高其行，不名,谓之元鲁山。

王维字摩诘,太原祁人。父处廉,终汾州司马,徙家于蒲,遂为河东人。维开元九年进士擢第。事母崔氏以孝闻。与弟缙俱有俊才,博学多艺亦齐名,闺门友悌,多士推之。历右拾遗、监察御史、左补阙、库部郎中。居母丧,柴毁骨立,殆不胜丧。服阕,拜吏部郎中。天宝末,为给事中。

禄山陷两都,玄宗出幸,维扈从不及,为贼所得。维服药取痢,伪称喑病。禄山素怜之,遣人迎置洛阳,拘于普施寺,迫以伪署。禄山宴其徒于凝碧宫,其乐工皆梨园弟子、教坊工人。维闻之悲恻,潜为诗曰:"万户伤心生野烟,百官何日再朝天?秋槐花落空宫里,凝碧池头奏管弦。"贼平,陷贼官三等定罪。维以《凝碧诗》闻于行在,肃宗嘉之,会缙请削己刑部侍郎以赎兄罪,特宥之,责授太子中允。乾元中,迁太子中庶子、中书舍人,复拜给事中,转尚书右丞。

维以诗名盛于开元、天宝间,昆仲宦游两都,凡诸王驸马豪右贵势之门,无不拂席迎之,宁王、薛王待之如师友。维尤长五言诗。书画特臻其妙,笔踪措思,参于造化,而创意经图,即有所缺,如山水平远,云峰石色,绝迹天机,非绘者之所及也。人有得《奏乐图》,不知其名,维视之曰:"《霓裳》第三叠第一拍也。"好事者集乐工按之,一无差,咸服其精思。

维弟兄俱奉佛,居常蔬食,不茹荤血,晚年长斋,不衣文彩。得宋之问蓝田别墅,在辋口,辋水周于舍下,别涨竹洲花坞,与道友裴迪浮舟往来,弹琴赋诗,啸咏终日。尝聚其田园所为诗,号《辋川集》。在京师日饭十数名僧,以玄谈为乐。斋中无所有,唯茶铛、药臼、经案、绳床而已。退朝之后,焚香独坐,以禅诵为事。妻亡不再娶,三十年孤居一室,屏绝尘累。乾元二年七月卒。临终之际,以缙在凤翔,忽索笔作别缙书,又与平生亲故作别书数幅,多敦厉朋友奉佛修心之旨,舍笔而绝。

代宗时,缙为宰相,代宗好文,常谓缙曰:"卿之伯氏,天宝中诗名冠代，朕尝于诸王座问其乐章。今有多少文集，卿可进来。"缙曰：
"臣兄开元中诗百千余篇，天宝事后，十不存一。比于中外亲故间相
与编缀，都得四百余篇。"翌日上之，帝优诏褒赏。缙自有传。

李白字太白，山东人。少有逸才，志气宏放，飘然有超世之心。
父为任城尉，因家焉。少与鲁中诸生孔巢父、韩沔、裴政、张叔明、陶
沔等隐于徂徕山，酣歌纵酒，时号"竹溪六逸"。天宝初，客游会稽，
与道士吴筠隐于剡中。既而玄宗诏筠赴京师，筠荐之于朝，遣使召
之，与筠俱待诏翰林。白既嗜酒，日与饮徒醉于酒肆。玄宗度曲，欲
造乐府新词，亟召白，白已卧于酒肆矣。召入，以水洒面，即令秉笔，
顷之成十余章，帝颇嘉之。尝沉醉殿上，引足令高力士脱靴，由是斥
去。乃浪迹江湖，终日沉饮，时侍御史崔宗之谪官金陵，与白诗酒唱
和。尝月夜乘舟，自采石达金陵，白衣宫锦袍，于舟中顾瞻笑傲，旁
若无人。

初贺知章见白，赏之曰："此天上谪仙人也。"禄山之乱，玄宗幸
蜀，在途以永王璘为江淮兵马都督、扬州节度大使，白在宣州谒见，
遂辟为从事。永王谋乱，兵败，白坐长流夜郎。后遇赦得还，竟以饮
酒过度，醉死于宣城。有文集二十卷，行于时。

杜甫字子美，本襄阳人，后徙河南巩县。曾祖依艺，位终巩令。
祖审言，位终膳部员外郎，自有传。父闲，终奉天令。

甫天宝初应进士不第。天宝末，献《三大礼赋》，玄宗奇之，召试
文章，授京兆府兵曹参军。十五载，禄山陷京师，肃宗征兵灵武，甫
自京师宵遁赴河西，谒肃宗于彭原郡，拜右拾遗。房琯布衣时与甫
善，时琯为宰相，请自帅师讨贼，帝许之。其年十月，琯兵败于陈涛
斜。明年春，琯罢相。甫上疏言琯有才，不宜罢免。肃宗怒，贬琯为
刺史，出甫为华州司功参军。时关畿乱离，谷食踊贵，甫寓居成州同
谷县，自负薪采梠，儿女饿殍者数人。久之，召补京兆府功曹。

上元二年冬，黄门侍郎、郑国公严武镇成都，奏为节度参谋、检

校尚书工部员外郎，赐绯鱼袋。武与甫世旧，待遇甚隆。甫性褊躁，无器度，恃恩放恣，尝凭醉登武之床，瞪视武曰："严挺之乃有此儿！"武虽急暴，不以为忤。甫于成都浣花里种竹植树，结庐枕江，纵酒啸咏，与田畯野老相狎荡，无拘检。严武过之，有时不冠，其傲诞如此。永泰元年夏，武卒，甫无所依。及郭英乂代武镇成都，英乂武人粗暴，无能刺谒，乃游东蜀依高适。既至而适卒。是岁，崔宁杀英乂，杨子琳攻西川，蜀中大乱。甫以其家避乱荆、楚，扁舟下峡，未维舟而江陵乱，乃沂沿湘流，游衡山，寓居耒阳。甫尝游岳庙，为暴水所阻，旬日不得食。耒阳聂令知之，自棹舟迎甫而还。永泰二年，啖牛肉白酒，一夕而卒于耒阳，时年五十九。

子宗武，流落湖、湘而卒。元和中，宗武子嗣业，自耒阳迁甫之枢，归葬于偃师县西北首阳山之前。

天宝末诗人，甫与李白齐名，而白自负文格放达，讥甫龌龊，而有饭颗山之嘲诮。元和中，词人元稹论李、杜之优劣曰：

予读诗至杜子美而知小大之有所总萃焉。始尧、舜之时，君臣以赓歌相和。是后诗人继作，历夏、殷、周千余年，仲尼缉拾选练，取其干预教化之尤者三百，余无所闻。骚人作而怨愤之态繁，然犹去《风》、《雅》日近，尚相比拟。秦、汉已还，采诗之官既废，天下妖谣民讴、歌颂讽赋、曲度嬉戏之辞，亦随时间作。至汉武赋《柏梁》而七言之体具。苏子卿、李少卿之徒，尤工为五言。虽句读文律各异，雅郑之音亦杂，而辞意简远，指事言情，自非有为而为，则文不妄作。建安之后，天下之士遭罹兵战，曹氏父子鞍马间为文，往往横槊赋诗，故其状抑扬、冤哀悲离之作，尤极于古。晋世风概稍存。宋、齐之间，教失根本，士以简慢歙习舒徐相尚，文章以风容色泽、放旷精清为高，盖吟写性灵、留连光景之文也，意义格力无取焉。陵迟至于梁、陈，淫艳刻饰、佻巧小碎之词剧，又宋、齐之不取也。

唐兴，官学大振，历世之文，能者互出。而又沈、宋之流，研练精切，稳顺声势，谓之为律诗。由是之后，文变之体极焉。然而莫不好古者遗近，务华者去实，效齐、梁则不迨于魏、晋，工乐府则力屈于五言，律切则骨格不存，闲暇则纤浓莫备。至于子美，盖所谓上薄《风》、《骚》，下该沈、宋，言夺苏、李，气吞曹、刘，掩颜、谢之孤高，杂徐、庾之流丽，尽得古今之体势，而兼人人之所独专矣。使仲尼考锻其旨要，尚不知贵其多乎哉！苟以为能所不能，无可无不可，则诗人已来未有如子美者。

是时山东人李白，亦以文奇取称，时人谓之李、杜。予观其壮浪纵恣，摆去拘束，模写物象，及乐府歌诗，诚亦差肩于子美矣。至若铺陈终始，排比声韵，大或千言，次犹数百，词气豪迈，而风调清深，属对律切，而脱弃凡近，则李尚不能历其藩翰，况堂奥乎！

予尝欲条析其文，体别相附，与来者为之准，特病懒未就尔。

自后属文者，以稷论为是。甫有文集六十卷。

吴通玄，海州人。父道瓘为道士，善教诱童孺，大历中，召入宫，为太子诸王授经。德宗在东宫，师道瓘，而通玄兄弟，出入宫掖，恒侍太子游，故遇之厚。通玄与兄通微，俱博学善属文，文彩绮丽。通玄幼应神童举，释褐秘书正字、左骁卫兵曹、大理评事。建中初，策贤良方正等科，通玄应文词清丽，登乙第，授同州司户、京兆户曹。

贞元初，召充翰林学士。迁起居舍人、知制诰，与陆贽、吉中孚、韦执谊等同视草。陆贽富词藻，特承德宗重顾，经历艰难，通玄弟兄又以东宫侍上，由是争宠，颇相嫌恨。贽性褊急，屡于上前短通玄，又言："承平时工艺书画之徒，待诏翰林，比无学士，只自至德后，天子召集贤学士于禁中草书诏，因在翰林院待进旨，遂以为名。奔播之时，道途或豫除改，权令草制。今四方无事，百揆时序，制书职分，宜归中书舍人。学士之名，理须停寝。"贽以通玄援引朋党，于禁中叶力排己，故欲废之，德宗不许。会贽权知兵部侍郎，知贡举，乃正拜之，罢内职，皆通玄谮之也。

十年,自起居郎拜谏议大夫、知制诰。通玄自以久次当拜中书舍人,而反除谏议,殊失望。陆贽与宰相窦参相恶。参从子给事中申,参尤宠之,每预中书拟议,所至人呼申为"喜鹊"。申,嗣虢王则之从父甥也。申与则之亲善。则之为金吾将军,好学有文,申与则之潜结吴通玄兄弟,为参共倾陆贽。则之令人造谤书,言贽考试举人不实,招纳贿赂。时通玄娶宗室女为外妇,德宗知之。既闻申、则之谮陆贽,纲纪伺之,果与通玄结构其谋,帝大怒,罢窦参知政事,寻贬郴州司马,窦申锦州司户,李则之昭州司马,通玄泉州司马。帝召见之,亲自临问,责以污辱近属。行至华州长城驿,赐死。寻以陆贽为中书侍郎、平章事,代窦参。

通微,建中四年自寿安县令入为金部员外,召充翰林学士。寻改职方郎中,知制诰。与弟通玄同职禁署,人士荣之。七年,改礼部郎中,寻转中书舍人。通玄死,素服待罪于国门,帝特宥之,通微竟不敢为丧服。

通玄词藻婉丽,帝尤怜之。贞元初,昭德王皇后崩,诏李纾为谥册文,宰相张延赏、柳浑为庙乐章。及进,皆不称旨,并召通玄重撰。凡中旨撰述,非通玄之笔,无不慊然,重之如此。

王仲舒字弘中,太原人。少孤贫,事母以孝闻。嗜学工文,不就乡举。凡与结交,必知名之士,与杨颀、梁聿、裴枢为忘形之契。贞元十年,策试贤良方正能直言极谏等科,仲舒登乙第,超拜右拾遗。裴延龄领度支,矫诞大言,中伤良善,仲舒上疏极论之。累转尚书郎。元和五年,自职方郎中知制诰。仲舒文思温雅,制诰所出,人皆传写。京兆尹杨凭为中丞李夷简所劾,贬临贺尉。仲舒与凭善,宣言于朝,言夷简掎摭凭罪,仲舒坐贬硖州刺史。迁苏州。穆宗即位,复召为中书舍人。其年出为洪州刺史、御史中丞、江南西道观察使。江西前例榷酒私酿法深,仲舒至镇,奏罢之。又出官钱二万贯,代贫户输税。长庆三年冬,卒于镇。

崔咸字重易，博陵人。祖安石。父锐，位终给事中。咸元和二年进士擢第，又登博学宏词科。郑余庆、李夷简辟为宾佐，待如师友。及登朝，历践台阁，独行守正，时望甚重。敬宗欲幸东都，人心不安。裴度以勋旧自兴元随表入觐，既至，李逢吉不欲度复入中书。京兆尹刘栖楚，逢吉党也。栖楚等十余人驾肩排度，而朝士持两端者日拥度门。一日，度留客命酒，栖楚矫求度之欢，曲躬附裴耳而语，咸嫉其矫，举爵罚度曰："丞相不当许所由官嗫耳语。"度笑而饮之。栖楚不自安，趋出。坐客皆壮之。累迁陕州大都督府长史、陕虢观察等使。自旦至暮，与宾僚痛饮，恒醉不醒。簿领堆积，夜分省览，剖判决断，无毫厘之差，胥吏以为神人。入为右散骑常侍、秘书监。大和八年十月卒。

初，锐佐李抱真为泽潞从事，有道人自称卢老，曾事隋朝云际寺李先生，预知过往未来之事。属河朔禁游客，锐馆之于家。一旦辞去，且曰："我死，当与君为子。"因指口下黑子，愿以为志。咸之生也，果有黑子，其形神即卢老也。父即以卢老字之。既冠，栖心高尚，志于林壑，往往独游南山，经时方还。尤长于歌诗，或风景晴明，花朝月夕，朗吟意惬，必凄怆沾襟，旨趣高奇，名流嗟挹。有文集二十卷。

唐次，并州晋阳人也。国初功臣礼部尚书俭之后。建中初进士擢第，累辟使府。贞元初，历侍御史，窦参深重之，转礼部员外郎。八年，参贬官，次坐出为开州刺史。在巴峡间十余年，不获进用。西川节度使韦皋抗表请为副使，德宗密谕皋令罢之。次久滞蛮荒，孤心抑郁，怨谤所积，执与申明，乃采自古忠臣贤士，遭罹谗谤放逐，遂至杀身，而君犹不悟，其书三篇，谓之《辨谤略》，上之。德宗省之，犹怒，谓左右曰："唐次乃方吾为古之昏主，何自谕如此！"改夔州刺史。宪宗即位，与李吉甫同自峡内召还，授次礼部郎中。寻以本官知制诰，正拜中书舍人，卒。

章武皇帝明哲嫉恶，尤恶人朋比倾陷，尝阅书禁中，得次所上书三篇,览而善之,谓学士沈传师曰:"唐次所集辨谤之书,实君人者时宜观览。朕思古书中多有此事,次编录未尽。卿家传史学,可与学士类例广之。"传师奉诏与令狐楚、杜元颖等分功修续,广为十卷,号《元和辨谤略》,其序曰:

> 臣闻乾坤定而上下分矣,至于播四时之候,遂万物之宜,在验乎妖、祥二气,祥气降则为丰为茂,妖气降则为沴为灾。君臣立而卑高隔矣,至于处神明之奥,询献纳之辞,在审乎邪、正之二说,正方胜则为忠为谠,邪言胜则为谗为谀。故《诗》云:"萋兮斐兮,成是贝锦。"刺其组织之甚巧也。语曰:"邪径败良田,谗口乱善人。"恶其莠言之蠹政也。盖谓似信而诈,似忠而非,便便可以动心,捷捷可以乱德,岂止鸩鸟凋卉,薏苡惑珠者哉!况立国家,自中徂外,道偏则刑罚不中,谗胜则忠孝靡彰。逖览前闻,缅想近古,招贤容鲠,远佞嫉邪,虑之则深,防之未至。伏惟睿圣文武皇帝陛下,垂衣御宇,化洽文明,谟猷博访于搢绅,旌贲屡臻于岩穴。尚复广四目,周四聪,制理皆在于未萌,作范将垂于不朽。乃诏掌文之臣令狐楚等,上自周、汉,下洎隋朝,求史籍之忠贤,罹谗谤之事迹,叙瑕衅之本末,纪谣咏之浅深,编次指明,勒成十卷。昔虞舜有疾谗之命,我皇修辨谤之书,千古一心,同垂至理。将俟法宫退日昃之政,别殿备乙夜之观,则圣虑先辨,谤何由兴,上天不言,而民自信矣。

宪宗优诏答之。

次子扶、持。

扶字云翔,元和五年进士登第,累佐使府。入朝为监察御史,出为刺史。大和初,入朝为屯田郎中。十五年,充山南道宣抚使,至邓州,奏:"内乡县行市、黄涧两场仓督邓琬等,先主掌湖南、江西运到糙米,至淅川县于荒野中囤贮,除支用外,六千九百四十五石,衰烂成灰尘。度支牒征元掌所由,自贞元二十年,邓琬父子兄弟至玄孙,相承禁系二十八年,前后禁死九人。今琬孙及玄孙见在枷禁者。"敕曰:"如闻盐铁、度支两使,此类极多。其邓琬等四人,资产全已卖纳,禁系三代,瘐死狱中,实伤和气。邓琬等并疏放。天下州府监院如有此类,不得禁经三年已上。速便疏理以闻。"物议嘉扶有宣抚之才。俄转司勋郎中。八年,充弘文馆学士,判院事。九年,转职方郎中,权知中书舍人事。开成初,正拜舍人,逾月,授福州刺史、御史中丞、福建团练观察使。四年十一月,卒于镇。

扶佐幕立事,登朝有名,及廉问瓯、闽,政事不治。身殁之后,仆妾争财,诣阙论诉,法司按劾,其家财十万贯,归于二妾。又尝枉杀部人,为其家所诉,行己前后不类,时论非之。

持字德守,元和十五年擢进士第,累辟诸侯府。入朝为侍御史、尚书郎。大中末,自工部郎中出为容州刺史、御史中丞、容管经略招讨使。入为给事中。大中末,检校左散骑常侍、灵州大都督府长史、朔方节度、灵武六城转运等使。进位检校户部尚书、潞州大都督府长史、昭义节度、泽潞邢洺磁观察处置等使,卒。

子彦谦,字茂业,咸通末应进士,才高负气,无所屈降,十余年不第。乾符末,河南盗起,两都覆没,以其家避地汉南。中和中,王重荣镇河中,辟为从事。累奏至河中节度副使,历晋、绛二州刺史。彦谦博学多艺,文词壮丽,至于书画音乐博饮之技,无不出于辈流。尤能七言诗,少时师温庭筠,故文格类之。

光启末,王重荣为部下所害,朝议责参佐,彦谦与书记李巨川俱贬汉中掾曹。时杨守亮镇兴元,素闻其名,彦谦以本府参承,守亮见之,喜握手曰:"闻尚书名久之矣,邂逅于兹。"翌日,署为判官。累官至副使,阆、壁二郡刺史。卒于汉中。有诗数百篇,吏部侍郎薛廷珪为之序,号《鹿门先生集》,行于时。子涣,位亦至郡守。

次弟欢、款、欣。款贞元六年登进士第,累辟使府,登朝为御史,出为郡守,卒。子枝。枝字己有,会昌末,累迁刑部员外,转郎中,累历刺史,卒。

刘蕡字去华,昌平人。父勉。蕡宝历二年进士擢第。博学善属文,尤精《左氏春秋》。与朋友交,好谈王霸大略,耿介嫉恶,言及世务,慨然有澄清之志。自元和末,阉寺权盛,握兵宫闱,横制天下,天子废立,由其可否,干挠庶政。当时目为南北司,爱恶相攻,有同水火。蕡草泽中居常愤惋。文宗即位,恭俭求理,大和二年策试贤良曰:

朕闻古先哲王之理也,玄默无为,端拱思道,陶民心以居简,凝日用而不宰,厚下以立本,推诚而建中。由是天人通,阴阳和,俗跻仁寿,物无疵疠。噫,盛德之所臻,复乎莫可及也。三代令王,质文迭救,百伪滋炽,风流浸微,自汉而降,足征盖寡。朕顾惟昧道,祗荷丕构,奉若谟训,不敢怠荒。任贤惕厉,宵衣旰食,讵追三五之遐轨,庶绍祖宗之鸿绪。而心有所未达,行有所未孚,由中及外,阙政斯广。是以人不率化,气或堙厄,灾旱竟岁,播植愆时。国廪罕蓄,乏九年之储;吏道多端,微三载之绩。京师,诸夏之本也,将以观理,而豪猾时逾检;太学,明教之源也,期于变风,而生徒多堕业。列郡在乎颁条,而干禁或未绝;百工在乎按度,而淫巧或未衰。俗怪风靡积讹成蠹。其择官济理也,听人以言,则枝叶难辨;御下以法,则耻格不形。其阜财发号也,生之寡而食之众,烦于令而鲜于理。思所以究此缪盭,致之治平,兹心浩然,若涉泉水。故前诏有司,博延群彦,伫启宿懵,冀臻治平。子大夫识达古今,明于康济,造廷待问,副朕虚怀。必当箴主之阙,辨政之疵,明纲条之致紊,稽富庶之所急。何施斯革于前弊,何泽斯惠乎下土,何修而理古可近,何道而和气克充,推之本源,著于条对。至于夷吾轻重之权,孰辅于理;严尤底定之策,孰叶于时;元凯之考课何先;叔子之克平何务。推此龟镜,择乎中庸,期在洽闻,朕将亲览。

时对策者百余人,所对止循常务,唯蕡切论黄门太横,将危宗社。对曰：

　　臣诚不佞，有匡国致君之术，无位而不得行；有犯颜敢谏之心，无路而不得进。但怀愤郁抑，思有时而一发耳。常欲与庶人议于道，商旅谤于市，得通上听，一悟主心，虽被妖言之罪，无所悔焉。况逢陛下以至德嗣兴，以大明垂照，询求过阙，咨访谟猷，制诏中外，举直言极谏者。臣既辱斯举，专承大问，敢不悉意以言。至于上之所忌，时之所禁，权幸之所讳恶，有司之所与夺，臣愚不识。伏惟陛下少加优容，不使圣朝有谠直而受戮者，乃天下之幸也。谨昧死以对。

　　伏惟圣策，有思先古之理，念玄默之化，将欲通天人以济俗，和阴阳以煦物，见陛下慕道之深也。臣以为哲王之理，其则不远，惟陛下致之之道何如尔。

　　伏惟圣策，有祗荷丕构而不敢荒宁，奉若谟训而罔有怠忽，见陛下民忧劳之志也。若夫任贤惕厉，宵衣旰食，宜黜左右之纤佞，进股肱之大臣；若夫追踪三五，绍复祖宗，宜鉴前古之兴亡，明当时之成败。心有所未达，以下情塞而不得上通；行有所未孚，以上泽壅而不得下浃。欲人之化也，在修己以先之；欲气之和也，在遂性以导之。救灾患在致乎精诚，广播植在视乎食力。国廪罕蓄，本乎冗食尚繁；吏道多端，本乎选用失当。豪猾逾制，由中外之法殊；生徒堕业，由学校之官废。列郡干禁，由授任非人；百工淫巧，由制度不立。

　　伏以圣策，有择官济理之心，阜财发号之叹，见陛下教化之本也。且进人以行，则枝叶安有难别乎？防下以礼，则耻格安有不形乎？念生寡而食众，可罢斥惰游；念令烦而理鲜，要察其行否。博延群彦，愿陛下必纳其言；造廷待问，则小臣安敢爱死。

　　伏以圣策，有求贤箴阙之言，审政辨疵之念，见陛下咨访之勤也。遂小臣屏奸豪之志，则弊革于前；守陛下念康济之心，则惠敷于下。邪正之道分，则理古可近；礼乐之方著，而和气克充。至若夷吾之法，非皇王之权；严尤所陈，无最上之策。元凯之所先，不若唐、虞之考绩；叔子之所务，不若重华之舞干。且俱非大德之中庸，未为上圣之龟鉴，何足以为陛下道之哉！或有以系安危之机，兆存亡之变，臣请披沥肝胆，为陛下别白而重言之。

臣前所谓"哲王之理，其则不远"者，在陛下慎思之，力行之，终始不懈而已。臣谨按《春秋》："元者，气之始也；春者，岁之始也。"《春秋》以元加于岁，以春加于王，明王者当奉若天道，以谨其始也。又举时以终岁，举月以终时，《春秋》虽无事，必书首月以存时，明王者当奉若天道，以谨其终也。王者动作终始必法于天，以其运行不息也。陛下既能谨其始，又能谨其终，懋而修之，勤而行之，则可以执契而居简，无为而不宰，广立本之大业，崇建中之盛德矣。又安有三代循环之弊，而为百世滋炽之渐乎？臣故曰"惟陛下致之之道何如耳"。

臣前所谓"若夫任贤惕厉，宵衣旰食，宜罢黜左右之纤佞，进股肱之大臣"者，实以陛下忧劳之至也。臣闻不宜忧而忧者，国必衰；宜忧而不忧者，国必危。今陛下不以国家存亡之事，社稷安危之策，而降于清问。臣未知陛下以布衣之臣不足以定大计耶？或万机之勤，而圣虑有所未至耶？不然，何宜忧而不忧者乎？臣以为陛下宜先忧者，宫闱将变，社稷将危，天下将倾，海内将乱。此四者，国家已然之兆，故臣谓圣虑宜先及之。夫帝业既艰难而成之，故不可容易而守之。昔太祖肇其基，高祖勤其绩，太宗定其业，玄宗继其明，至于陛下，二百有余载矣。其间明圣相因，忧乱继作，未有不委用贤士，亲近正人，而能绍兴其徽烈者也。或一日不念，则颠覆大器，宗庙之耻，万古为恨。

臣谨按《春秋》，人君之道在体元以居正者，昔董仲舒为汉武帝言之略矣。其所未尽者，臣得为陛下备而论之。夫继故必书即位，所以正其始也；终必书所终之地，所以正其终也。故为君者,所发必正言,所履必正道,所居必正位,所近必正人。

臣又按《春秋》"阍弑吴子余祭",不书其君。《春秋》讥其疏远贤士,昵近刑人,有不君之道矣。伏惟陛下思祖宗开国之勤,念《春秋》继故之诫。将明法度之端,则发正言而履正道;将杜篡弑之渐,则居正位而近正人。远刀锯之贱,亲骨鲠之直,辅相得以专其任,庶职得以守其官。奈何以亵近五六人,总天下大政,外专陛下之命,内窃陛下之权,威慑朝廷,势倾海内,群臣莫敢指其状,天子不得制其心。祸稔萧墙,奸生帷幄,臣恐曹节、侯览,复生于今日,此宫闱将变也。

臣谨按《春秋》,鲁定公元年春王不言正月者,《春秋》以其先君不得正其终,故后君不得正其始,故曰定无正也。今忠贤无腹心之寄,阉寺恃废立之权,陷先君不得正其终,致陛下不得正其始。况皇储未建,郊祀未修,将相之职不归,名分之宜不定,此社稷之所以将危也。

臣谨按《春秋》"王子札杀邵伯、毛伯"。春秋之义,两下相杀不书。而此书者,重其专王命也。且天之所授者在君,君之所授者在命。操其命而失之者,是不君也;侵其命而专之者,是不臣也。君不君,臣不臣,此天下所以将倾也。

臣谨按《春秋》,晋赵鞅以晋阳之兵叛入于晋。书其归者,以其能逐君侧之恶人以安其君,故《春秋》善之。今威柄凌夷,藩臣跋扈。或有不达人臣之节,首乱者以安君为名;不究《春秋》之微,称兵者以逐恶为义。则政刑不由乎天子,攻伐必自于诸侯,此海内之所以将乱也。又樊哙排闼而雪涕,爰盎当车以抗词,京房发愤以殒身,窦武不顾而毕命,此皆陛下明知之矣。

臣谨按《春秋》,音狐射姑杀阳处父。书襄公杀之者,以其上漏言也。襄公不能固阴重之戒,处父所以及战贼之祸,故《春秋》非之。夫上漏其情,则下不敢尽意;上泄其事,则下不敢尽言。《传》有"造膝""诡辞"之文,《易》有"杀身""害成"之戒。今公卿大臣,非不能为陛下言。虑陛下必不能用之。陛下既忽之而不用，必泄其言；臣下既言之而不行，必婴其祸。适足以钳直臣之口，重奸臣之威。是以欲尽其言，则起失身之惧；欲尽其意，则有害成之忧。故徘徊郁塞，以俟陛下感悟，然后尽其启沃耳。陛下何不以听朝之余，时御便殿，召当时贤相与旧德老臣，访持变扶危之谋，求定倾救乱之术。塞阴邪之路，屏亵狎之臣，制侵凌迫胁之心，复门户扫除之役，戒其所宜戒，忧其所宜忧。既不能治于前，当治于后；既不能正其始，当正其终。则可以虔奉典谟，克承丕构，终任贤之效，无旰食之忧矣。

臣前所谓"若夫追踪三五，绍复祖宗，宜鉴前古之兴亡，明当时之成败"。臣闻尧、舜之为君而天下之人理者，以其能任九官四岳十二牧，不失其举，不贰其业，不侵其职。居官惟其能，左右惟其贤。元凯在下，虽微必举；四凶在朝，虽强必诛。考其安危，明其取舍。至秦之二代，汉之元、成，咸欲措国如唐、虞，致身如尧、舜，而终败亡者，以其不见安危之机，不知取舍之道，不任大臣，不辨奸人，不亲忠良，不远谗佞。伏惟陛下察唐、虞之所以兴，而景行于前；鉴秦、汉之所以亡，而戒惧于后。陛下无谓庙堂无贤相，庶官无贤士。今纪纲未绝，典刑犹在，人谁不欲自致为王臣，致时为太平，陛下何忽而不用之耶？又有居官非其能，左右非其贤，其恶如四凶，其诈如赵高，其奸如恭、显，陛下又何惮而不去之耶？神器固有归，天命固有分，祖庙固有灵，忠臣固有心，陛下其念之哉！昔秦之亡也，失于强暴；汉之亡也，失于微弱。强暴则贼臣死伤而害上，微弱则奸臣窃权而震主。伏见敬宗皇帝不虞亡秦之祸，不翦其萌；伏惟陛下深轸亡汉之忧，以杜其渐。则祖宗之鸿业可绍，三五之逴轨可追矣。

臣前所谓"陛下心有所未达，以上泽壅而不得下浃"者。且百姓涂炭之苦，陛下无由而知；则陛下有子育之心，百姓无由而信。臣谨按《春秋》书"梁亡"，不书取者，梁自亡也，以其思虑昏而耳目塞，上出恶政，人为寇盗，皆不知其所以然，自取其灭

亡也。臣闻国君之所以尊者,重其社稷也;社稷之所以重者,存
其百姓也。苟百姓之不存,则社稷不得固其重;苟社稷之不重,
则国君不得保其尊。故治天下不可不知百姓之情。夫百姓者,
陛下之赤子也。陛下宜令仁慈者亲育之,如母傅焉,如乳哺焉。
如师之教导焉。故人信于上也,敬之如神明,爱之如父母。今
或不然。陛下亲其贵幸,分曹连署,补除卒吏,召致宾客,因其
货贿,假其气势。大者统藩方,小者为牧守。居上无清惠之政,
而有饕餮之害;居下无忠诚之节,而有奸欺之罪。故人之于上
也,畏之如豺狼,恶之如仇敌。今海内困穷,处处流散,饥者不
得食,寒者不得衣,鳏寡孤独者不得存,老幼疾病者不得养。加
以国之权柄,专在左右,贪臣聚敛以固宠,奸吏因缘而弄法。冤
痛之声,上达于九天,下流于九泉,鬼神怨怒,阴阳为之愆错。
君门万里而不得告诉,士人无所归化,百姓无所归命。官乱人
贫,盗贼并起,土崩之势,忧在旦夕。即不幸因之以疾疠,继之
以凶荒,臣恐陈胜、吴广不独起于秦,赤眉、黄巾不独起于汉,
故臣所以为陛下发愤扼腕,痛心泣血尔。如此则百姓有涂炭之
苦,陛下何由而知之;陛下有子育之心,百姓安得而信之乎?致
使陛下"行有所未孚,心有所未达"者,固其然也。

　　臣闻昔汉元帝即位之初,更制七十余事,其心其诚,其称
甚美。然而纪纲日紊,国祚日衰,奸宄日强,黎元日困者,以其
不能择贤明而任之,失其操柄也。自陛下御宇,忧勤兆庶,屡降
德音,四海之内,莫不抗首而长思,自喜复生于死亡之中也。伏
惟陛下慎终如始,以塞万方之望。诚能揭国权以归其相,持兵
柄以归其将,去贪臣聚敛之政,除奸吏因缘之害。惟忠贤是近,
惟正直是用,内宠便僻,无所听焉。选清慎之官,择仁惠之长,
敏之以利,煦之以和,教之以孝慈,导之以德义,去耳目之塞,
通上下之情,俾万国欢康,兆民苏息,则心无不达,行无不孚
矣。

　　臣前所谓"欲兆人之化也,在修己以先之"者。臣闻德以修

己,教以导人,修之也则人不劝而自至,导之也则人敦行而率从。是以君子欲政之必行也,故以身先之;欲人之从化也,故以道御之。今陛下先之以身而政未必行,御之以道而人未从化,岂不以立教之旨未尽其方也。夫立教之方,在乎君以明制之,臣以忠行之,君以知人为明,臣以匡时为忠,知人则任贤而去邪,匡时则固本而守法。贤不任则重赏不足以劝善,邪不去则严刑不足以禁非,本不固则民流,法不守则政散,而欲教之使必至,化之使必行,不可得也。陛下能斥奸邪不私其左右,举贤正不遗其疏远,则化浃于朝廷矣;爱人以敦本,分职而奉法,修其身以及其人,始于中而成于外,则化行于天下矣。

臣前所谓"欲气之和也,在遂性于以导之"者,当纳人于寿。夫欲人之寿,在乎立制度,修教化。夫制度立则财用省,财用省则赋敛轻,赋敛轻则人富矣;教化修则争竞息,争竞息则刑罚清,刑罚清则人安矣。既富矣,则仁义兴焉;既安矣,则寿考至焉。仁寿之心感于下,和平之气应于上,故灾害不作,休祥荐臻,四方底宁,万物咸遂矣。

臣前所谓"救灾旱在致乎精诚"者。臣谨按《春秋》,鲁僖公七月之中,三书不雨者,以其人君有恤人之志也;鲁文公三年之中,一书不雨者,以其君无悯人之心也。故僖公致精诚而旱不害物,文公无恤悯而旱则成灾。陛下诚能有恤人之心,则无成灾之变矣。

臣前所谓"广播植在视乎食力"者。臣谨按《春秋》:"君人者,必时视人之所勤。人勤于力,则功筑罕;人勤于财,则贡赋少;人勤于食,则百事废。"今财食与人力皆勤矣,愿陛下废百事之劳,广三时之务,则播植不惄矣。

臣前所谓"国廪罕蓄,本乎冗食尚繁"者。臣谨按《春秋》"臧孙辰告籴于齐",《春秋》讥其国无九年之蓄,一年不登而百姓饥。臣愿斥游惰之人以笃其耕植,省不急之费以赡其黎元,则廪蓄不乏矣。

　　臣前所谓"吏道多端,本乎选用失当"者,由国家取人不尽其才,任人不明其要故也。今陛下之用人也,求其声而不得其实;故人之趋进也,务其末而不务其本。臣愿核考课之实,定迁序之制,则多端之吏息矣。

　　臣前所谓"豪猾逾检,由中外之法殊"者,以其官禁不一也。臣谨按《春秋》,齐桓公盟诸侯不以日,而葵丘之盟特以日者,美其能一明天子之禁,率奉王官之法,故《春秋》备而书之。夫官者,五帝、三王之所建也;法者,高祖、太宗之所制也。法宜画一,官宜正名。今又分外官、中官之员,立南司、北司之局,或犯禁于南,则亡命于北,或正刑于外,则破律于中,法出多门,人无所措,实由兵农势异,而中外法殊也。臣闻古者因井田而制军赋,间农事以修武备,堤封约卒乘之数,命将在公卿之列,故兵农一致而文武同方,可以保乂邦家,式遏祸乱。暨太宗皇帝肇建邦典,亦置府兵,台省军卫,文武参掌,居闲岁则櫜弓力穑,将有事则释耒荷戈,所以修复古制,不废旧物。今则不然。夏官不知兵籍,止于奉朝请;六军不主兵事,止于养勋阶。军容合中官之政,戎律附内臣之职。首一戴武弁,嫉文吏如仇雠;足一蹈军门,视农夫如草芥。谋不足以翦除凶逆,而诈足以抑扬威福;勇不足以镇卫社稷,而暴足以侵轶里闬。羁绁藩臣,干凌宰辅,隳裂王度,汩乱朝经。张武夫之威,上以制君父;假天子之命,下以御英豪。有藏奸观衅之心,无伏节死难之义。岂先王经文纬武之旨耶!臣愿陛下贯文武之道,均兵农之功,正贵贱之名,一中外之法,还军卫之职,修省署之官,近崇贞观之规,远复成周之制,自邦畿以刑于下国,始天子以达于诸侯,则可以制豪猾之强,无逾检之患矣。

　　臣前所谓"生徒堕业,由学校之官废"者,盖以国家贵其禄而贱其能,先其身而后其行,故庶官乏通经之学,诸生无修业之心矣。臣前所谓"列郡干禁,由授任非其人"者,臣以为刺史之任,理乱之根本系焉,朝廷之法制在焉,权可以抑豪猾,恩可以惠孤寡，强可以御奸寇，政可以移风俗。其将校有曾经战阵，及功臣子弟，各请随宜酬赏。如无治人之术者，不当授任此官，则绝干禁之患矣。臣前所谓"百工淫巧，由制度不立"者。臣谓以官位禄秩，制其器用车服，禁人金银珠玉锦绣雕镂不蓄于私室，则无荡心之巧矣。臣前所谓"辨枝叶"者，考其言以询行也。臣前所谓"形于耻格"者，导德而齐礼也。臣前所谓"念生寡而食众，可罢斥惰游"者，已备之于前矣。臣前所谓"令烦而理鲜，要察其行否"者。臣闻号令者，乃理国之具也，君审而出之，臣奉而行之，或亏上旨，罪在不赦。今陛下令烦而理鲜，得非持之者有所蔽欺乎？

　　臣前所谓"博延群彦，愿陛下必纳其言；造廷待问，则小臣不敢爱死"者。臣闻晁错为汉画削诸侯之策，非不知祸之将至也。忠臣之心，壮夫之节，苟利社稷，死无悔焉。今臣非不知言发而祸应，计行而身戮，盖所以痛社稷之危，哀生人之困，岂忍姑息时忌，窃陛下一命之宠哉！昔龙逄死而启殷，比干死而启周，韩非死而启汉，陈蕃死而启魏。今臣之来也，有司或不敢荐臣之言，陛下又无以察臣之心，退必受戮于权臣之手。臣幸得从四子于地下，固臣之愿也。所不知杀臣者，臣死之后，将孰为启之哉？至于人主之阙，政教之疵，前日之弊，臣既言之矣。若乃流下土之惠，修近古之理，而致其和平者，在陛下行之而已。然上之所陈者，实以臣亲奉圣问，敢不条对。虽臣之愚，以为未极教化之大端，皇王之要道。伏惟陛下事天地以教人敬，奉宗庙以教人孝，养高年以教人悌长，字百姓以教人慈幼，调元气以煦育，扇大和于仁寿，可以逍遥无为，垂拱成化。至若念陶钧之道，在择宰相而任之，使权造物之柄；念保定之功，在择将帅而任之，使修分阃之寄；念百度之未贞，在择庶官而任之，使专职业之守；念百姓之愁痛，在择长吏而任之，使明惠育之术。自然言足为天下教，行足为天下法，仁足以劝善，义足以禁非，又何必宵衣旰食，劳神惕虑，然后以致其理哉！

是岁，左散骑常侍冯宿、太常少卿贾𫗧、库部郎中庞严为考策官，三人者，时之文士也，睹蕡条对，叹服嗟悒，以为汉之晁、董，无以过之。言论激切，士林感动。时登科者二十二人，而中官当途，考官不敢留蕡在籍中，物论喧然不平之。守道正人，传读其文，至有相对垂泣者。谏官御史，扼腕愤发，而执政之臣，从而弭之，以避黄门之怨。唯登科人李郃谓人曰："刘蕡不第，我辈登科，实厚颜矣。"请以所授官让蕡，事虽不行，人士多之。令狐楚在兴元，牛僧孺镇襄阳，辟为从事，待如师友。位终使府御史。

李商隐字义山，怀州河内人。曾祖叔恒，年十九登进士第，位终安阳令。祖俌，位终邢州录事参军。父嗣。

商隐幼能为文。令狐楚镇河阳，以所业文干之，年才及弱冠。楚以其少俊，深礼之，令与诸子游。楚镇天平、汴州，从为巡官，岁给资装，令随计上都。开成二年，方登进士第，释褐秘书省校书郎，调补弘农尉。会昌二年，又以书判拔萃。王茂元镇河阳，辟为掌书记，得侍御史。茂元爱其才，以子妻之。茂元虽读书为儒，然本将家子，李德裕素遇之，时德裕秉政，用为河阳帅。德裕与李宗闵、杨嗣复、令狐楚大相仇怨。商隐既为茂元从事，宗闵党大薄之。时令狐楚已卒，子绹为员外郎，以商隐背恩，尤恶其元行。俄而茂元卒，来游京师，久之不调。会给事中郑亚廉察桂州，请为观察判官、检校水部员外郎。大中初，白敏中执政，令狐绹在内署，共排李德裕逐之。亚坐德裕党，亦贬循州刺史。商隐随亚在岭表累载。三年入朝，京兆尹卢弘正奏署掾曹，令典笺奏。明年，令狐绹作相，商隐屡启陈情，绹不之省。弘正镇徐州，又从为掌书记。府罢入朝，复以文章干绹，乃补太学博士。会河南尹柳仲郢镇东蜀，辟为节度判官、检校工部郎中。大中末，仲郢坐专杀左迁，商隐废罢，还郑州，未几病卒。

商隐能为古文，不喜偶对。从事令狐楚幕，楚能章奏，遂以其道授商隐，自是始为今体章奏。博学强记，下笔不能自休，尤善为诔奠之辞。与太原温庭筠、南郡段成式齐名，时号"三十六"。文思清丽，

庭筠过之。而俱无持操，恃才诡激，为当涂者所薄，名宦不进，坎壈
终身。弟义叟，亦以进士擢第，累为宾佐。商隐有表状集四十卷。

　　温庭筠者，太原人，本名岐，字飞卿。大中初，应进士。苦心砚
席，尤长于诗赋。初至京师，人士翕然推重。然士行尘杂，不修边幅，
能逐弦吹之音，为侧艳之词，公卿家无赖子弟裴诚、令狐缟之徒，相
与蒲饮，酣醉终日，由是累年不第。徐商镇襄阳，往依之，署为巡官。
咸通中，失意归江东，路由广陵，心怨令狐绹在位时不为成名。既
至，与新进少年狂游狭斜，久不刺谒。又乞索于扬子院，醉而犯夜，
为虞候所击，败面折齿，方还扬州诉之。令狐绹捕虞候治之，极言庭
筠狭斜丑迹，乃两释之。自是污行闻于京师。庭筠自至长安，致书
公卿间雪冤。属徐商知政事，颇为言之。无何，商罢相出镇，杨收怒
之，贬为方城尉。再迁隋县尉，卒。

　　子宪，以进士擢第。弟庭皓，咸通中为徐州从事，节度使崔彦鲁
为庞勋所杀，庭皓亦被害。庭筠著述颇多，而诗赋韵格清拔，文士称
之。

　　薛逢字陶臣，河东人。父倚。逢会昌初进士擢第，释褐秘书省
校书郎。崔铉罢相镇河中，辟为从事。铉复辅政，奏授万年尉，直弘
文馆，累迁侍御史、尚书郎。逢文词俊拔，论议激切，自负经画之略，
久之不达。应进士时，与彭城刘瑑尤相善，而瑑词艺不逮逢，逢每侮
之。至大中末，瑑扬历禁署，逢愈不得意自是相怨。俄而瑑知政事，
或荐逢知制诰，瑑奏曰：“先朝立制，两省官给事中、舍人除拜，须先
历州县。逢夫尝治郡，宜先试之。”乃出为巴州刺史。既而沈询、杨
收、王铎由学士相继为将相，皆逢同年进士，而逢文艺最优。杨收作
相后，逢有诗云：“须知金印朝天客，同是沙堤避路人。威凤偶时皆
瑞圣，潜龙无水谩通神。”收闻，大衔之，又出为蓬州刺史。收罢相，
入为太常少卿。给事王铎作相，逢又有诗云：“昨日鸿毛万钧重，今
朝山岳一尘轻。”铎又怨之。以恃才褊忿，人士鄙之。迁秘书监，卒。

　　子廷珪。中和中登进士第。大顺初，累迁司勋员外郎，知制诰，正拜中书舍人。乾宁三年，奉使太原复命，昭宗幸华州，改左散骑常侍。移疾免，客游成都。光化中，复为中书舍人，迁刑部、吏部二侍郎，权知礼部贡举，拜尚书左丞。入梁，至礼部尚书。

　　李拯字昌时，陇西人。咸通十二年登进士第。乾符中，累佐府幕。黄巢之乱，避地平阳。僖宗还京，召拜尚书郎，转考功郎中，知制诰。僖宗再幸宝鸡，拯扈从不及，在凤翔。襄王僭号，逼为翰林学士。拯既污伪署，心不自安。后朱玫秉政，百揆无叙，典章浊乱，拯尝朝退，驻马国门，望南山而吟曰："紫宸朝罢缀鸳鸾，丹凤楼前驻马看，唯有终南山色在，晴明依旧满长安。"吟已涕下。及王行瑜杀朱玫，襄王出奔，京城乱，拯为乱兵所杀。妻卢氏，知书能文，有姿色。拯既死，伏其尸恸哭，贼逼之，坚哭不动，又临之以兵，至于断一臂，终不顾，为贼所害，人皆伤之。

　　李巨川字下己，陇右人。国初十八学士道玄之后，故相逢吉之侄曾孙。父循，大中八年登进士第。巨川乾符中应进士，属天下大乱，流离奔播，切于禄位，乃以刀笔从诸侯府。王重荣镇河中，辟为掌书记。时车驾在蜀，贼据京师，重荣匡合诸藩，叶力诛寇，军书奏请，堆案盈几。巨川文思敏速，翰动如飞，传之藩邻，无不耸动，重荣收复功，巨川之助也。及重荣为部下所害，朝议罪参佐，贬为汉中掾。时杨守亮帅兴元，素知之，闻巨川至，喜谓客曰："天以李书记遗我也！"即命管记室，累迁幕职。景福中，守亮，为李茂贞所攻，城陷，以部下数百人欲投太原，入秦，为华军所擒。巨川时从守亮，亦被械系。在途，巨川题诗于树叶以遗华帅韩建，词情哀鸣，建欣然解缚。守亮诛，即命为掌书记。俄而李茂贞犯京师，天子驻跸于华。韩建以一州之力，供亿万乘，虑其不济，遣巨川传檄天下，请助转饷，同匡王室，完葺京城。四方书檄，酬报辐凑，巨川洒翰陈叙，文理俱惬，昭宗深重之,即时巨川之名闻于天下。昭宗还京,特授谏议大夫,仍留佐建。

光化初,朱全忠陷河中,进兵入潼关。建惧令巨川见全忠送款,至河中,从容言事。巨川指陈利害,全忠方图问鼎,闻巨川所陈,心恶之。判官敬翔,亦以文笔见知于全忠,虑得巨川减落名价,谓全忠曰:"李谏议文章信美,但不利主人。"是日为全忠所害。

司空图字表圣,本临淮人。曾祖燧,密令。祖象,水部郎中。父舆,精史术。大中初,户部侍郎卢弘正领盐铁,奏舆为安邑两池榷盐使、检校司封郎中。先是,盐法条例疏阔,吏多犯禁;舆乃特定新法十条奏之,至今以为便。入朝为司门员外郎,迁户部郎中,卒。

图咸通十年登进士第,主司王凝于进士中尤奇之。凝左授商州刺史,图请从之,凝益知重,洎廉问宣歙,辟为上客。召拜殿中侍御史,以赴阙迟留,责授光禄寺主簿,分司东都。乾符六年,宰相卢携罢免,以宾客分司,图与之游,携嘉其高节,厚礼之。尝过图舍,手题于壁曰:"姓氏司空贵,官班御史卑。老夫如且在,不用念屯奇。"明年携复入朝,路由分陕,谓陕帅卢渥曰:"司空御史,高士也,公其厚之。"渥即日奏为宾佐。其年,携复知政事,召图为礼部员外郎,赐绯鱼袋,迁本司郎中。其年冬,巢贼犯京师,天子出幸,图从之不及,乃退还河中。时故相王徽亦在蒲,待图颇厚。数年,徽受诏镇潞,乃表图为副使,徽不赴镇而止。僖宗自蜀还,次凤翔,召图知制诰,寻正拜中书舍人。其年僖宗出幸宝鸡,复从之不及,退还河中。

龙纪初,复召拜舍人,未几又以疾辞。河北乱,乃寓居华阴。景福中,又以谏议大夫征。时朝廷微弱,纪纲大坏,图自深惟出不如处,移疾不起。乾宁中,又以户部侍郎征,一至阙廷致谢,数日乞还山,许之。昭宗在华,征拜兵部侍郎,称足疾不任趋拜,致章谢之而已。昭宗迁洛,鼎欲归梁,柳璨希贼旨,陷害旧族,诏图入朝。图惧见诛,力疾至洛阳,谒见之日,堕笏失仪,旨趣极野。璨知不可屈,诏曰:"司空图俊造登科,朱紫升籍,既养高以傲代,类移山以钓名,心惟乐于漱流，仕非专于禄食。匪夷匪惠，难居公正之朝；载省载思，当闻栖衡之志。可放还山。”

图有先人别墅在中条山之王官谷，泉石林亭，颇称幽栖之趣。自考槃高卧，日与名僧高士游咏其中。晚年为文，尤事放达，尝拟白居易《醉吟传》为《休休亭记》曰：

> 司空氏祯贻溪之休休亭，本名濯缨亭，为陕军所焚。天复癸亥岁，复葺于坏垣之中，乃更名曰休休。休，休也，美也，既休而具美存焉。盖量其才一宜休，揣其分二宜休，耄且聩三宜休。又少而惰，长而率，老而迂，是三者皆非济时之用，又宜休也。尚虑多难不能自信，既而昼寝，遇二僧谓予曰：“吾尝为汝师。汝昔矫于道，锐而不固，为利欲之所拘，幸悟而悔，将复从我于是溪耳。且汝虽退，亦尝为匪人之所嫉，宜耐辱自警，庶保其终始，与靖节、醉吟弟其品级于千载之下，复何求哉！”因为《耐辱以居士歌》，题于东北楹曰：“咄诺，休休休，莫莫莫，伎俩虽多性灵恶，赖是长教闲处着。休休休，莫莫莫，一局棋，一炉药，天意时情可料度。白日偏催快活人，黄金难买堪骑鹤。若曰：‘尔何能？’答云‘耐辱莫。’”其诡激啸嗷，多此类也。

图既脱柳璨之祸还山，乃预为寿藏终制。故人来者，引之圹中，赋诗对酌，人或难色，图规之曰：“达人大观，幽显一致，非止暂游此中。公何不广哉！”图布衣鸠杖，出则以女家人鸾台自随。岁时村社雩祭祠祷，鼓舞会集，图必造之，与野老同席，曾无傲色。王重荣父子兄弟尤重之，伏腊馈遗，不绝于途。唐祚亡之明年，闻辉王遇弑于济阴，不怿而疾，数日卒，时年七十二。有文集三十卷。

图无子，以其甥荷为嗣。荷官至永州刺史。以甥为嗣，尝为御史所弹，昭宗不之责。

赞曰：国之华彩，人文化成。间代杰出，奋藻擒英。骐骥逸步，《咸》、《韶》正声。灿流缃素，下视姬、嬴。

旧唐书卷一九一
列传第一四一

方　伎

崔善为　薛颐　甄权　弟立言　宋侠

许胤宗　乙弗弘礼　袁天纲

孙思邈　明崇俨　张憬藏　李嗣真

张文仲　尚献甫　裴知古附　孟诜

严善思　金梁凤　张果　叶法善

僧玄奘　神秀　六祖慧能　弟子普寂

义福附　一行　泓师　桑道茂

　　夫术数占相之法,出于阴阳家流。自刘向演《鸿范》之言,京房
传焦赣之法,莫不望氛视祲,悬知灾异之来;运策揲蓍,预定吉凶之
会。固已详于鲁史,载彼《周官》。其弊者肄业非精,顺非行伪,而庸
人不修德义,妄冀遭逢。如魏豹之纳薄姬,孙皓之邀青盖,王莽随式
而移坐,刘歆闻谶而改名;近者綦连耀之构异端,苏玄明之犯宫禁,
皆因占候,辅此奸凶。圣王禁星纬之书,良有以也。国史载袁天纲
前知武后,恐匪格言,而李淳风删方伎书,备言其要。旧本录崔善为
已下,此深于其术者,兼桑门道士方伎等,并附此篇。

崔善为，贝州武城人也。祖颜，后魏员外散骑侍郎。父权会，齐丞相府参军事。善为好学，兼善天文算历，明达时务，弱冠州举，授文林郎。属隋文帝营仁寿宫，善为领丁匠五百人。右仆射杨素为总监，巡至善为之所，索簿点人，善为手持簿暗唱之，五百人一无差失，素大惊。自是有四方疑狱，多使善为推按，无不妙尽其理。

仁寿中，稍迁楼烦郡司户书佐。高祖时为太守，甚礼遇之。善为以隋政倾颓，乃密劝进，高祖深纳之。义旗建，引为大将军府司户参军，封清河县公。武德中，历内史舍人、尚书左丞，甚得誉。诸曹令史恶其听察，因其身短而伛，嘲之曰："崔子曲如钩，随例得封候。髆上全无项，胸前别有头。"高祖闻之，劳勉之曰："浇薄之人，丑正恶直。昔齐末奸吏歌斛律明月，而高纬愚暗，遂灭其家。朕虽不德，幸免斯事。"因购流言者，使加其罪。时傅仁均所撰《戊寅元历》，议者纷然，多有同异，李淳风又驳其短十有八条。高祖令善为考校二家得失，多有驳正。

贞观初，拜陕州刺史。时朝廷立议，户殷之处，得徙宽乡。善为上表称"畿内之地，是谓户殷，丁壮之人，悉入军府。若听移转，便出关外。此则虚近实远。非经通之议。"其事乃止。后历大理、司农二卿，名为称职。坐与少卿不协，出为秦州刺史，卒，赠刑部尚书。

薛颐，滑州人也。大业中，为道士。解天文律历，尤晓杂占。炀帝引入内道场，亟令章醮。武德初，追直秦府。颐尝密谓秦王曰："德星守秦分，王当有天下，愿王自爱。"秦王乃奏授太史丞，累迁太史令。贞观中，太宗将封禅泰山，有彗星见，颐因言"考诸玄象，恐未可东封"。会褚遂良亦言其事，于是乃止。颐后上表请为道士，太宗为置紫府观于九嵏山，拜颐中大夫，行紫府观主事。又敕于观中建一清台，候玄象，有灾祥薄蚀谪见等事，随状闻奏。前后所奏，与京台李淳风多相符契。后数岁卒。

甄权，许州扶沟人也。尝以母病，与弟立言专医方，得其旨趣。

隋开皇初，为秘书省正字，后称疾免。隋鲁州刺史库狄嵚苦风患，手不得引弓，诸医莫能疗，权谓曰："但将弓箭向垛，一针可以射矣。"针其肩隅一穴，应时即射。权之料疾，多此类也。贞观十七年，权年一百三岁，太宗幸其家，视其饮食，访以药性，因授朝散大夫，赐几杖衣服。其年卒。撰《脉经》、《针方》、《明堂人形图》各一卷。

弟立言，武德中累迁太常丞。御史大夫杜淹患风毒发肿，太宗令立言视之，既而奏曰："从今更十一日午时必死"。果如其言。时有尼明律，年六十余，患心腹鼓胀，身体羸瘦，已经二年。立言诊脉曰："其腹内有虫，当是误食发为之耳。"因令服雄黄，须臾吐一蛇，如人手小指，唯无眼，烧之，犹有发气，其疾乃愈。立言寻卒。撰《本草音义》七卷、《古今录验方》五十卷。

宋侠者，洺州清漳人，北齐东平王文学孝王之子也。亦以医术著名。官至朝散大夫、药藏监。撰《经心录》十卷。行于代。

许胤宗，常州义兴人也。初事陈为新蔡王外兵参军。时柳太后病风不言，名医治皆不愈，脉益沉而噤。胤宗曰："口不可下药，宜以汤气薰之。令药人腠理，周理即差。"乃造黄耆防风汤数十斛，置于床下，气如烟雾，其夜便得语。由是超拜义兴太守。陈亡入隋，历尚药奉御。武德初，累授散骑侍郎。时关中多骨蒸病，得之必死，递相连染，诸医无能疗者。胤宗每疗，无不愈。或谓曰："公医术若神，何不著书以贻将来？"胤宗曰："医者，意也，在人思虑。又脉候幽微，苦其难别，意之所解口莫能宣。且古之名手，唯是别脉，脉既精别，然后识病。夫病之于药，有正相当者，唯须单用一味，直攻彼病，药力既纯，病即立愈。今人不能别脉，莫识病源，以情臆度，多安药味，譬之于猎，未知兔所，多发人马，空地遮围，或冀一人偶然逢也。如此疗疾，不亦疏乎！假令一药偶然当病，复共他味相和，君臣相制，气势不行，所以难差，谅由于此。脉之深趣，既不可言，虚设经方，岂加于旧。吾思之久矣，故不能著述耳。"年九十余卒。

乙弗弘礼，贝州高唐人也。隋炀帝居藩，召令相己，弘礼跪而贺曰："大王骨法非常，必为万乘之主，诚愿戒之在得。"炀帝即位，召天下道术人，置坊以居之，仍令弘礼统摄。帝见海内渐乱，玄象错谬，内怀忧恐，尝谓弘礼曰："卿昔相朕，其言已验，且占相道术，朕颇自知。卿更相朕，终当何如？"弘礼逡巡不敢答。帝迫曰："卿言与朕术不同，罪当死。"弘礼曰："臣本观相书，凡人之相，有类于陛下者，不得善终。臣闻圣人不相，故知凡圣不同耳。"自是帝尝遣使监之，不得与人交言。

初，泗州刺史薛大鼎隋时尝坐事没为奴，贞观初与数人诣之，大鼎次至，弘礼曰："君奴也，欲何所相？"咸曰："何以知之？"弘礼曰："观其头目，直是贱人，但不知余处何如耳？"大鼎有惭色，乃解衣视之，弘礼曰："看君面，不异前言。占君自腰已下，当为方岳之任。"其占相皆此类也。贞观末卒。

袁天纲，益州成都人也。尤工相术。隋大业中，为资官令。武德初，蜀道使詹俊赤牒授火井令。初，天纲以大业元年至洛阳，时杜淹、王珪、韦挺就之相。天纲谓淹曰："公兰台成就，学堂宽博，必得亲纠察之官，以文藻见知。"谓王曰："公三亭成就，天地相临，从今十年已外，必得五品要职。"谓韦曰："公面似大兽之面，交友极诚，必得士友携接，初为武职。"复谓淹等"二十年外，终恐三贤同被责黜，暂去即远。"淹寻迁侍御史，武德中为天策府兵曹、文学馆学士。王珪为太子中允。韦挺，隋末与隐太子友善，后太子引以为率。至武德六年，俱配流巂州。淹等至益州，见天纲曰："袁公洛邑之言，则信矣。未知今日之后何如？"天纲曰："公等骨法，大胜往时，终当俱受荣贵。"至九年，被召入京，共造天纲，天纲谓杜公曰："即当得三品要职，年寿非天纲所知。王、韦二公，在后当得三品官，兼有年寿，然晚途皆不称惬，韦公尤甚。"淹至京，拜御史大夫、检校吏部尚书。

王珪寻授侍中,出为同州刺史。韦挺历御史大夫、太常卿,贬象州刺史。皆如天纲之言。

大业末,窦轨客游德阳,尝问天纲,天纲谓曰:"君额上伏犀贯玉枕,辅角又成,必于梁、益州大树功业。"武德初,轨为益州行台仆射,引天纲,深礼之。天纲又谓轨曰:"骨法成就,不异往时之言。然目气赤脉贯瞳子,语则赤气浮面,如为将军,恐多杀人。愿深自诚慎。"武德九年,轨坐事被徵,将赴京,谓天纲曰:"更得何官?"曰:"面上家人坐仍未见动,辅角右畔光泽,更有喜色,至京必承恩,还来此任。"其年果重授益州都督。

则天初在襁褓,天纲来至第中,谓其母曰:"唯夫人骨法,必生贵子。"乃召诸子,令天纲相之。见元庆、元爽曰:"此二子皆保家之主,官可至三品。"见韩国夫人曰:"此女亦大贵,然不利其夫。"乳母时抱则天,衣男子之服,天纲曰:"此郎君子神色爽彻,不可易知,试令行看。"于是步于床前,仍令举目,天纲大惊曰:"此郎君子龙睛凤颈,贵人之极也。"更转侧视之,又惊曰:"必若是女,实不可窥测,后当为天下之主矣。"

贞观八年,太宗闻其名,召至九成宫。时中书舍人岑文本令视之,天纲曰:"舍人学堂成就,眉覆过目,文才振于海内,头又生骨,犹未大成,若得三品,恐是损寿之徵。"文本官至中书令,寻卒。其年,侍御史张行成、马周同问天纲,天纲曰:"马侍御伏犀贯脑,兼有玉枕,又背如负物,当富贵不可言。近古已来,君臣道合,罕有如公者。公面色赤,命门色暗,耳后骨不起,耳无根,只恐非寿者。"周后位至中书令、兼吏部尚书,年四十八卒。谓行成曰:"公五岳四渎成就,下亭丰满,得官虽晚,终居宰辅之地。"行成后至尚书右仆射。天纲相人所中,皆此类也。申国公高士廉尝谓曰:"君更作何官?"天纲曰:"自知相命,今年四月尽矣。"果至是月而卒。

孙思邈,京兆华原人也。七岁就学,日诵千余言。弱冠,善谈庄、老及百家之说,兼好释典。洛州总管独孤信见而叹曰:"此圣童也。

但恨其器大，适小难为用也。"周宣帝时，思邈以王室多故，乃隐居太白山。隋文帝辅政，徵为国子博士，称疾不起。尝谓所亲曰："过五十年，当有圣人出，吾方助之以济人。"及太宗即位，召诣京师，嗟其容色甚少，谓曰："故知有道者诚可尊重，羡门、广成，岂虚言哉！"将授以爵位，固辞不受。显庆四年，高宗召见，拜谏议大夫，又固辞不受。

上元元年，辞疾请归，特赐良马，及鄱阳公主邑司以居焉。当时知名之士宋令文、孟诜、卢照邻等，执师资之礼以事焉。思邈尝从幸九成宫，照邻留在其宅。时庭前有病梨树，照邻为之赋，其序曰："癸酉之岁，余卧疾长安光德坊之官舍。父老云：'是鄱阳公主邑司。昔公主未嫁而卒，故其邑废。'时有孙思邈处士居之。邈道合古今，学殚数术。高谈正一，则古之蒙庄子；深入不二，则今之维摩诘耳。其推步甲乙，度量乾坤，则洛下闳，安期先生之俦也。"照邻有恶疾，医所不能愈，乃问思邈："名医愈疾，其道何如？"思邈曰："吾闻善言天者，必质之于人；善言人者，亦本之于天。天有四时五行，寒暑迭代，其转运也，和而为雨，怒而为风，凝而为霜雪，张而为虹霓，此天地之常数也。人有四支五藏，一觉一寐，呼吸吐纳，精气往来，流而为荣卫，彰而为气色，发而为音声，此人之常数也。阳用其形，阴用其精，天人之所同也。及其失也，蒸则生热，否则生寒，结而为瘤赘，陷而为痈疽，奔而为喘乏，竭而为焦枯，诊发乎面，变动乎形。推此以及天地亦如之。故五纬盈缩，星辰错行，日月薄蚀，孛彗飞流，此天地之危诊也。寒暑不时，天地之蒸否也；石立土踊，天地之痈赘也；山崩土陷，天地之痈疽也；奔风暴雨，天地之喘乏也；川渎竭涸，天地之焦枯也。良医导之以药石，救之以针剂，圣人和之以至德，辅之以人事，故形体有可愈之疾，天地有可消之灾。"又曰："胆欲大而心欲小，智欲圆而行欲方。《诗》曰：'如临深渊，如履薄冰'谓小心也；'赳赳武夫，公侯干城'，谓大胆也。'不为利回，不为义疚'行之方也；'见机而作，不俟终日'，智之圆也。"

思邈自云开皇辛酉岁生，至今年九十三矣，询之乡里，咸云数百岁人，话周、齐间事，历历如眼见，以此参之，不啻百岁人矣。然犹视听不衰，神采甚茂，可谓古之聪明博达不死者也。

初，魏徵等受诏修齐、梁、陈、周、隋五代史，恐有遗漏，屡访之，思邈口以传授，有如目睹。东台侍郎孙处约将其五子侹、儆、俊、佑、佺以谒思邈，思邈曰："俊当先贵，佑当晚达，佺最名重，祸在执兵。"后皆如其言。太子詹事卢齐卿童幼时，请问人伦之事，思邈曰："汝后五十年位登方伯，吾孙当为属使，可自保也。"后齐卿为徐州刺史，思邈孙溥果为徐州萧县丞。思邈初谓齐卿之时，溥犹未生，而预知其事。凡诸异迹，多此类也。

永淳元年卒。遗令薄葬，不藏盟器，祭祀无牲牢。经月余，颜貌不改，举尸就木，犹若空衣，时人异之。自注《老子》、《庄子》，撰《千金方》三十卷，行于代。又撰《福禄论》三卷，《摄生真录》及《枕中素书》、《会三教论》各一卷。

子行，天授中为凤阁侍郎。

明崇俨，洛州偃师人。其先平原士族，世仕江左。父恪，豫州刺史。崇俨年少时，随父任安喜令，父之小吏有善役召鬼神者，崇俨尽能传其术。乾封初，应封岳举，授黄安丞。会刺史有女病笃，崇俨致他方殊物以疗之，其疾乃愈。高宗闻其名，召与语，悦之，擢授冀王府文学。仪凤二年，累迁正谏大夫，特令入阁供奉。崇俨每因谒见，辄假以神道，颇陈时政得失，帝深加允纳。润州栖霞寺，是其五代祖梁处士山宾故宅，帝特为制碑文，亲书于石，论者荣之。四年，为盗所杀。时议以为崇俨密与天后为厌胜之法，又私奏章怀太子不堪承继大位，太子密知之，潜使人害之。优制赠侍中，谥曰庄，仍拜其子珪为秘书郎。

珪，开元中仕至怀州刺史。

张憬藏，许州长社人，少工相术，与袁天纲齐名。太子詹事蒋俨年少时，尝遇憬藏，因问禄命，憬藏曰："公从今二年，当得东宫掌兵之官,秩未终而免职。免职之后,厄在三尺土下,又经六年,据此合是死徵。然后当享富贵,名位俱盛,即又不合中夭,至六十一,为蒲州刺史,十月三十日午时禄绝。"俨后皆如其言。尝奉使高丽,被莫离支囚于地窖中,经六年,然后得归,及在蒲州,年六十一矣,至期,召人吏妻子与之告别,自云当死,俄而有敕,许令致仕。左仆射刘仁轨微时,尝与乡人靖思贤各赍绢赠憬藏以问官禄。憬藏谓仁轨曰:"公居五品要官,虽暂解黜,终当位极人臣。"仁轨后自给事中坐事,令白衣向海东效力。固辞思贤之赠,曰:"公当孤独客死。"及仁轨为仆射,思贤尚存,谓人曰:"张憬藏相刘仆射,则妙矣。吾今已有三子,田宅自如,岂其言亦有不中也?"俄而三子相继而死,尽货田宅,寄死于所亲园内。憬藏相人之妙,皆此类。竟不仕,以寿终。

李嗣真,滑州匡城人也。父彦琮,赵州长史。嗣真博学晓音律,兼善阴阳推算之术。弱冠明经举,补许州司功。时左侍极贺兰敏之受诏于东台修撰,奏嗣真弘文馆参预其事。嗣真与同时学士刘献臣、徐昭俱称少俊,馆中号为"三少"。敏之既恃宠骄盈,嗣真知其必败,谓所亲曰:"此非庇身之所也。"因咸亨年京中大饥,乃求出,补义乌令。无何,敏之败,修撰官皆连坐流放,嗣真独不预焉。调露中,为始平令,风化大行。时章怀太子居春宫,嗣真尝于太清观奏乐,谓道士刘概、辅俨曰:"此曲何哀思不和之甚也?"概、俨曰:"此太子所作《宝庆乐》也。"居数日,太子废为庶人。概等以其事闻奏,高宗大奇之,徵拜司礼丞,仍掌五礼仪注,加中散大夫,封常山子。

永昌中,拜右御史中丞,知大夫事。时酷吏来俊臣构陷无罪,嗣真上书谏曰:"臣闻陈平事汉祖,谋疏楚君臣,乃用黄金五万斤,行反间之术。项王果疑臣下,陈平反间果行。今告事纷纭,虚多实少,焉知必无陈平先谋疏陛下君臣,后谋除国家良善,臣恐为社稷之祸。伏乞陛下特回天虑,察臣狂瞽,然后退就鼎镬,实无所恨。"疏奏不纳。寻为俊臣所陷,配流岭南。万岁通天年,徵还,至桂阳,自筮死日,预托桂阳官属备凶器。依期暴卒。则天深加悯惜,敕州县递灵舆还乡,赠济州刺史。神龙初,又赠御史大夫。撰《明堂新礼》十卷。《孝经指要》、《诗品》、《书品》《画品》各一卷。

张文仲,洛州洛阳人也。少与乡人李虔纵、京兆人韦慈藏并以医术知名。文仲,则天初为侍御医。时特进苏良嗣于殿庭因拜跪便绝倒,则天令文仲、慈藏随至宅候之。文仲曰:"此因忧愤邪气激也,若痛冲胁,则剧难救。"自朝候之,未及食时,即苦冲胁绞痛。文仲曰:"若入心,即不可疗。"俄顷心痛,不复下药,日旰而卒。文仲尤善疗风疾。其后则天令文仲集当时名医共撰疗风气诸方,仍令麟台监王方庆监其修撰。文仲奏曰:"风有一百二十四种,气有八十种。大体医药虽同,人性各异,庸医不达药之行使,冬夏失节,因此杀人。唯脚气头风上气,尝须服药不绝,自余则随其发动,临时消息之。但有风气之人,春末夏初及秋暮,要得通泄,即不困剧。"于上撰四时常服及轻重大小诸方十八首表上之。文仲久视年终于尚药奉御。撰《随身备急方》三卷,行于代。

虔纵,官至侍御医。慈藏,景龙中光禄卿。自则天、中宗已后,诸医咸推文仲等三人为首。

尚献甫,卫州汲人也。尤善天文。初出家为道士。则天时召见,起家拜太史令,固辞曰:"臣久从放诞,不能屈事官长。"则天乃改太史局为浑仪监,不隶秘书省,以献甫为浑仪监。数顾问灾异,事皆符验。又令献甫于上阳宫集学者撰《方域图》。长安二年,献甫奏曰:"臣本命纳音在金,今荧惑犯土诸侯太史之位。荧,火也,能克金,是臣将死之徵。"则天曰:"朕为卿禳之。"遽转献甫为水衡都尉,谓曰:"水能生金,今又去太史之位,卿无忧矣。"其秋,献甫卒,则天甚嗟异惜之。复以浑仪监为太史局,依旧隶秘书监。

时又有雍州人裴知古,善于音律。长安中为太乐丞。神龙元年正月春享西京太庙,知古预其事,谓万年令元行冲曰:"金石谐和,当有吉庆之事，其在唐室子孙乎？"其月，中宗即位，复改国为唐。知古又能听婚夕环佩之声，知其夫妻终始。后卒于太乐令。

孟诜，汝州梁人也。举进士。垂拱初，累迁凤阁舍人。诜少好方术，尝于凤阁侍郎刘祎之家，见其敕赐金，谓祎之曰："此药金也。若烧火其上，当有五色气。"试之果然。则天闻而不悦，因事出为台州司马。后累迁春官侍郎。睿宗在藩，召充侍读。长安中，为同州刺史，加银青光禄大夫。神龙初致仕，归伊阳之山第，以药饵为事。诜年虽晚暮，志力如壮，尝谓所亲曰："若能保身养性者，常须善言莫离口，良药莫离手。"睿宗即位，召赴京师，将加任用，固辞衰老。景云二年，优诏赐物一百段，又令每岁春秋二时特给羊酒糜粥。开元初，河南尹毕构以诜有古人之风，改其所居为子平里。寻卒，年九十三。

诜所居官，好勾剥为政，虽繁而理。撰《家》、《祭礼》各一卷，《丧服要》二卷，《补养方》、《必效方》各三卷。

严善思，同州朝邑人也。少以学涉知名，尤善天文历数及卜相之术。初应消声幽薮科举擢第。则天时为监察御史，兼右拾遗、内供奉。数上表陈时政得失，多见纳用。稍迁太史令。圣历二年，荧惑入舆鬼，则天以问善思，善思对曰："商姓大臣当之。"其年，文昌左相王及善卒。长安中，荧惑入月，镇星犯天关，善思奏曰："法有乱臣伏罪，且有臣下谋上之象。"岁余，张柬之、敬晖等起兵诛张易之、昌宗。其占验皆此类也。

神龙初，迁给事中。则天崩，将合葬乾陵，善思奏议曰：

谨按《天元房录葬法》云："尊者先葬，卑者不合于后开入。"则天太后卑于天皇大帝，今欲开乾陵合葬，即是以卑动尊，事既不经，恐非安稳。臣又闻乾陵玄阙，其门以石闭塞，其石缝隙，铸铁以固其中，今若开陵，必须镌凿。然以神明之道，体尚幽玄，今乃动众加功，诚恐多所惊黩。又若别开门道，以入玄宫,即往者葬时,神位先定,今更改作,为害益深。又以修筑乾陵之后,国频有难,遂至则天太后权总万机,二十余年,其难始定。今乃更加营作,伏恐还有难生。

　　但合葬非古,著在礼经,缘情为用,无足依准,况今事有不安,岂可复循斯制。伏见汉时诸陵,皇后多不合葬,魏、晋已降,始有合者。然以两汉积年,向余四百,魏、晋之后,祚皆不长。虽受命应期,有因天假,然以循机享德,亦在时,文但陵墓所安,必资胜地,后之胤嗣,用托灵根,或有不安,后嗣亦难长享。伏望依汉朝之故事,改魏、晋之颓纲,于乾陵之傍,更择吉地,取生墓之法,别起一陵,既得从葬之仪,又成固本之业。臣伏以合葬者,人缘私情;不合者,前修故事。若以神道有知,幽途自得通会;若以死者无知,合之复有何益。然以山川精气,上为星象,若葬得其所,则神安后昌,若葬失其宜,则神危后损。所以先哲垂范。具之葬经,欲使生人之道必安,死者之神必泰。伏望少回天眷,俯览臣言,行古昔之明规,割私情之爱欲,使社稷长享,天下乂安,凡在怀生,孰不庆幸。

疏奏不纳。

景龙中,迁礼部侍郎,出为汝州刺史。睿宗在藩,善思尝谓姚元之曰:“相王必登帝位。”及践祚,元之以事闻奏,由是召拜右散骑常侍。唐隆元年,郑愔谋册谯王重福为帝,乃草伪制,除善思为礼部尚书,知吏部选事。及谯王下狱,景云元年,大理寺奏:“善思与逆人重福通谋,合从极法。”给事中韩思复奏曰:“议狱缓死,列圣明规;刑疑惟轻,有国恒典。严善思往在先朝,属韦氏擅内,恃宠宫掖,谋危社稷。善思此时,乃能先觉,因诣相府,有所发明,进论圣躬。必登宸极。虽交游重福,谋陷韦氏,敕追善思,书至便发,向怀逆节,宁即奔命? 一面疏纲,诚合顺生;三驱取禽,来而有宥。唯刑是恤,理合昭详。请付刑部集群官议定奏裁,以符慎狱。”时议者多云“善思合从原宥”,有司仍执前议请诛之,思复又驳奏恳直,睿宗纳其奏,竟免善思死,配流静州。无几,遇赦还。年八十五,开元十七年卒。

　　初,善思为御史时,中书舍人刘允济为酷吏所陷,当死,善思愍其老,密表奏请,允济乃得免诛。善思后见允济,竟不自言其事。韩思复奏免善思之罪,亦未曾有所言谢。时人称其长者。

　　善思子向,乾元中为凤翔尹,宝应中授太常员外卿。始善思父徐州长史延及善思俱年八十五而卒;广德二年,向卒,又年八十五。向兄前赵郡司马宙。长向十岁,向卒时,宙并无恙。

　　金梁凤,不知何许人也。天宝十三载,客于河西。善相人,又言玄象。时哥舒翰为节度使,诏入京师,裴冕为祠部郎中,知河西留后,在武威。梁凤谓冕曰:"玄象有变,半年间有兵起,郎中此时当得中丞,不拜中丞,即得宰相,不离天子左右,大富贵。"冕曰:"公乃狂言,冕何至此?"梁凤曰:"有一日向东京,一日入蜀川,一日来向朔方,此时公得相。"冕惧其言,深谢绝之。其后安禄山反,南犯洛阳,僭称伪位。哥舒翰东守潼关,累月,奏冕为御史中丞,追赴京。冕又诘曰:"事验也。"冕又问三日之兆,梁凤曰:"东京日即自磨灭,蜀川日亦不能久,此间日何转分明,不可说。"冕志之。既潼关失守,玄宗幸蜀,肃宗北如灵武,冕会之,劝成策立,改元为至德元年,冕果为中书侍郎、平章事。冕奏之,肃宗召拜都水使者。

　　梁凤在河陇,谓吕𬤝曰:"判官骨相,合得宰相。须得一大惊怖即得。"𬤝后至驿,责让驿长,榜之。驿史武将,性粗猛,持弓矢突入,射𬤝,矢两发,几中𬤝面,𬤝逾墙得免。以报梁凤,梁凤曰:"此必入相。"逾年,𬤝自黄门侍郎知政事。梁凤在凤翔,李揆、卢允二人同见之,俱素服,自称选人。梁凤谓之曰:"公等并至清望官,那得云无官。"揆、允以实对。梁凤遣二人行,谓揆曰:"公从舍人即入相,一年内事。"谓允曰:"公好即是吏部郎中。"及克复两京,揆自中书舍人知礼部侍郎事,入为中书侍郎、平章事,乃以允为吏部郎中。其验多此类。尔后佯聋以自晦。冕为右仆射、兼御史大夫、成都尹、剑南节度使,有进止,令将梁凤行。后乃病卒。

张果者，不知何许人也。则天时，隐于中条山，往来汾、晋间，时人传其有长年秘术，自云年数百岁矣。尝著《阴符经玄解》，尽其玄理。则天遣使召之，果佯死不赴。且人复见之，往来恒州山中。开元二十一年，恒州刺史韦济以状奏闻。玄宗令通事舍人裴晤往迎之，果对使绝气如死，良久渐苏，晤不敢逼，驰还奏状。又遣中书舍人徐峤赍玺书以邀迎之，果乃随峤至东都，肩舆入宫中。

玄宗初即位，亲访理道及神仙方药之事，及闻变化不测而疑之。有邢和璞者，善算人而知夭寿善恶，玄宗令算果，则惘然莫知其甲子。又有师夜光者，善视鬼，玄宗召果与之密坐，令夜光视之，夜光进曰："果今安在？"夜光对面终莫能见。玄宗谓力士曰："吾闻饮堇汁无苦者，真奇士也。"会天寒，使以堇汁饮果。果乃引饮三卮，醺然如醉所作，顾曰："非佳酒也。"乃寝。顷之，取镜视齿，则尽焦且黧。命左右取铁如意击齿堕，藏于带。乃怀中出神仙药，微红，傅堕齿之断。复寐良久，齿皆出矣，粲然洁白，玄宗方信之。

玄宗好神仙，而欲果尚公主，果固未知之，谓秘书少监王迥质，太常少卿萧华曰："谚云娶妇得公主，真可畏也。"迥质与华相顾，未晓其言。即有中使至，宣曰："玉真公主早岁好道，欲降先生。"果大笑，竟不奉诏。迥质等方悟向来之言。后恳辞归山，因下制曰："恒州张果先王，游方外之者也。迹先高尚。深入窈冥。是浑光尘，应召城阙。莫详甲子之数，且谓羲皇上人。问以道枢，尽会宗极。今特行朝礼，爰畀宠命。可银青光禄大夫，号曰通玄先生。"其年请入恒山，锡以衣服及杂彩等，便放归山。乃入恒山，不知所之。玄宗为造栖霞观于隐所，在蒲吾县，后改为平山县。

道士叶法善，括州括苍县人。自曾祖三代为道士，皆人摄养占卜之术。法善少传符箓，尤能厌劾鬼神。显庆中，高宗闻其名，徵诣京师，将加爵位，固辞不受。求为道士，因留在内道场，供待甚厚。时高宗令广徵诸方道术之士，合炼黄白。法善上言："金丹难就，徒费财物，有亏政理，请核其真伪。"帝然其言，因令法善试之，由是乃出九十余人，因一切罢之。法善又尝于东都凌空观设坛醮祭，城中士女竞往观之，俄顷数十人自投火中，观者大惊，救之而免。法善曰："此皆魅病，为吾法所摄耳。"问之果然。法善悉为禁劾，其病乃愈。法善自高宗、则天、中宗历五十年，常往来名山，数召入禁中，尽礼问道。然排挤佛法，议者或讥其向背。以其术高。终莫之测。睿宗即位，称法善有冥助之力，先天二年，拜鸿胪卿，封越国公，仍依旧为道士，止于京师之景龙观，又赠其父为歙州刺史。当时尊宠，莫与为比。

法善生于隋大业之丙子，死于开元之庚子，凡一百七岁。八年卒。诏曰："故道士鸿胪卿员外置越国公叶法善，天真精密，妙理玄畅，包括秘要，发挥灵符，固以冥默难源，希夷罕测。而情栖蓬阆，迹混朝伍，保黄冠而不杖，加紫绶而非荣，卓尔孤秀，冷然独往。胜气绝俗，贞风无尘，金骨外耸，珠光内应。斯乃体应中仙，名升上德。朕当听政之暇，屡询至道；公以理国之法，数奏昌言。谋参隐讽，事宜弘益。叹徽音之未泯，悲形解之俄留，曾莫歼遗，歼良奄及。永惟平昔，感怆于怀，宜申礼命，式旌泉壤，可赠越州都督。"

僧玄奘，姓陈氏，洛州偃师人。大业末出家，博涉经论。尝谓翻译者多有讹谬，故就西域，广求异本以参验之。贞观初，随商人往游西域。玄奘既辩博出群，所有必为讲释论难，蕃人远近咸尊伏之。在西域十七年，经百余国，悉解其国之语，仍采其山川谣俗，土地所有，撰《西域记》十二卷。贞观十九年，归至京师。太宗见之，大悦，与之谈论。于是诏将梵本六百五十七部于弘福寺翻译，仍敕左仆射房玄龄、太子左庶子许敬宗，广召硕学沙门五十余人，相助整比。

高宗东宫，为文德太后追福，造慈恩寺及翻经院，内出大幡，敕《九部乐》及京城诸寺幡盖众伎，送玄奘及所翻经像、诸高僧等入住慈恩寺。显庆元年，高宗又令左仆射于志宁、侍中许敬宗、中书令来济李义府杜正伦、黄门侍郎薛元超等，共润色玄奘所定之经，国子博士范义頵、太子洗马郭瑜、弘文馆学士高若思等，助加翻译。凡成七十五部,奏上之。后以京城人众竞来礼谒,玄奘乃奏请逐静翻译,敕乃移于宜君山故玉华宫。六年卒,时年五十六,归葬于白鹿原,士女送葬者数万人。

僧神秀,姓李氏,汴州尉氏人。少遍览经史,隋末出家为僧。后遇蕲州双峰山东山寺僧弘忍,以坐禅为业,乃叹伏曰:"此真吾师也。"便往事弘忍,专以樵汲自役,以求其道。

昔后魏末,人僧达摩者,本天竺王子,以护国出家,入南海,得禅宗妙法,云自释迦相传,有衣钵为记,世相付授。达摩赍衣钵航海而来,至梁,诣武帝,帝问以有为之事,达摩不说。乃之魏,隐于嵩山少林寺,遇毒而卒。其年,魏使宋云于葱岭回,见之,门徒发其墓,但有衣履而已。达摩传慧可,慧可尝断其左臂,以求其法;慧可传璨;璨传道信;道信传弘忍。

弘忍姓周氏,黄梅人。初,弘忍与道信并住东山寺,故谓其法为东山法门。神秀既师事弘忍,弘忍深器异之,谓曰:"吾度人多矣,至于悬解圆照,无先汝者。"弘忍以咸亨五年卒,神秀乃往荆州,居于当阳山。则天闻其名,追赴都,肩舆上殿,亲加跪礼,敕当阳山置度门寺以旌其德。时公王已下及京都士庶,闻风争来谒见,望尘拜伏,日以万数。中宗即位,尤加敬异。中书舍人张说尝问道,执弟子之礼,退谓人曰:"禅师身长八尺,庞眉秀耳,威德巍巍,王霸之器也。"

初,神秀同学僧慧能者,新州人也,与神秀行业相将。弘忍卒后,慧能住韶州广果寺。韶州山中,旧多虎豹,一朝尽去,远近惊叹,咸归伏焉。神秀尝奏则天,请追慧能赴都,慧能固辞。神秀又自作书重邀之,慧能谓使者曰:"吾形貌矬陋,北土见之,恐不敬吾法。又先师以吾南中有缘,亦不可违也。"竟不度岭而死。天下乃散传其道,谓神秀为北宗,慧能为南宗。

神秀以神龙二年卒,士庶皆来送葬。有诏赐谥曰大通禅师。又于相王旧宅置报恩寺。岐王范、张说及征士卢鸿一皆为其碑文。神秀卒后,弟子普寂、义福,并为时人所重。

普寂姓冯氏,蒲州河东人也。年少时遍寻高僧,以学经律。时神秀在荆州玉泉寺,普寂乃往师事,凡六年,神秀奇之,尽以其道授焉。久视中,则天召神秀至东都,神秀因荐普寂,乃度为僧。及神秀卒,天下好释氏者咸师事之。中宗闻其高年,特下制令普寂代神秀统其法众。开元十三年,敕普寂于都城居止。时王公士庶,竞来礼谒。普寂严重少言,来者难见其和悦之容,远近尤以此重之。二十七年,终于都城兴唐寺,年八十九。时都城士庶曾谒者,皆制弟子之服。有制赐号为大照禅师。及葬,河南尹裴宽及其妻子,并衰麻列于门徒之次,士庶倾城哭送,阊里为之空焉。

义福姓姜氏,潞州铜鞮人。初止蓝田化感寺,处方丈之室,凡二十余年,未尝出宇之外。后隶京城慈恩寺。开元十一年,从驾往东都,途经蒲、虢二州,刺史及官吏士女,皆赍幡花迎之,所在途路充塞。以二十年卒,有制赐号大智禅师。葬于伊阙之北,送葬者数万人。中书侍郎严挺之为制碑文。

神秀,禅门之杰,虽有禅行,得帝王重之,而未尝聚徒开堂传法。至弟子普寂,始于都城传教,二十余年,人皆仰之。

僧一行,姓张氏,先名遂,魏州昌乐人,襄州都督、郯国公公谨之孙也。父擅,武功令。一行少聪敏,博览经史,尤精历象、阴阳、五行之学。时道士尹崇博学先达,素多坟籍。一行诣崇,借扬雄《太玄经》,将归读之数日,复诣崇,还其书。崇曰:"此书意指稍深,吾寻之积年,尚不能晓,吾子试更研求,何遽见还也?"一行曰:"究其义矣。"因出所撰《大衍玄图》及《义决》一卷以示崇。崇太惊,因与一行谈其奥赜,甚嗟伏之,谓人曰:"此后生颜子也。"一行由是大知名。武三思慕其学行,就请与结交,一行逃匿以避之。寻出家为僧,隐于嵩山,师事沙门普寂。睿宗即位,敕东都留守韦安石以礼徵,一行固辞以疾,不应命。后步往荆州当阳山,依沙门悟真以习梵律。

开元五年,玄宗令其族叔礼部郎中洽赍敕书就荆州强起之。一行至京，置于光太殿，数就之，访以安国抚人之道，言皆切直，无有所隐。开元十年，永穆公主出降，敕有司优厚发遣，依太平公主故事。一行以为高宗末年，唯有一女，所以特加其礼，又太平骄僭，竟以得罪，不应引以为例。上纳其言，遽追敕不行，但依常礼。其谏净皆此类也。

一行尤明著述，撰《大衍论》三卷，《摄调伏藏》十卷，《天一太一经》及《太一局遁甲经》、《释氏系录》各一卷。时《麟德历经》推步渐疏，敕一行考前代诸家历法，改撰新历，又令率府长史梁令瓚等与工人创造黄道游仪，以考七曜行度，互相证明。于是一行推《周易》大衍之数，立衍以应之，改撰《开元大衍历经》。至十五年卒，年四十五，赐谥曰大慧禅师。

初，一行从祖东台舍人太素，撰《后魏书》一百卷，其《天文志》未成，一行续而成之。上为一行制碑文，亲书于石，出内库钱五十万，为起塔于铜人之原。明年，幸温汤，过其塔前，又驻骑徘徊，令品官就塔以告其出豫之意，更赐绢五十匹，以蒔塔前松柏焉。

初，一行求访师资，以穷大衍，至天台山国清寺，见一院，古松十数，门有流水，一行立于门屏间，闻院僧于庭布算声，而谓其徒曰："今日当有弟子自远求吾算法，已合到门，岂无人导达也？"即除一算。又谓曰："门前水当却西流，弟子亦至。"一行承其言而趋入，稽首请法，尽受其术焉，而门前水果却西流。道士邢和璞尝谓尹愔曰："一行其圣人乎？汉之洛下闳造历，云：'后八百岁当差一日，必有圣人正之。'今年期华矣，而一行造《大衍》正其差谬，则洛下闳之言信矣。非圣人而何？"

时又有黄州僧泓者，善葬法。每行视山原，即为之图，张说深信重之。

桑道茂者，大历中游京师，善太一遁甲五行灾异之说，言事无不中。代宗召之禁中，待诏翰林。建中初，神策军修奉天城，道茂请高其垣墙，大为制度，德宗不之省，及朱泚之乱，帝苍卒出幸，至奉天,方思道茂之言,时道茂已卒,命祭之。

　　赞曰:术数之精,事必前知。粲如垂象,变告无疑。怪诞之夫,诬罔蓍龟。致彼庸妄,幸时艰危。

旧唐书卷一九二
列传第一四二

隐　逸

王绩　　田游岩　　史德义　　王友贞

卢鸿一　　王希夷　　卫大经　　李元恺

王守慎　　徐仁纪　　孙处玄　　白履忠

王远知　　潘师正　　刘道合

司马承祯　　吴筠　　孔述睿　述睿子

敏行　阳城　　崔觐

前代贲丘园，招隐逸，所以重贞退之节，息贪竞之风。故蒙叟矫
《让王》之篇，玄晏立高人之傅，箕、颍之迹，粲然可观。而汉二龚之
流，乃心王室，不事莽朝，忍渴盗泉，本非绝俗，甚可嘉也。皇甫谧、
陶渊明慢世逃名，放情肆志，逍遥泉石，无意于出处之间，又其善
也。即有身在江湖之上，心游魏阙之下，托薜萝以射利，假岩壑以钓
名，退无肥遁之贞，进乏济时之具，《山移》见诮，海鸟兴讥，无足多
也。阮嗣宗傲世伴狂，王无功嗜酒放荡，才不足而智有余，伤其时而
晦其用，深识之士也。高宗天后，访道山林，飞书岩穴，屡造幽人之
宅。坚回隐士之车。而游岩，德义之徒，所高者独行；卢鸿一、承祯
之比，所重者逃名。至于出处语默之大方，未足与议也。今存其旧

说,以备杂篇。

王绩字无功,绛州龙门人。少与李播、吕才为莫逆之交。隋大业中,应孝悌廉洁举,授扬州六合县丞,非其所好,弃官还乡里。绩河渚中先有田十数顷,邻渚有隐士仲长子先,服食养性,绩重其真素,原与相近,乃结庐河渚,以琴酒自乐。尝游北山,因为《北山赋》以见志,词多不载。绩尝躬耕于东皋,故时人号东皋子。或经过酒肆,动经数日,往往题壁作诗,多为好事者讽咏。贞观十八年卒。临终自克死日,遗命薄葬,兼预自为墓志。有文集五卷。又撰《隋书》,未就而卒。

兄通,字仲淹,隋大业中名儒,号文中子,自有传。

田游岩,京兆三原人也。初补太学生,后罢归,游于太白山,每遇林泉会意,辄留连不能去。其母及妻子并有方外之志,与游岩同游山水二十余年。后入箕山,就许由庙东筑室而居,自称“许由东邻”。调露中,高宗幸嵩山,遣中书侍郎薛元超就问其母,游岩山衣田冠出拜,帝令左右扶止之,谓曰:“先生养道山中,比得佳否?”游岩曰:“臣泉石膏肓,烟霞痼疾,既逢圣代,幸得逍遥。”帝曰:“朕今得卿,何异汉获四皓乎?”薛元超曰:“汉高祖欲废嫡立庶,黄、绮方来,岂如陛下崇重隐沦,亲问岩穴。”帝甚欢,因将游岩就行宫,并家口给傅乘赴都,授崇文馆学士,令与太子少傅刘仁轨谈论。帝后将营奉天宫于嵩山,游岩旧宅先居宫侧,特令不毁,仍亲书题额悬其门,曰“隐士田游岩宅”。文明中,进授朝散大夫,拜太子洗马。垂拱初,坐与裴炎交结,特放还山。

史德义,苏州昆山人也。咸亨初,隐居武丘山,以琴书自适,或骑牛带瓢,出入郊郭东市,号为逸人。高宗闻其名,徵赴洛阳,寻称疾东归,公卿已下,皆赋诗饯别,德义亦以诗留赠,其文甚美。天授初,江南道宣劳使,文昌左丞周兴表荐之,则天徵赴都,诏曰:“苏州隐士史德义，志尚虚玄，业履贞确，谦冲彰于里闬，孝友表于闺庭。固辞征辟，长往严陵之濑；多谢簪裾，高蹈愚公之谷。博闻强识，阅《礼》敦《诗》，缮性丘园，甘心畎亩。朕承天革命，建极开阶，瘗痊星云，物色林壑。顺祯期而捐薜带，应休运而解荷裳。粤自海隅，来游魏阙，行藏之理斯得，去就之节无违。风操可嘉，启沃攸伫，特宜优奖，委以谏曹。可朝散大夫。"后周兴伏诛，德义坐为所荐免官，以朝散大夫放归丘壑，自此声誉稍减于隐居之前。

王友贞，怀州河内人也。父知敬，则天时麟台少监，以工书知名。友贞弱冠时，母病笃。医言唯啖人肉乃差。友贞独念无可求治，乃割股肉以饴亲，母病寻差。则天闻之，令就其家验问，特加旌表。友贞素好学，读《九经》皆百遍，训诲子弟，如严君焉。口不言人过，尤好释典，屏绝膻味，出言未曾负诺，时论以为真君子也。

长安年，历任长水令。后罢归由里。中宗在春宫，召为司议郎，不就。神龙初，又拜太子中舍，仍令所司以礼徵赴，及至，固以疾辞。诏曰：

敦夷齐之行，可以激贪；尚颜闵之道，用能劝俗。新除太子中舍人王友贞，德义泉薮，人伦茂异，孝始于事亲，信表于行己。富有文史，廉于财货，久历官政，累闻课绩。有古之人风，保君子之德。乃抗志尘外，栖情物表，深归解脱之门，誓守薰修之诚。顷加徵命，作护储闱，固在辞荣。累陈情恳。坚持净义，不登于车服；味兹禅悦，靡求于珍馔。朕方崇奖廉退，惩静浇浮，虽思廊庙之贤，岂违山林之愿，宜加优秩，仍遂雅怀。可太子中舍人员外置，给全禄以毕其身，任其在家修道。仍今所在州县存问，四时送禄至其住所。

玄宗在东宫，又表请礼征之，以年老，竟辞疾不赴。年九十余，开元四年卒。特下制曰："贵德尊贤，饰终念远，此圣人所以治天下、厚风俗也。王友贞禀气元精，游心大朴。孝惟不匮，独贯于神明；道则难名，高谢于人代。言念锡类，方期镇俗，遽尔凋殂，良深愍悼。生无大位，虽隔外臣之仪；殁有余荣，宜赠上卿之服。可赠银青光禄大夫，仍委本县令长特加吊祭。”

卢鸿一字浩然，本范阳人，徙家洛阳。少有学业，颇善籀篆楷隶，隐于嵩山。开元初，遣备礼再征不至。五年，下诏曰：

朕以寡薄，忝膺大位。常恨玄久替，淳化未升，每用翘想遗贤，冀闻上皇之训。以卿黄中通理，钩深诣微，穷太一之道，践中庸之德，确乎高尚，足侔古人。故比下徵书，仾谐善绩，而每辄托辞，拒违不至。使朕虚心引领，于今数年，虽得素履幽人之贞，而失考父滋恭之命。岂朝廷之故与生殊趣耶？将纵欲山林不能反乎？礼有大伦，君臣之迹，不可废也。今城阙密迩，不足为难，使敕赍束帛之贶，重宣斯旨，想以翻然易节，副朕意焉。

鸿一赴征。六年，至东都，谒见不拜。宰相遣通事舍人问其故，奏曰：“臣闻老君言，礼者，忠信之所薄，不足可依。山臣鸿一敢以忠信奉见。”上别召升内殿，赐之酒食。诏曰：“卢鸿一应辟而至，访之至道，有会淳风，爰举逸人，用劝天下。特宜授谏议大夫。”鸿一固辞，又制曰：

昔在帝尧，全许由之节；缅惟大禹，听伯成之高，则知天子有所不臣，诸侯有所不友，遁之时义大矣哉！嵩山隐士卢鸿一，抗迹幽远，凝情篆素，隐居以求其志，行义以达其道，云卧林壑，多历年载。传不云乎：“举逸人，天下之人归心焉。”是乃飞书岩穴，备礼徵聘，方伫献替，式弘政理。而矫然不群，确乎难拔，静己以镇其操，洗心以激其流，固辞荣宠，将厚风俗，不降其志，用保厥躬。会稽严陵，未可名屈；太原王霸，终以病归。宜以谏议大夫放还山。岁给米百石、绢五十匹，充其药物，仍令府县送隐居之所。若知朝廷得失，具以状闻。

将还山，又赐隐居之服，并其草堂一所，恩礼甚厚。

王希夷，徐州滕县人也。孤贫好道。父母终，为人牧羊，收庸以供葬。葬毕隐于嵩山，师道士黄颐，向四十年，尽能传其闭气导养之术，颐卒，更居兖州徂来山中，与道士刘玄博为栖遁之友。好《易》及《老子》，尝饵松柏叶及杂花散。景龙中，年七十余，气力益壮。刺史卢齐卿就谒致礼，因访以字人之术，希夷曰："孔子称'己所不欲，勿施于人'，可以终身行之矣。"及玄宗东巡，敕州县以礼徵，召至驾前，年已九十六。上令中书令张说访以道义，宦官扶入宫中，与语甚悦。开元十四年，下制曰："徐州处士王希夷，绝学弃智，抱一居贞，久谢嚣尘，独往林壑。朕为封峦展礼，侧席旌贤，贲然来思，克应嘉召。虽纤绮季之迹，已过伏生之年，宜命秩以尊儒，俾全高于尚齿。可朝散大夫，守国子博士，听致仕还山。州县春秋致束帛酒肉，仍赐衣一百副、绢一百匹。"寻寿终。

自则天、中宗已后，有蒲州人卫大经、邢州人李元恺，皆洁志不仕；蒲州人王守慎、常州人徐仁纪、润州人孙处玄，皆退身辞职，为时所称。

卫大经者，笃学善《易》，口无二言。则天降诏徵之，辞疾不赴。与魏州人夏候乾童有旧，闻乾童母卒，徒步往吊之，乡人止之曰："当夏溽暑，岂可步涉千里，致书可也。"大经曰："尺书无能尽意。"遂行。至魏州，会乾童出行，大经造门设席。行吊礼，不讯其家人而还。开元初，毕构为刺史，谓解令孔慎言曰："卫生德厚，宜有旌异。古人式干木之闾，礼贤故也。"慎言造门就谒，时大经已年老，辞疾不见。尝预筮死日，先凿墓自为志文，果如筮而终。

李元恺者，博学善天文律历，然性恭慎，口未尝言之。乡人宋璟，年少时师事之，及璟作相，使人遗元恺束帛，将荐举之，皆拒而不答。景龙中，元行冲为洺州刺史，邀元恺至州，问以经义，因遗衣服，元恺辞曰："微躯不宜服新丽，但恐不能胜其美以速咎也。"行冲乃以泥涂污而与之，不获已而受。及还，乃以己之所蚕素丝五两以酬行冲，曰："义不受无妄之财。"先是，定州人崔元鉴明《三礼》，乡人张易之宠幸用事，荐之，起家拜朝散大夫，致仕于家，在乡请半禄。无恺诮之曰："无功受禄，灾也。"元恺年八十余，寿终。

王守慎者，有美名。垂拱中为监察御史。时罗织事起，守慎舅秋官侍郎张知默推诏狱，奏守慎同知其事，守慎以疾辞，因请为僧。则天初甚怪之，守慎陈情，词理甚高，则天欣然从之，赐号法成。识鉴高雅，为时贤所重。以寿终。

徐仁纪者，圣历中徵拜左拾遗。三上书论得失，不纳，谓人曰："三谏不听，可去矣。"遂移病归乡里。神龙初，宣慰使举仁纪之行可以激俗，又徵拜左补阙。三上书，又不省，乃诣执政求出，俄授灵昌令。妻子不之官，廨舍唯衣履及书疏而已，余无所蓄。

孙处玄，长安中徵为左拾遗。颇善属文，尝恨天下无书以广新文。神龙初，功臣桓彦范等用事，处玄遗彦范书，论时事得失，彦范竟不用其言，乃去官还乡里，以病卒。

白履忠，陈留浚仪人也。博涉文史。尝隐居于古大梁城，时人号为梁丘子。景云中，徵拜校书郎。寻弃官而归。开元十七年，刑部尚书王志愔表荐履忠隐居读书，贞苦守操，有古人之风，堪代褚无量、马怀素入阁侍读。十七年，国子祭酒杨瑒又表荐履忠堪为学官，乃征赴京师。及至，履忠辞以老病，不任职事。诏曰："处士前秘书省校书郎白履忠，学优缃简，道贵丘园，探赜以见其微，隐居能达其志。故以汲引洙、泗，物色夷门，素风自高，玄冕非贵。几杖云暮，章秩宜加，俾承礼命之优，式副宠贤之美。可朝散大夫。"履忠寻表请还乡，手诏曰："孝悌立身，静退放俗，年过从耄，不杂风尘。盛德予闻，通班是锡，岂惟旌贲山薮，实欲奖劝人伦。且游上京，徐还故

里。"乃停留数月而归。履忠乡人左庶子吴兢谓履忠曰："吾子家室
屡空，竟不沾斗米匹帛，虽得五品，何益于实也？"履忠欣然曰："往
岁契丹入寇，家家尽著括排门夫，履忠特以少读书籍，县司放免，至
今惶愧。今虽不得，且是吾家终身高卧，免徭役，岂易得也！"寻寿
终。著《三玄精辩论》一卷，注《老子》及《黄庭内景经》，有文集十卷。

　　道士王远知，琅玡人也。祖景贤，梁江州刺史。父昙选，陈扬州
刺史。远知母，梁驾部郎中丁超女也。尝昼寝，梦灵凤集其身，因而
有娠，又闻腹中啼声，沙门宝志谓昙选曰："生子当为神仙之宗伯
也。"远知少聪敏，博综群书。初入茅山，师事陶弘景，传其道法。后
又师事宗道先生臧兢。陈主闻其名，召入重阳殿，令讲论，甚见嗟
赏。及隋炀帝为晋王，镇扬州，使王子相、柳顾言相次召之，远知乃
来谒见，斯须而须发变白，晋王惧而遣之，少顷又复其旧。炀帝幸涿
郡，遣员外郎崔凤举就邀之，远知见于临朔宫，炀帝亲执弟子之礼，
敕都城起玉清玄坛以处之。及幸扬州，远知谏不宜远去京国，炀帝
不从。

　　高祖之龙潜也，远知尝密传符命。武德中，太宗平王世充，与房
玄龄微服以谒之，远知迎谓曰："此中有圣人，得非秦王乎？"太宗因
以实告，远知曰："方作太平天子，愿自惜也。"太宗登极，将加重位，
固请归山。至贞观九年，敕润州于茅山置太受观，并度道士二十七
人。降玺书曰："先生操履夷简，德业冲粹，屏弃尘杂，栖志虚玄，吐
故纳新，食芝饵术，念兹妙于三清之表，返华发于百龄之外，道迈前
烈，声高自古。非夫得秘诀于金坛，受幽文于玉笈者，其孰能与此
乎！朕昔在藩朝，早获问道，眷言风范，无忘寤寐。近览来奏，请归
旧山，已有别敕，不违高志，并许置观，用表宿心。未知先生早晚以
届江外，所营栋宇，何当就功？伫闻委曲，副兹引领。近已令太史薛
颐等往诣，令宣朕意。"其年，远知谓弟子潘师正曰："吾见仙格，以
吾小时误损一童子吻，不得白日升天。见署少室伯，将行在即。"翌
日，沐浴，加冠衣，焚香而寝，卒，年一百二十六岁。调露二年，追赠

远知太中大夫,谥曰升真先生。则天临朝,追赠金紫光禄大夫。天授二年,改谥曰升玄先生。

潘师正,赵州赞皇人也。少丧母,庐于墓侧,以至孝闻。大业中,度为道士,师事王远知,尽以道门隐诀及符箓授之。师正清净寡欲,居于嵩山之逍遥谷,积二十余年,但服松叶饮水而已。高宗幸东都,因召见与语,问师正:"山中有何所须?"师正对曰:"所须松树清泉,山中不乏。"高宗与天后甚尊敬之,留连信宿而还。寻敕所司于师正所居造崇唐院,岭上别起精思院以处之。初置奉天宫,帝令所司于逍遥谷口特开一门,号曰仙游门,又于苑北面置寻真门,皆为师正立名焉。时太常奏新造乐曲,帝又令以《祈仙》、《望仙》、《翘仙》为名。前后赠诗,凡数十首。师正以永淳元年卒,时年九十八。高宗及天后追思不已,赠太中大夫,赐谥曰体玄先生。

道士刘道合者,陈州宛丘人。初与潘师正同隐于嵩山。高宗闻其名,令于隐所置太一观以居之。召入宫中,深尊礼之。及将封太山,属久雨,帝令道合于仪鸾殿作止雨之术,俄而霁朗,帝大悦。又令道合驰传先上太山,以祈福祐。前后赏赐,皆散施贫乏,未尝有所蓄积。高宗又令道合合还丹,丹成而上之。咸亨中卒。及帝营奉天宫,迁道合之殡室,弟子开棺将改葬,其尸惟有空皮,而背上开坼,有似蝉蜕,尽失其齿骨,众谓尸解。高宗闻之不悦,曰:"刘师为我合丹,自服仙去。其所进者,亦无异焉。"

道士司马承祯,字子微,河内温人。周晋州刺史、琅玡公裔玄孙。少好学,薄于为吏,遂为道士。事潘师正,传其符箓及辟谷道引服饵之术。师正特赏异之,谓曰:"我自陶隐居传正一之法,至汝四叶矣。"承祯尝遍游名山,乃止于天台山。则天闻其名,召至都,降手敕以赞美之。及将还,敕麟台监李峤饯之于洛桥之东。

景云二年,睿宗令其兄承祎就天台山迎之至京,引入宫中,问以阴阳术数之事。承祯对曰："道经旨：'为道日损之，损之又损之，以至于无为。'且心目所知见者，每损之尚未能已，岂复攻乎异端，而增其智虑哉！"帝曰："理身无为，则清高矣。理国无为，如何？"对曰："国犹身也。《老子》曰：'游心于澹，合气于漠，顺物自然而无私焉，而天下理。'《易》曰：'圣人者，与天地合其德。'是知天不言而信，不为而成。无为之旨，理国之道也。"睿宗叹息曰："广成之言，即斯是也。"承祯固辞还山，仍赐宝琴一张及霞纹帔而遣之，朝中词人赠诗者百余人。

开元九年，玄宗又遣使迎入京，亲受法箓，前后赏赐甚厚。十年，驾还西都，承祯又请还天台山，玄宗赋诗以遣之。十五年，又召至都。玄宗令承祯于王屋山自选形胜，置坛室以居焉。承祯因上言："今五岳神祠，皆是山林之神，非正真之神也。五岳皆有洞府，各有上清真人降任其职，山川风雨，阴阳气序，是所理焉。冠冕章服，佐从神仙，皆有名数。请别立斋祠之所。"玄宗从其言，因敕五岳各置真君祠一所，其形象制度，皆令承祯推按道经，创意为之。承祯颇善篆隶书，玄宗令以三体写《老子经》，因刊正文句，定著五千三百八十言为真本以奏上之。以承祯王屋所居为阳台观，上自题额，遣使送之。赐绢三百匹以充药饵之用。俄又令玉真公主及光禄卿韦绦至其所居修金箓斋，复加以锡赉。

是岁，卒于王屋山，时年八十九。其弟子表称："死之日，有双鹤绕坛，及白云从坛中涌出，上连于天，而师容色如生。"玄宗深叹之，乃下制曰："混成不测，入寥自化。虽独立有象，而至极则冥。故王屋山道士司马子微，心依道胜，理会玄远，遍游名山，密契仙洞。存观其妙，逍遥得意之场；亡复其根，宴息无何之境。固以名登真格，位在灵官。林壑未改，退霄已旷，言念高烈，有怆于怀，宜赠徽章，用光丹箓。可银青光禄大夫，号贞一先生。"仍为亲制碑文。

吴筠，鲁中之儒士也。少通经，善属文，举进士不第。性高洁，不奈流俗，乃入嵩山，依潘师正为道士，传正一之法，苦心钻仰，乃

尽通其术。开元中，南游金陵，访道茅山。久之，东游天台。筠尤善
著述，在剡与越中文士为诗酒之会，所著歌篇，传于京师。玄宗闻其
名，遣使征之。既至，与语甚悦，令待诏翰林。帝问以道法，对曰：
"道法之精，无如五千言，其诸枝词蔓说，徒费纸札耳。"又问神仙修
炼之事，对曰："此野人之事，当以岁月功行求之，非人主之所宜适
意。"每与缁黄列坐，朝臣启奏，筠之所陈，但名教世务而已，间之以
讽咏，以达其诚。玄宗深重之。

　　天宝中，李林甫、杨国忠用事，纲纪日紊。筠知天下将乱，坚求
还嵩山，累表不许，乃诏于岳观别立道院。禄山将乱，求还茅山，许
之。既而中原大乱，江淮多盗，乃东游会稽。尝于天台剡中往来，与
诗人李白、孔巢父诗篇酬和，逍遥泉石，人多从之。竟终于越中。文
集二十卷。其《玄纲》、《三篇》、《神仙可学论》等，为达识之士所称。
筠在翰林时，特承恩顾，由是为群僧之所嫉。骠骑高力士素奉佛，尝
短筠于上前，筠不悦，乃求还山。故所著文赋，深诋释氏，亦为通人
所讥。然词理宏通，文彩焕发，每制一篇，人皆传写。虽李白之放荡，
杜甫之壮丽，能兼之者，其唯筠乎！

　　孔述睿，越州人也。曾祖昌寓，膳部郎中。祖舜，监察御史。父
齐参，宝鼎令。述睿少与兄克符、弟克让，皆事亲以孝闻。既孤，俱
隐于嵩山。述睿好学不倦，大历中，转运使刘晏累表荐述睿有颜、闵
之行，游、夏之学。代宗以太常寺协律郎徵之，转国子博士，历迁尚
书司勋员外郎、史馆修撰。述睿每加恩命，暂至朝廷谢恩，旬日即辞
疾，却归旧隐。

　　德宗践祚，以谏议大夫银章朱绶，命河南尹赵惠伯赍诏书、玄
纁束帛，就嵩山以礼征聘。述睿既至，召对于别殿，特赐第宅，给以
厩马，兼为皇太子侍读。旬日后累表固辞，依前乞还旧山，诏报之
曰："卿怀伊挚匡时之道，有广成嘉遁之风。养素丘园，屡辞命秩。朕
以峒山问道，渭水求师，亦何必务执劳谦，固求退让。无违朕旨，且
启乃心。"述睿既恳辞不获，方就职。久之，改秘书少监，兼右庶子，

再加史馆修撰。述睿精于地理,在馆乃重修《地理志》,时称详究。而又性谦和退让,与物无竞,每亲朋集会,尝恂恂似不能言者,人皆敬之。时令狐峘亦充修撰,与述睿同职,多以细碎之事侵述睿,述睿皆让之,竟不与争,时人称为长者。

贞元四年,命赍诏并御馔、衣服数百袭,往平凉盟会处祭陷殁将士骸骨,以述睿性精悫故也。九年,以疾上表,请罢官。诏不许,报之曰:"朕以卿德重朝端,行敦风俗,不言之教,所赖攸深,未依来请,想宜悉也。"述睿再三上表,方获允许,乃以太子宾客赐紫金鱼袋致仕,放还乡里,仍赐帛五十匹、衣一袭。故事,致仕还乡者皆不给公乘,德宗优宠儒者,特命给而遣之。贞元十六年九月卒,年七十一。赠工部尚书。子敏行。

敏行字至之,举进士,元和五年礼部侍郎崔枢下擢第。吕元膺廉问岳鄂,辟为宾佐。丁母忧而罢。后元膺为东都留守,移镇河中,敏行皆从之。十四年,入为右拾遗,迁左补阙。长庆中,为起居郎,改左司员外郎,历司勋郎中,充集贤殿学士,迁吏中郎中,俄拜谏议大夫。上疏论兴元监军杨叔元阴激募卒为乱,杀节度使李绛。人不敢发其事,敏行上表极诤之,故叔元得罪,时论称美。敏行名臣之子,少而修洁,为人所称;及游宦,与当时豪俊为友,虽名华为一时,而贞规雅操,与父远矣。大和九年正月卒,年四十九,赠尚书工部侍郎。

阳城字亢宗,北平人也。代为官族。家贫不能得书,乃求为集贤写书吏,窃官书读之,昼夜不出房,经六年,乃无所不通。既而隐于中条山,远近慕其德行,多从之学。闾里相讼者,不诣官府,诣城请决。陕虢观察使李泌闻其名,亲诣其里访之,与语甚悦。泌为宰相,荐为著作郎,德宗令长安县尉杨宁赍束帛诣夏县所居而召之,城乃衣褐赴京,上章辞让。德宗遣中官持章服衣之而后召,赐帛五十匹。寻迁谏议大夫。

　　初未至京，人皆想望风彩，曰："阳城山人能自刻苦，不乐名利，今为谏官，必能以死奉职。"人咸畏惮之。及至，诸谏官纷纭言事，细碎无不闻达，天子益厌苦之；而城方与二弟及客日夜痛饮，人莫能窥其际，皆以虚名讥之。有造城所居，将问其所以者。城望风知其意，引之与坐，辄强以酒。客辞，城辄引自饮，客不能已，乃与城酬酢。客或时先醉仆席上，城或时先醉卧客怀中，不能听客语。约其二弟云："吾所得月俸，汝可度吾家有几口，月食米当几何，买薪、菜、盐凡用几钱，先具之，其余悉以送酒媪，无留也。"未尝有所蓄积。虽所服用有切急不可阙者，客称某物佳可爱，城辄喜，举而授之。有陈苌者，候其始请月俸，常往称其钱帛之美，月有获焉。

　　时德宗在位，多不假宰相权，而左右得以因缘用事。于是裴延龄、李齐运、韦渠牟等以奸佞相次进用，诬谮时宰，毁讟大臣，陆贽等咸遭枉黜，无敢救者。城乃伏阁上疏，与拾遗王仲舒共论延龄奸佞，贽等无罪。德宗大怒，召宰相入议，将加城罪。时顺宗在东宫，为城独开解之，城赖之获免。于是金吾将军张万福闻谏官伏阁谏，趋往，至延英门，大言贺曰："朝廷有直臣，天下必太平矣。"乃造城及王仲舒等曰："诸谏议能如此言事，天下安得不太平？"已而连呼"太平，太平"。万福武人，年八十余，自此名重天下。时朝夕欲相延龄，城曰："脱以延龄为相，城当取白麻坏之。"竟坐延龄事改国子司业。

　　城既至国学，乃召诸生，告之曰："凡学者所以学为忠与孝也。诸生宁有久不省其亲者乎？"明日，告城归养者二十余人。有薛约者，尝学于城，性狂躁，以言事得罪，徙连州，客寄无根蒂，台吏以踪迹求得之于城家。城坐台吏于门，与约饮酒诀别，涕泣送之郊外。德宗闻之，以城党罪人，出为道州刺史。太学生鲁郡、季偿等二百七十人诣阙乞留，经数日，吏遮止之，疏不得上。

　　在道州，以家人法待吏人，宜罚者罚之，宜赏者赏之，不以簿书介意。道州土地产民多矮，每年常配乡户贡其男，号为"矮奴"。城不平其以良为贱，又悯其编甿岁有离异之苦，乃抗疏论而免之，自是乃停其贡,民皆赖之,无不泣荷。前刺史有赃罪,观察使方推鞫之,吏有幸于前刺史者,拾其不法事以告,自为功,城立杖杀之。赋税不登,观察使数加诮让,州上考功第,城自署其第曰:"抚字心劳,徵科政拙,考下下。"观察使遣判官督其赋,至州,怪城不出迎,以问州吏,吏曰:"刺史闻判官来,以为有罪,自囚于狱,不敢出。"判官大惊,驰入谒城于狱,曰:"使君何罪,某奉命来候安否耳。"留一二日未去,城因不复归馆,门外有故门扇横地,城昼夜坐卧其上,判官不自安,辞去。其后又遣他判官往按之,他判官义不欲按,乃载妻子行,中道而自逸。

顺宗即位,诏徵之,而城已卒,士君子惜之。是岁四月,赐其家钱二百贯文,仍令所在州县给递,以丧归葬焉。

崔觐,梁州城固人。为儒不乐仕进,以耕稼为业。老而无子,乃以田宅家财分给奴婢,令各为生业。觐夫妻遂隐于城固南山,家事一不问,约奴婢递过其舍,至则供给酒食而已。夫妇林泉相对,以啸咏自娱。山南西道节度使郑余庆高其行,辟为节度参谋,累邀方至府第。为吏无方略,苦不达人事,余庆以长者优容之。大和八年,左补阙王直方上疏论事,得召见,文宗便殿访以时事。直方亦兴元人,与觐城固山为邻,是日因荐觐有高行,诏以起居郎徵之,觐辞疾不起。卒于山。

赞曰:高士忘怀,不隐不显。依隐钓名,真风渐鲜。结卢泉石,投绂市朝。心无出处,是曰逍遥。

旧唐书卷一九三
列传第一四三

列　女

李德武妻裴氏　　杨庆妻王氏

独孤师仁乳母王氏附　　杨三安妻李氏

魏衡妻王氏　　樊会仁母敬氏

绛州孝女卫氏　　濮州孝女贾氏

郑义宗妻卢氏　　刘寂妻夏侯氏

楚王灵龟妃上官氏　　杨绍宗妻王氏

于敏直妻张氏　　冀州女子王氏

樊彦琛妻魏氏　　邹保英妻奚氏

古玄应妻高氏附　　宋庭瑜妻魏氏

崔绘妻卢氏　　奉天县窦氏二女

卢甫妻李氏　　王泛妻裴氏附

邹待征妻薄氏　　李湍妻

董昌龄母杨氏

韦雍妻兰陵县君萧氏

衡方厚妻武昌县君程氏

女道士李玄真　孝女王和子

郑神佐女

女子禀阴柔之质，有从人之义。前代志贞妇烈女，盖善其能以礼自防。至若失身贼庭，不污非义，临白刃而慷慨，誓丹衷而激发，粉身不顾，视死如归，虽在壮夫，恐难守节，窈窕之操，不其贤乎！其次梁鸿之妻，无辞偕隐，恭姜之誓，不践二庭，妇道母仪，克彰图史，又其长也。末代风靡，贞行寂寥，聊播椒兰，以贻闺壸，彤管之职，幸无忽焉。

李德武妻裴氏，字淑英，户部尚书、安邑公矩之女也。性婉顺有容德，事父母以孝闻。适德武，经一年而德武坐从父金才事徙岭表。矩时为黄门侍郎，奏请德武离婚，炀帝许之。德武将与裴别，谓曰："燕婉始尔，便事分离，方远投瘴疠，恐无还理。尊君奏留，必欲改嫁耳，于此即事长诀矣！"裴泣而对曰："妇人事夫，无再醮之礼。夫者，天也，何可背乎！守之以死，必无他志。"因操刀欲割耳自誓，保者禁之乃止。裴与德武别后，容貌毁悴，常读佛经，不御膏泽。李氏之姊妹在都邑者，岁时朔望，必命左右致敬而省焉。裴又尝读《烈女传》，见称述不改嫁者，乃谓所亲曰："不践二庭，妇人常理，何为以此载于记传乎？"后十余年间，与德武音信断绝，矩欲夺其志。时有柳直求婚，许之，期有定日，乃以剪刀断其发，悲泣绝粒，矩不可夺，乃止。德武已于岭表娶尔朱氏为妻，及遇赦得还，至襄州，闻裴守节，乃出其后妻，重与裴合。生三男四女。贞观中，德武终于鹿城令，裴岁余亦卒。

杨庆妻王氏，世充兄之女也。庆即隋河间王弘之子，大业末，封郇王，为荥阳太守。后陷于世充，世充以兄女妻之，授管州刺史。及太宗攻围洛阳，庆谋背世充，欲与其妻俱来归国。妻谓庆曰："郑国以妾奉箕帚于公者，所以结公心耳。今既二三其行，负恩背义，自为身谋，妾将奈何？若至长安，则公家之婢耳！愿送至东都，公之惠也。"庆不听。伺庆出后，谓侍者曰："唐兵若胜，我家则灭。郑国无危，吾夫又死。进退维谷，何以生焉？"乃饮药而卒。庆既入朝，官至宜州刺史。

时又有独孤武都，谋叛王世充归国，事觉诛死。武都子师仁，年始三岁，世充以其年幼不杀，使禁掌之。乳母王氏，号兰英，请髡钳，求入保养，世充许之。兰英抚育提携，备尽筋力。时丧乱年饥，人多饿死，兰英扶路乞丐捃拾，遇有所得，便归与师仁，兰英唯啖土饮水而已。后诈采拾，乃窃师仁归于京师，高祖嘉其义，下诏曰："师仁乳母王氏，慈惠有闻，抚鞠无倦，提携遗幼，背逆归朝。宜有褒隆，以饮其号。可封永寿郡君。"

杨三安妻李氏，雍州泾阳人也。事舅姑以孝闻。及姑亡没，三安亦死，二子孩童，家至贫窭。李昼则力田，夜则纺绩，数年间葬舅姑及夫之叔侄兄弟者七丧，深为远近所嗟尚。太宗闻而异之，赐帛二百段，遣州县所在存恤之。

魏衡妻王氏，梓州郪人也。武德初，薛仁杲旧将房企地侵掠梁郡，因获王氏，逼而妻之。后企地渐强盛，衡谋以城应贼，企地领众将趋梁州，未至数十里，饮酒醉卧，王氏取其佩刀斩之，携其首入城，贼众乃散。高祖大悦，封为崇义夫人，舍衡同贼之罪。

樊会仁母敬氏，字像子，蒲州河东人也。年十五适樊氏，生会仁而夫丧，事舅姑姊姒以谨顺闻。及服终，母克以其盛年，将夺其志，微加讽谕，便悲恨呜咽，如此者数四。母兄乃潜许人为婚，矫称母患以召之。凡所营具，皆寄之邻里。像子既至，省母无疾，邻家复具肴馔，像子知为所欺，佯为不悟者。其嫂复请像子沐浴，像子私谓会仁曰:"吾不幸孀居,誓与汝父同穴。所以不死者,徒以我母羸老,汝身幼弱。今汝舅欲夺吾志,将加逼迫,于汝何如!"会仁失声啼泣,像子抚之曰:"汝勿啼。吾向伪不觉者,令汝舅不我为意,闻汝啼,知吾觉悟,必加防备,则吾难为计矣。"会仁便佯睡,像子于是伺隙携之遁归,中路,兄使追及之,将逼与俱返,像子誓以必死,辞情甚切,其兄感叹而止。后会仁年十八病卒,时像子母已终,既葬,像子谓其所亲曰:"吾老母不幸,又夫死子亡,义无久活。"于是号恸不食,数日而死。

绛州孝女卫氏,字无忌,夏县人也。初,其父为乡人卫长则所杀,无忌年六岁,母又改嫁,无兄弟。及长,常思复仇。无忌从伯常设宴为乐,长则时亦预坐,无忌以砖击杀之。既而诣吏,称父仇既报,请就刑戮。巡察大使、黄门侍郎褚遂良以闻,太宗嘉其孝烈,特令免罪,给传乘徙于雍州,并给田宅,仍令州县以礼嫁之。

孝女贾氏,濮州鄄城人也。年始十五,其父为宗人玄基所害。其弟强仁年幼,贾氏抚育之,誓以不嫁。及强仁成童,思共报复,乃候玄基杀之,取其心肝,以祭父墓。遣强仁自列于县司,断以极刑。贾氏诣阙自陈己为,请代强仁死。高宗哀之,特下制贾氏及强仁免罪,移其家于洛阳。

郑义宗妻卢氏,幽州范阳人,卢彦衡之女也。略涉书史,事舅姑甚得妇道。尝夜有强盗数十人,持杖鼓噪,逾垣而入,家人悉奔窜,唯有姑独在室。卢冒白刃往至姑侧,为贼捶击之,几至于死。贼去后,家人问曰:"群凶扰横,人尽奔逃,何独不惧?"答曰:"人所以异于禽兽者,以其仁义也。昔宋伯姬守义赴火,流称至今。吾虽不敏,安敢忘义。且邻里有急,尚相赴救,况在于姑,而可委弃!若万一危祸,岂宜独生。"其姑又每云:"古人称岁寒然后知松柏之后凋也,吾今乃知卢新妇之心矣。"贞观中卒。

　　刘寂妻夏侯氏，滑州胙城人，字碎金。父长云，为盐城县丞，因疾丧明。碎金乃求离其夫，以终侍养。经十五年，兼事后母，以至孝闻。及父卒，毁瘠殆不胜丧，被发徒跣，负土成坟，庐于墓侧，每日一食，如此者积年。贞观中，有制表其门闾，赐以粟帛。

　　楚王灵龟妃上官氏，秦州上邽人。父怀仁，右金吾将军。上官年十八，归于灵龟，继楚哀王后。本生具存，朝夕侍奉，恭谨弥甚，凡有新味，非舅姑啖讫，未曾先尝。经数载，灵龟薨。及将葬，其前妃阎氏，嫁不逾年而卒，又无近族，众议欲不举之，上官氏曰："必神而灵，宁可使孤魂无托！"于是备礼同葬，闻者莫不嘉叹。服终，诸兄姊谓曰："妃年尚少，又无所生，改本醮异门，礼仪常范，妃可思之。"妃掩泣对曰："丈夫以义烈标名，妇人以守节为行。未能即先犬马，以殉沟壑，宁可复饰脏服，有他志乎！"遂将刀截鼻割耳以自誓，诸兄姊知其志不可夺，叹息而止。寻卒。

　　杨绍宗妻王氏，华州华阴人也。初年二岁，所生母亡，为继母鞠养。至年十五，父又征辽而殁。继母寻亦卒。王乃收所生及继母尸枢，并立父形像，招魂迁葬讫，庐于墓侧，陪其祖父母及父母坟。永徽中，诏曰："故杨绍宗妻王氏，因心为孝，率性成道。年迫桑榆，筋力衰谢。以往在隋朝，父殁辽左，招魂迁葬，负土成坟，又葬其祖父母等，竭此老年，亲加板筑。痛结晨昏，哀感行路。永言志行，嘉尚良深。宜标其门闾，用旌敏德。"赐物三十段、粟五十石。

　　于敏直妻张氏，营州都督、皖城公俭之女也。数岁时父母微有疾，即观察颜色，不离左右，昼夜省侍，宛若成人。及稍成长，恭顺弥甚。适延寿公于钦明子敏直。初闻俭有疾，便即号踊自伤，期于必死。俭卒后，凶问至，号哭一恸而绝。高宗下诏，赐物百段，仍令史官录之。

冀州鹿城女子王阿足者，早孤，无兄弟，唯姊一人。阿足初适同县李氏，未有子而夫亡。时年尚少，人多聘之。为姊年老孤寡，不能舍去，乃誓不嫁，以养其姊。每昼营田业，夜便纺织，衣食所须，无非阿足出者，如此二十余年。及姊丧，葬送以礼。乡人莫不称其节行，竞令妻女求与相识。后数岁，竟终于家。

樊彦琛妻魏氏，楚州淮阴人。彦琛病笃，将卒，魏泣而言曰："幸以愚陋，托身明德，奉侍衣裳，二十余载。岂意釁妖所招，遽见此祸，同入黄泉，是其愿也。"彦琛答曰："死生常道，无所多恨。君宜勉励，养诸孤，使其成立。若相从而死，适足贻累，非吾所取也。"彦琛卒后，属李敬业之乱，乃为贼所获。贼党知其素解绿竹，逼令弹筝，魏氏叹曰："我夫不幸亡殁，未能自尽，苟复偷生，今复见逼管弦，岂非祸从手发耶？"乃引刀斩指，弃之于地。贼党又欲妻之，魏以必死自固，贼等忿怒，以刃加颈，语云："若不从我，即当殒命。"乃厉声骂曰："尔等狗盗，乃欲污辱好人，今得速死，会我本志。"贼乃斩之，闻者莫不伤惜。

邹保英妻奚氏，不知何许人也。万岁通天年，契丹贼李尽忠来寇平州，保英时任刺史，领兵讨击。既而城孤援寡，势将欲陷，奚氏乃率家僮及城内女丁相助固守。贼退，所司以闻，优制封为诚节夫人。

时有古玄应妻高氏，亦能固守飞狐县城，卒免为突厥所陷。下诏曰："顷属默啜攻城，咸忧陷没，丈夫固守，犹不能坚，妇人怀忠，不惮流矢，由兹感激，危城重安。如不褒升，何以奖劝。古玄应妻可封为徇忠县君。"

宋庭瑜妻魏氏，定州鼓城人，隋著作郎彦泉之后也，世为山东士族。父克己，有词学，则天时为天官侍郎。魏氏善属文。先天中，庭瑜自司农少卿左迁涪州别驾，魏氏随夫之任，中路作《南征赋》以叙志，词甚典美。开元中，庭瑜累迁庆州都督。初，中书令张说年少时为克己所重，魏氏恨其夫为外职，乃作书与说，叙亡父畴昔之事，并为庭瑜申理，乃录《南征赋》寄说。说叹曰："曹大家《东征》之流也。"庭瑜寻转广州都督，道病卒。魏氏旬日亦殒，时人莫不伤之。

崔绘妻卢氏，幽州范阳人也，为山东著姓。祖幼孙，常州刺史。父献，有美名，则天时历鸾台侍郎、文昌左丞，天授中为酷吏来俊臣所陷，左迁西乡令而卒。绘早终，卢既年少，诸兄常欲嫁之，卢辄称病固辞。卢亡姊之夫李思冲，神龙初为工部侍郎，又求续亲。时思冲当朝美职，诸兄不之拒，将婚之夕，方以告卢，卢又固辞不可，仍令人防其门。卢谓左右曰："吾自誓久已定矣。"乃夜中出自窦中，奔归崔氏，发面尽为粪秽所污，宗族见者皆为之垂泪。因出家为尼，诸尼钦其操行，皆尊事之。开元中，以老病而卒。

奉天县窦氏二女伯娘、仲娘，虽长于村野，而幼有志操。住与幽州接界。永泰中，草贼数千人，持兵刃入其村落行剽劫，闻二女有容色，姊年十九，妹年十六，藏于岩窟间。贼徒拟为逼辱，乃先曳仲娘出，行数十步，又曳仲娘出，贼相顾自慰。行临深谷，伯娘曰："我岂受贼污辱！"乃投之于谷。贼方惊骇，仲娘又投于谷。谷深数百尺，姊寻卒，仲娘脚折面破，血流被体，气绝良久而苏，贼义之而去。京兆尹第五琦感其贞烈，奏之，诏旌表门闾，长免丁役，二女葬事官给。京兆户曹陆海著赋以美之。

原武尉卢甫妻李氏，陇西成纪人也。父澜，永泰元年春任蕲县令。界内先有草贼二千余人，澜挺身入贼，结以诚信，贼并降附，百姓复业者二百余家。时曹升任徐州刺史，知贼乃，领兵掩袭，贼得脱后，入县杀澜。澜将被杀，从父弟渤，诣贼救澜，请代兄死。澜又请留弟,弟兄争死。澜女卢甫妻,又泣请代父死。并为贼所害。宣慰使、吏部侍郎李季卿以节主闻。

又有尉氏尉王泛妻裴氏,仪王傅巨卿之女也。素有容范,为贼所俘,贼逼之,裴曰:"吾衣冠之子,当死即死,终不苟全一命,受污于贼。"贼胁之以兵,逼之以刀,裴坚骂抗之,贼怒,乃支解裴反,至死不屈。季卿亦以状迹闻。

诏曰:"郑州原武县尉卢甫亡妻李氏、汴州尉氏县尉王泛亡妻裴氏等,懿范传家,柔明植性,顷因寇难,克彰义烈。或请代父死,表因心之孝;或誓逐夫亡,摽难夺之节。宜膺赠饰,俾光休美。李氏可赠孝昌县君,裴氏可赠河东县君,仍编入史册。"澜、渤亦赠官秩。

邹待征妻薄氏。待征,大历中为常州江阴县尉,其妻为海贼所掠。薄氏守节,出待征官告于怀中,托付村人,使谓待征曰:"义不受辱。"乃投江而死。贼退潮落,待征于江岸得妻尸焉。江左文士,多著节妇文以纪之。

李湍妻。湍,吴元济之军人也。元和中,淮南未平,湍心怀向顺,乃急渡溵河,东降乌重胤。其妻遂为贼束缚在树,脔而食之,至死,叫其夫曰:"善事乌仆射。"观者义之。至是,重胤以其事请列史册。十三年,宪宗下诏从之。

董昌龄母杨氏。昌龄常为泗州长史,世居于蔡。少孤,受训于母。累事吴少诚、少阳,至元济时,为吴房令。杨氏潜诫曰:"逆顺之理,成败可知,汝宜图之。"昌龄志未果,元济又署为郾城令。杨氏复诫曰:"逆党欺天,天所不福。汝当速降,无以前败为虑,无以老母为念。汝为忠臣,吾虽殁无恨矣。"及王师逼郾城,昌龄乃以城降,且说贼将邓怀金归款于李光颜。宪宗闻之喜,急召昌龄至阙,真授郾城令、兼监察御史,仍赐绯鱼。昌龄泣谢曰:"此皆老母之训。"宪宗叹良久。元济囚杨氏,欲杀之而止者数矣。蔡平,杨氏幸无恙。元和十五年，陈许节度使李逊疏杨氏之强明节义以闻，乃封北平郡太君。

韦雍妻萧氏。雍，故太子宾客。张弘靖镇幽州日，奏授观察判官，摄监察御史。时属朝廷制置未备，幽州俗本凶悍，尤不乐文儒为主帅，宾佐习于常态，忿其变通，议论不密，卒然起乱。雍时家亦从劫，萧氏闻难号呼，专执夫袂，左右格去，以死不从。及雍临刃，萧氏涕而告曰："妾不幸年少，义不苟活，今日之事，愿先就死。"执刃者断其臂而杀雍，萧氏词气不挠，虽凶悍园视，无不嗟叹。其夕，萧氏亦卒。大和六年，节度使杨志诚表明其事，因降敕追封兰陵县君。

衡方厚妻程氏。方厚，大和中任邕州都督府录事参军，为招讨使董昌龄诬枉杀之。程氏力不能免，乃抑其哀，如非冤者。昌龄雅不疑虑。听其归葬。程氏故得以徒行诣阙，截耳于右银台门，告夫被杀之冤。御史台鞫之，得实，谏官亦有章疏，故昌龄再受谴逐。程氏，开成元年降敕曰："乃者吏为不道，虐杀尔夫，诣阙申冤，徒行万里，崎岖逼畏，滨于危亡。血诚既昭，幽愤果雪，虽古之烈妇，何以加焉。如闻孤孀无依，昼哭待尽，俾荣禄养，仍赐疏封。可封武昌县君，仍赐一子九品正员官。"

女道士李玄真，越王贞之玄孙。曾祖珍子，越王第六男也，先天中得罪，配流岭南。玄真祖、父，皆亡殁于岭外。虽曾经恩赦，而未昭雪。玄真进状曰："去开成三年十二月内得岭南节主使卢钧出俸钱接借，哀妾三代旅榇暴露，各在一方，特与发遣，归就大茔合祔。今护四丧，已到长乐旅店权下，未委故越王坟所在，伏乞天恩，允妾所奏，许归大茔。妾年已六十三，孤露家贫，更无依倚。"诏曰："越王事迹，国史著明，枉陷非辜，寻已洗雪，其珍子他事配流，数代漂零，不还京国。玄真弱女，孝节卓然，启护四丧，绵历万里，况是近族，必可加恩。行路犹或嗟称，朝廷固须恤助。委宗正寺、京兆府与访越王坟墓报知。如不是陪陵,任祔茔卜葬。其葬事仍令京兆府接措,必使备礼。葬毕,玄真如愿住京城,便配咸宜观安置。"

孝女王和子者,徐州人。其父及兄为防秋卒,戍泾州。元和中,吐蕃寇边,父兄战死。无子,母先亡。和子时年十七,闻父兄殁于边上,被发徒跣缞裳,独往泾州,行丐取父兄之丧,归徐营葬,手植松柏,剪发坏形,庐于墓所。节度使王智兴以状闻,诏旌表之。

又大中五年,兖州瑕丘县人郑神佐女,年二十四,先许适骁雄牙官李玄庆。神佐亦为官健,戍庆州。时党项叛,神佐战死,其母先亡,无子。女以父战殁边城,无由得还,乃剪发坏形,自往庆州护父丧还,至瑕丘县进贤乡马青村,与母合葬。便庐于坟所,所植松槚,誓不适人。节度使萧俶以状奏之曰:"伏以闾里之中,罕知礼教,女子之性,尤昧义方。郑氏女痛结穷泉,哀深《陟岵》,投身沙碛,归父遗骸,远自边陲,得还闾里。感《蓼莪》以积恨,守丘墓以誓心,克彰孝理之仁,足厉贞方之节。"诏旌表门闾。

赞曰:政教隆平,男忠女贞。礼以自防,义不苟生。彤管有炜,兰闺振声。《关雎》合《雅》,始号文明。

旧唐书卷一九四上
列传第一四四上

突厥上

突厥之始，启民之前，《隋书》载之备矣，只以入加之事而述之。始毕可汗咄吉者，启民可汗子也。隋大业中嗣位，值天下大乱，中国人奔之者众。其族强盛，东自契丹、室韦，西尽吐谷浑、高昌诸国，皆臣属焉。控弦百余万，北狄之盛，未之有也，高视阴山，有轻中夏之志。可汗者，犹古之单于，妻号可贺敦，犹古之阏氏也。其子弟谓之特勤，别部领兵者皆谓之设，其大官屈律啜，次阿波，次颉利发，次吐屯，次俟斤，并代居其官而无员数，父兄死则子弟承袭。

高祖起义太原，遣大将军府司马刘文静聘于始毕，引以为援。始毕遣其特勤康稍利等献马千匹，会于绛郡，又遣二千骑助军，从平京城。及高祖即位，前后赏赐，不可胜纪。始毕自恃其功，益骄踞，每遣使者至长安，颇多横恣，高祖以中原未定，每优容之。武德元年，始毕使骨吐禄特勤来朝，宴于太极殿，奏《九部乐》，赉锦彩布绢各有差。二年二月，始毕帅兵渡河至夏州，贼帅梁师都出兵会之，谋入抄掠，授马邑贼帅刘武周兵五百余骑，遣入句注，又追兵大集，欲侵太原。是月，始毕卒，其子什钵苾以年幼不堪嗣位，立为泥步设，使居东偏，直幽州之北，立其弟俟利弗设，是为处罗可汗。

处罗可汗嗣位，又以隋义成公主为妻，遣使入朝告丧。高祖为之举哀，废朝三日，诏百官就馆吊其使者，又遣内史舍人郑德挺往吊处罗，赗物三万段。处罗此后频遣使朝贡。先是，隋炀帝萧后及齐王暕之子政道陷于窦建德，三年二月，处罗迎之，至于牙所，立政道为隋王。隋末中国人在虏庭者，悉隶于政道，行隋正朔，置百官，居于定襄城，有徒一万。时太宗在藩，受诏讨刘武周，师次太原，处罗遣其弟步利设率二千骑与官军会。六月，处罗至并州，总管李仲文出迎劳之，留三日，城中美妇人多为所掠，仲文不能制。俄而处罗卒，义成公主以其子奥射设丑弱，废不立之，遂立处罗之弟咄苾，是为颉利可汗。

颉利可汗者，启民可汗第三子也，初为莫贺咄设，牙直五原之北。高祖入长安，薛举犹据陇右，遣其将宗罗睺攻陷平凉郡，北与颉利连结。高祖患之，遣光禄卿宇文歆赍金帛以赂颉利。歆说之，令绝交于薛举。初，隋五原太守张长逊因乱以其所部五原城隶于突厥。歆又说颉利遣长逊入朝，以五原地归于我。颉利并从之，因发突厥兵及长逊之众，并会于太宗军所。武德三年，颉利又纳义成公主为妻，以始毕之子什钵苾为突利可汗，遣使入朝，告处罗死，高祖为之罢朝一日，诏百官就馆吊其使。

颉利初嗣立，承父兄之资，兵马强盛，有凭陵中国之志。高祖以中原初定，不遑外略，每优容之，赐与不可胜计，颉利言辞悖傲，求请无厌。四年四月，颉利自率万余骑，与马邑贼苑君璋将兵六千人共攻雁门，定襄王胡大恩击走之。先是汉阳公苏环、太常卿郑元璹、左骁卫大将军长孙顺德等各使于突厥。颉利并拘之，我亦留其使前后数辈，至是为大恩所挫，于是乃惧，仍放顺德还，更请和好，献鱼胶数十斤，欲令二国同于此鱼。高祖嘉之，放其使者特勒热寒、阿史德等还蕃，赐以金帛。

五年春，胡大恩奏言突厥饥荒，马邑可图。诏大恩与殿内少监独孤晟帅师讨苑君璋，期以二月会于马邑，晟后期不至，大恩不能独进，顿兵新城以待之。颉利遣数万骑与刘黑闼合军，进围大恩，王师败绩,大恩殁于阵,死者数千人。六月,刘黑闼又引突厥万余骑入抄河北,颉利复自率五万骑南侵,至于汾州,又遣数千骑西入灵、原等州,诏隐太子出幽州道,太宗出蒲州道以讨之。时颉利攻围并州,又分兵入汾、潞等州,掠男女五千余口,闻太宗兵至蒲州,乃引兵出塞。

　　七年八月,颉利、突利二可汗举国入寇,道自原州,连营南上,太宗受诏北讨,齐王元吉隶焉。初,关中霖雨,粮运阻绝,太宗颇患之,诸将忧见于色,顿兵于幽州。颉利、突利率万余骑奄至城西,乘高而阵,将士大骇。太宗乃亲率百骑驰诣虏阵,告之曰:"国家与可汗誓不相负,何为背约深入吾地? 我秦王也,故来一决。可汗若自来,我当与可汗两人独战;若欲兵马总来,我唯百骑相御耳。"颉利弗之测,笑而不对。太宗又前,令骑告突利曰:"尔往与我盟,急难相救,尔今将兵来,何无香火之情也?亦宜早出,一决胜负。"突利亦不对。太宗前,将渡沟水,颉利见太宗轻出,又闻香火之言,乃阴猜突利,因遣使曰:"王不须渡,我无恶意,更欲共王自断当耳。"于是稍引却,各敛军而退。太宗因纵反间于突利,突利悦而归心焉。遂不欲战。其叔侄内离,颉利欲战不可,因遣突利及夹毕特勒阿史那思摩奉见请和,许之。突利因自托于太宗,愿结为兄弟。思摩初奉见,高祖引升御榻,顿颡固辞,高祖谓曰:"颉利诚心遣特勒朝拜,今见特勒,如见颉利。"固引之,乃就坐,寻封思摩为和顺王。

　　八年七月,颉利集兵十余万,大掠朔州,又袭将军张瑾于太原,瑾全军并没,脱身奔于李靖。出师拒战,颉利不得进,屯于并州。太宗帅师讨之,次蒲州,颉利引兵而去,太宗旋师。九年七月,颉利自率十余万骑进寇武功,京师戒严。己卯,进寇高陵,行军总管左武候大将军尉迟敬德与之战于泾阳,大破之,获俟斤阿史德乌没啜,斩首千余级。癸未,颉利遣其腹心执失思力入朝为觇,自张形势云:"二可汗总兵百万,今已至矣。"太宗谓之曰:"我与突厥面自和亲,汝则背之,我实无愧。又义军入京之初,尔父子并亲从我,赐汝玉帛,前后极多,何故辄将兵入我畿县? 尔虽突厥,亦须颇有人心,何

故全忘大恩,自夸强盛,我当先戮尔矣。"思力惧而请命,太宗不许,
絷之于门下省。

太宗与侍中高士廉、中书令房玄龄、将军周范驰六骑幸渭水之
上,与颉利隔津而语,责以负约,其酋帅大惊,皆下马罗拜。俄而众
军继至,颉利见军容大盛,又知思力就拘,由是大惊。太宗独与颉利
临水交言,麾诸军却而阵焉。萧瑀以轻敌固谏于马前,上曰:"吾已
筹之,非卿所知也。突厥所以扫其境内,直入渭滨,应是闻我国家初
有内难,朕又新登九五,将谓不敢拒之。朕若闭门,虏必大掠,强弱
之势,在今一举。朕故独出,以示轻之;又耀军容,使知必战。事出
不意,乖其本图,虏入既深,理当自惧。与战则必克,与和则必固,
制服匈奴,自兹始矣。"是日,颉利请和,诏许焉,车驾即日还宫。乙
酉,又幸城西,刑白马,与颉利同盟于便桥之上,颉利引兵而退。萧
瑀进曰:"初,颉利之未和也,谋臣猛将多请战,而陛下不纳,臣以为
疑。既而虏自退,其策安在?"上曰:"我观突厥之兵,虽众而不整,君
臣之计,唯财利是视。可汗独在水西,酋帅皆来谒我,我因而袭击其
众,势同拉朽。然我已令无忌、李靖设伏于幽州以待之,虏若奔还,
伏兵邀其前,大军蹑斯一,覆之如反掌矣。我所以不战者,即位日
浅,为国之道,安静为务,一与虏战必有死伤;又匈虏一败,或当惧
而修德,结怨于我,为患不细。我今卷甲韬戈,啖以玉帛,顽虏骄恣,
必自此始,破亡之渐,其在兹乎!将欲取之,必固与之,与之谓也。"
九月,颉利献马三千匹,羊万口,上不受,诏颉利所掠中国户口者悉
令归之。

贞观元年,阴山已北薛延陀、回纥、拔也古等余部皆相率背叛,
击走其欲谷设。颉利遣突利讨之,师又败绩,轻骑奔还。颉利怒,拘
之十余日,突利由是怨望,内欲背之。其国大雪,平地数尺,羊马皆
死,人大饥,乃惧我师出乘其弊,引兵入朔州,扬言会猎,实设备焉。
侍臣咸曰:"夷狄无信,先自猜疑,盟后将兵,忽践疆境。可乘其便,
数以背约,因而讨之。"太宗曰:"匹夫一言,尚须存信,何况天下主
乎!岂有亲与之和,利其灾祸而乘危迫险以灭之耶?诸公为可,朕

不为也。纵突厥部落叛尽，六畜皆死，朕终示以信，不妄讨之，待其无礼，方擒取耳。"

二年，突利遣使奏言与颉利有隙，奏请击之，诏秦武通以并州兵马随便应接。三年，薛延陀自称可汗于漠北，遣使来贡方物。颉利始称臣，尚公主，请修婚礼。颉利每委任诸胡，疏远族类，胡人贪冒，性多翻覆，以故法令滋彰，兵革岁动，国人患之，诸部携贰。频年大雪，六畜多死，国中大馁，颉利用度不给，复重敛诸部，由是下不堪命，内外多叛之。上以其请和，后复援梁师都，诏兵部尚书李靖、代州都督张公谨出定襄道，并州都督李绩、右武卫将军丘行恭出通汉道，左武卫大将军柴绍出金河道，卫孝节出恒安道，薛万彻出畅武道，并受靖节度以讨之。十二月，突利可汗及郁射设、荫奈特勤等并帅所部来奔。

四年正月，李靖进屯恶阳岭，夜袭定襄，颉利惊扰，因徙牙于碛口，胡酋康苏密等遂以隋萧后及杨政道来降。二月，颉利计窘，窜于铁山，兵尚数万，使执失思力入朝谢罪，靖举国内附。太宗遣鸿胪卿唐俭、将军安修仁持节安抚之，颉利稍自安。靖乘间袭击，大破之，遂灭其国。颉利乘千里马，独骑奔于从侄沙钵罗部落。三月，行军副总管张宝相率众奄至沙钵罗营。生擒颉利送于京师。太宗谓曰："凡有功于我者，必不能忘，有恶于我者，终亦不记。论尔之罪状，诚为不小，但自渭水曾面为盟，从此以来，未有深犯，所以录此，不相责耳。"仍诏还其家口，馆于太仆，禀食之。颉利郁郁不得志，与其家人或相对悲歌而泣。帝见羸惫，授虢州刺史，以彼土多獐鹿，纵其畋猎，庶不失物性。颉利辞不愿往，遂授右卫大将军，赐以田宅。五年，太宗谓侍臣："天道主善祸淫，事犹影响。昔启民亡国奔隋，文帝不吝粟帛，大兴士众，营卫安置，乃得存立，既而强盛，当须子子孙孙思念报德。才至始毕，即起兵围炀帝于雁门，及隋国将乱，又恃强深入，遂使昔安立其家国者，身及子孙，并为颉利兄弟之所屠戮。今颉利破亡，岂非背恩忘义所致也！"八年卒，诏其国人葬之，从其俗礼，焚尸于灞水之东，赠归义王，谥曰荒。其旧臣胡禄达官吐谷浑邪自刿以殉。

浑邪者，颉利之母婆施氏之媵臣也，颉利初诞，以付浑邪，至是哀恸而死。太宗闻而异之，赠中郎将，仍葬于颉利墓侧，树碑以纪之。

突利可汗什钵苾者，始毕可汗之嫡子，颉利之侄也。隋大业中，突处年数岁，始毕遣领其东牙之兵，号为泥步设。隋淮南仅之北也，遂妻之。颉利嗣位，以为突利可汗，牙直幽州之北。突利在东偏，管奚、绩等数十部，征税无度，诸部多也之。贞观初，奚、等数十部，征税无度，诸部多怨之。贞观初，奚、霫等并来归附，颉利怒其失众，遣北征延陀，又丧师旅，遂囚而挞焉。

突利初自武德时，深自结于太宗，太宗亦以恩义抚之，结为兄弟，与盟而去，后颉利政乱，骤征兵于突利，拒之不与，由是有隙。贞观三年，表请入朝，上谓侍臣曰："朕观前代为国者，劳心以忧万姓，世祚乃长；役人以奉其身，社稷必灭。今北蕃百姓丧亡，诚由其君不君之故也。至使突利情愿入朝，若非困迫，何能至此？夷狄弱则边境无虞，亦甚为慰，然见其颠狈，又不能不惧，所以然者，虑己有不逮，恐祸变亦尔。朕今视不能远见，听不能远闻，唯藉公等尽忠匡弼，无得惰于谏净也。"突利寻为颉利所攻，遣使来乞师，太宗谓近臣曰："朕与突利结为兄弟，不可以不救。"杜如晦进曰："夷狄无信，其来自久，国家虽为守约，彼心背之。不若因其乱而取之，所谓取乱侮亡之道。"太宗然之。因令将军周范屯太原以图进取，突利乃率其众来奔，太宗礼之甚厚，叔赐以御膳。四年，授右卫大将军，封北平郡王，食邑封七百户，以其下兵众置顺、佑等州，帅部落还蕃。太宗谓曰："昔尔祖启民亡失兵马，一身投隋，隋家竖立，遂至强盛，荷隋之恩，未尝报德。至尔父始毕反为隋家之患，自尔已后，无岁不侵扰中国。天实祸淫，大降灾变，尔众散乱，死亡略尽。既事穷后，乃来投我，我所以不立尔为可汗者，正为启民前事故也。改变前法，欲中国久安，尔宗族永固，是以授尔都督。当须依我国法，整齐所部，不得妄相侵掠,如有所违,当获重罪。"五年,征入朝,至并州,道病卒,年二十九。太宗为之举哀,诏中书侍郎岑文本为其碑文,子贺逻鹘嗣。

突利弟结社率,贞观初入朝,历位中郎将。十三年,从幸九成宫,阴结部落得四十余人,并拥贺逻鹘,相与夜犯御营,逾第四重幕,引弓乱发,杀卫士数十人。折冲孙武开率兵奋击,乃退,北走渡渭水,欲奔其部落。寻皆捕而斩之,诏原贺逻鹘,流于岭外。

颉利之败也,其部落或走薛延陀,或走西域,而来降者甚众。诏议安边之术。朝士多言突厥恃强,扰乱中国,为日久矣。今天实丧之,穷来归我,本非慕义之心。因其归命,分其种落,俘之河南兖、豫之地,散居州县,各使耕织,百万胡虏可得化为百姓,则中国有加户之利,塞北可常空矣。唯中书令温彦博议请准汉建武时置降匈奴于五原塞下,全其部落,得为捍蔽,又不离其土俗,因而抚之,一则实空虚之地,二则示无猜心。若遣向河南兖、豫,则乖物性,故非含育之道。太宗将从之。秘书监魏征奏言:"突厥自古至今,未有如斯之破败者也,此是上天剿绝,宗庙神武。且其世寇中国,百姓冤仇,陛下以其降伏,不能诛灭,即宜遣还河北,居其故土。匈奴人面兽心,非我族类,强必寇盗,弱则卑服,不顾恩义,其天性也。秦、汉患其若是,故发猛将以击之,收取河南,以为郡县,陛下奈何以内地居之。且今降者几至十万,数年之间,孳息百倍,居我肘腋,密迩王畿,心腹之疾,将为后患,尤不可河南处也。"温彦博奏曰:"天子之于物也,天覆地载,有归我者则必养之。今突厥破灭之余,归心降附,陛下不加怜愍,弃而不纳,非天地之道,阻四夷之意,臣愚甚谓不可。遣居河南,所谓死而生之,亡而存之,怀我德惠,终无叛逆。"魏征又曰:"晋代有魏时胡落,分居近郡,平吴后,郭钦、江统劝武帝逐出塞外,不用钦等言,数年之后,遂倾漳、洛。前代覆车,殷鉴不远,陛下必用彦博之言遣居河南,所谓养兽自遗患也。"彦博又曰:"闻圣人之道,无所不通,古先哲王,有教无类。突厥余魂,以命归我,我援护之,收居内地,禀我指麾,教以礼法,数年之后,尽为农民,选其酋首,遣居宿卫,畏威怀德,何患之有?光武居南单于於内郡,为汉藩翰,终乎一代,不有叛逆。"彦博既口给,引类百端,太宗遂用其计,于朔方之地,自幽州至灵州置顺、佑、化、长四州都督府,又分颉利之地六州,左置定襄都督府,右置云中都督府,以统其部众。其酋首至者皆拜为将军、中郎将等官,布列朝廷,五品以上百余人,因而入居长安者数千家。自结社率之反也,太宗始患之。又上书者多云处突厥于中国,殊谓非便,乃徙于河北,立右武候大将军、化州都督、怀化郡王思摩为乙弥泥孰俟利苾可汗,赐姓李氏,率所部建牙于河北。

思摩者,颉利族人也。始毕、处罗以其貌似胡人,不类突厥,疑非阿史那族类,故历处罗、颉利世,常为夹毕特勒,终不得典兵为设。武德初,数来朝贡,高祖封为和顺郡王。及其国乱,诸部多归中国,唯思摩随逐颉利,竟与同擒。太宗嘉其忠,除右武候大将军、化州都督,令统颉利旧部落于河南之地,寻改封怀化郡王。

及将徙于白道之北,思摩等咸惮薛延陀,不肯出塞,太宗遣司农卿郭嗣本赐延陀玺书曰:"突厥颉利可汗未破已前,自恃强盛,抄掠中国,百姓被其杀者不可胜纪。我发兵击破之,诸部落悉归化。我略其旧过,嘉其从善,并授官爵,同我百僚,所有部落,爱之如子,与我百姓不异。但中国礼义,不灭尔国,前破突厥,止为颉利一人为百姓之害,所以废而黜之,实不贪其土地,利其人马也。自黜废颉利以后,恒欲更立可汗,是以所降部落等并置河南,任其放牧,今户口羊马日向滋多。元许册立,不可失信,即欲遣突厥渡河,复其国土。我策尔延陀日月在前,今突厥理是居后,后者为小,前者为大。尔在碛北,突厥居碛南,各守土境,镇抚部落。若其逾越,故相抄掠,我即将兵各问其罪。此约即定,非但有便尔身,贻厥子孙,长守富贵也。"于是命礼部尚书赵郡王孝恭斋书就思摩部落,筑坛于河上以拜之,并赐之鼓纛。突厥及胡在诸州安置者,并令渡河北,还其旧部。又以左屯卫将军阿史那忠为左贤五,左武卫将军阿史那泥熟为右贤五以贰之。

　　薛延陀闻太宗遣思摩渡河北，眠其部落翻附碛北，预蓄轻骑，伺至而击之。太宗遣救之曰："擅相侵者，国有常刑。"延陀曰："至尊遣莫相侵掠，敢不奉诏。然突厥翻覆难信，其未破前，连年杀中国人，动以千万计。至尊破突厥，须收为奴婢，将与百姓，而反养之如子，结社率竟反，此辈兽心，不可信也。臣荷恩甚深，请为至尊诛之。"时思摩下部众渡河者凡十万，胜兵四万人，思摩不能抚其众，皆不惬服。至十七年，相率叛之，南渡河，请分处于胜、夏二州之间，诏许之。思摩遂轻骑入朝，寻授右武卫将军，从征辽东，为流矢所中，太宗亲为吮血，其见顾遇如此。未几，卒于京师。赠兵部尚书、夏州都督，陪葬昭陵，立坟以象白道山，诏为立碑于化州。

　　先是，贞观中，突厥别部有车鼻者，亦阿史那之族也，代为小可汗，牙在金山之北，颉利可汗之败，北荒诸部将推为大可汗，遇薛延陀为可汗，车鼻不敢当，遂率所部归于延陀。为人勇烈，有谋略，颇为众附。延陀恶而将诛之，车鼻密知其谋，窜归于旧所，其地去京师万里，胜兵三万人，自称乙注车鼻可汗。西有歌罗禄，北有结骨，皆附隶之。自延陀破后，遣其子沙钵罗特勒来朝，贡方物，又请身自入朝。太宗遣将军郭广敬征之，竟不至，太宗大怒。贞观二十三年，遣右骁卫郎将高侃潜引回纥、仆骨等兵众袭击之。其酋长歌逻禄泥郭阙俟利发及拔塞匐处木昆莫贺咄俟斤等率部落背车鼻，相继来降。永徽元年，侃军次阿息山。车鼻闻王师至，召所部兵，皆不赴，遂携其妻子从数百骑而遁，其众尽降。侃率精骑追车鼻，获之，送于京师，仍献于社庙，又献于昭陵。高宗数其罪而赦之，拜左武卫将军，赐宅于长安处，其余众于郁督军山，置狼山都督以统之。车鼻长子羯漫陀先统拔悉密部。车鼻未败前，遣其子菴铄入朝，太宗嘉之，拜左屯卫将军，更置新黎州以统其众。

　　车鼻既破之后，突厥尽为封疆之臣，于是分置单于、瀚海二都护府。单于都护领狼山云中桑乾三都督、苏农等一十四州,瀚海都护领瀚海金微新黎等七都督、仙萼贺兰等八州,各以其首领为都督、刺史。高宗东封泰山,狼山都督葛逻禄社利等首领三十余人,并扈从至岳下,勒名于封禅之碑。自永徽已后,殆三十年,北鄙无事。

调露元年,单于管内突厥首领阿史德温传、奉职二部落始相率反叛,立泥孰匐为可汗,二十四州并叛应之。高宗遣鸿胪卿萧嗣业、右千牛将军李景嘉率众讨之,反为温传所败,兵士死者万余人。又诏礼部尚书裴行俭为定襄道行军大总管,率太仆少卿李思文、营州都督周道务等统众三十余万,讨击温传,大破之,泥孰匐为其下所杀,并擒奉职而还。永隆元年,突厥又迎颉利从兄之子阿史那伏念于夏州,将渡河立为可汗,诸部落复响应从之。又诏裴行俭率将军曹继叔、程务挺、李崇直、李文暕等讨之。伏念窘急,诣行俭降。行俭遂虏伏念诣京师,斩于东市。永淳二年,突厥阿史那骨咄禄复反叛。

骨咄禄者,颉跌之疏属,亦姓阿史那氏。其祖父本是单于右云中都督舍利元英下首领,世袭吐屯啜。伏念既破,骨咄禄鸠集亡散,入总材山,聚为群盗,有众五千余人。又抄掠九姓,得羊马甚多,渐至强盛,乃自立为可汗,以其弟默啜为杀,咄悉匐为叶护。时有阿史德元珍,在单于检校降户部落,尝坐事为单于长史王本立所拘絷,会骨咄禄入寇,元珍请依旧检校部落,本立许之,因而便投骨咄禄。骨咄禄得之,甚喜,立为阿波达干,令专统兵马事。

永淳二年,进寇蔚州,丰州都督崔智辩击之,反为贼所杀。文明元年,又寇朔州,杀掠人吏,则天诏左武威卫大将程务挺为单于道安抚大使以备之。垂拱二年,骨咄禄又寇朔、代等州,左玉钤卫中郎将淳于处平为阳曲道总管,与副将中郎将蒲英节率兵赴援,行至忻州,与贼战,大败死者五千余人。三年,骨咄禄及元珍又寇昌平,诏左鹰扬卫大将军黑齿常之击却之。其年八月,又寇朔州,复以常之为燕然道大总管,击贼于黄花堆,大破之,追奔四十余里,贼众遂走碛北。右监门卫中郎将爨宝璧又率精兵一万三千人出塞穷追,反为骨咄禄所败,全军尽没,宝璧轻骑遁归。初宝,壁见常之破贼,遽表请穷其余党,则天诏常之与宝璧计议,遥为声援。宝璧以为破贼在朝夕,贪功先行,又令人出塞二千余里觇候,见元珍等部落皆不设备,遂率众掩袭之。既至,又遣人报贼,令得设备出战,遂为贼所覆,宝璧坐此伏诛。则天大怒,因改骨咄禄为不卒禄。元珍后率兵讨突骑施,临阵战死。骨咄禄,天授中病卒。

默啜者,骨咄禄之弟也。骨咄禄死时,其子尚幼,默啜遂篡其位,自立为可汗。长寿二年,率众寇灵州,杀掠人吏。则天遣白马寺僧薛怀义为代北道行军大总管,领十八将军以讨之,既不遇贼,寻班师焉。默啜俄遣使来朝,则天大悦,册授左卫大将军,封归国公,赐物五千段。明年,复遣使请和,又加授迁善可汗。

万岁通天元年,契丹首领李尽忠、孙万荣反叛,攻陷营府,默啜遣使上言:“请还河西降户,即率部落兵马为国家讨击契丹。”制许之。默啜遂攻讨契丹,部众大溃,尽获其家口,默啜自此兵众渐盛。则天寻遣使册立默啜为特进、颉跌利施大单于、立功报国可汗。圣历元年,默啜表请与则天为子,并言有女,请和亲。初,咸亨中,突厥诸部落来降附者,多处之丰、胜、灵、夏、朔、代等六州,谓之降户。默啜至是又索此降户及单于都护府之地,兼请农器、种子,则天初不许。默啜大怨怒,言辞甚慢,拘我使人司宾卿田归道,将害之。时朝廷惧其兵势,纳言姚璹、鸾台侍郎杨再思建议请许其和亲,遂尽驱六州降户数千帐,并种子四万余硕、农器三千事以与之,默啜浸强由此也。

其年,则天令魏王武承嗣男淮阳王延秀就纳其女为妃,遣右豹韬卫大将军阎知微摄春官尚书,右武威卫郎将杨齐庄摄司宾卿,大赍金帛,送赴虏庭。行至黑沙南庭,默啜谓知微等曰:“我女拟嫁与李家天子儿,你今将武家儿来,此是天子儿否?我突厥积代已来,降附李家,今闻李家天子种末总尽,唯有两儿在,我今将兵助,立。”遂收延秀等,拘之别所,伪号知微为可汗,与之率众十余万,袭我静难及平狄、清夷等军,静难军使左玉钤卫将军慕容玄山则以兵五千人降之。俄进寇妫、檀等州,则天令司属卿武重规为天兵中道大总管,右武威卫将军沙吒忠义为天兵西道前军总管,幽州都督张仁亶为天兵东道总管,率兵三十万击之。右羽林卫大将军阎敬容为天兵西道后军总管,统兵十五万以为后援。默啜又出自恒岳道,寇蔚州,陷飞狐县。俄进攻定州,杀刺史孙彦高,焚烧百姓庐舍,虏掠男女,无少长皆杀之。则天大怒,购斩默啜者封王,改默啜号为斩啜。寻又围逼赵州,长史唐波若翻城应之,刺史高睿抗节不从,遂遇害。则天乃立庐陵王为皇太子,令充河北道行军大元帅,军未发而默啜尽抄掠赵、定等州男女八九万人,从五回道而去,所过残杀,不可胜纪。沙吒忠义及后军总管李多祚等皆持重兵,与贼相望,不敢战,河北道元帅纳言狄仁杰总兵十万追之,无所及。

二年,默啜立其弟咄悉匐为左厢察,骨咄禄子默矩为右厢察,各主兵马二万余人。又立其子匐俱为小可汗,位在两察之上,仍主处木昆等十姓兵马四万余人,又号为拓西可汗,自是连岁寇边。久视元年,掠陇右诸监马万余匹而去。制右肃政御史大夫魏元忠为灵武道行军大总管以备之,又命安北大都督相王旦为天兵道元帅,统诸军讨击,竟未行而贼退。

长安三年,默啜遣使莫贺达干请以女妻皇太子之子,则天令太子男平恩王重俊、义兴王重明廷立见之。默啜遣大臣移力贪汗入朝,献马千匹及方物以谢许亲之意。则天燕之于宿羽亭,太子、相王及朝集使三品以上并预会,重赐以遣之。中宗即位,默啜又寇灵州鸣沙县,灵武军大总管沙托忠义拒战久之,官军败绩,死者六千余人,贼遂进寇原、会等州,掠陇右群牧马万余匹而去,忠义坐免。中宗下制绝其请婚,仍购募能斩获默啜者封国王,授诸卫大将军,赏物二千段。又命内外官各进破突厥之策。右补阙卢俌上疏曰:

　　臣闻有虞咸熙,苗人逆命,殷宗大化,鬼方不宾,则戎狄交侵,其来远矣。汉高帝纳娄敬之议,与匈奴和亲,妻以宗女,赂以钜万，卓越顿益骄，边寇不止。则远荒之地，凶悍之俗，难以德绥，可以威制，而降自三代，无闻上策。今匈奴不臣，扰我亭障，皇赫斯怒，将整元戎。臣闻方叔帅师，功歌周《雅》，去病耀武，勒燕山，则万里折冲，在于择将。《春秋》谋元帅，取其说《礼乐》、《诗》、《书》。晋臣杜预射不穿札，而建平吴之勋，是知中权制谋，不在一夫之勇。其蕃将沙叱忠义等身虽骁悍，志无远图，此乃骑将之材，本不可当大任。且师出以律，将军死绥。秦克长平，赵括受戮，胡去马邑，王恢坐诛，则弃军有刑，古之常典。近者鸣沙之役，主将先逃，轻挫国威，须正邦宪。又其中军既败，阵乱矢穷，义勇之士，犹能死战，功合纪录，以劝戎行，赏罚既明，将士尽节，此擒敌之术也。

臣闻以蛮夷攻蛮夷，中国之长算，故陈汤统西域而郅支灭，常惠用乌孙而匈奴败。请购辩勇之士，班、傅之俦，旁结诸蕃，与图攻取，此又掎角之势也。臣闻昔置新秦以实塞下，宜因古法，募人徙边，选其胜兵，免其行役，次庐伍，明教令，则狃习戎事，究识夷险，其所虏获，因而赏之。近战则守家，远战则利货，趋赴锋镝，不劳训誓，朝赋"杨柳"，夕歌《秋杜》，十年之后，可以久安。

臣闻汉拜郅都，匈奴避境；赵命李牧，林胡远窜。则朔方之安危，边城之胜负，地方千里，制在一贤。其边州刺史不可不慎择，得其人而任之。搜乘训兵，屯田积粟，谨设烽燧，精饰弋矛，来则惩而御之，去则备而守之，此又古之善经也。去岁亢阳，天下不稔，利在保境，不可穷兵。使内郡黔黎，各安其业，择其宰牧，轻其赋徭，事无过举，爵不以私。爱人之财，节其浮役；惜人之力，不广台榭。察地利天时以趋耕获，命秋狝冬狩以教战阵。则数年之后，有勇知方，帑藏山积，金革犀利。然后整六军，绝大漠，雷击万里，风扫二庭，斩滞林之酋，悬藁街之邸，使百蛮震怖，五兵载戢，则上合天时，下顺人事。理内以及外，绥近以来远，以惠中国，以静四方。臣少慕文儒，不习军旅，奇正之术，多妞前良，献替是司，累陈瞽议。

上览而善之。默啜于是杀我行人假鸿胪卿臧思言。思言对贼不屈节，特赠鸿胪卿，仍命左屯卫大将军张仁亶摄右御史台大夫，充朔方道大部管以御之。仁亶始于河外筑三受降城，绝其南寇之路。

睿宗践祚，默啜又遣使请和亲，制以宋王成器女为金山公主许嫁之。又乃遣其男杨我支特勒来朝，授右骁卫员外大将军。俄而睿宗传位，亲竟不成。

初，默啜景云中率兵西击娑葛，破灭之。契丹及奚自神功之后，常受其征役，其地东西万余里，控弦四十万，自颉利之后最为强盛，自恃兵威，虐用其众。默啜既老，部落渐多逃散。开元二年，遣其子移涅可汗及同俄特勒、妹婿火拔颉利发石阿失毕率精骑围逼北庭。右骁卫将军郭虔瓘婴城固守，俄而出兵擒同俄特勒于城下，斩之。虏因退缩，火拔惧不敢归，携其妻来奔，制授左卫大将军，封燕北郡王，封其妻为金山公主，赐宅一区，奴婢十人，马十匹，物千段。明年，十姓部落左厢五咄六啜、右厢五弩失毕五俟斤及子婿高丽莫离支高交简、跌跌都督跌跌思泰等各率其众，相继来降，前后总万余帐。制令居河南之旧地；授高交简左卫员外大将军，封辽西郡王；跌跌思泰为特进、右卫员外大将军兼跌跌都督，封楼烦郡公。自余首领封拜赐物各有差。默啜女婿阿史德胡禄俄又归朝，授以特进。其秋，默啜与九姓首领阿布思等战于碛北，九姓大溃，人畜多死，阿布思率众来降。

四年，默啜又北讨九姓拔曳固，战于独乐河，拔曳固大败。默啜负胜轻归，而不设备，遇拔曳固迸卒颉质略于柳林中，突出击默啜，斩之，便与入蕃使郝灵荌传默啜首至京师。骨咄禄之子阙特勒鸠合旧部，杀默啜子小可汗及诸弟并亲信略尽，立其兄左贤王棘连，是为毗伽可汗。

毗伽可汗以开元四年即位，本蕃号为小杀。性仁友，自以得国是阙特勒之功,固让之,阙特勒不受,遂以为左贤王,专掌兵马。是时奚、契丹相率款塞,突骑施苏禄自立为可汗,突厥部落颇多携贰,乃召默啜时衙官暾欲谷为谋主。初,默啜下衙官尽为阙特勒所杀,暾欲谷以女为小杀可敦,遂免死,废归部落,及复用,年已七十余,蕃人甚敬仗之。

俄而降户阿悉烂、跌跌思泰等复自河曲叛归。初,降户南至单于,左卫大将军单于副都护张知运尽收其器仗,令渡河而南,蕃人怨怒。御史中丞姜晦为巡边使,蕃人诉无弓矢,不得射猎,晦悉给还之,故有抗敌之具。张知运既不设备,与降户战于青刚岭,为降户所败,临阵生擒知运,拟送与突厥,朔方总管薛讷率兵追讨之。贼至大斌县,又为将军郭知运所击,贼众大溃,散投黑山呼延谷,释张知运而去。上以张知运丧师,斩之以徇。小杀既得降户,谋欲南入为寇,暾欲谷曰:“唐主英武,人和年丰,未有间隙,不可动也。我众新集,犹尚疲羸,须且息养三数年,始可观变而举。”小杀又欲修筑城壁,造立寺观,暾欲谷曰:“不可。突厥人户寡少,不敌唐家百分之一,所以常能抗拒者,正以随逐水草,居处无常,射猎为业,又皆习武。强则进兵抄掠,弱则窜伏山林,唐兵虽多,无所施用。若筑城而居,改变旧俗,一朝失利,必将为唐所并。且寺观之法,教人仁弱,本非用武争强之道,不可置也。”小杀等深然其策。

八年冬,御史大夫王晙为朔方大总管,奏请西征拔悉密,东发奚、契丹两蕃,期以明年秋初,引朔方兵数道俱入,掩突厥衙帐于稽落河上。小杀闻之,大恐。暾欲谷曰:“拔悉密今在北庭,与两蕃东、西相去极远,势必不合。王晙兵马,计亦无能至此。必若能来,候其临到,即移衙帐向北三日,唐兵粮尽,自然去矣。且拔悉密轻而好利,闻命必是先来,王晙与张嘉贞不协,奏请有所不惬,必不敢动。若王晙兵马不来,拔悉密独至,即须击取之,势易为也。”九年秋,拔悉密果临突厥衙帐,而王晙兵及两蕃不至。拔悉密惧而引退,突厥欲击之,暾欲谷曰:“此众去家千里,必将死战,未可击也,不如以兵蹑之。”去北庭二百里,暾欲谷分兵间道先掩北庭,因纵卒击拔悉密

之还众,遂散走投北庭,而城陷不得入,尽为突厥所擒,并虏其男女
而还。暾欲谷回兵,因出赤亭以掠凉州羊马。时杨敬述为凉州都督,
遣副将卢公利、判官元澄出兵邀击之。暾欲谷曰:"敬述若守城自
固,即与连和;若出兵相当,即须决战。我今乘胜,必有功矣。"公利
等兵至删丹,遇贼,元澄令兵士揎臂持满,仍急结其袖,会风雪冻
烈,尽坠弓矢,由是官军大败,元澄脱身而走。敬述坐削除官爵,白
衣检校凉州事。小杀由是大振,尽有默啜之众。俄又遣使请和,乞
与玄宗为子,上许之。仍请尚公主,上但厚赐而遣之。

十三年,玄宗将东巡,中书令张说谋欲加兵以备突厥,兵部郎
中裴光庭曰:"封禅者告成之事,忽此征发,岂非名实相乖?"说曰:
"突厥比虽请和,兽心难测。且小杀者仁而爱人,众为之用;阙特勒
骁武善战,所向无前;暾欲谷深沉有谋,老而益智,李靖、徐绩之流
也。三虏协心,动无遗策,知我举国东巡,万一窥边,何以御之?"光
庭请遣使征其大臣扈从,则突厥不敢不从,又亦难为举动。说然其
言,乃遣中书直省袁振摄鸿胪卿,往突厥以告其意。小杀与其妻及
阙特勒、暾欲谷等环坐帐中设宴,谓振曰:"吐蕃狗种,唐国与之为
婚;奚及契丹旧是突厥之奴,亦尚唐家公主;突厥前后请结和亲,独
不蒙许,何也?"袁振曰:"可汗既与皇帝为子,父子岂合为婚姻?"小
杀等曰:"两蕃亦蒙赐姓,犹得尚主,但依此例,有何不可?且闻入蕃
公主,皆非天子之女,今之所求,岂问真假,频请不得,实亦羞见诸
蕃。"振许为奏请,小杀乃遣其大臣阿史德颉利发入朝贡献,因扈从
东巡。

玄宗发都,至嘉会顿,引颉利发及诸蕃酋长入仗,仍与之弓箭。
时有兔起于御马之前,上引弓傍射,一发获之。颉利发便下马捧兔
蹈舞曰:"圣人神武超绝,若天上则不知,人间无也。"上因令问饥
否? 对曰:"仰观圣武如此,十日不食,犹为饱也。"自是常令突厥入
仗驰射,起居舍人吕向上疏曰:

臣闻鸱枭不鸣,未为瑞鸟,猛虎虽伏,岂齐仁兽,是由丑性
毒行。久务常积故也。今夫突厥者,正与此类,安忍残贼,莫顾

君亲。陛下持武义临之，修文德来之，既慴威灵，又沐声教，以力以势，不得不庭，故稽颡称臣，奔命遣使。陛下乃能收其倾效，杂以从官，赴封禅之礼，参玉帛之会，此德业自盛，固不可名焉。因复诏许侍游，召入禁仗，仰英姿之四照，送神艺之百发，恩意俱极，诚无得逾焉。乃更赐以驰逐，使操弓竞飞镞于前，同获兽之乐，是屑略太过，未敢取也。虽圣胸豁达，与物无猜，而愚心徘徊，与时加慄。傥此等各怀犬吠，交肆盗憎，荆卿诡动，何罗窃至，暂逼严跸，稍冒清尘，纵即殪玄方，墍幽土，单于为醢，穹庐为污，何塞过责？特愿陛下勿复亲近，使知分限，待不失常，归于得所，以谓回两曜之鉴，怯九宇之忧，孰不幸甚！

上纳其言，遂认令诸蕃先发。东封回，上为颉利发设燕，原赐而遣之，竟不许其和亲。

十五年，小杀使其大臣梅录啜来朝，献名马三十匹。时吐蕃与小杀书，将计议同时入寇，小杀并献其书。上嘉其诚，引梅录啜宴于紫宸殿，厚加赏赍，仍许于朔方军西受降城为互市之所，每年斋缣帛数十万匹就边以遗之。二十年，阙特勒死，诏金吾将军张去逸、都官郎中吕向斋玺书入蕃吊祭，并为立碑，上自为碑文，仍立祠庙，刻石为像，四壁画其战阵之状。二十年，小杀为其大臣梅录啜所毒，药发未死，先讨斩梅录啜，尽灭其党。既卒，国人立其子为伊然可汗。诏宗正卿李诠往申吊祭，并册立伊然，为立碑庙，仍令史官起居舍人李融为其碑文。无几，伊然病卒，又立其弟为登利可汗。

登利者，犹华言果报也。登利年幼，其母即暾欲谷之女，与其小臣饫斯达于奸通，干预国政，不为蕃人所伏。登利从叔父二人分掌兵马，在东者号为左杀，在西者号为右杀，其精锐皆分在两杀之下。二十八年，上遣右金吾将军李质斋玺书册立登利为可汗。俄而登利与其母诱斩西杀，尽并其众，而左杀惧祸及己，勒兵攻登利，杀之，自立，号乌苏米施可汗。左杀又不为国人所附，拔悉密部落起兵击之,左杀大败,脱身遁走,国中大乱。西杀妻子及默啜之孙勃德支特勒、毗伽可汗女大洛公主、伊然可汗小妻余塞匐、登利可汗女余烛公主及阿布思颉利发等,并率其部众相次来降。天宝元年八月,降虏至京师,上令先谒太庙,仍于殿庭引见,御华萼楼以宴之,上赋诗以纪其事。

旧唐书卷一九四下
列传第一四四下

突厥下

西突厥本与北突厥同祖。初，木杆与沙钵略可汗有隙，因分为
二。其国即乌孙之故地，东至突厥国，西至雷翥海，南至疏勒，北至
瀚海，在长安北七千里。自焉耆国西北七日行，至其南庭；又正北八
日行，至其北庭。铁勒、龟兹及西域诸胡国，皆归附之。其人杂有都
陆及弩失毕、歌逻禄、处月、处密、伊吾等诸种。风俗大抵与突厥同，
唯言语微差。其官有叶护，有特勒，常以可汗子弟及宗族为之；又有
乙斤屈利啜、阎洪达、颉利发、吐屯、俟斤等官，皆代袭其位。

处罗可汗，隋炀帝大业中与其弟阙达设及特勒大奈入朝。仍从
炀帝征高丽，赐号为曷萨那可汗，遇江都之乱，从宇文化及至河北。
化及败，归长安，高祖为之降榻，引与同坐，封归义郡王。献大珠于
高祖，高祖劳之曰："珠信为宝，朕所重者赤心，珠无所用。"竟不受
之。先与始毕有隙，及在京师，始毕遣使请杀之，高祖不许。群臣谏
曰："今若不与，则是存一人而失一国也，后必为患。"太宗曰："人寡
来归我，杀之不义。"骤谏于高祖，由是迟回者久之。不得已，乃引曷
萨那于内殿，与之纵酒，既而送至中书省，纵北突厥使杀之，太宗即
位，令以礼改葬。

阙达设初居于会宁，有部落三千余骑。至隋末，自称阙达可汗。
武德初，遣使内属，拜吐乌过拔阙右汗，厚加抚慰。寻为李轨所灭。

特勒大奈，隋大业中与曷萨那可汗同归中国。及从炀帝讨辽

东,以功授金紫光禄大夫。后分其部落于楼烦。会高祖举兵,大奈率其众以从。隋将桑显和袭义军于饮马泉,诸军多已奔退,大奈将数百骑出显和后,掩其不备击大破之,诸军复振。拜光禄大夫。及平京城,以力战功,赏物五千段,赐姓史氏。武德初,从太宗破薛举。又从平王世充,破窦建德、刘黑闼,并有殊功,赐宫女三人,杂彩万余段。贞观三年,累迁右武卫大将军、检校丰州都督,封窦国公,实封三百户。十二年卒,赠辅国大将军。初,曷萨那之朝隋也,为炀帝所拘,其国人遂立萨那之叔父,曰射匮可汗。

射匮可汗者,达头可汗孙也。既立后,始开土宇,东至金山,西至海,自玉门已西诸国皆役属之。遂与北突厥为敌,乃建庭于龟兹北三弥山。寻卒。弟统叶护可汗代立。

统叶护可汗,勇而有谋,善攻战。遂北并铁勒,西拒波斯,南接罽宾,悉归之,控弦数十万,霸有西域,据旧乌孙之地。又移庭于石国北之千泉。其西域诸国王悉授颉利发,并遣吐屯一人监统之,督其征赋。西戎之盛,未之有也。

武德三年,遣使贡条支巨卵。时北突厥作患,高祖厚加抚结,与之并力以图北蕃,统叶许以五年冬。大军将发,颉利可汗闻之大惧,复与统叶护通和,无相征伐。统叶护寻遣使来请婚,高祖谓侍臣曰:"西突厥去我悬远,急疾不相得力,今请婚,其计安在?"封德彝对曰:"当今之务,莫若远交而近攻,正可权许其婚,以威北狄。待之数年后,中国盛全,徐思其宜。"高祖遂许之婚,令高平王道立至其国,统叶护大悦之。遇颉利可汗频岁入寇,西蕃路梗,由是未果为婚。

贞观元年,遣真珠统俟斤与高平王道立来献万钉宝细金带,马五千匹。时统叶护自负强盛,无恩于国,部众咸怨,歌逻禄种多叛之。颉利可汗不悦中国与之和亲,数遣兵入寇,又遣人谓统叶护曰:"汝若迎唐家公主,要须经我国中而过。"统叶护患之,未克婚。为其

伯父所杀而自立,是为莫贺咄侯屈利俟毗可汗。太宗闻统叶护之
死,甚悼之,遣斋玉帛至其死所祭而焚之。会其国乱,不果至而止。

　　莫贺咄侯屈利俟毗可汗,先分统突厥种类为小可汗,及此自称
大可汗,国人不附。弩失毕部共推泥孰莫贺设为可汗,泥孰不从。时
统叶护之子咥力特勒避莫贺咄之难,亡在康居,泥孰遂迎而立之,
是为乙毗钵罗肆叶护可汗。连兵不息,俱遣使来朝,各请婚于我。太
宗答之曰:"汝国扰乱,君臣未定,战争不息,何得言婚。"竟不许。仍
讽令各保所部,无相征伐。其西域诸国及铁勒先役属于西突厥者,
悉叛之,国内虚耗。
　　肆叶护既是旧主之子,为众心所归,其西面都陆可汗及莫贺咄
可汗部豪帅,多来附之。又兴拴以击莫贺咄,大败之。莫贺咄遁于
金山,寻为咄陆可汗所害,国人乃奉肆叶护为大可汗。肆叶护可汗
立,大发兵北征铁勒,薛延陀逆击之,反为所败。肆叶护性猜狠信
谗,无统驭之略。有乙利可汗者,于肆叶护功最多,由是授小可汗,
以非罪族灭之。群下震骇,莫能自固。肆叶护素惮泥孰,而阴欲图
之,泥孰遂适焉耆。其后设卑达干与突厥弩失毕二部豪帅潜谋击
之,肆叶护以轻骑遁于康居,寻卒。国人迎泥孰于焉耆而立之,是为
咄陆可汗。

　　咄陆可汗泥孰者,亦称大渡可汗。父莫贺设,本隶统叶护。武
德中,尝至京师。时太宗居藩,务加怀辑,与之结盟为兄弟。既被推
为可汗,遣使诣阙请降,太宗遣使赐以名号及鼓纛。贞观七年,遣鸿
胪少卿刘善因至其国,册授为吞阿娄拔奚利邲咄陆可汗。明年,泥
孰卒,其弟同娥设立,是为沙钵罗咥利失可汗。

　　沙钵罗咥利失可汗以贞观九年上表请婚,献马五百匹。朝廷唯
厚加抚慰,未许其婚。俄而其国分为十部,每部令一人统之,号为十
设。每设赐以一箭,故称十箭焉。又分十箭为左右厢,一厢各置五

箭。其左厢号五咄六部落,置五大啜,一啜管一箭;其右厢号为五弩
失毕,置五大俟斤,一俟斤管一箭,都号为十箭。其后或称一箭为一
部落,大箭头为大首领。五咄六部落居于碎叶已东,五弩失毕部落
居于碎叶已西,自是都号为十姓部落。

咥利失既不为众所归,部众携贰,为其统吐屯所袭,麾下亡散。
咥利失以左右百余骑拒之,战数合,统吐屯不利而去。咥利失奔其
弟步利设,与保焉耆。其阿悉古阙俟斤与统吐屯等召国人,将立欲
谷设为大可汗,以利失为小可汗。统吐屯为人所杀,欲谷设兵又为
其俟斤所破,咥利失复得旧地,弩失毕、处密等并归咥利失。

十二年,西部竟立欲谷设为乙毗咄陆可汗。乙毗咄陆可汗既
立,与咥利失大战,两军多死,各引去。因与咥利失中分,自伊列河
已西属咄陆,已东属咥利失。咄陆可汗又建庭于镞曷山西,谓为北
庭。自厥越失、拔悉弥、驳马、结骨、火寻、触水昆诸国皆臣之。十三
年,咥利失为其吐屯俟利发与欲谷设通谋作难,咥利失穷蹙,奔拔
汗那而死。弩失毕部落酋帅迎咥利失弟伽那之子薄布特勒而立之,
是为乙毗沙钵罗叶护可汗。

乙紫沙钵罗叶护可汗既立,建庭于睢合水北,谓之南庭。东以
伊列河为界,自龟兹、鄯善、且末、吐火罗、焉耆、石国、史国、何国、
穆国、康国,皆受其节度。累遣使朝贡,太宗降玺书尉勉。贞观十五
年,令左领军将军张大师往授焉,赐以鼓纛。于时咄陆可汗与叶护
频相攻击。会咄陆遣使诣阙,太宗逾以敦睦之道。咄陆于时兵众渐
强,西域诸国复来归附。未几,咄陆遣石国吐屯攻叶护,擒之,送于
咄陆,寻为所杀。

咄陆可汗既并其国,弩失毕诸姓心不服咄陆,皆叛之。咄陆复
率兵击吐火罗,破之。自恃其强,专擅西域。遣兵寇伊州,安西都护
郭恪率轻骑二千自乌骨邀击,败之。咄陆又遣处月、处密等围天山
县,郭恪又击走之。恪乘胜进拔处月俟斤所居之城,追奔及于遏索
山,斩首千余级,降其处密之众而归。咄陆初以泥孰啜自擅取所部

物,斩之以徇;寻为泥孰啜部将胡禄居所袭,众多亡逸,其国大乱。贞观十五年,部下屋利啜等谋欲废咄陆,各遣使诣阙,请立可汗。太宗遣使赍玺书立莫贺咄乙毗可汗之子,是为乙毗射匮可汗。

乙毗射匮可汗立,乃发弩失毕兵就白水击咄陆。自知不为众所附,乃西走吐火罗国。中国使人先为咄陆所拘者,射匮悉以礼资送归长安,复遣使贡方物,请赐婚。太宗许之,诏令割龟兹、于阗、疏勒、朱俱波、葱岭等五国为聘礼。及太宗崩,贺鲁反叛,射匮部落为其所并。

阿史那贺鲁者,曳步利设射匮特勒之子也。初,阿史那步真既来归国,咄陆可汗乃立贺鲁为叶护,以继步真,居于多逻斯川,在西州直北一千五百里,统处密、处月、姑苏、歌罗禄、弩失毕五姓之众。其后,咄陆西走吐火罗国,射匮可汗遣兵迫逐,贺鲁不常厥居。贞观二十二年,乃率其部落内属,诏居庭州。寻授左骁卫将军、瑶池都督。高宗即位,进拜左骁卫大将军,瑶池都督如故。

永徽二年,与其子咥运率众西遁,据咄陆可汗之地,总有西域诸郡,建牙于双河有千泉,自号沙钵罗可汗,统摄咄陆、弩失毕十姓。其咄陆有五啜:一曰处木昆律啜;二曰胡禄居阙啜,贺鲁以女妻之;三曰摄舍提暾啜;四曰突骑施贺逻施啜;五曰鼠尼施处半啜。弩失毕有五俟斤:一曰阿悉结阙俟斤,最为强盛;二曰哥舒阙俟斤;三曰拔塞干暾沙钵俟斤;四曰阿悉结泥孰俟斤;五曰哥舒处半俟斤。各有所部,胜兵数十万,并羁属贺鲁。西域诸国,亦多附隶焉。

贺鲁寻立咥运为莫贺咄叶护,数侵扰西蕃诸部,又进寇庭州。三年,诏遣左武候大将军梁建方、右骁卫大将军契苾何力率燕然都护所部回纥兵五万骑讨之,前后斩首五千级,虏渠帅六十余人。四年,咄陆可汗死,其子真珠叶护与五弩失毕请击贺鲁,破其牙帐,斩首千余级。

显庆二年,遣右屯卫将军苏定方,燕然都护任雅相,副都护萧嗣业,左骁卫大将军、瀚海都督回纥婆闰等率师讨击,仍使右武卫大将军阿史那弥射、左屯卫大将军阿史那叔真为安抚大使。定方行至曳咥河西，贺鲁率胡禄居阙啜等二万余骑列阵而待。定方率副总管左雅相等与之交战，贼众大败，斩大首领都搭达干等二百余人。贺鲁及阙啜轻骑奔窜，渡伊丽河，兵马溺死者甚众。嗣业至千泉贺鲁下牙之处，弥射进军至伊丽水，处月、处密等部各率众来降。弥射又进次双河，贺鲁先使步失达官鸠集散卒，据栅拒战。弥射、步真攻之，大溃；又与苏定方攻贺鲁于碎叶水，大破之。

贺鲁与咥运欲投鼠耨设，至石国之苏咄城傍，人马饥乏，城主伊阻达官将酒食出迎，贺鲁信其言入城，遂被拘执。萧嗣业既至石国，鼠耨设乃以贺鲁属之。贺鲁谓嗣业曰："我破亡虏耳！先帝厚我，而我背之，今日之败，天怒我也。旧闻汉法，杀人皆于都市，至京杀我，请向昭陵，使得谢罪于先帝，是本愿也。高宗闻而愍之。及俘贺鲁至京师，令献于昭陵及太庙，诏特免死。分其种落置崑陵、濛池二都护府，其所役属诸国，皆分置州府，西尽于波斯，并隶安西都护府。四年，贺鲁卒。诏葬于颉利墓侧，刻石以纪其事。

阿史那弥射者，室点密可汗五代孙也。初，室点密从单于统领。十大首领，有兵十万众，往平西域诸胡国，自为可汗，号十姓部落，世统其众。在本蕃为莫贺咄叶护。贞观六年，诏遣鸿胪少卿刘善因就蕃立为奚利邲咄陆可汗，赐以鼓纛、彩帛万段。其族兄叔步真欲自立为可汗，遂谋杀弥射弟侄二十余人。弥射既与步真有隙，以贞观十三年率所部处月、处密部落入朝，授右监门大将军。其后步真遂自立为咄陆叶护，其部落多不服，委之遁去。步真复携家属入朝，授左屯卫大将军。

弥射后从太宗征高丽有功，封平襄县伯。显庆二年，转右武卫大将军。及讨平贺鲁，乃册立弥射为兴昔亡可汗兼右卫大将军、崑陵都护，分押贺鲁下五咄六部落；步真授继往绝可汗兼右卫大将军、濛池都护，仍分押五弩失毕部落。因下诏曰："自西蕃罹乱，三十余年。比才贺鲁猖狂，百姓重被劫掠。朕君临四海，情均养育。不可使凶狡之虏，恣行侵渔；无辜之甿，久遭涂炭。故遣右屯卫将军苏定方等统率骑勇，北路讨逐；卿等宣畅朝风，南道抚育。遂使凶渠畏威，夷人慕德，伐叛柔服，西域总平。贺鲁父子既已擒护，诸头部落须有统领。卿早归阙庭，外参宿卫，深感恩义，甚知法式，所以册立卿等各为一部可汗。但诸姓从贺鲁，非其本情，卿等才至即降，亦是赤心向国。卿宜与卢承庆等准其部落大小，位望高下，节级授刺史以下官。”

龙朔中，又令弥射、步真率所部从阻海道大总管苏海政讨龟兹。步真尝欲并弥射部落，遂密告海政云：“弥射欲谋反，请以计诛之。”时海政兵才数千，悬师在弥射境内，遂集军吏而谋曰：“弥射若反，我辈即无噍类。今宜先举事则可克捷。”乃伪称有敕，令大总管赍物数百万段分赐可汗及诸首领。由是弥射率其麾下，随例请物，海政尽收斩之。其后西蕃盛言弥射非反，为步真所诬，而海政不能审察，滥行诛戮。

则天临朝，十姓无主数年，部落多散失。垂拱初，遂擢授弥射子左豹韬卫翊府中郎将元庆为左玉钤卫将军兼昆陵都护，令袭兴昔亡可汗，押五咄六部落；步真子斛瑟罗为右玉钤卫将军兼濛池都护，押五弩失毕部落。寻进授元庆左卫大将军。如意元年，为来俊臣诬谋反被害。其子献，配流崖州。长安三年，召还。累授右骁卫大将军。袭父兴昔亡可汗，充安抚招慰十姓人使。献本蕃渐为默啜及乌质勒所侵，遂不敢还国。开元中，累迁右金吾大将军。卒于长安。

阿史那步真者，在本蕃授左屯卫大将军。与弥射讨平贺鲁，加授骠骑大将军、行右卫大将军、濛池都护、继往绝可汗，押五弩失毕部落。寻卒。其子斛瑟罗，本蕃为步利设，垂拱初，授右玉钤卫将军兼濛池都护、袭继往绝可汗，押五弩失毕部落。天授元年，拜左卫大将军，改封竭忠事主可汗，仍赐濛池都护。寻卒。子怀道，神龙年累授右屯卫大将军、光禄卿，转仆卿兼濛池都护、十姓可汗。自垂拱已后，十姓部落频被突厥默啜侵掠，死散殆尽。及随斛瑟罗才六七万人，徙居内地，西突厥阿史那氏于是遂绝。

突骑施乌质勒者，西突厥之别种也。补隶在斛瑟罗下，号为莫贺达干。后以斛瑟罗用刑严酷，众皆畏之，尤能抚恤其部落，由是为远近诸胡所归附。其下置都督二十员，各统兵七千人。尝屯聚碎叶西北界，后渐攻陷碎叶，徙其牙帐居之。东北与突厥为邻，西南与诸胡相接，东南至西、庭州。瑟罗以部众削弱，自则天时入朝，不敢还蕃，其地并为乌质勒所并。景龙二年，诏封为西河郡王，令摄御史大夫解琬就加册立。未至，乌质勒卒。其长子娑葛代统其众，诏便立娑葛为金河郡王，仍赐以宫女四人。

初娑葛代父统兵，乌质勒下部将阙啜忠节甚忌之，以兵部尚书宗楚客当朝任势，密遣使斋金七百两以赂楚客，请停娑葛统兵。楚客乃遣御史中丞冯嘉宾充使至其境，阴与忠节筹其事，并自致书以申意。在路为娑葛游兵所获，遂斩嘉宾，仍进兵攻陷火烧等城，遣使上表以索楚客头。景龙三年，娑葛递遮弩恨所分部落少于其兄，遂叛入突厥，请为乡导，以讨娑葛。默啜乃留庶弩，遣兵二万人与其左右来讨娑葛，擒之而还。默啜顾谓遮弩曰："汝于兄弟尚不和协，岂能尽心于我。"遂与娑葛俱杀之。默啜兵还，娑葛下部将苏禄鸠集余众，自立为可汗。

苏禄者，突骑施别种也。颇善绥抚，十姓部落渐归附之，众二十万，遂雄西域之地，寻遣使来朝。开元三年，制授苏禄为左羽林军大将军、金方道经略大使，进为特勒，遣侍御史解忠顺斋玺书册立为忠顺可汗。自是每年遣使朝献，上乃立史怀道女为金河公主以妻之。

时杜暹为安西都护，公主遣牙官斋马千匹诣安西互市，使者宣公主教与暹，暹怒曰："阿史那氏女，岂合宣教与吾节度耶！"杖其使者，留而不遣，其马经雪寒，死并尽。苏禄大怒，发兵分寇四镇。会杜暹入知政事，赵颐贞代为安西都护，城守久之，由是四镇贮积及人畜并为苏禄所掠,安西仅全。苏禄既闻杜暹入相,稍引退,俄又遣使入朝献方物。十八年,苏禄使至京师,玄宗御丹凤楼设宴。突厥先遣使入朝,是日亦来预宴,与苏禄使争长。突厥使曰:"突骑施国小,本是突厥之臣,不宜居上。"苏禄使曰:"今日此宴,乃为我设,不合居下。"于是中书门下及百僚议,遂于东西幕下两处分坐,突厥使在东,突骑施使在西。宴讫,厚赉而遣之。

苏禄性尤清俭,每战伐,有所克获,尽分与将士及诸部落。其下爱之,甚为其用。潜又遣使南通吐蕃,东附突厥。突厥及吐蕃亦嫁女与苏禄。既以三国女为可敦,又分立数子为叶护,费用渐广,先既不为积贮,晚年抄掠所得者,留不分之,又因风病,一手挛缩,其下诸部,心始携贰。

有大首领莫贺达干、都摩度两部落,最为强盛。百姓又分为黄姓、黑姓两种,互相猜阻。二十七年夏,莫贺达干勒兵夜攻苏禄,杀之。都摩度初与莫贺达干连谋,俄又相背,立苏禄之子咄火仙为可汗,以辑其余众,与莫贺达干自相攻击。莫贺达干遣使告安西都护盖嘉运,嘉运率兵讨之,大败都摩度之众,临阵擒咄火仙,并收得金河公主而还。又欲立史怀道之子昕为可汗以镇抚之,莫贺达干不肯,曰:"讨平苏禄,本是我之元谋,若立史昕为主,则国家何以酬赏于我?"乃不立史昕,便令莫贺达干统众。二十七年二月,嘉运率将士诣阙献俘,玄宗御花萼楼以宴之,仍令将吐火仙献于太庙。俄又黄姓、黑姓自相屠杀,各遣使降附。

史臣曰:中原多事,外国窥边,周猃狁、汉匈奴之后,其类实繁,前史论之备矣。突厥自隋文修王道,肃军容,示恩妻以羁縻之;炀帝失政教,生戎心,肇乱离以启发之。高祖借其力而入平京师,群贼附其强而迭据河朔。高祖同御榻以延其使,太宗幸便桥以约其和。当其时焉,不其盛矣!竟灭其族而身死于国者,何也?咸谓太宗有驭夷狄之道,李勣著戡定之功。殊不知突厥之始也,赏罚明而将士戮力,遇炀帝之乱,亡命蓄怒者既附之,其兴也宜哉!颉利之衰也,兄弟构隙而部族离心，当太宗之理，谋臣猛将讨逐之，其亡也宜哉！洎武后乱朝，默啜犯塞，玄宗纂嗣，传首京师，东封太山，西戎扈跸，开元之代，继踵来降。西突厥诸族，遇其理，则众心悦附而甲兵兴焉；遇其乱，则族类怨怒而本根破矣！理乱二道，华夷一途，或质言于盛衰倚伏，未为确论。

　　赞曰：中国失政，边夷幸灾。理乱之道，取鉴将来。

旧唐书卷一九五
列传第一四五

回　纥

　　回纥，其先匈奴之裔也，在后魏时，号铁勒部落。其象微小，其俗骁强，依托高车，臣属突厥，近谓之特勒。无君长，居无恒所，随水草流移，人性凶忍，善骑射，贪婪尤甚，以寇抄为生。自突厥有国，东西征讨，皆资其用，以制北荒。隋开皇末，晋王广北征突厥，大破步迦可汗，特勒于是分散，大业元年，突厥处罗可汗击特勒诸部，厚敛其物，又猜忌薛延陀，恐为变，遂集其渠帅数百人尽诛之，特勒由是叛。特勒始有仆骨、同罗、回纥、拔野古、覆罗，步号俟斤，后称回纥焉。在薛延陀北境，居娑陵水侧，去长安六千九百里，随逐水草，胜兵五万，人口十万人。

　　初，有特健俟斤死，有子曰菩萨，部落以为贤而立之。贞观初，菩萨与薛延陀侵突厥北边，突厥颉利可汗遣子欲谷设率十万骑讨之，菩萨领骑五千与战，破之于马鬣山，因逐北至于天山，又进击，大破之，俘其部众，回纥由是大振。因率其众于薛延陀，号菩萨为"活颉利发"，仍遣使朝贡。菩萨劲勇，有胆气，善筹策，每对敌临阵，必身先士卒，以少制众，常以战阵射猎为务。其母乌罗浑主知争讼之事，平反严明，部内齐肃。回纥之盛，由菩萨之兴焉。

　　贞观中擒降突厥颉利等可汗之后，北虏唯菩萨、薛延陀为盛，太宗册北突厥莫贺咄为可汗，遣统回纥、仆骨、同罗、思结、阿跌等部。回纥酋帅吐迷度与诸部大破薛延陀多弥可汗，遂并其部曲，奄有其地。贞观二十年，南过贺兰山，临黄河，遣使入贡，以破薛延陀功，赐宴内殿。太宗幸灵武，受其降款，因请回鹘已南置邮递，通管北方。太宗为置六府七州，府置都督，州置刺史，府州皆置长史、司马已下官主之。以回纥部为瀚海府，拜其俟利发吐迷度为怀化大将军兼瀚海都督。时吐迷度已自称可汗，署官号皆如突厥故事。以多览为燕然府，仆骨为金微府，拔野古为幽陵府，同罗为龟林府，思结为卢山府，浑部为皋兰州，斛萨为高阙州，阿跌为鸡田州，契苾为榆溪州，跌结为鸡鹿州，阿布思为归林州，白霫为寘颜州；又以回纥西北结骨为坚昆府，其北骨利干为玄阙州，东北俱罗勃为烛龙州。于故单于台置燕然都护统之，以导宾贡。

　　贞观二十二年，吐迷度为其侄乌纥所杀。初，乌纥蒸其叔母，遂与俱陆莫贺达干俱罗勃潜谋杀吐迷度以归车鼻。乌纥、俱罗勃，并车鼻之婿也，乌纥遂夜领骑十余劫吐迷度，杀之。燕然副都护元礼臣遣人绐乌纥云："将奏而为都督，替吐迷度也。"乌纥轻骑至礼臣所，跪拜致谢，礼臣擒而斩之以闻。太宗恐回纥部落携离，十月，遣兵部尚书崔敦礼往安抚之，仍以敦礼为金山道副将军。赠吐迷度左卫大将军，赗物及衣服设祭甚厚。以吐迷度子前左屯卫大将军、翊卫左郎将婆闰为左骁卫大将军、大俟利发、使持节回纥部落诸军事，瀚海都督。后俱罗勃来朝，太宗留之不遣。诏西突厥可汗阿史那贺鲁统五咄、五俟斤二十余部，居多罗斯水南，去西州马行十五日程。回纥不肯西属突厥。

　　永徽二年，贺鲁破北庭，诏将军梁建方、契苾何力领兵二万，取回纥五万骑，大破贺鲁，收复北庭。显庆元年，贺鲁又犯边，诏程知节、苏定方、任雅相、萧嗣业领兵并回纥大破贺鲁于阴山，再破于金牙山，尽收所据之地，西逐至耶罗川。贺鲁西奔石国，婆闰随苏定方逐贺鲁至石国西北苏咄城，城主伊沮达干执贺鲁送洛阳。以其地置濛池、崑陵府，以阿史那弥射、阿史那步真为二府都督，统十姓右厢五弩失毕、左厢五咄陆。以贺鲁种落分置州县，西尽波斯。加婆闰右卫大将军兼瀚海都督。永徽六年，回鹘遣兵随萧嗣业讨高丽。龙朔中，婆闰死，侄比粟毒主领回鹘，与同罗、仆固犯边，高宗命郑仁泰讨平仆固等，比粟毒败走，因以铁勒本部为天山县。永隆中独解支，嗣圣中伏帝匐，开元中承宗、伏帝难，并继为酋长，皆受都督号以统蕃州，左杀右杀分管诸部。

开元中，回鹘渐盛，杀凉州都督王君㚟，断安西诸国入长安路，玄宗命郭知运等讨逐，退保乌德健建山，南去西城一千七百里，西城即汉之高阙塞也。西城北去碛石口三百里。有十一都督，本九姓部落：一曰药罗葛，即可汗之姓；二曰胡咄葛；三曰咄罗勿；四曰貊歌息讫；五曰阿勿嘀；六曰葛萨；七曰斛嗢素；八曰药勿葛；九曰奚耶勿。每一部落一都督。破枝悉密，收一部落，破葛逻禄，收一部落，葛置都督一人，统号十一部落，每行止斗武，常以二客部落为军锋。

天宝初，其酋长叶护颉利吐发遣使入朝，封奉义王。三载，击破拔悉密，自称骨咄禄毗伽阙可汗，又遣使入朝，因册为怀仁可汗。及至德元载七月，肃宗于灵武即位。遣故邠王男承寀封为敦煌王，将军石定番，使于回纥，以修好征兵。及至其牙，可汗以女嫁于承寀，遣首领来朝，请和亲，封回纥公主为毗伽公主。肃宗在彭原，遇之甚厚。二载二月，回纥又使首领大将军多揽等十五人入朝。九月戊寅，加承寀开府仪同三司，拜宗正卿，纳回纥公主为妃。回纥遣其太子叶护领其将帝德等兵马四千余众，助国讨逆，肃宗宴赐甚厚。又命元帅广平王见叶护，约为兄弟，接之颇有恩义。叶护大喜，谓王为兄。

戊子，回纥大首领达干等一十三人先至扶风，与朔方将士见仆射郭子仪，留之，宴设三日。叶护太子曰：“国家有难，远来相助，何暇食为。”子仪固留之，宴毕便发。其军每日给羊二百口、牛二十头、米四十石。及元帅广平王率郭子仪等至香积寺东二十里，西临沣水。贼埋精骑于大营东，将袭我军之背。朔方左厢兵马使仆固怀恩指回纥驰救之，匹马不归，因收西京。十月，广平王、副元帅郭子仪领回纥兵马，与贼战于陕西。初次于曲沃，叶护使其将军车鼻施吐拨裴副等旁南山而东，遇贼伏兵于谷中，尽殪之。子仪至新店，遇贼战，军却数里。回纥望见，逾山西岭上曳白旗而趋击之，直出其后，贼众大败，军而北坑，逐北二十余里人马相枕藉，蹂践而死者不可胜数，斩首十余万，伏尸三十里。贼党严庄驰告安庆绪，率其党背东京北走渡河，而叶护从广平王、仆射郭子仪入东京。

初收西京，回纥欲入城劫掠，广平王固止之。及收东京，回纥遂入府库收财帛，于市井村坊剽掠三日而止，财物不可胜计，广平王又赍之以锦罽宝贝，叶护大喜。及肃宗还西京，十一月癸酉，叶护自东京至。敕百官于长乐驿迎，上御宣政殿宴劳之。叶护升殿，其余酋长列于阶下，赐锦绣缯彩金银器皿。及辞归蕃，上谓曰："能为国家就大事成义勇者，卿等力也。"叶护奏曰："回纥战兵，留在沙苑，今且须归灵夏取马，更收范阳，讨除残贼。"己丑，诏曰："功济艰难，义存邦国，万里绝域，一德同心，求之古今，所未闻也。回纥叶护，特禀英姿，挺生奇略，言必忠信，行表温良，才为万人之敌，位列诸蕃之长。属凶丑乱常，中原未靖，以可汗有兄弟之约，与国家兴父子之军，奋其智谋，讨彼凶逆，一鼓作气，万里摧锋，二旬之间，两京克定。力拔山岳，精贯风云，蒙犯不以辞其劳，急难无以逾其分。固可悬之日月，传之子孙，岂惟裂土之封，誓河之赏而已矣。夫位之崇者，司空第一；名之大者，封王最高。可司空、仍封忠义王，每载送绢二万匹至朔方军，宜差使受领。"

乾元元年五月壬申朔，回纥使多亥阿彼八十人，黑衣大食酋长阁之等六人并朝见，至阁门争长，通事舍人乃分为左右，从东西门并入。六月戊，戌宴回纥使于紫宸殿前。

秋七月丁亥，诏以幼女封为宁国公主出降。其降蕃日，仍以堂弟汉中郡王瑀为特进、试太常卿、摄御史大夫，瑀充册命英武威远毗伽可汗使；以堂侄左司郎中异为兵部郎中、摄御史中丞、鸿胪卿，副之，兼充宁国公主礼会使。特差重臣开府仪同三司、行尚书右仆射、冀国公裴冕送至界首。癸巳，以册立回纥英武威远毗伽可汗，上

御宣政殿,汉中王瑀受册命。甲午,肃宗送宁国公主至咸阳磁门驿,
公主泣而言曰:"国家事重,死且无恨。"上流涕而还。及瑀至其牙
帐,毗伽阙可汗衣赭黄袍,胡帽,坐于帐中榻上,仪卫甚盛,引瑀立
于帐外,谓瑀曰:"王是天可汗何亲?"瑀曰:"是唐天子堂弟。"又问:
"于王上立者为谁?"瑀曰:"中使雷卢俊。"可汗又报曰:"中使是奴,
何得向郎君上立?"雷卢俊竦惧,跳身向下立定。瑀不拜而立,可汗
报曰:"两国主君臣有礼,何得不拜?"瑀曰:"唐天子以可汗有功,故
将女嫁与可汗结姻好。比者中国与外蕃亲,皆宗室子女,名为公主。
今宁国公主,天子真女,又有才貌,万里嫁与可汗。可汗是唐家天子
女婿,合有礼数,岂得坐于榻上受诏命耶!"可汗乃起奉诏,便受册
命。翌日,册公主为可敦,蕃酋欢欣曰:"唐国天子贵重,将真女来"
瑀所送国信缯彩衣服金银器皿,可汗尽分与衙官、酋长等。及瑀回,
可汗献马五百匹、貂裘、百叠。八月,回纥使王子骨啜特勒及宰盯帝
德等骁将三千人助国讨逆。肃宗嘉其远至,赐宴,会命随朔方行营
使遣仆固怀恩押当。九月甲申,回纥使大首领盖将等谢公主下降,
兼奏破坚昆五万人,宴于紫宸殿,赐物有差。十二月甲午,回纥使三
妇人,谢宁国公主之聘也,赐宴紫宸殿。

乾元二年,回纥骨啜特勒等率众从郭子仪与九节度于相州城
下战,不利。三月壬子,回纥王子骨啜特勒及宰相帝德等十五人自
相州奔于西京,肃宗宴之于紫宸殿,赏物有差。其月庚寅,回纥特勒
辞还行营,上宴之于紫宸殿,赐物有差。乙未,以回纥王子新除左羽
林军大将军员外置骨啜特勒为银青光禄大夫、鸿胪卿员外置。

夏四月,回纥毗伽阙可汗死。长子叶护先被杀,乃立其少子登
里可汗,其妻为可敦。六月丙午,以左金吾卫将军李通为试鸿胪卿、
摄御史中丞,充吊祭回纥使。毗伽阙可汗初死,其牙官、都督等欲以
宁国公主殉葬,公主曰:"我中国法,婿死,即持丧,朝夕哭临,三年
行服。今回纥娶妇,须慕中国礼。若今依本国法,何须万里结婚。"
然公主亦依回纥法,靬面大哭,竟以无子得归。秋八月,宁国公主自
回纥还,诏百官于明凤门外迎之。上元元年九月己丑,回纥九姓可

汗使大臣俱陆莫达干等入朝奉表起居。乙卯，回纥使二十人于延英殿通谒，赐物有差。十一月戊辰，回纥使延支伽罗等十人于延英殿谒见，赐物有差。

宝应元年，代宗初即位，以史朝义尚在河洛，遣中使刘清潭征兵于回纥，又修旧好。其秋，清潭入回纥庭，回纥已为史朝义所诱，云唐家天子频有大丧，国乱无主，请发兵来收府库。可汗乃领众而南，已八月矣。清潭赍敕书国信至，可汗曰："我闻唐家已无主，何为更有敕书？"中使对曰："我唐家天子虽弃万国，嗣天子广平王天生英武，往年与回纥叶护兵马同收两京，破安庆绪，与可汗有故。又每年与可汗缯绢数万匹，可汗岂忘之耶？"然回纥业已发至三城北，见荒城无戍卒，州县尽为空垒，有轻唐色，乃遣使北收单于兵马仓粮，又大辱清潭。清潭发使来奏云："回纥登里可汗倾国自来，有众十万，羊马不知其数。"京师大骇。上使殿中监药子昂驰劳之，及于太原北析州南，子昂密数其丁壮，得四千人，老小妇人相兼万余人，战马四万匹，牛羊不纪。

先是，毗伽阙可汗请以子婚，肃宗以仆固怀恩女嫁之。及是为可敦，与可汗同来，请怀恩及怀恩母相见。上敕怀恩自汾州见之于太原，怀恩又谏国家恩信不可违背。初欲自蒲关入，取沙苑路，由潼关东向破贼，子昂说之云："国家频遭寇逆，州县虚乏，难为供拟，恐可汗失望。不如取土门路入，直取邢、洺、卫、怀。贼中兵马尽在东京，可汗收其财帛，束装南向，最为上策。"可汗不从。又说"取怀州太行路，南据河阴之险，直扼贼之喉，亦上策也。"可汗又不从。又说"取陕州太阳津路，食太原仓粟而来，与泽潞、河南、怀郑节度同入，亦上策也"，可汗从之。子昂因入奏，上以雍王适为兵马元帅，加怀恩同中书门下平章事。又以子昂兼御史中丞，与前潞府兼御史中丞魏琚为左右厢兵马使，以中书舍人章少华充元帅判官兼掌书记，给事中李进兼御史中丞，充元帅行军司马，东会回纥登里可汗营于陕州黄河北。

元帅雍王领子昂等从而见之，可汗责雍王不于几前舞蹈，礼倨。子昂辞以元帅是嫡孙，两宫在殡，不合有舞蹈。回纥宰相及车鼻将军庭诘曰："唐天子与登里可汗约为兄弟，今可汗即雍王叔，叔侄有礼数，何得不舞蹈？"子昂苦辞以身有丧礼，不合。又报云："元帅即唐太子也，太子即储君子，岂有中国储君向外国可汗前舞蹈。"相拒久之，车鼻遂引子昂、李进、少华、魏琚各榜捶一百，少华、琚因榜捶，一宿而死。以王少年而未谙事，放归本营。而怀恩与回纥右杀为先锋，及诸节度同攻贼，破之，史朝义率残寇而走。元帅雍王退归灵宝。回纥可汗继进于河阳，列营而止数月。去营百余里，人被剽劫逼辱，不胜其弊。怀恩常为军殿。及诸节度收河北州县，仆固玚与回纥之众追蹑二千余里，至平州石城县，枭朝义首而归，河北悉平。怀恩自相州西出崞口路而西，可汗自河阳北出泽、潞与怀恩会，历太原，遣使拔贺那上表贺收东京，并进逆贼史朝义旌旗等物。辞还蕃，代宗引见于内殿，赐彩二百段。

　　初，回纥至东京，以贼平，恣行残忍，士女惧之，皆登圣善寺及白马寺二阁以避之。回纥纵火焚二阁，伤死者万计，累旬火焰不止。及是朝贺，又纵横大辱官吏。以陕州节度使郭英乂权知东都留守。时东都再经贼乱，朔方军及郭英乂、鱼朝恩等军不能禁暴，与回纥纵掠坊市及汝、郑等州，比屋荡尽，人悉以纸为衣，或有衣经者。

　　代宗御宣政殿，出册文，加册可汗为登里颉咄登密施含俱录英义建功毗伽可汗，可敦加册为婆墨光亲丽华毗伽可敦。"颉咄"，华言"社稷法用"；"登密施"，华言"封竟"；"含俱录"，华言"娄罗"；"毗伽"，华言"足意智"；"婆墨"，华言"得怜"。以散骑常侍兼御史大夫王翊充使，就可汗行营行册命焉。可汗、可敦及左右杀、诸都督、内外宰相已下，共加实封二千户，令王翊就牙帐前礼册。左杀封为雄朔王，右杀封为宁朔王，胡禄都督封金河王，拔览将军封为静漠王，诸都督一十一人并封国公。

　　寻而怀恩叛，投灵武，有朔方旧将任敷、张韶等，收合余烬，众至数万。广德二年秋，乃引吐蕃之众数万人至奉天县，朔方节度郭子仪率众拒之而退。永泰元年秋，怀恩遣兵马使范至诚、任敷将兵，又诱回纥、吐蕃、吐谷浑、党项、奴剌之众二十余万,以犯奉天、醴泉、凤翔、同州等处,被其逆命。先以郭子仪屯泾阳,浑日进屯奉天,数摧其锋。又闻怀恩死,吐蕃将马重英等十月初引退,取邠州旧路而归。回纥首领罗达干等率其众二千余骑,诣泾阳请降,子仪许之,率众被甲持满数千人。回纥译曰:"此来非恶心,要见令公。"子仪曰:"我令公也。"回纥曰:"请去甲。"子仪便脱兜鍪枪甲,策马挺身而前,回纥酋长相顾曰:"是也。"时太子太保李光进、兼御史大夫路嗣恭戎装介马在子仪之侧,子仪指视回纥曰:"此是渭北节度李太保。"又曰:"此是朔方军粮使路大夫。"回纥便下马罗拜,子仪亦下马,回纥之众为左右翼,各数百人,渐进,子仪麾下亦驰而至,子仪麾退之。子仪命酒与之饮,赠之缠头彩三千匹。子仪执回纥大将可汗弟合胡禄都督药罗葛等手,责让之曰:"我国家知汝回纥有功,报汝大厚,汝何背约负信,犯我王畿?我须与汝战,何乃降为!我一身挺入汝营,任汝拘縶,我麾下将士,须与汝战。"回纥又译曰:"怀恩负心,来报可汗,云唐国天子今已向江淮,令公亦不主兵,我是以敢来。今知天可汗见在上郭,令公为将,怀恩天又杀之。今请追杀吐蕃,收其羊马,以报国恩。然怀恩子,可敦兄弟,请勿杀之。"合胡禄都督等与宰相磨咄莫贺达干、宰相磨咄莫贺达干、宰相护都毗伽将军、宰相揭拉裴罗达干、宰相梅录大将军罗达干、平章事海盈阙达干等,子仪先执杯,合胡禄都督请咒,子仪咒曰:"大唐天子万万岁!回纥可汗亦万岁!两国将相亦万岁!若起负心违背盟约者,身死阵前,家口屠戮。"合胡禄都督等失色,及杯至,即译曰:"如令公盟约。"皆喜曰:"初发本部来日,将巫师两人来,云:'此行大安稳,然不与唐家兵马斗,见一大人即归。'今日领兵见令公,令公不为疑,脱去衣甲,单骑相见,谁有此心胆!是不战斗见一大人,巫师有征矣。"欢跃久之。子仪抚其背,首领等分缠头彩以赏巫师,请诸将同击吐蕃,子仪如其约。翌日,使领回纥首领开府右野那等主人入京朝见。

又五日,朔方先锋兵马使、开府、南阳郡王白元光与回纥兵马合于泾州灵台县西五十里赤山岭，共破吐蕃等十余万众，斩首五万余级，生擒一万余人，驼马牛羊凡百里相继，不可胜纪，收得蕃落五千余人。初白元光等到灵台县西，探知贼势，为月明，思少阴晦，回纥使巫师便致风雪。及迟明战，吐蕃尽寒冻，弓矢皆废，披毯徐进，元光与回纥随而杀之蔽野。仆固名臣，怀恩之侄，尤为骁将，亦领千余骑来降。寻而子仪又使回纥宰相护地毗伽将军、宰相梅录大将军、开府仪同三司、试太常卿罗达干等一百九十六人来见，上赐宴于延英殿，锡赍甚厚。闰月，子仪自泾阳领仆固名臣入奏，回纥进马，及宴别，前后赏缯彩二万匹而还。时帑藏空虚，朝官无禄俸，随月给手力，谓之资课钱。税朝官闰十月、十一月、十二月课以供之。

大历六年正月，回纥于鸿胪寺擅出坊市，掠人子女，所在官夺返，殴怒，以三百骑犯金光门、朱雀门，是日，皇城诸门尽闭，上使中使刘清潭宣慰，乃止。七年七月，回纥出鸿胪寺，入坊市强暴，逐长安令邵说于含光门之街，夺说所乘马将去。说脱身避走，有司不能禁。八年十一月，回纥一百四十人还蕃，以信物一千余乘。回纥恃功，自乾元之后，屡遣使以马和市缯帛，仍岁来市，以马一匹易绢四十匹，动至数万马。其使候遣继留于鸿胪寺者非一，蕃得帛无厌，我得马无用，朝廷甚苦之。是时特诏厚赐遣之，示以广恩，且俾知愧也。是月，回纥使使赤心领马一万匹来求市，代宗以马价出于租赋，不欲重困于民，命有司量入，计许市六千匹。

十年九月，回纥白昼刺人于东市，市人执之，拘于万年县。其首领赤心闻之，自鸿胪寺驰入县狱，劫囚而出，斫伤狱吏。十三年正月，回纥寇太原，过榆次太谷，河东节度留后、太原尹、兼御史大夫鲍防与回纥战于阳曲，我师败绩，死者千余人。代州都督张光晟与回纥战于羊武谷，破之，回纥引退。先是辛云京守太原，回纥惧云京，不敢窥并、代，知鲍防无武略，乃敢凌逼，赖光晟邀战胜之，北人乃安。德宗初即位，使中官梁文秀告哀于回纥，且修旧好，可汗移地健不为礼。而九姓胡素属于回纥者，又陈中国便利以诱其心，可汗乃举国南下，将乘我丧。其宰相顿莫贺达干谏曰："唐，大国也，且无负于我。前年入太原，获羊马数万计，可谓大捷矣。以道途艰阻，比及国，伤耗殆尽。今若举而不捷，将安归乎？"可汗不听。顿莫贺乘人之心，因击杀之，并杀其亲信及九姓在所诱来者凡二千人。

顿莫贺自立号为合骨咄禄毗伽可汗，使其酋长建达干随文秀来朝，命京兆尹源休持节册为武义成功可汗。贞元三年八月，回纥可汗遣首领墨啜达干、多览将军合阙达干等来贡方物，且请和亲。四年十月，回纥公主及使至自蕃，德宗御延喜门见之。时回纥可汗喜于和亲，其礼甚恭，上言："昔为兄弟，今为子婿，半子也。"又詈辱吐蕃使者，及使大首领等妻妾凡五十六妇人来迎可敦，凡遣人千余，纳聘马二千。德宗令朔州、太原分留七百人，其宰相首领皆至，分馆鸿胪、将作。癸巳，见于宣政殿。乙未，德宗召回纥公主、出使者对于麟德殿，各有颁赐。庚子，诏咸安公主降回纥可汗，仍置府官属，视亲王例。以殿中监、嗣滕王湛然为咸安公主婚礼使，关播检校右仆射、送咸安公主及册回纥可汗使。贞元五年十二月，回纥汩咄禄长寿天亲毗伽可汗薨，废朝三日，文武三品已上就鸿胪寺吊其来使。

贞元六年六月，回纥使移职伽达干归蕃，赐马价绢三十万匹。以鸿胪卿郭锋兼御史大夫，充册回纥忠贞可汗使。是岁四月，忠贞可汗为其弟所杀而篡立。时回纥大将颉干伽斯西击吐蕃未回，其次相率国人纵杀篡者而立忠贞之子为可汗，年方十六七。及六月，颉干伽斯西讨回，将至牙帐，次相等惧其后有废立，不欲汉使知之，留锋数月而回。颉干伽斯之至也，可汗等出迎郊野，郭锋所送国信器币可汗与次将相等皆俯伏自说废立之由，且请命曰："惟大相生死之。"悉以所陈器币赠颉干迦斯以悦之。可汗又捺闷曰："儿愚幼无知，今幸得立，惟大相生死之。"悉以所陈器币赠颉干迦斯以悦之。可汗又拜泣曰："儿愚幼无知，今幸得立，惟仰食于阿爹。"可汗以子事之，颉干伽斯以卑逊兴感，乃相持号哭，遂执臣子之礼焉。尽以所赠器币颁赐左右诸从行将士，已无所取。自是其国稍安，乃遣达比特勒梅录将军告忠贞可汗之哀于我，且请册新君。使至，废朝三日，仍令三品已上官就鸿胪寺吊其使。是岁，吐蕃陷北庭都护府。

初，北庭、安西既假道于回纥以朝奏，因附庸焉。回纥征求无厌，北庭差近，凡生事之资，必强取之。又有沙陀部落六千余帐，与北庭相依，亦属于回纥，肆行抄夺，尤所厌苦。其先葛禄部落及白服突厥素与回纥通和，亦憾其侵掠。因吐蕃厚赂见诱，遂附之。于是吐蕃率葛禄、白服之众去冬寇北庭，回纥大相颉干伽斯率众援之，频败。吐蕃急攻之，北庭之人既苦回纥，乃举城降焉，沙陀部落亦降。节度使、检校工部尚书杨袭古将麾下二千余众出奔西州，颉干利亦还。十年秋，悉其国丁壮五万人，召袭古，将复焉，俄为所败，死者大半。颉干利收合余烬，晨夜奔还。袭古余众仅百六十，百将复入西州，颉干伽斯绐之曰："和与我同至牙帐，当送君归本朝。"既及牙帐，留而不遣，竟杀之。自是安西阻绝，莫知存亡，唯西州之人，犹固守焉。颉干伽斯所败，葛禄乘胜取回纥之浮图川，回纥震恐，悉迁西北部落羊马于牙帐之南以避之。

贞元七年五月庚申朔，以鸿胪少卿庾铤兼御史大夫，册回纥可汗及吊祭使。是月，回纥遣使律支达干等来朝，告小宁国公主薨，废朝三日，故，肃宗以宁国公主降回纥，又以荣王女媵之；及宁国来归，宁王女为可敦，回纥号为小宁国公主，历配英武、英义二可汗。及天亲可汗立，出居于外，生英武二子，为天亲可汗所杀。无几薨。七年八月，回纥遣使献败吐蕃、葛禄于北庭所捷及其俘畜。先是，吐蕃入灵州，为回纥所败，夜以火攻，骇而退。十二月，回纥遣支将军献吐蕃俘大首领结心，德宗御延喜门观之。八年七月，以回纥罗葛灵检校右仆射。灵本唐人，姓吕氏，因入回纥，为可汗养子，遂以可汗姓为罗葛灵，在国用事，因来朝，宠赉甚厚，仍给市马绢七万匹。九年九月，遣使来朝贡。

贞元十一年六月庚寅，册拜回纥腾里逻羽录没密施合禄胡毗信可汗。元和四年，蔼曷里禄没弭施合密毗迦可汗遣使改为回鹘，义取回旋轻捷如鹘也。八年四月，回鹘请和亲，使伊难珠还蕃，宴于三殿，赐以银器缯帛。是岁，回鹘数千骑至鸊鹈泉，边军戒严。十二月,二日,宴归国回鹘摩尼八人,令至中书见宰臣。先是,回鹘请和亲,宪宗使有司计之,礼费约五百万贯,方内有诛讨,未任其亲,以摩尼为回鹘信奉,故使宰臣言其不可。乃诏宗正少卿李孝诚使于回鹘,太常博士殷侑副之,谕其来请之意。

长庆元年,毗伽保义可汗薨,辍朝三日,仍令诸司三品已上官就鸿胪寺吊其使者。四月,正衙册回鹘君长为登罗羽录没密施句主录毗伽可汗,以少府监裴通为检校左散骑常侍、兼御史大夫,持节册立、兼吊祭使。五月,回鹘宰相、都督、公主、摩尼等五百七十三人入朝迎公主,于鸿胪寺安置。敕:太和公主出降回鹘为可敦,宜令中书舍人王起赴鸿胪寺宣示;以左金吾卫大将军胡证检校户部尚书,持节充送公主入回鹘及册可汗使,光禄卿李宪加兼御史中丞,充副使;太常博士殷侑改殿中侍御史,充判官。吐蕃犯青塞堡,以回纥和亲故也。盐州刺史李文悦发兵击退之。回鹘奏:"以一万骑出北庭,一万骑出安西,拓吐蕃以迎太和公主归国。"其月敕:"太和公主出降回纥,宜特置府,其官属宜视亲王例。"

回纥自咸安公主殁后,屡归款请继前好,久未之许。至元和末,其请弥切,宪宗以北虏有勋劳于王室,又西戎比岁为边患,遂许以妻之。既许而宪宗崩。穆宗即位,逾年乃封第十妹为太和公主,将出降,回纥登逻骨没密施合毗伽可汗遣使伊难珠、句录都督思结并外宰相、驸马、梅录司马,兼公主一人、叶护公主一人,及达干并驼马千余来迎。太和公主发赴回纥国,穆宗御通化门左个使临送,使百僚章敬寺前立班,仪卫甚盛,士女倾城观焉。十一月,振武节度张惟清奏:"准诏发兵三千赴蔚州,数内已发一千人讫,余二千人,待太和公主出界即发遣。"又奏:"天德转牒云:回鹘七百六十人将驼马及车,相次至黄芦泉迎候公主。"丰州刺史李祐奏:"迎太和公主回鹘三千于柳泉下营拓吐蕃。"

二年二月,赐回纥马价绢五万匹。三月,又赐马价绢七万匹。是月,裴度招讨幽、镇之乱,回鹘请以兵从度讨伐。朝议以宝应初回纥收复两京,恃功骄恣难制,咸以为不可,遂命中使止回纥令归。会其已上丰州北界，不从上。诏发缯帛七万匹赐之，方还。五月，命使册立登啰骨没密施合毗伽昭礼可汗，遣品官田务丰领国信十二车使回鹘，赐可汗及太和公主。

长庆二年闰十月，金吾大将军胡钲、副使光禄卿李宪、婚礼使卫尉卿李锐、副使宗正少卿李子鸿、判官虞部郎中张敏、太常博士殷侑送太和公主至自回纥，皆云：初，公主去回纥牙帐尚可信宿，可汗遣数百骑来请与公主先从他道去。胡钲曰："不可。"房使曰："前咸安公主来时，去花门数百里即先去，今何独拒我？"钲曰："我天子诏送公主以投可汗，今未见可汗，岂宜先往！"房使乃止。既至房庭，乃择吉日，册公主为回鹘可敦。可汗先升楼东向坐，设毡幄于楼下以居公主，使群胡主教公主以胡法。公主始解唐服而衣胡服，以一妪侍，出楼前西向拜。可汗坐而视，公主再俯拜讫，复入毡幄中，解前所服而披可敦服，通裾大襦，皆茜色，金饰冠如角前指，后出楼俯拜可汗如初礼。房先设大舆曲辰，前设小座，相者引公主升舆，回纥九姓相分负其舆，随日右转于庭者九，公主乃降舆升楼，与可汗俱东向坐。自此臣下朝谒，并拜可敦。可敦自有牙帐，命二相出入帐中。钲等将归，可敦宴之帐中，留连号啼者竟日，可汗因赠汉使以厚觊。

太和元年，命中使以绢二十万匹付鸿胪寺宣赐回鹘充马价。三年正月，中使以绢二十三万匹赐回纥充马价。七年三月，回纥李义节等将驼马到，且报可汗三月二十七日薨，已册亲弟萨特勒。废朝三日，仍令诸司文武三品、尚书省四品以上官就鸿胪寺吊其使者。以左骁卫将军、皇城留守唐弘实为金吾将军兼御史大夫、持节充入回鹘吊祭册立使。九年六月，入朝回鹘进太和公主所献马射女子七人，沙陀小儿二人。开成初，其相有安允合者，与特勒柴草欲篡萨特勒可汗，萨特勒可汗觉，杀柴草及安允合。又有回鹘相掘罗勿者，拥兵在外，怨诛柴草、安允合，又杀萨特勒可汗，以卢级特勒为可汗。有将军句录末贺恨掘罗勿，走引黠戛斯领十万骑破回鹘城，杀卢级，斩掘罗勿，烧荡殆尽，回鹘散奔诸蕃。有回鹘相驳职者，拥外甥庞特勒及男鹿并遏粉等兄弟五人、一十五部西奔葛逻禄，一支投吐蕃，一支投安西。又有近可汗牙十三部以特勒乌介为可汗，南来附汉。

初，黠戛斯破回鹘，得太和公主。黠戛斯自称李陵之后，与国同姓，遂令达干十人送公主至塞上。乌介途遇黠戛斯使，达干等并被杀，太和公主却归乌介可汗，乃质公主同行，南渡大碛，至天德界，奏请天德城与太和公主居。有回鹘相赤心者，与连位相姓仆固者，与特勒那颉啜拥部众，不宾乌介。赤心欲犯塞，乌介遣其属喝没斯先布诚于天德军使田牟，然后话赤心宰相同谒乌介可汗，戮赤心于可汗帐下并仆固二人。那颉战胜，全占赤心下七千帐，东瞰振武、大同，据室韦、黑沙、榆林，东南入幽州雄武军西北界。幽州节度使张仲武遣弟仲至率兵大破那颉之众，全收七千帐，杀戮收擒老小近九万人。那颉中箭，透驼群潜脱，乌介护而杀之。

乌介诸部犹称十万众，驻牙大同军北阊门山，时会昌二年秋，频劫东陕已北，天德、振武、云朔，比罹俘戮。诏诸道兵悉至防捍，以河东节度使刘沔充南面招控回纥使；以幽州节度使张仲武充东面招控回纥使。二年冬、三年春，回鹘特勒庞俱庶、阿敦宁二部，回鹘公主密羯可敦一部，外相诸洛固阿跌一部，及牙帐大将曹磨你等七部，共三万众，相次降于幽州，诏配诸道。有特勒喝没斯、阿历支、习勿啜三部，回鹘相受耶勿弘顺、回鹘尚书吕衡等诸部降振武，三部首领皆赐姓李氏，及名思忠、思贞、思惠、思恩，充归义使。有特勒叶被沽兄李二部南奔吐蕃，有特勒可质力二部东北奔大室韦，有特勒荷勿啜东讨契丹，战死。

会昌三年，回纥尚书仆固绎到幽州，约以太和公主归幽州，乌介去幽州界八十里下营，其亲信骨肉及摩尼志净等四人已先入雄武军。是夜，河东刘沔率兵奄至乌介营，乌介惊走东北约四百里外，依和解室韦下营，不及将太和公主同走。丰州刺史石雄兵遇太和公主帐，因迎归国。乌介部众至大中元年诣幽州降，留者漂流饿冻，数十万，所存止三千已下。乌介嫁妹与室韦，托附之。为回鹘相美权者逸隐啜逼诸回鹘杀乌介于金山，以其弟特勒遏捻为可汗，复有众五千以上，其食用粮羊皆取给于奚王石舍朗。

大中元年春，张仲武大破奚众，其回鹘无所取给，日有耗散。至二年春，唯存名王贵臣五百人已下，依室韦。张仲武因贺正室韦经过幽州，仲武却令还蕃，遣送遏捻等来向幽州。遏捻等惧，是夜与妻葛禄、子特勒毒斯等九骑西走，余众奔之不及，回鹘诸相达官老幼大哭。室韦分回鹘余众为七分，七姓室韦占一分。经三宿，黠戛斯相阿播领诸蕃兵称七万，从西南天德北界来取遏捻及诸回鹘，大败室韦。回鹘在室韦者，阿播皆收归碛北。在外犹数帐，散藏诸山深林，盗劫诸蕃，皆西向倾心望安西庞勒之到。庞勒已自称可汗，有碛西诸城。其后嗣君弱臣强，居甘州，无复昔时之盛。到今时遣使入朝，进玉马二物及本土所产，交易而返。

史臣曰：自三代以前，两汉之后，西羌、北狄，互兴部族，其名不同，为患一也。蔡邕云："边陲之患，为手足之疥；中国之困，为胸背之疽。"突厥为炀帝之患深矣，隋竟灭，中国之困，其理昭然。自太宗平突厥，破延陀，而回纥兴焉。太宗幸灵武以降之，置州府以安之，以名爵玉帛以恩之。其义何哉？盖以狄不可尽，而以威惠羁縻之。开元中，三纲正，百姓足，四夷八灵，翕然向化，要荒之外，畏威怀惠，不其盛矣！天宝末，奸臣弄权于内，逆臣跋扈于外，内外结而舋车驾遽迁，华夷生心而神器将坠。肃宗诱回纥以复京畿，代宗诱回纥以平河朔，戡难中兴之功，大即大矣！然生灵之膏血已干，不能供其求取；朝廷之法令并弛，无以抑其凭陵。忍耻和亲，姑息不暇。仆固怀恩为叛，尤其贻危；郭子仪之能军，终免侵轶。比昔诸戎，于国之功最大，为民之害亦深。及势利日隆，盛衰时变，冰消瓦解，如存若亡，竟为手足之疥焉。僖、昭之世，黄、朱迭兴，竟为胸背之疽焉。手疥背疽，诚为确论。

赞曰：土德初隆，比屋可封。朝纲中否，边鄙兴戎。安、史乱国，回纥恃功。恃功伊何？咸议姑息。民不聊生，国殚其力。华夷有截，盛衰如织。彼既长恶,我乃修德。疽疥之义,百代可则。

旧唐书卷一九六上
列传第一四六上

吐蕃上

  吐蕃，在长安之西八千里，本汉西羌之地也。其种落莫知所出也，或云南凉秃发利鹿孤之后也。利鹿孤有子曰樊尼，尚幼，弟傉檀嗣位，以樊尼为安西将军。后魏神瑞元年，傉檀为西秦乞佛炽盘所灭，樊尼招集余众，以投沮渠蒙逊，蒙逊以为临松太守。及蒙逊灭，樊尼乃率众西奔，济黄河，逾积石，于羌中建国，开地千里，樊尼威惠夙著，为群羌所怀，皆抚以恩信，归之如市。遂改姓为宰勃野，以秃发为国号，语论谓之吐蕃。其后子孙繁昌，又侵伐不息，土宇渐广。历周及隋，犹隔诸羌，未通于中国。

  其国人号其王为赞普，相为大论、小论，以统理国事。无文字，刻木结绳为约。虽有官，不常厥职，临时统领。征兵用金箭，寇至举烽燧，百里一亭。用刑严峻，小罪剜眼鼻，或皮鞭鞭之，但随喜怒而无常科。囚人于地牢，深数丈，二三年方出之。宴异国宾客必驱氂牛，令客自射牲以供馔。与其臣下一年一小盟，刑羊狗猕猴，先折其足而杀之，继裂其肠而屠之，令巫者告于天地山川日月星辰之神云："若心迁变，怀奸反覆，神明鉴之，同于羊狗。"三年一大盟，夜于坛埠之上与众陈设肴馔，杀犬马牛驴以为牲，咒曰："尔等咸须同心戮力，共保我家，惟天神地祇，共知尔志。有负此盟，使尔身体屠裂，同于此牲。"

  其地气候大寒，不生粳稻，有青稞麦、豆、小麦、乔麦。畜多氂牛猪犬羊马。又有天鼠，状如雀鼠，其大如猫，皮可为裘。又多金银铜锡。其人或随畜牧而不常厥居，然颇有城郭。其国都城号为逻些城。屋皆平头，高者至数十尺。贵人处于大毡帐，名为拂庐。寝处污秽，绝不栉沐。接手饮酒，以毡为盘，捻粆为椀，实以羹酪，并而食之。多事羱羝之神，人信巫觋。不知节候，麦熟为岁首。围棋陆博，吹蠡鸣鼓为戏，弓剑不离身。重壮贱老，母拜于子，子倨于父，出入皆少者在前，老者居其后。军令严肃，每战，前队皆死，后队方进。重兵死，恶病终。累代战没，以为甲门。临阵败北者，悬狐尾于其首，表其似狐之怯，稠人广众，必以徇焉。其俗耻之，以为次死。拜必两手据地，作狗吠之声，以身再揖而止。居父母丧，截发，青黛涂面，衣服皆黑，既葬即吉。其赞普死，以人殉葬，衣服珍玩及尝所乘马弓剑之类，皆悉埋之。仍于墓上起大室。立土，插杂木为祠祭之所。

　　贞观八年，其赞普弃宗弄赞始遣使朝贡。弄赞弱冠嗣位，性骁武，多英略，其邻国羊同及诸羌并宾伏之。太宗遣行人冯德遐往抚慰之。见德遐，大悦。闻突厥及吐谷浑皆尚公主，乃遣使随德遐入朝，多赍金宝，奉表求婚，太宗未之许。使者既返，言于弄赞曰："初至大国，待我甚厚，许嫁公主。会吐谷浑王入朝，有相离间，由是礼薄，遂不许嫁。"弄赞遂与羊同连，发兵以击吐谷浑。吐谷浑不能支，遁于青海之上，以避其锋，其国人畜并为吐蕃所掠。于是进兵攻破党项及白兰诸羌，率其众二十余万，顿于松州西境。遣使贡金帛，云来迎公主，又谓其属曰："若大国不嫁公主与我，即当入寇。"遂进攻松州。都督韩威轻骑觇贼，又为所败，边人大扰。太宗遣吏部尚书侯君集为当弥道行营大总管，右领军大将军执失思力为白兰道行军总管，左武卫将军牛进达为阔水道行军总管，右领军将军刘兰为洮河道行军总管，率步骑五万以击之。进达先锋自松州夜袭其营，斩千余级。弄赞大惧，引兵而退，遣使谢罪，因复请婚，太宗许之。弄赞乃遣其相禄东赞致礼，献金五千两，自余宝玩数百事。

　　贞观十五年，太宗以文成公主妻之，令礼部尚书、江夏郡王道宗主婚，持节送公主于吐蕃。弄赞率其部兵次柏海，亲迎于河源。见道宗，执子婿之礼甚恭。既而欢大国服饰礼仪之美，俯仰有愧沮之色。及与公主归国，谓所亲曰："我父祖未有通婚上国者，今我得尚大唐公主，为幸实多。当为公主筑一城，以夸示后代。"遂筑城邑，立栋宇以居处焉。公主恶其人赭面，弄赞令国中权且罢之，自亦释毡裘，袭纨绮，渐慕华风。仍遣酋豪子弟，请入国学以习《诗》、《书》。又请中国识文之人典其表疏。

太宗伐辽东还，遣禄东赞来贺，奉表曰："圣天子平定四方，日所照之国，并为臣妾，而高丽恃远，阙于臣礼。天子自领百万，度辽致讨，堕城陷阵，指日凯旋。夷狄才闻陛下发驾，少进之间，已闻归国。雁飞迅越，不及陛下速疾。奴忝预子婿，喜百常夷。夫鹅，犹雁也，故作金鹅奉献。"其鹅黄金铸成，其高七尺，中可实酒三斛。二十二年，右卫率府长史王玄策使往西域，为中天竺所掠，吐蕃发精兵与玄策击天竺，大破之，遣使来献捷。

高宗嗣位，授弄赞为驸马都尉，封西海郡王，赐物二千段。弄赞因致书于司徒长孙无忌等云："天子初即位，若臣下有不忠之心者，当勒兵以赴国除讨。"并献金银珠宝十五种，请置太宗灵座之前。高宗嘉之，进封为宾王，赐杂彩三千段。因请蚕种及造酒、碾、硙、纸、墨之匠，并许焉。乃刊石像其形，列昭陵玄阙之下。

永徽元年，弄赞卒。高宗为之举哀，遣右武候将军鲜于臣济持节赍玺书吊祭。弄赞子早死，其孙继立，复号赞普，时年幼，国事皆委禄东赞。禄东姓薨氏，虽不识文记，而性明毅严重，讲兵训师，雅有节制，吐蕃之并诸羌，雄霸本土，多其谋也。初，太宗既许降文成公主，赞普使禄东赞来迎，召见顾问，进对合旨，太宗礼之，有异诸蕃，乃拜禄东赞为右卫大将军，又以琅邪长公主外孙女段氏妻之。禄东赞辞曰："臣本国有妇，父母所聘，情不忍乖。且赞 普未谒公主，陪臣安敢辄娶。"太宗嘉之，欲抚以厚恩，虽奇其答而不遂其请。禄东赞有子五人；长曰赞悉若，早死；次钦陵，次赞婆，次悉多干，次勃论。及东赞死，钦陵兄弟复专其国。

后与吐谷浑不和，龙朔、麟德中递相表奏，各论曲直，国家依违，未为与夺。吐蕃怨怒，遂率兵以击吐谷浑，吐谷浑大败，河源王慕容诺曷钵及弘化公主脱身走投凉州，遣使告急。咸亨元年四月，诏以右威卫大将军薛仁贵为逻娑道行军大总管，左卫员外大将军阿史那道真、右卫将军郭待封为副，率众十余万以讨之。军至大非川，为吐蕃大将论钦陵所败，仁贵等并坐除名。吐谷浑全国尽没，唯慕容诺曷钵及其亲信数千帐来内属，仍徙于灵州。自是吐蕃连岁寇边，当、悉等州诸羌尽降之。

上元三年，进寇鄯、廓等州，杀掠人吏，高宗命尚书左仆射刘仁轨往洮河军镇守以御之。仪凤三年，又命中书令李敬玄兼鄯州都督，往代仁轨于洮河镇守。仍召募关内、河东及诸州骁勇，以为猛士，不简色役。亦有尝任文武官者召入殿庭赐宴，遣往击之。又令益州长史李孝逸、嶲州都督拓王奉等发剑南、山南兵募以防御之。其年秋，敬玄与工部尚书刘审礼率兵与吐蕃战于青海，官军败绩，审礼没于阵，敬玄按军不敢救。俄而收军却出，顿于承风岭，阻泥沟不能动，贼屯于高冈以压之。偏将左领军员外将军黑齿常之率敢死之士五百人，夜斫贼营，贼遂溃乱，自相蹂践，死者三百余人。敬玄遂拥众鄯州，坐改为衡州刺史。往剑南兵募，于茂州之西南筑安戎城以压其境。俄有生羌为吐蕃向导，攻陷其城，遂引兵守之。时吐蕃尽收羊同、党项及诸羌之地，东与凉、松、茂、嶲等州相接，南至婆罗门，西又攻陷龟兹、疏勒等四镇，北抵突厥，地方万余里，自汉、魏已来，西戎之盛，未之有也。

高宗闻审礼等败没，召侍臣问绥御之策，中书舍人郭正一曰："吐蕃作梗，年岁已深，命将兴师，相继不绝。空劳士马，虚费粮储，近讨则徒损兵威，深入则未穷巢穴。望少发兵募，且遣备边，明烽堠，勿令侵抄。使国用丰足，人心叶同，宽之数年，可一举而灭。"给事中刘齐贤、皇甫文亮等皆言严守之便，寻而黑齿常之破吐蕃大将赞婆及素和贵于良非川，杀获二千余级，吐蕃遂引退。诏以常之为河源军使以镇御之。

仪凤四年，赞普卒。其子器弩悉弄嗣位，复号赞普，时年八岁，国政复委于钦陵。遣其大臣论寒调傍来告丧,且请和。高宗遣郎将宋令文入蕃会葬。永隆元年,文成公主薨,高宗又遣使吊祭之。

　　则天临朝,命文昌右相韦待价为安息道大总管,安西大都护阎温古为副。永昌元年,率兵往征吐蕃,迟留不进,待价坐流浦州,温古处斩。待价素无统御之才,遂狼狈失据,士卒饥馑,皆转死沟壑。明年,又命文昌右相岑长倩为武威道行军大总管以讨吐蕃,中路退还,军竟不行。如意元年,吐蕃大首领曷苏率其所属并贵川部落请降,则天令右玉钤卫大将军张玄遇率精卒二万充安抚使以纳之。师次大渡水,曷苏事泄,为本国所擒。又有大首领昝捶率羌蛮部落八千余人诣玄遇内附,玄遇以其部落置叶川州,以昝捶为刺史,仍于大度西山勒石纪功而还。长寿元年,武威军总管王孝杰大破吐蕃之众,克复龟兹、于阗、疏勒、碎叶等四镇,乃于龟兹置安西都护府,发兵以镇守之。万岁登封元年,孝杰复为肃边道大总管,率副总管娄师德与吐蕃将论钦陵、赞婆战于素罗汗山,官军败绩,孝杰坐免官。万岁通天元年,吐蕃上万众奄至凉州城下,都督许钦明初不之觉,轻出按部,遂遇贼,拒战久之,力屈为贼所杀。时吐蕃又遣使请和,则天将许之;论钦陵乃请去安西四镇兵,仍索分十姓之地,则天竟不许之。

　　吐蕃自论钦陵兄弟专统兵马,钦陵每居中用事,诸弟分据方面,赞婆则专在东境,与中国为邻,三十余年,常为边患。其兄弟皆有才略,诸蕃惮之。圣历二年,其赞普器弩悉弄年渐长,乃与其大臣论岩等密图之。时钦陵在外,赞普乃伴言将猎,召兵执钦陵亲党二千余人,杀之。发使召钦陵、赞婆等,钦陵举兵不受召,赞普自帅众讨之,钦陵未战而溃,遂自杀,其亲信左右同日自杀者百余人。赞婆率所部千余人及其兄子授布支等来降,则天遣羽林飞骑郊外迎之,授赞婆辅国大将军、行右卫大将军,封归德郡王,优赐甚厚,仍令领其部兵于洪源谷讨击。寻卒,赠特进、安西大都护。

　　久视元年,吐蕃又遣其将趋莽布支寇凉州,围逼昌松县。陇右诸军州大使唐休璟与莽布支战于洪源谷,斩其副将二人,获首二千五百级。长安二年,赞普率众万余人寇悉州,都督陈大慈与贼凡四战,皆破之,斩首千余级。于是吐蕃遣使论弥萨等入朝请求和,则天宴之于麟德殿,奏百戏于殿庭。论弥萨曰:“臣生于边荒,由来不识中国音乐,乞放臣亲观。”则天许之。于是论弥萨等相视笑忭拜谢曰:“臣自归投圣朝,前后礼数优渥,又得亲观奇乐,一生所未见。自顾微琐,何以仰答天恩,区区褊心,唯愿大家万岁。”明年,又遣使献马千匹、金二千两以求婚,则天许之。

时吐蕃南境属国泥婆罗门等皆叛,赞普自往讨之,卒于军中。诸子争立,久之,国人立器弩悉弄之子弃隶缩赞为赞普,时年七岁。中宗神龙元年,吐蕃使来告丧,中宗为之举哀,废朝一日,俄而赞普之祖母遣其大臣悉薰然来献方物,为其孙请婚,中宗以所养雍王宗礼女为金城公主许嫁之。自是频岁贡献。景龙三年十一月,又遣其大臣尚赞吐等来迎女,中宗宴之于苑内球场,命驸马都尉杨慎交与吐蕃使打球,中宗率侍臣观之。四年正月,制曰:

圣人布化,用百姓为心;王者垂仁,以八荒无外。故能光宅遐迩,裁成品物。由是隆周理历,恢柔远之图;强汉乘时,建和亲之议。斯盖御宇长策,经邦茂范。朕受命上灵,克纂洪业,庶几前烈,永致和平。睠彼吐蕃,僻在西服,皇运之始,早申朝贡。太宗文武圣皇帝德侔覆载,情深亿兆,思偃兵甲,遂通姻好,数十年间,一方清净。自文成公主往化其国,因多变革,我之边隅,亟兴师旅,彼之蕃落,颇闻凋弊。顷者赞普及祖母可敦、酋长等,屡披诚款,积有岁时,思托旧亲,请崇亲好。金城公主,朕之少女,岂不钟念,但为人父母,志息黎元,若允乃诚祈,更敦和好,则边土宁晏,兵役服息。遂割深慈,为国大计,筑兹外馆,聿膺嘉礼,降彼吐蕃赞普,即以今月进发,朕亲自送于郊外。

中宗召侍中纪处讷谓曰:“昔文成公主出降,则江夏王送之。卿雅识蕃情,有安边之略,可为朕充吐蕃使也。”处讷拜谢,既而以不练边事固辞。上又令中书侍郎赵彦昭充使。彦昭以既充外使,恐失其权宠,殊不悦,司农卿赵履温私谓之曰:“公国之宰辅,而为一介之使,不亦鄙乎?”彦昭曰:“然计将安出?”履温因阴托安乐公主密奏留之。于是以左卫大将军杨矩使焉。其月,帝幸始平县以送公主,设帐殿于百顷泊则,引王公宰相及吐蕃使入宴。中坐酒阑,命吐蕃使进前,谕以公主孩幼,割慈远嫁之旨,上悲泣歔欷久之。因命从臣赋诗饯别,曲赦始平县大辟罪已下,百姓给复一年,改始平县为金城县,又改其地为凤池乡怆别里。公主既至吐蕃,别筑一城以居之。

　　睿宗即位,摄监察御史李知古上言:“姚州诸蛮,先属吐蕃,请发兵击之。”遂令知古征剑南兵募往经略之。蛮酋傍名乃引吐蕃攻知古,杀之,仍断其尸以祭天。时张玄表为安西都护,又与吐蕃比境,互相攻掠,吐蕃内虽怨怒,外敦和好。时杨矩为鄯州都督,吐蕃遣使厚遗之,因请河西九曲之地以为金城公主汤沐之所,矩遂奏与之。吐蕃既得九曲,其地肥良,堪顿兵畜牧,又与唐境接近,自是复叛,始率兵入寇。

　　开元二年秋,吐蕃大将坌达焉、乞力徐等率众十余万寇临洮军,又进寇兰、渭等州,掠监牧羊马而去。杨矩悔惧,饮药而死。玄宗令摄左羽林将军薛讷及太仆少卿王晙率兵邀击之。仍下诏将大举亲征,召募将士,克期进发。俄而晙等与贼相遇于渭源之武阶驿,前军王海宾力战死之,晙等率兵而进,大破吐蕃之众,杀数万人,尽收得所掠羊马。贼余党奔北,相枕藉而死,洮水为之不流。卜遂罢亲征,命紫微舍人倪若水往按军实,仍吊祭王海宾而还。吐蕃遣其大臣宗俄因子至洮河祭其死亡之士,仍款塞请和,上不许之。自是连年犯边,郭知运、王君㚟相次为河西节度使以捍之。

　　吐蕃既自恃兵强,每通表疏,求敌国之礼,言词悖慢,上甚怒之。及封禅礼毕,中书令张说奏言:“吐蕃丑逆,诚负万诛,然又事征讨,实为劳弊。且十数年甘、凉、河、鄯征发不息,纵令屡胜,亦不能补。闻其悔过请和,惟陛下遣使,许其稽颡内属,以息边境,则苍生幸甚。”上曰:“待吾与王君㚟筹之。”说出,谓源乾曜曰:“君㚟勇而无谋,常思侥幸,两国和好,何以为功?若入陈谋,则吾计不遂矣。”寻而君㚟入朝奏事,遂请率兵深入以讨之。

十五年正月,君㚟率兵破吐蕃于青海之西,虏其辎重及羊马而还。先是,吐蕃大将悉诺逻率众入攻大斗谷,又移攻甘州,焚烧市里。君㚟畏其锋,不敢出战。会大雪,贼冻死者甚众,遂取积石军西路而还。君㚟先令人潜入贼境,于其归路烧草。悉诺逻军还至大非山,将士息甲牧马,而野草皆尽,马死过半。君㚟与秦州都督张景顺等率众袭其后,入至青海之西,时海水冰合,将士并乘冰而渡。会悉诺逻已渡大非川,辎重及疲兵尚在青海之侧,君㚟纵兵俘之而还。其年九月,吐蕃大将悉诺逻恭禄及烛龙莽布支攻陷瓜州城,执刺史田元献及王君㚟之父寿,尽取城中军资及仓粮,仍毁其城而去。又进攻玉门军及常乐县,县令贾师顺婴城固守,凡八十日,贼遂引退。俄而王君㚟为回纥余党所杀,乃命兵部尚书萧嵩为河西节度使,以建康军使、左金吾将军张守珪为瓜州刺史,修筑州城,招辑百姓,令其复业。时悉诺逻恭禄威名甚振,萧嵩乃纵反间于吐蕃,云其与中国潜通,赞普遂召而诛之。

明年秋,吐蕃大将悉末朗复率众攻瓜州,守珪出兵击走之。陇右节度使、鄯州都督张忠亮引兵至青海西南渴波谷,与吐蕃接战,大破之。俄而积石、莫门两军兵马总至,与忠亮合势追讨,破其大莫门城,生擒千余人,获马一千匹、犛牛五百头,器仗衣资甚众,又焚其骆驼桥而还。八月,萧嵩又遣副将杜宾客率弩手四千人与吐蕃战于祁连城下,自辰至暮,散而复合,贼徒大溃,临阵斩其副将一人。贼败,散走投山,哭声四合。初,上闻吐蕃重来入寇,谓侍臣曰:“吐蕃骄暴,恃力而来,朕今按地图,审利害,亲指授将帅,破之必矣。”数日而露布至。

十七年,朔方大总管信安王祎又率兵赴陇右,拔其石堡城,斩首四百余级,生擒二百余口,遂于石堡城置振武军,仍献其俘囚于太庙。于是吐蕃频遣使请和,忠王友皇甫惟明因奏事面陈通和之便。上曰:“吐蕃赞普往年尝与朕书,悖慢无礼,朕意欲讨之,何得和也!”惟明曰:“开元之初,赞普幼稚,岂能如此。必是在边军将务邀一时之功,伪作此书,激怒陛下。两国既斗,兴师动众,因利乘便,公行隐盗,伪作功状,以希勋爵,所损钜万,何益国家。今河西、陇右,百姓疲竭,事皆由此。若陛下遣使往视金城公主,因与赞普面约通和,令其稽颡称臣,永息边境,此永代安人之道也。"上然其言,因令惟明及内侍张元方充使往问吐蕃。惟明、元方等至吐蕃,既见赞普及公主,具宣上意。赞普等欣然请和,尽出贞观以来前后敕书以示惟明等,令其重臣名悉猎随惟明等入朝,上表曰:

外甥是先皇帝舅宿亲,又蒙降金城公主,遂和同为一家,天下百姓,普皆安乐。中间为张玄表、李知古等东西两处先动兵马,侵抄吐蕃,边将所以互相征讨,迄至今日,遂成雠隙。外甥以先代文成公主、今金城公主之故,深识尊卑,岂敢失礼。又缘年小,枉被边将谗构斗乱,令舅致怪。伏乞垂察追留,死将万足。前数度使人入朝,皆被边将不许,所以不敢自奏。去冬公主遣使人娄众失若将状专往,蒙降使看公主来,外甥不胜喜荷。护遣谕名悉猎及副使押衙将军浪些纥夜悉猎入朝,奏取进止。两国事意,悉猎所知。外甥蕃中已处分边将,不许抄掠,若有汉人来投,便令却送。伏望皇帝舅远察赤心,许依旧好,长令百姓快乐。如蒙圣恩,千年万岁,外甥终不敢先违盟誓。谨奉金胡瓶一、金盘一、金碗一、马脑杯一、零羊衫段一,谨充微国之礼。

金城公主又别进金鹅盘盏杂器物等。十八年十月,名悉猎等至京师,上御宣政殿,列羽林仗以见之。悉猎颇晓书记,先曾迎金城公主至长安,当时朝廷皆称其才辩。及是上引入内宴,与语,甚礼之,赐紫袍金带及鱼袋,并时服、缯彩、银盘、胡瓶,仍于别馆供拟甚厚。悉猎受袍带器物而却进鱼袋,辞曰:"本国无此章服,不敢当殊异之赏。"上嘉而许之。诏御史大夫崔琳充使报聘。仍于赤岭各竖分界之碑,约以更不相侵。

时吐蕃使奏云:"公主请《毛诗》、《礼记》、《左传》、《文选》各一部。"制令秘书省写与之。正字于休烈上疏请曰:

臣闻戎狄,国之寇也;经籍,国之典也。戎之生心,不可以无备；典有恒制，不可以假人。《传》曰："裔不谋夏，夷不乱华。"所以格其非心，在乎有备无患。昔东平王入朝求《史记》、诸子，汉帝不与。盖以《史记》多兵谋，诸子杂诡术。夫以东平，汉之懿戚，尚不欲示征战之书；今西戎，国之寇仇，岂可贻经典之事！且臣闻吐蕃之性，慓悍果决，敏情持锐，善学不回。若达于书，必能知战。深于《诗》，则知武夫有师干之试；深于《礼》，则知月令有兴废之兵；深于《传》，则知用师多诡诈之计；深于《文》，则知往来有书檄之制。何异借寇兵而盗资粮也！臣闻鲁秉周礼，齐不加兵；吴护乘车，楚疲奔命。一以守典存国，一以丧法危邦，可取鉴也。且公主下嫁从人，远适异国，合慕夷礼，返求良书，愚臣料之，恐非公主本意也。虑有奔北之类，劝教于中。若陛下虑失蕃情，以备国信，必不得已，请去《春秋》。当周德既衰，诸侯强盛，礼乐自出，战伐交兴，情伪于是乎生，变诈于是乎起，则有以臣召君之事，取威定霸之名。若与此书，国之患也。《传》曰："于奚请曲县繁缨，仲尼云：'惜也，不如多与之邑。惟名与器，不可假人。'"狄固贪婪，贵货易土，正可锡之锦绮，厚以玉帛，何必率从其求，以资其智。臣忝叨列位，职刊秘籍，实痛经典，弃在戎夷。昧死上闻，惟陛下深察。

疏奏不省。二十一年，又制工部尚书李暠往聘吐蕃，每唐使入境，所在盛陈甲兵及骑马，以矜其精锐。二十二年，遣将军李佺于赤岭与吐蕃分界立碑。二十四年正月，吐蕃遣使贡方物金银器玩数百事，皆形制奇异。上令列于提象门外，以示百僚。

其年，吐蕃西击勃律，遣使来告急，上使报吐蕃，令其罢兵。吐蕃不受诏，遂攻破勃律国，上甚怒之。时散骑常侍崔希逸为河西节度使，于凉州镇守。时吐蕃与汉树栅为界，置守捉使。希逸谓吐蕃将乞力徐曰："两国和好，何须守捉，妨人耕种。请皆罢之，以成一家，岂不善也？"乞力徐报曰："常侍忠厚，必是诚言。但恐朝廷未必皆相信任。万一有人交构，掩吾不备，后悔无益也。"希逸固请之，遂发使与乞力徐杀白狗为盟，各去守备。于是吐蕃畜牧被野。俄而希逸傔史孙诲入朝奏事，诲欲自邀其功，因奏言"吐蕃无备，若发兵掩之，必克捷。"上使内给事赵惠琮与孙诲驰往观察事宜。惠琮等至凉州，遂矫诏令希逸掩袭之，希逸不得已而从之，大破吐蕃于青海之上，杀获甚众，乞力徐轻身遁逸。惠琮、孙诲皆加厚赏，吐蕃自是复绝朝贡。希逸以失信怏怏，在军不得志，俄迁为河南尹，行至京师，与赵惠琮俱见白狗为祟，相次而死。孙诲亦以罪被戮。诏以岐州刺史萧炅为户部侍郎判凉州事，代希逸为河西节度使；鄯州都督杜希望为陇右节度使；太仆卿王昱为益州长史、剑南节度使，分道经略，以讨吐蕃。仍令毁其分界之碑。

二十六年四月，杜希望率众攻吐蕃新城，拔之，以其城为威武军，发兵一千以镇之。其年七月，希望又从鄯州发兵夺吐蕃河桥，于河左筑盐泉城。吐蕃将兵三万人以拒官军，希望引众击破之，因于盐泉城置镇西军。时王昱又率剑南兵募攻其安戎城。先于安戎城左右筑两城，以为攻拒之所，顿兵于蓬婆岭下，运剑南道资粮以守之。其年九月，吐蕃悉锐以救安戎城，官军大败，两城并为贼所陷，昱脱身走免，将士已下数万人及军粮资仗等并没于贼。昱坐左迁括州刺史。初昱之在军，谬赏其子钱帛万计，并擅与紫袍等，所费钜万，坐是寻又重贬为端州高要尉而死。

二十七年七月，吐蕃又寇白草、安人等军，敕临洮、朔方等军分兵救援。时吐蕃于中路屯兵，断临洮军之路。白水军守捉使高锁于拒守连旬，俄而贼退，萧炅遣偏将掩其后，击破之。王昱却败之后，诏以华州刺史张宥为益州长史、剑南防御使，主客员外郎章仇兼琼为益州司马、防御副使。宥既文吏，素无攻战之策，兼琼遂专其戎事。俄而兼琼入奏，盛陈攻取安戎之策，上甚悦，徙张宥为光禄卿，拔兼琼令知益州长史事，代张宥节度，仍为之亲画取城之计。

二十八年春，兼琼密与安戎城中吐蕃翟都局及维州别驾董承宴等通谋，都局等遂翻城归款，因引官军入城，尽杀吐蕃将士，使监御史许远率兵镇守。上闻之甚悦。中书令李林甫等上表曰："伏以吐蕃此城，正当冲要，凭险自固，恃以窥边。积年以来，蚁聚为患，纵有百万之众，难以施功。陛下亲纡秘策，不兴师旅，顷令中使李思敬晓喻羌族，莫不怀恩，翻然改图，自相谋陷。神筹运于不测，睿略通于未然，累载逋诛，一朝荡灭。又臣等今日奏事，陛下从容问臣等曰：'卿等但看四夷不久当渐摧丧。'德音才降，遽闻戎捷。则知圣与天合，应如响至，前古以来，所未有也。请宣示百僚，编诸史策。"手制答曰："此城仪凤年中羌引吐蕃，遂被固守，岁月既久，攻伐亦多。其地险阻，非力所制。朝廷群议，不合取之。朕以小蕃无事须处置，授以奇计，所以行之，护彼戎心，归我城守，有足为慰也。"其年十月，吐蕃又引众寇安戎城及维州，章仇兼琼遣裨将率众御之，仍发关中弩骑以救援焉。时属凝寒，贼久之自引退。诏改安戎城为平戎城。

　　二十九年春，金城公主薨，吐蕃来遣使告哀，仍请和，上不许之。使到数月后，始为公主举哀于光顺门外，辍朝三日。六月，吐蕃四十万攻承风堡，至河源军，西入长宁桥，至安仁军，浑崖峰骑将盛希液以众五千攻而破之。十二月，吐蕃又袭石堡城，节度使盖嘉运不能守，玄宗愤之。天宝初，令皇甫惟明、王忠嗣为陇右节度，皆不能克。七载，以哥舒翰为陇右节度，攻而拔之，改石堡城为神武军。

　　天宝十四载，赞普。乞黎苏笼猎赞死，大臣立其子婆悉笼猎赞为主，复为赞普。玄宗遣京兆少尹崔光远兼御史中丞，持节赍国信册命吊祭之。及还，而安禄山已窃据洛阳，以河、陇兵募令哥舒翰为将，屯潼关。

　　昔秦以陇山已西为陇西郡。汉怀匈奴于河右，置姑臧、张掖、酒泉、伊吾等郡；又于碛外置西域都护，控引胡国；又分陇西为金城、西平等郡，只以氐、羌居之。历代丧乱，常为贤豪所据，则为达夷侵废，迨千年矣。武德初，薛仁杲奄有陇上之地，至于河房，李敫尽有凉州之城，通于碛外。贞观中，李靖破吐谷浑，侯君集平高昌，阿史那社尔开西域，置四镇。前王之所未伏，尽为臣妾，秦、汉之封域，得议其土境耶！于是岁调山东丁男为戍卒，缯帛为军资，有屯田以资粮粮，牧使以娩羊马。大军万人，小军千人，烽戍逻卒，万里相继，以却于强敌。陇右鄯州为节度,河西凉州为节度,安西、北庭亦置节度,关内则于灵州置朔方节度,又有受降城、单于都护庭为之藩卫。及潼关失守,河洛阻兵,于是尽征河陇、朔方之将镇兵入靖国难,谓之行营。曩时军营边州无备预矣。乾元之后,吐蕃乘我间隙,日蹙边城,或为虏掠伤杀,或转死沟壑。数年之后,凤翔之西,邠州之北,尽蕃戎之境,湮没者数十州。

肃宗元年建寅月甲辰,吐蕃遣使来朝请和,敕宰相郭子仪、萧华、张尊庆等于中书设宴。将诣光宅寺为盟誓,取三牲血歃之,无向佛寺之事,请明日须于鸿胪寺以血,以申蕃戎之礼。从之。宝应元年六月,吐蕃使烛番莽耳等二人贡方物入朝,乃于延英殿引见,劳赐各有差。而剑南西山又与吐蕃、氐、羌邻接,武德以来开置州县,立军防,即汉之筰路,乾元之后,亦陷于吐蕃。宝应二年三月,遣左散骑常侍兼御史大夫李之芳、左庶子兼御史中丞崔伦使于吐蕃,至其境而留之。

广德元年九月,吐蕃寇陷泾州。十月,邠州又陷奉天县。遣中书令郭子仪西御。吐蕃以吐谷浑、党项羌之众二十余万,自龙光度而东。郭子仪退军,车驾幸陕州,京师失守。降将高晖引吐蕃入上都城,与吐蕃大将马重英等立故邠王男广武王承宏为帝,立年号,大赦,署置官员,寻以司封崔环等为相。郭子仪退军南保商州,吐蕃居城十五日退,官军收上都,以郭子仪为留守。

初,车驾东幸,衣冠戚里尽南投荆襄及隐窜山谷,于是六军将士持兵剽劫,所在阻绝。郭子仪领部曲数百人及其妻子仆从南入牛心谷,驰马车牛数百两,子仪迟留,未知所适。行军判官、中书舍人王延昌、监察御史李尊谓子仪曰:“令公身为元帅,主上蒙尘于外,家国之事,一至于此。今吐蕃之势日逼,岂可怀安于谷中,何不南趋商州,渐赴行在。”子仪遽从之。延昌曰:“吐蕃知令公南行,必分兵来逼,若当大路,事即危矣。不如取玉山路而去,出其不意。”子仪又从之。延昌与李尊皆从子仪,子仪之队千余人,山路狭隘,连延百余里,人不得驰。延昌与尊恐狭径被追,前后不相救,至倒回口,遂与子仪别行,逾绝漳,登七盘,趋于商州。先是,六军将张知节与麾下数百人自京城奔于商州,大掠避难朝官、士庶及居人资财鞍马,已有日矣。延昌与尊既至,说知节曰:"将军身掌禁兵,军败而不赴行在,又恣其下虏掠,何所归乎? 今郭令公元帅也,已欲至洛南,将军若整顿士卒,喻以祸福,请令公来抚之,以图收长安,此则将军非常之功也。"知节大悦。其时诸军将臧希让、高升、彭体盈、李惟诜等数人,各有部曲,率其数十骑,相次而至,又从其计,皆相率为军,约不侵暴。延昌留于军中至约,尊以数骑往迎子仪,去洛南十余里,及之,遂与子仪回至商州。诸将大喜,皆遵其约束。

吐蕃将入京师也,前光禄卿殷仲卿逃难而出,鞍马衣服尽为土贼所掠。仲卿至蓝田,纠合散兵及诸骁勇愿从者百余人,南保蓝田,以拒吐蕃,其众渐振,至于千人。子仪既至商州,未知仲卿之举,募人往控贼势,羽林将军长孙全绪请行,以二百骑隶之。又令太子宾客第五琦摄京兆尹,同收长安。全绪至韩公堆,昼则击鼓,广张旗帜,夜则多燃火以疑吐蕃。仲卿探知官军,其势益壮,遂相为表里,以状闻于子仪。仲卿帅二百余骑游奕,直渡浐水。吐蕃惧,问百姓,百姓皆绐之曰:"郭令公自商州领众却收长安,大军不知其数。"贼以为然,遂抽军而还,余众尚在城。军将王抚及御史大夫王仲升顿兵自苑中入,椎鼓大呼,仲卿之师又入城,吐蕃皆奔走,乃收上都。郭子仪乘之,鼓行入长安,人心乃安。

吐蕃退至凤翔,节度孙志直闭门拒之,吐蕃围守数日。会镇西节度、兼御史中丞马璘领精骑千余自河西救杨志烈回,引兵入城。迟明,单骑持满,直冲贼众,左右愿从者百余骑,璘奋击大呼,贼徒披靡,无敢当者,贼疲而归。贼众恃其骁勇,翌日又逼城请战,璘披甲开悬门,贼乃抽退,皆曰:"此将不惜死,不可当,且避之。"又复居原、会、成、渭之地。

十二月,乘舆还上都。二年五月,放李之芳还。九月,叛将仆射、大宁郡王仆固怀恩自灵武遣其党范志诚、任敷等引吐蕃、吐谷浑之众来犯王畿。十月,怀恩之众至邠州挑战,节度白孝德及副元帅先锋郭锋因城拒之,以挫其锋。贼众遂逼奉天县西二十里为营,郭子仪屯于奉天,又按军不战。郭锋于邠州西三十里,令精骑二百五十人、步卒五十人斫怀恩营,破五千众,斩首千余级,生擒八十五人,降其大将四人,马五百匹。十一月,仆怀固怀恩引吐蕃之众退。

广德二年,河西节度杨志烈被围,守数年,以孤城无援,乃跳身西投甘州,凉州又陷于寇。

永泰元年三月,吐蕃请和,遣宰相元载、杜鸿渐等于兴唐寺与之盟而罢。秋九月,仆固怀恩诱吐蕃、回纥之众,南犯王畿。吐蕃大将尚结悉赞磨、尚悉东赞、尚野息及马重英率二十万众至奉天界,邠州节度使白孝德不能御,京城戒严。先是,朔方先锋兵马使浑日进、孙守亮屯军于奉天以拒之,于是诏追副元帅郭子仪于河中府领众赴援,屯于泾阳,诸将各屯守要害。初,吐蕃列营奉天,浑日进单骑冲之,骁骑二百人继进,冲突其营,左右击刺,贼徒惊骇,无不应弦而毙。日进挟一番将,跃马而归,番将奋身,失其撒饭一,日进之众,无中锋镝者,军中望而益振。明日,吐蕃悉众围之,日进命抛车夹石投之,杂以弓弩,贼死伤众。数日,敛军回营。寻又日进夜斫贼营于梁母神下,杀千余人,生擒二百人,获驼马器械。

上又下诏亲征,括朝官马,京城置团练。镇西节度马璘遇吐蕃游奕四百余人于武功东原,使五十人击而尽杀之,无噍类。自十七日全二十五日晚际始止,议者以为天助。吐蕃移营于醴泉县九嵏山北,因攻掠醴泉。京城大骇,人皆空室,大户凿窦以出。逆党任敷以兵五千余人犯白水县。浑日进露布而至,屯于奉天马嵬店。今月十九日已后至二十五日已前,交战二百余阵,破吐蕃一万余众,斩首五千级,生擒一百六十人,马一千二百四十二匹,驼一百一十五头,器械、幡旗共三万余事。朝官震惧,家口回避者十室八九,禁之不止。自前年吐蕃犯王畿后,于中渭桥鄠丰城以营兵,至是功毕。

吐蕃退至永寿北,遇回纥之众,虽闻怀恩死,皆悖其众,相诱而奔,复来寇。至奉天,两番猜贰争长,别为营垒。吐蕃游奕至窑底,吐蕃又至马嵬店,因纵火焚居人庐舍而退。回纥三千骑诣泾阳降款,请击吐蕃为效,子信许之。于是朔方先锋兵马使开府南阳郡王白元光与回纥合于泾阳,灵台县东五十里攻破吐蕃,斩首及生擒获驼马牛羊甚众。上停亲征,京师解严,宰相上表称贺。

旧唐书卷一九六下
列传第一四六下

吐蕃下

　　永泰二年二月，命大理少卿兼御史中丞杨济修好于吐蕃。四月，吐蕃遣首领论泣藏等百余人随济来朝，且谢申好。大历二年十月，灵州破吐蕃二万余众，生擒五百人，获马一千五百匹。十一月，和蕃使、检校户部尚书、兼御史大夫薛景仙自吐蕃使还，首领论泣陵随景仙来朝，景仙奏云："赞普请以凤林关为界。"俄又遣使路悉等十五人来朝，三年八月，吐蕃十万寇灵武，大将尚悉摩寇邠州，邠宁节度使马璘破二万余众，擒其俘以献之。九月，寇灵州，朔方骑将白元光破之。俄又复破二万众于灵武，获羊马数千计。关内副元帅郭子仪于灵州破吐蕃六万余众。十二月，以蕃寇岁犯西疆，增修镇守，乃移马璘镇泾州，仍为泾原节度使。剑南西川亦破吐蕃万余众。五年五月，徙置当、悉、拓、静、恭五州于山陵要害之地，以备吐蕃。

　　八年秋，吐蕃六万骑寇灵武，蹂践我禾稼而去。十月，寇泾、邠等州，郭子仪遣先锋将浑瑊与贼战于宜禄，我师不利，副将史籍等三人死之，村墅居人为驱掠者凡千余人。是夜，瑊收合散卒袭贼营，会马璘亦袭其辎重，凡杀数千人，贼遂溃。子仪大破吐蕃十余万众。初，吐蕃犯我邠郊，马璘以精卒二千余人潜夜掩贼营，射贼豹皮将中目，贼众扶之号泣，遂举营遁去。璘因收获朔方兵健二百余人，百姓七百余人，驼马数百匹。

九年四月,以吐蕃侵扰,预为边备,乃降敕:"宜令子仪以上郡、北地、四塞、五原、义渠、稽胡、鲜卑杂种步马五万众,严会枸邑,克壮旧军。抱玉以晋之高都,韩之上党,河、湟义徒,汧、陇少年,凡三万众,横绝高壁,斜界连营。马璘以西域前庭,车师后部,兼广武之戍,下蔡之舶,凡三万众,屯于泗中,张大军之援。忠诚以武落别授,右地奇锋,凡二万众,出岐阳而北会。希让以三辅太常之徒,六郡良家之子,自渭上而西合汴宋、淄青、河阳、幽蓟,总四万众,分列前后。魏博、成德、昭义、永平总六万众,大舒左右。朕内整禁旅,亲誓诸将,资以千金之费,锡以六牧之马。其戎装战器,军用边储,各有司存,素皆精办。咨尔将相文武宣力之臣,夫师克在和,善战不阵,各宜保据疆界,屯据要冲,斥堠惟明,首尾相应。若既悔过,何必劳人;如或不恭,自当伐罪。然后眷求统一,以制诸军。进取之宜,俟于后命。"

十一年正月,剑南节度使崔宁大破吐蕃故洪等四节度兼突厥、吐浑、氐、蛮、羌、党项等二十余万众,斩首万余级,生擒蠲城兵马使一千三百五十人,献于阙下,牛羊及军资器械,不可胜纪。十二年九月,入寇坊州,掠党项羊马而去。十月,崔宁破吐蕃望汉城。十四年八月,命太常少卿韦伦持节使吐蕃,统蕃俘五百人归之。十月,吐蕃率南蛮众二十万来寇:一入茂州,过汶川及灌口;一入扶、文,过方维、白坝;一自黎、雅过邛峡关,连陷郡邑。乃发禁兵四千人及幽州兵五千人同讨,大破之。

建中元年四月,韦伦至。自大历中聘使前后数辈,皆留之不遣,俘获其人,必遣中官部统徙江、岭,因缘求财及给养之费不胜其弊。去年冬,吐蕃大兴师以三道来侵,会德宗初即位,以德绥四方,征其俘囚五百余人,各给衣一袭,使伦统还其国,与之约和,敕边将无得侵伐。吐蕃始闻归其人,不之信,及蕃俘入境,部落皆畏威怀惠。其赞普乞立赞谓伦曰:"不知是来也,而有三恨,奈何"?伦曰:"未达所谓。"乞立赞曰:"不知大国之丧,而吊不及哀,一也。不知山陵之期,而赙不成礼,二也。不知皇帝舅圣明继立,已发众军三道连衡。今灵武之师,闻命辍已;而山南之师已入扶、文,蜀师已趋灌口,追且不及,是三恨也。"乃发使奉贽,不二旬而复命。蜀帅尊获其戎俘,有司请准旧事颁为徒隶,上曰:"要约著矣,言庸二乎!"乃各给缣二匹、衣一袭而归之。五月,以韦伦为太常卿,复使吐蕃。其冬,遣宰相论钦明思等五十五人随伦至,且献方物。吐蕃见伦再至,甚欢。既就馆,声乐以娱之,留九日而还,兼遣其渠帅报命。

二年十二月,入蕃使判官常鲁与吐蕃使论悉诺罗等至自蕃中。初,鲁与其使崔汉衡至列馆,赞普令止之,先命取国信敕,既而使谓汉衡曰:"来敕云:'所贡献物,并领讫;今赐外甥少信物,至领取。'我大蕃与唐舅甥国耳,何得以臣礼见处?又所欲定界,云州之西,请以贺兰山为界。其盟约,请依景龙二年敕书云:'唐使到彼,外甥先与盟誓;蕃使到此,阿舅亦亲与盟。'"乃邀汉衡遣使奏定。鲁使还奏焉,为改敕书,以"贡献"为"进",以"赐"为"寄",以"领取"为"领之"。且谓曰:"前相杨炎不循故事,致此误尔。"其定界盟,并从之。

三年四月,放先没蕃将士僧尼等八百人归还,报归蕃俘也。九月,和蕃使、殿中少监、兼御史中丞崔汉衡与蕃使区颊赞至。时吐蕃大相尚结息忍而好杀,以尝覆败于剑南,思刷其耻,不肯约和。其次相尚结赞有材略,因言于赞普,请定界明约,以息边人。赞普然之,竟以结赞代结息为大相,终约和好,期以十月十五日会盟于境上。以崔汉衡为鸿胪卿,以都官员外郎樊泽兼御史中丞、充入蕃计会使。初,汉衡与吐蕃约定月日盟誓,汉衡到,商量未决,已过其期,遂命泽诣结赞复定盟会期,且告遣陇右节度使张镒与之同盟。泽至故厚州,与结赞相见,以来年正月十五日会盟于清水西。

四年正月,诏张镒与尚结赞盟于清水。将盟,镒与结赞约,各以二千人赴坛所,执兵者半之,列于坛外二百步,散从者半之,分立坛下。镒与宾佐齐映、齐抗及会盟官崔汉衡、樊泽、常鲁、于颀等七人皆朝服;结赞与其本国将相论悉颊藏、论臧热、论利陀、斯官者、论力徐等亦七人,俱升坛为盟。初约汉以牛,蕃以马,镒耻与之盟,将杀其礼,乃谓结赞曰:"汉非牛不田,蕃非马不行,今请以羊、豕、犬

三物代之。"结赞许诺。塞外无豕,结赞请出羝羊,镒出大白羊,乃于坛北刑之,杂血二器而歃盟。文曰:

　　唐有天下,恢奄禹迹,舟车所至,莫不率俾。以累圣重光,历年惟永,彰王者之丕业,被四海之声教。与吐蕃赞普,代为婚姻,固结邻好,安危同体,甥舅之国。将二百年。其间或因小忿,弃惠为仇,封疆骚然,靡有宁岁。皇帝践祚,愍兹黎元,俾释俘隶,以归蕃落。蕃国展礼,同兹叶和,行人往复,累布成命。是必诈谋不起,兵车不用矣。彼犹以两国之要,求之永久,古有结盟,今请用之。国家务息边人,外其故地,弃利蹈义,坚盟从约。今国家所守界:泾州西至弹筝峡西口,陇州西至清水县,凤州西至同谷县,暨剑南西山大渡河东,为汉界。蕃国守镇在兰、渭、原、会,西至临洮,又东至成州,抵剑南西界磨些诸蛮,大渡水西南,为蕃界。其兵马镇守之处,州县见有居人,彼此两边见属汉诸蛮,以今所分见住处,依前为定。其黄河以北,从故新泉军,直北至大碛,直南至贺兰山骆驼岭为界,中间悉为闲田。盟文有所不载者,蕃有兵马处蕃守,汉有兵马处汉守,并依见守,不得侵越。其先未有兵马处,不得新置,并筑城堡耕种。今二国将相受辞而会,斋戒将事,告天地山川之神,惟神照临,无得愆坠。其盟文藏于宗庙,副在有司,二国之成,其永保之。

　　结赞亦出盟文,不加于坎,但埋牲而已。盟毕,结赞请镒就坛之西南隅佛幄中焚香为誓。誓之毕,复升坛饮酒。献酬之礼,各用其物,以将厚意而归。

　　二月,命崔汉衡持节答蕃,遣区颊赞等归。上初令宰相、尚书与蕃相区颊赞盟于丰邑里坛所,盟,以清水之会不定,遂罢,因留颊赞未遣,复令汉衡使于赞普。六月,答蕃使判官于頔与蕃使论颊没藏等至自青海。七月,以礼部尚书李揆加御史大夫,为入蕃会盟使。又命宰相李忠臣、卢杞、关播、右仆射崔宁、工部尚书乔琳、御史大夫于頔、太府卿张献恭、司农卿段秀实、少府监李昌夔、京兆尹王翃、左金吾卫将军浑瑊等与区颊赞等会盟于坛所。初,于頔至自蕃中,与尚结赞约"疆场既定,请归其使"。从之。以丰邑坊监坛在京城之内非便,请卜坛于京城之西。其礼如清水之仪。先盟二日,命有司告太庙,盟官致斋。三日,朝服升坛,关播跪读盟文。盟毕,宴赐而遣之。

兴元元年二月,以右散骑常侍兼御史大夫于顾往泾州已来宣慰吐蕃,仍与州府计会顿递。时吐蕃款塞请以兵助平国难,故遣使焉。四月,命太常少卿、兼御史中丞沈房为入蕃计会及安西、北庭宣慰使。是月,浑瑊与吐蕃论莽罗依众大破朱泚将韩旻、张廷芝、宋归朝等于武功之武亭川,斩首万余级。

贞元二年,命仓部郎中、兼侍御史赵聿为入吐蕃使。八月,吐蕃寇泾、陇、邠、宁数道,掠入畜,取禾稼,西境骚然。诸道节度及军镇咸闭壁自守而已。京师戒严。上遣左金吾将军张献甫与神策将李升昙、苏清沔等统兵屯于咸阳,召河中节度骆元光率众戍咸阳以援之。九月,以吐蕃游骑及于好畤,上复遣张献甫等统兵屯于咸阳,又诏遣左监门将军康成使于吐蕃。初,吐蕃大相尚结赞累遣使请盟会定界,乃命成使之。至若原,与结赞相见,令其使论乞陀与成同来。

是月,凤翔节度使李晟以吐蕃侵轶,遣其将王佖夜袭贼营,率骁勇三千人入汧阳,诫之曰:"贼之大众,当过城下,甚无击其首尾。首尾虽败,中军力全,若合势攻之,汝必受其弊。但候其前军已过,见五方旗、虎豹衣,则其中军也。出其不意,乃是奇功。"佖如其言出击之,贼众果败,副将史廷玉力战死之。又寇凤翔城下,李晟出兵御之,一夕而退。十月,李晟遣兵袭吐蕃之堆沙堡,大破之,焚其归积,斩蕃酋扈屈律设赞等七人,传首京师。

十一月,吐蕃陷盐州。初贼来也,刺史杜彦光使以牛酒犒之。吐蕃谓曰:"我欲州城居之,听尔率其人而去。"彦光乃悉众奔鄜州。十二月,陷夏州,刺史拓拔乾晖率众而去,复据其城。又寇银州,素无城壁,人皆奔散。三年春,命检校左庶子、兼御史中丞崔浣为入吐蕃使,相次又遣左庶子李铦使之。河东、保宁等道节度使马燧来朝。初,尚结赞既陷盐、夏等州,各留千余人守之,结赞大众屯于鸣沙。

自去冬及春，羊马多死，粮饷不给。时诏遣华州、潼关节度骆元光、邠宁节度韩游瓌统众与凤翔、鄜、邠及诸道戍卒，屯于塞上，又命燧率师次于石州，分兵隔河与元光等掎角讨之。结赞闻而大惧，累遣使请和，仍约盟会，上皆不许。又遣其大将论颊热厚礼卑词求燧请盟，燧以奏焉，上又不许，惟促其合势讨逐。燧喜赂信诈，乃与颊热俱入朝，盛言其可保信，许盟约，上于是从之。燧既赴朝也，诸军但闭壁而已。结赞遽悉其众弃夏州而归，马既多死，有徒行者。乃是夏平凉之会，竟渝盟，马燧亦由此失兵柄而奉朝请矣。

四月，崔浣至自鸣沙。初，浣至鸣沙，与尚结赞相见，询问其违约陷盐、夏州之故，对曰："本以定界碑被牵倒，恐二国背盟相侵，故造境上请修旧好。又蕃军顷年破朱泚之众于武功，未获酬偿，所以来耳。及徙泾州，其节度使闭城自守，音问莫达。又徙凤翔，请通使于李令公，亦不见纳。及遣康成、王真之来，皆不能达大国之命。日望大臣充使，兼展情礼，实无至者，乃引军还。及盐、夏二州之师，二州惧我之众，请以城与我，求全而归，非我所攻陷也。今君以国亲将命，若结好复盟，蕃之愿也。盟会之期及定界之所，唯命是听。君归奏决定，当以盐夏相还也。"又云："清水之会，同盟者少，是以和好轻慢不成。今蕃相及元帅已下凡二十一人赴。灵州节度使杜希全禀性和善，外境所知，请令主盟会。泾州节度李观，亦请同主之。"又同章表上闻。浣诱赂蕃中给役者，求其人马真数，凡五万九千余人、马八万六千余匹，可战者仅三万人，余悉童幼，备数而已。

是日，改崔浣为鸿胪卿，再入吐蕃，令浣报尚结赞曰："杜希全职在灵州，不可出境。李观今已改官，以侍中浑瑊充盟会使。"约以五月二十四日复盟于清水。又令告以盐、夏二州归于我，才就盟会。上疑蕃情不实，以得州为信焉。五月，浑瑊以盟会使来辞，且受命。以兵部尚书崔汉衡为盟会副使，司勋员外郎郑叔矩为判官。浑瑊赴会盟所，上令瑊统众二万余人，遣华州潼关节度骆元光赴之。上令宰臣召吐蕃使论泣赞等于中书议会盟之所，初崔浣与尚结赞约复会于清水，且先归我盐、夏二州，结赞云："清水非吉地，请会于原州之土梨树。”又请盟毕归二州。浑遣使与泚赞等同奏,上将务怀柔远,皆从之。约以五月十五日盟于土梨树,上召宰臣谋之。先是左神策将马有麟奏:“土梨树地多险隘,恐蕃军隐伏,不利于我。平凉川四隔坦平,且近泾州,就之为便。”由是乃定盟所于平凉川。时蕃使论泚赞已复命,遽追还,告而遣之。

　　浑瑊与尚结赞会于平凉。初,瑊与结赞约,以兵三千人列于坛之东西,散手四百人至坛下。及将盟,又约各益游军相觇伺。结赞拥精骑数万于坛西,蕃之游军贯穿我师。瑊之将梁奉贞率六十骑为游军,才至蕃中,皆被执留,瑊不虞也。结赞又遣人请瑊曰:“请侍中已下服衣冠剑佩以俟命。”盖诱其下马,将劫持之。瑊与崔汉衡、监军特进宋凤朝等皆入幕次,坦无他虑。结赞命伐鼓三声,其众呼噪而至。瑊遽出自幕后,偶得他马,跨而奔归。时马不加衔,瑊伏于鬣而手加之,凡驰十余里,衔方及口,故追骑之矢,遇而不伤焉。唯瑊之裨将辛荣招合数百人,据北阜与贼接战,须臾贼众四合,荣力屈而降。凤朝及瑊判官韩弇,并为乱兵所杀。汉衡及中官刘延邕、俱文珍、李清朝,汉衡判官郑叔矩、路泌,掌书记袁同直,大将扶余准、马宁及神策、凤翔、河东大将孟日华、李至言、乐演明、范澄、马弇等六十余人皆陷焉。余将士及夫役死者四五百人,驱掠者千余人,咸被解夺其衣。

　　初,汉衡为乱兵所击,其从吏吕温以身蔽之,刃中温而汉衡获免。汉衡乃夷言谓执者曰:“我汉使崔尚书也,结赞与我善,如若杀我,结赞亦杀汝。”乃舍之,尽驱而西。既已面缚,各以一木自领至趾约于身,以毛绳三束之,又以毛绳连其发而约之。夜皆踣于地,以发绳各系一橛,又以毛罽都覆之,守卫者卧其上,以防其亡逸也。至故原州,结赞坐于帐中,召与相见,数让国家,因怒浑瑊曰:“武功之捷,皆我之力,许以泾州、灵州相报,皆食其言,负我深矣。举国所忿,本劫是盟,在擒瑊也。吾遣以金饰桎梏待瑊,将献赞普。既以失之,虚致君等耳,当遣君辈三人归也。”吕温带疮亦至,结赞嘉其义,厚给赍之。结赞率其众于石门,遣中官俱文珍、浑瑊之将马燧、马燧之将马弇归于我,遂送汉衡、叔矩等囚于河州,辛荣、扶余准等于故廓州、鄯州分囚之。结赞本请杜希全、李观同盟,将执二节将,挫其锐师来犯京师,希全等既不行,又欲执浑瑊长驱入寇,其谋也如此。上遣中官王子恒赍诏书以遗结赞,蕃界不纳而还。

初,瑊与骆元光将发泾州,元光谓瑊曰:"本奉诏令营于潘原堡,以应援侍中。窃以潘原去盟所六十七里,蕃情多诈,侍中倘有急,何由知之?请次侍中为营,以虞其变。"瑊以非诏旨,固止之。元光与同进。瑊之营西去盟所二十余里,元光之营次之。其濠栅颇深固,瑊之濠栅可逾越焉。及瑊单骑奔归,未及其营,守将李朝彩不能整众,多已奔散,瑊之至,空营而已,器械资粮悉弃之,赖元光之众阵于营中,瑊既入,贼追骑乃退。元光乃先遣辎重,次与瑊俱申其号令,严其部伍而还。瑊复镇于奉天。

六月,盐、夏二州吐蕃焚城门及庐舍,毁城壁而归。七月,诏曰:

乃者吐蕃犯塞,毒我生灵,俶扰陇东,深入河曲。朕以兵戈粗定,伤夷未瘳,务息战伐之谋,遂从通和之请。亦知戎丑,志在贪婪,重违修睦之辞,乃允寻盟之会。果为隐匿,变发壝宫,纵犬羊凶狡之群,乘文武信诚之众,苍黄沦陷,深用恻然。此皆由朕之不明,致其至此。既无德于万众,亦有愧于四方,宵旰贻忧,何嗟而及。今兵部尚书崔汉衡等,皆国之良士,朝之荩臣,婴絷穷庐,眇然殊域。念其家室,或未周于屡空;录以息男,庶或资于薄俸。汉衡宜与一子七品官;司勋员外郎郑叔矩、检校户部郎中路泌、殿中侍御史韩弇及大将孟日华、辛荣、李至言、范澄、王良贲、乐演明、阳昔、权交成等,各与一子八品官;试左金吾兵曹参军袁同直、榆次尉裴颐及副兵马使以下,各与一子九品官。仍并与正员官。余将士各与一子官,仍委本使即具名衔闻奏。

于是遣决胜军使唐良臣以众六百人自戍阳成潘原堡,神策副将苏太平率其众五百人戍陇州。

八月,崔汉衡至自吐蕃。初,汉衡与同陷者并至河州,尚结赞令召汉衡与神策将孟日华、中官刘延邕，俱至石门而遣之。结赞令五十骑送至境上，且赍表请进。及潘原，李观使止曰："有诏不许更纳蕃使。"受其表而返其人。自是吐蕃率羌、浑之众犯塞，分屯于潘口及青石岭。先是，吐蕃之众自潘口东分为三道：其一趋陇州，其一趋汧阳之东，其一趋钓竿原。是日，相次屯于所趋之地，连营数十里。其汧阳贼营，距凤翔四十里，京师震恐。士庶奔骇。贼遣羌、浑之众，衣汉戎服，伪称邢君牙之众，奄至吴山及宝鸡北界，焚烧庐舍，驱掠人畜，断吴山神之首，百姓丁壮者驱之以归，羸老者咸杀之，或断手凿目，弃之而去。初，李晟在凤翔，令伐大木塞安化峡，及是，贼并焚之。

九月，诏神策军将石季章以众三千戍武功，召唐良臣自潘原戍百里城。是月，吐蕃大掠汧阳、吴山、华亭等界人庶男女万余口，悉送至安化峡西，将分隶羌、浑等，乃曰："从尔辈东向哭辞乡国。"众遂大哭。其时一恸而绝者数百人，投崖谷死伤者千余人，闻者为之痛心焉。浑瑊遣其将任蒙主以众三千戍好畤。是月，吐蕃之众复至，分屯于丰义及华亭。百僚入计以破吐蕃围。陇州刺史韩清沔与苏太平夜出兵伏于大像龛，及夜半，令城中与龛各举火相应，贼大惊，因袭其营，贼乃退散。时吐蕃攻陷华亭。初，贼之围华亭也，先绝其汲水道。其守将王仙鹤及镇兵百姓凡三千人，皆在围中，使人间道请救于陇州，刺史韩清沔令苏太平率一千五百人赴之。及中路，其游骑百余没于贼，太平素懦怯寡谋，遽引众退归。贼自是每日令游骑千余至陇州，州兵不敢复出。凡四日，围中绝水，援军不至，贼又积柴城下，将焚之，仙鹤遂降于贼。贼并焚庐舍，毁城壁，虏士众十三四，收丁壮弃老而去。北攻连云堡，又陷。堡之三面颇峭峻，唯北面连原，以濠为固。贼自其北建抛楼七具，击堡中，堡中唯一井，投石俄而满焉。又飞梁架濠而过，苦攻之。堡将张明遂与其众男女千余口东向恸哭而降。泾州之西，唯有连云堡每侦候贼之进退，及是堡陷，泾州不敢启西门，西门外皆为贼境，樵苏殆绝，收刈禾稼，必布阵于野而收获之。获既失时，所得多空穗，于是泾人有饥忧焉。吐蕃驱掠连云堡之众及邠、泾编户逃窜山谷者,并牛畜万计,悉其众送至弹筝峡。自是泾、陇、邠等贼之所至,俘掠殆尽。是秋,数州人无积聚者,边将唯遣使表贺贼退而已。

十月,吐蕃数千骑复至长武城,韩全义率众御之。韩游瓌之将请以众助之,游瓌不许。及暮,贼退,全义亦引还。自是贼之骑常往来泾、邠之间,诸城西门莫敢启者。贼又修故原州城,其大众屯焉。

四年五月,吐蕃三万余骑犯塞,分入泾、邠、宁、庆、麟等州,焚彭原县廨舍,所至烧庐舍,人畜没者约二三万,计凡二旬方退。陈许行营将韩全义自长武城率众抗之,无功而还。游瓌素无军政,且疾不能兴,闭城自守,莫敢御也。先是,吐蕃入寇,恒以秋冬,及春则多遇疾疫而退。是来也,方盛暑而无患。盖华人陷者,厚其资产,质其妻子,为戎虏所将而侵轶焉。九月,吐蕃将尚悉董星、论莽罗等寇宁州,节度使张献甫率众御之,斩首百余级,贼转寇麟、坊等州,纵掠而去。

五年十月,剑南节度使韦皋遣将王有道等与东蛮两林苴那时、勿邓梦冲等帅兵于故嶲州台登北谷大破吐蕃青海、猎城二节度,杀其大兵马使乞臧遮遮、悉多杨朱,斩首二千余级,其投崖谷赴水死者不可胜数,生擒笼官四十五人,收获器械一万余事、马牛羊一万余头匹。遮遮者,吐蕃骁勇者也,或云尚结赞之子,频为边患。自其死也,官军所攻城栅,无不降下,蕃众日却,数年间,尽复嶲州之境。

六年,吐蕃陷我北庭都护府。初,北庭、安西,既假道于回纥朝奏,因附庸焉。蕃性贪狼,征求无度。北庭近羌,凡服用食物所资,必强取之,人不聊生矣。又有沙陀部六千余帐,与北庭相依,亦属于回纥。回纥肆其抄夺,尤所厌苦。其葛禄部及白服突厥素与回纥通和,亦憾其夺掠,因吐蕃厚赂见诱,遂附之。于是吐蕃率葛禄、白服之众,去岁各来寇北庭,回纥大相颉干迦斯率众援之,频战败绩,吐蕃攻围颇急。北庭之人既苦回纥,是岁乃举城降于吐蕃,沙陀部落亦降焉。北庭节度使杨袭古与麾下二千余人出奔西州,颉干迦斯不利而还。七年秋,又悉其丁壮五六万人,将复北庭,仍召袭古偕行,俄为吐蕃、葛禄等所击,大败,死者大半。颉干迦斯绐之曰:"且与我同至牙帐,当送君归本朝也。"袭古从之,及牙帐,留而不遣,竟杀之。自是安西阻绝,莫知存否,唯西州之人,犹固守焉。颉干迦斯既败衄,葛禄之众乘胜取回纥之浮图川,回纥震恐,悉迁西州部落羊马于牙帐之南以避之。

八年四月,吐蕃寇灵州,掠人畜,攻陷水口城,进围州城,塞水口及支渠以营田。诏河东、振武分兵为援,又分神策六军之卒三千余人戍于定远、怀远二城,上御神武楼劳遣之。吐蕃引去。六月,吐蕃数千骑由青石岭寇泾州,掠田军千余人还,及连云堡,守捉使唐朝臣遣兵出战,大将王进用死之。九月,西川节度使韦皋攻吐蕃之维州,获大将论赞热及首领献于京师。十一月,山南西道节度严震击破吐蕃于芳州及黑水堡,焚其积聚,并献首虏。

九年二月,诏城盐州。是州先为吐蕃所毁,自此塞外无堡障,灵武势隔,西逼郦坊,甚为边患,故命城之,二旬而毕。又诏兼御史大夫纥于遂统兵五千与兼御史中丞杜彦光之众戍之。是役也,上念将士之劳,厚令度支供给。又诏泾原、湖南、山南诸军深讨吐蕃,以分其力。由是板筑之际,虏无犯塞者。及毕,中外咸称贺焉。是月,西川韦皋献获吐蕃首虏、器械、旗帜、牛马于阙下。初,将城盐州,上命皋出师以分吐蕃之兵,皋遣大将董勔、张芬出西山及南道,破峨和城、通鹤军。吐蕃南道元帅论莽热率众来援,又破之,杀伤数千人,焚定廉故城。凡平栅堡五十余所。

十年,南诏蛮蒙异牟寻大破吐蕃于神明,使来献捷,语在《南诏传》。十三年八月,黄少卿攻陷钦、横、浔、费四州,吐蕃渠帅论乞髯荡没藏悉诺律以其家属来降,明年并以为归德将军。十二年九月,吐蕃寇庆州及华池县,杀伤颇甚。十三年正月,邢君牙奏请于陇州西七十里筑城以备西戎,名永信城。吐蕃赞普遣使农桑昔赍表请修和好,边将以闻。上以其豺狼之性,数负恩背约,不受表状,任其使却归。五月十七日,吐蕃于剑南山、马岭三处开路,分军下营,仅经一月,进军逼台登城。巂州刺史曹高任率领诸军将士并东蛮子弟合势接战,自朝至午,大破犬戎,生擒大笼官七人,阵上杀获三百人,余被刀箭者不可胜纪,收获马畜五百余头匹、器械二千余事。十四年十月,夏州节度使韩全义破吐蕃于盐州西北。十六年六月,盐州破吐蕃于乌兰桥下。

十七年七月,吐蕃寇盐州,又陷麟州,杀刺史郭锋,毁城隍,大掠居人,驱党项部落而去。次盐州西九十里横槽烽顿军,呼延州僧延素辈七人,称徐舍人召。其火队吐蕃没勒遼引延素等疾趋至帐前,皆马革桎手,毛绳缪颈。见一吐蕃年少,身长六尺余,赤髭大目,乃徐舍人也。命解缚,坐帐中,曰:"师勿惧。余本汉人,司空英国公五代孙也。属武后研丧王室,高祖建义中泯,子孙流播绝域,今三代矣。虽代居职位,世掌兵要,思本之心无涯,顾血族无由自拔耳。此番、汉交境也,复九十里至安乐州,师无由归东矣。"延素曰:"僧身孤亲老,殷祈全活。"悲不自胜。又曰:"余奉命率师备边,因求资食,遂涉汉强,展转东进至麟州。城既无备,援兵又绝,是以拔之。知郭使君是勋臣子孙,必将活矣,不幸为乱兵所害。"适有飞鸟使至,飞鸟,犹中国驿骑也,云:"术者上变,召军及还。"遂归之。时诏韦皋分遣偏将勒步骑合二万,出成都西山,南北九道并进,逼栖鸡、老翁、故维州、保州、松州诸城,以纾北边故也。

九月,韦皋大破吐蕃于维州。十八年正月,韦皋擒吐蕃大首领众莽热来献,赐崇仁里宅以居之。莽热,吐蕃内大相也。先贞元十六年,韦皋累破吐蕃二万余众于黎州、嶲州,吐蕃遂大搜阅,筑垒造舟,潜谋寇边,皋悉挫之。于是吐蕃酋帅兼监统暴贡、腊城等九节度婢婢、笼官马定德与其大将八十七人,举部落来降。定德有计画,婢婢知兵法及山川地形,吐蕃每用兵,定德常乘驿计议,将禀其成算。至是自以边功不立,惧得罪而归心焉。其明年,吐蕃昆明城管磨些蛮千余户又来降。吐蕃以其众外溃,遂北寇灵、朔,陷麟州。诏韦皋出兵成都西山以纾北边。皋遂命镇静军兵马使崔尧臣率兵一千出龙汉石门路南,由维州保州兵马使仇冕、弃保霸两州刺史董振等率兵二千进逼吐蕃维州城中,北路兵马使邢玭并诸州刺史董怀愕等率兵四千进攻栖鸡、老翁等城，都将高倜、王英俊等率兵二千进逼故松州，陇东路兵马使元膺并诸将郝宗等复分兵八千出南道邪、邛、黎、嶲等路。又令邛州镇南军使、御史大夫韦良金发镇兵一千三百进军，维州经略使路惟明与三部落主赵日进等率兵三千进攻逋租、偏松等城，黎州经略使王有道率三部落郝金信等二千过大渡河深入吐蕃界，嶲州经略使陈孝阳与行营兵马使何大海、韦义等及磨些蛮三部落主苴那时率兵四千进攻昆明、诸济城。自八月至于十二月，累破十六万众，拔其七城、五军镇，受降三千余户，生擒六千余人，斩首一万余级，遂围维州。救军再至，转战千余里，吐蕃连败，灵、朔之寇引众南下，于赞普遣莽热以内大相兼东境五道节度兵马使、都统群牧大使率杂虏十万众来解维州之围。王师万余众，据险设伏以待之。先以千人挑战，莽热见我师之少也，悉众来追，入于伏中，诸将四面疾击，遂擒莽热，虏众大溃。

十九年五月，吐蕃使论颊热至。六月，以右龙武大将军薛伾兼御史大夫，使于吐蕃。二十年三月上旬，赞普卒，废朝三日，命工部侍郎张荐吊祭之。赞普以贞元十三年四月卒。长子立，一岁卒，次子嗣立。命文武三品以上官吊其使。四月，吐蕃使臧河南、观察使论乞冉及僧南拨特计波等五十四人来朝。十二月，遣使论袭热、郭志崇来朝。二十一年二月，顺宗命左金吾卫将军、兼御史中丞田景度持节告哀于吐蕃，以库部员外郎、兼御史中丞熊执易为副使。七月，吐蕃使论悉诺等来朝。永贞元年十月，赞普使论乞缕勃藏来贡，助德宗山陵金银、衣服、牛马等。十一月，以卫尉少卿、兼御史中丞侯幼平充入蕃告册立等使。

元和元年正月，福建道送到吐蕃生口十七人，诏给递乘放还蕃。六月，遣使论勃藏来朝。五年五月，遣使论思耶热来朝，并归郑叔矩、路泌之柩及叔矩男文延等一十三人。叔矩、泌，平凉之盟陷焉，凡二十余年，竟不屈节，因没于蕃中，至是请和，故归之。六月，命宰相杜佑等与吐蕃使议事中书令厅，且言归我秦、原、安乐州地。七月，遣鸿胪少卿、摄御史中丞李铭为入蕃使，册王府长史、兼侍御史吴晕副之。

六年至十年，使朝贡不绝。十二年四月，吐蕃以赞普卒来告，以右卫将军乌重玭兼御史中丞，充吊祭使，殿中侍御史段钧副之。

十三年十月，吐蕃围我宥州、凤翔，上言遣使修好。是月，灵武于定远城破吐蕃二万人，杀戮二千人，生擒节度副使一人，判官长行三十九人，获羊马甚众。平凉镇遏使郝玼破二万余众，收复原州城，获羊马不知其数。夏州节度田缙于灵武亦破三千余人。十一月，盐州上言：吐蕃入河曲，夏破五万余人。灵武破长乐州罗城，焚其屋宇器械。西川节度使王播攻拔峨和、栖鸡等城。

十四年正月，敕曰："朕临御万邦，推布诚信，西戎纳款，积有岁时，中或亏违，亦尝苞贷。我有殊德，宁不是思，重译贡珍，道途相继，申恩示礼，曾无阙焉。昨者蕃使奉章，又至京辇，将君长之命，陈和好之诚。临轩召见，馆饩加厚，复以信币，谕之简书。亦既言旋，才及近甸，遽闻蚁聚，来犯封陲，河曲之间，颇为暴扰。背惠弃约，斯谓无名，公议物情，咸请诛绝。朕深惟德化之未被，岂虑夷俗之不宾，其国失信，其使何罪！释其维絷以遂性，示之弘覆以忘怀。予衷苟孚，庶使知感。其蕃使论矩立藏等并后般来使，并宜放归本国。仍委凤翔节度使以此意晓谕。"

八月，吐蕃营于庆州方渠，大军至河州界。十月，吐蕃节度论三摩及宰相尚塔藏、中书令尚绮心儿共领军约十五万众，围我盐州数重，党项首领亦发兵驱羊马以助。阅历三旬，贼以飞梯、鹅车、木驴等四面齐攻，城欲陷者数四。刺史李文悦率兵士乘城力战，城穿坏不可守，撤屋版以御之，昼夜防拒，或潜兵斫营，开城出战，约杀贼万余众。诸道救兵无至者。凡二十七日，贼乃退。

十五年二月，以秘书少监兼御史中丞田洎入吐蕃告哀，并告册立。三月，攻掠我青塞堡。七月，遣使来吊祭。十月，侵逼泾州。命右军中尉梁守谦充左右神策、京西、京北行营都监，统神策兵四千人，并发八镇全军往救援。以太府少卿、兼御史中丞邵同持节入吐蕃，充答请和好使，贬前入吐蕃使、秘书少监田洎柳州司户。初，洎入蕃为吊祭使,蕃请于长武城下会盟,洎懦怯不得还,唯唯而已。至是西戎入寇,且曰:"田洎许我统兵马赴盟誓。"遂贬之。戎人实以边将扰之致忿,徒假洎为辞也。泾州上言:"吐蕃大将并退。"于是罢神策行营兵。自田缙统夏州,以贪狠侵扰,党项苦之,屡引西戎犯塞。及是大兵入寇,边将郝玼数袭击蕃垒,杀戮甚众,邠州李光颜复以全师而至,戎人惧而退。盖田缙始生国患,而赖光颜、郝玼之驱戮也。十一月,夏州节度使李佑自领兵赴长泽镇,灵武节度使李听自领兵赴长乐州,并奉诏讨吐蕃也。十二月,吐蕃千余人围乌、白池。

长庆元年六月,犯青塞堡,以我与回纥和亲故也。盐州刺史李文悦发兵进击之。九月,吐蕃遣使请盟,上许之。宰相欲重其事,请告太庙,太常礼院奏曰:"谨按肃宗、代宗故事,与吐蕃会盟,并不告庙。唯德宗建中末,与吐蕃会盟于延平门,欲重其诚信,特令告庙。至贞元三年,会于平凉,亦无告庙之文。伏以事出一时,又非经制,求之典礼,亦无其文。今谨参详,恐不合告。"从之。乃命大理卿、兼御史大夫刘元鼎充西蕃盟会使,以兵部郎中、兼御史中丞刘师老为副,尚舍奉御、兼监察御史李武、京兆府奉先县丞兼监察御史李公度为判官。十月十日,与吐蕃使盟,宰臣及右仆射、六曹尚书、中执法、太常、司农卿、京兆尹、金吾大将军皆预焉。其词曰:

　　维唐承天,抚有八纮,声教所臻,靡不来廷,兢业齐栗,惧其隙颠,缵武绍文,叠庆重光,克彰浚哲,闿丕洪绪,十有二叶,二百有四载。则我太祖,权明号而建不拔,铺鸿名而垂永久,类上帝以答嘉应,享皇灵以酬景福,曷有息已?越岁在癸丑冬十月癸酉,文武孝德皇帝诏丞相臣植、臣播、臣元颖等,与大将和蕃使礼部尚书讷罗论等,会盟于京师,坛于城之西郊,坎于坛北。凡读誓、刑牲、加书、复壤、陟降、周旋之礼动无违者,盖所以偃兵息人,崇姻继好,懋建远略,规恢长利故也。

　　原夫昊穹上临,黄祇下载,茫茫蠢蠢之类,必资官司,为厥宰臣,苟无统纪,则相灭绝。中夏见管,维唐是君;西裔一方,大蕃为主。自今而后,屏去兵革,宿忿旧恶,廓焉消除,追崇舅甥,曩昔结援。边堠撤警,戍烽韬烟,患难相恤,暴掠不作,亭障瓯脱,绝其交侵。襟带要害,谨守如故,彼无此诈,此无彼虞。呜呼!爱人为仁,保境为信,畏天为智,事神为礼,有一不至,构灾于躬。塞山崇崇,河水汤汤,日吉辰良,奠其两疆,西为大蕃,东实巨唐。大臣执简,播告秋方。

大蕃赞普及宰相钵阐布、尚绮心儿等,先寄盟文要节云:"蕃、汉二邦,各守见管本界,彼此不得征,不得讨,不得相为寇雠,不得侵谋境土。若有所疑,或要促生问事,便给衣粮放还。"今并依从,更无添改。

预盟之官十七人,皆列名焉。其刘元鼎等与论讷罗同赴吐蕃本国就盟,仍敕元鼎到彼,令宰相已下各于盟文后自书名。灵武节度使李进诚于太谷山下破吐蕃三千骑。

二年二月,遣使来请定界。六月,复遣使来朝。盐州奏:"吐蕃千余人入灵武界,遣兵逐便邀截。"又言:"擒得与党项送书信吐蕃一百五十人。"是月刘元鼎自吐蕃使回,奏云:"去四月二十四日到吐蕃牙帐,以五月六日会盟讫。"初,元鼎往来蕃中,并路经河州,见其都元帅、尚书令尚绮心儿云:"回纥,小国也。我以丙申年逾碛讨逐,去其城郭二百日程,计到即破灭矣,会我闻本国有丧而还。回纥之弱如此,而唐国待之厚于我,何哉?"元鼎云:"回纥于国家有救难之勋,而又不曾侵夺分寸土地,岂得不厚乎!"是时元鼎往来,渡黄河上流,在洪济桥西南二千余里,其水极为浅狭,春可揭涉,秋夏则以船渡。其南三百余里有三山,山形如鏊,河源在其间,水甚清泠,流经历水,色遂赤,续为诸水所注,渐既黄浊。又其源西去番之列馆约四驿,每驿约二百余里。东北去莫贺延碛尾,阔五十里,向南渐狭小,北自沙州之西,乃南入吐浑国,至此转微,故号碛尾。计其地理,当剑南之直西。元鼎初见赞普于闷棋卢川,盖赞普夏衙之所,其川在逻娑川南百里,臧河之所流也。时吐蕃遣使论悉诺息等随元鼎来谢,命太仆少卿杜载使以答之。

三年正月,遣使论答热来朝贺。四年九月,遣使求《五台山图》。

十月，贡犛牛及银铸成犀牛、羊、鹿各一。宝历元年三月，遣使尚绮立热来朝，且请和好。九月，遣光禄卿李锐为使以答之。大和五年至八年，遣使朝贡不绝，我亦时遣使报之。开成元年、二年，皆遣使来。会昌二年，赞普卒。十二月，遣论赞等来告哀，诏以将作少监李璟吊祭之。大中三年春，宰相尚恐热东道节度使，以秦、原、安乐等三州并石门、木硖等七关款塞，泾原节度使康季荣以闻，命太仆卿陆耽往劳焉。其年七月，河、陇耆老率长幼千余人赴阙，上御延喜楼观之，莫不欢呼拚舞，更相解辫，争冠带于康衢，然后命善地以处之，观者咸称万岁。

　　史臣曰：戎狄之为患也久矣！自秦、汉已还，载籍大备，可得而详也。但世罕小康，君无常圣，我衰则彼盛，我盛则彼衰，盛则侵我郊圻，衰则服我声教。怀柔之道，备预之方，儒臣多议于亲和，武将唯期于战胜，此其大较也。彼吐蕃者，西陲开国，积有岁年，蚕食邻蕃，以恢土宇。高宗朝，地方万里，与我抗衡，近代已来，莫之与盛。至如式遏边境，命制出师，一彼一此，或胜或负，可谓劳矣。迨至幽陵盗起，乘舆播迁，戍卒咸归，河、湟失守，此又天假之也。自兹密迩京邑，时纵寇掠，虽每遣行人，来修旧好，玉帛才至于上国，烽燧已及于近郊，背惠食言，不顾礼义，即可知也。夫要以神明，贵其诚信，平凉之会，畜其诈谋，此又不可以忠信而御也。孔子曰："夷狄之有君，不如诸夏之亡也。"诚哉是言！

　　赞曰：西戎之地，吐蕃是强。蚕食邻国，鹰扬汉疆。乍叛乍服，或弛或张。礼义虽摄，其心豺狼。

旧唐书卷一九七
列传第一四七

南蛮　西南蛮

林邑　婆利　盘盘　真腊　陀洹
诃陵　堕和罗　堕婆登　东谢蛮
西赵蛮　牂牁蛮　南平獠　东女国
南诏蛮　骠国

　　林邑国,汉日南象林之地,在交州南千余里。其国延袤数千里,北与驩州接。地气冬温,不识冰雪,常多雾雨。其王所居城,立木为栅。王著白毡古贝,斜络膊,绕腰,上加真珠金锁,以为璎珞,卷发而戴花。夫人服朝霞古贝以为短裙,首戴金花,身饰以金锁真珠璎珞。王之侍卫,有兵五千人,能用弩及矟,以藤为甲,以竹为弓,乘象而战。王出则列象千头,马四百匹,分为前后。其人拳发色黑,俗皆徒跣,麝香以涂身,一日之中,再涂再洗。拜谒皆合掌顿颡。嫁娶之法,得取同姓。俗有文字,尤信佛法,人多出家。父母死,子则剔发而哭,以棺盛尸,积柴燔枢,收其灰,藏于金瓶,送之水中。俗以二月为岁首,稻岁再熟。自此以南,草木冬荣,四时皆食生菜,以槟榔汁为酒。有结辽鸟,能解人语。

　　武德六年,其王范梵志遣使来朝。八年,又遣使献方物,高祖为设《九部乐》以宴之,及赐其王锦彩。贞观初,遣使贡驯犀。四年,其王范头黎遣使献火珠,大如鸡卵,圆白皎洁,光照数尺,状如水精,正午向日,以艾蒸之,即火燃。五年,又献五色鹦鹉。太宗异之,诏太子右庶子李百药为之赋。又献白鹦鹉,精识辩慧,善于应答。太宗悯之,并付其使,令放还于林薮。自此朝贡不绝。头黎死,子范镇龙代立。太宗崩,诏于陵所刊石图头黎之形,列于玄阙之前。十九年,镇龙为其臣摩诃漫多伽独所杀,其宗族并诛夷,范氏遂绝。国人乃立头黎之女婿婆罗门为王。后大臣及国人感思旧主,乃废婆罗门而立头黎之嫡女为王。

自林邑以南,皆卷发黑身,通号为"昆仑"。

婆利国,在林邑东南海中洲上。其地延袤数千里,自交州南渡海,经林邑、扶南、赤土、丹丹数国乃至焉。其人皆黑色,穿耳附珰。王姓刹利耶伽,名护路那婆,世有其位。王戴花形如皮弁,装以真珠璎珞,身坐金床。侍女有金花宝缕之饰,或持白拂孔雀扇。行则驾象,鸣金击鼓吹蠡为乐。男子皆拳发,被古贝布,横幅以绕腰。风气暑热,恒如中国之盛夏。谷一岁再熟。有古贝草,缉其花以作布,粗者名古贝,细者名白叠。贞观四年,其王遣使随林邑使献方物。

盘盘国,在林邑西南海曲中,北与林邑隔小海,自交州船行四十日乃至。其国与狼牙修国为邻,人皆学婆罗门书,甚敬佛法。贞观九年,遣使来朝,贡方物。

真腊国,在林邑西北,本扶南之属国,"昆仑"之类。在京师南二万七百里,北至爱州六十日行。其王姓刹利氏。有大城三十余所,王都伊奢那城。风俗被服与林邑同。地饶瘴疠毒。海中大鱼有时半出,望之如山。每五六月中,毒气流行,即以牛豕祠之,不者则五谷不登。其俗东向开户,以东为上。有战象五千头,尤好者饲以饭肉。与邻国战,则象队在前,于背上以木作楼。上有四人,皆持弓箭。国尚佛道及天神为大,佛道次之。

武德六年,遣使贡方物。贞观二年,又与林邑国俱来朝献。太宗嘉其陆海疲劳,锡赉甚厚。南方人谓真腊国为吉蔑国。自神龙以后,真腊分为二:半以南近海多陂泽处,谓之水真腊;半以北多山阜,谓之陆真腊。亦谓之文单国。高宗、则天、玄宗朝,并遣使朝贡。

水真腊国,其境东西南北约员八百里,东至奔陀浪州,西至堕罗钵底国,南至小海,北即陆真腊。其王所居城号婆罗提拔。国之东界有小城,皆谓之国。其国多象。元和八年,遣李摩那等来朝。

陀洹国,在林邑西南大海中,东南与堕和罗接,去交址三月余日行。宾服于堕和罗。其王姓察失利,字婆末婆那。土无蚕桑,以白氎朝霞布为衣。俗皆楼居,谓之“干栏”。贞观十八年,遣使来朝。二十一年,又遣使献白鹦鹉及婆律膏,仍请马及铜钟,诏并给之。

诃陵国,在南方海中洲上居,东与婆利、西与堕婆登、北与真腊接,南临大海。竖木为城,作大屋重阁,以棕榈皮覆之,王坐其中,悉用象牙为床。食不用匙筋,以手而撮。亦有文字,颇识星历。俗以椰树花为酒,其树生花,长三尺余,大如人脑,割之取汁以成酒,味甘,饮之亦醉。贞观十四年,遣使来朝。大历三年、四年皆遣使朝贡。元和十年,遣使献僧祇僮五人、鹦鹉、频伽鸟并异种名宝。以其使李词内为果毅,诃内请回授其弟,诏褒而从之。十三年,遣使进僧祇女二人、鹦鹉、玳瑁及生犀等。

堕和罗国,南与盘盘、北与迦罗舍佛、东与真腊接,西邻大海。去广州五月日行。贞观十二年,其王遣使贡方物。二十三年,又遣使献象牙、大珠,请赐好马,诏许之。

堕婆登国,在林邑南,海行二月,东与诃陵、西与迷黎车接,北界大海。风俗与诃陵略同。其国种稻,每月一熟。亦有文字,书之于贝多叶。其死者，口实以金，又以金钏贯于四肢，然后加以婆律膏及龙脑等香，积薪以燔之。贞观二十一年，其王遣使献古贝、象牙、檀，太宗玺书报之，并赐以杂物。

东谢蛮，其地在黔州之西数百里，南接守宫獠，西连夷子，北至蛮。土宜五谷，不以牛耕，但为畬田，每岁易。俗无文字，刻木为契。散在山洞间，依树为层巢而居，汲流以饮。皆自营生业，无赋税之事。谒见贵人，皆执鞭而拜。有功劳者，以牛马铜鼓赏之。有犯罪者，小事杖罚之，大事杀之，盗物倍还其赃。婚姻之礼，以牛酒为聘。女归夫家，皆母自送之。女夫惭，逃避经旬乃出。宴聚则击铜鼓，吹大角，歌舞以为乐。好带刀剑，未尝舍离。丈夫衣服，有衫袄大口袴，以绵绸及布为之。右肩上斜束皮带，装以螺壳、虎豹猿狖及犬羊之皮，以为外饰。坐皆蹲踞。男女椎髻，以绯束之，后垂向下。其首领谢元深，既世为酋长，其部落皆尊畏之。谢氏一族，法不育女，自云高姓不可下嫁故也。

贞观三年，元深入朝，冠乌熊皮履，若今之髦头，以金银络额，身披毛帔，韦皮行滕而著履。中书侍郎颜师古奏言："昔周武王时，天下太平，远国归款，周史乃书其事为《王会篇》。今万国来朝，至于此辈章服，实可图写，今请撰为《王会图》。"从之。以其地为应州，仍拜元深为刺史，领黔州都督府。又有南谢首领谢强，与西谢邻，共元深俱来朝见，为南寿州刺史，后改为庄州。

贞元十三年正月，西南蕃大酋长、正议大夫、检校蛮州长史、继袭蛮州刺史、资阳郡开国公、赐紫金鱼袋宋鼎，左右大首领、朝散大夫、前检校邛州刺史、赐紫金鱼袋谢汕，左右大首领、继袭摄蛮州巴江县令、赐紫金鱼袋宋万传，界首子弟大首领、朝散大夫、牂州录事参军谢文经。黔中经略招讨观察使王础奏："前件刺史，建中三年一度朝贡，自后更不许随例入朝。今年恳诉称州接牂牁，同被声教，独此排摈，窃自惭耻，谨遣随牂牁等朝贺。伏乞特赐优谕，兼同牂牁刺史授官。其牂牁两州，户口殷盛，人力强大，邻侧诸蕃，悉皆敬惮。请比两州每三年一度朝贡，仍依牂牁轮环差定，并以才干位望为众推者充。"敕旨曰："宋鼎等已改官讫，余依旧。"

西赵蛮，在东谢之南，其界东至夷子，西至昆明，南至西洱河。山洞阻深，莫知道里。南北十八日行，东西二十三日行。其风俗物产与东谢同。首领赵氏，世为酋长。有户万余。贞观三年，遣使入朝。二十一年，以其地置明州，以首领赵磨为刺史。

牂牁蛮，首领亦姓谢氏。其地北去兖州一百五十里，东至辰州二千四百里，南至交州一千五百里，西至昆明九百里。无城壁，散为部落而居。土气郁热，多霖雨。稻粟再熟。无徭役，唯征战之时，乃相屯聚。刻木为契。其法：劫盗者二倍还赃；杀人者出牛马三十头，乃得赎死，以纳死家。风俗物产，略与东谢同。其首领谢龙羽，大业末据其地，胜兵数万人。

武德三年，遣使朝贡，授龙羽牂州刺史，封夜郎郡公。贞观四年十二月，遣使朝贡。开元十年闰五月，大酋长谢元齐死，诏立其嫡孙嘉艺袭其官封。二十五年，大酋长赵君道来朝，且献方物。大历中、贞元初，数遣使朝贡。七年二月，授其酋长赵主俗官，以其岁初朝贡不绝，褒之也。自七年至十八年，凡五遣使来。元和三年五月敕："自今以后，委黔南观察使差本道军将充押领牂牁、昆明等使。"四年正月，遣使来朝。是月，遣中使魏德和领其使，并赍国信物，降玺书赐其王焉。七年、九年、十一年，凡三遣使来。其年十二月，又遣使来贺正。长庆中，亦朝贡不绝。宝历元年十二月，遣使谢良震来朝。大和五年至会昌二年，凡七遣使来。

南平獠者，东与智州、南与渝州、西与涪州接。部落四千余户。土气多瘴疠，山有毒草及沙虱、蝮蛇。人并楼居，登梯而上，号为"干栏"。男子左衽露发徒跣；妇人横布两幅，穿中而贯其首，名为"通裙"。其人美发,为髻髻垂于后。以竹筒如笔,长三四寸斜贯其耳,贵者亦有珠铛。土多女少男,为婚之法,女氏必先货求男族,贫人无以嫁女,多卖与富人为婢。俗皆妇人执役。其王姓朱氏,号为剑荔王,遣使内附,以其地隶于渝州。

东女国,西羌之别种,以西海中复有女国,故称东女焉。俗以女为王。东与茂州、党项接,东南与雅州接,界隔罗女蛮及白狼夷。其境东西九日行,南北二十日行。有大小八十余城。其王所居名康延川,中有弱水南流,用牛皮为船以渡。户四万余众,胜兵万余人,散在山谷间。女王号为"宾就"。有女官,曰"高霸",平议国事。在外官僚,并男夫为之。其王侍女数百人,五日一听政。女王若死,国中多敛金钱,动至数万,更于王族求令女二人而立之。大者为王,其次为小王。若大王死,即小王嗣立,或姑死而妇继,无有篡夺。其所居,皆起重屋,王至九层,国人至六层。其王服青毛绫裙,下领衫,上披青袍,其袖委地。冬则羔裘,饰以纹绵。为小鬟髻,饰之以金。耳垂铛,足覆鞿鞜。俗重妇人而轻丈夫。文字同于天竺。以十一月为正。其俗每至十月,令巫者赍楮诣山中,散糟麦于空,大咒呼鸟。俄而有鸟如鸡,飞入巫者之怀,因剖腹而视之,每有一谷,来岁必登,若有霜雪,必多灾异。其俗信之,名为鸟卜。其居丧,服怖不改,为父母则三年不栉沐。贵人死者,或剥其皮而藏之,内骨于瓶中,糅以金屑而埋之。国王将葬,其大臣亲属殉死者数十人。

隋大业中,蜀王秀遣使招之,拒而不受。武德中,女王汤滂氏始遣使贡方物,高祖厚资而遣之。还至陇右,会突厥入寇,被掠于虏庭。及颉利平,其使复来入朝。太宗送令反国,并降玺书慰抚之。垂拱二年,其王敛臂遣大臣汤剑左来朝,仍请官号。则天册拜敛臂为左玉钤卫员外将军,仍以瑞锦制蕃服以赐之。天授三年,其王俄琰儿来朝。万岁通天元年,遣使来朝。开元二十九年十二月,其王赵曳夫遣子献方物。天宝元年,命有司宴于曲江,令宰臣已下同宴。又封曳夫为归昌王,授左金吾卫大将军,赐其子帛八十匹,放还。后复以男子为王。

贞元九年七月，其王汤立悉与哥邻国王董卧庭、白狗国王罗陀忽、逋租国王弟邓吉知、南水国王侄薛尚悉曩、弱水国王董辟和、悉董国王汤息赞、清远国王苏唐磨、咄霸国王董藐蓬，各率其种落诣剑南西川内附。其哥邻国等，皆散居山川。弱水王即国初女国之弱水部落。其悉董国，在弱水西，故亦谓之弱水西悉董王。旧皆分隶边郡，祖、父例授将军、中郎、果毅等官；自中原多故，皆为吐蕃所役属。其部落，大者不过三二千户，各置县令十数人理之。土有丝絮，岁输于吐蕃。至是悉与之同盟，相率献款，兼赍天宝中国家所赐官诰共三十九通以进。西川节度使韦皋处其众于维、霸、保等州，给以种粮耕牛，咸乐生业。立悉等数国王自来朝，召见于麟德殿。授立悉银青光禄大夫、归化州刺史；邓吉知试太府少卿兼丹州长史；薛尚悉曩试少府少监兼霸州长史；董卧庭行至绵州卒，赠武德州刺史，命其子利罗为宝宁都督府长史，袭哥邻王。立悉妹乞悉漫颇有才智，从其兄来朝，封和义郡夫人。其大首领董卧卿等，皆授以官。俄又授女国王兄汤厥银青光禄大夫、试太府卿；清远王弟苏历颠银青光禄大夫、试卫尉卿；南水国王薛莫庭及汤息赞、董藐蓬，女国唱后汤佛庭、美玉钵、南郎唐，并授银青光禄大夫、试太仆卿。

其年，西山松先生等二万余户，相继内附。其黏信部落主董梦葱，龙诺部落主董辟忽，皆授试卫尉卿。立悉等并赴明年元会讫，锡以金帛，各遣还。寻诏加韦皋统押近界羌、蛮及西山八国使。其部落代袭刺史等官，然亦潜通吐蕃，故谓之"两面羌"。

南诏蛮，本乌蛮之别种也，姓蒙氏。蛮谓王为"诏"，自言哀牢之后，代居蒙舍州为渠帅，在汉永昌故郡东，姚州之西。其先渠帅有六，自号"六诏"，后力相埒，各有君长，无统帅。蜀时为诸葛亮所征，皆臣服之。国初有蒙舍龙，生迦独庞。迦独生细奴逻，高宗时来朝。细奴逻生逻盛，武后时来朝。其妻方娠，逻盛次姚州，闻妻生子，曰："吾且有子，死于唐地足矣。"子名曰盛逻皮。逻盛至京师，赐锦袍金带归国。

开元初，逻盛死，子盛逻皮立。盛逻皮死，子皮逻阁立。二十六年，诏授特进，封越国公，赐名曰归义。其后破洱河蛮，以功策授云南王。归义渐强盛，余五诏浸弱。先是，剑南节度使王昱受归义赂，奏六诏合为一诏。归义既并五诏，服群蛮，破吐蕃之众兵，日以骄大。每入觐，朝廷亦加礼异。二十七年，徙居大和城。天宝四载，归义遣孙凤迦异来朝，授鸿胪卿，归国，恩赐甚厚，归义意望亦高。时剑南节度使章仇兼琼遣使至云南，与归义言语不相得，归义常衔之。

七年，归义卒，诏立子阁罗凤袭云南王。无何，鲜于仲通为剑南节度使张虔陀为云南太守。仲通褊急寡谋，虔陀矫诈，待之不以礼。旧事，南诏常与其妻子谒见都督，虔陀皆私之。有所征求，阁罗凤多不应，虔陀遣人骂辱之，仍密奏其罪恶。阁罗凤忿怨，因发兵反，攻围虔陀，杀之，时天宝九年也。明年，仲通率兵出戎、巂州。阁罗凤遣使谢罪，仍与云南录事参军姜如芝俱来，请还其所虏掠，且言："吐蕃大兵压境，若不许，当归命吐蕃，云南之地，非唐所有也。"仲通不许。囚其使，进兵逼大和城，为南诏所败。自阁罗凤北臣吐蕃，吐蕃令阁罗凤为赞普钟，号曰东帝，给以金印。蛮谓弟为"钟"。时天宝十一年也。十二年，剑南节度使杨国忠执国政，仍奏征天下兵，俾留后、侍御史李宓将十余万，辇饷者在外，涉海瘴死者相属于路，天下始骚然苦之。宓复败于大和城北，死者十八、九。会安禄山反，阁罗凤乘衅攻陷巂州及会同军，西复寻传蛮。

大历十四年，阁罗凤子凤迦异先阁罗凤死，立迦异子，是为异牟寻，颇知书，有才智，善抚其众。吐蕃役赋南蛮重数，又夺诸蛮险地立城堡，岁征兵以助镇防，牟寻益厌苦之。有郑回者，本相州人，天宝中举明经，授巂州西泸县令，巂州陷，为所虏。阁罗凤以回有儒学，更名曰蛮利，甚爱重之，命教凤迦异。及异牟寻立，又命教其子寻梦凑。回久为蛮师，凡授学，虽牟寻、梦凑，回得捶挞，故牟寻以下皆严惮之。蛮谓相为清平官，凡置六人。牟寻以回为清平官，事皆咨之，秉政用事。余清平官五人，事回卑谨，或有过，回辄挞之。回尝言于牟寻曰："自昔南诏尝款附中国，中国尚礼义，以惠养为务，无所求取。今弃蕃归唐，无远戍之劳、重税之困，利莫大焉。"牟寻善其言，谋内附者十余年矣。会剑南西川节度使韦皋招抚诸蛮，苴乌星、虏望等归化，微闻牟寻之意，因令蛮寓书于牟寻，且招怀之，时贞元四年也。七年，又遣间使持书喻之。道出磨些蛮，其魁主潜告吐蕃。使至云南，吐蕃已知之，令诘牟寻。牟寻惧，因绐吐蕃曰："唐使本蛮也，韦皋许其求归，无他谋。"遂执送吐蕃。吐蕃益疑之，多召南诏大臣之子为质，牟寻愈怨。

九年四月，牟寻乃与酋长定计遣使：赵莫罗眉由两川，杨大和坚由黔中，或由安南。使凡三辈，致书与韦皋，各赍生金丹砂为赞。三分前皋所与牟寻书，各持其一为信。岁中，三使皆至京师，且曰："牟寻请归大国，永为藩国。所献生金，以喻向北之意如金也；丹砂，示其赤心耳。"上嘉之，乃赐牟寻诏书，因命韦皋遣使以观其情。皋遂命巡官崔佐时至牟寻所都阳苴咩城，南去太和城十余里，东北至成都二千四百里，东至安南如至成都，通水陆行。是时也，吐蕃使数百人，先佐时在南诏，牟寻悉召诸种落与议归化，或未毕至，未敢公言，密令佐时称牂牁使，衣以牂牁服而入。佐时不肯，曰："我大唐使，安得服小夷之服。"牟寻不得已，乃夜迎佐时，设位陈灯烛。佐时乃大宣诏书，牟寻恐吐蕃知，顾左右无色，而业已归唐，久矣，歔欷流涕，皆俯伏受命。

其明年正月，异牟寻使其子阁劝及清平官等与佐时盟于点苍山神祠。盟书一藏于神室，一沉于西洱河，一置祖庙，一以进天子，阁劝即寻梦凑也。郑回见佐时，多所指导，故佐时探得其情。乃请牟寻斩吐蕃使数人，以示归唐。又得其吐蕃所与金印。牟寻寻遣佐时归，仍刻金契以献。阁劝赋诗以饯之。牟寻乃去吐蕃所立帝号，私于佐时请复南诏旧名。佐时与盟讫，留二旬有六日而归。

初，吐蕃因争北庭，与回鹘大战，死伤颇众，乃征兵于牟寻，须万人。牟寻既定计归我，欲因征兵以袭之，乃示寡弱，谓吐蕃曰："蛮

军素少,仅可发三千人。"吐蕃少之,请益至五千,乃许。牟寻遂遣兵
五千人戍吐蕃,乃自将数万踵其后,昼夜兼行乘其无备,大破吐蕃
于神川。遂断铁桥,遣使告捷。且请韦皋使阅其所虏获及城堡,以
取信焉。时韦皋上言:"牟寻收铁桥已来城垒一十六,擒其王五人,
降其众十余万。"以祠部郎中兼御史中丞袁滋持节册南诏,仍赐牟
寻印,铸用黄金,以银为窠,文曰:"贞元册南诏印。"先是,韦皋奏南
诏前遣清平官尹仇宽献所受吐蕃印五,二用黄金,今赐请以黄金,
从蛮夷所重,传示无穷。从皋之请也。

　　十年八月,遣使蒙凑罗栋及尹仇宽来献铎槊、浪人剑及吐蕃印
八纽。凑罗栋,牟寻之弟也,锡赉甚厚。以尹仇宽为检校左散骑常
侍,余各授官有差。俄又封尹仇宽为高溪郡王。十一年三月,遣清
平官尹辅酋随袁滋来朝。又得先没蕃将卫景升、韩演等,并南诏所
获吐蕃将帅俘馘百人至京师。凑罗栋归国,在道而卒,赠右散骑常
侍。授尹辅酋检校太子詹事兼御史中丞,余亦差次授官。又降敕书
赐异牟寻及子阁劝,清平官郑回、尹仇宽等各一书,书左列中书三
官宣奉行,复旧制也。九月,异牟寻遣使献马六十匹。

　　十二年,韦皋于雅州会路野路招收得投降蛮首领高万唐等六
十九人,户约七千,兼万唐等先受吐蕃金 字告身五十片。十四年,
异牟寻遣酋望大将军王丘各等贺正,兼献方物。十九年正月旦,上
御含元殿受南诏朝贺,以其使杨镇龙武为试太仆少卿,授黎州廓清
道蛮首领袭恭化郡王刘志宁试太常卿。二十年,南诏遣使朝贡。

　　元和二年八月,遣使邓傍传来朝,授试殿中监。三年十二月,以
异牟寻卒,废朝三日。四年正月,以太常少卿武少仪充吊祭使,仍册
牟寻之子骠信苴蒙阁劝为南诏王,仍命铸"元和册南诏印"。七年十
月,皆遣使朝贡。十一年五月,以龙蒙盛卒,废朝三日。遣使来请册
立其君长。以少府少监李铣充册立吊祭使,左赞善大夫许尧佐副
之。十二年至十五年,比年遣使来朝,或年内二三至者。

　　宝历二年,大和元年,亦遣使来。三年,杜元颖镇西川,以文儒
自高不练戎事。南蛮乘我无备,大举诸部入寇,牧守屡陈,亦不之

信。十一月，蜀川出军与战，不利。陷我邛州，逼成都府，入梓州西郭，驱劫玉帛子女而去。上闻之，大怒，再贬元颖为循州司马。明年正月，其王蒙嵯颠以表自陈请罪，兼疏元颖过失。国家方事柔远，寻释其罪，复遣使来朝。五年、八年，亦遣使来贡方物。开成四年、五年，会昌二年，皆遣使来朝。

骠国，在永昌故郡南二千余里，去上都一万四千里。其国境，东西三千里，南北三千五百里。东临真腊国，西接东天竺国，南尽溟海，北通南诏些乐城界，东北拒阳苴咩城六千八百。往来通聘迦罗婆提等二十国，役属者道林王等九城，食境土者罗君潜等二百九十部落。

其王姓困没长，名摩罗惹。其国相名摩诃思那。其王近适则异以金绳床，远适则乘象。嫔姝甚众，常数百人。其罗城构以砖甃，周一百六十里，濠岸亦构砖，相传本是舍利佛城。城内有居人数万家，佛寺百余区。其堂宇皆错以金银，涂以丹彩，地以紫矿，覆以锦罽。其俗好生恶杀。其土宜菽粟稻粱，无麻麦。其理无刑名桎梏之具，犯罪者以竹五十本束之，复犯者挞其背，数止五，轻者止三，杀人者戮。男女七岁则落发，止寺舍，依桑门，至二十不悟佛理，乃复长发为居人。其衣服悉以白毡为朝霞，绕腰而已。不衣缯帛，云出于蚕，为其伤生故也。君臣父子长幼有序。华言谓之骠，自谓突罗成，阇婆人谓之徒里掘。

古未尝通中国。贞元中，其王闻南诏异牟寻归附，心慕之。八年，乃遣其弟悉利移因南诏重译来朝，又献其国乐凡十曲，与乐十五人俱。乐曲皆演释氏经论之词意。寻以悉利移为试太仆卿。

史臣曰：禹画九州，周分六服，断长补短，止方七千，国赋之所均，王教之所备，此谓华夏者也。以圆盖方舆之广，广谷大川之多，民生其间，胡可胜道，此谓蕃国者也。西南之蛮夷不少矣，虽言语不通，嗜欲不同，亦能候律瞻风，远修职贡。但患己之不德不患人之不来。何以验之？贞观、开元之盛，来朝者多也。

　　赞曰：五方异气，所禀不同。维南极海，曰蛮与戎。恶我则叛，好我则通。不可不德，使其瞻风。

旧唐书卷一九八
列传第一四八

西　戎

泥婆罗　党项羌　高昌　吐谷浑
焉耆　龟兹　疏勒　于阗　天竺
罽宾　康国　波斯　拂菻　大食

泥婆罗国，在吐蕃西。其俗剪发与眉齐，空耳，擅以竹筒牛角，缀至肩者以为姣丽。食用手，无匕箸。其器皆铜。多商贾，少田作。以铜为钱，面文为人，背文为马牛，不穿孔。衣服以一幅布蔽身，日数盥浴。以板为屋，壁皆雕画。俗重博戏，好吹蠡击鼓。颇解推测盈虚，兼通历术。事五天神，镕石为像，每日清水浴神，烹羊而祭。其王那陵提婆，身著真珠、玻璃、车渠、珊瑚、琥珀，耳垂金钩玉珰，佩宝装伏突，坐狮子床，其堂内散花香。大臣及诸左右并坐于地，持兵数百列侍其侧。宫中有七层之楼，覆以铜瓦，栏槛楹栿皆饰珠宝。楼之四角，各悬铜槽，下有金龙，激水上楼。注于槽中，从龙口而出，状若飞泉。那陵提婆之父，为其叔父所篡，那陵提婆逃难于外，吐蕃因而纳焉，克复其位，遂羁属吐蕃。

贞观中，卫尉丞李义表往使天竺，途经其国，那陵提婆见之大喜，与义表同出观阿耆婆沴池。周回二十余步，水恒沸，虽流潦暴集，烁石焦金，未尝增减，以物投之，即生烟焰，悬釜而炊，须臾而熟。其后王玄策为天竺所掠,泥婆罗发骑与吐蕃共破天竺有功。永徽二年,其王尸利那连陀罗又遣使朝贡。

党项羌,在古析支之地,汉西羌之别种也。魏、晋之后,西羌微弱,或臣中国,或窜山野。自周氏灭宕昌、邓至之后,党项始强。其界东至松州,西接叶护,南杂春桑、迷桑等羌,北连吐谷浑,处山谷间,亘三千里。其种每姓别自为部落,一姓之中复分为小部落。大者万余骑,小者数千骑,不相统一。有细封氏、费听氏、往利氏、颇超氏、野辞氏、房当氏、米擒氏、拓拔氏,最为强族。俗皆土著,居有栋宇,其屋织牦牛尾及羊毛覆之,每年一易。俗尚武,无法令赋役。其人多寿,年一百五六十岁。不事产业,好为盗窃,互相凌劫。尤重复仇,若仇人未得,必蓬头垢面跣足蔬食,要斩仇人而后复常。男女并衣裘褐,仍披大毡。畜牦牛、马、驴、羊,以供其食。不知稼穑,土无五谷。气候多风寒,五月草始生,八月霜雪降。求大麦于他界,酝以为酒。妻其庶母及伯叔母、嫂、子弟之妇,淫秽蒸亵,诸夷中最为甚。然不婚同姓。老死者以为尽天年,亲戚不哭;少死者则云知枉,乃悲哭之。死则焚尸,名为火葬。无文字,但候草木以记岁时。三年一相聚,杀牛羊以祭天。自周及隋,或叛或朝,常为边患。

贞观三年,南会州都督郑元璹遣使招谕,其酋长细封步赖举部内附,人宗降玺书慰抚之。步赖因来朝,宴赐甚厚,列其地为轨州,拜步赖为刺史,仍请率所部讨吐谷浑。其后诸姓酋长相次率部落皆来内属,请同编户,太宗厚加抚慰,列其地为崌、奉、岩、远四州,各拜其首领为刺史。

有羌酋拓拔赤辞者,初臣属吐谷浑,甚为浑主伏允所昵,与之结婚。及贞观初,诸羌归附,而赤辞不至。李靖之击吐谷浑,赤辞屯狼道坂以抗官军。廓州刺史久且洛生遣使谕以祸福,赤辞曰:"我被浑主亲戚之恩,腹心相寄,生死不贰,焉知其他。汝可速去。无令污我刀也。"洛生知其不悟,于是率轻骑袭之,击破赤辞于肃远山,斩首数百级,虏杂畜六千而还。太宗又令岷州都督李道彦说谕之,赤辞从子思头密送诚款,其党拓拔细豆又以所部来降。赤辞见其宗党离,始有归化之意。后岷州都督刘师立复遣人招诱,于是与思头并率众内属,拜赤辞为西戎州都督,赐姓李氏,自此职贡不绝。其后吐蕃强盛,拓拔氏渐为所逼,遂请内徙,始移其部落于庆州,置静边等州以处之。其故地陷于吐蕃,其处者为其役属,吐蕃谓之"弭药"。

又有黑党项,在于赤水之西。李靖之击吐谷浑也,浑王伏允奔黑党项,居以空闲之地。及吐谷浑举国内属,黑党项酋长号敦善王因贡方物。

又有雪山党项,姓破丑民,居于雪山之下,及白狗、春桑、白兰等诸羌,自龙朔已后,并为吐蕃所破而臣属焉。

其在西北边者,天授三年内附,凡二十万口,分其地置朝、吴、浮、归等十州,仍散居灵、夏等界内。自至德已后,常为吐蕃所诱,密以官告授之,使为侦道,故时或侵叛,寻亦底宁。宝应初,其首领来朝请助国供灵州军粮,优诏褒美。

其在泾、陇州界者,上元元年率其众十余万诣凤翔节度使崔光远请降。宝应元年十二月,其归顺州部落、乾封州部落、归义州部落、顺化州部落、和宁州部落、和义州部落、保善州部落、宁定州部落、罗云州部落、朝凤州部落、并诣山南西道都防御使、梁州刺史臧希让请州印,希让以闻,许之。

贞元三年十二月,初禁商贾以牛、马、器械于党项部落贸易。十五年二月,六州党项自石州奔过河西。党项有六府部落,曰野利越诗、野利龙儿、野利厥律、儿黄、野海、野宰等。居庆州者号为东山部落,居夏州者号为平夏部落。永泰、大历已后,居石州,依水草。至是永安城镇将阿史那思昧扰其部落,求取驼马无厌,中使又赞成其事,党项不堪其弊,遂率部落奔过河。元和九年五月,复置宥州以护党项。十五年十一月,命太子中允李寮为宣抚党项使。以部落繁富,时远近商贾,赍缯货入贸羊马。至大和、开成之际,其藩镇统领无绪,恣其贪惏,不顾危亡,或强市其羊马,不酬其直,以是部落苦之,遂相率为盗,灵、盐之路小梗。会昌初,上频命使安抚之,兼命宪臣为使,分三印以统之。在邠、宁、延者,以待御史、内供奉崔君会主之;在盐、夏、长、泽者,以待御史、内供奉李鄂主之;在灵、武、麟、胜者,以待御史、内供奉郑贺主之,仍各赐绯鱼以重其事。久而无状,寻皆罢之。

高昌者,汉车师前王之庭,后汉戊己校尉之故地,在京师西四千三百里。其国有二十一城,王都高昌,其交河城,前王庭也;田地城,校尉城也。胜兵且万人。厥土良沃,谷麦岁再熟,有蒲萄酒,宜五果,有草名白叠,国人采其花,织以为布。有文字,知书计,所置官亦采中国之号焉。其王麴伯雅,即后魏时高昌王嘉之六世孙也。隋炀帝时入朝,拜左光禄大夫、车师太守、封弁国公,仍以戚属宇文氏女为华容公主以妻之。

武德二年,伯雅死,子文泰嗣,遣使来告哀,高祖遣前河州刺史朱惠表往吊之。七年,文泰又献狗雄雌各一,高六寸,长尺余,性甚慧,能曳马衔烛,云本出拂菻国。中国有拂菻狗,自此始也。太宗嗣位,复贡玄狐裘,因赐其妻宇文氏花钿一具。宇文氏复贡玉盘。西城诸国所有动静,辄以奏闻。贞观四年冬,文泰来朝,及将归蕃,赐遣甚厚。其妻宇文氏请预宗亲,诏赐李氏,封常乐公主,下诏慰谕之。

时西戎诸国来朝贡者,皆涂经高昌,文泰后稍壅绝之。伊吾先臣西突厥,至是内属,文泰又与叶护连结,将击伊吾。太宗以其反覆,下书切让,征其大臣冠军阿史那矩入朝,将与议事。文泰竟不遣,乃遣其长史麴雍来谢罪。初,大业之乱,中国人多投于突厥。及颉利败,或有奔高昌者,文泰皆拘留不遣。太宗诏令括送,文泰尚隐蔽之。又寻与西突厥乙毗设击破焉耆三城,虏其男女而去。焉耆王上表诉之,太宗遣虞部郎中李道裕往问其状。十三年,太宗谓其使曰:"高昌数年来朝贡脱略,无藩臣礼,国中署置官号,准我百僚,称臣于人,岂得如此! 今兹岁首,万国来朝,而文泰不至。增城深堑,预备讨伐。日者我使人至彼,文泰云:鹰飞于天,雉窜于蒿,猫游于堂,鼠安于穴,各得其所,岂不活耶!'又西域使欲来者,文泰悉拘留之。又遣使谓薛延陀云:'既自为可汗,与汉天子敌也,何须拜谒其使。'事人阙礼,离间邻好,恶而不诛,善者何劝? 明年,当发兵马以击尔。"是时薛延陀可汗表请为军向导,以击高昌,太宗许之。令民部尚书唐俭至延陀,与谋进取。太宗冀其悔过,复下玺书,示以祸福,征之入朝。文泰称疾不至。太宗乃命吏部尚书侯君集为交河道大总管,率左屯卫大将军薛万均及突厥、契苾之众,步骑数万众以击之。时公卿近臣,皆以行经沙碛,万里用兵,恐难得志,又界居绝域,纵得之,不可以守,竞以为谏,太宗皆不听。文泰谓所亲曰:"吾往者朝觐,见秦、陇之北,城邑萧条,非复有隋之比。设今伐我,发兵多则粮运不给,若发三万以下,吾能制之。加以碛路艰险,自然疲顿,吾以逸待劳,坐收其弊,何足为忧也。"及闻王师临碛口,惶骇计无所出,发病而死。

其子智盛嗣立。既而君集兵奄至柳谷,进趋田地城,将军契苾何力为前军,与之接战而退。大军继之,攻拔其城,虏男女七千余口,进逼其都。智盛移君集书曰:"有罪于天子者,先王也。咎深谴积,身已丧亡。智盛袭位无几,君其赦诸?"君集谓曰:"若能悔祸,当面缚军门也。"又命诸军引冲车、抛车以逼之,飞石雨下,城中大惧。智盛穷蹙,出城降。君集分兵掠地,下其三郡、五县、二十二城,户八千,口三万七千七百,马四千三百匹。其界东西八百里,南北五百里。先是,其国童谣云:"高昌兵马如霜雪,汉家兵马如日月。日月照霜雪,回手自消灭。"文泰使人捕其初唱者,不能得。初,文泰与西突厥欲谷设通和,遣其金帛,约有急相为表里。及闻君集兵至,欲谷设惧而西走,不敢救。君集寻遣使告捷,太宗大悦,宴百僚,班赐各有差,曲赦高昌部内从军兵士已上,父子犯死罪已下,期亲犯流已下,大功犯徒已下,小功缌麻犯杖罪,悉原之。

时太宗欲以高昌为州县,特进魏徵谏曰:"陛下初临天下,高昌夫妇先来朝谒。自后数月,商胡被其遏绝贡献,加之不礼大国,遂使王诛载加。若罪止文泰,斯亦可矣,未若抚其人而立其子,所谓伐罪吊民，威德被于遐外，为国之善者也。今若利其土壤，以为州县，常须千余人镇守，数年一易，每及交番，死者十有三四，遣办衣资，离别亲戚，十年之后，陇右空虚。陛下终不得高昌撮谷尺布以助中国，所谓散有用而事无用，臣未见其可。"太宗不从，竟以其地置西州，又置安西都护府，留兵以镇之。初，西突厥遣其叶护屯兵于可汗浮图城，与高昌相影响，至是惧而来降，以其地为庭州。于是勒石纪功而旋。其智盛君臣及其豪右，皆徙中国。

麴氏有国，至智盛凡九世一百三十四年而灭。寻拜智盛为左武卫将军，封金城郡公；弟智湛为右武卫中郎将，天山县公。及太宗崩，刊石像智盛之形，列于昭陵玄阙之下。智湛，麟德中终于左骁卫大将军、西州刺史。天授初，其子崇裕授左武卫大将军，交河郡王。卒，封袭遂绝。

吐谷浑，其先居于徒河之青山，属晋乱，始度陇，止于甘松之南，洮水之西，南极白兰，数千里。有城郭而不居，随逐水草，庐帐为室，以肉酪为粮。其官初有长史、司马、将军。近代已来，有王公、仆射、尚书、郎中。其俗颇识文字。男子通服长裙帽，或戴冪䍦。妇人以金花为首饰，辫发萦后，缀以珠贝。其婚姻富家厚出聘财，贫人窃女而去。父卒，妻其庶母；兄亡，妻其诸嫂。丧有服制，葬讫而除。国无常税，用度不给，辄敛富室商人，以取足而止。杀人及盗马者罪死，他犯则征物以赎罪。气候多寒，土宜大麦、蔓菁，颇有菽粟。出良马、氂牛、铜、铁、朱砂之类。有青海，周回八百里，中有小山，至冬，放牝马于其上，言得龙种。尝得波斯马，放入海，因生骢驹，能日行千里，故代称"青海骢"焉。地兼鄯善、且沫。西北有流沙数百里，夏有热风，伤弊行旅。风之将至，老驼便知之，则引项而鸣，以口鼻埋沙中。人以为候，即以毡拥蔽口鼻而避其患。

隋炀帝时，其王伏允来犯塞，炀帝亲总六军以讨之，伏允以数十骑潜于泥岭而遁，其仙头王率男女十余万口来降。炀帝立其质子顺为王，送之本国，令统余众寻复追还。大业末，伏允悉收故地，复为边患。高祖受禅，顺自江都来归长安。时李轨犹据凉州，高祖遣使与伏允通和，令击轨以自效，当放顺返国。伏允大悦，兴兵击之，战于库门，交绥而退。频遣使朝贡，以顺为请，高祖乃遣之。太宗即位，伏允遣其洛阳公来朝，使未返，大掠鄯州而去。太宗遣使责让之，征伏允入朝，称疾不至。仍为其子尊王求婚，于是责其亲迎以羁縻之。尊王又称疾不肯入朝，有诏停婚，遣中郎将康处直谕以祸福。伏允遣兵寇兰、廓二州。时鄯州刺史李玄运上言："吐谷浑良马悉牧青海，轻兵掩之，可致大利。"于是遣左骁卫大将军段志玄率边兵及契苾、党项之众以击之。去青海三十里，志玄与左骁卫将军梁洛仁不欲战，顿军迟留不进，吐谷浑遂驱青海牧马而遁。亚将李君羡率精骑别路，及贼于青海之南悬水镇，击破之，虏牛羊二万余头而还。时伏允年老昏耄，其邪臣天柱王惑乱之，拘我行人鸿胪丞赵德楷。太宗频遣宣谕，使者十余返，竟无悛心。

　　贞观九年，诏特进李靖为西海道行军大总管；兵部尚书侯君集为积石道行军总管，任城王道宗为鄯州道行军总管，仍为靖副；凉州都督李大亮为且沫道行军总管，岷州都督李道彦为赤水道行军总管，利州刺史高甑生为盐泽道行军总管，并突厥、契苾之众以击之。诸将频与贼遇，连战破之，获其高昌三慕容孝隽。孝隽有雄略，伏允心膂之臣也。靖等进至赤海，遇其天柱三部落，击大破之，遂历于河源。李大亮又俘其名王二十人，杂畜数万，至且沫西境。或传伏允西走，渡图伦碛，欲入于阗。将军薛万均率轻锐追奔，入碛数百里，及其余党，破之。碛中乏水，将士皆刺马血而饮之。侯君集与江夏王道宗趣南路，登汉哭山，饮马乌海获其名王梁屈忽，经涂二千余里空虚之地，盛夏降霜，多积雪，其地乏水草，将士啖冰，马皆食雪。又达于柏梁，北望积石山，观河源之所出焉。两军会于大非川，至破逻真谷，伏允子大宁王顺穷蹙，斩其国相天柱王，举国来降。伏允大惧，与千余骑遁于碛中，众稍亡散，能属之者才百余骑，乃自缢而死。国人乃立顺为可汗，称臣内附。

　　顺，即伏允之嫡子也，初为侍子于隋，拜金紫光禄大夫，久不得归，伏允遂立他子为太子，及得返国，意常怏怏。会李靖等诸军所向克捷，自以失位，欲因此立功，由是遂降。乃诏曰："吐谷浑擅相君长，窃据荒裔，志在凶德，政出权门。酋渠携贰，种落怨愤，长恶不悛，野心弥炽。莫藩臣之礼，曾无事上之节，草窃疆场，虐割兆庶，积恶既稔，天亡有征。朕君临四海，含育万类，一物失所，责深在予，所以爰命六军，申兹九伐，义存活国，情非黩武。其子大宁王慕容顺，隋氏之甥，志怀明悟，长自中土，幸慕华风，爰见时机，深识逆顺。以其慻谏违众，独陷迷途，遂诛邪臣，存兹大计。翻然改辙，代父归罪，忠孝之美，深有可嘉。子能立功，足以补过，既往之衅，特宜原免。然其建国西鄙，已历年代，即从废绝，情所未忍，继其宗祀，允归命胤。可封顺为西平郡王，仍授趉明胡吕乌甘豆可汗。"

太宗恐顺不能静其国，仍遣李大亮率精兵数千，为其声援。顺既久质于隋，国人不附，未几为臣下所杀。其子燕王诺曷钵嗣立。

诺曷钵既幼，大臣争权，国中大乱。太宗遣兵援之，封为河源郡王，仍授乌地也拔勒豆可汗，遣淮阳王道明持节册拜，赐以鼓纛。诺曷钵因入朝请婚。十四年，太宗以弘化公主妻之，资送甚厚。十五年诺曷钵所部丞相王专权，阴谋作难，将征兵，诈言祭山社，因欲袭击公主，劫诺曷钵奔于吐蕃，期有日矣。诺曷钵知而大惧，率轻骑走鄯善城，其威信王以兵迎之。鄯州刺史杜凤举与威信王合军击丞相王，破之，杀其兄弟三人，遣使言状。太宗命民部尚书唐俭持节抚慰之。太宗崩，刻石图诺曷钵之形，列于昭陵之下。高宗嗣位，以其尚主，拜驸马都尉，赐物四十段。其后与吐蕃互相攻伐，各遣使请兵救援，高宗皆不许之。吐蕃大怒，率兵以击吐谷浑，诺曷钵既不能御，脱身及弘化公主走投凉州。高宗遣右威卫大将军薛仁贵等救吐谷浑，为吐蕃所败，于是吐谷浑遂为吐蕃所并。诺曷钵以亲信数千帐来内属，诏左武卫大将军苏定方为安置大使，始徙其部众于灵州之地，置安乐州，以诺曷钵为刺史，欲其安而且乐也。

垂拱四年，诺曷钵卒，子忠嗣。忠卒，子宣赵嗣。圣历三年，授宣赵左豹韬卫员外大将军，仍袭父乌地也拔勒豆可汗。宣赵卒，子曦皓嗣。曦皓卒，子兆嗣。及吐蕃陷我安乐州，其部众又东徙，散在朔方、河东之境。今俗多谓之退浑，盖语急而然。贞元十四年十二月，以朔方节度副使、左金吾卫大将军同正慕容复为袭长乐州都督、青海国王、乌地也拔勒豆可汗。未几，卒，其封袭遂绝。

吐谷浑自晋永嘉之末，始西渡洮水，建国于群羌之故地，至龙朔三年为吐蕃所灭，凡三百五十年。

焉耆国，在京师西四千三百里，东接高昌，西邻龟兹，即汉时故地。其王姓龙氏，名突骑支。胜兵二千余人，常役属于西突厥。其地良沃，多蒲萄，颇有鱼盐之利。

贞观六年，突骑支遣使贡方物，复请开大碛路以便行李，太宗许之。自隋末罹乱，碛路遂闭，西域朝贡者皆由高昌。及是，高昌大怒，遂与焉耆结怨。遣兵袭焉耆，大掠而去。西突厥莫贺设与咄陆、弩失毕不协，奔于焉耆，咄陆，复来攻之，六年，遣使言状，并贡名马。时西突厥国乱，太宗遣中郎将桑孝彦领左右并曹韦弘机往安抚之，仍册立咥利失可汗。可汗既立，素善焉耆，令与焉耆为援。十二年，处月、处密与高昌攻陷焉耆五城，掠男女一千五百人，焚其庐舍而去。十四年，侯君集讨高昌，遣使与之相结，焉耆王大喜，请为声援。及破高昌，其王诣军门称谒。焉耆人先为高昌所虏者，悉归之。由是遣使谢恩，并贡方物。

其年，西突厥重臣屈利啜为其弟娶焉耆王女，由是相为唇齿，朝贡遂阙。安西都护郭孝恪请击之，太宗许焉。会焉耆王弟颉鼻叶护兄弟三人来至西州，孝恪选步骑三千出银山道，以颉鼻弟栗婆准为向导。焉耆所都城，四面有水，自恃险固，不虞于我。孝恪倍道兼行，夜至城下，潜遣将士浮水而渡，至晓一时攀堞，鼓角齐震，城中大扰。孝恪纵兵击之，虏其王突骑支，首虏千余级。以栗婆准导军有功，留摄国事而还。时驾幸洛阳宫，孝恪锁突骑支并其妻子送行在所，诏宥之。

初，西突厥屈利啜将兵来援焉耆，孝恪还师三日，屈利啜乃囚栗婆准,而西突厥处般啜令其吐屯来摄焉耆者,遣使朝贡。太宗数之曰:"焉耆者,我兵击得,汝何人,辄来统摄。"吐屯惧而返国。焉耆又立栗婆准从父兄薛婆阿那支为王。处般啜乃执栗婆准送于龟兹,皆为所杀。薛婆阿那支既得处般啜为援,遂有国。及阿史那社尔之讨龟兹,阿那支大惧,遂奔龟兹,保其东城,以御官军,社尔击擒之,数其罪而斩焉。求得阿那支从父弟先那准立为王,以修职贡。及太宗葬昭陵,乃刻石像龙突骑支之形,列于玄阙之下。自是朝贡不绝。

龟兹国,即汉西域旧地也,在京师西七千五百里。其王姓白氏。有城郭屋宇,耕田畜牧为业。男女皆剪发,垂与项齐,唯王不剪发。学胡书及婆罗门书、算计之事,尤重佛法。其王以锦蒙项,著锦袍金宝带,坐金狮子床。有良马、封牛。饶蒲萄酒,富室至数百硕。

高祖即位,其主苏伐勃駃遣使来朝。勃駃寻卒,子苏伐叠代立,号时健莫贺俟利发。贞观四年,又遣使献马,太宗赐以玺书,抚慰甚厚。由此岁贡不绝,然臣于西突厥。安西都护郭孝恪来伐焉耆,龟兹遣兵援助,自是职贡颇阙。

代叠死,其弟诃黎布失毕代立,渐失藩臣礼。二十年,太宗遣左骁卫大将军阿史那社尔为崑山道行军大总管,与安西都护郭孝恪、司农卿杨弘礼率五将军,又发铁勒十三部兵十余万骑,以伐龟兹。社尔既破西蕃处月、处密,乃进师趋其北境,出其不意,西突厥所署焉耆王弃城而遁,社尔遣轻骑追擒之。龟兹大震,守将多弃城而走。社尔进屯碛石,去其都城三百里。遣伊州刺史韩威率千余骑为前锋,右骁卫将军曹继叔次之。西至多褐城,与龟兹王相遇,及其相那相羯猎等,有众五万,逆拒王师。威乃伪遁而引之,其王俟利发见威兵少,悉众而至。威退行三十里,与继叔军会,合击大破之。其王退保都城,社尔进军逼之,王乃轻骑而走,遂下其城,令孝恪守之。遣沙州刺史苏海政、尚辇奉御薛万备以精骑逼之,行六百里,其王窘急,退保于拨换城。社尔等进军围之,擒其王及大将羯猎颠等。其相那利仅以身免,潜引西突厥之众并其国兵万余人,来袭孝恪,杀之,官军大扰。仓部郎中崔义起与曹继叔、韩威等击之,那利败走。寻为龟兹人所执以诣军。前后破其大城五所,虏男女数万口。社尔因立其王之弟叶护为王,勒石纪功而旋。俘其王颠黎布失毕及那利、羯猎河等献于社庙。寻以诃黎布失毕为左武翊卫中郎将,那利已下授官各有差。太宗之葬昭陵,乃刻石像其形,列于玄阙之前。永徽元年,又以诃黎布失毕为右骁卫大将军,寻放还蕃,抚其余众,依旧为龟兹王,赐物一千段。

先是,太宗既破龟兹,移置安西都护府于其国城,以郭孝恪为都护,兼统于阗、疏勒、碎叶,谓之"四镇"。高宗嗣位,不欲广地劳人,复命有司弃龟兹等四镇,移安西依旧于西州。其后吐蕃大入,焉耆已西四镇城堡,并为贼所陷。则天临朝,长寿元年,武威军总管王孝杰、阿史那忠节大破吐蕃,克复龟兹、于阗等四镇,自此复于龟兹置安西都护府,用汉兵三万人以镇之。既征发内地精兵,远逾沙碛,并资遣衣粮等,甚为百姓所苦。言事者多请弃之,则天竟不许。其安西都护,则天时有田扬名,中宗时有郭元振,开元初则张孝嵩、杜暹,皆有政绩,为夷人所伏。

疏勒国,即汉时旧地也。西带葱岭,在京师西九千三百里。其王姓裴氏。贞观中,突厥以女妻王。胜兵二千人。俗事祆神,有胡书文字。贞观九年,遣使献名马,自是朝贡不绝。开元十六年,玄宗遣使册立其王裴安定 为疏勒王。

于阗国,西南带葱岭,与龟兹接,在京师西九千七百里。胜兵四千人。其国出美玉。俗多机巧,好事祆神,崇佛教。先臣于西突厥。其王姓尉迟氏,名屈密。贞观六年,遣使献玉带,太宗优诏答之。十三年,又遣子入侍。及阿史那社尔伐龟兹,其王伏阇信大惧,使其子以驼万三百匹馈军。及将旋师,行军长史薛万备谓社尔曰:"今者既破龟兹,国威已振,请因此机,愿以轻骑羁取于阗之王。"社尔乃遣万备率五十骑抵于阗之国,万备陈国威灵,劝其入见天子,伏阇信于是随万备来朝。高宗嗣位,拜右骁卫大将军,又授其子叶护玷为右骁卫将军,并赐金带、锦袍、布帛六十段,并宅一区,留数月而遣之,因请留子弟以宿卫。太宗葬昭陵,刻石像其形,列于玄阙之下。

垂拱三年,其王伏阇雄复来入朝。天授三年,伏阇雄卒,则天封其子璥为于阗国王。开元十六年,复册立尉迟伏师为于阗王,数遣使朝贡。乾元三年,以于阗王尉迟胜弟守左监门卫率叶护曜为太仆员外卿。仍同四镇节度副使,权知本国事。以胜至德初领兵赴国难,因坚请留宿卫,故有是命。事在胜传。

天竺国,即汉之身毒国,或云婆罗门地也。在葱岭西北,周三万余里。其中分为五天竺:其一曰中天竺,二曰东天竺,三曰南天竺,四曰西天竺,五曰北天竺。地各数千里,城邑数百。南天竺际大海;北天竺拒雪山,四周有山为壁,南面一谷,通为国门;东天竺东际大海,与扶南、林邑邻接;西天竺与罽宾、波斯相接;中天竺据四天竺之会,其都城周回七十余里,北临禅连河。云昔有婆罗门领徒千人,肆业于树下,树神降之,遂为夫妇。宫室自然而立,僮仆甚盛。于是使役百神,筑城以统之,经日而就。此后有阿育王,复役使鬼神,累石为宫阙,皆雕文刻镂,非人力所及。阿育王颇行苛政,置炮烙之刑,谓之地狱,今城中见有其迹焉。

中天竺王姓乞利咥氏,或云刹利氏,世有其国,不相篡弑。厥土卑湿暑热,稻岁四熟。有金刚,似紫石英,百炼不销,可以切玉。又有旃檀、郁金诸香。通于大秦,故其宝物或至扶南、交趾贸易焉。百姓殷乐,俗无簿籍,耕王地者输地利。以齿贝为货。人皆深目长鼻。致敬极者,舐足摩踵。家有奇乐倡伎。其王与大臣多服锦罽。上为螺髻于顶,余发剪之使拳。俗皆徒跣。衣重白色,唯梵志种姓披白叠以为异。死者或焚尸取灰,以为浮图;或委之中野,以施禽兽;或流之于河,以饲鱼鳖。无丧纪之文。谋反者幽杀之,小犯罚钱以赎罪。不孝则断手刖足,截耳割鼻,放流边外。有文字,善天文算历之术。其人皆学《悉昙章》,云是梵天法。书于贝多树叶以纪事。不杀生饮酒。国中往往有旧佛迹。

隋炀帝时,遣裴矩应接西蕃,诸国多有至者,唯天竺不通,帝以为恨。当武德中,其国大乱。其嗣王尸罗逸多练兵聚众,所向无敌,象不解鞍,人不释甲,居六载而四天竺之君皆北面以臣之,威势远振,刑政甚肃。贞观十五年尸罗逸多自称摩伽陀王,遣使朝贡。太宗降玺书慰问,尸罗逸多大惊问诸国人曰:"自古曾有摩诃震旦使人至吾国乎?"皆曰:"未之有也。"乃膜拜而受诏书,因遣使朝贡。太宗以其地远,礼之甚厚,复遣卫尉丞李义表报使。尸罗逸多遣大臣郊迎,倾城邑以纵观,焚香夹道,逸多率其臣下东面拜受敕书,复遣使献火珠及郁金香、菩提树。

贞观十年,沙门玄奘至其国,将梵本经论六百余部而归。先是遣右率府长史王玄策使天竺,其四天竺国王咸遣使朝贡。会中天竺王尸罗逸多死,国中大乱,其臣那伏帝王阿罗那顺篡立,乃尽发胡兵以拒玄策。玄策从骑三十人与胡御战,不敌,矢尽,悉被擒。胡并掠诸国贡献之物。玄策乃挺身宵遁,走至吐蕃,发精锐一千二百人,并泥婆罗国七千余骑,以从玄策。玄策与副使蒋师仁率二国兵进至中天竺国城,连战三日,大破之,斩首三千余级,赴水溺死者且万人,阿罗那顺弃城而遁,师仁进擒获之。虏男女万二千人,牛马三万余头匹。于是天竺震惧,俘阿罗那顺以归。二十二年至京师,太宗大悦,命有司告宗庙,而谓群臣曰:"夫人耳目玩于声色,口鼻耽于臭味,此乃败德之源。若婆罗门不劫掠我使人,岂为俘虏耶?昔中山以贪宝取弊,蜀侯以金牛致灭,莫不由之。"拜玄策朝散大夫。是时就其国得方士那罗迩娑婆寐,自言寿二百岁,云有长生之术。太宗深加礼敬,馆之于金飚门内,造延年之药。令兵部尚书崔敦礼监主之,发使天下,采诸奇药异石,不可称数。延历岁月,药成,服竟不效,后放还本国。太宗之葬昭陵也,刻石像阿罗那顺之形,列于玄阙之下。

五天竺所属之国数十,风俗物产略同。有伽没路国,其俗开东门以向日。王玄策至,其王发使贡以奇珍异物及地图,因请老子像及《道德经》。那揭陀国,有醯罗城,中有重阁,藏佛顶骨及锡杖。贞观二十年,遣使贡方物。天授二年,东天竺王摩罗枝摩、西天竺王尸罗逸多、南天竺王遮娄其拔罗婆、北天竺王娄其那那、中天竺王地婆西那,并来朝献。景龙四年,南天竺国复遣使来朝。景云元年,复遣使贡方物。开元二年,西天竺复遣使贡方物。八年,南天竺国遣使献五色能言鹦鹉。其年,南天竺国王尸利那罗僧伽请以战象及兵马讨大食及吐蕃等,仍求有及名其军,玄宗甚嘉之,名军为怀德军。九月,南天竺王尸利那罗僧伽宝多枝摩为国造寺,上表乞寺额,敕以归化为名赐之。十一月,遣使册利那罗伽宝多为南天竺国王,遣使来朝。十七年六月,北天竺国三藏沙门僧密多献质汗等药。十九年十月,中天竺国王伊沙伏摩遣其大德僧来朝贡。二十九年三月,中天竺王子李承恩来朝,授游吉将军,放还。天宝中,累遣使来。

罽宾国,在葱岭南,去京师万二千二百里。常役属于大月氏。其地暑湿,人皆乘象,土宜粳稻,草木凌寒不死。其俗尤信佛法。隋炀帝时,引致西域,前后至者三十余国,唯罽宾不至。贞观十一年,遣使献名马,太宗嘉其诚款,赐以缯彩。十六年,又遣使献褥特鼠,喙尖而尾赤,能食蛇,有被蛇螫者,鼠辄嗅而尿之,其疮立愈。显庆三年,访其国俗,云"王始祖馨孽,至今曷撷支,父子传位,已十二代。"其年,改其城为修鲜都督府。龙朔初,授其王修鲜等十一州诸军事兼修鲜都督。开元七年,遣使来朝,进天文经一夹、秘要方并蕃药等物,诏遣册其王为葛罗达支特勒。二十七年,其王乌散特勒洒以年老,上表请以子拂菻罽婆嗣位,许之,仍降使册命。天宝四年,又册其子勃匐准为袭罽宾及乌苌国王,仍授左骁卫将军。乾元元年,又遣使朝贡。

又有勃律国,在罽宾、吐蕃之间。开元中颇遣使朝献。八年,册立其王苏麟陀逸之为敦律国王,朝贡不绝。二十二年,为吐蕃所破。

康国,即汉康居之国也。其姓温,月氏。先居张掖祁连山北昭武城,为突厥所破,南依葱岭,遂有其地。枝庶皆以昭武为姓氏,不忘本也。其人皆深目高鼻,多须髯。丈夫剪发或辫发。其王冠毡帽,饰以金宝。妇人盘髻,蒙以皂巾,饰以金花。人多嗜酒,好歌舞于道路,生子必以石蜜内口中,明胶置掌内,欲其成长口常甘言,掌持钱如胶之粘物。俗习胡书,善商贾,争分铢之利。男子年二十,即远之傍国,来适中夏,利之所在,无所不到。以十二月为岁首。有婆罗门为之占星候气,以定吉凶。颇有佛法。至十一月,鼓舞气寒,以水相泼,盛为戏乐。

隋炀帝时,其王屈木支娶西突厥叶护可汗女,遂臣于西突厥。武德十年,屈木支遣使献名马。贞观九年,又遣使贡狮子,太宗嘉其远至,命秘书监虞世南为之赋,自此朝贡岁至。十一年,又献金桃、银桃,诏令植之于苑囿。万岁通天年,则天封其大首领笃婆钵提为康国王仍拜左骁卫大将军。钵提寻卒,又册其子泥涅师师为康国王。师师以神龙中卒,国人又立突昏为王。开元六年,遣使贡献锁子甲、水精杯、马脑瓶、驼鸟卵及越诺之类。十九年,其王乌勒上表,请封其子咄曷为曹国王,默啜为米国王,许之,二十七年,乌勒卒,遣使册咄曷袭父位。天宝三年,又封为钦化王,其母可敦封为郡夫人。十一载、十三载,并遣使朝贡。

波斯国,在京师西一万五千三百里,东与吐火罗、康国接,北邻突厥之可萨部,西北拒拂菻,正西及南俱临大海。户数十万。其王居有二城,复有大城十余,犹中国之离宫。其王初嗣位,便密选子才堪承统者,书其名字,封而藏之。王死后,大臣与王之群子共发封而视之,奉所书名者为主焉。其王冠金花冠,坐狮子床,服锦袍,加以璎珞。俗事天地日月水火诸神,西域诸胡事火袄者,皆诣波斯受法焉。其事神,以麝香和苏涂须点额,及于耳鼻,用以为敬,拜必交股。文字同于诸胡。男女皆徒跣。丈夫剪发,戴白皮帽,衣不开襟,并有巾帔,多用苏方青白色为之,两边缘以织成锦。妇人亦巾、帔裙衫,辫发垂后,饰以金银。其国乘 象而战,每一象,战士百人,有败衄者则尽杀之。国人生女，年十岁已上有姿貌者，其王收而养之，以赏有功之臣。俗右尊而左卑。以六月一日为岁首。断狱不为文书约束，口决于庭。其系囚无年限，唯王者代立则释之。其叛逆之罪，就火被烧铁灼其舌，疮白者为理直，疮黑者为有罪。其刑有断手、刖足、髡钳、劓剕，轻罪剪须，或系牌于项以志之，经时月而释焉。其强盗一入狱，至老更不出，小盗罚以银钱。死亡则弃之于山，制服一月而即吉。气候暑热，土地宽平，知耕种，多畜牧，有鸟形如橐驼，飞不能高，食草及肉，亦能啖犬攫羊，土人极以为患。又多白马、骏犬，或赤日行七百里者，骏犬今所谓波斯犬也。出骔及大驴、师子、白象、珊瑚树高一二尺、琥珀、车渠、玛瑙、火珠、玻璃、琉璃、无食子、香附子、诃黎勒、胡椒、荜拨、石蜜、千年枣、甘露桃。

隋大业末，西突厥叶护可汗频击破其国，波斯王库萨和为西突厥所杀，其子施利立，叶护因分其部帅监统其国，波斯竟臣于叶护。及叶护可汗死，其所令监统者因自擅于波斯，不复役属于西突厥。施利立一年卒，乃立库萨和之女为王，突厥又杀之。施利之子单羯方奔拂菻，于是国人迎而立之，是为伊恒支，在位二年而卒。兄子伊嗣候立。二十一年，伊嗣候遣使献一兽，名活褥蛇，形类鼠而色青，身长八九寸，能入穴取鼠。伊嗣候懦弱，为大首领所逐，遂奔吐火罗，未至，亦为大食兵所杀。其子名卑路斯，又投吐火罗叶护，获免。卑路斯龙朔元年奏言频被大食侵扰，请兵救援。诏遣陇州南由县令王名远充使西域，分置州县，因列其地疾陵城为波斯都督府，授卑路斯为都督。是后数遣使贡献。咸亨中，卑路斯自来入朝，高宗甚加恩赐，拜右武卫将军。仪凤三年，令吏部侍郎裴行俭将兵册送卑路斯为波斯王，行俭以其路远，至安西碎叶而还，卑路斯独返，不得入其国，渐为大食所侵，客于吐火罗国二十余年，有部落数千人，后渐离散。至景龙二年，又来入朝，拜为左威卫将军，无何病卒，其国遂灭，而部众犹存。

自开元十年至天宝六载，凡十遣使来朝，并献方物。四月，遣使献玛瑙床。九年四月，献火毛绣舞筵、无孔真珠。乾元元年，波斯与大食同寇广州,劫仓库,焚庐舍,浮海而去。大历六年,遣使来朝,献真珠等。

　　拂菻国,一名大秦,在西海之上,东南与波斯接,地方万余里,列城四百,邑居连属。其宫宇柱枨,多以水精琉璃为之。有贵臣十二人共治国政,常使一人将囊随王车,百姓有事者,即以书投囊中,王还宫省发,理其枉直。其王无常人,简贤者而立之。国中灾异及风雨不时,辄废而更立。其王冠形如鸟举翼,冠及璎珞,皆缀以珠宝,著锦绣衣,前不开襟,坐金花床。有一鸟似鹅,其毛绿色,常在王边倚枕上坐,每进食有毒,其鸟辄鸣。其都城叠石为之,尤绝高峻,凡有十万余户,南临大海。城东面有大门,其高二十余丈,自上及下,饰以黄金,光辉灿烂,连曜数里。自外至王室,凡有大门三重,列异宝雕饰。第二门之楼中,悬一大金秤,以金丸十二枚属于衡端,以候日之十二时焉,为一金人,其大如人,立于侧,每至一时,其金凡辄落,铿然发声,引唱以纪日时,毫厘无失。其殿以瑟瑟为柱,黄金为地,象牙为门扇,香木为栋梁。其俗无瓦,捣白石为末,罗之涂屋上,其坚密光润,还如玉石。至于盛暑之节,人厌嚣热,乃引水潜流,上遍于屋宇,机制巧密,人莫之知。观者惟闻屋上泉鸣,俄见四檐飞溜,悬波如瀑,激气成凉风,其巧妙如此。

　　风俗,男子剪发,披帔而右袒,妇人不开襟,锦为头巾。家资满亿,封以上位。有羊羔生于土中,其国人候其欲萌,乃筑墙以院之,防外兽所食也。然其脐与地连,割之则死,唯人著甲走马及击鼓以骇之,其羔惊鸣而脐绝,便逐水草。俗皆氍衣绣,乘辎軿白盖小车,出入击鼓,建旌旗幡帜。土多金银奇宝,有夜光璧、明月珠、骇鸡犀、大贝、车渠、玛瑙、孔翠、珊瑚、琥珀,凡西域诸珍异多出其国。隋炀帝常将通拂菻,竟不能致。

　　贞观十七年,拂菻王波多力遣使献赤玻璃、绿金精等物,太宗降玺书答慰,赐以绫绮焉。自大食强盛,渐陵诸国,乃遣大将军摩栧伐其都城,因约为和好,请每岁输之金帛,遂臣属大食焉。乾封二年,遣使献底也伽。大足元年,复遣使来朝。开元七年正月,其主遣吐火罗大首领献狮子、羚羊各二。不数月,又遣大德僧来朝贡。

大食国,本在波斯之西。大业中,有波斯胡人牧驼于俱纷摩地那之山,忽有狮子人语谓之曰:"此山西有三穴,穴中大有兵器,汝可取之。穴中并有黑石白文,读之便作王位。"胡人依言,果见穴中有石及槊刃甚多,上有文,教其反叛。于是纠合亡命,渡恒曷水,劫夺商旅,其众渐盛,遂割据波斯西境,自立为王。波斯、拂菻各遣兵讨之,皆为所败。

永徽二年,始遣使朝贡。其姓大食氏,名啖密莫末腻,自云有国已三十四年,历三主矣。其国男儿色黑多须,鼻大而长,似婆罗门;妇人白晰。亦有文字。出驼马,大于诸国。兵刃劲利。其俗勇于战斗,好事天神,不堪耕种,唯食驼马等肉,俱纷地那山在国之西南,邻于大海,其王移穴中黑石置之于国。又尝遣人乘船,将衣粮入海,经八年而未及西岸。海中见一方石,石上有树,干赤叶青,树上总生小儿,长六七寸,见人皆笑,动其手脚,头著树枝,其使摘取一枝,小儿便死,收在大食王宫。又有女国,在其西北,相去三月行。

龙朔初,击破波斯,又破拂菻,始有米面之属。又将兵南侵婆罗门,吞并诸胡国,胜兵四十余万。长安中,遣使献良马。景云二年,又献方物。开元初,遣使来朝,进马及宝钿带等方物。其使谒见,唯平立不拜,宪司欲纠之,中书令张说奏曰:"大食殊俗,慕义远来,不可置罪。"上特许之。寻又遣使朝献,自云在本国惟拜天神,虽见王亦无致拜之法,所司屡诘责之,其使遂请依汉法致拜。其时西域康国、石国之类,皆臣属之,其境东西万里,东与突厥施相接焉。

一云隋开皇中,大食族中有孤列种代为酋长,孤列种中又有两姓:一号盆泥奚深,一号盆泥末换。其奚深后有摩诃末者,勇健多智,众立之为主,东西征伐,开地三千里,兼克夏腊,一名钐城。钐音所鉴反。摩诃末后十四代,至末换。末换杀其兄伊疾而自立,复残忍,其下怨之。有呼罗珊木粗人并波悉林举义兵,应者悉令著黑衣,旬月间众盈数万，鼓行而西，生擒末换，杀之，遂求得奚深种阿蒲罗拔，立之。末换已前谓之白衣大食，自阿蒲罗拔后改为黑衣大食。阿蒲罗拔卒，立其弟阿蒲恭拂。至德初遣使朝贡，代宗时为元帅，亦用其国兵以收两都。宝应、大历中频遣使来。恭拂卒，子迷地立。迷地卒，子卒栖立。卒栖卒，弟诃论立。贞元中，与吐蕃为勍敌。蕃军太半西御大食，故鲜为边患，其力不足也。十四年，诏以黑衣大食使含嵯、焉鸡、沙北三人并为中郎将，各放还蕃。

史臣曰：西方之国，绵亘山川，自张骞奉使已来，介子立功之后，通于中国者多矣。有唐拓境，远极安西，弱者德以怀之，强者力以制之。开元之前，贡输不绝。天宝之乱，边徼多虞，邠郊之西，即为戎狄，藁街之邸，来朝亦稀。故古先哲王，务宁华夏，语曰"近者悦，远者来"，斯之谓矣。

赞曰：大蒙之人，西方之国，与时盛衰，随世通塞。勿谓戎心，不怀我德，贞观、开元，藁街充斥。

旧唐书卷一九九上
列传第一四九上

东　夷

高丽　百济　新罗　倭国　日本

高丽者，出自扶余之别种也。其国都于平壤城，即汉乐浪郡之
故地，在京师东五千一百里。东渡海至于新罗，西北渡辽水至于营
州，南渡海至于百济，北至靺鞨。东西三千一百里，南北二千里。其
官大者号大对卢，比一品，总知国事，三年一代，若称职者，不拘年
限。交替之日，或不相祗服，皆勒兵相攻，胜者为之。其王但闭宫自
守，不能制御。次曰太大兄，比正二品。对卢以下官，总十二级。外
置州县六十余城。大城置傉萨一，比都督。诸城置道使，比刺史。其
下各有僚佐，分掌曹事。衣裳服饰，唯王五采，以白罗为冠，白皮小
带，其冠及带，咸以金饰。官之贵者，则青罗为冠，次以绯罗，插二鸟
羽，及金银为饰，衫筒袖，裤大口，白韦带，黄韦履。国人衣褐戴弁，
妇人首加巾帼。好围棋投壶之戏，人能蹴鞠。食用笾豆、簠簋、樽俎、
罍洗，颇有箕子之遗风。

其所居必依山谷，皆以茅草葺舍，唯佛寺、神庙及王宫、官府乃
用瓦。其俗贫窭者多，冬月皆作长坑，下燃煴火以取暖。种田养蚕，
略同中国。其法：有谋反叛者，则集众持火炬竞烧灼之，焦烂备体，
然后斩首，家悉籍没；守城降敌，临阵败北，杀人行劫者斩；盗物者，
十二倍酬赃；杀牛马者，没身为奴婢。大体用法严峻，少有犯者，乃

至路不拾遗。其俗多淫祀，事灵星神、五神、可汗神、箕子神。国城东有大穴，名隧，神皆以十月，王自祭之。俗爱书籍，至于衡门厮养之家，各于街衢造大屋，谓之局堂，子弟未婚之前，昼夜于此读书习射。其书有《五经》及《史记》、《汉书》、范晔《后汉书》、《三国志》、孙盛《晋春秋》、《玉篇》、《字统》、《字林》；又有《文选》，尤爱重之。

其王高建武，即前王高元异母弟也。武德二年，遣使来朝。四年，又遣使朝贡。高祖感隋末战士多陷其地，五年，赐建武书曰："朕恭膺宝命，君临率土，祗顺三灵，绥柔万国。普天之下，情均抚字，日月所照，咸使乂安。王既统摄辽左，世居藩服，思禀正朔，远循职贡。故遣使者，跋涉出川，申布诚恳，朕甚嘉焉。方今六合宁晏，四海清平，玉帛既通，道路无壅。方申辑睦，永敦聘好，各保疆场，岂非盛美。但隋氏季年，连兵构难，攻战之所，各失其民。遂使骨肉乖离，室家分析，多历年岁，怨旷不申。今二国通和，义无阻异，在此所有高丽人等，已令追括，寻即遣送；彼处有此国人者，王可放还，务尽抚育之方，共弘仁恕之道。"于是建武悉搜括华人，以礼宾送，前后至者万数，高祖大喜。

七年，遣前刑部尚书沈叔安往册建武为上柱国、辽东郡王、高丽王，仍将天尊像及道士往彼，为之讲《老子》，其王及道俗等观听者数千人。高祖尝谓侍臣曰："名实之间，理须相副。高丽称臣于隋，终拒炀帝，此亦何臣之有！朕敬于万物，不欲骄贵，但据有土宇，务共安人，何必令其称臣，以自尊大。即为诏述朕此怀也。"侍中裴矩、中书侍郎温彦博曰："辽东之地，周为箕子之国，汉家玄菟郡耳！魏、晋已前，近在提封之内，不可许以不臣。且中国之于夷狄，犹太阳之对列星，理无降尊，俯同藩服。"高祖举止。九年，新罗、百济遣使讼建武，云闭其道路，不得入朝。又相与有隙，屡相侵掠。诏员外散骑侍郎朱子奢往和解之。建武奉表谢罪，请与新罗对使会盟。

贞观二年，破突厥颉利可汗，建武遣使奉贺，并上封域图。五年，诏遣广州都督府司马长孙师往收瘗隋时战亡骸骨，毁高丽所立京观。建武惧伐其国，举筑长城，东北自扶余城，西南至海，千有余里。十四年,遣其太子桓权来朝,并贡方物,太宗优劳甚至。

十六年,西部大人盖苏文摄职有犯,诸大臣与建武议欲诛之。事泄,苏文乃悉召部兵,云将校阅,并盛陈酒馔于城南,诸大臣皆来临视,苏文勒兵尽杀之,死者百余人。焚仓库,因驰入王宫,杀建武,立建武弟大阳子藏为王。自立为莫离支,犹中国兵部尚书兼中书令职也,自是专国政。苏文姓钱氏,须貌甚伟,形体魁杰,身佩五刀,左右莫敢仰视。恒令其属官俯伏于地,践之上马;及下马,亦如之。出必先布队仗,导者长呼以辟行人,百姓畏避,皆自投坑谷。

太宗闻建武死,为之举哀,使持节吊祭。十七年,封其嗣王藏为辽东郡王、高丽王。又遣司农丞相里玄奖赍玺书往说谕高丽,令勿攻新罗。盖苏文谓玄奖曰:“高丽、新罗,怨隙已久。往者隋室相侵,新罗乘衅夺高丽五百里之地,城邑新罗皆据有之。自非反地还城,此兵恐未能已。”玄奖曰:“既往之事,焉可追论?”苏文竟不从。太宗顾谓侍臣曰:“莫支离贼弑其主,尽杀大臣,用刑有同坑阱,百姓转动辄死,怨痛在心,道路以目。夫出师吊伐,须有其名,因其弑君虐下,败之甚易也。”

十九年,命刑部尚书张亮为平壤道行军大总管,领将常何等率江、淮、岭、硖劲卒四万,战船五百艘,自莱州泛海趋平壤;又以特进英国公李勣为东道行军大总管,礼部尚书江夏王道宗为副,领将军张士贵等率步骑六万趋东;两军合势,太宗亲御六军以会之。

夏四月,李勣军渡辽,进攻盖牟城,拔之,获生口二万,以其城置盖州。五月,张亮副将程名振攻沙卑城,拔之,虏其男女八千口。是日,李勣进军于辽东城。帝次辽泽,诏曰:“顷者隋师渡辽时非天赞,从军士卒,骸骨相望,遍于原野,良可哀叹。掩骼之义,诚为先典,其令并收瘗。”国内及新城步骑四万来援辽东,江夏王道宗率骑四千逆击,大破之,斩首千余级。帝渡辽水,诏撤桥梁,以坚士卒志。帝至辽东城下,见士卒负担以填堑者,帝分其尤重者,亲于马上持之。从官悚动,争赍以送城下。时李勣已率兵攻辽东城。高丽闻我有抛车,飞三百斤石于一里之外者,甚惧之,乃于城上积木为战楼以拒飞石。勣列车发石以击其城,所遇尽溃。又推撞车撞其楼阁,无不倾倒。帝亲率甲骑万余,与李勣会,围其城。俄而南风甚劲,命纵火焚其西南楼,延烧城中,屋宇皆尽。战士登城,贼乃大溃,烧死者万余人,俘其胜兵万余口,以其城为辽州。初,帝自定州命每数十里置一烽,属于辽城,与太子约,克辽东,当举烽。是日,帝命举烽,传入塞。

师次白崖城,命攻之,右卫大将军李思摩中弩矢,帝亲为吮血,将士闻之,莫不感励。其城因山临水,四面险绝。李勣以撞车撞之,飞石流矢,雨集城中。六月,帝临其西北,城主孙伐音潜遣使请降,曰:“臣已愿降,其中有贰者。”诏赐以旗帜,曰:“必降,建之城上。”伐音举帜于城上,高丽以为唐兵登也,乃悉降。初,辽东之陷也,伐音乞降,既而中悔,帝怒其反覆,许以城中人物分赐战士。及是,李勣言于帝曰:“战士奋厉争先,不顾矢石者,贪虏获耳。今城垂拔,奈何更许其降,无乃辜将士之心乎?”帝曰:“将军言是也。然纵兵杀戮,虏其妻孥,朕所不忍。将军麾下有功者,朕以库物赏之,庶因将军赎此一城。”遂受降,获士女一万,胜兵二千四百,以其城置岩州,授孙伐音为岩州刺史。我军之渡辽也,莫离支遣加尸城七百人戍盖牟城,李勣尽虏之,其人并请随军自效。太宗谓曰:“谁不欲尔之力,尔家悉在加尸,尔为吾占,彼将为戮矣!破一家之妻子,求一人之力用,吾不忍也。”悉令放还。

车驾进次安市城北,列营进兵以攻之。高丽北部傉萨高延寿、南部傉萨高惠贞率高丽、靺鞨之众十五万来援安市城。贼中有对卢,年老习事,谓延寿曰:“吾闻中国大乱,英雄并起。秦王神武,所向无敌,遂平天下,南面为帝,北夷请服,西戎献款。今者倾国而至,猛将锐卒,悉萃于此,其锋不可当也。今为计者,莫若顿兵不战,旷日持久,分遣骁雄,断其馈运,不过旬日,军粮必尽,求战不得,欲归无路,此不战而取胜也。”延寿不从,引军直进。太宗夜召诸将,躬自指麾。遣李勣率步骑一万五千于贼西岭为阵;长孙无忌率牛进达等精兵一万一千以为奇兵,自山北于狭谷出,以冲其后;太宗自将步骑四千，潜鼓角，偃旌帜，趋贼营北高峰之上；令诸军闻鼓角声而齐纵。因令所司张受降幕于朝堂之侧，曰："明日午时，纳降虏于此矣！"遂率军而进。

明日，延寿独见李勣兵，欲与战。太宗遥望无忌军尘起，令鼓角并作，旗帜齐举。贼众大惧，将分兵御之，而其阵已乱。李勣以步卒长枪一万击之，延寿众败。无忌纵兵乘其后，太宗又自山而下，引军临之，贼因大溃，斩首万余级。延寿等率其余寇，依山自保。于是命无忌、勣等引兵围之，撤东川梁以断归路。太宗按辔徐行，观贼营垒，谓侍臣曰："高丽倾国而来，存亡所系，一麾而败，天佑我也。"因下马再拜以谢天。延寿、惠真率十五万六千八百人请降，太宗引入辕门。延寿等膝行而前，拜手请命。太宗简傉萨以下酋长三千五百人，授以戎秩，迁之内地。收靺鞨三千三百，尽坑之，余众放还平壤。获马三万匹，牛五万头、明光甲五千领，他器械称是。高丽国振骇，后黄城及银城并自拔，数百里无复人烟。因名所幸山为驻跸山，令将作造《破阵图》，命中书侍郎许敬宗为文勒石以纪其功。授高延寿鸿胪卿，高惠真司农卿。张亮又与高丽再战于建安城下，皆破之，于是列长围以攻焉。

八月，移营安市城东，李勣遂攻安市，拥延寿等降众营其城下以招之。城中人坚守不动，每见太宗旌麾，必乘城鼓噪以拒焉。帝甚怒，李勣曰："请破之日，男子尽诛。"城中闻之，人皆死战。乃令江夏王道宗筑土山，攻其城东南隅；高丽亦埤城增雉以相抗。李勣攻其西面，令抛石撞车坏其楼雉；城中随其崩坏，即立木为栅。道宗以树条苞壤为土，屯积以为山。其中间五道加木，被土于其上，不舍昼夜，渐以逼城。道宗遣果毅都尉傅伏爱领队兵于山顶以防敌，土山自高而陟，排其城，城崩。会伏爱私离所部，高丽百人自颓城而战，遂据有土山而堑断之，积火萦盾以自固。太宗大怒，斩伏爱以徇。命诸将击之，三日不能克。

太宗以辽东仓储无几，士卒寒冻，乃诏班师。历其城，百中皆屏声偃帜，城主登城拜手奉辞。太宗时嘉其坚守，赐绢百匹，以励事君之节。初，攻陷辽东城，其中抗拒王师，应没为奴婢者一万四千人，并遣先集幽州，将分赏将士。太宗愍其父母妻子一朝分散，令有司准其直，以布帛赎之，赦为百姓。其众欢呼之声，三日不息。高延寿自降后，常积叹，寻以忧死。惠真竟至长安。

二十年，高丽遣使来谢罪，并献二美女。太宗谓其使曰："归谓尔主，美色者，人之所重。尔之所献，信为美丽。悯其离父母兄弟于本国，留其身而忘其亲，爱其色而伤其心，我不取也。"并还之。

二十二年，又遣右武卫将军薛万彻等往青丘道伐之，万彻渡海入鸭绿水，进破其泊灼城，俘获甚众。太宗又命江南造大船，遣陕州刺史孙伏伽召募勇敢之士，莱州刺史李道裕运粮及器械，贮于乌胡岛，将欲大举以伐高丽。未行而帝崩。高宗嗣位，又命兵部尚书任雅相、左武卫大将军苏定方、左骁卫大将军契苾何力等前后讨之，皆无大功而还。

乾封元年，高藏遣其子入朝，陪位于太山之下。其年，盖苏文死，其子男生代为莫离支，与其弟男建、男产不睦，各树朋党，以相攻击。男生为二弟所逐，走据国内城死守，其子献诚诣阙求哀。诏令左骁卫大将军契苾何力率兵应接之。男生脱身来奔，诏授特进、辽东大都督兼平壤道安抚大使，封玄菟郡公。十一月，命司空、英国公李勣为辽东道行军大总管，率裨将郭待封等以征高丽。二年二月，勣度辽至新城，谓诸将曰："新城是高丽西境镇城，最为要害，若不先图，余城未易可下。"遂引兵于新城西南，据山筑栅，且攻且守，城中窘迫，数有降者，自此所向克捷。高藏及男建遣太大兄男产将首领九十八人，持帛幡出降，诸使入朝，勣以礼延接。男建犹闭门固守。总章九年九月，勣又移营于平壤城南，男建频遣兵出战，皆大败。男建下捉兵总管僧信诚密遣人诣军中，许开城门为内应。经五日，信诚果开门，勣从兵入，登城鼓噪，烧城门楼，四面火起。男建窘急自刺，不死。十一月，拔平壤城，虏高藏、男建等。十二月，至京师，献俘于含元宫。诏以高藏政不由己，授司平太常伯；男产先降，授司宰少卿；男建配流黔州；男生以乡导有功，授右卫大将军，封汴国公,特进如故。高丽国旧分为五部,有城百七十六,户六十九万七千;乃分其地置都督府九、州四十二、县一百,又置安东都护府以统之。擢其酋渠有功者授都督、刺史及县令,与华人参理百姓。乃遣左武卫将军薛仁贵总兵镇之,其后颇有逃散。

仪凤中,高宗授高藏开府仪同三司、辽东都督,封朝鲜王,居安东,镇本蕃为主。高藏至安东,潜与靺鞨相通谋叛。事觉,召还,配流邛州,并分徙其人,散向河南、陇右诸州,其贫弱者留在安东城傍。高藏以永淳初卒,赠卫尉卿,诏送至京师于颉利墓左赐以葬地,兼为树碑。垂拱二年,又封高藏孙宝元为朝鲜郡王。圣历元年,进授左鹰扬卫大将军,封为忠诚国王,委其统摄安东旧户,事竟不行。二年,又授高藏男德武为安东都督,以领本蕃。自是高丽旧户在安东者渐寡少,分投突厥及靺鞨等,高氏君长遂绝矣。

男生以仪凤初卒于长安,赠并州大都督。子献诚,授右卫大将军,兼令羽林卫上下。天授中,则天尝内出银宝物,令宰相及南北衙文武官内择善射者五人共赌之。内史张光辅先让献诚为第一,献诚复让右玉钤卫大将军薛吐摩支,摩支又让献诚,即而献诚奏曰:“陛下令简能射者五人,所得者多非汉官。臣恐自此已后,无汉官工射之名,伏望停寝此射。”则天嘉而从之。时酷吏来俊臣尝求货于献诚,献诚拒而不答,遂为俊臣所构,诬其谋反,缢杀之。则天后知其冤,赠右羽林卫大将军,以礼改葬。

百济国,本亦扶余之别种,尝为马韩故地,在京师东六千二百里,处大海之北,小海之南。东北至新罗,西渡海至越州,南渡海至倭国,北渡海至高丽。其王所居有东西两城。所置内官曰内臣佐平,掌宣纳事;内头佐平,掌库藏事;内法佐平,掌礼仪事;卫士佐平,掌宿卫兵事;朝廷佐平,掌刑狱事;兵官佐平,掌在外兵马事。又外置六带方,管十郡。其用法:叛逆者死,籍没其家;杀人者以奴婢三赎罪;官人受财及盗者,三倍追赃,仍终身禁锢。凡诸赋税及风土所产,多与高丽同。其王服大袖紫袍,青锦裤,乌罗冠,金花为饰,素皮带,乌革履。官人尽绯为衣,银花饰冠。庶人不得衣绯紫。岁时伏腊,同于中国。其书籍有《五经》、子、史,又表疏并依中华之法。

武德四年,其王扶余璋遣使来献果及马。七年,遣大臣奉表朝贡。高祖嘉其诚款,遣使就册为带方郡王、百济王。自是岁遣朝贡。高祖抚劳甚厚。因讼高丽闭其道路,不许来通中国,诏遣朱子奢往和之。又相与新罗世为仇敌,数相侵伐。贞观元年,太宗赐其王玺书曰:"王世为君长,抚有东蕃。海隅遐旷,风涛艰阻,忠款之至,职贡相寻,尚想徽猷,甚以嘉慰。朕自祗承宠命,君临区宇,思弘王道,爱育黎元。舟车所通,风雨所及,期之遂性,咸使乂安。新罗王金真平,朕之藩臣,王之邻国,每闻遣师,征讨不息,阻兵安忍,殊乖所望。朕已对王侄信福及高丽、新罗使人,具敕通和,咸许辑睦。王必须忘彼前怨,识朕本怀,共笃邻情,即停兵革。"璋因遣使奉表陈谢,虽外称顺命,内实相仇如故。十一年,遣使来明,献铁甲雕斧。太宗优劳之,赐彩帛三千段并锦袍等。

十五年,璋卒,其子义慈遣使奉表告哀。太宗素服哭之,赠光禄大夫,赙物二百段,遣使册命义慈为柱国,封带方郡王、百济王。十六年,义慈兴兵伐新罗四十余城,又发兵以守之,与高丽和亲通好,谋欲取党项城以绝新罗入朝之路。新罗遣使告急请救,太宗遣司农丞相里玄奖赍书告谕两蕃,示以祸福。及太宗亲征高丽。百济怀二,乘虚袭破新罗十城。二十二年,又破其十余城。数年之中,朝贡遂绝。

高宗嗣位,永徽二年,始又遣使朝贡。使还,降玺书与义慈曰:

至如海东三国,开基自久,并列疆界,地实犬牙。近代已来,遂构嫌隙,战争交起,略无宁岁。遂令三韩之氓,命悬刀俎,寻戈肆愤,朝夕相仍。朕代天理物,载深矜愍。去岁王攻高丽、新罗等使并来入朝,朕命释兹雠怨,更敦款穆。新罗使金法敏奏书:"高丽、百济,唇齿相依,竞举兵戈,侵逼交至。大城重镇,并为百济所并,疆宇日蹙,威力并谢。乞诏百济,令归所侵之城。若不奉诏,即自兴兵打取。但得故地,即请交和。"朕以其方既顺，不可不许。昔齐桓列土诸侯，尚存亡国；况朕万国之主，岂可不恤危藩。王所兼新罗之城，并宜还其本国；新罗所获百济俘虏，亦遣还王。然后解患释纷，韬戈偃革，百姓获息肩之愿，三蕃无战争之劳。比夫流血边亭，积尸疆场，耕织并废，士女无聊，岂可同年而语矣。王若不从进止，朕已依法敏所请，任其与王决战；亦令约束高丽，不许远相救恤。高丽若不承命，即令契丹诸蕃渡辽泽入抄掠。王可深思朕言，自求多福，审图良策，无贻后悔。

六年，新罗王金春秋又表称百济与高丽、靺鞨侵其北界，已没三十余城。显庆五年，命左卫大将军苏定方统兵讨之，大破其国。虏义慈及太子隆、小王孝演、伪将五十八人等送于京师，上责而宥之。其国旧分为五部，统郡三十七，城二百，户七十六万。至是乃以其地分置熊津、马韩、东明等五都督府，各统州县，立其酋渠为都督、刺史及县令。命右卫郎将王文度为熊津都督，总兵以镇之。义慈事亲以孝行闻，友于兄弟，时人号"海东曾、闵。"及至京，数日而卒。赠金紫光禄大夫、卫尉卿，特许其旧臣赴哭。送就孙皓、陈叔宝墓侧葬之，并为竖碑。

文度济海而卒。百济僧道琛、旧将福信率众据周留城以叛。遣使往倭国，迎故王子扶余丰立为王。其西部、北部并翻城应之。时郎将刘仁愿留镇于百济府城，道琛等引兵围之。带方州刺史刘仁轨代文度统众，便道发新罗兵合契以救仁愿，转斗而前，所向皆下。

道琛等于熊津江口立两栅以拒官军，仁轨与新罗兵四面夹击之，贼众退走入栅，阻水桥狭，堕水及战死万余人。道琛等乃释仁愿之围，退保任存城。新罗兵士以粮尽引还，时龙朔元年三月也。于是道琛自称领军将军，福信自称霜岑将军，招诱叛亡，其势益张。使告仁轨曰："闻大唐与新罗约誓，百济无问老少，一切杀之，然后以国付新罗。与其受死，岂若战亡，所以聚结自固守耳！"仁轨作书，具陈祸福，遣使谕之。道琛等恃众骄倨，置仁轨之使于外馆，传语谓曰："使人官职小，我是一国大将，不合自参。"不答书遣之。寻而福信杀道琛,并其兵众,扶余丰但主祭而已。

二年七月,仁愿、仁轨等率留镇之兵,大破福信余众于熊津之东,拔其支罗城及尹城、大山、沙井等栅,杀获甚众,仍令分兵以镇守之。福信等以真岘城临江高险,又当冲要,加兵守之。仁轨引新罗之兵乘夜薄城,四面攀堞而上,比明而入据其城,斩首八百级。遂通新罗运粮之路。仁愿乃奏请益兵,诏发淄、青、莱、海之兵七千人,遣左威卫将军孙仁师统众浮海赴熊津,以益仁愿之众。时福信既专其兵权,与扶余丰渐相猜贰。福信称疾,卧于窟室,将候扶余丰问疾,谋袭杀之。扶余丰觉而率其亲信掩杀福信,又遣使往高丽及倭国请兵以拒官军。孙仁师中路迎击,破之,遂与仁愿之众相合,兵士大振。于是仁师、仁愿及新罗王金法敏帅陆军进,刘仁轨及别帅杜爽、扶余隆率水军及粮船,自熊津江往白江以会陆军,同趋周留城。仁轨遇扶余丰之众于白江之口,四战皆捷,焚其舟四百艘,贼众大溃,扶余丰脱身而走。伪王子扶余忠胜、忠志等率士女及倭众并降,百济诸城皆复归顺,孙仁师与刘仁愿等振旅而还。诏刘仁轨代仁愿率兵镇守。乃授扶余隆熊津都督,遣还本国,共新罗和亲,以招辑其余众。

麟德二年八月,隆到熊津城,与新罗王法敏刑白马而盟。先祀神祇及川谷之神,而后歃血。其盟文曰:

往者百济先王,迷于逆顺,不敦邻好,不睦亲姻。结托高丽,交通倭国,共为残暴,侵削新罗,破邑屠城,略无宁岁。天子悯一物之失所,怜百姓之无辜,频命行人,遣其和好。负险恃远,侮慢天经。皇赫斯怒,恭行吊伐,旌旗所指,一戎大定。固可潴宫污宅,作诫来裔;塞源拔本,垂训后昆。然怀柔伐叛,前王之令典;兴亡继绝,往哲之通规。事必师古,传诸曩册。故立前百济太子司稼正卿扶余隆为熊津都督,守其祭祀,保其桑梓。依倚新罗,长为与国,各除宿憾,结好和亲。恭承诏命,永为藩服。仍遣使人右威卫将军鲁城县公刘仁愿亲临劝谕,具宣成旨,约之以婚姻,申之以盟誓。刑牲歃血,共敦终始;分灾恤患,恩若弟兄。只奉纶言,不敢失坠,既盟之后,共保岁寒。若有弃信不恒,二三其德,兴兵动众,侵犯边陲,明神鉴之,百殃是降,子孙不昌,社稷无守,禋祀磨灭,罔有遗余。故作金书铁契,藏之宗庙,子孙万代,无或敢犯。神之听之,是飨是福。

刘仁轨之辞也。歃讫,埋币帛于坛下之吉地,藏其盟书于新罗之庙。

仁愿、仁轨等既还,隆惧新罗,寻归京师。仪凤二年,拜光禄大夫、太常员外卿兼熊津都督、带方郡王,令归本蕃,安辑余众。时百济本地荒毁,渐为新罗所据,隆竟不敢还旧国而卒。其孙敬,则天朝袭封带方郡王、授卫尉卿。其地自此为新罗及渤海靺鞨所分,百济之种遂绝。

新罗国,本弁韩之苗裔也。其国在汉时乐浪之地,东及南方俱限大海,西接百济,北邻高丽。东西千里,南北二千里。有城邑村落。王之所居曰金城,周七八里。卫兵三千人,设狮子队。文武官凡有十七等。其王金真平,隋文帝时授上开府、乐浪郡公、新罗王。武德四年,遣使朝贡。高祖亲劳问之,遣通直散骑侍郎庾文素往使焉,赐以玺书及画屏风、锦彩三百段。自此朝贡不绝。其风俗、刑法、衣服,与高丽、百济略同,而朝服尚白。好祭山神。其食器用柳杯,亦以铜及瓦。国人多金、朴两姓,异姓不为婚。重元日,相庆贺宴飨,每以其日拜日月神。又重八月十五日,设乐饮宴,赉群臣,射其庭。妇人发绕头,以彩及珠为饰,发甚长美。

高祖既闻海东三国旧结怨隙,递相攻伐,以其俱为藩附,务在和睦,乃问其使为怨所由,对曰:“先是百济往伐高丽,诣新罗请救,新罗发兵大破百济国,因此为怨,每相攻伐。新罗得百济王,杀之,怨由此始。”七年遣使册拜金真平为柱国,封乐浪郡王、新罗王。

贞观五年,遣使献女乐二人,皆鬒发美色。太宗谓侍臣曰:“朕闻声色之娱,不如好德。且山川阻远,怀土可知。近日林邑献白鹦鹉,尚解思乡,诉请还国。鸟犹如此,况人情乎!但愍其远来,必思亲戚,宜付使者,听遣还家。"是岁,真平卒,无子,立其女善德为王,宗室大臣乙祭总知国政。诏赠真平左光禄大夫,赙物二百段。九年,遣使持节册命善德柱国,封乐浪郡王、新罗王。十七年,遣使上言:"高丽、百济,累相攻袭,亡失数十城,两国连兵,意在灭臣社稷。谨遣陪臣,归命大国,乞偏师救助。"太宗遣相里玄奖赍玺书赐高丽曰:"新罗委命国家,不阙朝献。尔与百济,宜即戢兵。若更攻之,明年当出师击尔国矣。"太宗将亲伐高丽,诏新罗纂集士马,应接大军。新罗遣大臣领兵五万人,入高丽南界,攻水口城,降之。

二十一年,善德卒,赠光禄大夫,余官封并如故。因立其妹真德为王,加授柱国,封乐浪郡王。二十二年,真德遣其弟国相、伊赞干金春秋及其子文王来朝。诏授春秋为特进,文王为左武卫将军。春秋请诣国学观释奠及讲论,太宗因赐以所制《温汤》及《晋祠碑》并新撰《晋书》将归国,令三品已上宴饯之,优礼甚称。

永徽元年,旨德大破百济之众,遣其弟法敏以闻。真德乃织锦作五言《太平颂》以献之,其词曰:"大唐开洪业,巍巍皇猷昌。止戈戎衣定,修文继百王。统天崇雨施,理物体含章。深仁偕日月,抚运迈陶唐。幡旗既赫赫,钲鼓何锽锽。外夷违命者,翦覆被天殃。淳风凝幽显,遐迩竞呈祥。四时和玉烛,十曜巡万方。维岳降宰辅,维帝任忠良。五三成一德,昭我唐家光。"帝嘉之,拜法敏为太府卿。

五年,真德卒,为举哀。诏以春秋嗣,立为新罗王、加授开府仪同三司、封乐浪郡王。六年,百济与高丽、靺鞨率兵侵其北界,攻陷三十余城,春秋遣使上表求救。显庆五年,命左武卫大将军苏定方为熊津道大总管,统水陆十万。仍令春秋为嵎夷道行军总管,与定方讨平百济,俘其王扶余义慈,献于阙下。自是新罗渐有高丽、百济之地,其界益大,西至于海。

龙朔元年,春秋卒,诏其子太府卿法敏嗣位,为开府仪同三司、上柱国、乐浪郡王、新罗王。三年,诏以其国为鸡林州都督府,授法敏为鸡林州都督。法敏以开耀元年卒,其子政明嗣位。垂拱二年,政明遣使来朝,因上表请《唐礼》一部并杂文章,则天令所司写《吉凶要礼》，并于《文馆词林》采其词涉规诫者，勒成五十卷以赐之。

天授三年，政明卒，则天为之举哀，遣使吊祭，册立其子理洪为新罗王，仍令袭父辅国大将军，行豹韬卫大将军、鸡林州都督。理洪以长安二年卒，则天为之举哀，辍朝二日，遣立其弟兴光为新罗王，仍袭兄将军、都督之号。兴光本名与太宗同，先天中则天改焉。

开元十六年，遣使来献方物，又上表请令人就中国学问经教，上许之。二十一年，渤海靺鞨越海入寇登州。时兴光族人金思兰先因入朝留京师，拜为太仆员外卿，至是遣归国发兵以讨靺鞨，仍加授兴光为开府仪同三司、宁海军使。二十五年，兴光卒，诏赠太子太保，仍遣左赞善大夫邢璹摄鸿胪少卿，往新罗吊祭，并册立其子承庆袭父开府仪同三司、新罗王。璹将进发，上制诗序，太子以下及百僚咸赋诗以送之。上谓璹曰："新罗号为君子之国，颇知书记，有类中华。以卿学术，善与讲论，故选使充此。到彼宜阐扬经典，使知大国儒教之盛。"又闻其人多善奕棋，因令善棋人率府兵曹杨季鹰为璹之副。璹等至彼，大为蕃人所敬。其国棋者皆在季鹰之下，于是厚赂璹等金宝及药物等。

天宝二年，承庆卒，诏遣赞善大夫魏曜往吊祭之。册立其弟宪英为新罗王，并袭其兄官爵。大历二年，宪英卒，国人立其子乾运为王，仍遣其大臣金隐居奉表入朝，贡方物，请加册命。三年，上遣仓部郎中、兼御史中丞、赐紫金鱼袋归崇敬持节赍册书往吊册之。以乾运为开府仪同三司、新罗王，仍册乾运母为太妃。七年，遣使金标石来贺正，授卫尉员外少卿，放还。八年，遣使来朝，并献金、银、牛黄、鱼牙䌷、朝霞䌷等。九所至十二年，比岁遣使来朝，或一岁再至。

建中四年，乾运卒，无子，国人立其上相金良相为王。贞元元年，授良相检校太尉、都督鸡林州刺史、宁海军使、新罗王。仍令户部郎中盖埙持节册命。其年，良相卒，立上相敬信为王，令袭其官爵。敬信即从兄弟也。十四年，敬信卒，其子先敬信亡，国人立敬信嫡孙俊邕为王。十六年，授俊邕开府仪同三司、检校太尉、新罗王。令司封郎中、兼御史中丞韦丹持节册命。丹至郓州，闻俊邕卒，其子重兴无，诏丹还。永贞元年，诏遣兵部郎中元季方持节册重兴为王。

元和元年十一月，放宿卫王子金献忠归本国，仍加试秘书监。三年，遣使金力奇来朝。其年七月，力奇上言：“贞元十六年，奉诏册臣故主金俊邕为新罗王，母申氏为太妃，妻叔氏为王妃。册使韦丹至中路，知俊邕薨，其册却回在中书省。今臣还国，伏请授臣以归。”敕：“金俊邕等册，宜令鸿胪寺于中书省受领，至寺宣授与金力奇，令奉归国。仍赐其叔彦升门戟，令本国准例给。”四年，遣使金陆珍等来朝贡。五年，王子金宪章来朝贡。

七年，重兴卒，立其相金彦升为王，遣使金昌南等来告哀。其年七月，授彦升开府仪同三司、检校太尉、持节大都督鸡林州诸军事，兼持节充宁海军使、上柱国、新罗国王，彦升妻贞氏册为妃，仍赐其宰相金崇斌等三人戟，亦令本国准例给。兼命职方员外郎、摄御史中丞崔廷持节吊祭册立，以其质子金士信副之。十一年十一月，其入朝王子金士信等遇恶风，飘至楚州盐城县界，淮南节度使李鄘以闻。是岁，新罗饥，其众一百七十人求食于浙东。十五年十一月，遣使朝贡。

长庆二年十二月，遣使金柱弼朝贡。宝历元年，其王子金昕来朝。大和元年四月，皆遣使朝贡。五年，金彦升卒，以嗣子金景徽为开府仪同三司、检校太尉、使持节大都督鸡林州诸军事，兼持节充宁海军使、新罗王；景徽母朴氏为太妃，妻朴氏为妃。命太子左谕德、兼御史中丞源寂持节吊祭册立。开成元年，王子金义琮来谢恩，兼宿卫。二年四月放还藩，赐物遣之。五年四月，鸿胪寺奏：新罗国告哀，质子及年满合归国学生等共一百五人，并放还。会昌元年七月，敕：“归国新罗官、前入新罗宣慰副使、前充兖州都督府司马、赐绯鱼袋金云卿，可淄州长史。”

倭国者，古倭奴国也。去京师一万四千里，在新罗东南大海中。依山岛而居，东西五月行，南北三月行。世与中国通。其国，居无城郭，以木为栅，以草为屋。四面小岛五十余国，皆附属焉。其王姓阿每氏,置一大率,检察诸国,皆畏附之。设官有十二等。其诉讼者,匍匐而前。地多女少男。颇有文字,俗敬佛法。并皆跣足。以幅布蔽其前后。贵人戴锦帽,百姓皆椎髻,无冠带。妇人衣纯色裙,长腰襦,束发于后,佩银花,长八寸,左右各数枝,以明贵贱等级。衣服之制,颇类新罗。

贞观五年,遣使献方物。太宗矜其道远,敕所司无令岁贡,又遣新州刺史高表仁持节往抚之。表仁无绥远之才,与王子争礼,不宣朝命而还。至二十二年,又附新罗奉表,以通起居。

日本国者,倭国之别种也。以其国在日边,故以日本为名。或曰:"倭国自恶其名不雅改为日本。或云:日本旧小国,并倭国之地。其人入朝者,多自矜大,不以实对,故中国疑焉。又云:其国界东西南北各数千里,西界、南界咸至大海,东界、北界有大山为限,山外即毛人之国。

长安三年,其大臣朝臣真人来贡方物。朝臣真人者,犹中国户部尚书,冠进德冠,其顶为花,分而四散,身服紫袍,以帛为腰带。真人好读经史,解属文,容止温雅。则天宴之于麟德殿,授司膳卿,放还本国。

开元初,又遣使来朝,因请儒士授经。诏四门助教赵玄默就鸿胪寺教之,乃遗玄默阔幅布以为束修之礼,题云"白龟元年调布"。人亦疑其伪。所得锡赍,尽市文籍,泛海而还。其偏使朝臣仲满,慕中国之风,因留不去,改姓名为朝衡,仕历左补阙、仪王友。衡留京师五十年,好书籍,放归乡,逗留不去。天宝十二年,又遣使贡。上元中,擢衡为左散骑常侍、镇南都护。贞元二十年,遣使来朝,留学生橘逸势、学问僧空海。元和元年,日本国使判官高阶真人上言:"前件学生,艺业稍成,愿归本国,便请与臣同归。"从之。开成四年,又遣使朝贡。

旧唐书卷一九九下
列传第一四九下

北　狄

铁勒　契丹　奚　室韦　靺鞨
渤海靺鞨　霫　乌罗浑

铁勒，本匈奴别种。自突厥强盛，铁勒诸郡分散，众渐寡弱。至武德初，有薛延陀、契苾、回纥、都播、骨利干、多览葛、仆骨、拔野古、同罗、浑部、思结、斛薛、奚结、阿跌、白霫等，散在碛北。薛延陀者，自云本姓薛氏，其先击灭延陀而有其众，因号为薛延陀部。其官方兵器及风俗大抵与突厥同。

初，大业中，西突厥处罗可汗始强大，铁勒诸部皆臣之，而处罗征税无度，薛延陀等诸部皆怨，处罗大怒，诛其酋帅百余人。铁勒相率而叛，共推契苾哥楞为易勿真莫贺可汗，居贪汗山北，又以薛延陀乙失钵为也咥小可汗，居燕末山北。西突厥射匮可汗强盛，延陀、契苾二部并去可汗之号以臣之。回纥等六部在郁督军山者，东属于始毕，乙失钵所部在金山者，西臣于叶护。

贞观二年，叶护可汗死，其国大乱。乙失钵之孙曰夷男，率其部落七万余家附于突厥。遇颉利之政衰，夷男率其徒属反攻颉利，大破之。于是颉利部诸姓多叛颉利，归于夷男，共推为主，夷男不敢当。时太宗方图颉利，遣游击将军乔师望从间道赍册书拜夷男为真珠毗伽可汗，赐以鼓纛。夷男大喜，遣使贡方物，复建牙于大漠之北郁督军山下，在京师西北六千里。东至靺鞨，西至叶护，南接沙碛，北至俱伦山，回纥、拔野古、阿跌、同罗、仆骨、霫诸大部落皆属焉。

三年，夷男遣其弟统特勒来朝，太宗厚加抚接，赐以宝刀及宝鞭，谓曰："汝所部有大罪者斩之，小罪者鞭之。"夷男甚喜。四年，平突厥颉利之后，朔塞空虚，夷男率其部东返故国，建庭于都尉犍山北，独逻河之南，在京师北三千三百里，东至室韦，西至金山，南至突厥，北临瀚海，即古匈奴之故地，胜兵二十万，立其二子为南北部。太宗亦以其强盛，恐为后患。十二年，遣使备礼册命，拜其二子皆为小可汗，外示优崇，实欲分其势也。会朝廷立李思摩为可汗，处其部众于漠南之地，夷男心恶思摩，甚不悦。

十五年，太宗幸洛阳，将有事于太山，夷男谋于其国曰："天子封太山，万国必会，士马皆集，边境空虚，我于此时取思摩如拉朽耳。"因命其子大度设勒兵二十万，屯白道川，据善阳岭以击思摩之部。思摩遣使请救，诏英国公李勣、蒲州刺史薛万彻率步骑数万赴之。逾白道川至青山，与大度设相及，追之累月，至诺真水，大度设知不脱，乃亘十里而陈兵。先是，延陀击沙钵罗及阿史那社尔等，以步战而胜。及其将来寇也，先讲武于国中，教习步战，每五人，以一人经习战阵者使执马，而四人前战，克胜即授马以追奔，失应接罪至于死，没其家口，以赏战人，至是遂行其法。突厥兵先合辄退，延陀乘胜而逐之。勣兵拒战而延陀万矢俱发，伤我战马，乃令去马步阵，率长槊数百为队，齐奋以冲之，其众溃散。副总管薛万彻率数千骑收其执马者，其众失马，莫知所从，因大纵，斩首三千余级，获马万五千匹，甲仗辎重不可胜计。大度设跳身而遁，万彻将数百骑追之，弗及。其余众大奔走，相腾践而死者甚众，伏尸被野，夷男因乞与突厥和，并遣使谢罪。

十六年，遣其叔父沙钵罗泥敦策斤来请婚，献马三千匹。太宗谓侍臣曰："北狄世为寇乱，今延陀崛强，须早为之所。朕熟思之，唯有二策：选徒十万，击而虏之，灭除凶丑，百年无事，此一策也；若遂其来请，结以婚姻，缓辔羁縻，亦足三十年安静，此亦一策也。未知何才为先?"司空房玄龄对曰:"今大乱之后,疮痍未复,且兵凶战危,圣人所慎。和亲之策,实天下幸甚。"太宗曰:"朕为苍生父母,苟可以利之,岂惜一女?遂许以新兴公主妻之。因征夷男备亲迎之礼,仍发诏将幸灵州与之会。"夷男大悦,谓其国中曰:"我本铁勒之小帅也,天子立我为可汗,今复嫁我公主,车驾亲至灵州,斯亦足矣。"于是税诸部羊马以为聘财,或说夷男曰:"我薛延陀可汗与大唐天子俱一国主,何有自往朝谒?如或拘留,悔之无及。"夷男曰:"吾闻大唐天子圣德远被,日月所照,皆来宾服。我归心委质,冀得睹天颜,死无所恨。然碛北之地,必当有主,舍我别求,固非大国之计。我志决矣,勿复多言。"于是言者遂止。太宗乃发使受其羊马,然夷男先无府藏,调敛其国,往返且万里,既涉沙碛,无水草,羊马多死,遂后期。太宗于是停幸灵州。既而其聘羊马来至,所耗将半。议者以为夷狄不可礼义畜,若聘财未备而与之婚,或轻中国,当须要其备礼,于是下诏绝其婚。既而李思摩数遣兵侵掠之,延陀复遣突利失击思摩,至定襄,抄掠而去。太宗遣英国公李勣援之,见虏已出塞而还。太宗以其数与思摩交兵,玺书责让之。

十七年,谓其使人曰:"语尔可汗,我父子并东征高丽,汝若能寇边者,但当来也。"夷男遣使致谢,复请发兵助军,太宗答以优诏而止。其冬,太宗拔辽东诸城,破驻跸阵,而高丽莫离支潜令靺鞨诳惑夷男,啖以厚利,夷男气慑不敢动,俄而夷男卒,太宗为之举哀。夷男少子肆叶护拔灼袭杀其兄突利失可汗而自立,是为颉利俱利薛沙多弥可汗。拔灼性褊急,驭下无恩,多所杀戮,其下不附。是时复以太宗尚在辽东,遂发兵寇夏州,将军执失思力击败之,虏其众数万,拔灼轻骑遁去,寻为回纥所杀,宗族殆尽。其余众尚五六万,窜于西域,又诸姓俟斤递相攻击,各遣使归命。

二十年,太宗遣使江夏王道宗、左卫大将军阿史那社尔为瀚海道安抚大使,右领军大将军执失思力领突厥兵,代州都督薛万彻、营州都督张俭、右骁卫大将军契苾何力各统所部兵分道并进;太宗亲幸灵州,为诸军声援。既而道宗渡碛,遇延陀余众数万来拒战,道宗击破之,斩首千余级。万彻又与回纥相遇,二将各遣使谕以绥怀之意,其酋帅见使者,皆顿颡欢呼,请入朝。太宗至灵州,其铁勒诸部相继至数千人,仍请列为州县。北荒悉平。诏曰:

　　惟天为大,合其德者弗违;谓地盖厚,体其仁者光被。故能弥纶八极,舆盖二仪,振绝代之英声,毕天下之能事。彼匈奴者,与开辟而俱生;奄有龙庭,共上皇而并列。僭称骄子,分天衢于紫宸;仰应旄头,抗大礼于皇极。顷窥邃古,能无力制。自朕临御天下,二纪于兹,粤以眇身,一匡寰宇。始勤劳于昧旦,终致治于升平。曩者聊命偏师,遂擒颉利;今兹始弘庙略,已灭延陀。虽鸾驾出征,未逾郊甸;前驱所拦,才掩塞垣。长策风行,已振金微之表,扬威电发,远詟沙场之外。铁勒诸姓、回纥胡禄俟利发等,总百余万户,散处北溟,远遣使人,委身内属,请同编列,并为州郡。收其瀚海,尽入提封;解其辫发,并垂冠带。上变星昴,归于东井之躔;下掩蹄林,袪入南山之囿。混元已降,殊未前闻;无疆之业,永贻来裔。古人所不能致,今既吞之;前王所不能屈,今咸灭之。斯实书契所未有,古今之壮观,岂朕一人独能。盖由上灵储祉,锡以太康;宗庙威灵,成兹克定。即宜备礼,告于清庙,仍颁示普天。

其后延陀西遁之众,共推夷男兄子咄摩支为伊特勿失可汗,率部落七万余口,西归故地。乃去可汗之号,遣使奉表,请居郁督军山北。诏兵部尚书崔敦礼就加绥抚。而诸部铁勒素服薛延陀之众,及咄摩支至,九姓渠帅莫不危惧。朝议恐为碛北之患,复令英国公李勣进加讨击。勣率九姓铁勒二万骑至于天山。咄摩支见官军奄至,惶骇不知所为,且闻诏使萧嗣业在回纥中,因而请降。嗣业与之俱至京师,诏授右武卫将军,赐以田宅。咄摩支入国后,铁勒酋帅潜知其部落,仍持两端。李勣因纵兵追击,前后斩五千余级,虏男女三万计。

　　二十二年,契苾回纥等十余部落以薛延陀亡散殆尽,乃相继归国。太宗各因其地土,择其部落。置为州府:以回纥部为瀚海都督府,仆骨为金微都督府,多览葛为燕然都督府,拔野古部为幽陵都督府,同罗部为龟林都督府,思结部为庐山都督府,浑部为皋兰州,斛薛部为高阙州,奚结部为鸡鹿州,阿跌部为鸡田州,契苾部为榆溪州,思结别部为蹛林州,白霤部为寘颜州,凡一十三州。拜其酋长为都督、刺史,给玄金鱼以为符信,又置燕然都护以统之。是岁,太宗以铁勒诸部并皆内属,诏赐京城百姓大酺三日。永徽元年,延陀首领先逃逸者请归国,高宗更置溪弹州以安恤之。至则天时,突厥强盛,铁勒诸部在漠北者渐为所并。回纥、契苾、思结、浑部徙于甘、凉二州之地。

其骨利干北距大海,去京师最远,自古未通中国。贞观中遣使来朝贡,遣云麾将军康苏密往慰抚之,仍列其地为玄阙州。俄又遣使随苏密使入朝,献良马十匹。太宗奇其骏异,为之制名,号为十骥:一曰腾霜白,二曰皎雪骢,三曰凝露骢,四曰悬光骢,五曰决波騟,六曰飞霞骠,七曰发电赤,八曰流金騧,九曰翔麟紫,十曰奔虹赤。又为文以叙其事。自延陀叛后,朝贡遂绝。

契丹,居黄水之南,黄龙之北,鲜卑之故地,在京城东北五千三百里。东与高丽邻,西与奚国接,南至营州,北至室韦。冷陉山在其国南,与奚西山相崎,地方二千里,逐猎往来,居无常处。其君长姓大贺氏。胜兵四万三千人,分为八部,若有征发,诸部皆须议合,不得独举。猎则别部,战则同行。本臣突厥,好与奚斗,不利则保入青山及鲜卑山。其俗死者不得作冢墓,以马驾车送入大山,置之树上,亦无服纪。子孙死,父母晨夕哭之;父母死,子孙不哭。其余风俗与突厥同。

武德初,数抄边境。二年,入寇平州。六年,其君长咄罗遣使贡名马丰貂。贞观二年,其君摩会率其部落来降。突厥颉利遣使请以梁师都易契丹,太宗谓曰:"契丹、突厥,本是别类,今来降我,何故索之?师都本中国人,据我州城,以为盗窃,突厥无故容纳之,我师往讨,便来救援。计不久自当擒灭,纵其不得,终不以契丹易之。"太

宗伐高丽，至营州，会其君长及老人等，赐物各有差，授其蕃长窟哥
为左武卫将军。二十二年，窟哥等部咸请内属，乃置松漠都督府，以
窟哥为左领军将军兼松漠都督府、无极县男，赐姓李氏。显庆初，又
拜窟哥为左监门大将军。其曾孙祜莫离，则天时历左卫将军兼检校
弹汗州刺史，归顺郡王。

又契丹有别部酋帅孙敖曹，初仕隋为金紫光禄大夫。武德四
年，与靺鞨酋长突地稽俱遣使内附，诏令于营州城旁安置，授云麾
将军，行辽州总管。至曾孙万荣，垂拱初累授右玉钤卫将军、归诚州
刺史，封永乐县公。万岁通天中，万荣与王妹婿松漠都督李尽忠，俱
为营州都督赵翙所侵侮，二人遂举兵杀翙，据营州作乱。尽忠即窟
哥之胤，历位右武卫大将军兼松漠都督。则天怒其叛乱，下诏改万
荣名为万斩，尽忠为尽灭。尽灭寻自称无上可汗，以万斩为大将，前
锋略地，所向皆下，旬日兵至数万，进逼檀州。诏令右金吾大将军张
玄遇、左鹰扬卫将军曹仁师、司农少卿麻仁节率兵讨之。与万斩战
于西硖石谷，官军败绩，玄遇、仁节并为贼所虏。又令夏官尚书王孝
杰、左羽林将军苏宏晖领兵七万以继之。与万斩战于东硖石谷，孝
杰左阵陷没，宏晖弃甲而遁。万斩乘胜率其众入幽州，杀略人吏。清
边道大总管、建安郡王武攸宜遣裨将讨之，不能克。又诏左金吾大
将军、河内王武懿宗为大总管，御史大夫娄师德为副大总管，右武
卫将军沙吒忠义为前军总管，率兵三十万以讨之。俄而李尽灭死，
万斩代领其众。万斩又遣别帅骆务整、何阿小为游军前锋，攻陷冀
州，杀刺史陆宝积，屠官吏子女数千人。俄而奚及突厥之众掩击其
后，掠其幼弱。万斩弃其众，以轻骑数千人东走。前军副总管张九
节率数百骑设伏以邀之。万斩穷蹙，乃将其家奴轻骑宵遁，至潞河
东，解鞍憩于林下，其奴斩之。张九节传其首于东都，自是其余众遂
降突厥。

开元三年，其首领李失活以默啜政衰，率种落内附。失活即尽
忠之从父弟也。于是复置松漠都督府，封失活为松漠郡王，拜左金

吾卫大将军兼松漠都督。其所统八部落，各因旧帅拜为刺史，又以将军薛泰督军以镇抚之。明年，失活入朝，封宗室外甥女杨氏为永乐公主以妻之。

六年，失活死，上为之举哀，赠特进。失活从父弟娑固代统其众，遣使册立，仍令袭其兄官爵。娑固大臣可突于骁勇，颇得众心，娑固谋欲除之。可突于反攻娑固，娑固奔营州。都督许钦澹令薛泰帅骁勇五百人，又征奚王李大辅者及娑固合众以讨可突于。官军不利，娑固、大辅临阵皆为可突于所杀，生拘薛泰。营府震恐，许钦澹移军西入渝关。可突于立娑固从父弟郁于为主，俄又遣使请罪，上乃令册立郁于，令袭娑固官爵，仍赦可突于之罪。十年，郁于入朝请婚。上又封从妹夫率更令慕容嘉宾女为燕郡公主以妻之，仍封郁于为松漠郡王，授左金吾卫员外大将军兼静析军经略大使，赐物千段。郁于还蕃，可突于来朝，拜左羽林将军，从幸并州。

明年，郁于病死，弟吐于代统其众，袭兄官爵，复以燕郡公主为妻。吐于与可突于复相猜阻。十三年，携公主来奔，便不敢还，改封辽阳郡王，因留宿卫。可突于立李尽忠弟邵固为主。其冬，车驾东巡，邵固诣行在所，因从至岳下，拜左羽林军员外大将军、静析军经略大使，改封广化郡王，又封皇从外甥女陈氏为东华公主以妻之。

邵固还蕃，又遣可突于入朝，贡方物，中书侍郎李元宏不礼焉，可突于怏怏而去。左丞相张说谓人曰："两蕃必叛。可突于人面兽心，唯利是视，执其国政，人心附之，若不优礼縻之，必不来矣。"十八年，可突于杀邵固，率部落并胁奚众降于突厥，东华公主走投平卢军。于是诏中书舍人裴宽、给事中薛侃等于京城及关内、河东、河南、河北分道募壮勇之士，以忠王浚为河北道行军元帅以讨之，师竟不行。二十年，诏礼部尚书信安王祎为行军副大总管，领众与幽州长史赵含章出塞击破之，俘获甚众。可突于率其麾下远遁，奚众尽降，祎乃班师。明年，可突于又来抄掠。幽州长史中薛楚玉遣副将郭英杰、吴克勤、邬知义、罗守忠率精骑万人，并领降奚之众追击之，军至渝关都山之下，可突于领突厥兵以拒官军。奚众遂持两端，散走保险。官军大败，知义、守忠率麾下遁归，英杰、克勤没于阵，其下六千余人，尽为贼所杀。诏以张守珪为幽州长史兼御史丞以经略之。可突于渐为守珪所逼，遣使伪降。俄又回惑不定，引众渐向西北，将就突厥。守珪遣管记王悔等就部落招谕之。时契丹衙官李过折与可突于分掌兵马，情不叶，每潜诱之，过折夜勒兵斩可突于及其支党数十人。二十三年正月，传首东都。诏封过折为北平郡王，授特进，检校松漠州都督，赐锦衣一副、银器十事、绢彩三千匹。其年，过折为可突于余党泥礼所杀，并其诸子，唯一子剌乾走投安东得免，拜左骁卫将军。

天宝十年，安禄山诬其酋长欲叛，请举兵讨之。八月，以幽州、云中、平卢之众数万人，就黄水南契丹衙与之战，禄山大败而还，死者数千人。至十二年，又降附。迄于贞元，常间岁来修藩礼。

贞元四年，与奚众同寇我振武，大掠人畜而去。九年、十年，复遣使来朝，大首领梅落曳何已下，各授官放还。十一年，大首领热苏等二十五人来朝。自后至元和、长庆、宝历、大和、开成时遣使来朝贡。会昌二年九月，制：“契丹新立五屈戌，可云麾将军，守右武卫将军员外置同正员。”幽州节度使张仲武上言：“屈戌等云，契丹旧用回纥印，今恳请闻奏，乞国家赐印。”许之，以“奉国契丹之印”为文。

奚国，盖匈奴之别种也，所居亦鲜卑故地，即东胡之界也，在京师东北四千余里，东接契丹，西至突厥，南拒白狼河，北至国。自营州西北饶乐水以至其国。胜兵三万余人，分为五部，每部置俟斤一人。风俗并于突厥，每随逐水草，以畜牧为业，迁徙无常。居有毡帐，兼用车为营，牙中常五百人持兵自卫。此外部落皆散居山谷，无赋税。其人善射猎，好与契丹战争。

武德中，遣使朝贡。贞观二十二年，酋长可度者率其所部内属，乃置饶乐都督府，以可度者为右领军兼饶乐都督，封楼烦县公，赐姓李氏。显庆初，又授右监门大将军。万岁通天年，契丹叛后，奚众官属突厥，两国常处为表里，号曰“两蕃”。景云元年，其首领李大辅遣使贡方物，睿宗嘉之，宴赐甚厚。

延和元年，左羽林将军、检校幽州大都督孙俭，率兵十二万以袭其部落，师次冷硎，前军左骁卫将军李措洛等与大辅会战，我师败绩。俭惧，不敢进救，遣使矫报大辅云："我奉敕来此招谕其蕃将，李措洛等不受节度而辄用兵，请斩以谢。"大辅曰："若奉敕招谕，有何国信物？"俭率军中缯帛万余段并袍带以与之。大辅曰："将军可南还，无相惊扰。"俭军渐失部伍，大辅乃率众逼之，由是大败，兵士死伤者数万。俭及副将周以悌为大辅所擒，送于突厥默啜，并遇害。

开元三年，大辅遣其大臣粤苏梅落来请降，诏复立其地为饶乐州，封大辅为饶乐郡王，仍拜左金吾员外大将军、饶乐州都督。五年，大辅与契丹首领松漠郡王李失活咸请于柳城依旧置营州都督府，上从之。敕太子詹事羊师度充使督作，役功八千余人。其年，大辅入朝，诏封从外甥女辛氏为固安公主以妻之，赐物一千五百疋，遣右领军将军李济持节送还蕃。

八年，大辅率兵救契丹，战死，其弟鲁苏嗣立。十年，入朝，诏令袭其兄饶乐郡王、右金吾员外大将军兼保塞军经略大使，赐物一千段，仍以固安公主为妻。而公主与嫡母未和，递相论告，诏令离婚，复以成安公主之女韦氏为东光公主以妻之。十四年，又改封鲁苏为奉诚王，授右羽林军员外将军。十八年，奚众为契丹衙官可突于所胁，复叛降突厥。鲁苏不能制，走投渝关，东光公主奔归平卢军。其秋，幽州长史赵含章发清夷军兵击奚，破之，斩首二百级。自是奚众稍稍归降。二十年，信安王祎奉诏讨叛奚。奚酋长李诗琐高等以其部落五千帐来降。诏封李诗为归义王兼特进、左羽林军大将军同正，仍充归州都督，赐物十万段，移其部落于幽州界安置。天宝五载，又封其王婆固为昭信王，仍授饶乐都督。

自大历后，朝贡时至。贞元四年七月，奚及室韦寇振武。十一年四月，幽州奏却奚六万余众。元和元年，其王饶乐府都督、袭归诚王梅落来朝，加检校司空，放还蕃。三年，以奚首领索低为右武威卫将军同正，充檀、蓟两州游奕兵马使，仍赐姓李氏。八年，遣使来朝。

十一年,遣使献名马。尔后每岁朝贡不绝,或岁中二三至。故事,常以范阳节度使为押奚、契丹两蕃使。自至德之后,藩臣多擅封壤,朝廷优容之,彼务自完,不生边事,故二蕃亦少为寇。其每岁朝贺,常各遣数百人至幽州,则选其酋渠三五十人赴阙,引见于麟德殿,锡以金帛遣还。余皆驻而馆之,率为常也。

室韦者,契丹之别类也。居猗越河北,其国在京师东北七千里。东至黑水靺鞨,西至突厥,南接契丹,北至于海。其国无君长,有大首领十七人,并号“莫贺弗”,世管摄之,而附于突厥。兵器有角弓楛矢,尤善射,时聚弋猎,事毕而散。其人土著,无赋敛。或为小室,以皮覆上,相聚而居,至数十百家。剡木为犁,不加金刃,人牵以种,不解用牛。夏多雾雨,冬多霜霰。畜宜犬豕,蓄养而啖之,其皮用以为韦,男子女人通以为服。被发左衽,其家富者项著五色杂珠。婚嫁之法,男先就女舍,三年役力,因得亲迎其妇。役日已满,女家分其财物,夫妇同车而载,鼓舞共归。武德中,献方物。贞观三年,遣使贡丰貂,自此朝贡不绝。

又云:室韦,我唐有九部焉。所谓岭西室韦、山北室韦、黄头室韦、大如者室韦、小如者室韦、婆莴乌戈反室韦、讷北室韦、骆驼室韦,并在柳城郡之东北,近者三千五百里,远者六千二百里。今室韦最西与回纥接界者,乌素固部落,当俱轮泊之西南。次东有移塞没部落。次东又有塞曷支部落,此部落有良马,人户亦多,居啜河之南,其河彼俗谓之燕支河。次又有和解部落,次东又有乌罗护部落,又有那礼部落。又东北有山北室韦,又北有小如者室韦,又北有婆莴室韦,东又有岭西室韦,又东南至黄头室韦,此部落兵强,人户亦多,东北与达姤接。岭西室韦北又有讷北支室韦,此部落较小。乌罗护之东北二百余里那河之北有古乌丸之遗人,今亦自称乌丸国。武德、贞观中,亦遣使来朝贡。其北大山之北有大室韦部落,其部落傍望建河居。其河源出突厥东北界俱轮泊,屈曲东流,经西室韦界,又东经大室韦界,又东经蒙兀室韦之北,落俎室韦之南,又东流与那河、忽汗河合，又东经南黑水靺鞨之北，北黑水靺鞨之南，东流注于海。乌丸东南三百里，又有东室韦部落，在猛越河之北。其河东南流，与那河合。开元、天宝间，比年或间岁入贡。大历中，亦频遣使来贡。贞元八年闰十二月，室韦都督和解热素等一十人来朝。大和五年至八年，凡三遣使来。九年十二月，室韦大胜督阿成等三十人来朝。开成、会昌中，亦遣使来朝贡不绝。

靺鞨，盖肃慎之地，后魏谓之勿吉，在京师东北六千余里。东至于海，西接突厥，南界高丽，北邻室韦。其国凡为数十部，各有酋帅，或附于高丽，或臣于突厥。而黑水靺鞨最处北方，尤称劲健，每恃其勇，恒为邻境之患。俗皆编发，性凶悍，无忧戚，贵壮而贱老。无屋宇，并依山水掘地为穴，架木于上，以土覆之，状如中国之冢墓，相聚而居。夏则出随水草，冬则入处穴中。父子相承，世为君长。俗无文字。兵器有角弓及楛矢。其畜宜猪，富人至数百口，食其肉而衣其皮。死者穿地埋之，以身衬土，无棺敛之具，杀所乘马于尸前设祭。

有酋帅突地稽者，隋末率其部千余家内属，处之于营州，炀帝授突地稽金紫光禄大夫、辽西太守。武德初，遣间使朝贡。以其部落置燕州，仍以突地稽为总管。刘黑闼之叛也，突地稽率所部赴定州，遣使诣太宗请受节度，以战功封著国公。又徙其部落于幽州之昌平城。会高开道引突厥来攻幽州，突地稽率兵邀击，大破之。贞观初，拜右卫将军，赐姓李氏。寻卒。子谨行，伟貌，武力绝人。麟德中，历迁营州都督。其部落家僮数千人，以财力雄边，为夷人所惮。累拜右领军大将军，为积石道经略大使。吐蕃论钦陵等率众十万人入寇湟中，谨行兵士樵采，素不设备，忽闻贼至，遂建旗伐鼓，开门以待之。吐蕃疑有伏兵，竟不敢进。上元三年，又破吐蕃数万众于青海，降玺书劳勉之。累授镇军大将军，行右卫大将军，封燕国公。永淳元年卒，赠幽州都督，陪葬乾陵。自后或有酋长自来，或遣使来朝贡，每岁不绝。

其白山部,素附于高丽,因收平壤之后,部众多入中国。汩咄、安居骨、室等部,亦因高破后奔散微弱,后无闻焉,纵有遗人,并为渤海编户。唯黑水部全盛,分为十六部,部又以南北为称。开元十三年,安东都护薛泰请于黑水靺鞨内置黑水军。续更以最大部落为黑水府,仍以其首领为都督,诸部刺史隶属焉。中国置长史,就其部落监领之。十六年,其都督赐姓李氏,名献诚,授云麾将军兼黑水经略使,仍以幽州都督为其押使,自此朝贡不绝。

渤海靺鞨大祚荣者,本高丽别种也。高丽既灭,祚荣率家属徙居营州。万岁通天年,契丹李尽荣反叛,祚荣与靺鞨乞四比羽各领亡命东奔,保阻以自固。尽荣既死,则天命右玉钤卫大将军李楷固率兵讨其余党,先破斩乞四比羽,又度天门岭以迫祚荣。祚荣合高丽、靺鞨之众以拒楷固,王师大败,楷固脱身而还。属契丹及奚尽降突厥,道路阻绝,则天不能讨,祚荣遂率其众东保桂娄之故地,据东牟山,筑城以居之。

祚荣骁勇善用兵,靺鞨之众及高丽余烬,稍稍归之。圣历中,自立为振国王,遣使通于突厥。其地在营州之东二千里,南与新罗相接。越憙靺鞨东北至黑水靺鞨,地方二千里,编户十余万,胜兵数万人。风俗与高丽及契丹同,颇有文字及书记。中宗即位,遣侍御史张行岌往招慰之。祚荣遣子入侍,将加册立,会契丹与突厥连岁寇边,使命不达。睿宗先天二年,遣郎将崔䜣往册拜祚荣为左骁卫员外大将军、渤海郡王,仍以其所统为忽汗州,加授忽汗州都督,自是每岁遣使朝贡。

开元七年,祚荣死,玄宗遣使吊祭,乃册立其嫡子桂娄郡王大武艺袭父为左骁卫大将军、渤海郡王、忽汗州都督。

十四年,黑水靺鞨遣使来朝,诏以其地为黑水州,仍置长史,遣使镇押。武艺谓其属曰:"黑水途经我境,始今与唐家相通。旧请突厥吐屯,皆即知同去。今不计会,即请汉官,必是与唐家通谋,腹背攻我也。"遣母弟大门艺及其舅任雅发兵以击黑水。门艺曾充质子至京师,开元初还国,至是谓武艺曰:"黑水请唐家官吏,即欲击之,是背唐也。唐国人众兵强,万倍于我,一朝结怨,但自取灭亡。昔高丽全盛之时,强兵三十余万,抗敌唐家,不事宾伏,唐兵一临,扫地俱尽。今日渤海之众,数倍少于高丽,乃欲违背唐有,事必不可。"武艺不从。门艺兵至境,又上书固谏。武艺怒,遣从兄大壹夏代门艺统兵,征门艺,欲杀之。门艺遂弃其众,间道来奔,诏授左骁卫将军。武艺寻遣使朝贡,仍上表极言门艺罪状,请杀之。上密遣门艺往安西,仍报武艺云:"门艺远来归投,义不可杀。今流向岭南,已遣去讫。"乃留其使马文轨、葱勿雅,别遣使报之。俄有泄其事者,武艺又上书云:"大国示人以信,岂有欺诳之理!今闻门艺不向岭南,伏请依前杀却。"由是鸿胪少卿李道邃、源复以不能督察官属,致有漏泄,左迁道邃为曹州刺史,复为泽州刺史。遣门艺暂向岭南以报之。

二十年,武艺遣其将张文休率海贼攻登州刺史韦俊。诏遣门艺往幽州征兵以讨之,仍令太仆员外卿金思兰往新罗发兵以攻其南境。属山阻寒冻,雪深丈余,兵士死者过半,竟无功而还。武艺怀怨不已,密遣使至东都,假刺客刺门艺于天津桥南,门艺格之,不死。诏河南府捕获其贼,尽杀之。

二十五年,武艺病卒,其子钦茂嗣立。诏遣内侍段守简往册钦茂为渤海郡王,仍嗣其父为左骁卫大将军、忽汗州都督。钦茂承诏赦其境内,遣使随守简入朝贡献。大历二年至十年,或频遣使来朝,或间岁而至,或岁内二三至者。十二年正月,遣使献日本国舞女一十一人及方物。四月、十二月,使复来。建中三年五月、贞元七年正月,皆遣使来朝,授其使大常靖为卫尉卿同正,令还蕃。八月,其王子大贞翰来朝,请备宿卫。十年正月,以来朝王子大清允为右卫将军同正,其下三十余人,拜官有差。

十一年二月,遣内常侍殷志赡册大嵩璘为渤海郡王。十四年,加银青光禄大夫、检校司空,进封渤海郡王。嵩璘父钦茂,开元中,袭父位为郡王左金吾大将军,天宝中,累加特进、太子詹事、宾客,宝应元年,进封国王,大历中,累加拜司空、太尉;及嵩璘袭位,但授其郡王、将军而已,嵩璘遣使叙理,故再加册命。十一月,以王侄大能信为左骁卫中郎将、虞候、娄蕃长，都督茹富仇为右武卫将军，放还。

二十一年，遣使来朝。顺宗加嵩璘金紫光禄大夫、检校司空。元和元年十月，加检校太尉。十二月，遣使朝贡。四年，以嵩璘男元瑜为银青光禄大夫、检校秘书监、忽汗州都督，依前渤海国王。五年，遣使朝贡者二。七年，亦遣使来朝。八年正月，授元瑜弟权知国务言义银青光禄大夫、检校秘书监、都督、渤海国王，遣内侍李重旻使焉。

十三年，遣使来朝，且告哀。五月，以知国务大仁秀为银青光禄大夫、检校秘书监、都督、渤海国王。十五年闰正月，遣使来朝，加大仁秀金紫光禄大夫、检校司空。十二月，复遣使来朝贡。长庆二年正月，又遣使来。四年二月，大睿等五人来朝，请备宿卫。宝历中，比岁修贡。大和元年、四月，皆遣使来朝。

五年，大仁秀卒，以权知国务大彝震为银青光禄大夫、检校秘书监、都督、渤海国王。六年，遣王子大明俊等来朝。七年正月，遣同中书右平章事高宝英来谢册命，仍遣学生三人，随宝英请赴上都学问。先遣学生三人，事业稍成，请归本国，许之。二月，王子大先晟等六人来朝。开成后，亦修职贡不绝。

霫，匈奴之别种也，居于潢水北，亦鲜卑之故地，其国在京师东北五千里。东接靺鞨，西至突厥，南至契丹，北与乌罗浑接。地周二千里，四面有山，环绕其境。人多善射猎，好以赤皮为衣缘，妇人贵铜钏，衣襟上下悬小铜铃，风俗略与契丹同。有都伦纥斤部落四万户，胜兵万余人。贞观三年，其君长遣使贡方物。

乌罗浑国，盖后魏之乌洛侯也，今亦谓之鸟罗护，其国在京师东北六千三百里。东与靺鞨，西与突厥，南与契丹，北与乌丸接。风俗与靺鞨同。贞观六年，其君长遣使献貂皮焉。

　　史臣曰：北狄密迩中华，侵边盖有之矣；东夷隔碍瀛海，作梗罕常闻之。非惟势使之然，抑亦禀于天性。太平之人仁，空峒之人武，信矣。隋炀帝纵欲无厌，兴兵辽左，急敛暴欲，由是而起。乱臣贼子，得以为资，不戢自焚，遂亡其国。我太宗文皇帝亲驭戎辂，东征高丽，虽有成功，所损亦甚。及凯还之日，顾谓左右曰："使朕有魏徵在，必无此行矣。"则是悔于出师也可知矣。何者？夷狄之国，犹石田也，得之无益，失之何伤，必务求虚名，以劳有用。但当修文德以来之，被声教以服之，择信臣以抚之，谨边备以防之，使重译来庭，航海入贡，兹庶得其道也。

　　赞曰：东夷之人，北狄之俗。爰考《周官》，是称蛮服。未得无伤，已得何足。宜务怀柔，谓之羁束。

旧唐书卷二〇〇上
列传第一五〇上

安禄山 子庆绪　高尚　孙孝哲
史思明 子朝义

　　安禄山，营州柳城杂种胡人也。本无姓氏，名轧荦山。母阿史德氏，亦突厥巫师，以卜为业。突厥呼斗战为轧荦山，遂以名之。少孤，随母在突厥中，将军安波至兄延偃妻其母。开元初，与将军安道买男俱逃出突厥中。道买次男贞节为岚州别驾，收护之。年十余岁，以与其兄及延偃相携而出，感愧之，约与思顺等并为兄弟，冒姓为安。及长，解六蕃语，为互市牙郎。二十年，张守珪为幽州节度，禄山盗羊事觉，守珪剥坐，欲棒杀之，大呼曰："大夫不欲灭两蕃耶？何为打杀禄山！"守珪见其肥白，壮其言而释之。令与乡人史思明同捉生，行必克获，拔为偏将。常嫌其肥，以守珪威风素高，畏惧不敢饱食。以骁勇闻，遂养为子。

　　二十八年，为平卢兵马使。性巧黠，人多誉之，授营州都督、平卢军使。厚赂往来者，乞为好言，玄宗益信响之。天宝元年，以平卢为节度，以禄山摄中丞为使。入朝奏事，玄宗益宠之。三载，代裴宽为范阳节度，河北采访、平卢军等使如故。采访使张利贞常受其赂；数载之后，黜陟使席建侯又言其公直无私；裴宽受代，及李林甫顺旨，并言其美。数公皆信臣，玄宗意益坚不摇矣。后请为贵妃养儿，入对皆先拜太真，玄宗怪而问之，对曰："臣是蕃人，蕃人先母而后父。"玄宗大悦，遂命杨铦已下并约为兄弟姊妹。

六载，加大夫。常令刘骆谷奏事。与王铣俱为大夫。李林甫为相，朝臣莫敢抗礼，禄山承恩深，入谒不甚磬折。林甫命王铣，铣趋拜谨甚，禄山悚息，腰渐曲。每与语，皆揣知其情而先言之，禄山以为神明，每见林甫，虽盛冬亦汗洽。林甫接以温言，中书厅引坐，以己披袍覆之，禄册欣荷，无所隐，呼为十郎。骆谷奏事，先问"十郎何言？"有好言则喜跃，若但言"大夫须好检校"，则反手据床曰："阿与，我死也！"李龟年尝学其说，玄宗以为笑乐。

晚年益肥壮，腹垂过膝，重三百三十斤，每行以肩膊左右抬挽其身，方能移步。至玄宗前，作胡旋舞，疾如风焉。为置第宇，穷极壮丽，以金银为笲筐笊篱等。上御勤政楼，于御坐东为设一大金鸡障，前置一榻坐之，卷去其帘。十载入朝，又求为河东节度，因拜之。男十一人：长子庆宗，太仆卿；少子庆绪，鸿胪卿。庆宗又尚郡主。

禄山阴有逆谋，于范阳北筑雄武城，外示御寇，内贮兵器，积谷为保守之计，战马万五千匹，牛羊称是。兼三道节度，进奏无不允。引张通儒、李庭坚、平洌、李史鱼、独孤问俗在幕下，高尚掌书记，刘骆谷留居西京为耳目，安守忠、李归仁、蔡希德、牛庭玠、向润容、崔乾佑、尹子奇、何千年、武令珣、能元皓、田承嗣、田乾真，皆拔于行间。每月进奉生口驼马鹰犬不绝，人无聊矣。既肥大不任战，前后十余度欺诱契丹，宴设酒中著莨菪子，预掘一坑，待其昏醉，斩首埋之，皆不觉死，每度数十人。十一载八月，禄山并率河东等军五六万，号十五万，以讨契丹。去平卢千余里，至土护真河，即北黄河也。又倍程三百里，奄至契丹牙帐。属久雨，弓箭皆涨湿，将士困极，奚又夹攻之，杀伤略尽。禄山被射，折其玉簪，以麾下奚小儿二十余人走上山，坠坑中，其男庆绪等扶持之。会夜，解走，投平卢城。

杨国忠屡奏禄山必反。十二载，玄宗使中官辅璆琳觇之，得其贿赂，盛言其忠。国忠又云"召必不至"，洎召之而至。十三载正月，谒于华清宫，因涕泣言："臣蕃人，不识字，陛下擢臣不次，被杨国忠欲得杀臣。"玄宗益亲厚之，遂以为左仆射，却回。其月，又请为闲厩、陇右群牧等都使，奏吉温为武部侍郎、兼中丞，为其副，又请知总监事。既为闲厩、群牧等使，上筋脚马，皆阴选择之，夺得楼烦监牧及夺张文俨马牧。三月一日，归范阳，疾行出关，日行三四百里，至范阳。人言反者，玄宗必大怒，缚送与之。十四载，玄宗又召之，托疾不至。赐其子婚，令就观礼，又辞。

十一月，反于范阳，矫称奉恩命以兵讨逆贼杨国忠。以诸蕃马步十五万，夜半行，平明食，日六十里。以高尚、严庄为谋主，孙孝哲、高邈、何千年为腹心。天下承平日久，人不知战，闻其兵起，朝廷震惊。禁卫皆市井商贩之人，乃开左藏库出锦帛召募。因以高仙芝、封常清等相次为大将以击之。禄山令严肃，得士死力，无不一当百，遇之必败。十二月，度河至陈留郡，河南节度张介然城陷死之，传首河北。陈留郭门禄山男庆绪见诛庆宗榜，泣告禄山，禄山在舆中惊哭曰："吾子何罪而杀之！"狂而怒，官军之降者夹道，命交相斫焉，死者六七千人，遂入陈留郡。太守郭纳初拒战，至是出降。至荥阳，太守崔无诐拒战，城陷死之。次于汜水罂子谷，将军荔非守瑜蹲而射之，杀数百人，及铁蒺藜，禄山不敢过，乃取谷南而过。守瑜箭尽，投河而死。东京留守李憕、中丞卢奕、采访使判官蒋清烧纪河阳桥。禄山怒，率军大至。封常清自苑西聩墙使伐树塞路而奔。禄山入东京，杀李憕、卢奕、蒋清，召河南尹达奚珣，使之莅事。初，常清欲杀珣，恐应贼，憕、奕谏止之，常清既败，唯与数骑走至陕郡，高仙芝率兵守陕城，皆弃甲西走潼关，惧贼追蹑，相蹂藉而死者塞路。陕郡太守窦庭芝走投河东。贼使崔乾佑守陕郡。临汝太守韦斌降于贼。

十五年正月，贼窃号燕国，立年圣武，达奚珣已下署为丞相。五月，南阳节度鲁炅率荆、襄、黔中、岭南子弟十万余，与贼将武令珣战于叶县城北滍河，王师尽没。六月，李光弼、郭子仪出土门路，大破贼众于常山郡东嘉山，河北诸郡归降者十余，禄山窘急，图欲却投范阳。会哥舒翰自潼关领马步八万，与贼将崔乾佑战于灵宝西，为贼覆败，翰西奔潼关，为其帐下执送于贼。关门不守，玄宗幸蜀，太子收兵灵武。贼乃遣张通儒为西京留守，田乾真为京兆尹，安守忠屯兵苑中。十一月，遣阿史那承庆攻陷颍川，屠之。

禄山以体肥,长带疮。及造逆后而眼渐昏,至是不见物。又著疽疾。俄及至德二年正月朔受朝,疮甚而中罢。以疾加躁急,动用斧钺,严庄亦被捶挞,庄乃日夜谋之。立庆绪于户外,庄持刀领竖李猪儿同入禄山帐内,猪儿以大刀斫其腹。禄山眼无所见,床头常有一刀,及觉难作,扪床头不得,但撼握帐大呼曰:"是我家贼!"腹肠已数斗流在床上,言讫气绝。因掘床下深数尺为坑,以毡罽包其尸埋之。又无哭泣之仪。庄即宣言于外,言禄山传位于晋王庆绪,尊禄山为太上皇。庆绪纵乐饮酒无度,呼庄为兄,事之大小必咨之。

初,猪儿出契丹部落,十数岁事禄山,甚黠慧。禄山持刃尽去其势,血流数升,欲死,禄山以灰火傅之,尽日而苏。因为阉人,禄山颇宠之,最见信用。禄山肚大,每著衣带,三四人助之,两人抬起肚,猪儿以头戴之,始取裙裤带及系腰带。玄宗宠禄山,赐华清宫汤浴,皆许猪儿等入助解著衣服。然终见剒者,猪儿也。

庆绪,禄山第二子也。母康氏,禄山糟糠之妻。庆绪善骑射,禄山偏爱之。未二十,拜鸿胪卿,兼广阳太守。初名仁执,玄宗赐名庆绪,为禄山都知兵马使。严庄、高尚立为伪主。庆绪素懦弱,言词无序,庄恐众不伏,不令见人。庄为伪御史大夫、冯翊郡王,以专其政。厚其军将官秩,以固其心。

二月,肃宗南幸凤翔郡,始知禄山死,使仆固怀恩使于回纥,结婚请兵讨逆。其月,郭子仪拔河东郡,崔乾祐南遁。八月,回纥三千骑至。九月,广平王领番汉之众收西京,走安守忠,贼之死者积如山阜。十月,贼将尹子奇攻陷睢阳郡,杀张巡、姚訚等。王师乘胜至陕郡,贼惧,令严庄倾其骁勇而来拒。广平王遣副元帅郭子仪等与贼战于陕西曲沃,大破之于新店,逐北二十里,斩首十余万,伏尸三十里。严庄奔至东京,告庆绪,庆绪率其余众奔河北,保邺郡。严庄至河内,南来归顺。贼将阿史那承庆等麾下三万余人,悉奔恒、赵、范阳。从庆绪者,唯疲卒一千三百而已。伪中书令张通儒秉政,改相州为成安府,署置百官。旬日之内,贼将各以众至者六万余,凶威复振。伪青、齐节度能元皓独率众归顺。明年,改乾元元年,伪德州刺史王暕、贝州刺史宇文宽等皆归顺，河北诸军各以城守累月，贼使蔡希德、安太清急击，复陷于贼，虏之以归，脔食其肉。其下潜谋归顺者众矣，贼皆易置之，以纵屠戮，人心始离。又不亲政事，缮治亭沼楼船，为长夜之饮。高尚等各不相叶。蔡希德兵最锐，性刚直，张通儒潜而缢杀之，三军冤痛不为用。以崔乾祐为天下兵马使，权领中外兵。乾祐性愎戾，士卒不附。

九月，肃宗遣郭子仪等九节度率步骑二十万攻之，以鱼朝恩为军容使。初，子仪之列阵也，使善射者三千人伏于垒垣内。明日接战，子仪麾其属伪奔，庆绪逐之，伏者齐发，贼党大溃。使薛嵩求救于史思明，言禅让之礼。思明先遣李归仁以步卒一万、马军三千，先往滏阳以应。及至滏阳，子仪之围已固，筑城穿壕各三重，楼橹之盛，古所未有。又引水以灌城下，城中水泉大上，井皆满溢。以安太清代乾祐为都知兵马使。思明南攻魏州，节度使崔光远南走，思明据其城数日，即乾元二年正月一日也。思明伪称燕王，立年号。庆绪自十月被围至二月，城中人相食，米斗钱七万余，鼠一头直数千，马食覒墙麦𪎭及马粪濯而饲之。思明引众来救。三月六日，子仪等战败，遂解围而南，断河阳桥以守谷水。思明领其众营于邺县南。庆绪使收子仪等营中粮，尚六七万石，复与孙孝哲、乾祐谋闭门自守，议更拒思明。诸将曰："今日安可更背史王乎！"张通儒、高尚、平洌谓庆绪曰："史王远来，臣等皆合迎谢。"对曰："任公暂往见思明。"思明与之涕泗，厚其礼，复命归城。经三日，庆绪不至。思明密召安太清令诱之。庆绪不获已，以三百骑诣思明。思明引入，令三军擐甲执兵待之。及诸弟领至于庭，再拜稽首曰："臣不克负荷，弃失两都，久陷重围，不意大王以太上皇故，将兵远救。"思明曰："弃失两都，用兵不利，亦何事也。尔为人子，杀汝父以求位，庸非大逆乎？吾为太上皇讨贼。"即牵出，并其四弟及高尚、孙孝哲、崔乾祐，皆缢杀之。

禄山父子僭逆三年而灭。初王师之围相州也，意朝夕屠陷，唯术士桑道茂曰："三月六日，西师必散，此城无忧。"卒如其言。

高尚，幽州雍奴人也，本名不危。母老，乞食于人，尚周游不归侍养。寓居河朔县界，与令狐潮邻里，通其婢，生一女，遂收之。尚颇笃学，赡文词。尝叹息谓汝南周铣曰："高不危宁当举事而死，终不能咬草根以求活耳！"县尉有姓高者，以其宗盟，引置门下，遂以尚入籍为兄弟。李齐物为怀州刺史，举高尚不仕，送京师，并助钱三万。齐物寓书于中官将军吴怀实以托之。怀实引见高力士，置宾馆中，令与男丞相锡为学，无问家事，一以委之。无何，令妻父吕令皓特表荐之。

天宝元年，拜左领军仓曹参军同正员。六载，安禄山奏为平卢掌书记，出入禄山卧内。禄山肥多睡，尚执笔在旁或通宵焉。由是浸亲厚之。遂与禄山解图谶，劝其反。天宝十一年，禄山表为屯田员外郎。及随禄山寇陷东京，伪授中书侍郎，伪赦书制敕多出其手。始，尚与严庄、孙孝哲计画，白禄山以为事必成。及颜杲卿杀李钦凑于土门，扬声言荣王琬、哥舒翰二十万众徇河北，十七郡皆归顺。颜真卿破袁知奉三万众于堂邑、贺兰进明再拔信都，李光弼、郭子仪继收常山、赵郡，河北路绝者再。河南诸郡皆有防御，潼关有哥舒翰之师。禄山大惧，怒尚等曰："汝元向我道万全，必无所畏。今四边若此，赖郑、汴数州尚存，向西至关，一步不通，河北并已无矣，万全何在？更不须见我。"尚等遂数日不得见禄山，忧闷不知所为。

会田乾真自潼关至，晓谕禄山曰："自古帝王，皆有胜败，然后成大事，岂有一举而得之者乎！今四边兵马虽多，皆非精锐，岂我之比。纵事不成，收取数万众，横行天下，为一盗跖，亦十年五岁矣，岂有人能制我耶！尚、庄等皆佐命元勋，何得隔绝不与相见，令其忧惧。只此数人，岂不能为患乎？外间闻之，必心摇动。"禄山喜曰："阿浩，非汝谁能开豁我心里事，今无忧矣。为之奈何？"乾真曰："不如唤取慰劳之。"遂召尚等饮宴作乐，禄山自唱歌以送酒，待之如初。阿浩，乾真小字也。及庆绪至相州，伪授侍中。

孙孝哲，契丹人也。母为禄山所通，因得狎近。及禄山僭逆，伪授殿中监、闲厩使，封王。孝哲尤用事，亚于严庄。裘马华侈，颇事豪贵，每食皆备珍馔。性残忍，果于杀戮，闻者畏之。禄山使孝哲与张通儒同守西京，妃王宗枝皆惧其酷。与严庄争权不睦，及禄山死，夺其使，以邓季阳代之。庆绪之奔，庄惧为所图，因而来奔。

史思明，本名宰干，营州宁夷州突厥杂种胡人也。姿瘦，少须发，鸢肩伛背，廒目侧鼻。性急躁。与安禄山同乡里，先禄山一日生，思明除日生，禄山岁日生。及长，相善，俱以骁勇闻。初事特进乌知义，每令骑觇贼，必生擒以归。又解六蕃语，与禄山同为互市郎。张守珪为幽州节度，奏为折冲。天宝初，频立战功。至将军，知平卢军事。尝入奏，玄宗赐坐，与语，甚奇之。问其年，曰"四十矣"。玄宗抚其背曰："卿贵在后，勉之。"迁大将军、北平太守。十一载，禄山奏授平卢节度都知兵马使。

十四载，安禄山反，命思明讨饶阳等诸郡，陷之。十五载正月六日，思明与蔡希德围颜杲卿于常山，九日拔之。又围饶阳，二十九日不能拔。李光弼出土门，拔常山郡，思明解围而拒光弼。光弼列兵于城南，相持累月。光弼草尽，使精卒以车数乘于旁县取草，辄被击之，其后率十匹唯共得两束草，至锉蒿荐以饲之。初，禄山以贾循为范阳留后，谋归顺，为副留守向润容所杀，以思明代之。又以征战在外，令向润容代其任。四月，朔方节度郭子仪以朔方蕃、汉二万人自土门而至常山。军威遂振，南拔赵郡，思明退保博陵。五月十日，子仪、光弼击之，败思明于沙河上。又攻之，思明以骑卒奔嘉山，光弼击之，思明大败，走入博陵郡。光弼围之，城几拔。属潼关失守，肃宗理兵于朔方，使中官邢廷恩追朔方、河东兵马。光弼入土门，思明随后徼击之，已而回军拼行击刘正臣，正臣易之，初不设备，遂弃军保北平，正臣妻子及军资二千乘尽没。

思明将卒颇精锐，皆平卢战士，南拔常山、赵郡。又攻河间，为尹子奇所围，已四十余日。颜真卿使和琳以一万二千人、马百匹以救之,至河间二十余里,北风劲烈,鼓声不相闻,败乱击之,擒和琳以至城下。思明既至,合势,贼军益盛。李奂为贼所擒,送东京。又攻景城,擒李晔,晔投河而死。遂使康没野波攻平原,真卿觉之,兵马既尽,渡河而南。攻清河,粮尽城陷,擒太守王怀忠以献禄山。将军庄嗣贤围乌承恩于信都,承恩母、妻先为安禄山所获,思明获其男从则,使谕承恩,承恩遂降,思明与之把臂饮酒。饶阳陷,李系投火死。河北悉陷。尹子奇以五万众渡河至青州,欲便向江、淮。会回纥二千骑奄至范阳,范阳闭门二日,然后向太原,子奇行千里以救之。二年正月,思明以蔡希德合范阳、上党兵马十万,围李光弼于太原。光弼使为地道,至贼阵前。骁贼方戏弄城中人,地道中人出擒之,敌以为神,呼为"地藏菩萨"。思明留十月,会安禄山死,庆绪令归范阳,希德留百余日,皆不能拔而归。自禄山陷两京,常以骆驼运两京御府珍宝于范阳,不知纪极。由是恣其逆谋,思明转骄,不用庆绪之命。安庆绪为王师所败,投邺郡。其下蕃、汉兵三万人,初不知所从,思明击杀三千人,然后降之。

庆绪使阿史那承庆、安守忠征兵于思明,且欲图之。判官耿仁智,忠谋之士,谓思明曰:"大夫崇重,人不敢言,仁智请一言而死。思明曰:"试言之。"对曰:"大夫久事禄山,禄山兵权若此,谁敢不服。如大夫比者,逼于凶威耳,固亦无罪。今闻孝感皇帝聪明勇智,有少康、周宣之略。大夫发使输诚,必开怀见纳,此转祸为福之上策也。"思明曰:"善。"承庆等以五千骑至范阳,思明悉众介胄以逆之,众且数万,去之一里,使谓之曰:"相公及王远至,将士等不胜喜跃。此皆边兵怯懦,颇惧相公之来,莫敢进也。请弛弓以安之。"从之。思明遂以承庆、守忠入内厅,饮乐之。别令诸将于其所分收其甲仗。其诸郡兵皆给粮,恣归之,欲留者分隶诸营。遂拘承庆,斩守忠、李立节之首。李光弼使衙官敬挽招之,遂令衙官窦子昂奉表,以所管兵众八万人及以伪河东节度高秀严来降。肃宗大悦,封归义王、范阳长史、御史大夫、河北节度使,朝义已下并为列卿,秀严云中太守,以其男如岳等七人为大官。使内侍李思敬、将军乌承恩宣慰使,令讨残贼。

明年，改乾元元年。四月，肃宗使乌承恩为副使，候伺其过而杀之。初，承恩父知义为节度，思明常事知义，亦有开奖之恩。以此李光弼冀其无疑，因谋杀之。承恩至范阳，数漏其情，夜取妇人衣，诣诸将家，以翻动之意谕之。诸将以白思明，甚惧，无以为验。有顷，承恩与思敬从上京来，宣恩命毕，将归私第。思明留承恩且于馆中，明当有所议。已令帏其所寝之床，伏二人于其下。承恩有小男，先留范阳，思明令省其父。夜后，私于其子曰："吾受命除此逆，明便授吾节度矣。"床下二人叫呼而出，以告思明。思明令执之，搜其衣囊，得朝廷所与阿史那承庆铁券及光弼与承恩之牒，云："承庆事了，即付铁券；不了，不可付之。"又得簿书数百纸，皆载先所从反军将名。思明语之曰："我何负于汝而至是耶？"承恩称："死罪，此太尉光弼之谋也。"思明集军将官吏百姓，西向大哭曰："臣以十三州之地、十万众之兵降国家，赤心不负陛下，何至杀臣！"因棒杀承恩父子，囚李思敬，遣使表其事。朝廷又令中使慰谕云："国家与光弼无此事，乃承恩所为，杀之善也。"

又有使从京至，执三司议罪人状。思明曰："陈希烈已下，皆重臣，上皇弃之幸蜀，既收复天下，此辈当慰劳之。今尚见杀，况我本从禄山反乎！"诸将皆云："乌承恩之前事，情状可知，光弼尚在，忧不细也。大夫何不取诸将状以诛光弼，以谢河北百姓。主上若不惜光弼，为大夫诛之，大夫乃安；不然，为患未已。"思明曰："公等言是。"乃令耿仁智、张不矜修表，"请诛光弼以谢河北。若不从臣请，臣则自领兵往太原诛光弼"。不矜初以表示思明，及封入函，耿仁智尽削去之。写表者密告思明，思明大怒，执二人于庭曰："汝等何得负我！"命斩之。仁智事思明颇久，意欲活之，却令召入，谓之曰："我任使汝向三十年，今日之事，我不负汝。"仁智大呼曰："人生固有一死，须存忠节。今大夫纳邪说，为反逆之计，纵延旬月，不如早死，请速加斧钺。"思明大怒，乱捶杀之，脑流于地。

十月，郭子仪领九节度围相州，安庆绪偷道求救于思明，思明惧军威之盛，不敢进，十二月，萧华以魏州归顺，诏遣崔光远替之。思明击而拔其城，光远脱身南渡。思明于魏州杀三万人，平地流血数日，即乾元二年正月一日也。思明于魏州北设坛，僭称为大圣燕王，以周贽为行军司马。三月，引众救相州，官军败而引退。思明召庆绪等杀之，并有其众。四月，僭称大号，以周贽为相，以范阳为燕京。九月，寇汴州，节度使许叔冀合于思明，思明益振。又陷洛阳，与太尉光弼相拒。思明恣行凶暴，下无聊矣。

上元二年，潜遣人反说官军曰："洛中将士，皆幽、朔人，咸思归。"鱼朝恩以为然，告光弼及诸节度仆固怀恩、卫伯玉等："可速出兵以讨残贼。"光弼等然之，乃出师南道齐进。次榆林，贼委物伪遁，将士等不复设备，皆入城虏掠。贼伏兵在北邙山下，因大下，士卒咸弃甲奔散。鱼朝恩、卫伯玉退保陕州，光弼、怀恩弃河阳城，退居闻喜。步兵散死者数千人，军资器械尽为贼所有，河阳、怀州尽陷于贼。

思明至陕州，为官军所拒于姜子坂，战不利，退归永宁。筑三角城，约一月内毕，以贮军粮。朝义筑城毕，未泥，思明至，诟之。对曰："缘兵士疲乏，暂歇耳。"又怒曰："汝惜部下兵，违我处分。"令随身数十人立马看泥，斯须而毕。又曰："待收陕州，斩却此贼。"朝义大惧。思明居驿，朝义在店，思明令腹心曹将军总中军兵严卫，朝义将骆悦并许叔冀男季常等言："主上欲害王，悦与王死无日矣。"因言"废兴之事，古来有之，欲唤取曹将军举大事，可乎？"朝义回面不应。悦曰："若不应，悦等即归李家，王亦不全矣。"朝义然之，令许季常命曹将军至。悦等告之，不敢拒。其夜，思明梦而惊悟，据床惆怅。每好伶人，寝食置左右，以其残忍，皆恨之。及此，问其故。曰："吾向梦见水中沙上群鹿渡水而至，鹿死水干。"言毕如厕。伶人相谓曰："鹿者，禄也；水者，命也。胡禄命俱尽矣。"骆悦入，问思明所在，未及对，杀数人，因指在厕。思明觉变，逾墙出，至马槽，备马骑之。悦等至，令傔人周子俊射，中其臂，落马，曰："是何事？"悦等告以怀王。思明曰："我朝来语错，今有此事。然汝杀我太疾，何不待我收长安？终事不成矣。"因急呼怀王者三，曰："莫杀我！"却骂曹将军曰："这胡误我，这胡误我！"悦遂令心腹擒思明赴柳泉驿，曰："事已成矣。"朝义曰："莫惊圣人否？莫损圣人否？"悦曰："无有。"时周贽、许叔冀统后军在福昌，朝义令许季常往告之。贽闻，惊欲仰倒。朝义领兵回，贽等来迎，因杀贽。思明至柳泉驿，缢杀之。朝义便僭伪位。

　　朝义，思明孽子也。宽厚，人附之。使人往范阳，杀伪太子朝英等。伪留守张通儒觉之，战于城中，数日，死者数千人，始斩之。时洛阳四面数百里，人相食，州县为墟。诸节度使皆禄山旧将，与思明等夷，朝义征召不至。宝应元年十月，遣元帅雍王领河东朔方诸节度、回纥兵马赴陕。仆固怀恩与回纥左殿为先锋，鱼朝恩、郭英乂为后殿，自渑池入；李抱玉自河阳入；副元帅李光弼自陈留入；雍王留陕州。二十九日，与朝义战于邙山之下，逆贼败绩，走渡河，斩首万六千，生擒四千六百，降三万二千人，器械不可胜数。朝义走投汴州，汴州伪将张献诚拒之，乃渡河北投幽州。二年正月，贼伪范阳节度李怀仙于莫州生擒之，送款来降，枭首至阙下。又以伪官以城降者恒州刺史、成德军节度张忠志为礼部尚书，余如故；赵州刺史卢淑、定州程元胜、徐州刘如伶、相州节度薛嵩、幽州李怀仙、郑州田承嗣并加封爵，领旧职。
　　思明乾元二年僭号，至朝义宝应元年灭之，凡四年。

旧唐书卷二〇〇下
列传第一五〇下

朱泚　黄巢　秦宗权

　　朱泚,幽州昌平人。曾祖利,赞善大夫,赠礼部尚书。祖思明,太子洗马,赠太子太师。父怀珪,天宝初,事范阳节度使裴宽为衙前对,授折冲将军。及安禄山、史思明叛,累为管兵将。宝应中,李怀仙归顺,奏为蓟州刺史、平卢军留后、柳城军使。大历元年卒,累赠左仆射。祖、父之赠,皆以泚故也。

　　泚以父资从军。幼壮伟,腰带十围,骑射武艺亦不出人。外若宽和,中颇残忍。然轻财好施,每征战所得赏物,辄分与麾下将士,以是为众所推,故得济其凶谋。初隶李怀仙为部将,改经略副使。朱希彩既杀李怀仙,自为节度,以泚宗姓,甚委信之。希彩为政苛酷,人不堪命。大历七年秋,希彩为其下所杀,仓卒之际,未有所从。泚营在城北,弟滔,主衙内兵,亦得众心。滔变诈多端,潜使百余人于众中大言曰:“节度使非城北朱副使莫可。”众既无从,因共推泚,泚遂权知留后,遣使奉表京师。十月,拜检校左散骑常侍、兼御史中丞、幽州卢龙节度等使。幽州长史、兼御史大夫。其年,泚上表令弟滔率兵二千五百人赴京西防秋,代宗嘉之,手诏褒美。

　　九年,就加检校户部尚书,赐实封百户。幽州及河北诸镇,自天宝末便为逆乱之地,李怀仙、朱希彩与连境三节度,名虽向顺,未尝朝谒。至是泚率先上表,请自领步骑三千人入觐,诏修甲第以待之。九月,泚至京师,代宗御内殿引见,赐御马两匹、战马十匹、金银锦

彩甚厚，又以器物十床、马四十匹、绢二万匹、衣一千七百袭赐其将
士，宴犒之盛，近时未有。泚又上表，请留京师，从之。因授其弟滔
兼御史大夫、幽州节度留后。仍以河阳永平军防秋兵，郭子仪统之；
决胜军杨猷兵，李抱玉统之；淮西凤翔兵，马璘统之；汴宋、淄青兵，
俾泚统焉。十一年八月，加拜同平章。寻令出镇奉天行营，复赐金
银缯彩并内库弓箭以宠之。十二年，加检校司空，代李抱玉为陇右
节度使，权知河西、泽潞行营兵马事。

　　德宗嗣位，加太子太师、凤翔尹，实封至三百户。建中元年，泾
州将刘文喜阻兵为乱，加泚四镇北庭行军、泾原节度使，与诸军讨
之。泾州平，加泚中书令，还镇凤翔，而以舒王让遥领泾原节度。二
年，加泚太尉。朱滔将反叛，阴使人与泚计议，以帛书纳蜡丸中，置
发髻间。河东节度马燧搜获之，以闻，并送帛书及所遣使。泚惶惧，
顿首乞归罪有司。上勉之曰：“千里不同谋，非卿之过。”三年四月，
以张镒代泚为凤翔陇右节度留后，留泚京师，加实封至一千户，与
一子正员官，其幽州卢龙节度、太尉、中书令并如故。

　　四年十月，泾原兵叛，銮驾幸奉天。叛卒等以泚尝统泾州，知其
失权废居，怏怏思乱，群寇无帅，幸泚政宽，乃相与谋曰：“朱太尉久
囚空宅，若迎而为主，事必济矣。”姚令言乃率百余骑迎泚于晋昌里
第，泚乘马拥从北向，烛炬星罗，观者万计，入居含元殿。明日，移处
白华殿，但称太尉。朝官有谒泚者，悉劝奉迎銮驾，既不合泚意，皆
逡巡而退。源休至，遂屏人移时，言动悖逆。又盛陈成败，称述符命，
劝其僭伪，泚甚悦之。又李忠臣、张光晟继至，咸以官闲积愤，乐于
祸乱。凤翔泾原大将张廷芝、段诚谏以溃卒三千余自襄城而至。贼
泚自谓众望所集，僭窃之心，自此而定。乃以源休为京兆尹、判度
支，李忠臣为皇城使。段秀实久失兵柄，故推心委之。遂发锐师三
千，言奉迎乘舆，实阴有逆谋。秀实与刘海宾谋诛泚，且虞叛卒之震
惊法驾，乃潜为贼符，追所发兵。至六日，兵及骆驿而回。因与海宾
同入见泚，为陈逆顺之理，而海宾于靴中取匕首，为其所觉，遂不得
前。秀实知不可以义动，遽夺源休象笏，挺而击泚，仍大呼曰：“反虏

万段!"泚举臂卫首,秀实格拉之,恼恼然。李忠臣驰助泚,泚素多力,才破其面,逆徒噪集,秀实、海宾遂并见害。

明日,声言以亲王权主社稷,士庶竞往观之。八日,源休、姚令言、李忠臣、张光晟等八人导泚自白华入宣政殿,僭即伪位,自称大秦皇帝,号应天元年,愚智莫不愤心。侍卫皆卒伍,行列不过十余人。下伪诏曰:"幽囚之中,神器自至,岂朕薄德所能经营。"彭偃之词也。伪署姚令言为侍中,李忠臣为司空、兼侍中,源休为中书侍郎、平章事、判度支,蒋镇为吏部侍郎,樊系为礼部侍郎、礼仪使,许季常为京兆尹,洪经纶为太常少卿,彭偃为中书舍人,裴揆、崔幼贞为给事中,崔莫为御史中丞,张光晟、仇敬忠、敬钰、张宝、何望之、段诚谏、张庭芝、杜如江为节度使,仍以其兄子遂为太子,遥封弟滔为冀王、太尉、尚书令,寻又号皇太弟。

十月,泚自领兵侵逼奉天,窃威仪辇辂,阗溢道途,蚁聚之众,军势颇盛。以姚令言为元帅,张光晟为副。以李忠臣为京兆尹、皇城留守居中书省。寻以蒋镇为门下侍郎,李子平为谏议大夫兼平章事。泚军合于城下,浑瑊、韩、游瑰御之,泚众大败,死者万计,泚收军于奉天东三里下营,大修攻具。明日,泚又分兵营于乾陵下瞰,城内大震。十一月三日,杜希全与泚众战于漠谷,官军不利,自是泚益骄大。王师乘城则战,人百其勇,贼多败衄。或出野战,官军又获利焉。泚乃大驱百姓填堑,夜攻城,城中设奇以应之,贼乃退缩。西明寺僧法坚有巧思,为泚造云梯。十五日辰时,梯临城东北隅,城内震骇。浑瑊使侯仲庄设大坑,为地道陷之。又纵火焚其梯,东风起,吹我军,众颇危。俄而风回,吹贼军,瑊益薪泼油,万鼓齐震,风吹俱炽,须臾云梯与凶党同为灰烬。城中三门悉出兵,王师又捷。其夜兵复出攻,泚众败绩。李怀光以五万人来援,自河北至,泚众惶骇,因而大溃,长围遂解焉。众庶以怀光三日不至,城则危矣。

三十日夜,泚走至京城。时姚令言于城中造战格抛楼,每坊团结,人心大异。泚自奉天回,乃悉令去之,曰:"攻战吾自有计。"前此每三五日,即使人伪自城外来,周走号令曰:"奉天已破。"百姓闻之,莫不饮泣,道路阒寂。时有入台省吏人,不过十数辈,郎官六七人,而亦令依常年举选,初有数十人陈状,旬日亦皆屏退。泚自号其宅曰潜龙宫,悉移内库珍货瑰宝以实之。识者曰:"《易》称'潜龙勿用',此败征也。"无几,百姓剽夺其珍宝,泚不能禁止。

明年正月一日,泚改伪国号曰汉,称天皇元年。二月,李怀光既图叛逆,遣使与泚通和。銮驾幸梁、洋,自此衣冠之潜匿者,出受伪官十七人焉。怀光初与泚往复通好甚密,以钱谷金帛互相馈遣。泚与书,事之如兄,约云:"削平关中,当割据山河,永为邻国。"及怀光决计背叛,逼乘舆迁幸,泚乃下伪诏书,待怀光以臣礼,仍征兵马。怀光既为所卖,惭怒愤耻,遂领众遁归河中。

三月,李晟、骆元光、尚可孤之众,悉于城东累败泚众。四月,泚使韩旻、宋归朝、张庭芝等寇武功,浑瑊以众及吐蕃论莽罗大败归朝,杀逆党万余人于武亭川。五月,泚又使仇敬忠寇蓝田,尚可孤击之,大破泚众,擒敬忠斩之。李晟、骆元光、尚可孤遂悉师齐进,晟屯光泰门,逆徒拒官军,王师累捷。二十八日,官军入苑,收复京师,逆党大溃。泚与姚令言、张庭芝、源休、李子平、朱遂以数千人西走,其余党或奔窜,或来降。泚众缘路溃散,乃奔泾州,才百余骑。田希鉴闭门登陴,泚令谓鉴曰:"我与尔节度,何故背恩?"希鉴乃使人自城上掷泚所送旌节于外,续又投火焚之。泚遂过数里,息于逆旅。泚将梁庭芬入泾州说田希鉴曰:"公比日冯河清背叛,今虽归顺,国家必不能久容,公他日不免受祸。何如开门纳朱公,与共成大事。"希鉴以为然。庭芬乃迫及泚言之,泚大悦,使庭芬却往泾州。庭芬请授己尚书、平章事,泚不从。梁庭芬既求宰相不得,不复往泾州,从泚至宁州彭原县西城屯,复与泚心腹朱惟孝共射泚。泚走坠故窨中。泚左右韩旻、薛纶、高幽岩、武震、朱进卿、董希芝共斩泚,使宋膺传首以献。泚死时年四十三。姚令言投泾州,源休、李子平走凤翔,寻并斩获。宋归朝之败武功,降于李怀光,送兴元斩之。唯不获朱遂,传为野人所杀,或云与泚婿伪金吾将军马悦潜走党项部落,数月得达幽州。

泚之僭逆，宦坚朱重曜颇亲密用事，泚每呼之为兄。时贼中以腊月大雨，伪星官谓泚曰："当以宗中年长者禳其灾变。"泚乃毒杀重曜，而以王礼葬焉。及京师平，亦出其尸而斩之。姚令言自有传。

黄巢，曹州冤句人，本以贩盐为事。乾符中，仍岁凶荒，人饥为盗，河南尤甚。初，里人王仙芝、尚君长聚盗，起于濮阳，攻剽城邑，陷曹、濮及郓州。先有谣言云："金色虾蟆争努眼，翻却曹州天下反。"及仙芝盗起，时议畏之。左金吾卫上将军齐克让为兖州节度使，以本军讨仙芝。仙芝惧，引众历陈、许、襄、邓，无少长皆虏之，众号三十万。三年七月，陷江陵。十月，又遣将徐君莒陷洪州。时仙芝表请符节，不允，以神策统军使宋威为亳南节度招讨使，中使杨复光为监军。复光遣判官吴彦宏谕以朝廷释罪，别加官爵，仙芝乃令尚君长、蔡温球、楚彦威相次诣阙请罪，且求恩命。时宋威害复光之功，并擒送阙，敕于狗脊岭斩之。贼怒，悉精锐击官军，威军大败，复光收其余众以统之。朝廷以王铎代为招讨。五年八月，收复亳州，斩仙芝首献于阙下。

先是，君长弟让以兄奉使见诛，率部众入嵫峨山。黄巢、黄揆昆仲八人，率盗数千依让。月余，众至数万。陷汝州，虏刺史王镣，又掠关东，官军加讨，屡为所败，其众十余万。尚让乃与群盗推巢为王，号冲天大将军，仍署官属，藩镇不能制。时天下承平日久，人不知兵。僖宗以幼主临朝，号令出于臣下，南衙北司，迭相矛盾，以至九流浊乱，时多朋党，小人谗胜，君子道消，贤豪忌愤，退之草泽，既一朝有变，天下离心。巢之起也，人士从而附之。或巢驰檄四方，章奏论列，皆指目朝政之弊，盖士不逞者之辞也。巢徒党既盛，与仙芝为形援。及仙芝败，东攻亳州不下，乃袭破沂州据之，仙芝余党悉附焉。

时王铎虽衔招讨之权，缓于攻取。时高骈镇淮南，表请招讨贼，许之，议加都统。巢乃渡淮，伪降于骈。骈遣将张璘率兵受降于天长镇，巢擒璘杀之，因虏其众。寻南陷湖、湘，遂据交、广。托越州观察使崔璆奏乞天平军节度，朝议不允。又乞除官，时宰臣郑畋与枢密使杨复恭奏，欲请授同正员军将，卢携驳其议，请授率府率，如其不受，请以高骈讨之。及巢见诏，大诟执政，又自表乞安南都护、广州节度，亦不允。然巢以士众乌合，欲据南海之地，永为窠穴，坐邀朝命。是岁自春及夏，其众大疫，死者十三四。众劝请北归，以图大利。巢不得已，广明元年，北逾五岭，犯湖、湘、江、浙，进逼广陵，高骈闭门自固，所过镇戍，望风降贼。九月，渡淮。十一月十七日，陷洛阳，留守刘允章率分司官迎之。继攻陕、虢，逼潼关，陷华州，留将奋钤守之。河中节度使李都诈进表于贼。朝廷以田令孜率神策、博野等军十万守潼关。时禁军皆长安富族，世籍两军，丰给厚赐，高车大马，以事权豪，自少迄长，不知战阵。初闻科集，父子聚哭，惮于出征。各于两市出值万计，佣雇负贩屠沽及病坊穷人，以为战士，操刀载戟，不知镦锐。复任宦官为将帅，驱以守关。关之左有谷，可通行人，平时捉税，禁人出入，谓之禁谷。及贼至，官军但守潼关，不防禁谷，以为谷既官禁，贼无得而逾也。尚让、林言率前锋由禁谷而入，夹攻潼关，官军大溃，博野都径还京师，燔掠西市。十二月三日，僖宗夜自开远门出，趋骆谷，诸王官属相次奔命，观军容使田令孜、王若俦收合禁军扈从。四日，贼至昭应，金吾大将军张直方率在京两班迎贼灞上。五日，贼陷京师。

时巢众累年为盗，行伍不胜其富，遇穷民于路，事行施遗。既入春明门，坊市聚观，尚让慰晓市人曰："黄王为生灵，不似李家不惜汝辈，但各安家。"巢贼众竞投物遗人。十三日，贼巢僭位，国号大齐，年称金统，仍御楼宣赦，且陈符命曰："唐帝知朕起义，改元广明，以文字言之，唐已无天分矣。'唐'去'丑''口'而安'黄'，天意令黄在唐下，乃黄家日月也。土德生金，予以金王，宜改年为金统。"贼搜访旧宰相不获，以前浙东观察使崔璆、杨希古、尚让、赵章为四相，孟楷、盖洪为左右军中尉，费传古为枢密使，王燔为京兆尹，许建、朱实、刘塘为军库使，朱温、张言、彭攒、李逵为诸卫大将军、四面游奕使。又选骁勇形体魁梧者五百人，曰功臣。令其甥林言为军使，比之控鹤。

中和元年二月，尚让寇凤翔，郑畋出师御之，大败贼于龙尾坡，畋乃驰檄告喻天下藩镇。四月，泾原行军唐弘夫之师屯渭北，河中王重荣之师屯沙苑，易定王处存之师屯渭桥，鄜延拓拔思恭之师屯武功，凤翔郑畋之师屯盩厔。六月，邠宁朱玫之师屯兴平，中武之师三千屯武功。是岁诸侯勤王之师，四面俱会。十二月，宰臣王铎率荆、襄之师自行而至。郑畋帐下小校窦玫者，骁勇无敌，每夜率敢死之士百人，直入京师，放火燔诸门，斩级而还，贼人悚骇。

时京畿百姓皆砦于山谷，累年废耕耘，贼坐空城，赋输无入，谷食腾踊，米斗三十千。官军皆执山砦百姓，鬻于贼为食，人获数十万。朝士皆往来同、华，或以卖饼为业，因奔于河中。宰相崔沆、豆卢瑑扈从不及，匿之别墅，所由搜索严急，乃微行入永宁里张直方之家。朝贵怙直方之豪，多依之。既而或告贼云："直方谋反，纳亡命。"贼攻其第，直方族诛，沆、瑑数百人皆遇害。自此贼始酷虐，族灭居人。遣使传命召故相驸马都尉于琮于其第。琮曰："吾唐室大臣，不可佐黄家草昧，加之老疾。"贼怒，令诛之。广德公主并贼号咷而谓曰："予即天子女，不宜复存，可与相公俱死。"是日并遇害。

二年，王处存合忠武之师，败贼将尚让，乘胜入京师，贼遁去。处存不为备，是夜复为贼寇袭，官军不利。贼怒坊市百姓迎王师。乃下令洗城，丈夫丁壮，杀戮殆尽，流血成渠。九月，贼将同州刺史朱温降重荣。十一月，李克用率代北之师，自夏阳渡河，屯沙苑。三年正月，败黄揆于沙苑，进营乾坑。二月，贼将林言、赵章、尚让率众十万援华州。克用合河中、易定、忠武之师，战于梁田坡，大败贼军，俘斩数万，乘胜攻华州，堑栅以环之。克用骑军在渭北，令薛志勤、康君立每夜突入京师，燔积聚，俘级而旋。黄揆弃华州，官军收城。四月八日，克用合忠武骑将庞从遇贼于渭南，决战三捷，大败贼军。十日夜，贼巢散走。诘旦，克用由光泰门入，收京师。巢贼出蓝田、七盘路，东走关东。天下兵马都监押杨复光露布献捷于行在，陈破贼事状曰：

顷者妖兴雾市，盗啸业祠，而岳牧藩侯，备盗不谨。谓大同之运，常可容奸；谓无事之秋，纵其长恶。贼首黄巢，因得充盈窟穴，蔓延崔蒲，驱我蒸黎，徇其凶逆。展锄鹤以成锋刃，杀耕牛以恣燔炮，魑魅昼行，虺蜴反噬。自南海失守，湖外丧师，养虎灾深，驯枭逆大，物无不害，恶靡不为，豺狼贻朝市之忧，疮痏及腹心之痛。遂至毒流万姓，盗污两京，衣冠衔涂炭之悲，郡邑起丘墟之叹。万方共怒，十道齐攻，仗九庙之威灵，殄积年之凶丑。河中节度使王重荣神资壮烈，天付机谋，誓立功名，志安家国。至于屯田待敌，率士当冲，收百姓十万余家，降贼党三万余众。法当持重，功遂晚成，久稽原野之刑。未快雷霆之怒，自收同、华，逼近京师，夕昼高照于国门，游骑俯临于灞岸。既知四隅断绝，百计奔冲，如穷鸟触笼，似飞蛾赴烛。

雁门节度使李克用神传将略，天付忠贞，机谋与武艺皆优，臣节共本心相称。杀贼无非手刃，入阵率以身先，可谓雄才，得名飞将。自统本军南下，与臣同力前驱，虽在寝餐，不忘寇孽。

今月八日，遣衙队前锋杨守宗、河中骑将白志迁、横野军使满存、蹋云都将丁行存、朝邑镇将康师贞、忠武黄头军使庞从等三十都，随李克用自光泰门先入京师，力摧凶寇。又遣河中将刘让、王镶、冀君武、孙珙，忠武将乔从遇，郑滑将韩从威，荆南将申屠悰，沧州将贾滔，易定将张仲庆，寿州将张行方，天德将顾彦郎，左神策弩手甄君楚、公孙佐，横冲军使杨守亮，蹋云都将高周彝，忠顺都将胡真，绛州监军毛宜伯、聂弘裕等七十都继进。贼尚为坚阵，来抗官军。雁门李克用率励骁雄，整齐金革，叫噪而声将动瓦，喑呜而气欲吞沙，宽列戈矛，密张罗网。于是麾军背击，分骑横冲，日明而剑跃飞轮，风急而旗开走电。使贼如浪，便可塞流；使贼如山，亦须折角。蹂践则横尸入地，腾凌则积血成尘，不烦即墨之牛，若驾昆阳之象。杨守宗等齐驱直入，合势夹攻，从卯至申，群凶大溃。自望春宫前蹙杀，至升阳殿下攻围，戈不滥挥，矢无虚发。其贼一时奔走，南入商山，徒延漏刃之生，伫作饮头之器。

　　自收平京阙，二面皆立大功；若破敌摧凶，李克用实居其处。其余将佐，同效驱驰。兼臣所部领万余人，数岁栉风沐雨。既兹平荡，并录以闻。

　　五月，巢贼先锋将孟楷攻蔡州，节度使秦宗权以兵逆战，为贼所败。攻城急，宗权乃称臣于贼。遂攻陈、许，营于溵水。陈州刺史赵犨迎战，败贼前锋，生擒孟楷，斩之。黄巢素宠楷，悲惜之。乃悉众攻陈州，营于城北五里，为宫阙之制，曰八仙营。于是自唐、邓、许、汝、孟、洛、郑、汴、曹、濮、徐、兖数十州，毕罹其毒。贼围陈郡三百日，关东仍岁无耕稼，人饿倚墙壁间，贼俘人而食，日杀数千。贼有舂磨砦，为巨碓数百，生纳人于臼碎之，合骨而食，其流毒若是。

　　赵犨求援于太原。四年二月，李克用率山西诸军，由蒲、陕济河，会关东诸侯，赴援陈州。三月，诸侯之师复集。四月，官军败贼于太康，俘斩万计，拔其四壁。又败贼将黄邺于西华，拔其壁。巢贼大恐，收军营于故阳里，官军进攻之。五月，大雨震雷，平地水深三尺，坏贼垒，贼自离散，复聚于尉氏，逼中牟。翌日，营汴水北。是日，复大雨震电，沟塍涨流。贼分寇汴州，李克用自郑州引军袭击，大败之，获贼将李用、杨景。残众保胙县、冤句，官军追讨，贼无所保。其将李谠、杨霍、葛从周、张归厚、张归霸各率部下降于大梁，尚让率部下万人归时溥。贼自相猜间，相杀于营中，所残者千人，中夜遁去，克用追击至济阴而还。贼散于兖、郓界。黄巢入泰山，徐帅时溥遣将张友与尚让之众掩捕之。至狼虎谷，巢将林言斩巢及二弟邺、揆等七人首，并妻子皆送徐州。是月贼平。

　　秦宗权者，许州人，为郡牙将。广明元年十月，巢贼渡淮而北。十一月，忠武军乱，逐其帅薛能。是月，朝廷授别校周岌为许帅。初军城未变，宗权因调发至蔡州，闻府军乱，乃阅集蔡州之兵，欲赴难。俄闻府主殂，周岌未至，巢贼充斥，日寇郡城，宗权乃督励士众，登城拒守。洎岌至，即令典郡事。天子幸蜀，姑务蕲寇，上蔡有劲兵万人，宗权即与监军杨复光同议勤王，出师破贼，以蔡牧授之，仍置节度之号。

中和三年，巢贼走关东，宗权逆战不利，因与合从为盗。巢贼既诛，宗权复炽，僭称帝号，补署官吏。遣其将秦彦乱江淮，秦贤乱江南，秦诰陷襄阳，孙儒陷孟、洛、陕、虢至于长安，张晊陷汝、郑，卢塘攻汴州。贼首皆剽锐惨毒，所至屠残人物，燔烧郡邑。西至关内，东极青、齐，南出江淮，北至卫滑，鱼烂鸟散，人烟断绝，荆榛蔽野。贼既乏食，啖人为储，军士四出，则盐尸而从。关东郡邑，多被攻陷。唯赵犨兄弟守陈州，朱温保汴州，城门之外，为贼疆场。汴帅与兖、郓合势屡败贼军，凶势日削。

龙纪元年二月，其爱将申业执宗权，挝折其足，送于汴。朱温出师迎劳，接之以礼，谓之曰："下官屡以天子命达于公，如前年中翻然改图，与下官同力勤王，则岂有今日之事乎？"宗权曰："仆若不死，公何以兴？天以仆霸公也。"略无惧色。乃槛送京师。昭宗御延喜楼受俘，京兆尹孙揆以组练磔之，徇于两市。宗权槛中引颈谓揆曰："尚书明鉴，宗权岂反者耶！但输忠不效耳。"众大笑。与妻赵氏俱斩于独柳之下。

史臣曰：我唐之受命也，置器于安，十年惟永，百蛮向化，万国来王。但否泰之无恒，故夷险之不一。三百算祀，二十帝王。虽时有窃邑叛君之臣，乘危徼幸之辈，莫不才兴兵革，即就诛夷。其间沸腾，大盗三发；安禄山、朱泚、黄巢是也。

夫谋危社稷，将害君亲，辗裂潴宫，未塞其罪，故不俟于多谈也。然盗之所起，必有其来，且无问于天时，宜决之于人事。禄山母为巫者，身是牙郎，偶缘微立边功，遂至大加宠用，总知马牧，特委兵权。爱天子之独尊，与国忠之相忌，故不能以义制事，以礼制心，遂称向阙之兵，以期非望之福，此所以为乱也。朱泚家本渔阳，性惟凶狡，耳习闻于篡夺，心本乏于忠贞。暨弟为乱阶，身留京邑，小不如意，别怀异图。但乐荒鸡之鸣，唯幸和銮之动，缘幽帅之尝因乱得，谓神器之可以徼求。黄巢阛阓微人，萑蒲贱类，因饥馑之岁，蹑王、尚之踪，志在充数，谋非远大。一旦长驱江表，径入关中，见五辂之蒙尘，谓宝命之在我。必若玄宗采九龄之语，行三令之威，不然使禄山名位不高，委任得所，则群黎未必陷于涂炭，万乘未必越岷、峨。德宗能含垢匿瑕，不佳兵尚勇，不然则取李承之言，不委希烈伐叛，不然则取公辅之谏，早令朱泚就行，如此则未必有泾原之乱兵，未必有奉天之危急。僖宗能知人疾苦，惠彼困穷，不然则从郑畋之谋，赦群偷之罪，如此则黄巢不必能犯顺，銮御未必须省方。盖差之毫厘，失之千里，蛇螫不能断腕，蚁穴所以坏堤。后之帝王，足为启鉴。

史朝义、秦宗权乘彼乱离，肆行暴虐，虔刘我郡邑，僭窃我衣裳，终虽灭亡，为害斯甚，兹亦沴气之余也。

赞曰：天地否闭，反逆乱常。禄山犯阙，朱泚称皇。贼巢陵突，群竖披攘。征其所以，存乎慢藏。